二十世纪现代汉语研究资料丛书

二十世纪现代汉语词汇论文精选

周 荐 编

商 务 印 书 馆

2004 年·北京

图书在版编目(CIP)数据

二十世纪现代汉语词汇论文精选/周荐编. —北京：
商务印书馆,2004
(二十世纪现代汉语研究资料丛书)
ISBN 7 - 100 - 03889 - 8

I. 二⋯　II. 周⋯　III. 汉语－词汇－研究－现代
－文集　IV. H136

中国版本图书馆 CIP 数据核字(2003)第 064442 号

二十世纪现代汉语研究资料丛书
ÈRSHÍ SHÌJÌ XIÀNDÀI HÀNYǓ CÍHUÌ LÙNWÉN JĪNGXUǍN

二十世纪现代汉语词汇论文精选

周荐 编

商 务 印 书 馆 出 版
(北京王府井大街36号　邮政编码 100710)
商 务 印 书 馆 发 行
北京瑞古冠中印刷厂印刷
ISBN 7 - 100 - 03889 - 8/H·976

2004 年 12 月第 1 版　　　开本 787×1092　1/16
2004 年 12 月北京第 1 次印刷　　印张 26½
定价：35.00 元

前　言

　　1997年末商务印书馆召开一个座谈会，我有幸与会，并在会上斗胆提出了编纂《二十世纪现代汉语词汇论著指要》的设想。不想一两个月后，张万起先生和毛永波先生即亲来南开，不但采纳了我的建议，而且约我编选一部《二十世纪现代汉语词汇论文精选》。我当时毫未含糊就接受下来了，而实际操作起来，却无时不有芒刺在背、如履薄冰之感。现代汉语词汇学虽只百年历史，学者们发表出来的论文却有数千篇之多，有真知灼见者俯拾即是。要想在有限的篇幅内将各个研究方面的有代表性的论文精选出来，殊非易事，总不免顾此失彼，有遗珠之恨。但是既然应承下了编选此书的任务，只好勉为其难硬着头皮去做。经过近一年的反复甄选，终于编出了现在这样一部书稿。它很可能不会得到所有方家的认可，甚至免不了会受到一些指摘，但是我敢说它是出以公心、破除门户之见的一个成品。如果说编选这样一部书的目的是要反映近百年来现代汉语词汇研究方方面面的有代表性的成果，我想这一目的是基本上达到了的。

　　限于篇幅，本书只收论文50篇。未能收入本书的论文和专书，以论著指要和题目索引的方式收进《二十世纪现代汉语词汇论著指要》一书中，读者可以参阅。编选本书和《二十世纪现代汉语词汇论著指要》，对我来说是一个极好的学习机会，我又将学者们的著述重新学习了一遍。由于学识浅薄，挂一漏万或评价不准确之处在所难免，谨此再一次请求读者和方家谅察，并请赐教。

周　荐

2001年1月20日　南开

目　录

语汇重要，语汇难

张 志 公

词是构成语言的原材料。语言的表情达意功能主要是靠词来实现的。语气、语调、语序，多少也有表情达意的作用，然而必须附丽在词或词的组合体上，作用才能显示出来，否则，没有词，没有词的组合体，根本就谈不上什么语气、语调、语序。它们不能离开词单独存在。构成语言，词的重要性是显而易见的。认真说起来，在语言里，语汇是一种性质，语音和文字另是一种性质，语法又是一种性质。这是三种不同性质的东西，它们不是等价的。我们一向说惯了语言"三要素"（语音，语汇，语法；一般不提文字），值得再加研究。这里顺便要为文字说几句话。如果我们接受"信息技术革命"这个新概念的话，那么，笔者认为，我们就不得不承认，文字的产生是人类第一次信息技术革命。文字打破了口头语言所受的空间和时间的制约，从而成百倍千倍地扩大了语言的功能，使人类的信息交流手段产生了革命性的变化，进而在极大的范围和深度上改变了人类物质生产技术交流的状态，加快了它的速度，加快和发展了人们对自然界、对宇宙、对人类社会的认识以及各种认识的交流和相互影响，在极大的程度上改变了人类社会生活的面貌。第二性的文字绝不是仅仅从属于第一性的有声语言，而是第一性物的具有革命性质的发展。在语言史上和人类社会发展史上具有如此重大作用的文字在现代语言学领域受到的对待是不够公允的。

任何一种语言，在语音、文字、语汇、语法四者之中，从教、学、使用的角度来看，相对地讲，语汇是比较难的。母语是这样，第二语言更是这样。这是因为：第一，语汇的规律最不好讲。什么是一个词，就说不清楚。汉语说"铁路"，是一个词；英语说 railroad，或 railway，也是一个词，然而直译应为"轨路"，不是"铁路"；法语说 chemin de fer，直译是"铁路"，然而不是一个词。这有什么道理可讲呢？就是在同一种语言之内，比如汉语普通话，说"吃面包""吃苹果""吃菜""吃牛肉"，但是不说"吃酒"，因为酒是液体，要说"喝"，不说"吃"，然而，凡是药，即使是药水或者汤药，统统说"吃"，不说"喝"。这又有什么道理可讲，有什么规律可循呢？这只是极简单的例子。词的来源，词的构成，词义，词的用法，词与词的搭配，等等，变化多端，复杂万状。第二，词太多。学任何语言，要想稍微管点用，总得会几千个词。许多词有多义多用现象；两三个词或三五个词之间，有所谓同义、近义现象，或大同而小异，或大异而小同，其同其异，或在所表示的概念的外延、内涵，或在新旧，或在雅俗，或在文野，或在来源，或在隐含，或在色彩，或在搭配习惯，充分理解已经不易,掌握使用做到准确得体更难。人们容易感到语音、语法困难,尤其在学习第二语言时,其实,无论就数量说或就内容说,与语汇之难都无法相比。第三,语汇的身上负载着使用这种语言的民族文化传统,社会风土人情,以至人们的心理特征和思维习惯。倘若这些方面的知识不够,对许多词的领会和运用就必然产生困难。在中国,比如举行一次文艺晚会,大家请某人弹一曲钢琴,或者唱一首歌,或者朗诵一首他本人写的诗,表演完了,大家鼓掌,他答谢,同时可能说(尤其在很小型的,十个八个人的聚会时):"胡弹乱唱,献丑,献丑","见笑,见笑","请指教"。在西方,不大会这样说;西方人初次听见中国人这样说会感到不理解,甚至诧异。就是在中国,这几个说法的含义也很不相同,用不用说,用哪个合适,要看聚会者都是些什么人,什么关系,表演者自己和听者是什么关系,等等。第四,语汇的变化很快,比语音语法快得多。社会上,文化、科学中,有了新的发展变化,出现了什么新事物、新观念,立刻就会出现新的词,或者用旧有的词赋予新义来表示它们。相反,也会不断有旧词被淘汰或者改变了意义和用法。对于社会生活的哪怕点点滴滴的变化,语汇是极为敏感的,反应也是极为迅速的。如果我们做一次今天一天出版的 100 份各种报纸的词频统计,大概"现代化"这个词的出现频率会相当高。可是,如果认真追问一下"现代"的含义,恐怕不是很容易回答的。"现代汉语""中国现代史""欧洲现代史""现代派(绘画)""现代信息技术",这些"现代"用一个定义能说得清楚吗? 不是不可知,不是不能定义,只是说,很难,因为同是这个词,在不同的时候、不同的场合含义有所变化,它不是凝固的。

上边是一般的说,就教、学、使用而论,语汇重要,语汇难。

在汉语词汇中,有一小批词,数量不多,基本上可以列举穷尽,但是能量很大,在语言中非常活跃,也非常重要,用法复杂,有的微妙,很难掌握,而用得好不好,选得准不准,关系却很大,比一个普通的名词、动词等用得是否恰当,对表情达意是否准确清晰,是否能让人容易而准确的理解,更有影响。这种词,粗粗地说,又有两大类。

一类是表示数量、时间、空间等范畴的,习惯性强,以汉语为母语的人学习不感到有什么困难,因为从小就那样听惯说惯了。例如,量词就挺麻烦。汉语一般不把数词直接用在名词前边,当中总要有个量词。这就出了两个问题。第一,什么名词用什么量词,很多是说不出道理的。如"一匹马""一头(或条)牛""一只老虎",这道理就不大好讲。在有些习惯语里,数词可以直接与名词连用,不需要量词,如"一草一木""三言两语""费了九牛二虎之力",然而只有某些习惯语才可以这样说,为数有限,不能援例,不能推广,并且用什么数词也是有定的,不能变换,非"九牛二虎"不可,"八牛三虎"就不行。这些,以汉语为第二语言或外国语来学习就会有困难。不过,这只是要记熟、用熟的问题,困难还不算太大。

另一类就更麻烦了。它们多少不等地也表示某种或具体或抽象的概念,几乎没有完全不表示什么概念的,然而更重要的是和表示更具体的概念的词或词的组合体合作,表示某种附加的意义或语气情态,如然否、程度、可能或必然或不可能,等等;或者表示某种抽象的事理关系或结构关系或二者兼而有之,如因果、条件、假设等等。这类词通常称为辅助词或功能词或结构词。

由于表示的意义和/或功能大都比较抽象，又往往也有一组一组的，它们表示的意义和/或功能相近又有大小不等的差异，这种差异往往关系重大，有时甚至差之毫厘，谬以千里，例如，"他一定来""他大概会来""他也许来""他准来""他不会来"，这中间的差异比"茶杯""茶碗"之间的差异重要性大得多了。语汇中最难掌握的，其实就是这批东西；小而至于一个"的"，一个"了"，要把它们讲清楚，用准确，都很不容易。作为母语，从小生活于其中，通过实践，逐渐知其然未必知其所以然地会用了，但是依然不时地会出点错。要是作为外国语来学，这部分东西往往成为入门之后最难对付的"拦路虎"。光是一个"了"，就不知道难住了多少外国朋友。今年我到日本去了三个多月，好几位教汉语的老师要我给仔细讲讲"了"的用法，因为学生经常用错，而老师说不清楚那样用为什么不对，学生常常提出些问题把老师问住。老师们查书查词典，也解决不了那些难题。说老实话，我也讲不大清楚，因为我从来没觉得它有这么难，没下功夫研究过。

这里有一条并不难明白的道理。上边说的那一类词的附加意义、语气情态以及抽象的事理关系或/和结构关系，每种语言大都有表示的手段，可是甲语言与乙语言所用的手段往往很不相同。例如，汉语用辅助词，不用词形变化，有的语言就多用词形变化，或者词形变化与辅助词并用，而辅助词各有各的一套，大异其趣。由于这套手段非常重要，在任何语言里都用得十分频繁，都构成一种语言的一个重要特点，因而这套手段的使用习惯形成得早并且非常牢固，前边说，当一个人学习一种第二语言时在这个方面最容易遇到困难，大体上不外乎三种情形：1. 甲语言时常要表示的某种附加意义或语气情态或抽象关系，在乙语言却不常表示或者不表示（这是显示语言的民族性的一个方面）。2. 表示意义和/或功能差别很大，让人感到摸不着门，找不到一个恰当的相对应的办法。3. 实行了错误的类推比附，因而闹了笑话。

对汉语的这套辅助词，为说汉语的人编写工具书需要讲细致一些，为以汉语为第二语言的人编写工具书，需要讲得更细，才能有用。粗线条地讲，用处就嫌不够。认真说起来，供外国人学汉语用的，应当有不止一种，比如，供说日语的用的，供说英语的用的，供说俄语的用的，等等，应当有所不同，因为他们感到的困难不一样。这类工作，以往不是完全没有做，有的辞书讲得也还相当细致，然而鉴于当前学汉语的人越来越多，需要越来越大，要求越来越高这个事实，上述这种工作仍需加紧多做，做得再好些。

高桥弥守彦、姜林森、金满生、朱春跃四位先生合作，编著了一部《中国语例解词典》。主要从上述辅助词之中选出了最重要、最常见的一批，用词典的方式，举出丰富的合乎现代汉语普通话说法的例句，详细加以解说。

这部词典主要有四个特点。

（一）一组一组地讲，而不是一个一个地讲。任何词，单个地讲还比较好办一点，把义近的两个或更多加以比较，说出它们的异同就难多了，因为，有的差别很细微，甚至很微妙，不容易说清楚。这种情况，在辅助词方面尤其明显。相近的辅助词之间虽然也有多少不等的意义上的差异，而更重要的是功能、用法上的差异。这就更难讲了，也更难掌握运用了，尤其对于以汉语为外语的学习者。这部词典一组一组地讲,讲它们的相同处,更讲它们的不同处,并且只用简要的说明,主要用多量的实例。——讲异同,用实例是最好的方法。解说半天,不如一两个典型的例句表明得更清楚。例如"该"和"要"。"你该去"和"你要去""天该下雨了""天要下雨了"区别在哪里?从小说汉语的人想不到这里有什么问题,而初学汉语的人在这两个词面前可是要犯犹豫的,甚至会闹点笑话的。

(二)几位编著者都是"两通"的学者,既通日语,又通汉语,既通语言和语言理论,又通教学,这是他们的有利条件。因此,他们这部词典既照顾到一般,又有明显的针对性——他们的头脑里始终有个"日本人","说日语的人学汉语"。这是极关重要的,前边说过这个道理,不再重复。

(三)由于用的是汉字,而一个汉字表示两个或多个用法不同的词这种现象并不少见,这部词典充分重视了这一点,从而对每组里的每个词都讲得细致(举例充足)。有的辞书往往以已经有相当程度的说汉语的人为主要对象,讲得过于简括,以汉语为外语来学习的人,使用起来有困难——相近的词的细微差别(这往往是学习者的困难所在)没讲到;一个词本身的多义多用现象讲得不够,各个不同的义项和用法分别同哪个其他的有关的词有异同问题,一般也没讲到;一个词的某义某用,需要具备什么条件,正误的标准和灵活的限度,等等,更没讲到。高桥先生他们这部词典,重视了这些问题,虽然不敢说已经完美无缺,至少是朝着这样的方向迈进了一大步。

(四)还有一个看来不太大而实际上很不小的特点,是每个词都用汉语拼音注了音。学汉语,或者,像在日本,一般说成学"中国语",不少国家也说学"中国语",有的国家说学"华语"。不论怎么个说法,实际上都指的是或者应当是学汉语普通话。用汉语拼音注音有助于教、学、推行汉语普通话,所以是十分可取的。其次,汉语的辅助词和其他普通词一样,不同的词用同一个汉字表示的情况很不少,例如"得",既可以表示动词"得到""取得""获得"里的语素 dé,也可以表示联系补语常用的"得"de,如"红得发紫",还可以表示可与"必需""应当""要"相比较的能愿动词 děi。用汉语拼音注音就把这种区别表示出来,不至于发生误会了。

除上述几项之外,还有一些特点和优点,我愿留给读者自己去发现,这里就不多说了。

总之,这是有新意、有特点、有新做法的,对说日语的人学习汉语非常有用的一部工具书,可备查考。当成一部参考书读读,也未尝不可。我想,对于说其他语言的人学汉语或教汉语,也会很有用的,特别是,如果他懂些日语的话。再有,对于中国的学者如何为外国人编写辞书,很可能有参考借鉴的价值。

[作者附记]这篇小文既是为纪念《中国语文》出刊 200 期而作,同时又是为日本高桥弥守彦先生和几位中国朋友合著的一本词典写的序。两处使用有先后,因而小有出入,都是作者自己改动的。

(原载《中国语文》1988 年第 1 期)

专名和通名理论批判

陈　　波

　　所谓专名,就是自然语言中的专有名词,例如"亚里士多德""毛泽东""长江""北京"等等。所谓通名,就是自然语言中的普遍名词,例如"人""狗""马""桌子"等等。专名和通名统称为名称。关于名称的意义,有两种主要的理论,一种是摹状词说,一种是历史的因果命名理论。本文主要考察这两种理论。

一

　　摹状词说的要点是:一切名称(无论是专名还是通名)都具有各自的内涵和外延,并且其内涵实质上是一些缩略的或伪装的摹状词。命名活动就是在思想上把一组有定摹状词或一组特征与一个名称联系在一起,它依据于被命名的对象具有这一组特征,或者说,依据于人们对这个名称意义的了解而识别对象。这种理论由弗雷格、罗素首先提出,后由维特根斯坦、丘奇、塞尔等人加以修正和发展。

　　(一)弗雷格的观点及其评价

　　穆勒认为,专名有外延而无内涵。弗雷格指出,这一观点不能解释"a＝a"和"a＝b"为什么具有不同的认识价值。在弗雷格看来,这两个语句是极不相同的,前者是纯粹的同义反复,是先天分析语句,而后者却扩展了我们的知识,是后天经验语句。比如说,我们只依据同一律,无须参照任何经验就能够判断"晨星是晨星"为真;而"晨星是暮星"却是天文学上的一大发现,天文学家们经历了多少代的辛勤努力才认识到这一事实。因此,语句"a＝b"中"a"与"b"的同一不可能是它们所指称的对象之间的关系,也不可能是"a"、"b"两个符号之间的关系,而只能是这两个符号所表示的不同涵义之间的关系。他最早明确区分专名的涵义与所指。他说:"一个专名(词、记号、记号的组合、表达式)表达它的涵义,代表或指示它的所指。我们借助于记号来表达它的涵义并且指示它的所指。"[①]"专名的所指就是这个名称命名的对象本身。"[②]弗雷格用一些具体的例证去阐明专名的涵义与所指的区别。例如:

---

　　①② P. T. Geach and M. Black: *Translations from the Philosophical Writings of Gotllob Frege*, New York, 1952, p. 61, p. 71.

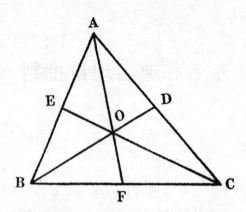

在△ABC中,三条中线 AF、BD、CE 交于点 O,现在考虑(i)"AF 与 BD 的交点"与(ii)"BD 与 CE 的交点"这两个名称的涵义与所指。显然,这两个名称具有不同的涵义,但有同样的所指。同样,"晨星"与"暮星"的涵义不同,但所指是相同的。弗雷格认为,我们由此就可以解释"a＝b"具有不同于"a＝a"的认识价值的原因:尽管"a"与"b"有同样的所指,但有不同的涵义,因此"a＝b"所表达的思想就不同于"a＝a"所表达的,前者能够提供后者所没有的信息。①

不过,弗雷格所说的专名是广义的,他没有从理论上区分专名和摹状词,因为在他看来,这两者的逻辑功能是相同的,都能够在句子中充当逻辑主语。于是,在他的逻辑中,任何指称单一对象的表达式都是专名,例如"离地球最远的天体"和"亚里士多德"一样是专名。他认为,专名的涵义就是所指对象的呈现方式,即对所指对象的描述方式,可以用一个能惟一识别其所指的有定摹状词表示,从而否认以简单记号出现的、代表确定个体的实体名称(如"苏格拉底"、"伦敦"等)能够独立地具有指称关系。他认为,这样的名称只有在一定的语境里获得一定的摹状关系,才有确定的所指。由于同一对象可以用不同的摹状词来表示,弗雷格因此允许对同一专名的涵义做出不同的理解。例如,对于"亚里士多德"这个专名,既可以将其涵义理解为"柏拉图的学生",又可以理解为"亚历山大的老师",还可以理解为"《形而上学》的作者"或"诞生在斯塔吉拉的那个人",如此等等。

弗雷格还认为,专名必须对于一个对象有所描述才能指示该对象。这就是说,专名是通过涵义与其所指发生关系的。他指出:"专名一与对象获得联系,它就通过涵义被决定。""在逻辑中应该既考察普遍名词,也考察专有名词,以便能够谈论从词到涵义的过渡和从涵义到所指的过渡……"这样,他实际上提出了"涵义决定所指"这个重要的语义学原则。这个原则至少包含两层意思:一个表达式只有表达了某种涵义,才能指称某种对象;一个表达式究竟代表的是哪个或哪些对象,取决于哪个或哪些对象具有该表达式的涵义所描述的那些特征或性质。即是说,一个表达式的所指是它的涵义的函项,是完全由其涵义所决定的。但是,所指并不决定涵义,由

① P. T. Geach and M. Black: *Translations from the Philosophical Writings of Gotllob Frege*, New York, 1952, p. 78.

所指的同一不能推出其涵义的同一,因为同一所指可以由不同的涵义所决定,亦即可以有许多不同的表达方式。例如,同一个三角形既可以表示为等边三角形,也可以表示为等角三角形。

涵义决定所指,而所指并不决定涵义,弗雷格因此认为,有涵义是一个专名有意义的充分必要条件,一个表达式有涵义与其是否有所指无关。他承认存在着具有涵义却无所指的专名,例如"奥德赛"、"最小的快速收敛级数"、"离地球最远的天体"。他把这类专名的出现归咎于自然语言的不完善,并且认为,在理想的逻辑语言内,这类专名是不允许存在的:"一种完美的逻辑语言应满足这个条件,作为一个专有名词的每个表达式在语句上由已引入的符号正确地构成,在事实上它指称某个对象,并且,如果一个新符号不能保证具有指称物,它就不该作为一个专有名词而引进。"[①]

弗雷格所谓的概念词实际上就是通名。他认为,概念词的意义与专名的意义相类似,也就是说,概念词也具有涵义和所指,且其涵义也决定其所指。但是,弗雷格把两者的所指区别开来:专名的所指是外在的对象,而概念词的所指则是概念,概念词通过它的涵义而与概念相联系,对象则隶属于相关的概念。他说:"普遍的概念词的作用,恰恰在于表示一个概念。"他认为,概念词所指的概念与专名所指的对象具有一系列重要的区别,归结起来,至少包括以下几点:首先,对象是一种感性的存在,而概念则是一种客观的思想。比如,我们可以用"horse"、"steed"、"pard"来表示"马"这一概念,这一概念的内容不会因用词的不同而不同。这表明马的概念具有不以人的意志为转移的客观规定。另外,作为概念的马又不同于作为个别对象的马。个别的马具有一定的形状和颜色,是一种感性的存在,可以为我们的感官所把握,而作为概念的马却不具备马的个别性质,它是一种抽象的存在,只能为思维所把握。第二,表达概念的语词是不完全的,而表达对象的专名则是完全的。因为概念词只表示对象的某种性质,而不指称对象的全体,专名则指称对象的全体。例如,在"亚里士多德是哲学家"这个句子中,"亚里士多德"是专名,它指称亚里士多德这个人,而作为谓词的"哲学家"是概念词,它仅仅表示亚里士多德这个人具有作为哲学家的一面,显然亚里士多德还具有其他许多方面。正因如此,概念和对象在句子中显现出不同的功能,概念可以作为句子的谓词,而指称对象的专名则不能作为谓词来使用。弗雷格指出:"就'主词'和'谓词'的语法意义而言,我们可以简略地说,概念是谓词的所指,对象则是那样一种事物,它绝不能是谓词的全部所指,而只能是主词的所指。"[②]罗素也表达了类似的思想:"概念是谓项性的。在另一方面,一个客体的名称,一个专名,是完全不可能用作语法上的谓项的。"[③]第三,概念类似于函数,可以区分为不同的阶;而对象则类似于函数的自变量,没有阶的划分;句子的真值相当于函数值。例如这样三个句子——苏格拉底是哲学家,柏拉图是哲学

---

① *Translations from the Philosophical Writings of Gotllob Frege*, p. 70.

② *Translations from the Philosophical Writings of Gotllob Frege*, pp. 47-48.

③ 罗素:《我的哲学发展》,商务印书馆,1982 年,第 60 页。

家,亚里士多德是哲学家——具有共同的形式:(　　　)是哲学家,它相当于一个函数,括号部分相当于函数的自变量,在括号内填上指称对象的专名就得到一个句子,这个句子要么真,要么假。弗雷格把这种共同的形式称为概念词,它表达一种概念或思想。"概念就是其值为真值的函数。"弗雷格认为,既然函数和概念之间具有这种共同性质,于是就可以用函数关系来说明概念关系,用函数的内部结构来说明概念的内部结构。函数有一阶函数和二阶函数之分,概念就有一阶概念与二阶概念之别。一阶函数是自变量为个别数的函数,二阶函数则是自变量为函数的函数。同样,一阶概念以个别对象为自变量,二阶概念则以一阶概念为自变量,因此是概念的概念。二阶函数只有在一阶函数中才能存在;同样,二阶概念的存在也有赖于一阶概念的存在。我们只能把个别对象归入一阶概念而不能直接归入二阶概念,因为只有一阶概念才直接表示个别事物的性质。例如,存在概念就是一个二阶概念,它不表示个别对象的性质。弗雷格主张,不要说某个对象存在,而要说归入一阶概念的东西即某物的性质存在,因为"存在只是概念的性质"。所以,说上帝存在是错误的,关于上帝存在的本体论证明不能成立。[①] 弗雷格做出上述区分的目的,是只承认个别事物的独立实存性,取消亚里士多德意义上的第二实体,即否认像人、马、动物这样的类的独立实存性,把它们统统划归语句谓词的行列,看做逻辑的构造物,这反映了弗雷格的本体论观点。

弗雷格认为,语词的涵义和所指在间接引语语境(内涵语境)中会发生一些变化。他强调指出:"我们要区别一个语词的普通所指与它的间接所指,以及它的普通涵义与它的间接涵义。一个词的间接所指就是它的普通涵义。"他还指出:"如果我们以普通的方式使用语词,那么我们所想说的就是它们的所指。但也可能会发生这样的情形:人们希望谈到语词本身或它们的涵义。例如,当引用另一个人的语词时就是如此。人们自己的语词首先指示另一个说话者的语词,只有后者才有它们普通的所指。我们有记号的记号,在书写时,这样的语词要加引号。因此,带引号的语词不可以有普通的所指。"[②]例如,在"亚里士多德是一位哲学家"中,"亚里士多德"有其普通的所指,即亚氏其人;但在"亚里士多德是英语单词 Aristotle 的音译"中,"亚里士多德"只是指"亚里士多德"这几个汉字,而不是指亚氏其人,因此,按照弗雷格的意见,应该给它加上引号。再如,在"约翰知道晨星是晨星"中,"晨星"不具有普通的所指,而只具有间接所指,即它所具有的涵义。这就是造成下述现象的原因:尽管"晨星"和"暮星"有同样的所指,但是在"约翰知道晨星是晨星"中,却不能用"暮星"替代"晨星",否则就有可能由真语句得到假语句。这也就显示出弗雷格做出上述区别的深层动机:他是想维护同一性替换规则的普遍适用性。

弗雷格上述观点的要旨是:语词(名称)可以分为专名和概念词两类,它们都具有涵义和所指,并且,其所指是由其涵义决定的,它们的涵义都可以用相应的摹状词刻画,但它们的所指却

---

① 参见汪堂家《弗雷格哲学思想述论》,《哲学研究》1986 年第 6 期,第 37—39 页。
② *Translations from the Philosophical Writings of Gottlob Frege*, pp. 58-59.

有所不同:专名代表、指称对象,而对象就是独立实存的个别事物,因此专名是完全的符号;概念词指称概念,由于概念是对象的性质及相互间的关系,它们必须依附于具体的个别事物而存在,因此,概念词是不完全的符号,是一种不能自我满足的表达式,相当于语句函项,当我们在其变项空位上填入专名时,它就变成了能够陈述事态的句子。概念具有概念词所指示的性质或关系而隶属于它所表达的对象,在这个意义上,可以把概念词的所指间接理解为具有它所指示的性质或关系的那些个别事物所构成的集合。1891 年,弗雷格在写给胡塞尔的一封信中画了一幅图,其中的一部分说明了专名、概念词、涵义、所指等等之间的关系:[①]

弗雷格的上述看法至少具有下述严重缺陷:首先,他从来没有说清楚名称的涵义究竟是什么。他认为,涵义是某种主观际的、客观的东西,严格区别于主观的观念和心理联想。但是,他又允许名称的涵义在不同的论者那里发生变化,即允许不同的论者对同一名称的涵义持有不同理解。如此推论下去,涵义就会成为纯粹主观的东西。即使承认名称的涵义由相应的摹状词给出,但由于与一个名称相联系的摹状词很多,也无法确定它是其中一个的缩写,还是它们全体的缩写。第二,他的意义说是内在意义说或封闭意义说。他主张任何语言表达式都有涵义与所指的分别,这就意味着:语言框架事先替每一语词制定了各自的意义,尔后人们再运用这些已有固定意义的语词与语句去解释、规范实在世界的对象、概念及事实;涵义在逻辑上先于且独立于语词的所指。然而这样一来,思想的客观性就仅存在于语言系统内部。相对于个别的语言使用者,它是普遍共同的;而相对于外部世界,它却成了主观随意的产物。语言的功用不是将外在事实投射到思想中,反而是把思想扩展到外部世界。这当然是有严重问题的。第三,弗雷格把专名看成语言的终极构成要素,把专名所指称的对象视为构成世界的终极实体,但他又认为,专名有涵义和所指之分,并且其涵义可用相应的摹状词来刻画,而任何摹状词却肯定地包含概念词,专名于是就成为远比概念词更复杂的语词,他关于专名和概念词的区分就不再成立。[②]

(二)罗素的观点及其评价

在名称的意义方面,罗素集中研究专名,而较少研究通名。他是以观点多变著称的,本文主

① 参见涂纪亮《分析哲学及其在美国的发展》,中国社会科学出版社,1984 年,第 48 页。

② 参见陈维纲《略谈罗素意义理论的几个问题》,《北京大学学报(哲学社会科学版)》1986 年第 1 期,第 103 页。

要讨论他最先在《论指示》一文中提出,后来又在《数理哲学导论》等论著中多次重述并详加发挥的有关观点。总起来看,他对于弗雷格的观点既有所继承又有所突破。

罗素认为,专名和摹状词是有严格区别的,这具体表现在:第一,两者的知识基础不同。罗素有一个基本的认识论观点,即把知识分为亲知的知识和描述的知识。亲知的知识是个人直接感知和经验到的知识,描述的知识则是通过描述对象的属性来了解对象的间接知识。罗素为了给知识寻求一个坚实的基础,特别强调亲知知识的重要性:"一切思想都不得不从亲知的知识开始。"①与这两种不同的知识相对应,语言有两种不同的语义功能:命名和描述。专名就是具有命名功能的语词,我们之所以能够理解它,是因为我们能够直接亲知它所指示的对象,这个对象就构成了它的意义;摹状词则是具有描述功能的语词,我们之所以能理解它,是因为我们能够通过它对于一个对象的特征性质的描述去识别那个特定的对象。可见,专名和摹状词具有不同的知识基础:前者是建立在亲知知识的基础之上的,而后者则基于描述的知识。第二,两者的语义结构不同。专名是一个简单符号,在句子中只能当主词用,它不含有独立构成符号的部分,如"司各脱"虽有其部分"司"、"各"、"脱",但这些部分不具有独立的意义,因而不是符号。一个专名直接指示一个个体,这个个体就是它的意义,它之所以有这个意义完全凭借自己而不凭借其他词的意义。而摹状词则包含几个词,是一种复合符号,其意义只是在一定的语境中由各个词的意义所产生的,自身并不具有独立的意义,这就是说,它并不直接指称个体,因而是"不完全的符号"。由此导致第三个区别:"含有摹状词的命题与将专名替代摹状词所产生的命题不同,即使专名称呼的对象与摹状词描述的对象是同一个,两个命题也不相同。'司各脱是《威弗利》的作者',显然与'司各脱是司各脱'不同:前者是一个文学史上的事实,后者是众所周知的自明真理。如果不用司各脱而用别的专名替代'《威弗利》的作者',得出来的命题就是假的。"②罗素还以恒真命题函项"X=X"为例,进一步论证专名和摹状词的区别。在这个命题函项中,任选一个专名去代"X",一定得到一个真命题,例如"苏格拉底是苏格拉底","柏拉图是柏拉图"。但是,如果不加别的前提,试图得出"《威弗利》的作者是《威弗利》的作者",那就会陷入谬误,这是因为:"当我们以一个摹状词来替换一个专名时,如果摹状词摹状没有的东西,恒真的命题函项可能变成假的。"③这就是说,要使具有"X=X"形式的命题为真,必须以替代"X"的那个词项所命名的对象存在为前提,这一点摹状词不能保证,但专名可以保证。

罗素又进一步把逻辑专名与普通专名区别开来。他认为,逻辑专名即真正的专名,必须满足三个条件:(i)没有涵义。"它应是纯指示性的,没有任何描述功能。"④(ii)必有所指。"若 X 是一个名字,它必指称某个东西,不指称任何东西的不是名字。"(iii)亲知其所指:"它应表示某

---

① 罗素:《论指示》,见《当代西方哲学思潮概要》,中国人民大学出版社,1987年,第126页。
②③④ 罗素:《数理哲学导论》,商务印书馆,1982年,第164页,第165页,第168页。

种我们直接感受到的东西。"①这是逻辑专名最本质的特征。他对"亲知一个对象"做了这样的解释:"当我同某个对象有直接的认识关系,也就是说,当我直接意识到这个对象的本身,那么我就亲知该对象。"②显然,任何普通专名所指称的对象都不可能是这种意义上的亲知对象。例如,我们并没有亲知专名"苏格拉底"指称的苏格拉底其人,我们关于苏格拉底的知识是从百科全书查得的,从这个意义上说,"苏格拉底"实际上不再是一个专名,而是一个伪装的或缩略的摹状词。"看来似乎是名字的其实都是摹状词",③它们与摹状词一样,可能不指称任何实际存在的对象,例如"孙悟空""飞马"等等。那么,究竟什么是真正的专名(即逻辑专名)呢? 罗素指出:"人们确实把以下这些词当作逻辑专名来使用,即'this'(这)和'that'(那)这些词,人们可以把'这'当作他们此时亲知的一个个别的名称。我们说'这是白的',如果你同意'这是白的',那就意味着你看到了这个,而且你正使用'这'作为一个专名。"④如此看来,罗素所谓的亲知对象实际上只不过是"一堆感觉材料","一束共同呈现的性质",并不是具有这些性质的个别对象。他举了一个例子说明这一点:当他手举一枝粉笔说:"这枝粉笔是白的",又说:"这是白的",他实际上讲出了两个完全不同的句子。在前一个句子中没有专名,仅在后一个句子中才有专名,它指称的不是粉笔,而是当下"可亲知到的、具有白的性质的感觉对象"。⑤

罗素关于专名的理论可以概述如下:指称单一对象的语词可以分为两类。一类是完全符号,即逻辑专名。对于逻辑专名来说,不是它们的涵义决定它们的所指,而是它们的所指决定它们的涵义,它们的涵义就是它们的所指,它们从其所指那里获得涵义。这就突破了弗雷格的封闭意义论,使语词从外部世界获得了意义。另一类是不完全符号,即普通专名。它们并不直接指称个体,因而不具有独立的意义,而是只从完全符号那里获取派生意义,它们是"只在用法上具有意义而其本身没有任何意义的复合体"。在逻辑上,我们可以用摹状词代替普通专名。由于他所谓的逻辑专名只是指称一堆感觉材料,一束共同呈现的性质或事实,因此,一切个别的具体事物在他那里都见不到了,统统被归结为感觉材料的一种逻辑构造。在他看来,外部世界不是由个别具体事物构成,而是由感觉材料构成的。这样,他继弗雷格取消亚里士多德的第二实体之后,又取消了亚氏的第一实体。这就是罗素专名和摹状词理论的哲学后果。

(三)簇摹状词说

在评价弗雷格的观点时已经指出,若把一个专名(至少是普通专名)的涵义等同于一个具有共同所指的摹状词,将使得专名的涵义成为完全不确定的东西,或者说,成为某种纯粹主观的东西。这是令人不能接受的。于是,维特根斯坦、丘奇、塞尔等人出来修正摹状词说。维特根斯坦认为,名称仍然是伪装的或缩略的摹状词,但它不是一个有定摹状词,而是一组或一簇有定摹状

---

① 罗素:《我的哲学发展》,商务印书馆,1982 年,第 152 页。

② B. Russell:*Mysticism and Logic and Other Essays*,London,1917,p. 202.

③ 罗素:《数理哲学导论》,第 168 页。

④⑤ B. Russell:*Logic and Knowledge*,London,1956,p. 201.

词,名称的所指就是由这一组或一簇摹状词决定的,因此,名称可以同义地定义为一簇摹状词。例如"亚里士多德"的涵义就是由描述其区别性特征的所有那些有定摹状词之和。而塞尔指出,名称的涵义确实是一组或一簇摹状词,但是,一个对象成为该名称的所指,并不需要它满足该家族中的所有摹状词,而是只要满足其中的足够数量的或大多数的摹状词就行了。我们令 S 为适用于名称 a 的所有摹状词的集合,则有如下几种可能:(1)a 的涵义为 S 的某个元素;(2)a 的涵义为 S 的所有元素的合取;(3)a 的涵义为 S 的某个子集,该子集包括哪些元素、多少元素,都不确定。可以这样说,弗雷格、罗素选择了(1),维特根斯坦选择了(2),而塞尔选择了(3),他使名称的涵义与摹状词保持一种松散的联系。[①] 在塞尔看来,这种联系的松散性源于专名的指称功能,它是区别语言的指称功能与描述功能的必要条件。

二

历史的因果命名理论的要点是:名称,特别是专名,只是纯粹的指示词。这就是说,它们没有涵义,只有所指,并且其所指是确定的,不会因时间、地点、条件的改变而改变。这种理论以穆勒、克里普克、普特南等人为代表。

穆勒在其《逻辑体系》中认为,通名既有内涵又有外延,它们既能指称被它们所称谓的人或物,又能包摄或表示某些简单的或复合的特性,人们根据某些人或物具有这些特性而将其识别为该名称的所指。但是,专名则不然,"专名没有内涵,它指称被它称谓的个体,但不表示或蕴涵属于该个体的任何属性"。[②] 对象被命名之后,名称仅作为一种标记,使那个对象成为谈话的对象。穆勒举了一些例子来说明这一点,例如:一个小镇被命名为"达特河口"(Dartmouth),因为它位于达特(Dart)河的入海口,但"位于达特河入海口"并不是"达特河口"意义的一部分,否则,如果达特河改道在其他地方入海,这个小镇就必须改名,但事实并非如此,人们仍然会沿用这个旧有的名称。

20 世纪 60 年代末,克里普克冲破外延逻辑的框架,从可能世界语义学的角度提出了一种新的名称理论,即历史的因果命名理论。在这种理论看来,专名和通名都不具有自己的内涵或含义,因而也不具有自己的意义。命名活动不是依据于名称的内涵或含义,即不是依据于人们对名称的意义的了解,而是依据于名称与某个命名活动的历史因果联系,即依据于人们对某些有关的历史事件及其因果影响的了解。显然,这种理论继承了穆勒在专名问题上的观点,并把它进一步推广到通名上。这一理论一经提出,就引起了一场持续十多年的论战,推翻了弗雷格、罗素等人的摹状词说在指称问题上的统治地位。

---

① Susan Hacck: *Philosophy of logics*, Cambridge University Press, 1978, p. 63.

② J. S. Mill: *A System of Logic*, London, 1900, p. 20.

克里普克认为,弗雷格、罗素等人关于专名的摹状词说包括两个基本点:一是认为专名与有关的摹状词是同义的,即专名的涵义就是一个或一组有定摹状词;二是认为这个或者这些摹状词决定着专名的所指。克里普克论证说,上述两个基本点都不能成立。首先,专名并不是与一个或一组摹状词同义的,论据是:词项的涵义就是它所表达的分析的或必然的属性,即在某对象存在的任何场合都适用于该对象的属性,亦即与物自体不可分的本质。而摹状词并不(至少并不总是)表达这样的必然属性或本质。例如,亚里士多德可以不是柏拉图的学生,可以不是亚历山大的老师,可以不是《形而上学》一书的作者,因此,"柏拉图的学生"、"亚历山大的老师"、"《形而上学》一书的作者"之类的摹状词并不构成专名"亚里士多德"的涵义。其次,摹状词并不决定专名的所指,这可以从两方面理解:(1)一个不满足摹状词的对象不一定不是专名的所指。这是因为专名指称的对象在存在过程中包含无限多的可能性,但无论哪一种可能性成为或者不成为现实,都不会使该对象不成为该专名的所指。例如,在现实世界中,尼克松当选为第 37 届美国总统,并且由于水门事件的发生,未能连任第 38 届美国总统。但人们完全可以设想尼克松从未当选为美国总统,也可以设想他曾连任第 38 届美国总统,即使如此,尼克松仍然是尼克松,他不会因为当过或未当过美国总统而不成为同一个人。(2)一个满足相应摹状词的对象不一定是专名的所指。由于尼克松当选为美国第 37 届总统不是必然的,我们完全可以设想,不是他而是另一个人——例如汉弗莱——当选为美国第 37 届总统,这样一来,满足摹状词"第 37 届美国总统"的对象就不是尼克松,而是汉弗莱。克里普克还把以上分析推广到"簇摹状词说",认为一簇摹状词也完全可能只是摹写了某个对象的偶然特性,并不构成相应专名的涵义,因而也不能决定相应专名的所指。两个所指,即使具有几乎完全不同的性质,满足几乎完全不同的两组摹状词,仍然可以是同一个体;相反,即使它们具有几乎完全相同的属性,满足几乎完全相同的两组摹状词,也仍然可能是两个不同的个体。最后,克里普克从模态逻辑的角度正面论证说,专名和摹状词的逻辑作用是各不相同的。摹状词造成辖域歧义,包含它们的模态语句有两种解释(de dicto 和 de re),并且这两种解释的真值不相同;相反,专名并不导致辖域歧义,包含它们的模态语句似乎也有两种解释,但这两种解释的真值是一样的,于是两种解释实质上合并成一种解释。既然摹状词和专名在模态语句内具有不同的逻辑作用,所以专名就不是伪装的或缩略的摹状词。摹状词说是错误的。

克里普克认为,弗雷格、罗素等人之所以发生上述错误,其根源在于他们不知道专名是固定指示词,摹状词是非固定指示词。克里普克把专名、通名、摹状词统称为指示词,并进一步把指示词分为固定指示词和非固定指示词两大类。他指出:"如果某个指示词在一切可能世界中都指示同一个对象,我们就称之为固定的指示词;如果不是如此,我们称之为非固定的或偶然的指示词。当然,我们并不要求这些对象存在于一切可能世界之中。"①他还指出:"当我使用固定指

---

① S. Kripke: *Naming and Necessity*, Harvard University Press, 1980, p.48.

示词概念的时候,这并不意味着被指称的对象必然存在。我们的意思是,在该对象确实存在的任何一个可能世界中,在该对象将会存在的任何一个场合中,我们使用固定指示词来指示那个对象。在那个对象不存在的场合,我们就应该说那个指示词没有所指,而如此予以指示的该对象不存在。"①这就是说,在某对象存在的一切可能世界中都指称这同一对象的指示词就是固定指示词,反之则是非固定指示词。克里普克还给出了区分这两者的非严格的直观检验方法:如果事实上的 D 可能不是 D,则 D 是非固定指示词;反之,如果事实上的 D 必然是 D,则 D 是固定指示词。例如,美国第 37 届总统可能没有当过美国第 37 届总统,而尼克松却不可能不是尼克松,因此,"美国第 37 届总统"是非固定指示词,而"尼克松"则是固定指示词。② 按照这一标准,专名是固定指示词,而摹状词则是非固定指示词。这是他的一个最基本的观点,他的许多其他观点都是基于这一观点之上的。

克里普克进一步论证说,摹状词之所以是非固定指示词,原因在于它有涵义。"美国第 37 届总统"在一切可能世界中都指称那个是美国第 37 届总统的个体,很明显,这里是涵义决定其所指。在某个可能世界中被摹状词指称的对象必须具有特定的属性,这一特定的属性正是由摹状词的涵义给出的。在不同的可能世界中,摹状词的涵义保持不变,而原先被指称的那个对象除必然属性之外其他属性都可以改变,因而,摹状词的所指也可能发生变化,由摹状词表达的那些偶然特性就不可能是固定指示词的涵义。在克里普克看来,对于一个指示词来说,要保持指称的严格性就必须没有涵义。③ 他认为,专名正好满足这一要求。他同意穆勒的观点,专名只有外延(所指),没有内涵(涵义)。这样,他至少在专名问题上否定了涵义决定所指的原则。

那么,究竟如何决定专名的所指呢? 克里普克承认自己提不出决定所指的一组充分必要条件,只能提供一幅较好的画面。这幅画面大致是这样的:一个婴儿出生了,他的双亲给他起了个名字,他们对朋友谈论他,其他人遇到他也用这个名字称呼他,通过各种各样的谈论,这个名字在这个社会团体中一环一环地传播开来,好像一个链条一样,一旦在这个链条某处的一个人使用了这个名字,他实际上就已经根据这个链条确定了该名字的所指。这就是说,专名的所指是通过社会团体中的因果历史链条来确定的。"一般说来,所指不仅依赖于我们自己怎样想,还依赖于社会中其他人及该专名传到我们这里的那段历史等因素,通过追踪这样的历史,人们找到所指。"④克里普克强调指出:重要的问题不是专名的说出者如何考虑他是怎样知道这个专名所指的对象,而是这条实际的"传递的链条"的建立。他说:"当一个名字沿着链条一环一环地传递下去时,这个名字的接受者知道了这个名字,他用这个名字所指称的对象就会相同于他由以知道这个名字的人所指称的对象。如果我听见'拿破仑'这个名字,而认为它是我的爱畜小土猪

① 转引自 M. K. 穆尼茨《当代分析哲学》,复旦大学出版社,1986 年,第 471 页。
② 参见《当代分析哲学》,第 472 页。
③ 参见孙学钧《专名理论的历史发展》,1987 年全国西方逻辑史讨论会论文。
④ *Naming and Necessity*, pp. 95-96.

的名字,我就没有满足这个条件。"①克里普克指出,摹状词说则忽视了指称的社会历史性,似乎一个人关在房间里就能决定一个名称的所指。

克里普克还把他关于专名的观点推广到通名,认为通名也是固定指示词,在一切可能世界中都指称同样的对象。不过,他所讨论的通名仅局限于自然种类的通名,例如"水""黄金""老虎""桌子"等等。关于通名是否具有涵义,他没有做出明确的说明;但他指出通常把属性的组合看做通名的内涵的观点是错误的,因为通名一般说来并不表达属性。与专名一样,通名一旦被确立下来,也可以沿着传递的链条一环一环地传递下去,它们指称的对象也是由一条历史的、因果的链条决定的。克里普克进一步认为,通名的所指是该种类跨一切可能世界而恒定不变的本质属性,即该种类所具有的内部结构。例如,水的本质属性是 H_2O,黄金的本质属性是原子序数为 79。无论在哪一个可能世界中,只要存在具有 H_2O 这一化学结构的物质,它就必定是水;只要存在原子序数为 79 的物质,则它必定是黄金,无论它们具有或者不具有任何其他的性质。

克里普克并不否认有时可以借助于摹状词去确定专名和通名的所指,他所否认的只是把摹状词等同于名称的涵义的观点。他承认,在某些特殊场合下,例如在给某一对象命名的场合,有时是根据某个摹状词或某种独特的标记来给这一对象命名的,或者说去确定该名字的指称物的,但他强调指出:"所用的摹状词与借助于它所引入的名字并不是同义的,只不过是借助于它来规定名字所指的对象罢了。在这点上,我们的观点不同于通常的摹状词论者的观点。"②我们在确定名字的所指对象时,只不过是把某个或某些摹状词当作临时手段,并不是把它们当作名字的同义语。我们还可以使用其他的临时手段,例如实指动作、对象的某个偶然特性、某个区别性特征等等,去确定名字的所指。他认为,要给出确定名字的所指的一组充分必要条件,是不可能的。

以上就是克里普克关于命名的"因果历史理论"的基本轮廓。许多哲学家支持这一理论,他们从不同的角度、方面补充修正以至发展了这一理论。例如,唐纳兰在专名问题上,普特南在通名(即他所谓自然种类词)问题上都对这一理论做出过重要贡献。当然,这一理论也激起了许多反对意见。

三

我不赞成因果历史理论,而比较赞成摹状词说。

我认为,克里普克所提出的因果历史理论至少有一个重大缺陷:他的几乎所有议论都依据于"专名是固定指示词,摹状词是非固定指示词"这一观点,但对于这一基本观点并没有提供充

---

① *Naming and Necessity*, pp. 95-96.

② 同上,p. 96。

分的论证。其实,这一基本观点是根本不能成立的。其理由如下:

第一,无论是专名还是通名,都不是无任何涵义的固定指示词。确实,名字的意义是在一个社会共同体中通过一个因果历史链条传给我们的。在我看来,我们从这链条上得到的,首先不是一个名字的所指,而是它的涵义,即它所指示的对象所具有的一系列特性。以"苏格拉底"为例,我们从因果历史链条上知道了他的家庭出身、生卒年月、生平事迹等等,知道他是古希腊早期的一位著名哲学家,是柏拉图的老师……最后被投入监狱,饮鸩毒而死。我们正是基于对所有这一切的了解才识别出"苏格拉底"的所指,即历史上的苏格拉底其人。此外,在现实生活中,重名、同名现象是屡见不鲜的,人们能够区分出它们的不同所指,主要也是依据于对这些相同名称的不同涵义的把握。例如,某人在报纸上看到了他的一位老朋友的名字,但他仔细看报就会发现,这段报道不是关于他的老朋友的,而是关于与他的老朋友同名的另外一个人的,因为它所谈论的许多事情与他的老朋友毫不相干。显然,这里是通过名字的涵义识别其所指。

克里普克之所以否认名称有涵义,其主要理由是:如果某种语言表达式可以看作名称的涵义的话,那么它必须可以作为该名称的同义词来使用,必须是赖以确定其所指的"必要且充分的条件"。而要做到这一点,该种语言表达式就必须反映对象的分析的或必然的性质,即在该对象存在的一切场合都适用于该对象的属性,亦即与物自体不可分的本质。而任何摹状词,无论是单个摹状词还是一组摹状词,都不可能达到这一点,因此它们不构成名称的涵义,所以名称无涵义。克氏的上述论证有一个基本假定:一个对象在形成之初,就有一个确定不变的本质;一个名称在一个语言中出现之时,就有一个确定不变的意义。但这个假定是错误的。实际上,客观事物是不断发展的,人的认识相应也是不断发展的,这反映到名称的涵义上,就使得它有一个从贫乏到丰富、由浅显到深刻的过程。以专名"亚里士多德"为例。当亚里士多德刚刚出生时,名称"亚里士多德"的涵义最为贫乏,仅仅是"诞生在斯塔吉拉的、由××和××共同生育的那个孩子"等等;随着亚氏本人的不断成熟,亚氏本人的规定性逐渐增多,这反映在亚氏名称上,就使得它的涵义不断增多,不断趋于丰富,其趋于丰富的过程甚至不会完结,因为人类对亚氏本人的认识不会完结。这里,每一个反映亚氏在不同阶段的规定性的摹状词都揭示了亚氏名称的部分涵义,只有所有这些摹状词的集合(这个集合永远无法实际地构成)才揭示了亚氏名称的全部涵义。人们并非一定要把握了亚氏名称的全部涵义才算把握了它的涵义。相反,把握全部涵义在人们的具体社会实践中既无必要也不可能。因此,摹状词表达名称的涵义(尽管不是全部涵义)的观点是可取的,而克里普克的名称无涵义的观点是不可取的。

第二,克里普克关于固定指示词与非固定指示词的区分是与他所主张的本质主义密切相关的,甚至可以说,后者是前者的基石。但仔细分析一下就会发现,克里普克的本质主义将导致荒谬的后果,他的上述区分因此也就不能成立。

克里普克论证说,摹状词之所以是非固定指示词,是因为它们常常(尽管并非总是)摹写对象的某些偶然的非本质的属性。例如,当选的第41届美国总统完全可能未当选为这一届美国总统,而是另一个人——例如杜卡基斯——当选为这一届美国总统；《形而上学》一书的作者完全可能不写《形而上学》一书，而去写一部不知名的小说或一部著名的史诗。因此，"第41届美国总统"和"《形而上学》一书的作者"这两个摹状词就不是指称某个确定对象的固定指示词，而是时而指称这个对象、时而指称那个对象的非固定指示词。但是，专名和通名所指对象不可能不是该对象，例如，亚里士多德不可能不是亚里士多德，水不可能不是水，因此它们都是固定指示词。这实际上就假定了专名和通名总是反映一个或一类事物自身的同一性，即反映与物自体不可分的本质。这样，固定指示词与非固定指示词的区分与克氏本质主义的联系就建立起来了。

克里普克的本质主义包括两个要点：一是关于本质或本质属性的定义问题，二是关于本质属性的作用问题。首先，克里普克认为，一个或一类事物的本质属性就是它必然具有的属性，它历经一切可能世界的变化而不变，从而使该事物保持着自身同一性；而偶然特性则是对于一个或一类事物来说可有可无的性质，它在某些可能世界中具有这些性质，但在另外一些可能世界中却完全可能不具有这些性质。例如，尽管亚里士多德在现实世界中是柏拉图的学生，亚历山大的老师，……但完全可以设想这样的可能世界，在其中亚氏既不是柏拉图的学生，又不是亚历山大的老师，甚至不是哲学家，不是学者，……因此，通常所理解的有关亚氏本人的一系列摹状词就不反映亚氏的本质属性，不可能成为在不同可能世界中识别同一个亚里士多德的依据。那么，究竟什么是一个或一类事物的本质呢？克里普克实际上提出了两种理论：一种是因果起源说，另一种是内在结构说：前者针对个别事物，后者针对个别事物组成的类。他认为，一个事物的因果起源决定着它的本质、决定着它的自身同一性。就亚里士多德来说，亚氏是由他父母的精子和卵子合成的受精卵发育生成的，他由之起源的那个受精卵就构成他的本质；如果一张桌子是由一块木头制作的，那么，它由之起源的那块木头对于它来说就是本质的。至于一类事物的本质，他认为，就是该类事物的全部成员所共同具有的内在结构。例如，水的分子结构是H_2O，H_2O就是水的本质；黄金的原子序数为79，原子序数为79就是黄金的内在结构，"在任何一个可能世界中凡原子序数为79的事物是黄金"这一表述给出了黄金的本质。又如，虎也具有它的内在结构，这种内在结构构成虎的本质。其次，克里普克认为，一个或一类对象只要具有其本质，即使它们失掉了许许多多其他特性，也仍然是该个或该类事物；反之，一个或一类事物如果失去其本质，即使它们在其他性质方面仍然与原事物相同，它们也不再是该个或该类事物。举几个极端的例子来说：我们可以设想这样一个可能世界 W'，W' 中的事物在内在结构方面和现实世界的完全一致，但在外部特征上刚好相反。例如，W' 中有一种呈灰白色、质地坚硬、有延展性、在潮湿空气中易生锈、可以用来构造各式机械的物质，它却具有 H_2O 的内在结构；并且，W' 中还有一种无色透明的液体，就其外表特征而言与地球上的水一模一样，但却具有 Fe 的内在结构。按照克里普克的标准，我们应该将前者称之为水，将后者称之为铁。若交换它们各自的称谓，克里普克则认为是错误的。再如，W' 中还有这样一种动物，它具有现实世界中老虎的一切外部特征：胎生的、四肢着地、爬行、食肉、凶猛等等，但它具有现实世界中鸟的内在结构。

即使如此,克里普克还是认为,我们应将其称之为鸟,而不应将其称之为虎:"不能完全根据虎的外表来给虎下定义,可能会有这样一个不同的物种,它具有虎的全部外显特征,但是具有不同的内部结构。因此,这个物种不是虎这个种而是其他物种。"①显然,这些说法十分荒谬。

克里普克的本质主义之所以导致如此后果,原因至少在于其中的第二个要点不成立,它完全忽视甚至排除了事物的本质属性与事物的其他性质及外显特征的内在联系,认为前者并不支配、决定、派生后者。这是完全错误的。亚里士多德早就指出:本质属性是决定事物之存在的东西,这就是说,它支配着事物的其他属性或外显特征,决定着事物如此这般而非其他,或者说,决定着事物外部特征的可能范围,本质属性具有解释其他属性的功能,正因为它的存在,事物才得以以其特定的面目出现。② 我认为,亚氏的这一思想是完全正确的。举例来说,能够制造和使用劳动工具的动物是人的本质属性。由于人经常需要用双手制造和使用劳动工具,人成为两足直立的动物;由于劳动过程需要彼此配合与协作,人于是能够说话,能够使用语言进行交流和思维,人成为有理性的动物;同样由于劳动过程需要协作,人建立了群体和社会,成为社会性动物;如此等等。这说明,由人的本质属性派生出了其他许多特性和外显特征,前者和后者有着内在联系。因此,对于某一个别事物或自然种类来说,某一两个非本质属性可能无足轻重,可以增减变易,但非本质属性作为一个整体就不再是无足轻重、可有可无的了。正像陈维纲同志正确指出的那样,非本质属性作为整体,对于某一个别事物或自然种类至少和本质结构同等重要。我们甚至可以这样来理解本质与外部特征的关系:本质之所以重要,其原因在于它的存在决定了外部特征作为整体的存在,也就是决定了个体或种类的存在,⋯⋯本质属性的存在完全依赖于它和其他属性之间的因果联系,它是本质,因为它是非本质属性的原因。③ 因此,克里普克所设想的那种只有本质结构不变,而其非本质属性全部或大部分改变的情况绝对不可能发生。例如,如果一种物质具有 H_2O 的内在结构,则它必然会显现出水的大部分甚至全部外显特征,而不会出现其外显特征像铁的情况。陈维纲同志还指出:在许多情况下,本质属性较之非本质属性具有小得多的重要性,许多种类的存在可以说与其本质结构没有什么关系。例如,我们并不会因为各类纸张在化学结构上的差异而拒绝将其称之为"纸",我们也不会因为有些桌子是木头做的、纤维板做的、金属做的,而拒绝将其称之为"桌子"。④这样一来,我们至少有必要抛弃克里普克本质主义的第二个要点,而回到亚里士多德本质主义的传统:⑤ 摧垮了克里普克的本质主

　　① *Naming and Necessity*, p. 156.

　　② 参见亚里士多德《形而上学》,第 7 卷第 4—6 章。

　　③④ 参见陈维纲《通名和摹状词》,《北京大学研究生学刊》1987 年第 1 期,第 76—77 页。

　　⑤ 亚里士多德是本质主义的最早倡导者,他的本质主义也有两个要点:第一,事物的性质分为本质属性和偶性。本质属性就是——(1)某些事物具有而其他事物不具有,(2)具有它们的事物必然具有的属性;偶性则是某些事物和其他事物共同具有,对于具有它们的那些事物可以增减变易、可有可无的性质。第二个要点已如前述,即本质属性对于偶性具有支配、决定、派生作用。可以看出,假如撇开何谓个别事物和自然种类的具体本质不谈,克里普克的本质主义的第一个要点是与亚氏的规定相一致的;他的错误在于其第二个要点背离了亚氏本质主义的传统。

义,无异于给他的固定指示词和非固定指示词的区分釜底抽薪,后者自然而然也就崩溃了。

当然,因果历史理论并非一无是处。它的一个重大历史贡献在于,第一次明确揭示了语言和社会的联系,使社会因素在决定所指中起了决定作用。它告诉我们:名称的所指是由一系列社会历史因素决定的,识别名称所指的活动不是个人的活动,而是社会共同体的交际活动。一个人要是脱离了社会,脱离了各种各样的因果历史链条,他甚至无法获得众多的认识对象,不可能获得广泛的认识。这就要求我们在研究语言表达式的意义时,不能仅仅限于语言框架内部作纯语言学的研究,而要把眼光投向语言框架之外,注意语言和社会的联系。因果历史理论的这一优点可以用来修正、发展和完善摹状词说。

我认为,摹状词说是比较合理的,同意下述几个基本观点:第一,任何名称都有内涵和外延,有内涵而无外延或者有外延而无内涵的名称都是不存在的。通常所谓的空名,例如"上帝""孙悟空""福尔摩斯"等等,也具有内涵和外延,只不过其外延是可能世界中的对象罢了。例如,"孙悟空"的外延是吴承恩神话世界中的人物,而"福尔摩斯"的外延则是柯南道尔所构想的世界中的著名侦探。同样,穆勒所谓的无内涵的专名也是有内涵的,只不过这种涵义不是单义地决定的,而是由一系列关于该专名所指对象的陈述给出的,并且,在社会历史的交际过程中,其涵义还可以变化。第二,一组或一簇而不是一个摹状词构成名称的涵义。第三,名称的涵义决定其所指。我甚至认为,在名称、名称的涵义、名称的所指三者中,真正重要的是它的涵义。两个不同的名称,只要具有相同的涵义,它们必定指称同样的对象。这样才能解释为什么人们可以用不同的名称去指称同一对象,并且在交际活动中可以改名、换名等现象。

但是,摹状词说同样具有一个重大缺陷:它只指出了任何名称都有涵义,但未能揭示名称的涵义之来源。而通过对因果历史理论做下述两个根本性修改,却正好可以弥补摹状词说的上述缺陷:第一,我们从因果历史链条上获得的首先不是名称的所指,而是名称的涵义。某个社会共同体在世代延续的交际活动中,赋予名称以一系列涵义,该共同体的成员凭借对于这一系列涵义的了解,就可以准确地识别名称的所指。第二,名称的涵义并不是像父母给孩子命名那样,是一次性获得的,而是在一系列社会交际活动中逐渐获得的。某个人在一个特定的意义上使用一个词,这种意义能否成为该词的涵义,并不取决于他本人,而取决于他所属的那个社会共同体是否接受他的用法。如果他的用法不被接受,这种独特用法就不进入因果历史链条,而很快被遗忘;如果被接受,他的那种独特用法就成为该词的涵义的一部分。再说,即使被接受,也常常不是完全照搬,而是在交际过程中由社会共同体做出这样或那样的修正或增补。总之,名称的涵义常常有一个历史演变过程,人们可以通过特定的因果历史链条去追溯名称的涵义的演变,并相应地确定它的所指。以上说明,名称的涵义是从社会的交际活动中获得的,并且这种涵义既具有社会性和客观性,又具有可变性。

(原载《中国社会科学》1989 年第 5 期)

语言词汇的地理分布

一 历史的回顾

语言的研究经历了一个漫长的时期,直到十九世纪初历史比较语言学诞生之后,它才成了真正的科学。历史比较语言学研究的对象是亲属语言。[①] 十九世纪七十年代产生的青年语法学派不重视语言现象的地理分布,也从不全面、系统地研究方言。他们看不起方言,认为那是变了质的、退化了的语言。他们仅仅根据古老的死去的语言(如梵语、古希腊语、拉丁语)去构拟原始语言,实际上这些语言离其原始状态相距十万八千里。直到十九世纪末和二十世纪初,学者们才开始认识到,方言中其实保存了很多古代语言的痕迹,这时方言研究才得以蓬勃发展,在欧洲诞生了语言地理学。德国的温克(G. Wenker)是第一个想到借助地图来说明语言现象分布的语言学家。[②] 温克从 1876 年起绘制《德国语言地图》,自 1926 年到 1932 年分六卷出版。1902至 1912 年间法国语言学家吉叶龙(N. Gilliéron)和他的助手埃德蒙(E. Edmont)合作绘制了《法兰西语言地图》。[③] 德国的语言地图受历史比较语言学传统的影响,侧重研究语言规律在某一地区的传布。法国学派则相反,侧重研究词的地理分布。但是不管哪个学派,他们的地图常常是局限在一个国家的范围;偶尔超出一国的范围,也还是局限于亲属语言之内。最早提出"地域语言学"(areal linguistics)的吉叶龙说过,他们仅限于在某个语言或方言,或者一群亲属语言或方言的范围内研究某种语言现象在某个时期某个地区的传布。[④] 同地理语言学派观点接近的有新语言学派(后来他们又将其新语言学称作区域语言学〔linguistica spaziale〕),其中有一位在美国侨居二十年的学者庞芳特(G. Bonfante),他在其著名的论文(类似该学派在美国发表的宣

---

① 一般词源词典(如 M. Vasmer, A. Преображенский 的《俄语词源词典》,W. W. Skeat 的《英语词源词典》)都列亲属语言的同源形式。J. Holub 和 Fr. Kopečný 的《捷克语词源词典》(布拉格,1952 年)是我们见到的惟一例外,但所引材料也主要出自欧洲语言。

② 虽然德国著名数学家和哲学家莱布尼兹(G. W. Leibniz, 1646—1716)早就感到为了进行词源研究,迫切需要语言地图,但温克是第一个着手进行这项研究的。参见 R. H. Robins *A Short History of Linguistics*(语言学简史),Longman 出版社,1976 年,第 168 页。

③ 参见 B. Malmberg《方言学与语言地理学》(Dialectologie et géographie linguistique),中译文载《语言学译丛》第 1 辑,中国社会科学出版社,1979 年;并见 Т. А. Амирова, Б. А. Ольховиков, Ю. В. Рождественский 合著的 *Очерки по истории лингвистики*(语言学史纲要),莫斯科,1975 年,第 522 页。

④ 参见 *Очерки по истории лингвистики*(语言学史纲要),第 522 页。

言)《新语言学派的见解》中全面地批评了传统的历史比较语言学。他说:"青年语法学派的学者完全忽略了语言地理学和地域语言学。他们是一些不着地面、不尊重时间的抽象的语言学家。新语言学派的学者则断言,不仅每个词有它自己的历史,而且每个词(以及每种形式、每个音、每个句子和谚语等)都有它自己的区域;因此他们对语言现象的地域分布进行了缜密的研究。"[①]新语言学派批评青年语法学派从人的生理上寻找语言变化的原因,他们另辟蹊径,想从语言的地理分布上寻找这种原因。但是新语言学派所研究的语言现象的地理分布通常也是以一种语言、方言或一个语系为界限。新语言学派提出了"语言联盟"(Sprachbund)[②]的学说,其中心内容是指出同一地区的语言,不论其属于什么语系,由于经常相互影响,往往有许多共同的语言特征(在语音、语法、词汇等方面)。但是语言联盟学说研究的范围也只局限在一个地区,没有着眼世界的范围。

布拉格学派的创始人之一,俄国著名的语言学家特鲁别茨柯依(Н. О. Трубецкой)是一位着眼于世界的语言学家。他指出,芬兰－乌戈尔语—阿尔泰语—朝语、日语—马来－波利尼西亚语这些地理上依次毗邻的语言中,邻近的两组语言有许多共同的特征。[③] 但是,他主要着眼在语音与形态方面的共同特征,他的研究目的只是想进一步论证语言联盟的学说。

某些新语言学派的学者曾超出一个语系的范围,企图找出印欧语系的语言同非印欧语之间的联系。但是这种研究的目的是想证明,譬如说,从乌拉尔－阿尔泰语系到印欧语再到闪含语存在着一种逐渐过渡的关系,因为这些语言远古时在地理分布上毗邻,所以某些语言现象从这一语系渗透到另一语系。[④] 这些研究跟本文的研究目的和方法都不相同。

在语言学中,研究外来语的论著很多,但多半是以一种语言为中心,研究它从古至今吸收了哪些外来语,或者它向哪些语言输送了哪些语言要素(主要是词汇)。在世界范围内研究借词传布情况的论著迄今为止尚未见到。

十九世纪诞生的语言类型学虽然打破了亲属语言的界限,但只限于从类型上对语言(包括词汇)进行对比,不探讨词汇的地理分布。研究表达某一概念的词在世界主要语言中的分布情况(不论这些词之间是否有同源或借贷关系),画出一百个到几百个基本词的地理分布地图,这项工作由于其难度较大,就我们所见到的文献而言,似乎还没有前人做过。本文试图研究表达"书""纸""糖""同志"("同伴"、"伙伴")"货物"等概念的词在世界主要语言中的分布情况,并绘

---

① G. Bonfante: *The Neolinguistic Position*,美国 *Language*(语言)第 23 卷第 4 期,第 359—360 页。新语言学派的第一部宣言性著作是 Giulio Bertoni (1878—1942)和 Matteo Bartoli(1873—1946)于 1925 年出版的 *Breviario di neolinguistica*(新语言学概论)。

② H. V. Velten 1943 年干脆用"linguistic area"(语言区域)翻译 Sprachbund. 见 K. R. Norman 评 M. B. Emeneau 著 *Language and Linguistic Area*(语言和语言区域),*Lingua*(语言)第 56 卷第 1 期,第 93 页。

③ 详见 N. S. Trubetskoy Gedanken über das Indogermanischenproblem(关于印欧语问题的一些想法),*Acta Linguistica*(语言学学报)第 1 卷第 2 册。

④ 参见上引 Амирова 等著《语言学史纲要》,第 526 页。

制出相应的示意图。① 这一工作对研究词源、语言与文化的关系、语言随文化的传播而传播等问题是有一定意义的。

二 表示"书"的词在世界主要语言中的分布

在阿拉伯语中,表示"书"(book)这个概念的词是 kitāb。② 大致以北纬 35°为界线,在 35°以南的北非、东南非洲和亚洲的广大地区,kitāb 这个词随着伊斯兰教和阿拉伯文字的传播,从伊斯兰教发源地阿拉伯半岛往西和西北传播到北非和中近东说阿拉伯语(闪含语系)的十几个国家(约一亿多人);往西南传到东南非洲说斯瓦希里语(班图语系)的一些国家;往北传到突厥语族的土耳其语、维吾尔语、乌兹别克和哈萨克语(苏联的乌兹别克语和哈萨克语现在使用斯拉夫字母,分别写作 китоб 和 кітап);往东还传到印欧语系伊朗语族的塔吉克语:китоб,波斯语和阿富汗语(普什图语),kitāb,以及印度语族的乌尔都语(在巴基斯坦)和印地语(使用天城体字母,可转写为 kitāb),再往东传到马来—波利尼西亚语系的马来、印尼语③、爪哇语和巽他语。在这些语言中,kitāb 几乎都兼有"书"和"经""经典"两重意义。

在上述这些语言中,斯瓦希里语在十九世纪以前、土耳其语和苏联境内的哈萨克语在 1928 年以前、乌兹别克语在 1927 年以前、马来语和印尼语在十三世纪传入伊斯兰教以后到十九世纪以前使用的都是阿拉伯字母;我国境内的维吾尔语和哈萨克语也使用阿拉伯字母;④阿富汗语和乌尔都语现在依然使用阿拉伯字母。这是这三个语系的语言借用阿拉伯词 kitāb 的重要原因。在阿拉伯语中,称"古兰经"为"真主的书":kitāb Allah(安拉〔真主〕的书)。上面各种语言也都是这样称呼"古兰经"的。⑤ 在印尼语中也可以单称 al(阿拉伯语冠词)kitab 表示"古兰经"。可见古代在这些国家中,普通老百姓所接触的第一部书就是古兰经。这是这些国家都借用了 kitab 这个词的文化与宗教背景。印尼语甚至把基督教的"新约"圣经也称作 kitab wahju(wahju 意指"从神或睡梦中所得到的启示")。

同这过程相平行,大致在北纬 35°以北的许多语言(包括北纬 35°以南的个别语言)都吸收了汉语的"经"表示"书"。这个字在《广韵》中注为"古灵切",中古和上古音都属见母,陆志韦、邵荣

---

① 本文受篇幅限制,无法列举我们所考察过的更多的词的地理分布。我们在《从外语词汇看我国对世界文化的贡献》(中国语言学会首届学术讨论会报告的修订稿)中列举了"瓷""丝""菝""茶"等词的地理分布,请参阅。

② 本文所列例词,原都用该民族所使用的文字;因排印困难,只好部分改用拉丁字母转写。

③ 马来语和印尼语还借入了荷兰语的 boek(书),变音为 buku,和这两种语言中的固有词 buku(骨节、关节)同音。

④ 我国新疆维吾尔自治区曾推行过以汉语拼音方案为基础的维吾尔、哈萨克新文字。

⑤ 蒙张秉铎先生告知:我国回民也借用了 kitāb 这个词,他们称汉译伊斯兰教经典为"汉其塔卜"。

芬构拟的中古音是 *kɛŋ，[①]高本汉（B. Karlgren）构拟的中古音是 *kieng，[②]王力构拟的上古音是 *kyeng。[③] 至今在粤方言和闽南话等方言中"经"字的声母仍为 k-。"经"这个词通过古突厥语 küinig（古代稿卷）的媒介，[④]往西传入到整个斯拉夫语世界，如俄语、保加利亚语的 книга，[⑤]捷克语的 kniha，波兰语的 ksiega，塞尔维亚语的 књига，斯洛文尼亚语的 knjiga；然后传入亚美尼亚语（knik〔印章〕）、立陶宛语（knīga），再往西传到匈牙利语（könyv）。[⑥] 芬兰语的 kirja（书）也可能是经过某些语言的媒介（因此语音上发生了很多变化），归根结底借自汉语的"经"。

"经"在我国早就用来指作为典范的书，如十三经、六经；或专述某一事物、技艺的书，如山海经、茶经；还可指兵书。直至六朝时代，抄书的人还叫"经生"。可见上述语言借用"经"表示"书"，在语义上看也是完全可能的。

汉语中表示"书"这个概念的词往东传入朝语为 ts'æk（汉字写作"册"，义为"书"），传入日语为ほん（hon，[⑦]汉字写作"本"，其意义也是"书"），传入越南语则为 sách（册）。"经""书"也都传入日本、朝鲜、越南语的书面语言中，作为这些语言中构成有关复合词的词素。

朝鲜借用汉字作为朝鲜文字是公元一世纪（一说五世纪）的事情，日本则是在三世纪。越南直到十九世纪仍然使用汉字。现代朝、越、日语中常用的表示"书"（book）的词借自汉语的"册"（朝、越语）和"本"（日语），这是因为简册（也写作"策"）是我国最早的书籍形式。在没有发明纸以前，古代文书用竹简，编简为册。把册放在兀上就是"经典"的"典"。《说文解字》对"册"的解释是："符命也，……像其札一长一短，中有二编之形。"《说文解字》还说"古文册，从竹"。在甲骨文和青铜器铭文里都出现了"册"字。段玉裁在注释许慎的《说文解字叙》中写道："古者大事书之于册。"《尚书·多士篇》说："惟殷先人，有册有典。"[⑧]闽南话保存的古音和古词较多，至今还把

①　邵荣芬：《切韵研究》，中国社会科学出版社，1982 年，第 162 页。

②　高本汉：*Analytic Dictionary of Chinese and Sino-Japanese*（汉语与汉日语分析字典），巴黎，1923 年，第 136 页。高本汉所注"经"的一个意义便是 classical book。

③　王力：《同源字典》，商务印书馆，1982 年，第 320 页。

④　有的学者认为是经过古斯堪的那维亚语的 kenning（符号、标志、学说）或古亚述－巴比伦语的 kunukku（印刷，印章）的媒介借入的，从地理上看似不可信，何况书籍的出现比印刷术早。

⑤　古代的形式是 кън-ига，ъ 是古俄语中的弱化的后元音（或央元音），后来脱落；-ига 是后接成分。可以看出 *кън 和 *kɛŋ 的发音是很接近的。

⑥　各种斯拉夫词源词典都提到上述语言借用汉语的"经"这一推测。参看 Н. М. Шанский 等编的《俄语简明词源词典》，1961 年，第 152 页—153 页；M. Vasmer 编的《俄语词源词典》，海德堡，1953 年，第 1 卷，第 579 页；J. Holub, Fr. Kopečný 合编的《捷克语词源词典》，布拉格，1952 年，第 173 页。Vasmer 对借自 kenning 持怀疑态度。他还引用某些学者的见解，认为 книга 源于汉语的"捆"。虽然从语义上看，这一说法不大可信，但也说明外国学者从汉语中找这个词的起源的总的倾向。

⑦　汉语的"本"在上古和中古都属于"帮"母（p）。汉语的"帮"母字有不少借入到日语后音读成以 h 为声母的词（或词素）。如"北"（帮母入声字）借入到日语后音读为ほく（hoku）。"报"（帮母去声字）借入到日语后音读为ほう（hō）。在上古汉语中，帮晓二母原本是可以通转的，用现代历史比较语言学的术语来说就是 b//h 曾经发生过历史语音交替。如"奔""贲"在现代汉语中都读作 ben，属于上古的帮母字，"卉"在现代汉语中读作 hui，属于上古的晓母字，"奔""贲"都用"卉"作为声旁；早在《离骚》中便已出现的"变（帮母）化（晓母）"本是双声，这说明 b//h 在历史上曾经发生过语音交替。

⑧　见《十三经注疏》，中华书局影印阮元校刻本，1979 年，上册，第 220 页。

"书"叫做"册"。①《后汉书·延笃传》注引《先贤行状》说:"笃欲写《左氏传》,无纸,……乃借本讽之。"这儿的"本",指的就是用简帛写的书。直到东汉初期,简册仍是书籍的主流,整个东汉时期,简和帛还是书籍的主要材料,可见朝、越、日语分别借用了汉语的"册""本"表示"书",都是很古的事情。

以上所述是我国最早出现书籍这一事实在语言上的有力佐证。古代两河流域地区、埃及和中国是世界文明的三大发祥地,在如此众多的语言中,表示"书"的概念恰好都来自汉语和阿拉伯语,这绝非偶然,而是有其深刻的历史与文化原因的。众所周知,对世界文化有重大影响的、和书有关的造纸术、印刷术都是中国发明的。我国在唐代(一说汉代,一说隋代)就发明了雕版印刷术。印刷术很早就从我国传到国外。② 高丽国从中国学习刻版技术,1090 年开始刊印《续藏》,十三世纪中期又传入了中国宋朝发明的活字印刷术。③ 我国的印刷技术传到欧洲是在元朝,先是传到德国,十五世纪以后才传到其他国家。④ 书籍传到外国肯定比印刷技术要早得多,这是外语借入汉语的"经""册""本""书"等词的历史背景。

蒙古书面语中表示"书"的词是〔nɔm〕,其古义也是"经""经典"。同属蒙古语族的东部裕固语和土族语中,这个词变音为 lom(书、经书)。蒙语的 nɔm 可能是借自波斯语。

在日耳曼语中,表示"书"的词都大体上相同,如英语的 book,荷兰语的 boek,冰岛语的 bōk,瑞典语、挪威语的 bok,丹麦语的 bog,德语的 Buch,盎格鲁—撒克逊语的 bōc 都是同一词源。⑤ bōc 有两个意义:书;山毛榉。现代德语中与 Buch(书)同词源的词是 Buche(山毛榉),现代英语中与之同源的词是 beech(山毛榉)。从这里可以推测出,日耳曼人最初用的书很可能是刻着文字的山毛榉木片。

罗曼语中表示"书"的词在拉丁语中是 liber,在法语中是 livre,在葡萄牙语中是 livro,在意大利和西班牙语中是 libro。⑥ 拉丁语的 liber,意大利语的 libro 还表示"树的内皮"。罗曼语族的这些词和法语的 liber(植物的韧皮部),俄语的 луб,лыко(树的内皮)在词源上是同一词根。可见罗曼语民族最初的书是用树的内皮做成的。阿尔巴尼亚语虽不属罗曼语族,也是用 librë 表示"书"。罗马尼亚语在罗曼语族中独树一帜,用 carte 表示"书"。这个词跟英语的 card(纸

---

① 在北京大学中国语言文学系语言学教研室编的《汉语方言词汇》(文字改革出版社,1964 年)所收的汉语各种方言中都叫做"书",闽南话是惟一的例外。

② 劳费尔(B. Laufer)指出,藏语的 par(印版)借自汉语的 pan(版),见他所作 Loan words in Tibetan(藏语中的借词),*T'oung Pao*(通报)第 2 辑第 17 卷,第 512 页。他用这个借词作为我国发明印刷术的一个旁证。Robert Shafer 著文反对劳费尔的说法,认为实则相反,汉语的"版"倒是借自藏语的 par。见他所作 *Words for "printing block" and the origin of printing*(表示"印版"的词和印刷的起源),刊 *Journal of the American Oriental Society*(美国东方学会学报)第 80 卷第 4 期,第 328 页。

③ 张政烺等:《五千年来的中朝友好关系》,开明书店,1951 年,第 59—60 页。

④ 尼赫鲁:《印度的发现》,北京出版社,1965 年,第 245 页。

⑤ 俄语的 бук(山毛榉),буква(字母)借自日耳曼语。

⑥ 世界语借用了罗曼语词 libro,表示"书"。

牌、卡片），法语的 carte（薄纸板、卡片、纸牌），俄语的 карта（地图、纸牌）同源于拉丁语的 charta（纸、一张用纸莎草做的纸）。希腊语的 βιβλο〔ν〕（书）（英、法语的 Bible〔圣经〕源于此词，这同有些国家信伊斯兰教的人将古兰经叫 kitab〔书〕吻合；法语的 bibliothèque，俄语的 библиотека〔图书馆〕也都源于此词）也来自 βίβλος（纸莎草纸）。这跟上面谈到的"册"的古字"笧"从"竹"，"经"从"系"，明显地反映了东西方不同的植被环境，制造书时所使用的不同原料和成书的不同时期（有的在发明纸以前，有的在发明纸以后）。表示"书"的词多半从其原料得名，这跟下面将要谈到的表示"纸"的词也多半从其原料得名巧合。

以上所述可以用示意图表示，见图一。[①]

三　表示"纸"的词在世界主要语言中的分布

纸是我国古代的四大发明之一。早在公元 105 年，蔡伦总结了前人经验制造纸张。[②] 我国的造纸技术八世纪通过今日的新疆传到阿拉伯半岛和埃及，这在我国和阿拉伯史书上都有记载，在七世纪传到印度。[③] 因此，在上述地区的语言中，表示"纸"的词归根结底都借自汉语的"纸"或由"纸"构成的复合词。

阿拉伯语中表示"纸"的词有 qertas（或转写为 qirtas），kaghaz（或转写为 kagaz），kaghid（或转写为 kâged）。qertas 是伊斯兰教产生之前经过海运贸易借自汉语的"纸单子"[④]（指贸易往来所用的单据、契约），kaghaz 是伊斯兰教产生以后可能通过土耳其斯坦一带[⑤]居民的媒介从陆路借自汉语的"札"加"纸"（语音也发生了讹变）。这是印度学者马迪哈桑（S. Mahdihassan）提出的一种新的看法。[⑥] 在他以前，夏德（F. Hirth）也曾认为阿拉伯语的 kaghid（纸）通过波斯语的媒介借自汉语的"榖纸"（榖树皮是造纸原料，"榖"按《说文解字》的注释即"楮"，[⑦]我国古代曾以

① 图一和图二中的我国少数民族语言的材料根据马学良主编的《语言学概论》，华中工学院出版社，1981 年。

② 据东汉时期《东观汉记》一书的记载："蔡伦典尚方作纸"。可见在蔡伦以前，民间可能生产纸。早在汉成帝（公元前 32 年到公元前 8 年）时已有赫蹏纸（详下），近年来的考古发现证实，汉武帝（公元前 140 年到公元前 88 年）时已能造纸（刘国钧：《中国书史简编》，第 36 页，1981 年）。

③ 见戴家璋《纸和造纸》，《百科知识》1981 年第 12 期，第 54 页。

④ 语音上发生了讹变。在借词中，和同源词之间存在严格的语音对应规律不同，其语音往往要受制于借入语言的语音特点，发生很多变化（许多是没有规律的），以致所借入的词同原来的词相比，语音上的差距有时极大。同"纸单子"相比，qirtas 中多出了一个 r。马迪哈桑将这种现象与希腊语借入汉语"丝"的词 ser（丝）和英语借自汉语"土丝"的 tusser（或拼作 tussor〔e〕，tussur，tussah，tusseh〔野蚕、野蚕丝〕）相比较，这几个词中都多出了一个 r。

⑤ 指亚洲中部及西部地区，包括我国新疆南部和中部，苏联在中亚的各共和国和阿富汗东北部。

⑥ 详细的论证见他所作：Chinese Words in the Holy Koran；5，"Qirtas"，meaning "paper" and its synonym："kagaz"（古兰经中的汉语词，第 5 篇论文，义为"纸"的 qirtas 及其同义词 kagaz），*Journal of the University of Bombay*（孟买大学学报）第 24 卷第 2 分册，第 148—162 页。

⑦ "榖"（gǔ）的上古音属屋韵见母上声，即以 k 为声母。现代植物学指出，榖和楮其实是两种植物，虽然同属桑科，其皮都可造纸。

"楮"作为"纸"的代称)。这一推测后来遭到劳费尔的反对。他认为,尽管波斯人和阿拉伯人都是从中国进口纸张的,但是上述阿拉伯语中表示纸的词却是通过波斯语的媒介借自维吾尔语。[①] 马迪哈桑不同意劳费尔的观点,提出了 kaghaz 借自"札纸"的推测。按"札"虽然在中古汉语中是山摄开口二等入声黠部庄母字,高本汉构拟为 tsat,[②]但据马迪哈桑考察,在汉语某些方言中也有读作 ka 的。[③] 马迪哈桑承认在他所读到的汉语古籍中没有找到"札纸"这样一个词,但是他找到了"笺札""笺纸"。因此他推断,在历史上也应有过"札纸"这样的搭配。

作为文化上的旁证,马迪哈桑指出,"阿拉伯半岛与中国的接触早在伊斯兰教诞生(七世纪初)以前就已开始。……作为双方进行过贸易的一种纪念,汉语某些词曾进入阿拉伯语。"马迪哈桑连续发表了五篇文章,考证古兰经中借自汉语的阿拉伯语词,其中两个词就是 kaghaz 和 qirtas。

语言词汇的地理分布,似乎也能部分地证实马迪哈桑的推测。海路上的马来语、印尼语的 kĕrtas(纸)都是随着伊斯兰教的传布,借自阿拉伯语的 qertas。陆路上土耳其斯坦的一大片地区的语言中表示"纸"的词都同阿拉伯语的 kaghaz 相近。如:土耳其语的 kâĝid(元音 i 比 a 更接近汉语"纸"中的元音);波斯、阿富汗语(普什图语)和兴都斯坦语(乌尔都语和印地语)的 kaghaz(在梵文中是 kāgada,在印地语中是 kāghaz);坎纳达语(印度南部的语言,属达罗毗荼语系)的 kāgada;维吾尔语的 kəfəɜ),乌兹别克语的 ḳoƒoɜ,哈萨克语的 ḳaƒaɜ;塔吉克语的 koƒaɜ,泰米尔语的 kāgidam 等。可见这些词归根结底都是借自汉语。"纸"在现代蒙语中是 raac〔tʃˈɑːs〕,[④]在传统蒙古书面语里是 čaɣasu 或 čaɣalsun,它的元代读音是〔tʃˈaqasun〕,《蒙古秘史》中注音为"察阿勒孙"。劳费尔指出,这是一个地道的蒙语词,本义是"白色的"。[⑤] 但是它的发音同阿拉伯语词 kaghaz 这样相近,也许最早二者之间可能有过借贷关系,后来发生了"俗词源"(folk etymology)的变化。邻近的一些语言如维吾尔语、乌兹别克语、哈萨克语、塔吉克语中表示"纸"的词都是借自阿拉伯语,也有助于证实这一推测。斯瓦希里语的 karatasi(纸)也是借自阿拉伯语,它将 kaghaz 和 qertas 两个词的音融为一体了。阿拉伯语的 kaghaz 和 qertas 在这些语言中传播这样广泛,这同本文第二部分谈到的这些语言中的不少语言过去和(或)现在都使用阿拉伯文字以及伊斯兰教在这些地区的广泛传播有密切关系。

---

① 见 Berthold Laufer:*Sino-Iranica:Chinese contributions to the history of civilization in ancient Iran with special reference to the history of cultivated plants and products*(中国伊朗篇:中国对古伊朗文化史的贡献,着重研究栽培植物和物产的历史),芝加哥,1919 年版;参看中译本,商务印书馆,1964 年,第 391 页—394 页。

② 见高本汉《汉语和汉日语分析字典》,巴黎,1923 年,第 86 页。

③ 宋朝王洙、司马光等纂修的《类编》注"钊"字为"坚尧切",又"庄交切"。"坚"是见母字,可见庄母曾同见母(*k)通转。这两个声母通转的其他例子见黄焯《古今声类通转表》,上海古籍出版社,1983 年,第 152 页。其实,中国古代还有碎茧制造纸,叫"茧纸"。"茧"的上古音属元韵见母上声,即曾以 *k 为声母;元(*an)鱼(*a)阳阴通转。或许 kaghaz 是借自"茧纸"。

④ 马迪哈桑在上引文中指出,波斯语卡布里方言中表示"纸"的词是 gaz。它与现代蒙语相近。

⑤ 见上引劳费尔《中国伊朗篇》,中译本,第 393 页。

我国的造纸技术分别于四世纪和七世纪传到朝鲜和日本，[1]但是在朝鲜语和日语中都是用本民族的词 tsəŋi 和かみ[2]表示"纸"（在日语中用汉字"纸"表示かみ）。借自汉语的朝语-tsi 和日语-し(-shi)仅用作造语成分，构成复合词，如 pɔk sa tsi（复写纸），せいようし（西洋纸）。越语借入了汉语的"纸"，汉唐以前借入的音为 giây⁵，汉唐以后借入的汉越语音为 chi³。[3] 这两种读音都一直沿用到现代，前者更为常用。

欧洲语言中一组表示"纸"的词是罗马尼亚语的 hîrtie，保加利亚语的 хартия，阿尔巴尼亚语的 kartë，意大利语的 carta。这些词和俄语的 хартия（羊皮纸），英语的 card（纸牌、卡片），chart（海图），法语的 carte（薄纸板、纸牌、卡片），拉丁语的 charta（纸，一张用纸莎草做的纸），都是同源词。过去欧洲人编的词源词典往往认为上述词归根结底都借自希腊语的 χάρτη〔ζ〕（harte〔s〕〔纸莎草、纸莎草纸、纸莎草纸卷〕），不再作进一步的追溯，或者说"起源不明"。[4] 在我们看来，很可能这些词归根结底都是借自汉语的"赫蹏"（xìtí），不同语言可能通过不同的媒介。赫蹏又叫"赤帛"，是我国古代的一种很薄的丝絮纸。据《汉书·外戚传》的记载，早在汉成帝时已有"赫蹏"。东汉的应劭注释道："赫蹏，薄小纸也"。唐代的颜师古注释："'赫'字或作'繄'"。陆宗达认为"赫蹏"就是"繄缇"，即现代汉语的"纥纰"（gē·dɑ），也就是用丝纥纰造的纸。[5] 东汉许慎所撰《说文解字》中已收"繄缇"，注为"恶絮"。可见这不可能是外来词。"赫"（hè）的上古和中古音都是晓母(h)入声，"赫"（xì）是馨激切或喜激切，即其上古和中古音也是以晓母为声母。h 和 k 的发音部位相同，在许多语言中都发生历史的和（或）现代的语音交替。用汉语音韵学的术语说，汉语中的见母(*k-)和晓母也曾发生过旁纽。[6] 由此可见，"赫蹏"被借入到拉、意、英、法、希、罗、保、俄语，其声母或作/h/，或者/k/，是完全合乎规律的。因此在我们看来，阿拉伯语的 qertas 与其说借自汉语的"纸单子"，莫如说也是借自"赫蹏"。劳费尔承认希腊语的 χάρτηζ 同阿拉伯语的 qertas 同一来源。[7] 如果 χάρτηζ 借自"赫蹏"，则 qertas 也当借自汉语。至于这些语言中表示"纸"或与纸有关的词同"赫蹏"相比都多出了一个 r，这也是外语借入汉语词时常见的现象。汉语"赫蹏"本指丝絮造的纸，借入到别的语言后，或泛指"纸"，或者指纸莎草做的纸，

① 戴家璋：《纸和造纸》，《百科知识》1981 年第 12 期，第 54 页。

② 上引马迪哈桑文引用 V. R. Chitra 的考证，说かみ的本义是"丝块"，即从纸的原料得名。有意思的是《说文》对"纸"的解释是"絮一箈也"，汉代所说的"絮"就是指不好的丝棉。下文将谈到的 paper，бумага（纸）等词也都是从纸的原料得名。

③ 为印刷方便起见，本文采用王力的方法，用阿拉伯数字标写越语字的调类。见王力《汉越语研究》，《龙虫并雕斋文集》第 2 册，中华书局，1982 年，第 712—713 页。

④ 如 H. C. Wyld *The Universal Dictionary of the English Language*(1956)注为"Origin unknown. prob. Egyption"（起源不明，也许来自埃及语）

⑤ 陆宗达：《说文解字通论》，北京出版社，1981 年，第 171—172 页。

⑥ 如"谷""埂"（见母）和"壑"（晓母），"觊"（见母）和"希"（晓母），"讫"（见母）和"迄""汔"（晓母），"噭"（见母）和"嚣"（晓母）都分别组成同源字，见王力《同源字典》，商务印书馆，1982 年，第 280、393、451、227 页。又"纥"的声旁"乞"属溪母，和"赫"（xì）所属的晓母也曾发生旁纽。如"起"（溪母）和"兴"（晓母），"旷"（溪母）和"荒"（晓母），"憨"（溪母）和"歇"（晓母）都分别组成同源字（见上引《同源字典》，第 84、347、484 页）。可见"纥纰"和"繄缇"同源在语音上是能成立的。

⑦ 见上引劳费尔《中国伊朗篇》，中译本，第 393 页。

或者指与纸有关的东西,这是常见的词义转移现象,也是符合规律的。

如果以上推断能成立的话,世界主要语言中,表示纸的词除下述来自拉丁语的 papȳrus(纸莎纸)的各词和俄语、乌克兰语的 бумага(纸)外,归根结底都是借自汉语。这是符合中国首先造纸这一历史事实的。

造纸术传到西班牙、法国是在十二世纪,传到美国是在十七世纪。[①] 但是这些语言都没有用汉语借词。在欧洲,除开上面所提到的那些语言外,不论是罗曼语、日耳曼语、斯拉夫语,还是属于芬兰—乌戈尔语系的芬兰语,大部分地区所用的表示"纸"的词都是来自拉丁语词 papȳrus(纸莎草)。[②] 如英语的 paper,法、德、荷、波语的 papier,匈、丹、挪、捷语的 papir,西班牙、葡萄牙语的 papel,瑞典语的 papper,芬兰语的 paperi,乌克兰语的 nanip 等。[③] 在欧洲语言中表示"纸"的词独树一帜的是俄语和乌克兰语的 бумага(纸;〈旧〉棉花,棉织品),它借自意大利语的 bambagia,后者借自希腊语的 βαμβάκιον(bambakion)(义均"棉花""棉布"),这是因为纸是十四世纪从拜占庭和意大利传到俄国去的。俄国迟至十六世纪中叶才开始生产纸。[④]

从以上所述可以看出,造纸的原料:丝、纸莎草,棉花、棉布或曾用作纸的羊皮在世界上的各种语言表示纸的词中都留下了深刻的痕迹。这表明语言可以为研究人类文明的发展提供良好的佐证。表示"纸"的词在世界主要语言中的分布见图二。

四 表示"糖"的词在世界 主要语言中的分布

表示糖的词在世界语言中的分布呈现出两个中心,一个是汉语的"糖",一个是梵文的 śarkarā(和 gula)。我国是一个很早就制糖的国家。据考证,至少在春秋战国时就已开始有糖。[⑤] 我国古时以麦制饴,也就是今天的麦芽糖,古时也写作"饧"或"餹"。在金文中已出现"餳"字。东汉刘熙的《释名》中已收"餹"字。许慎的《说文解字》中已收入"糖"字。日、朝、越语都借用了汉语的"(砂)糖",如日语的さとう(砂糖),かくざとう(角砂糖、方块糖),朝语的 sat'aŋ(砂糖),越语的 ʨu'o'ng² (糖),ʨu'o'ng² cat⁵(土砂糖)。值得注意的是尽管我国是在魏以前或唐代才从印度引进蔗糖及其熬制技术(详后),但是连蔗糖的产地印度,也用 cīnī("秦的",即"中国的")表示"白糖"。蒙语的 ёотон(yooton)借自汉语的"洋糖",借入后用来专指"方块糖"。蒙语中还有一个词:чихэр

① 戴家璋:《纸和造纸》,《百科知识》1981 年第 12 期,第 54 页。
② 纸莎草原是古代埃及人造纸的原料,所以《英语词源词典》的编者 W. W. Skeat 认为这个拉丁语词归根结底源于埃及。
③ 世界语也借用了欧洲大部分语言所采用的这个词的词根,构成 papero(纸)。
④ M. Vasmer:《俄语词源词典》,海德堡,1953 年,第 144 页。
⑤ 林乃燊:《中国古代的烹调和饮食》,《北京大学学报》(人文科学)1957 年第 2 期,第 138 页。

（šikär,或拼写为 šikir）表示"糖"，它是通过突厥语（比较土耳其语的 şeker,哈萨克语的 шекер,维吾尔语的 šikər）或波斯语 šakar(或拼写为 šähar)的媒介借自梵文的 śarkarā(糖)。

蔗糖原产于印度。季羡林说，在巴利文的《本生经》（其最古部分属公元前三世纪以前，即我国的战国时代，同上面说到的我国从春秋战国时开始用糖的时间相差无几）中已经讲到用机器榨甘蔗汁。[①] 因此欧洲大部分语言、阿拉伯语、波斯语、马来－波利尼西亚语、多种突厥语中表示"糖"的词归根结底都是借自梵文或印地语（有的语言经过某种语言的媒介）。布龙菲尔德（L. Bloomfield）指出，英语词 sugar(糖)可能借自梵文 śarkarā("砂状物""红糖"）。这个词演变成今日兴都斯坦语的 shakkar(白糖)。他还指出，德语词 Zucker(糖)借自意大利语 zucchero(糖)，俄语词 caxap(糖)借自希腊语 sakkharon(糖)，西班牙语词 azúkar 借自阿拉伯语 as sokkar(as 是阿拉伯语中的冠词)。意大利语、希腊语、阿拉伯语中表示糖的这些词都是借自梵文的 śarkarā。[②]《小罗伯尔法语词典》（1972 年）指出，法语的 sucre(糖)借自意大利语 zucchero,后者借自阿拉伯语 sukkar,阿语又借自梵文 sarkarā。拉丁语的 saccharum(糖)也是借自这个梵文词。斯瓦希里语的 sukari,豪萨语的 suga(或 sukar, sukari)经过阿拉伯语或英语的媒介，也是借自这个词。我国古籍（如敦煌残卷）中也曾将梵文词 śarkarā 音译为"煞割令""舍唎迦啰"。[③]

梵文中除 śarkarā 外，还有两个表示"糖"的词:gula, guda。季羡林在上引文章中指出，前者指精炼程度较高的糖，后二词则指精炼程度较差的糖。[④]马来－印尼语的 gula(糖)即借自梵文的 gula。

梵文中还有另一个表示"糖"的词 khanda,它的精炼程度介乎 śarkarā 与 gula 之间。它同 śarkarā 的区别是:后者表示半稀的生糖，而 khanda 则表示硬的、发光的颗粒状的砂糖。[⑤] khanda 传到今日的印地语、乌尔都语，被借入到阿富汗语、阿拉伯语、乌兹别克语、哈萨克语、维吾尔语、塔吉克语;因此，除阿富汗语外，这些语言中都有两个借自梵文的表示"糖"的词（详见图三）。

英语的 candy(糖果),[⑥]法语的 candi(冰糖),意大利语的 candire(蜜饯〔动词〕)归根结底都是借自梵文的 khanda。

我国熬蔗糖的技术是从印度引进的。《唐会要》指出:唐贞观"二十一年（即公元 647 年——引者）……西蕃胡国出石蜜（指用甘蔗炼成的凝结成块的糖——引者），中国贵之。太宗遣使者至摩伽佗国取其法，令扬州煎蔗之汁，于中厨自造焉，色味逾于西域所出者"。[⑦] 季羡林最近著

---

①　季羡林:《一张有关印度制糖法传入中国的敦煌残卷》、《古代印度砂糖的制造和使用》，《历史研究》1982 年第 1 期、1984 年第 1 期。

②　L. Bloomfield:《Language(语言论)》，伦敦，1935 年，第 458 页。世界语采用的也是这个源于梵文的词根:sukero(糖)。

③⑤　季羡林:《一张有关印度制糖法传入中国的敦煌残卷》，《历史研究》1982 年第 1 期。

④　并参看 M. Monier-Williams 编的《梵英词典》（1951 年）:gula＝guda: raw or unrefined sugar, molasses(粗糖或未精制的糖、糖浆)。

⑥　见 W. W. Skeat 编的《英语词源词典》和上引季羡林文。

⑦　《唐会要》第 100 卷，《丛书集成初编》，商务印书馆，1936 年，第 1796 页。

文,认为中国蔗糖的制造始于三国魏晋南北朝到唐代之间的某一个时代,至少在后魏以前。[①]
在上引季羡林的论文《一张有关印度制糖法传入中国的敦煌残卷》中还指出:"甘蔗,估计原生地
不是中国。"《康熙字典》引晋朝嵇含撰《南方草木状》(公元 304 年问世)称:"诸蔗一曰甘蔗,交趾
所生……"《南齐书》说,诸蔗是扶南(今柬埔寨所在地)的产物。《说文解字》中已收"蔗"字,注为
"藷蔗";也收了"藷"字,注为"藷蔗"。[②] 曹丕所作《典论自序》中已提到"时酒酣耳热,方食竿蔗,
便以为杖,下殿数交,三中其臂。左右大笑。"更早一些,战国时的宋玉所作《招魂》篇中已有"胹
鳖炮羔,有柘浆些"。朱熹和王夫之注释"柘"与"蔗"通。可见甘蔗的引进比熬蔗糖的技术要早
得多。[③] 作为这一引进的反映,不仅有上述 śarkarā 的音译词"煞割令""舍嚟迦啰";"甘蔗"(或
下面引的多种音译形式)一词很可能是用汉语中固有的"甘"等字音译梵文词的结果。唐代慧琳
所著《一切经音义》(《大正新修大藏经》第五四卷,第六五四页)说:"此(指"甘蔗"——引者)既西
国语,随作无定体也"。所以"甘蔗"在我国古籍中除上引"诸(藷)蔗""都蔗"等形式外,在慧琳的
《一切经音义》中还出现过"干柘"、"竿(甘、苷)蔗"、"肝蔗"等多种形式。[④] 季羡林认为"甘蔗"是
音译词,但是对借自哪种语言没有做出解答。从图三所示梵文向世界大部分语言借出了表示
"糖"的词看来,"甘蔗"音译梵文的可能性极大(比较印地语的甘蔗是 ganna〔gənnɑ:〕)。何况《梵
语杂名》曾将梵文的另一个表示甘蔗的词 ɪksu 音译为"壹乞刍",[⑤]与之有关的"舍嚟迦啰"(糖)
也是梵语词的音译。我们不理解的是,为什么慧琳的《一切经音义》既用"甘"(*kam,咸摄开口
一等平声谈韵见母字),又同时用"干""竿"(*kan,山摄开口一等平声寒韵见母字)音译梵文的
ganna。这只有两种解释,要么否定这样一种传统的说法,即认为直到十四世纪初,标准语里的
韵尾-m,-n 仍然是分而不混的(因为元代周德清所著《中原音韵》里韵尾为-m 和-n 的字仍分属
不同的韵,不过周德清已指出当时有人已不分韵尾-m, -n),把韵尾-m,-n 混用的时间大大提前
至唐代中期;[⑥]要么认为译音的人没有严格对音,反正-m, -n 都是鼻音。

　　不过我们所提出的这种借入的假设只解释了"甘蔗"这个词的前一半译音的起源;还有后一

---

　　① 季羡林:《蔗糖的制造在中国始于何时》,《社会科学战线》1982 年第 3 期。
　　② 段玉裁给"藷蔗"作的注是:"或作'诸蔗',或'都蔗';'藷蔗'二字叠韵也;或作'竿蔗'或'干蔗',象其形也;或作'甘
蔗',谓其味也;或作'邯睹'……"。但是段玉裁没有说明"蔗"的来源,没有考虑到慧琳关于"甘蔗"系西国语的说明(见下)。
甲骨文和金文中都没有"蔗"字。
　　③ 读者可能产生一个问题:战国时代中印之间就有交通往来吗? 张星烺在其《中西交通史料汇编》第 6 册(1930 年)第
22—24 页中谈到,早在周穆王时已有印度人来中国;春秋时的老子所著《道德经》中所提到的"浮提(恰与释迦牟尼的尊称'佛
陀'发音相近)国"和战国时的庄子所著《山木篇》中提到的"建德国"(恰与我国古籍中对印度国名的称呼"身毒"发音相近)可
能就是指印度。此外莫克基(R. Mookerji)所著《印度航业史》中也提到早在公元前七、六世纪,"印度商人亦有家于支那海岸
者",可见宋玉提到的甘蔗(浆)来自印度,不是不可能的。
　　④⑤ 季羡林:《一张有关印度制糖法传入中国的敦煌残卷》,《历史研究》1982 年第 1 期。季羡林在上引《历史研究》1984
年第 1 期还谈到,汉译律藏中有一个地方写作"猪蔗"。
　　⑥ 邵荣芬在其《汉语语音史讲话》(天津人民出版社,1979 年,第 83 页)引唐朝末年的胡曾(湖南人,曾在四川任职)嘲笑
其妻子不分-m, -n 韵尾的诗《戏妻族语不正诗》,说明那时西南方言已经混用这个鼻韵尾。然而慧琳虽是疏勒人,但在长安住
了几十年之久(从唐玄宗至宪宗),他的《一切经音义》不可能是用西南方言写的,因此标准语(如果那时存在标准语的话)中韵
尾-m, -n 分而不混的现象大概不会延续到十四世纪初那么晚的时间。

半，即借用"蔗"这个字作为哪个词的译音还没有得到解释。从季羡林所列《一切经音义》中的那些条目来看，对"甘""干"很少注音，而对"蔗"字却条条注音。这说明"蔗"字尽管在东汉初年的《说文解字》中已收，但到唐代还是个比较生僻的字，因此人们用它转写梵文词时，不可能很准确。根据这种情况，我们提出第二种推测，即"甘蔗"可能是梵文中表示"糖"的两个词 khand 和 śarkarā 的前半部的合音的译音。①　"甘蔗"是"蔗糖"的原料，很多语言中表示"甘蔗"的词都由表示"糖"的词构成，②是这种可能性的语义根据。汉语经常将同义词素合成一个词，是造成这种合音词的结构方面的原因。阿拉伯语、维吾尔语、哈萨克语、乌兹别克语、塔吉克语都同时使用借自梵文的 khanda 和 śarkarā 两个词（见图三），更使我们感到这种推测是可能的。在借入外语词时，截取一段音节的现象在语言中是屡见不鲜的。如汉语的苹（果）借自梵文的 bimba（苹果）；汉语的"菠薐菜"（简作"菠菜"）借自波斯语的 aspanāh。这些都是仅截取外语词的前半段或后半段的音译词。

尽管汉语的"甘蔗"可能是音译词，朝语还是借用了汉语词：kam tsa（甘蔗），越语也借入了 gia³（蔗）。日语则借用了汉字"甘蔗"，但读作さとうきび（satōkibi）。它也可以用汉字写作〔砂糖黍〕。きび〔黍，稷〕的意义是"稷（黍或谷子）"，在日语方言中还可指"玉米"。可见日语的さとうきび（甘蔗）是从高粱、玉米秆同甘蔗相似得名。

除汉、朝、日、越、蒙语（仅指其 ёотон 一词）用了汉语的"（砂）糖"一词外，其他所有语言（包括蒙语的 чихэр）都是借用梵文词，这是物产的传播在语言中留下深刻痕迹的一个很好的例证。参见图三。

五　表示"同志""同伙""货物"的词在世界主要语言中的分布

汉语中"同志"这一结构出现得很早。在春秋时代，《国语》中已有"同德则同心，同心则同志"的句子。《说文》中对"友"的注释是"同志为友"；《后汉书·刘陶传》中也有"所与交友，必也同志"的说法。但这时还是词组，"同志"就是志向或志趣相同。"同志"作为一个词广泛用开是很晚的事情，但是已经被朝、日、越语借用：toŋ tsi，どうし〔同志〕，tông² chi⁵（同志）。

有意思的是一些外语中表示"同志"概念的词，其内部形式的本来涵义都不似汉语这么崇

---

① 汉语没有与梵文或其他语言中的 r 对应的音，因此跟外语借入汉语词时有时多出一个 r 音相反，汉语音译外语词时往往略去 r。

② 如欧洲不少语言表示"甘蔗"的词是由表示"糖"的词加表示"秆""棍"的词构成，如英语 sugar-cane，西班牙语 caña de azúcar，葡萄牙语 cana de açucar，法语 canne à sucre。还有些语言表示"甘蔗"的词则由表示"糖（的）"的词加表示"芦苇"的词构成，如德语的 Zuckerrohr，丹麦语的 Sukkerrør，罗马尼亚语的 tréstie de zahăr，乌兹别克语的 шакар қамиш，俄语的 сахарный тросник。

高。如英语的 comrade，意大利语的 camerata，法语的 camarade，葡萄牙语的 camarada，荷兰语的 kamarad，丹麦语的 kammerat，挪威语的 kamerat，瑞典语的 kamrat，德语的 Kamerad，罗马尼亚语的 camarad 和斯瓦希里语的 komredi（意义都是"同志"），都是借自西班牙语的 camara-da①（同志、伴侣、同路人）。后者是从西班牙语的 cámara②（房间）派生的。这个词来自拉丁语的 camera（房间）。英语的 chamber（房间、议院），camera（照相机）也都是导源于拉丁语的 camera。从这里可以看出，这些语言中表示"同志"的词的内部形式和"房间"有关，即从"同住一间房的人"演变出"同伙"、"同志"的涵义。

英语的 companion，法语的 compagnon（同伴、同事、同伙）都导源于拉丁语的 com-（同）和 pānis（面包，法语中表示面包的词 pain 就是来自拉丁语），即其内部形式和"同吃"有关。

荷兰语中还有一个词表示"同志""同事"：makker，它的词根是 mak-。动词 maken 的意思是"做""生产"。可见 makker 的内部形式和"同生产""同事"有关。

俄语的 товарищ（同事、同伴、同志）借自阿尔泰语。如蒙古语的 таваар（tawar），维吾尔语的 towar，意为"货物""商品"。突厥语中的恰克图语的-ищ 的意义是"伙伴"，可见 товарищ（同志、同伙）是从"同办货物的伙伴"得义，反映了古代商业上的交往。然而，蒙古语中表示"同志"的词却不是由 товар（商品）派生，而是 нθхθр（nökör），其早期语义也是"伙伴、朋友"。товарищ 这个词传布到整个斯拉夫语族，如乌克兰语的 товариш，白俄罗斯语的 tovaryš，斯洛文尼亚语的 tovâriš，捷克语的 tavaryš（帮工、徒弟、同伙、同志），斯洛伐克语的 tovariš，波兰语的 towarzysz（未注明者都是表示"同志"）。可见这个词从阿尔泰语借入是很早的事情，是共同斯拉夫语还没有分化为东、西、南斯拉夫语以前。在非斯拉夫语中，罗马尼亚语借入了这个词：tovarăș（同志、朋友、伙伴），芬兰语也借入了这个词：toveri。③ 俄语的 товар（货物、商品）这个词也被各种斯拉夫语借入，如保加利亚语的 товар，斯洛文尼亚语的 tóvor，塞尔维亚－克罗地亚语的 tòvar，波兰语的 towar，捷克语和斯洛伐克语的 tovar（意义都是"货物"）。捷克语从这个词还派生了 tovar-na，表示"工厂"，即生产商品的地方。由此可见操阿尔泰诸语的氏族在古代同斯拉夫族的贸易交往是很频繁的。芬兰语也借入了 tavara（货物、商品），它和芬兰语的 toveri（同志、朋友、伙伴）也是同根词。

此外，值得注意的是乌克兰语的 товар 除表示"货物""商品"外，还表示"牲畜"。可见乌克兰语借入这个词是很早的事情，那时牲畜还曾作为一般的价值形态，起着后来的货币的作用。

---

①　注意这些语言中表示"同志"的词，除葡、西语拼写完全相同外，都有些细微的差别。说借自西班牙语，这是比较笼统的说法。细究起来通常认为德语的 Kamerad 借自意大利语，因为它的发音和拼写同意大利语的 camerata 相近。其他语言的借入也可能都通过某种媒介语，如印地语的 kämred 和斯瓦希里语的 komredi 可能通过英语的媒介。世界语也采用了欧洲大部分语言通用的这个词：kamarado。

②　荷兰语的同源词是 kamer（房间），马来语、印尼语都借入了这个词 kamar（室、房、厅）。

③　芬兰语还有一个借词 kumppani，与英语 companion, company 同一来源。

　　表示"商品""货物"的阿拉伯语词是 mal,它被借入到波斯语、阿富汗语、乌兹别克语、塔吉克语、维吾尔语、乌尔都语、印地语、马来语、印尼语、斯瓦希里语等许多语言之中。这一方面固然是伊斯兰教的传播和这些语言使用阿拉伯文字的结果,另一方面也反映了阿拉伯世界与上述地区频繁的贸易往来。斯瓦希里语中的 mall 表示"财产"和"钱",这和乌克兰语的 товар 除表示"货物"还表示"牲畜"一样,反映了价值形态的演变。

　　德语中表示"同志、伙伴"的词是 Genosse,同 genießen(享用),Nutzen(利益、好处)在词源上有联系,其词源词根的意义是"财产",即从"共同享用(财产)的人"发展出"同伙""同志"的意义。

　　土耳其语中表示"同志""同伙"的词是 yoldaş。这个词还有一个意义:"旅途的同伴",这是这个词最初的意义。yol 的意义是"路"(yolcu 的意义是"旅行者"),-daş 是表示"参与者""伙伴"的后缀。由此可见 yoldaş 这个词反映了突厥族游牧生活的特点。哈萨克语、维吾尔语和乌兹别克语的 жолдас, yoldaş, ỷртоҡ(同志、同伙)与土耳其语 yoldaş 同源。尽管维吾尔语有 tovar(商品)一词,它却没有像俄语那样,从这个词派生出表示"同志"的词,而是用了 yoldaş。[1]

　　马来、印尼语中表示"同志""同伙"的词是 kawan。这个词还表示"群"(如象群、山羊群),可能也同古代的游牧生活有关。

　　印地语和乌尔都语中表示"同伙、朋友"的词是 dost,借自波斯语。[2] 我国回民也借用了这个波斯语词,表示"同教人"的意思。

　　阿拉伯语的 rafik(朋友、同志、伙伴)往东传到波斯语、阿富汗语和马来语,往西传到斯瓦希里语。和土耳其语的 yoldaş 一样,这个词在阿拉伯语中原本也是表示"旅途伙伴"的意思。

　　通过这个对比,可以看出,这二十多种语言中表示"同伙""同志"这一类词的内部形式除汉语的"同志"外,不外乎"同吃""同住""同生产""同办货物""同享财产""旅途同伴"等等,即几乎都是从非常具体的意义演变出比较抽象的"同志""同伙"的意义。这符合人类认识从具体发展到抽象这一总的规律。

六　几点结论

　　从上面列举的表达五个概念的词的地理分布情况,我们可以得出以下几点结论:

　　(一)历史悠久的语言(如汉语、阿拉伯语、拉丁语、希腊语)对世界语言的影响最大;汉语对

---

　　[1]　对突厥语的这一组词的词源,Э. В. Севортян 作了另一种解释。他将它们同土耳其语的 ortalik(人群、环境)相连,认为其词源的词根表示"共同"的意义,见他所作《突厥语词源词典》,莫斯科,1974 年,第 477 页。

　　[2]　见《印地语—汉语辞典》,商务印书馆,1960 年,第 641 页。在波斯语中 dost 还表示"爱人""情侣"等意义。这个词来自 du ast(是两个),du ast 和俄语的 два(法语的 deux,英语的 two)есть 同源,即从"成双结对"得义。

东亚、东北亚、南亚的影响较大；阿拉伯语对北非、中近东、东南亚的影响较大；拉丁语对欧洲的影响较大。萨丕尔（E. Sapir）说过："被视为文化中心的民族，其语言自然更可能对其邻近的语言产生明显的影响，而不那么受后者的影响。多少世纪以来，汉语向朝鲜语、日语和越南语的词汇里输出了大量的词……只有五种语言在传布文化上有过压倒势力，它们是古典汉语、梵语、阿拉伯语、希腊语和拉丁语。和这些语言比较起来，甚至像希伯来语和法语这样的文化上很重要的语言，都落到次要的地位。"[①]

此外，世界语言词汇的分歧并不如人们想像的那么大。世界语言虽然有几千种，但就其主要语言而言，可以大致划成几个大的语言区域：如欧（包括主要讲印欧语的美洲）、亚、南亚与非洲等。从我们所列举的这些词可以看出，许多词都不是一个语言所独有的。它们或者由于借贷关系，或者由于同属于一个语系，可能分布的地区很广。许多词在世界主要语言区域的分布中呈现出一个或几个中心，其他语言的词都是从这一个或几个中心传播开来的。

（二）语词通常随文化（包括宗教）的传播而传播。随着伊斯兰教在北非、中近东、东南亚、北亚的传播，不少阿拉伯语词进入这些地区的语言。同时，文字对语言词汇的传播起着十分重要的影响。如汉语对曾经或至今仍部分地使用汉字的语言影响很大，在这些语言中，借入了很多汉语词；阿拉伯语对中近东、东南亚、北亚的那些使用过或仍在使用阿拉伯文字的语言也有很大影响。这些语言，尽管分属不同语系，都借入了不少阿拉伯语词。

但是我们一方面要看到借词在传播世界文化的巨大作用，另一方面，又不可过分夸大借词的作用。在国外，"词与物学派"的代表舒哈特（Hugo Schuchardt，1842—1927）就曾过分夸大这种作用，竟认为世界上的一切语言都是混合的或融合的。[②] 在国内，高名凯先生在《语言论》中一再说，凡有借词就有融合，因此世界上的一切语言都是融合的。[③]

（三）语言词汇的地理分布有助于揭示词的来源。在进行词源探讨时，如果不着眼于该词在广阔地区内的分布，就可能得出片面的，甚至是错误的结论。例如《小罗伯尔法语词典》（1972年）给 sucre（糖）作的词源注释是很准确的，指出了它归根结底借自梵文。但是给 candi（冰糖）所作的词源注释仅限于"意大利语词，借自阿拉伯语 qandi"，而没有考虑到后者还是借自梵文的khanda（见图三）。《印度尼西亚—汉语辞典》（商务印书馆，1963 年）和威尔金逊（R. J. Wilkinson）编的《马来—印尼语词典》（1943 年）在注明这两种语言中的 sakar（砂糖）的起源时，也只注它来源于波斯语，没有着眼于表示这个概念的词在全球的分布，因而没有指出它最终来源于梵文。布龙菲尔德在谈到英语词 sugar 的来源时，也只是说"可能"（probably）借自梵文，因为他只考察了欧洲与印度的语言，而没有着眼于土耳其斯坦地区的许多语言（见图三）以及印度是蔗糖

---

　　① 萨丕尔：《语言论》，中译本，商务印书馆，1964 年，第 121 至 122 页。译文据英文原版略有更改。

　　② 见 Hugo Schuchardt *Избранные статьи по языкознанию*（语言学文选），莫斯科，1950 年，第 177 页。

　　③ 见高名凯《语言论》，科学出版社，1963 年，第 466—494 页。对高先生这一观点的评论见拙文《论语言融合和社团方言》，《外国语》1983 年第 6 期。

的祖国这一历史事实。否则他就不会加"可能"一词了。

（四）语言词汇的地理分布可以使人们对词汇的传播获得一定的预测能力。例如，从阿拉伯语向斯瓦希里语输出了 kitabu（书），karatasi（纸），sukari（糖），rafiki（朋友），mali（财产、钱）等词，我们可以推测，非洲其他某些信奉伊斯兰教的民族，如果也使用或使用过阿拉伯文字，其语言中也很有可能借入其中的某些词。也就是说，五个示意图中从阿拉伯语词发出的传播线仿佛有一种惯力作用使它继续往西延伸。同理，这一传播线还可能继续往东延伸，源于阿拉伯语或梵语的印尼—马来语词 kitab（书），kertas（纸），gula，sakar（糖），mal（财产）也很可能传播到马来—波利尼西亚语系中的其他语言。这可以说是一种宏观的（在世界范围内发挥效力的）系统压力（Systemzwang）在起作用，它同微观的（在一种语言中发挥效力的）系统压力的作用相似。[①]当然这种客观的系统压力的作用要受制于每个具体语言的内部结构的特点。例如，英语、日语、法语很容易承受这种作用，大量吸引外来借词；汉语和德语则具有比较强的对这种系统压力的抗拒作用，不轻易吸收外来语。

［作者附记］本文初稿曾于 1982 年 10 月在中国语言学会倡办的广州理论语言学讨论会上宣读，会后承蒙叶蜚声同志对修改稿提出宝贵意见，个别地方经王力先生审阅；阿拉伯语、斯瓦希里语材料分别请这些语言的专家张秉铎、金荣景先生审查过；照那斯图、文庄、杨耐思同志分别提供了蒙语、越南语、裕固语和土族语的部分材料，特此致谢。

（原载《中国社会科学》1984 年第 6 期）

---

① 关于微观的系统压力的作用见拙文《模糊语言初探》，《外国语》1979 年第 4 期。

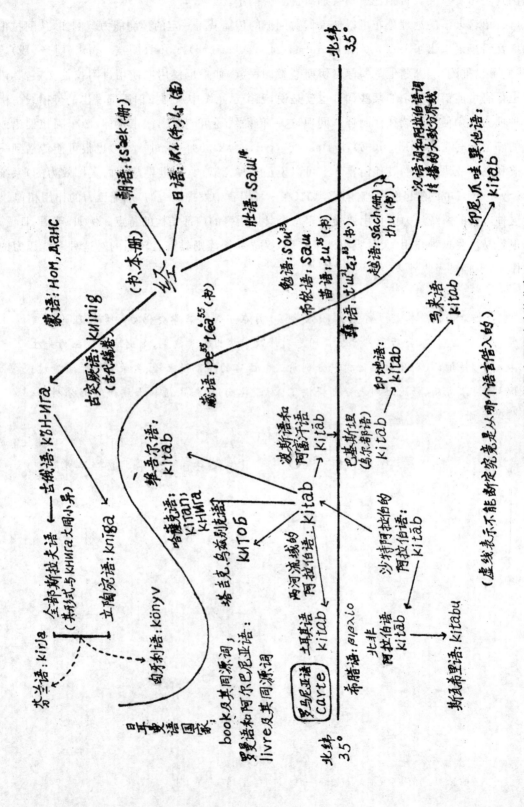

图一　表示"书"的词在世界主要语言中的分布

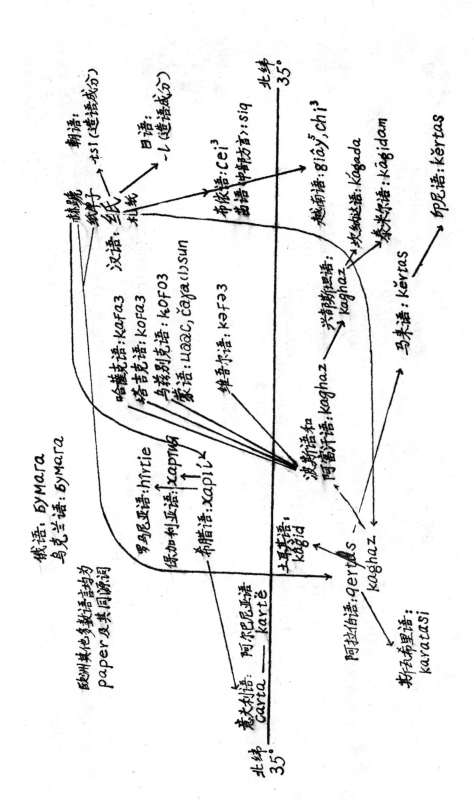

图二　表示"纸"的词在世界主要语言中的分布

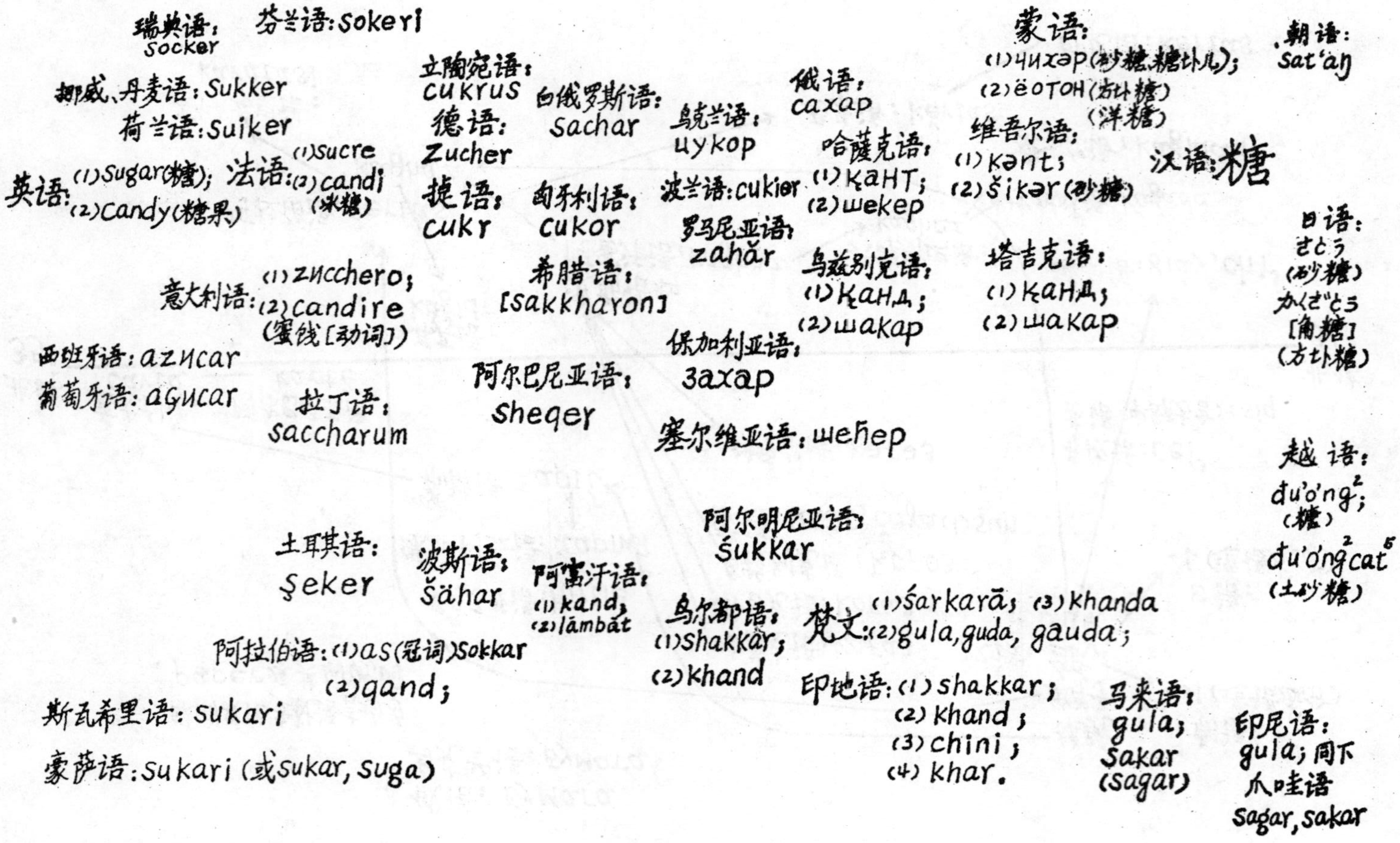
瑞典语：socker
芬兰语：sokeri
挪威、丹麦语：Sukker
荷兰语：Suiker
英语：(1)Sugar(糖)；(2)Candy(糖果)
法语：(1)sucre (2)candi (冰糖)
意大利语：(1)zucchero；(2)candire (蜜饯[动词])
西班牙语：azucar
葡萄牙语：aqucar
拉丁语：saccharum
立陶宛语：cukrus
德语：Zucher
捷语：cukr
白俄罗斯语：Sachar
匈牙利语：cukor
希腊语：[sakkharon]
阿尔巴尼亚语：sheqer
乌克兰语：цукор
波兰语：cukier
罗马尼亚语：zahăr
保加利亚语：захар
塞尔维亚语：шећер
俄语：caxap
哈萨克语：(1)қaнт；(2)шекер
乌兹别克语：(1)қанд；(2)шакар
塔吉克语：(1)қанд；(2)шакар
蒙语：(1)чихэр(砂糖、糖块儿)；(2)ёотон(方块糖)(洋糖)
维吾尔语：(1)kənt；(2)šikər(砂糖)
汉语：糖
朝语：sat'aŋ
日语：さとう(砂糖) かくざとう[角糖](方块糖)
越语：đường²；(糖) đường² cát⁵(土砂糖)
阿尔明尼亚语：śukkar
土耳其语：şeker
波斯语：šähar
阿富汗语：(1)kand，(2)lāmbat
阿拉伯语：(1)as(冠词)sokkar (2)qand；
乌尔都语：(1)shakkar；(2)khand
梵文：(1)śarkarā；(2)gula，guda，gauda；(3)khanda
印地语：(1)shakkar；(2)khand；(3)chini；(4)khar。
马来语：gula；Sakar (sagar)
印尼语：gula；同下
爪哇语：sagar，sakar
斯瓦希里语：sukari
豪萨语：sukari(或sukar，suga)
图三　表示“糖”的词在世界主要语言中的分布

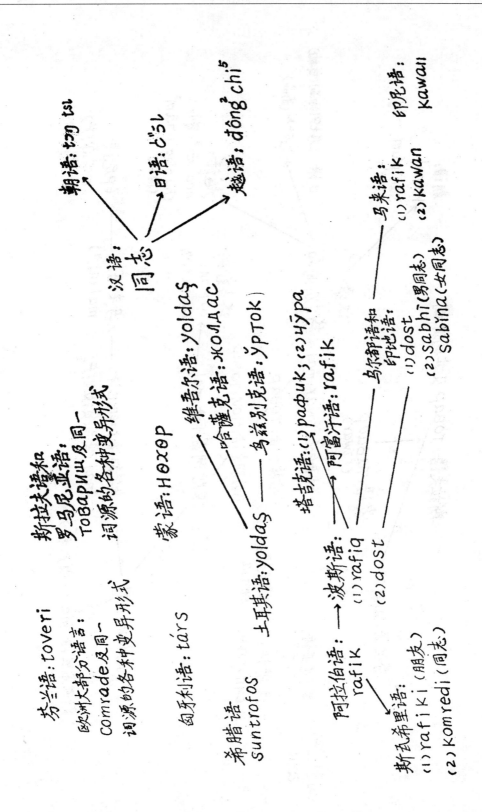

图四　表示"同志""同伙"的词现在在世界主要语言中的分布

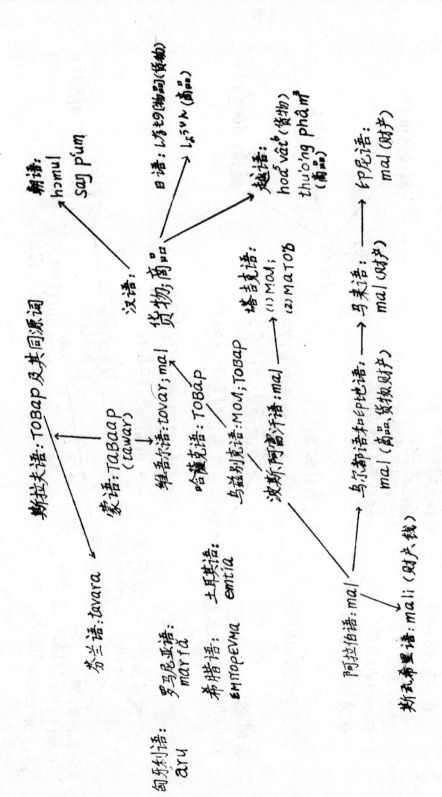

图五　表示"货物""商品"的词在世界主要语言中的分布

汉语词源的探求与阐释

王　宁

中国训诂学主要研究古代汉语的词源及词汇意义的历史演变。因此,首先要涉及词源的探求和阐释。探求词源就是逐一分析可能追寻到的造词理据,在具有大量成果之后,逐渐建立起一个个局部的词族系统,这属于语言词汇的本体研究;而阐释词源则是对这些造词理据的真实性与合理性从文化历史的背景上加以证明和阐发,这已涉及语言与文化的关系。把阐释词源的诸多成果集中起来,可能大致看出以语言为中心的文化网络,形成语言与其他文化的互证关系。这就超出了语言的本体研究,具有了宏观语言学的意义与价值。

如果不将词源逐一探求清楚,就无从对它进行阐释;如果对词源不加以阐释,已探求到的词源就难以证实。欲求词源研究的科学化,必须从分析微观的语言事实入手,继而达到宏观认识的目的。

探求词源必须有一套科学的方法,不应当是随意的、感觉式的。这既要涉及词的物化形式语音,又要涉及词的内容语义。在词源的探求方面,分析语音关系已有了一些可操作的法则;但是汉语的音节数是有限的(尽管古音还可以利用音转扩大声音相近的范围),只凭语音一方面的条件不可能确定同源。而由于事物的联系无处不在,人们又常把事物的联系当作语义的联系,因此,系连同源词往往存在着很大的随意性。解决这一问题,须在汉语词源理论的指导下,确立分析词义内部结构的可操作方法。至于阐释词源则要涉足民族文化的大网络、巨系统,不应当简单化。解决这一问题,重要的是对词源与文化的关系有一个清楚的认识,并找到由语言本体出发深入到民族文化历史总体的可靠途径。基于以上情况,本文试图对探求词源意义的操作方法和文化历史背景对阐释词源的作用这两个问题进行阐述。

一　汉语词源意义的探求

在讨论探求词源问题时,先要对汉语词汇的发生和积累的过程稍加论述。汉语词汇的积累大约经历过三个阶段,即原生阶段、派生阶段与合成阶段。这三个阶段之间没有截然分清的界限,只是在不同的阶段,各以一种造词方式为主要方式。

汉语和世界其他任何一种语言一样,有过一段为时很长的原生造词时期。这是汉语词汇的原始积累时期。在这段时期里,词汇如何从无到有,呈现什么状态,这是语言学家和人类学家反复探讨而又难以确证的命题。章太炎先生以为语言最初的发生与人的触受有关,[①]也就是说,原生造词是源于自然之声的提示。这一说法在某些词上或可得到证实。例如,"蛙""鸡""鸭""鹅""鸦""猫""蟋蟀"……等动物是以他们的鸣叫声来为之命名的;又如,"淋""沥""流""涟""涝""潦"……等词的词音似与水的滴沥声相关;"软""蠕""柔""茸"……等词的声母上古音都为"日"纽,发音时舌面腻黏,似能给人柔软的感觉等等。但是,这些现象是偶然的巧合还是理性的必然? 在天籁与人语之间存在着哪些规律性的联系? 在已被记录下来的亿万词汇中哪些词属于原生造词的根词? 由于语言发生的历史过于久远,不要说穷尽性的测查无法进行,就连一定数量的抽样测查和局部语料的归纳都是不可能做到的。所以,关于原生造词的理论只能是一种无法验证的假说。我们所能知道的只是,原生词的音义结合不能从语言内部寻找理据,它们遵循的原则一言以蔽之,即所谓"约定俗成"。

派生阶段是汉语词汇积累最重要的阶段。在原生阶段的晚期,就已经产生了少量的派生造词。而当词汇的原始积累接近完成时,派生造词逐渐成为占主导地位的造词方式。这一阶段,汉语由已有的旧词大量派生出单音节的新词,并促进了汉字的迅速累增。周秦时代是汉语词汇派生的高峰,在纷繁的派生活动中,积累了大量的同源词。[②]

合成阶段的到来是汉语词汇发展的必然结果。汉语词汇在原生与派生造词阶段都是以单音节为主的。由于音节数是有限的,区别同音词的手段必然非常贫乏。而且,派生造词阶段正是古代汉语文献大量产生的时期,在书面汉语里,孳乳造字伴随派生造词,就成为区别同源词与同音词的一种措施。这便使汉字的造字速度也极快增长。词与字的增长一旦超越了人的记忆可能有的负荷,凭借音变与字变而进行的派生造词便不能符合词汇继续增长的需要。恰好也正是在这一阶段,汉语的构词元素积累到了一个足够的数量,为合成造词创造了必要的条件,于是,在两汉以后,合成造词取代了派生造词,成为汉语主要的造词方式。随之而来的,是汉语由单音词为主逐渐转变为双音词为主。下面就分别来讨论单音节派生词和双音节合成词的造词理据的探求。

(一)单音节派生词造词理据的探求

派生词的音与义是以根词和源词[③]的已经结合了的音与义为依据的,因此,根词、源词与派生词之间,以及同源派生词彼此之间,都存在着音近义通的关系。一组待定为同源词的语料,在已知它们的音同或音近关系后,判定它们之间的义通关系,便成为确立它们同源的关键;而把握

---

① 见章太炎《转注假借说》(《章太炎先生所著书》正编)。

② 关于同源派生的理论和有关同源词的术语,我们已在另文有所论述。请参看《传统字源学初探》及《论字源学与同源字》两文,陆宗达、王宁著《训诂与训诂学》,山西教育出版社,1994 年,第 352—388 页。

③ 根词指最早派生其他词从而成为整个词族总根的原生词,直接派生其他词的词称作被派生词的源词。关于这一问题我们已在另文有所论述。详见王宁著《训诂原理概说》一文 3.2.3 节(收王问渔主编《训诂学的研究与应用》,内蒙古人民出版社 1986 年)。

义通的规律,从中探求派生词的造词理据,词源探求的任务才算全面完成。

由同源词中确定造词理据,一般有两种情况:

第一种情况是词的派生序列难以明确,造词理据须通过同源词系连,[①]从中概括抽取出来。例如下面一组语料:

> 稍,苗末
>
> 秒,麦芒
>
> 艄,船尾
>
> 霄,云端
>
> 鞘,鞭头细皮条
>
> 梢,树枝尖端
>
> 消,水消减
>
> 销,金消减
>
> 削,用刀使减少

这组同源词都从"小"得声,它们的意义关系是怎样的呢? 如果我们用两分法分析它们的意义内部结构,可以看出以下情况:

> 稍＝/禾类/＋/叶末端渐小处/
>
> 秒＝/禾类/＋/芒末端渐小处/
>
> 艄＝/船类/＋/尾端渐小处/
>
> 霄＝/云霞类/＋/最高(顶端)视之渐觉小处/
>
> 鞘＝/鞭类/＋/(系于)顶端而细小处/
>
> 梢＝/树木类/＋/末端渐小处/
>
> 消＝/施于水/＋/使之少/
>
> 销＝/施于金/＋/使之少/
>
> 削＝/以刀施之/＋/使之少/

经过分析的两个部分,显示了词义的内部结构,而每一部分都小于一个义项(义位)。借鉴西方语义学的义素分析法,我们把这两部分定为义素。如果我们把分析后的前半部分用/N/表示,这部分含着词义的类别,我们称作类义素;后一部分用/H/表示,这部分含着被人们共同观察到的词义特点,也就是造字所取的理据,我们称作核义素或源义素。有些论著把这一部分叫词源意义,与我们的定称没有矛盾,只是未能明确它的单位,因而也未能明确它在语义内部结构中的层次,在操作上是不方便的。

通过上述例证的分析,我们可以看出:同源词的类义素是各不相同的;而核义素是完全相同

---

① 在根词没有确定的情况下,将未能穷尽的同源词归纳到一起,称作局部系源。见王宁《训诂原理概说》3.3.1 节。

或相关的。以上一组同源词可分为两类：第一类 6 个词是名词，它们共同的核义素是/尖端——渐小/；第二类 3 个词是动词，它们共同的核义素是/使之小/。"渐小"与"使之小"的相关是一目了然的。从这里我们可以得到同源词之间意义关系的公式：

$$Y[X] = /N[X]/ + /H/$$

以上一组同源词的意义关系可表示为：

(1) $Y[6] = $ /禾类、船类、云霞类、鞭类、树木类/ + /尖端——渐小/

(2) $Y[3] = $ /水类、金类、刀类/ + /使之小/

同理，下一组同源词在意义关系上也适合这一公式：

遘 = /行路类/ + /（二人）交合/

媾 = /婚姻类/ + /（关系）交合/

购 = /买卖类/ + /（钱与货）交合/

觏 = /目见类/ + /（目光）交合/

沟 = /水流类/ + /（渠道）交合物/

篝 = /竹编类/ + /（竹片）交合物/

它们之间的意义关系为：

(1) $Y[4] = $ /行路类、婚姻类、买卖类、目见类/ + /交合/

(2) $Y[2] = $ /水流类、竹编类/ + /交合/

　　在同源词里，还可以看到另一种情况，就是由表示某一特点的词，直接派生出具有这一特点的新词。这时，源词的整体意义，等于派生词核义素所含的意义。[①] 汉代刘熙《释名》一书中有不少这类语例。比如：

"冬，终也。物终成也。"

"饼，并也。溲面使合并也。"

"脍，会也。细切肉令散，分其赤白，异切之，已乃会合和之也。"

"冠，贯也。所以贯韬发也。"

"梳言其齿疏也，数言比（篦），比与疏其齿差数也，比言细相比也。"

"冬"为"终"派生，"饼"由"并"派生，"脍"由"会"派生，"冠"由"贯"派生，"篦"由"比"派生。这时，源词的词义与派生词的核义素在内容上是同一的，只是前者为义项（位）（用\H\表示），后者为义素，处于不同的结构层次。在对同源词进行比较时，它们之间的意义关系公式是：

$$Y1 = /N1/ + /H/$$

$$Yh = \quad 0 \quad + \backslash H\backslash$$

---

① 在根词不确定的情况下确定源词与直接派生词的关系，称作不完全推源。见王宁《训诂原理概说》3.3.2 节（第 66 页）。

同理,当我们知道"蟹"是因拆解食用而得名,"蟹""解"同源时,它们之间的意义关系是:

$$Y(蟹)＝／水虫类／＋／解／$$

$$Y(解)＝\quad 0\quad ＋\backslash解\backslash$$

又当我们知道"桌"是因比几高卓而得名,"桌""卓"同源时,它们之间的意义关系是:

$$Y(桌)＝／木器类／＋／卓／$$

$$Y(卓)＝\quad 0\quad ＋\backslash卓\backslash$$

概括这两个公式可以知道:同词性的同源词的意义关系建立在核义素相同的基础上,它们因类义素的对立互补而区别为不同的词,不同词性的同源词一般不具有类义素的对立互补,而它们的核义素却是直接相关的。就源词与派生词而言,源词的意义直接被吸收作派生词的核义素。这时,派生词的造词理据也就直接含在源词的意义中了。

(二)双音节合成词造词理据的探求

双音节合成词是由两个单音节词(词素)结合而成的。现代汉语双音词与词组的区别,应严格按其是否能依据现代汉语语法结构并按其词素的字面意义分开解释为标准。凡是确实已经无法拆开后用两个词素的意义简单相加来解释的双音词,可确定为已结合成熟的词。它们的造词理据应包括以下两个方面:一是参与造词的词素(由古汉语单音节词转化而来)各自意义的来源;二是它们结合并凝固的原因。把这两点合在一起进行考察,可以看出以下四种情况:

1. 参构词素起码有一个或两个都是古义,现代已不能单用,于是使两个词素结合后无法拆开理解。例如"交际""国际""边际""天际"等词,都有一个词素为"际"。《说文解字》:"际,壁会也。"墙与墙相交的地方叫"际"。《小尔雅·广诂》释"际"为"接",是"壁会"的广义。上述诸词中的"际"用的都是古义。现代汉语里具有这一义项的"际"已成为不能独用的词素,致使上述词凝固而不能分开。再如"失声""失态"等词中的"失",有禁不住而放纵的意思。《说文解字》:"失,纵也。"正与上述词中"失"的语素义相合。现代汉语里具有这一意义的"失"字也已不能独用。因此,上述两词的词素互相依存,不能分开。

2. 参构词素结合于古代,当时还属于词组,可以分开解释。结合后产生了整体的意义,又在此整体的意义基础上引申出新义。引申后的意义与词素义已不直接相关,于是使两个词素凝固而不可分。例如"结束"的"终了"义是由穿衣产生的。古代的长服装褛的上部腋下处有短带,系短带叫"结"。后来改为纽扣,也叫"结"。扎腰带叫"束"。中古时"结束"一词当"着装""打扮"讲。李益《塞下曲》:"番州部落能结束。"穿衣到了系短带和扎腰带的阶段,已经是最后一道程序了,所以,"结束"一词才发展出"终了"的意义。而"终了"的意思与"结"和"束"已不易看出直接的关系,当"终了"讲的"结束"也就无法拆开理解了。"要领"一词指问题的要点、要害。而古代"要""领"连用,是与刑法有关的。古时的斩刑先有腰斩,后有斩首。"要"是"腰"的古字,"领"是脖子,所以古人常以"要领"并称。《管子·小匡》曰:"管仲曰:斧钺之人也,幸以获生,以属其要领,臣之禄也。"《礼记·檀弓》:"是全要领以从先大夫于九京也。""属其要领"就是脖颈与腰能连着身首。"全要领"就是不从脖子和腰处斩断。今天所说"不得要领",是以施刑找不准脖子和腰,比喻谈问题抓不住要害。

3. 参构词素的结合方式是古代汉语常见而现代汉语罕见的,因此,现代人不能将其分开解释。例如"蚕食""冰释""龟缩""函授""口诛笔伐"等词,都采用了名词作状语的偏正式。这种语法结构属古代的遗存,现代已不习惯将它们拆开。

4. 参构词素中,有一个或两个书写发生了变化,改写了同音借字,致使结合时的原意无法从字面上解释,才使两个词素凝固不可分。例如"刻苦"的"刻"本字应作"恔"。《说文·心部》:"恔,苦也。"《广雅疏证》转引《通俗文》说:"患愁曰恔。"《韩非子·存韩》说:"秦之有韩,若人之有腹心之病也。虚处则恔然,若居湿地著而不去,以极走则发矣。"可见,"恔"的意思是"内心的病患"。"刻苦"即"苦",也就是因为心中的忧患而勉强自己努力去完成某一件事。《孟子》所谓"苦其心志"的"苦",意义正与"刻苦"的"苦"相同。但"恔"写成"刻"以后,"刻"的"雕刻"义无法与"苦"相配,于是造成了分则无解、合则义存的局面。

二　文化历史背景对词源阐释的作用

经过上文进行科学的意义比较,同源词的系连科学化了,排除了随意性,避免了因偶然音同而强说意义关系的弊病,这就使造词理据的探求有了一定的保证。但是,为了更进一步地证明已探求到的词源的可靠性,必须对古人更深层、更细微的文化思想有一个深入的了解。因为,词的派生时期的文化历史,通过人的心理与思想,熔铸到词的词源意义里,使词源意义与文化历史产生了相互解释的可能性。

词源意义中包含了古人的社会生活。例如,汉以前"钱"称"泉"。《管子·轻重》:"今齐西之粟釜百泉。"注:"泉,钱也。"《周礼·外府》注曾有"其藏曰泉,其行曰布,取名于水泉,其流行无不遍"的说法。《周礼·序官》有"泉府",孔颖达疏说:"泉与钱今古异名。"《史记·平准书》:"龟贝金钱。"《索隐》:"钱本名泉,言货之流如泉也。"这些记载都说明"钱"为"泉"的派生词,当时它已有了贮存与流通两种特性。再如"题"与"顶""颠""天"同源,都指动物、人最高最前的地方,"题"引申为文题,可以知道文章的题是先文而有之的。"落"与"离"同源,/H/为/隔离/,因而知道"院落""村落""营落""部落"的"落"是因为划分区域时和其他邻近单位相隔离而得名。这是古代农业和军事建制的反映。

词源意义中包含了古人的传统观念。例如下列一组同源词:

囱,烟囱,走烟的通道。

葱,调味菜,其叶中空。

窗,墙孔,室中通空气的洞。

聪,闻审谓之聪,接收外界事物通达。

它们的意义关系：

$$Y[4]=/N[4]/+/空——通/$$

由此我们可以知道古人对聪明的认识，他们认为聪明是内心对外界的感受通达。这种解释还可以得到一些旁证："聪"与"灵"为同义词。"灵"与"棂"同源。"棂"是窗户格，也是通空气的孔。"灵"的核义素也是通达，与"聪"不同的是，"灵"着重在与鬼神相通，智慧来源天上；"聪"着重在与自然、社会相通，智慧来源于地下。从"聪""灵"的词源，可以证实古人衡量智愚的标准。

从某些词的词源里，还可以反映出某一历史时期意识形态的变化。且看以下一组同源词：

龢，音乐和谐，最美境界。

盉，五味和，调味的最美境界。

和，人和，事和，社会人际关系的美好状态。

"禾"是它们的源词。古人以为，禾苗是天地万象和谐的产物；冷暖中，刚柔适，阴阳调，内外平，上下通，始有禾的成熟；所以，禾苗是自然协调的象征。这是中国社会进入农耕时代所产生的观念。这种崇尚自然，赞美天籁，尊重人与物的本性的审美心理，几千年来，在中国的音乐、绘画、诗词曲中时有体现。这是文化的精华。然而，这种观念的另一面，则是对变革、创造、更新的抗拒和反感。奴隶制晚期保守的政治思想，要求对旧秩序加以维护的思想，又可以从另一组派生词中反映出来。表示"变化""创新""超越"等意义的词，常常发展出贬义的派生词来：

"为"（作为）派生出"伪"（欺伪）

"化"（变化）派生出"讹"（讹误）

"作"（初创）派生出"诈"（诡诈）

这又是古代文化思想的另一面了。

不同时代的语言可以互译，但词义中的文化内涵不同所造成的隔阂有时是很难消除的。以数字为例，现代数学已把一二三四五六七八九十抽象为不含任何具体内容的数目，而数的排列都是由少到多逐渐累积的。但是，我们从数字的词源上可以看出中国古代关于数的哲学观念与现代的差异。如："一"与"壹"在《说文解字》里是两个字，它们记录的是一对同源词。"壹"是"专壹"的本字。"懿"字又是它的派生词，训"专久而美"。"壹壹"合成联绵词。《说文解字》："壶，壹壹也，从凶从壶，壶不得泄凶也。"《易》曰："天地壹壹。""壹壹"即"氤氲"（yīn yūn），是"一"分音而成的联绵词。古人认为，世界是在一片混沌中产生的。《说文解字》"一"下说："唯初太极，道立于一，造分天地，化成万物。"这里包含了"一"的词源。"二"与"耳""而"同源。它们都有"分立"的词源意义。天与地是世界的第一次切分。《说文·土部》："地，元气初分，轻清阳为天，重浊阴为地。"从"二"的词源可以看出，远古曾有过只具一、二两数的时代，随之有了二进位的原始计数法。《易经》只有阴、阳二爻，即反映了二进位制。与二进位制相联系的是"八"的词源。《说文》"八,分也。""八,别也。"道家所说的"道生两仪,两仪生四象,四象生八卦。"这也反映了在二进制的时代,"八"是"一"的穷尽切分。"三"与"△"(集)同源。《说文解字》:"△,三合也。从入一。象三合之形。读若集。"太炎先生以为是"集"的古字,极确("三"与"集"上古声母皆在"精"组,皆为闭口韵,"合"、"添"旁对转)。"三"突破了二,集成天地万物,它的词源意义是"聚集"。万物中最大的是人,天、地、人称"三才"。《说文解字》:"大"下说:"天大、地大、人亦大焉。""四"是二的二次切分,五是四象的交集点,它与"午"同源。词源意义是交午。《律书》:"午者阴阳交,故曰午。"《仪礼》:"度尺而午。"注:"一纵一横曰午。"《说文解字》古文"五"作×,作相交形。"五"为个位数之中,"午"为十二支之中。"九"突破了"八",又是"三"的再度集合。它与"终""究""穷"等词同源。词源意义是"终结"。

上述数字的词源表明,古今对数的认识是有差别的。古人把未分的"一"称"元气"。"元"表示最大、最早。"元首""元凶""元帅""元老""元年""元旦"的"元"都是最大、最前、最早。这种以"一"为大,分而多,多而小的观念,和以"一"为小,加而多,多而大的累积观念是反向的,这里面包含着中国古代的世界发生的观念。同时,数字的词源意义又影响了它们的语用价值。在汉语的成语里,"三""五""九"总是表示多数:"三番五次""三令五申""三教九流""三六九等"……都极言其多。而"四"与"八"常配合:"四平八稳""四通八达""四时八节""四面八方"……都极言齐全。这些都可充分证明词源与文化的互证关系。

不仅单音词的词源意义与文化历史之间有互证的作用,合成词的结合原因,在相当程度上也与文化密切相关。阐释双音词词源,必须结合词素产生时的历史文化背景与词素合成时的历史文化背景来进行。前面所说的"交际""失声""结束""要领"诸词的词源,无一不要结合文化历史背景来证明和阐释。又例如"介绍"一词,30年代用作"绍介"。"绍"与"介"的结合是有历史文化原因的。周代的礼节,贵族相见时主客都要有人传命和导引。客方的传命人称"介",分上介、次介、末介;主人的导引人叫"傧",分上傧、承傧、绍傧。末介与绍傧正是主客之间的中介,所以《仪礼·聘仪》有"介绍而传命"之说。这就是"介绍"一词形成的文化背景。"物色"的意义是择寻。上古汉语中"物"是畜类的毛色。古人对畜类的毛色十分重视,是因为要选择毛色作旗,而毛色又与祭祀时的牺牲有关。牺牲是要选纯色牛的。"物"因此引申为"外物""外形"之义。又引申为"选择"之义。《周礼》郑玄注有"物物色而以知其所宜之事"之说,又有"以物地占其形色"之说,都是讲根据事物的外部形状来选择自己的生存条件。"色"的本义是"气色""脸色",《论语》说,尽孝道时"色难"。前人对这个"色"有两种解释。一说指儿子在父母面前要始终保持愉悦的脸色。《礼记·祭义》说:"孝子之有深爱者必有和气,有和气者必有愉色,有愉色者必有婉容。"另一说指父母的脸色,通过父母的脸色来理解父母的需求。不论哪种解释,"色"都是人的外部表情。说明古人认为外部表情是反映人的内心心态的标志。"物色"连用而引申出"择寻"之义,正是古人观物象人色而知天时地利之变,也就是由外部形状入手去探究更远更深事物这种观察方法的反映。

三 余论:关于文化语言学

　　上述种种现象,不但可以说明文化对词源的证明作用,同时也可看出词源阐释对研究人类文化的宏观价值。民族文化有很强的传承性,每个民族的历史都是可以追溯的。在了解既往历史时,典籍和文物就是文化传承的桥。在一般情况下,我们都是通过阅读古代典籍和观察出土文物来了解自己民族历史的。但是,正如桥总是架设在要路之津一样,能被典籍记录下来的史实,大都是对政治经济发展起重要作用的史实,更为深层的细微现象,往往是不见经传的。许多观念形态的精神文化,即使是十分发达的书面语言,也难以尽述。追溯这些深层的细微现象,是缺乏文化传承的这种桥的。

　　语言与人类共存,特别是它的词,是文化的活化石,是现代人通向古代文化彼岸的一叶小舟,在没有桥的地方,惟它可以通过。词语的意义内涵是人类经验的历史积蕴,探讨词源,可以起到了解古代文明的作用。而正因为词语的内涵不可能脱离它所产生时代的历史背景,文化对词源的阐释作用也就绝对不容忽视。

　　灿烂的华夏文化的方方面面,蕴藏在浩如烟海的汉语词语中。探求词语的意义来源与阐释历史文化对词语意义的直接影响,二者可以相得益彰,并为语言的研究和文化的研究开辟新的途径。然而,从个体词语意义(包括它的构词理据与使用意义)的文化内涵考据入手,观察语言与文化关系的种种表现,并从中归纳出带有普遍意义的现象,然后通过对这些现象的解释来寻找语言与文化关系的内在规律,这却是传统训诂学早已创建的研究方法。所以,从这个意义上说,汉语文化语言学绝非当代人所首创,更不是由国外引进的。它不但发源得很早,而且从来就是中国语言学的古老传统。这个传统既包含了对语言与文化关系的明确认识,又包含了从第一手材料出发,重视微观分析,不事空谈的求实作风。这两方面,都是我们应当继承的宝贵遗产。

　　就语言与文化的关系而言,语义所含有的文化因素要比语音、语法更为丰富、明显。因此,文化语言学的重点,应当首先放在语义上。而继承传统训诂学的精华,改变它不适应当代的不理想状态,尊重历史,重视继承,同时也要认真借鉴外国语言学成果——特别是它的科学方法,才能建立起符合汉语事实的文化语言学,达到对汉语宏观研究的目的。

(原载《中国社会科学》1995 年第 2 期)

漫谈汉语词汇的现代化研究
继承古代训诂学材料问题

孙 良 明

前 言

蒋绍愚《古汉语词汇纲要》(北京大学出版社,1989)在汉语词汇的现代化研究继承、借鉴古代训诂材料方面做了很好的尝试与探索。该书是讲的古汉语词汇研究,其实就现代汉语词汇研究来说,特别就汉语词义研究来说,似也需要继承、借鉴古代训诂材料。前人不但进行了卓越的词义分析实践,而且也或明确提出或隐约涉及某些词义理论问题。

一 汉人注释中语词义场的表现

1982 年第 1 期《中国语文通讯》刊载我的《汉语语词"义场"例释》一文,这是我《词义和释义》(湖北人民出版社 1982;1985 再版)一书中两节内容的概括,文中提出"义场""义心"两个术语。此文观点是看中国社科院语言所《现代汉语词典》(以下简称《现汉》)释文中的括号而产生的,文中例证也多选自该词典。如下几例:

　　[奔驰] (车、马等)很快地跑。

　　[奔腾] (许多马)跳跃着奔跑:一马当先,万马～。……

　　[奔泻] (水流)向低处急速地流:～千里。

　　[阐明] 讲明白(比较深奥的道理):历史唯物主义是～社会发展规律的科学。

　　[阐述] 论述(比较深奥的问题)。

　　[加意] 特别注意(用作状语):～保护。……

　　[不休] 不停止(用作补语):大家争论～。

可看出释文括号前/后的文字是词的概念义,我定名为"义心",括号内的文字是词使用范围或存在的场合,我定名为"义场"。前三例属于词汇义方面的,我定名为"词汇义场",后四例属于语法义方面的,我定名为"语法义场"。释义的科学性要求,既要注明义心,又要注出义场。《现汉》用括号表示,这是该词典的一大创造,是汉语释义方法学的一个大发展。

这里要说明的是,释义注出义场,是古代训诂释义的一个传统,我国第一部注释书西汉毛亨

《诗经诂训传》及东汉多种注释书如郑玄《诗经笺》"三礼"注、何休《春秋公羊经传解诂》、王逸《楚辞章句》、高诱《淮南子注》，释义即注意表现义场：

(1) 瞻彼旱麓，榛枯济济。〔毛传：旱，山名；麓，山足；济济，众多也。郑笺：旱山之足林木茂盛者，得山云雨之润泽也。〕（《诗经•大雅•旱麓》）

(2) 古公亶父，来朝走马，率西水浒，至于岐下。〔毛传：浒，水厓也。〕（《诗经•大雅•緜》）

(3) 鬒发如云，不屑髢也。〔毛传：鬒，黑发也。〕（《诗经•鄘风•君子偕老》）

(4) 乱我笾豆，屡舞僛僛。〔毛传：僛僛，舞不能自已也。〕（《诗经•小雅•宾之初筵》）

(5) 未见君子，忧心恤恤。〔毛传：恤恤，忧盛满也。〕（《诗经•小雅•颊弁》）

(6) 有杕之杜，其叶菁菁。〔毛传：菁菁，叶盛也。〕（《诗经•唐风•杕杜》）

(7) 溱与洧，方涣涣兮。〔毛传：涣涣，春水盛也。郑笺：仲春之时，冰已释，水则涣涣然。〕（《诗经•郑风•溱洧》）

(8) 终温且惠，淑慎其身。〔郑笺：温，谓颜色和也。〕（《诗经•邶风•燕燕》）

(9) 疾病，徙内皆扫。〔疾甚曰病。〕（《仪礼•既夕礼》）

(10) 夫负羁絷，〔絷，马绊也。〕执铁锧，从君东西南北，则是臣仆庶孽之事也。（《公羊传•襄公二十七年》）

(11) 絙瑟兮交鼓。〔絙，急张弦也；交鼓，对击鼓也。〕（《楚辞•九歌•东君》）

(12) 当此之时，卧倨倨，兴昡昡。〔倨倨，卧无思虑也。〕（《淮南子•览冥训》）

以上各例，均注出义场；如果按《现汉》加括号的释义方式，(1)"麓"当是"(山)足"，(2)"浒"当是"(水)厓"，(3)"鬒"当是"黑(发)"，(4)"僛僛"当是"(舞)不能自已"，(5)"恤恤"当是"(忧)盛满"，(6)"菁菁"当是"(叶)盛"，(7)"涣涣"当是"(春水)盛"，(8)"温"当是"(颜色)和"，(9)"病"当是"(疾)甚"，(10)"絷"当是"(马)绊"，(11)"絙"当是"急张(弦)"，(12)"倨倨"当是"(卧)无思虑"。

释义要注意注出义场，继承汉儒开始的这一释义传统；也要借鉴《现汉》的释义方法，释文中加上括号，区别义场与义心。

二　汉人注释中词的句法功能义的表现

词有词汇意义，进入句子受句法结构支配又产生句法功能义，这是现代语言（语法）学理论所阐明了的。但这一现象，汉儒已经发现；这主要表现在对名词作谓语/述语上。汉儒发现名词作谓语/述语，其原有的词汇义保留外，又增加一个句法功能义即表示相应行为的动词义。这在郑玄《诗经笺》"三礼注"、何休《春秋公羊经传解诂》、赵岐《孟子章句》、高诱《战国策注》《吕氏春秋注》《淮南子注》中有多条注释可以说明。

先看名词作谓语：

(1) 洪水芒芒，禹敷下土方。〔禹敷下土正四方。〕 （《诗经·商颂·长发》）

(2) 齐仆掌驭金路以宾。〔以待宾客。〕 （《周礼·夏官下·齐仆》）

(3) 三笙一和而成声。〔三人吹笙，一人吹和。〕 （《仪礼·乡射礼》）

(4) 是月也，天子始裘。〔九月授衣，至此可以加裘。〕 （《礼记·月令》）

(5) 古人味而弗贪也，〔古人知其味而不贪其食。〕今人贪而弗味。 　（《淮南子·缪称训》）

(6) 嗟乎！贫穷则父母不子；〔不以为己子也。〕富贵则亲戚畏惧，…… 　（《战国策·秦一》）

注文显示出，(1)含动词"正"，(2)含动词"待"，(3)含动词"吹"，(4)含动词"加"，(5)含动词"知"，(6)含动词"以……为"。

再看名词作述语：

(一) 述宾结构

(1) 王欲玉女，是用大谏。〔王乎我欲令女如玉然，故作是诗用大谏正女。〕 （《诗经·大雅·民劳》）

(2) 今也小国师大国而耻受命焉。〔今小国以大国为师学法度焉，而耻受命教，不从其进退。〕 （《孟子·离娄上》）

(3) "春二月已亥，焚咸丘。"焚之者何，樵之也。〔樵，薪也；以樵烧之，因谓之樵之。〕 （《公羊传·桓公七年》）

(4) 牛羊父母，仓廪父母。〔欲以牛羊食廪与其父母。〕 （《孟子·万章上》）

(5) 敌齐不尸则如何？〔言与齐为敌不收其尸，为京则如何？〕 （《吕氏春秋·不广》）

(6) 坎坎鼓我，蹲蹲舞我。〔毛传：蹲蹲，舞貌。郑笺：为我击鼓坎坎然，为我兴舞蹲蹲然。〕 （《诗经·小雅·伐木》）

现在古汉语语法书上，对这种名词作谓语/述语现象有个专门提法，名之为"名词活用"；对这种述宾语义关系也有个专门提法，名之为"特殊动宾关系"，说有使动（如(1)）、意动（如(2)）、用动（如(3)）、供动（如(4)）、与动（如(5)）、为动（如(6)）等等。其实这些语义现象，汉儒早已发现了。

(二) 述补结构

(1) 王命南仲，往城于方。〔王使南仲为将军，往筑城于朔方。〕 （《诗经·小雅·出车》）

(2) 乃命鲁公，俾侯于东。〔东，东藩鲁国也；……乃策命伯禽，使为君于东。〕 （《诗经·鲁颂·閟宫》）

(3) 北弱齐，西德于秦。〔施恩德于秦……〕 （《战国策·秦二》）

(4) (齐景公)涕出而女于吴。〔泣涕而与为婚。孙奭疏：于是齐景公泣涕，以女事于

吴。〕（《孟子·离娄上》）

此外，词的句法功能义与词的词性转化，汉儒也已认识：

（1）公曰左之，舍拔则获。〔左之者，从禽之左射之也。〕（《诗经·秦风·驷骥》）

（2）士职之职，掌国之五禁之法，以左右刑罚。〔左右，助也；助刑罚者，助其禁民为非也。〕（《周礼·秋官上·士师》）

（3）使耕者东亩，是则土齐也。〔则晋悉以齐为土地，是不可行。〕（《公羊传·成公二年》）

（4）土方式掌土圭之法，以致日景，以土地相宅。〔土地犹度地，知东西南北之深，而相其可居者。〕（《周礼·夏官下·土方氏》）

（1）（3）"左""土"是名词述用，增加句法功能义；（2）（4）"左右""土"是词性转化，词汇义已变，名词转为动词。

三 贾公彦的"望文为义"说

现代语言学研究，要注意语言词和言语词的区别，语言词可以是多义的，而在具体言语作品中的言语词则只能是单义的。这一现象唐代贾公彦已经发现，而且有了带有语义理论性质的概括的提法；这就是他在《周礼义疏》《仪礼义疏》提出的"望文为义"说。《周礼义疏》《仪礼义疏》是唐代注释书直接继承汉代注释书郑玄《周礼注》《仪礼注》两部重要著作，它既解释《周礼》《仪礼》两书原文，又解释郑玄两书的"注"。"望文为义"说可以说是贾公彦提出的一条释义理论，是他进行释义的指导原则。

（1）（司市）以量度成贾而征儥。〔郑注：儥，买也；物有定价则买者来也。贾疏：知"儥"为"买"者，以言征召买者，故以"儥"为"买"。此字所训不定，按下所云"贵儥者"，郑注"贵卖之"；郑亦望文为义，故注不同也。〕（《周礼·地官下·司市》）

按："下文"指《地官下·贾师》"凡天患，禁贵儥者，使有恒贾"，郑注是"贵卖之"。这是说"儥"有"买""卖"二义，郑注取"买"还是取"卖"是"望文为义"。

（2）（司市）以次叙分地而经市。〔郑注：次谓吏所治舍思次、介次也，若今市亭然；叙，肆，行列也。贾疏：按"内宰职"云"设其次，置其叙，正其肆"，注云"次思次；叙，介次"，不为行列（见《天官下·内宰》）与此注违者，彼云"次"与"叙"下更云"正其肆"，则"肆"为行列。此文不具，直有"次、叙"，无言"正其肆"，故并"思、介"同名为"次"，"叙"为行列，此郑望文为义，故不同。〕（《周礼·地官下·司市》）

贾疏是说，在这里（指《地官下·司市》）"次"郑注为"思次、介次"，"叙"注为"肆，行列"；而在《天官下·内宰》"次"郑注为"思次"，"叙"郑注为"介次"。"次""叙"各有两义，何取何弃，郑玄是"望文为义"。

所谓"望文为义"之文，即是指上下文，而"上下文"这一术语，贾疏中也是出现了的。

（3）"若国礼丧，则令赗补之；若国凶荒，则令䞐委之；若国师役，则令槁襘之；若国有福事，则令庆贺之；若国有祸灾，则令哀吊之。凡此物者，治其事故。〔贾疏：此一经据上下文，皆指诸侯国，此文虽单言"国"，亦据诸侯而言。〕（《周礼·秋官下·小行人》）

贾疏是说，此处虽单言"国"，但据"上下文"是指诸侯国，"令"的对象是指诸侯；因为此经前"小行人职"开始的经文是"小行人掌邦国宾客之礼籍，以待四方之使者；令诸侯春入贡，秋献功，王亲受之，各以其国之籍礼之"。

《周礼义疏》《仪礼义疏》多处虽然没有出现"望文为义"术语，但事实是按"望文为义"说来分析、解说词义的。

（4）飨，再虞皆如初，曰："哀荐虞事。"〔郑注：丁日葬，则己日再虞；其祝辞异者，一言耳。贾疏：云"祝辞异者一言耳"者，一言或者一句为一言，若《论语》云"一言以蔽之曰：'思无邪'"是也；今此一言一字为一言，谓数一。〕（《仪礼·土虞礼》）

按：此经下文是："三虞卒器，他用刚日亦如初，曰：'哀荐成事。'"郑注是说，"哀荐虞事""哀荐成事"是一"言"之异。贾疏说明："言"有两义，一指"句"，一指"字"；此处"言"指字。

（5）以丧礼哀死亡。〔贾疏：诸经云亡者，多是逃亡。此经郑不解"亡"，则"亡"与"丧"为一；以其逃亡无可哀故也。〕（《周礼·春官上·大宗伯》）

贾疏是说，"亡"有"逃亡""死亡"两义。此处郑玄未解"亡"，则"亡"也在"丧"事内；因"逃亡无可哀"，不举丧礼。

贾公彦的"望文为义"是条释义原则，也是一个词义分析理论。

四　孔颖达的"文势"说

孔颖达《周易正义》《尚书正义》《毛诗正义》《礼记正义》《春秋左传正义》即所谓"五经正义"，是唐代注释书直接继承汉晋注释书的极其重要的五部著作，在"五经正义"中多次出现"文势"（又写作"势"或"文"）的名称。仅《毛诗正义》一书，据笔者考察就一共出现有 17 次之多；作者径直说明是据"文势"（"势"、"文"）解释《诗经》原文以及"毛传"和"郑笺"，可以看出，这是孔颖达的释义依凭，也是他的释义理论。

（1）（○骍骍角弓，翩其反矣。）兄弟昏姻，无胥远矣。〔郑笺：胥，相也；骨肉之亲，当相亲信，无相疏远。〕○尔之远民，民胥然矣。尔之教民，民胥效矣。〔郑笺：尔，女；幽王也。胥，皆也。言王女不亲骨肉，则天下之人皆如之；见女之教令无善无恶，所尚者天下之人皆学之。正义：上章"胥"为"相"，此章"胥"为"皆"者，胥、相、皆并《释诂》（按：指《尔雅·释诂》）文也。上以王于族亲，故为相于之辞；此言天下之人非一，故为"皆"。欢文之势而为训也。〕（《小雅·角弓》）

这是说,"胥"有相、皆二义,定取是"观文之势"(指看上下文)。

(2)肃肃兔罝。椓之丁丁。〔毛传:肃肃,敬也。正义:肃肃,敬也,《释训》(按:指《尔雅·释训》)文也;此美贤人众多,故为敬。《小星》(按:指《周南·小星》)云"肃肃宵征",故"传"曰"肃肃,疾貌"。《鸨羽》(按:指《唐风·鸨羽》)《鸿雁》(按:指《小雅·鸿雁》)说鸟飞文连其羽,故"传"曰"肃肃,羽声也"。《黍苗》(按:指《小雅·苗》)说宫室,"笺"云"肃肃,严正之貌"。各随文势也。〕《周南·兔罝》

这是说,"传""笺"对"肃肃"作不同的训释,是根据"文势"(指词的不同组合)。

(3)女曰"观乎",士曰"既且"。"且往观乎?"洧之外,洵訏且乐。〔毛传:訏,大也。郑笺:洵,信也;女情急故劝男使往观于洧之外,言其土地信宽又乐也,于是男则往也。正义:士曰"既且",男答女也。"且往观乎"与"女曰'观乎'"文势相副,故以女劝男辞。言其宽且乐,于是男则往也。〕(《郑风·溱洧》)

这是说,"且往观乎"跟"女曰'观乎'""文势"相同(指均是疑问句;注意,唐代没有标点符号,孔颖达只好这样表述)。

(4)有客,微子来见祖庙也。○有客有客,亦白其马。有萋有且,敦琢其旅。〔毛传:亦,亦周也。郑笺:亦,亦武庚也。正义:以"亦"为"亦,武庚"者,此自周人而言,有客为彼,此之势则是据周为辞,不宜反以"亦"(为)己,故为"亦,武庚也"。〕(《周颂·有客》)

这是说,据"势"(指诗篇背景)是从在周的一方而言,"客"不能指周人自己,而是指武庚,从而否定"毛传"的解释(按:武庚为商纣之子,周初封为殷君,后因参与三监作乱被杀)。

"势"的术语是刘勰《文心雕龙·定势》中提出来的。孔颖达盖是将文艺理论中的"势"移用作词义分析。总观孔颖达讲的"文势",大致指词义选择、措辞造句的凭借以及篇章旨意、时代社会背景对词义的制约等。其内容所指即相当我们今天说的语境。据今人研究,语境有多种功能,而主要功能是制约与解释。这样看来,孔颖达已看出语境的存在,而且也发现了语境的制约与解释功能。"五经正义"中出现"文势(势/文)"以及未出现这个名称的释义,多是通过说明语境的制约达到解释的目的。

五　孔颖达的名称、语辞说

孔颖达根据词的意义特点将语言中的词分做两类,一是为义的名称类,一是不为义的语辞类。他总地论述道:

> 然字所用,或全取以制义,"关关""雎鸠"之类是也;或假辞以为助,"者""乎""而""只""且"之类是也。……"之""兮""矣""也"之类,本取以为辞,虽在句不以为义。(《诗经·周南·关雎正义》)

"五经正义"中多处出现"不为义(于义无取)""义类""语词(辞)""名(称)"等名称:

（1）采采芣苢，薄言采之。〔毛传：薄，辞也。郑笺：薄言，我薄也。正义：毛传言"薄，辞"，故申之言"我薄也"。我训经言也，薄还存其字，是为辞也；言我薄者，我薄欲如此，于义无取，故为语辞。〕（《诗经·周南·芣苢》）

（2）其三曰："铺时绎思，我组维求定。"〔集解：思，辞也。正义：思是语之辞，不为义也。〕（《左传·宣公十二年》）

（3）有孚挛如，富以其邻。〔如，语辞，非义类。〕（《周易·小畜·九五》）

（4）故《诗》曰："兕觥其觩，旨酒思柔。"〔集解：虽没兕觵，觩然不用。……正义：兕是兽名，觩是角称。〕（《左传·成公十四年》）

（5）有匪君子，如切如磋，如琢如磨。〔毛传：治骨曰切，象曰磋，玉曰琢，石曰磨。正义：此谓治器加工而成之名也。〕（《诗经·卫风·淇奥》）

（6）硕人俣俣，公庭万舞。〔正义：硕者，美大之称。〕（《诗经·邶风·简兮》）

从"五经正义"来看，孔颖达将词分做两类，一类是为义的义类，他称之为名称；一类是不取为义的，他称之为语辞。孔颖达讲的"为义""不为义"，今天看来，即是有无词汇性的概念义，也即是实词还是虚词问题。这是汉语实词、虚词的最早划分。

六　马瑞辰词义跟句法结构关系的分析

清代马瑞辰《毛诗传笺通释》是经学方面的训诂著作，是考释"毛传""郑笺"及他书对《诗经》字、词的解释的。本书很注意词义跟句法结构的关系，说明句法结构相同的，词性也相同，因而词义也相类。

（1）"猗嗟名兮"，《传》："目上为名。"瑞辰按：《传》同《尔雅》，疑《尔雅》此训，汉儒据"毛传"增入，非古义也。"猗嗟名兮"与"猗嗟昌兮""猗嗟娈兮"句法相同，若以"名"为目上，则"昌"与"娈"将可属也？名、明古通用，名当读明，明亦昌盛之义。三句首章皆叹美其容貌之盛大……《传》训"目上为名"，失之。（《齐风·猗嗟》）

（2）"容兮遂兮"，《传》："容仪可观，佩玉遂遂然。"《笺》："容，容刀也；遂，瑞也。"瑞辰按：容兮、遂兮与悸兮，皆形容之词，……与《诗》"婉兮娈兮，总角丱兮"句法相类，从《传》为是。（《卫风·芄兰》）

（3）"不竞不絿"，《传》："絿，急也。"《笺》："竞，逐也；不逐，不与人争前后。"瑞辰按：竞即争竞之义。……窃谓"絿"对"竞"言，从《广雅》训求为是。争竞者多骄，求人者多谄。竞、求二字相对为文，与下句"不刚不柔"、《雄雉》诗"不忮不求"、"昭二十三年"《左传》"不懦不耆"杜注"耆，强也"，句法正同。（《商颂·长发》）

（1）（2）说明从句法结构看"目""容"非名词，当分别跟"昌""娈"和"遂""悸"同类，均属形容词，词义相类。（3）说明从句法结构看"絿"当同"竞"均属动词性的，同属争求义一类。

（4）"吁嗟乎驺虞"，《传》："驺虞，义兽也，白虎黑文，不食生物，有至信之德则应之。"《三家诗》皆以驺虞为天子掌鸟兽官，贾子《新书》又分驺虞为二，以邹为文王圃，虞为圃之司兽。瑞辰按：此诗"吁嗟乎驺虞"，与"吁嗟麟兮"句法相似，麟既为兽，则驺虞亦兽可知。（《召南·驺虞》）

（5）"信彼南山"，《笺》："信乎彼南山之野。"瑞辰按："信彼南山"与"节彼南山""倬彼南山"句法相类，节、倬皆为貌，则"信"亦南山貌也，……信当读伸。《笺》读为疑信之信，失之。（《小雅·信南山》）

（6）"止基乃理"，《笺》："止基，作官室之功也，而后疆理其田野。"瑞辰按：止犹既也。《释诂》："卒，已也。"《释言》："卒，既也。""已"与"止"同义，"卒"为已，又为既，则"止"亦既也。"止基乃理"犹言既基乃理也，"止旅乃密"犹言既旅乃密也，与上章"既登乃依""既景乃冈"句法正同。　（《大雅·公刘》）

"句法"一词在本书中共出现 55 次（包括"文法"8 见）之多，马瑞辰很注意从句法结构去考释词义，从而说明词义跟句法结构关系的密切。句法结构相同，词性也相同，因而词义也相类。

七　王念孙词义选择限制的分析

现代语言学研究，词与词的意义之间存有制约关系，词跟词的搭配有选择限制；句法结构成分完整的，句子未必就能成立，还要看词义能否搭配。1950 年 5 月叶圣陶在《人民日报》发表《类乎"喝饭"的说法》文章，谈述（动）宾意义搭拢问题。这一语义现象，乾嘉学派代表人物之一王念孙即已发现，其《读书杂志》一书多处有对词义选择限制问题的分析。本书是王念孙对所读《逸周书》《战国策》《史记》《荀子》《楚辞》等书作训诂的一部著作，考释原作版本字、词、句，考证前人对该书注释的正误。其考释、考证正误的一个重要内容，也可说是一个重要方法，就是分析词义的制约关系即选择限制，从词跟词能否搭配来看问题。

（1）"月虚而鱼脑减。"念孙按："虚"字当为"亏"。〔"亏（虧）"字脱去右半，因误为"虚"。〕月可言亏，不可言虚实。《太平御览·鳞介部十三》引此正作"月亏"。　（《淮南·天文·月虚》）

（2）"臣闻介胄坐阵不席，狱讼不席，尸坐堂上不席；三者皆忧也。"念孙按：尸为死人，则不得言坐堂上。《太平御览·百卉部七》引作"尸在堂"是也。今本"在"作"坐"者，涉上文诸"坐"字而误。"上"字疑亦后人所加。　（《晏子春秋·内篇谏下·尸坐堂上》）

（3）"故善游者死于梁池，善射者死于中野。"念孙按：梁即桥也，非池之类，且与善游者意不相属，"梁"当为"渠"字之误也。渠，沟也，言善游者死于沟池。（《管子·枢言·梁池》）

（4）"夫击瓮听缶，弹筝搏髀，而歌呼呜呜快耳目者，真秦之声也。"念孙按：声能快耳，不能快目，"目"字后人所加。《文选》无"目"字。　（《史记·李斯列传·快耳目》）

　　（5）"自寻阳浮江，亲射蛟江中。获之。"师古曰："许慎云：蛟，龙属也。"念孙按：蛟为神物，不可得而射。"蛟"当读为鲛，谓江中大鱼也。《说文》："鲛，海鱼也，皮可饰刀。"……《汉纪·孝武纪》作"亲射鲛于江中"，是其证。　（《汉书·武纪·射蛟》）

　　（6）"饮于土塯。"念孙按：土塯乃饭器，非饮器，"饮"乃"饭"之误。　（《墨子·节用中·饮于土塯》）

　　（7）"朝有黧黑之危。"引之（按：指王引之，王念孙之子，王念孙本书多引其子之说）曰："危"与"黑"二字义不相属，"危"当为"色"，人瘦则面色黧黑。　（《墨子·兼爱中·危》）

　　（8）"今子大夫褎然为举首，朕甚嘉之。"张晏曰："褎，进也；为举贤良之首也。"师古曰："褎然，盛服貌。《诗·邶风·旄邱》之篇曰：'褎如充耳。'"念孙按：褎然者，出众之貌，故曰"褎然为举首"。张晏训"褎"为进，犹为近之；师古训为盛服貌，则与"为举首"三字义不相属。

（《汉书·董仲舒传·褎然》）

　　以上八例，按现在语法结构分析，（1）（2）（3）属于主谓不搭配。（4）（5）属于述（动）宾不搭配。（6）属于述补不搭配。（7）（8）属于偏正不搭配。当然王念孙没有这样的句法结构成分概念，但他讲出是"义（意）不相属"（见（7）（8）（3）），也是带有概括性，事实上是说明了词的组合中的选择限制关系。

八　王念孙同义类聚的分析

　　现代语义学研究分析义素和语义场，说意义相近、相同的词组成的语义场为同义义场。我国古代学者不可能有这等科学概念和相应的术语，但乾嘉学派代表人物王念孙的训诂考据名著《读书杂志》中，多处出现"一类""同义""义近"等明确提法，说明他已有相当清楚的同义类聚概念，是以同义类聚作为一个方法来考释古籍字、词及前人释义的正误的；这事实上是接触到语义场问题。

　　（1）"雷霆毁折，电霰陈虐。"念孙按：电、霰不同类，且电也不得言"陈虐"。"电（電）"当为"雹"，草书误也。雷、霆为一类，雹、霰为一类。……《文子·上礼篇》作"雹霜为害"，是其证。　（《淮南·本经·电霰》）

　　（2）"除病瘦、死丧、忧患，其中开口而笑者，一月之中不过四五日而已矣。"《释文》："瘦，色又反。"念孙按："瘦"当为"瘐"，字之误也；瘐亦病也。"瘐、病"为一类，"死、丧"为一类，"忧、患"为一类。"瘐"字本作"瘉"，《尔雅》"瘉，病也"。　（《庄子·盗跖篇·病瘦》）

　　（3）"枝于仁者，擢德塞性，从收名声。"念孙按："塞"与"擢"义不相类。"塞"当为"搴"。擢、搴皆谓拔取也。此言世之人皆擢其德搴其性，务为仁义以求名声，非谓塞其性也。

（《庄子·骈拇篇·擢德塞性》）

　　（4）"堂下生藜藋，门外生荆棘。"念孙按："藜藋"当为"藜藿"，藿即所谓灰藿也，藜、藿皆秽草，故与荆棘并言；若藋则非其类矣。藋、藋字形相似，世人多闻藜藋，寡闻藜藋，故诸书中"藜藋"多误作"藜藋"。　（《宴子春秋·内篇问上·藜藋》）

（5）"民室杵、木、瓦、石，可以盖（益）城之备者，尽上之。"引之曰：木、瓦、石皆可以作室，而杵非其类。"杵"当为"材"字之误也。《号令篇》"民室材木"，即其证。　（《墨子·备城门·杵》）

（6）"物至而观其象，事来而应其化。"念孙按："物至而观其象"，"象"当为"变"，草书之误也。"变"与"化"同义，"观其变"亦谓观其变而应之也。作"象"则非其指矣。《文子·上义篇》正作"物至而观其变"。　（《淮南·主术·观其象》）

（7）"四时者，春生夏长，秋收冬藏，取予有节，出入有时。"念孙按："有时"本作"有量"。此涉上文"四时"而衍也。"取予有节，出入有量"，"量"与"节"义相近，若作"时"，则非其指矣。　（《淮南·本经·有时》）

（8）"彼皆乐其业，供其情。"念孙按："供"当为"佚"，"佚"与"逸"同，安也。"逸""乐"义相近，若云"供其情"，则与上句不类矣。　（《淮南·道应·供其情》）

从以上诸例中的"同义""义相近""一类""非其类"等提法看，说明王念孙同义类聚的概念相当明确。用现代的术语来讲，所谓"同类""一类"即是属同一语义场；所谓"不同类"即是不属同一语义场。

九　王引之反义类聚的分析

词汇的意义关系中有反义类聚，即一组词意义相反或相对，这是现代语义学著作都要论及的。这一语义现象乾嘉学派另一代表人物王引之也已发现，其训诂考据著作《经义述闻》中多次出现"义正相反""义正相对"提法，所指就是指两个词义相反、相对，也即反义类聚现象。王引之就是根据反义类聚原则考释经书文字的正确含义，考证前人释义的正误的。

（1）"君子恭而不难，安而不舒。"引之谨按："难"读为戁，《尔雅》曰："戁，动也"，又曰"戁，惧也"。《商颂·长发篇》："不戁不悚。"毛传曰："戁，恐也。"恭敬太过，则近于恐惧，故曰"君子恭而不难。"……"恭而不难，安而不舒"，"舒"与"难"义正相反也。　（《大戴上·曾子立事·恭而不难》）

（2）"其何德之修，而少光王室以逆天休。"韦注曰："光，明也。"引之谨按："光"之言广也，谓广大王室也。上文曰"王室其愈卑乎"，"卑"与"光"义正相对。"僖十五年"《穀梁传》"故德厚者流广，德薄者流卑"，亦以"光"与"卑"相对。　（《国语上·周语·少广王室》）

（3）"虽畏勿畏，虽休勿休。"引之谨按：休，喜也，"休"与"畏"正相反，言事虽可畏汝勿畏，事虽可喜汝勿喜，惟当敬用五刑以成三德也。　（《尚书下·吕刑·虽休勿休》）

（4）"鲁君世从其失，季氏世修其勤，民忘君矣。"《释文》"从，子用反"，"失"字无音。家大人〔按：作者王引之对其父王念孙的称呼〕曰："失"读为佚，〔佚字又作逸。〕"佚"与"勤"正相反。言鲁君世纵其佚以失民，季氏世修其勤以得民也。古多以"失"为"佚"。〔见《九经古义》〕（《左传下·昭公三十二年》）

（5）"为之六间，以扬沉伏而黜散越也。"韦注曰："沉，滞也；滞，去也；越，扬也。发扬滞伏之气而去散越也。"引之谨按："黜"读为屈；屈，收也。谓收敛散越之气也。……"扬"与"沉伏"义相反，〔按：前条"气不沉滞而亦不散越"已考证。〕则"黜"与"散越"义亦相反。韦注训"黜"为"去"，失之矣。（《国语上·周语·扬沉伏而黜散越》）

（6）"使张老延军誉于四方，且观通逆者。"韦注曰："且观诸侯之有道德与逆乱者。"引之谨按：道犹顺也，谓观察诸侯之顺命与逆命者。《楚语》"违而道，从而逆"，"道"与"逆"相反，正与此同。……若以"道"为有道德，则与"逆"字义不相当矣。

以上诸例说明，"舒"与"难"、"光"与"卑"、"休"与"畏"、"佚"与"勤"、"扬"与"沉越"、"黜"与"散越"、"道"与"逆"为反义类聚。例（6）特别说明，如果不按反义类聚解释，则"字义不相当"，即词义非属一个范畴了。

十　俞樾词义概括性特征的分析

笔者于《词义和释义》"同义的概括性和具体性"一节中谈到：词义是概括的、客观的，但人们在使用，也就是用在具体的话语、文章中，词义又是具体的、灵活的；也就是可以用来特有所指，或赋予临时的主观色彩。词义的概括性、客观性和具体性、灵活性是对立的，又是统一的，作为矛盾的对立而统一于词义这一现象中。文中以"人"为例，说其基本的概括义是"能制造工具并使用工具进行劳动的高等动物"，列出《左传》中的五句话，说"人"的具体意义可以是指专人（州吁、石厚）、别人、人的样子、人的品质和作风、御者等。词义的概括性以及概括性与具体性的统一这一特点，清代末叶、集清代训诂考据之大成的俞樾也已经观察到，他在《诸子平议·管子》考释"代民必去其本，而居山林之中"句说：

樾谨按：《艺文类聚》及《御览》引作"必去其农"，下文"代人果去其本，处山林之中"亦然。以后人不晓古语而臆改之也。本者，根本也；凡有根本之义者，皆可以"本"言之，故古人言"本"者初无定名。《礼记·大学篇》"此谓知本"正义曰："本谓身也。"《礼器篇》"反本修古"正义曰："本谓心也。"《周易·大过·象传》"本末弱也"侯果曰："本，君也。"是知"本"无定名，对天下国家而言，则身为本矣；对四体而言，则心为本矣；对臣民而言，则君为本矣。《管子·地数篇》"守圉之本，其用盐独重"，又云"夫齐衢处之本，通达所出也，游子胜商之所道。人求本者，食吾本粟，因我本币"。《轻重甲篇》曰"守圉之国，用盐独重"，《轻重乙篇》曰"吾国者，衢处之国也，远秸之所通，游客蓄商之所道，财物之所遵。故苟入吾国之粟，因吾国之币"。前后文小异大同，或言"本"或言"国"者，国亦可谓之本也。《淮南子·泛论篇》"立于本朝之上"注曰:"本朝,国朝也。"此古人谓国为本之证。是故"守围之本",言守围之国也;"衢处之本",言衢处之国也。"人求本者","求"乃"来"字之误,言人来吾国也。"食我本粟,因我本币",言食吾国粟,因吾国币也。此篇"代民必去其中,而居山林之中",言去其国而居山林之中也。若易"本"为"农",则失其义矣。

这清楚地说明,"本"的概括义是根本,而在具体言语作品中,可用来指身、心、君、国等。

结 束 语

上面以漫谈的形式列举了我国古代词汇、主要是词义研究的 10 个方面的内容,仅仅是摆出材料,很难说有什么理论分析;聊供汉语词汇、词义研究者参考而已。最后说明两点:

一是我们现在既不要拔高古人,也不要贬低古人。不能说外国的先进词义理论,我国古代"早已有之";但是也不能否认古人的词义分析已经触及某些现代化的词义理论。这里,关键是事实,是将古人的词义分析实践充分地挖掘、整理出来,然后用现代的词义理论给予实事求是、恰如其分的评估。

二是汉语词汇、词义研究看来跟语音、语法研究一样,一要注意引进、借鉴外国的先进理论,二要注意继承我国古代的研究成果。这是研究方向问题,也是研究方法论问题。

(原载《词汇学新研究》,语文出版社 1995 年版)

明清以来北京城区街道名称变革
所涉及的一些语言问题

张 清 常

由于文献材料不足,北京城区①街道名称确知其为辽金及以前时代已有而且原名至今未改的,并不太多。确知其为元朝已有而且原名至今未改的,也很有限,像"砖塔儿胡同"②"刘蓝塑胡同"③这些就算比较少见的了。元朝"大都"的南线城墙有个"海岱门",后来称为"哈德门",④哈德在这里按北京口语念 hǎ·da,就是哈达。(也有过献哈达从此门入的传说,流传虽广,恐不可信。据朱彝尊《日下旧闻考》卷四十五城市引云:"文明门,即哈达门。哈达大王府在门内,因名之。"此说当是)北京城区地名像这样保留蒙古语译音如"哈德门""褡裢坑""褡裢胡同"的颇为罕见。

明清两代关于北京城内地名情况的文献材料就比较丰富一些,能使我们知道北京城区地名的全貌,例如有明朝张爵《京师五城坊巷胡同集》以及地方志、笔记等一些资料,还有地图、《明京师图》《乾隆京城全图》等。民国时期也有北京城区比较详细的地图和其他资料如民国五年(1916年)编印的《京城地名表》等可供参考。解放以后,北京史的研究受到重视,有关北京历史的文献也重新整理刊印。

关于地名的研究是一项非常复杂的工作,它涉及许多学科若干方面。作者这篇短文只局限于讨论明清以来北京城区街道名称所涉及的一些在语言方面的问题,着重于语言现象的分析而不考证地名的历史等等。

北京城区街道名称所反映的语音现象大致有下列两个方面,共五种情况。其中有一些交错兼跨。大致说来,第一个方面是地名的念法反映出北京语音的本身特点,下述五种情况中的一、

---

① 本篇所说北京城区指今北京西城区、东城区、宣武区、崇文区。严格说就是旧北京内外城范围之内。

② 砖塔儿胡同在西城区西四南大街西侧,今存。元代李好古《沙门岛张生煮海》杂剧第一折侍女云:"你去兀那羊市角头砖塔儿胡同总铺门前来寻我。"这里所说"羊市",后来叫做羊市大街,今改为阜成门内大街。

③ 刘蓝塑为元朝著名雕塑家刘元。刘蓝塑胡同在西城区西什库大街东侧,今存。

④ 明代把元"大都"筑城线向南推移,原为海岱门的,改建后即今之崇文门,老北京人称它为哈德门。20世纪初有香烟以哈德门为商标牌号,使这一旧名流传更远。

二、三属于这类。第二个方面是地名变革造成口语跟书写形式不一致，下述五种情况中的四、五属于这类。

一、保留了北京话里这个词语的特殊念法。例如："排子胡同""牛排子胡同"①念法须与排子车的"排"pǎi 一致，不能念成排球、排骨、牛排、猪排的"排"pái。念 pǎi 的要加"子"，念 pái 的不能加"子"。

二、保留了早期的北京音。例如：在南锣鼓巷有个"何纸祸胡同"，当初命名可能源于那时有个姓何的住在那里，他擅长经营封建迷信用具纸祸。后来这地名却被写成"黑芝麻胡同"。胡同的名字完全改了，字音当然也改了，这另当别论。但在今天，当地人把这条胡同的"黑"仍然念"何"或"贺"，这却保留了古入声字"黑"在早期北京音里的念法。而且那时必须是"黑"与"何"同音，因此才能够以"黑"代"何"。

三、为了区别相同的地名而在语音上略有变化。例如：原来北京有两个地名都是"大栅栏"。② 为了区别它，北京人把前门大街西侧的叫做 dà•shilàr，"栅"念成轻声的 shi，"栏"则儿化却重读；把西长安街北侧的叫做 dàzhà•lar，"栅"念重读的 zhà，"栏"虽也是儿化却念轻声。自从 20 世纪 50 年代末为了展宽西长安街拆除了这一处，此后只剩下前门大街那一处。外地人对于为什么要把前门大街"大栅栏"的音念得那么奇特就往往难于理解。

"栅"本是古入声及去声字。在《广韵》入声二十陌韵测载切，入声二十一麦韵楚革切，均属初母入声韵。还有一读是去声三十谏韵所晏切，属山母阳声韵。三读的意思都是"竖编木""篱栅""村栅"等。北京话的"栅"念 zhà 是属于古入声消失后形成的阴声韵。但北京话把"栅"念成前门大街大栅栏 dà•shilàr 的轻声 shi，似乎来源也很早，当初或许念 shā，并非轻声。明朝"大明沟"的旧称"北沟沿儿"（后改名赵登禹路，曾改名为白塔寺东街）西侧有个明朝当时叫做"栅栏胡同"的，清朝叫做"沙腊胡同"，现代叫做"后纱络胡同"。牛街东侧有个"沙栏胡同"，可能当初也是"栅栏胡同"吧。这些材料证明"栅"在北京话里很早就念 shā。

四、为了区别相同的地名，把某些地名改写为跟原名的声音相同或相近似的字，一般叫它"谐音"法。但是实际上在年龄较大的土著居民口中，把改后的新名仍按原名来念。例如：北京原有八个"罗圈儿胡同"，③后来把在府右街的改为"罗贤胡同"，把在辟才胡同的改为"乐全胡同"。这是打算从文字上加以区别，也希望人们此后就按改写的念，显出区别来。可是不少的人尽管书写地名时写成罗贤、乐全，口头上仍然念成罗圈儿。这种不一致还将存留一段时期。

---

① 排子胡同在前门外西河沿。原牛排子胡同在美术馆后街黄米胡同内。

② 未把大北栅栏、东大栅栏、二道栅栏、三道栅栏这四个胡同计算在内。这四处"栅栏"的念法与西长安街大栅栏的念法相同。

③ 罗圈儿是一种圆形框子，为过筛用的器具。罗圈儿胡同大致是一些小胡同，行人走进去之后，又从距离原来入口处不远的地方走出来，转了个圈儿。北京原有六个罗圈儿胡同，此外在史家胡同还有东罗圈儿胡同和西罗圈儿胡同。

五、因为口语中的原来地名被认做"文不雅驯",于是在书写上改成谐音的文雅字眼儿。可是口语中仍然保留了原来的念法。例如:北京把用刀斧砍好了便于引火的小块木柴叫做劈柴 pǐchái,pǐ·chai。西单北大街西侧有个"劈柴胡同"。名称行用数百年,成了积习难改。1905 年书面上改为"辟才胡同",以示开辟学校,教育人才之意。① 尽管辟念 pì,才念 cái,"辟才胡同"仍然念做"劈柴胡同"。地名书写至今已改了八十年,但仍改不动口语上原地名的念法。

以上两个方面五种情况是北京城区街道名称所反映的语音现象。不但有一些情况相互错综,而且第四第五也只是不同原因所产生的同一结果。可是真正具有特点的,恰恰就是第四第五。它反映出只有在地名变革时才特有的语音现象,即只有在这种特殊情况下才会产生的口语跟书写不一致。这乃是临时性的。产生这种特殊情况只是由于书写要改成与原来地名谐音(声音相同或近似)的其他字眼,而口语不曾改,因此脱节不一致。罗贤、乐全、辟才这些字在其他情况下是绝对不会念成罗圈儿、劈柴的。

在早期,地名主要是口耳相传,地名的念法当然与口语完全一致。随着交际频繁,书信往来,街道名称要写成文字。市政管理日益加强,邮政事业发达,要求街道名称都必须以文字形式固定下来,便于管理整顿,以免混乱。这时,文字形式由于种种原因,未必能够尽与口语原名一致,有时还会有所改动。不论如何,在这以后,街道名称的名牌和各家户门牌上的写法,自然就要成为标准,要求人们都要照这样写,也照这样念。如果它与地名原来的口语念法不一致,它就会逐渐地、或迟或早地、终于代替了原来口语的念法。

有变得快的。例如北京城区街道以"达子"为地名的,原来有"达子营"四个,"达子府花园""达子庙""达子桥"各一,"骚达子胡同"两个等。这是民族歧视的遗迹。有的已经废除,有的改为"达智"。在"子""智"音近的方便条件下,既除旧迹,又具有新义。尽管北京音区分 z 和 zh 很严格,"子""智"的念法区分得很清楚,可是居民欢迎这一改变,很快就把"达智"使用开了。又如"苦水井"的苦水没有了,改为"福绥境",就没有什么人坚持保留旧名旧音。

也有犯众怒而改不动的。例如,旧社会北京城区街道名称有三处"鬼门关",反动政府曾改为谐音的"贵人关",老百姓十分反感,仍然叫它"鬼门关",直到解放之后取消了这个地名。

在词汇方面,从北京城区街道名称的变革,也可以看到词语方面一些特殊现象。

这里所说的变革,不包括那些新名与旧名,并无因缘毫不相干的。例如早年本名为"许游击胡同",后来叫做"西方庵",又改名"松鹤庵",今改名为"松鹤胡同"。既然几个名字彼此"风马牛不相及",也就没有什么规律可寻。

有的地名变革是由于后来记音乖讹。当初命名原来是有一定道理的。口耳相传,年深日

---

① 1905 年 5 月 16 日,臧佑宸在劈柴胡同西口内、路南今三十七中地址开办具备初小高小的完全小学"京师私立第一两等小学堂",并改胡同名字为辟才胡同,写进校歌里面。

久,后来的人已经不知道它取名字时的原由了,因而产生讹变。写成文字之后,反倒成为似是而非,甚至成为不可理解的地名了。例如德胜门内大街西侧有个"三保老爷胡同",命名由于明朝三保太监郑和。后来叫成了"三伯老胡同",以后又叫成"三不老胡同",沿袭至今。又如现在崇文门内大街西侧,在北京站西街附近有个"治国胡同",以前叫做"尧治国胡同"。其实它与尧舜治理国家无关。它在数百年前原是有个姓姚的铸锅匠住在那里,那条胡同本名是"姚铸锅胡同"。又如复兴门内大街北侧,北闹市口附近有"大沙果胡同""小沙果胡同"。其实它与水果无干。很早的时候它叫"砂锅琉璃胡同"。容易破碎的砂锅怎么会跟坚固的琉璃弄到一起呢? 原来它的本名乃是"砂锅刘胡同",那是由于当时那条胡同住着一个经营砂锅的刘某而命名的。这种讹变,有时弄得不如索性另外起个新名字。例如东单北大街东侧原有个"吴良大人胡同",吴良是明朝的开国功臣之一,见《明史》卷130。后来的人不知道吴良,地名就变成"无量大人胡同"。"大人"应该是"宰相肚里能撑船",而竟小肚鸡肠坑害老百姓,是个无度量的大人。这个讹称很有风趣。今改名"红星胡同"。

地名因为经常使用,所以常被简省。这里就不谈它了。不过如果简省得过分,就会使人不知所云。例如前海之西有明代开国元勋定国公徐达的府第,这条街名为定国公府大街。简省为定府大街,人们就不知道它是什么意思。因而称为定阜大街,现名为定阜街。

地名的改变,有许多是由于后来的人对它不喜欢,嫌弃它,甚至忌讳它。值得注意的是,北京城区街道名称已有数百年的历史,绝大多数是老百姓自己给取的名字,约定俗成,口耳相传,积习难改。一旦要大改特改,太不方便,也不容易为群众所接受。于是往往采取一种特殊办法,即使用谐音的办法,选取跟原地名音同或音近的字替代,使它别具新意。改得好的,面目焕然一新,念出来跟原地名的声音差不多,不耽误人寻找原来地方。改得差的,似可解不可解,但终归是换了字眼,减少了原地名不让人喜欢的成分。上文提到的"达子"改"达智","罗圈儿"改"罗贤"、"乐全"、"劈柴"改"辟才"、"鬼门"改"贵人"、"苦水井"改"福绥境"等例,就是这样做的。

由于这种改动是地名变革所特有的,所以再补充一些例子:

原　　　名	所　在　地	改　　　名	附　　注
哑巴胡同	朝阳门南小街	大、小雅宝胡同	今通往日坛公园的大街也取名雅宝路。
罗锅巷	鼓楼东大街	南、北锣鼓巷	罗锅儿即驼背。
宋姑娘胡同	东直门南小街	东、西颂年胡同	宋姑娘为名妓,曾讹为送姑娘。
奶子府	八面槽	洒兹府	奶子即奶妈。指明熹宗乳母客氏,与魏忠贤勾结作恶者。
孝顺胡同	崇文门内大街	晓顺胡同	
打劫巷	宣武门外骡马市大街	大吉巷	强盗抢夺财物叫打劫。
阎王庙街	宣武门外南横街	延旺庙街	今取消。
城隍庙街	复兴门内大街	成方街	"不以规矩不能成方圆"。
翊教寺	赵登禹路	育教胡同	原名的"教"指佛教,改名的"教"指教育。
万佛寺湾	前门外石头胡同	万福巷	

原　名	所　在　地	改　名	附　　注
裤子胡同	复兴门内大街	库资胡同	原有库司胡同四个。
裤子胡同	东直门南小街等四处	库司胡同	今取消。
裤裆胡同	珠市口西大街陕西巷	库藏胡同	
裤腿胡同	珠市口西大街陕西巷	库堆胡同	原有库堆胡同两个，今取消。
裤脚胡同	珠市口西大街陕西巷	库角胡同	今取消。
江米巷	天安门广场两侧	东、西交民巷	
乾鱼胡同	王府井大街	甘雨胡同	改名用"久旱逢甘雨"。
豆腐巷	王府井大街	多福巷	此外，原来别处还有三个豆腐巷未改。
烧酒胡同	王府井大街	韶九胡同	改名用《尚书·益稷》"箫韶九成"。
烟袋胡同	赵登禹路	燕代胡同	今改育德胡同。
烟筒胡同	朝阳门内大街	大、小淹通胡同	今改名大通胡同、小通胡同。此外，原来别处还有三个烟筒胡同未改。黎锦熙先生曾寓机织卫西的烟筒胡同。
闷葫芦罐儿	骑河楼妞妞房	蒙福禄馆	今改福禄巷。此外还有一个，原来未改名，今取消。闷葫芦罐儿即扑满，旧时用来存储零星小钱的瓦器。只在器上端留有一条形小口，仅容一枚铜钱装进去而倒不出来。
臭皮胡同	鼓楼东大街	寿比胡同	改名用"寿比南山"。
臭水河	民族宫南街	绥水河	今改受水河。
粪场大院	崇文门外东西兴隆街	奋章胡同	
猪市口	前门大街	东、西珠市口	
猪尾巴胡同	宣武门西大街	智义伯大院东、西巷	今改东、西智义胡同。
牛血胡同	珠市口西大街	留学路	
牛蹄胡同	赵登禹路	留题胡同	
羊尾巴胡同	东花市大街虎背口	扬威胡同	今取消。
羊尾巴胡同	美术馆后街	西扬威胡同	原在东直门北小街的东扬威胡同已取消。
狗尾巴胡同	太仆寺街	高义伯胡同	
驴市胡同	东四南大街	礼士胡同	
鸡罩胡同	朝阳门内北小街	吉兆胡同	
鸡毛胡同	广宁伯街	锦帽胡同	
屎壳郎胡同	新街口北大街	时刻亮胡同	今取消。

　　以上所举例子虽已不少，如果拿明清的北京城区地图与现代的地图仔细核对，还可以发现更多。可见这种改动是地名变革所特有的一项重要办法。改得巧妙的，如"罗锅儿"改为"锣鼓"，"乾鱼"改为"甘雨"，"豆腐"改为"多福"，"牛血"改为"留学"，都煞费苦心，改得自然灵活。

　　由于不喜欢，嫌弃，忌讳，对于事物有时采取个改变的说法，例如把醋叫做"忌讳"，把猪肝叫做"猪润"，把元宵（食品）叫做"汤圆"或"汤团"，如此等等，这种处理办法是比较省事的。地名的改变也往往这样做，例如把"豆芽菜胡同"改名为"民强胡同"，就是如此。这种改法既不是地名改变时所特有的，也不容易被土著居民所接受，不容易迅速掌握。

　　因此上述选取跟原地名谐音（音同或音近）的字替代，使它产生新意，念出来跟原地名差不多，不耽误人寻找原来地方，这种改法才是地名变革所特有的办法。

（原载《中国语文》1985 年第 3 期）

论汉语词汇体系

许 威 汉

一 引言

（一）问题的提出

在我国古代，词汇学同语法学、修辞学一样，都没有进行过独立分科的系统研究。后人进行词汇学的独立分科的系统研究，不少问题都还缺乏清晰的认识。在词汇体系问题上，认识相当模糊便是一个突出表现。

邢公畹认为词汇是没有体系的，他说"'词汇'不过是把'物质'和'能量'供给语言这一有序结构的东西而已，本身说不上'体系'"（《词汇学和词典学问题研究·序》）。跟邢公畹教授持同样见解的先生，直说"不可以认为词汇是一个体系"。

张永言则认为词汇是有体系的，他在《词汇学简论》一书中列有"词汇体系中词的类别"一章，专述词汇体系。许多语言学著作，基本上倾向于词汇有体系的观点，说"我们可以把词汇作为已经形成的体系去研究"。

认为词汇有体系的学者，对这种体系的具体表现的看法还各不一致，有的从词的语义分类着眼，有的从词的语法分类着眼，有的从词的使用状态着眼，可是都缺乏理论支柱，不免使人产生莫衷一是的感觉。因此，词汇体系性问题很有必要认真探讨，明其所以。

（二）分歧的由来

20 世纪 50 年代以前，人们仿佛觉得词汇像是一盘散沙。斯大林《马克思主义与语言学问题》发表以后，一般认为"语言中所有的词构成所谓语言的词汇"，"它好比是语言的建筑材料"，认识进了一步。但是，词的总汇，语言的建筑材料，并不就意味着其间必然有体系性的联系，单凭这样的叙述来理解，仍同"一盘散沙"的见识没有实质性的区别。乔姆斯基的学说出现以后，不少人认为语言的内部结构层次是：语义 ←— 语法 —→ 语音。理由是语言符号由声音和意义两部分组成，各个单位通过语法组织起来。相应地，语言学的三个组成部分便是语义学、句法学、音系学；词汇学被看成语义学的一支，被说成词汇语义学。由此推断，便也无所谓词汇的独立体系了，确实只不过是"物质"的有"能量"的东西用以供给语言这一有序结构而已。

认为词汇有体系的，较多从语言是特殊的社会现象这一特性出发，觉得组成词汇的许多词是社会历史的产物，不像石头、沙子那样彼此没有有机联系。至于词汇体系具体体现在哪些方面,着眼点不同,说法便有所不同。但各种说法都缺乏理论说服力。

这样势必引致分歧长期存在,究其原因,主要是对汉语词汇的历史及其发展状况缺乏真实性的了解。

（三）事实的认同

首先是关于汉语独特性的认同。《张世禄语言学论文集·前言》讲到对于词汇"必须强调汉语独特性"。汉语独特性是什么呢? 从语言类型学角度看,上古汉语基本上单音成义,是单音节孤立语(无形态语、词根语)。古代汉语是现代汉语发展的基础,现代汉语是古代汉语的继承与发展,汉语具有孤立语特点的事实应该确认。

其次是关于汉字与汉语单音成义特点相适应的认同。王力认为"在中国古代,语言学离开了文字学就好像无所附丽"(《中国语言学》211 页);吕叔湘认为"中国语文学的重点是汉字的形、音、义之间的错综复杂的关系"(《语文近著》131 页);张世禄认为汉字形、音、义的关系应是混合关系,不同于一般的"形—音—义"的关系(《张世禄语言学论文集》556 页)。这些见解,同"汉字是沿着逻辑的规迹演变来的"(安子介《研究生信息报》题词)"完善的表词文字体系"(布龙菲尔德《语言论》),"与汉语单音成义的特点相适应"(王力《古汉语常识》),"对汉人来说,表意字和口说的词都是观念的符号"(索绪尔《普通语言学教程》)这一事实分不开,也应予确认。

二 词汇体系性的体现

汉语词汇是有体系的,它的体现可以从词的内部形式、外部形成及构成形式进行观察。

（一）词的内部形式的联系

词的物质外壳是语音,词的音义结合随着社会的发展形成种种有机联系,演成体系。王力通过对同源字(词)的研究得到这样的认识:"从前,我们以为,在语言三要素中,语音、语法都有很强的系统性,惟有词汇是一盘散沙。现在通过同源字的研究,我们知道,许多词都是互相联系的。"(《同源字论》)事实确如王力所说,同源词体现了词汇的互相联系。这种联系应看做体系性联系。

1. 同源词的形成

所谓同源,是指词的同一来源,包括音义皆近,音近义同,或义近音同。

同源词有许多产生于一词多义,比如"当"原意是指对着、面对,引申为抵挡,就另造分别字来表示,形成"当、挡"的同源词。他如"大、太","背、揹","受、授"等等同源词的形成都属这类情况。还有许多同源词从旧词基础上产生,比如梳头工具的总名是"栉",后来栉分为两种:齿密的叫"篦",齿疏的叫"梳"。"篦"是比的意思("比"是密的意思),齿密的梳头工具叫"篦",形成了"比、篦"的同源词;"梳"是疏的意思,齿疏的梳头工具叫"梳",形成了"疏、梳"的同源词。

同源词的形成,使的音义联系由无理性趋向有理性,反映出词与词之间的亲属关系。

　　我们知道,某一意义用什么语音形式负载,具有偶然性。由于社会的约定,本无必然联系的音义关系对自身所处的语音系统产生反作用,使语言发展接受它已有的音义关系的影响和制约:"约定"之前音义无关,"俗成"之后音义关系密切。比如"大",为了表示"大之极",便由端系全浊定母字改念相近的次清透母字(后来才在字形上加一点以示区别)。这"大"的原先读音是偶然性的,而在它约定俗成之后,就产生回授作用,依原来读音稍加变易而形成"大、太"同源词。偶然性是无理性,回授性是有理性,偶然性一经约定俗成,就有理可寻,约定性在使无理的偶然趋向有理的回授的过程中起决定性作用。回授性形成"大、太"同源,"当、挡"同源,"背、揹"同源,"受、授"同源,"篦、比"同源,"梳、疏"同源,这又使音义关系具有类聚性。音义类聚是成片的,如"莫、蔑、曼、无、毋、亡、末、未、靡、罔、勿(上古属明母字)、否、不、匪、弗、非(上古属帮母字)"十六个否定词都是唇音相类聚。类聚可以是单元的,也可以是多元的。比如人们表示"大"的一类意思并非只能用"大、太"表示,还可以用别的读音表示,像"弘、宏、洪"类聚,"庞、溥、丕"类聚。这又使音义关系具有多元性。极大多数同源词,以某一概念为中心,而以语音相同或相近表示相近或相关的若干概念,如"大、太"和"背、负"之类,这体现音义关系的历时和共时的延展性;也有许多同源词因方言差异而产生,如《方言》:"张小使大谓之'廓'";"宋、鲁、陈、卫"之间谓'嘏'";"燕之北鄙齐楚之郊或曰'京'……""廓、嘏、京"都是表示"大"的意思的同源词,这体现了音义关系的地域延展性。音义关系的偶然性、约定性、回授性、类聚性、多元性和延展性,展示了同源词内部的有机联系。

　　章太炎的《文始》系联了五、六千个同源词,王力的《同源字典》也系联了好几千个同源词,这种系联之所以有可能,是因为同源词自身有着规律性的联系。

　　2. 同源词的规律性联系

　　绝大多数同源词是上古形成的,可以先秦古音为依据观其规律性联系。比如:

曲·局——叠韵同源词(屋韵)	大·太——旁纽同源词(定·透纽)
超·卓——对转同源词(宵·沃韵)	它·蛇——准旁纽同源词(透·神纽)
逼·迫——旁转同源词(职·铎韵)	𪒠·酿——邻纽同源词(疑·泥纽)(鼻音与鼻音)
柔·弱——旁对转同源词(幽·沃韵)	命·令——邻纽同源词(明·来纽)(鼻音与边音)
莫·晚——通转同源词(铎·元韵)	影·景——邻纽同源词(影·见纽)(喉音与牙音)
刚·坚——双声同源词(见纽)	夜·夕——邻纽同源词(喻·邪纽)(舌音与齿音)
至·臻——准双声同源词(照庄纽)	

　　以上着重语音上的分析。结合语音从意义上分析,也可以看到同源词意义上有相同(或微别)相关的联系。

　　意义相同(或微别)的如:

兹、此、斯、是——意义相同	斫(斜砍)、斲(zhuó)(正砍)——意义微别
汝、若——意义相同	疾(快速)、捷(反应快、敏捷)——意义微别

叩、考——意义相同　　　　　　号（叫喊）、吼（兽大声叫）——意义微别

迫、薄——意义相同

意义相关的如：

背（背脊）、负（用背驮）——凭借　　率（率领）、帅（率领全军的统帅）——行为、行

兽（野兽）、狩（猎取野兽）——对象　　　　　为者

听（耳朵听）、厅（听事的地方）——功用　寤（睡醒）、悟（觉悟）——抽象

浓（水厚）、脓（汁厚）、酿（酒厚）、袾（衣厚）　照（太阳照耀）、昭（明亮）——因果

　　秾（花木厚，即茂盛意）——共性　　伏（趴倒）、服（降服）——表里

融（融化）、熔（金属融化）——特指　　紫（紫色）、茈（茈草、可染紫色）——原料

解（解结）、懈（松懈、不紧张）——比喻　四（基数）、驷（四马的集体、一乘为驷）——数目

陨（从高处摔下）、殒（死亡）——委婉　皓（白）、缟（白缯）——色彩

根（树根）、跟（脚跟似树根）——形似　至（到来）、致（使至）——使动

同源词必然是同义词，或是意义相关的词（但同义词不都是同源词，如"关"与"闭"义同而音殊，便不同源）。

（二）词的外部形式的联系

汉语词的外部形式是指表意体系的汉字。前面说过，汉字与上古汉语单音成义的特点相适应，认识词汇体系，自然也有必要着眼于词的外部形式。东汉许慎就在《说文解字》里对所收的九千三百五十三个字"据形系联"过。本着据形系联这一事实，后人曾提出同类词这样的称述，这主要就是指汉字的偏旁（义符）体现词与词之间的意义联系的词。（当然，说主要，并非指全部。）

"偏旁"就文字形体组合说，与从文字所归属的部类"部首"不全等同；但部首也是偏旁，如"河"的"氵"是偏旁（形旁）也是部首，而"可"是偏旁（声旁）而非部首。依汉字偏旁或部首据形系联，以观察汉语词与词的联系，显然也是探讨词汇体系性的一个重要方面。

1. 同类词的形成

同类词的形成，与汉字贮存的信息量多和易读值高分不开。有人说："据现代的科学分析，'方块'主要优点有二：1. '方块'属平面文字。平面文字优于线形文字。因为，平面比线形贮存的信息多。在等长的视幅中，从平面文字中能比线形文字获得更多的信息。2. 每个汉字方块是相等的，同线形文字比，阅读方块可减轻一种负担。因为，在阅读线形文字时，一要分辨音节，二要分辨每个音节的内容，这是两种负担。'方块'则不然，每个字无论是一画或几十画……完全浓缩在一个相等的方块中。这就使人阅读汉字时，只有识别每个方块字不同内容的负担，而没有区分音节的负担，所以易读值高。"（徐德江《语言文字理论新探》132页）汉字信息量多，易读值高，使同类词的形成更具可能性和必要性。

同类词的形成有语言的内在因素。内在因素使同类词凝聚了意义范畴，表现了意义范畴，

发展了意义范畴。如果类比现在世界上还存在某些原始部族的词的痕迹来看,同类词形成的内部因素就不难理解了。澳洲南边塔斯马尼亚岛的土著人,他们的语言中有许许多多用来称呼各种树木的名词,但一直没有出现表达一般意义的"树"这个词;他们能辨别几百种动物的脚印,能辨别几十种鸟音,却没有"兽、鸟"这类名词。另一澳洲土著维多利克人还没有"花、鱼"这样的词,当然谈不上"植物、动物"这种更高的类名词。由此可以推知人类早期还缺乏抽象思维能力,只有当人类进入文明时代,才用"天"或"自然界"这类词来概括一切自然现象,后来进而产生"实体、物质"这类最高的类概念。汉人几千年前已经有了高度的概括能力,首先反映在语言上,随后反映在汉字上。许慎从汉字中先整理、归纳成五百四十个部首,以部首表示意义范畴,又依部首或偏旁系联开去,正表明这一事实。

　　2. 同类词的规律性联系

　　部首意义主要是以逻辑为基础的概念意义;以部首为义符的同类词,反映了概念意义的聚合系统。如"玉"的概念意义是美石,用"玉"为义符的"珸"是质次于玉的美石,"玖"是质次于玉的黑色美石,"璞"是未经雕琢加工的玉,"琼、瑶、璐"都是美玉,这些就都反映了"玉"的概念意义的聚合系统。

　　同类词还反映了联想意义的聚合系统,如"玉"联想为美好,用"玉"为义符的"珍"(珍贵的人或事物)、"珠"(蚌壳内所生的珍珠)、"瑳"(珠玉光采错杂)、"璨"(明亮)就都反映了联想意义的聚合系统。联想意义以经验为根据,其聚合系统不同于概念意义具有封闭性,而显示开放性。但有系统就有控制,同类词的联想意义具有定向控制性,和文艺心理学中的自由联想有所不同。

　　同类词也反映社会意义的聚合系统,如可用为义符的"玉"由美石联想为美好,再用为宝爱或爱护义(《诗经》"王欲玉女 rǔ"),这宝爱或爱护义就是社会意义。社会意义往往跟联想意义相交织,社会意义的出现与发展,与特定历史条件、社会状况分不开。在新石器时代,玉已为人们所重视。进入青铜器时代,石器在社会中的地位被铜器所代替,但玉器以有温润而有光泽等特性而受奴隶主喜爱,并且越来越被重视,简直成为统治阶级日常生活和社会活动中片刻不能离开的东西,有所谓"古之君子必佩玉","无故玉不去身"。贾宝玉时代,还佩着玉,取名也用上一个"玉"字,全家都寄托着一种信仰。不仅如此,古代还用所佩的玉标志身份等级,群臣进见国君,佩玉步行时得有节奏声;又用玉祭祀鬼神或殉葬,甚至服食玉屑以求长生不老。用为装饰则更为常见,至今不衰。以"玉"为义符的同类词如"珮"(佩戴的饰物)、"璏"(佩刀鞘上的装饰)、"珰"(屋椽头装饰或汉代武官的冠饰之类)、"琀"(古代纳于死者口中的玉)、"珑"(古代祈雨所用的刻有龙文的玉)、"璋"(古代朝聘、祭祀、丧葬、发兵用以表示瑞信)、"琮"(瑞玉或作为发兵符信)等等就都反映了社会意义的聚合系统。

　　从上述以"玉"为义符的同类词的形义结合中,不难看到同类词的意义的各种联系。同部首的同类词,这种联系最为突出,下面再略举数例:

　　页部——页像人头,从页部都与头有关,如"颈、项、颐、颜、顾"等等便是同类词。

欠部——像人张口出气，从"欠"的字往往与呼气吸气有关，如"吹、歌、饮"等便是同类词。

殳部——从殳的字不少，与手的动作有关，如"殴、段"（"锻"的先造字）、"毁"（本是瓦器被打破）便是同类词。

糸部——糸部的字本都与丝麻有关，如"绪（丝的头）、统（把一束丝头聚起来）、维、绝、约、絮"等便是同类词。由于古人常从丝上看到染色，所以许多与颜色有关的字常从糸，如"素（本是生绢，因为没有染过色，所以引申为白色）、红、紫、绛、绿、缁"等等便是同类词。

此外，不同部首，但部首意义相通的同类词，也反映其内在联系，比如犬（犭）部和豸部意义相通；"狐、狼、豹、豺"等便是同类词。

同类词表明汉字表意特点渗透汉人意识，它给汉语词汇发展以特殊影响，汉语词汇体系也寓于汉字体系之中。

关于同源词，主要是结合语音来看词与词之间的亲属关系；关于同类词，主要是结合汉字义符来看词与词之间的意义联系。形、音、义三者综合考察，古今六者互求，汉语词汇体系性的网络可见。

（三）词的构成形式的联系

有人认为原始汉语构词法是多音节的附加词缀类型，后来才发展为具有复辅音声母和韵母的原始单音节构词类型；还有人认为汉语单音节词一般也是复合的，即由声母和韵母构成，且声、韵在特定构词场合可表意，这些都暂且不论。现在只申述成为汉语构词主流也成为汉语词汇发展总趋势的词的复音节化问题。

1. 词汇复音化的成因和根据

词汇复音化成因问题，是一个相当重要的理论问题。过去这方面代表性论点是高本汉和王力提出的，其公式是：语音简化造成同音词增加，为区别同音词，汉语词汇逐渐复音化。后来王力对此补充说："汉语复音化有两个主要原因：第一是语音的简化；第二是外语的吸收。"同时又说："即使语音不简化，也不吸收外来语，汉语也会逐渐走上复音化的道路，因为这是汉语发展的内部规律之一。不过，由于有了这两个重要因素，汉语复音化的发展速度更快了。"（《汉语史稿》中册 342、343 页）

语音简化和外语吸收是词汇复音化成因的加速剂，但还不是复音化的根据。复音化的根据是单音节孤立语这个上古汉语的本质特点，即语言中绝大部分的词在语音结构上只是一个音节，而且缺乏形态变化；组词造句的语法手段主要靠语序和虚词。单音节孤立语这一特点，不仅使汉语构词必然走复音化道路，也使汉语词汇发展必然走其独特道路。形成复音化这一历史事实，是剖析汉语词汇体系决不容忽视的。

2. 词汇复音化的种种表现

（1）为节制复杂的读音变化而成片复音化

古代常改变一个词的原来读音来表示不同意义，但这种现象一多，就非加以节制不可。

"敦"累计读音有九个,就算都能借助其上下文来辨读,也总不免影响意义的明确表达,于是人们以"敦"以词根构成"敦 dūn 朴"、"敦 duī 比"、"敦 duì 槃"、"敦 dùn 丘"、"敦 diāo 琢"等等十来个复音词来增强表意的明晰度;其中仅读 dūn 音的除"敦朴"外又有"敦厚"(诚朴宽厚)、"敦雅"(厚重而文雅)、"敦睦"(亲厚和睦)、"敦至"(敦厚周到)、"敦固"(朴实坚定)、"敦化"(以淳朴化被万物)等等,形成意义互有联系的词群(其他不同读法的"敦"亦然)。

(2) 为限定单音词信息负荷量而成片复音化

单音节词信息负荷量一般都比复音词大,如"辟"字《中华大字典》曾列有七十个义项,以"辟"为词根构成一系列复词,信息负荷量相应地分散承担,意义的确定性也随之增强。比如其中表示天子或诸侯君王的通称意义以及与此有关意义的复词,就有"辟王"(君王)、"辟公"(诸侯)、"辟召"(因推荐而征召入仕)、"辟仗"(皇帝出行在车驾前清道的仪仗队)、"辟言"(合于法度之言)、"辟剡"(书牍荐授官职)、"辟书"(征召的文书)等,分承"辟"所负荷的巨大信息量而又自成意义的条贯。"辟"的其他义项也是这样。

(3) 为使词性稳定各司其职而成片复音化

有些常用的单音词兼职过多,复音化以后,各自分承聚合,词性稳定,意义显豁。比如同是一个"一"字,除了用来表示数目,用在"一遵萧何约束"里是副词"一概"的意思,用在"以一其人之视听"里是动词"统一"的意思,用在"用心一也"里是形容词"专一"的意思,用在"一闻人之过终身不忘"里是副词"一旦"的意思,用在"一更其手"里是代词"一切"的意思;干脆复音化成"一概、统一、专一、一旦、一切"以后,词性稳定,功能单一,意义显豁。在此基础上又各自聚合成"一概、一律";"统一、一统";"专一、纯一";"一旦、一朝、一曙";"一切、一应"等等,条理粲明。

(4) 为使词义相互补足相互制约而成片复音化

同样由于单音词的多义性不利于语言交际职能的发挥,某一个单音词与另一个单音词意义相同相近(都就其中某义项而言)的构成复音词,使意义相互补足相互制约而增强明晰度。这从《尔雅》和《说文》解释中便可看到许多复词的构成及其联系。比如:

吹,嘘也;嘘,吹也——构成吹嘘　　诏,告也;谕,告也——构成诏谕

歌,咏也;咏,歌也——构成歌咏　　惶,恐也;恐,惧也——构成惶恐、恐惧

瑚,治王也;琢,治玉也——构成瑚琢　　税,租也;租,田赋也——构成租税、税赋

每组的共同基础是意义相同相近,否则便不可能构成互补互制的复音词。这类复音词在汉语词汇中是相当大量的。

(5) 为取得良好表达效果而成片复音化

"伟"的同音词有"唯、委、伪"等,它们音同义殊;"大"也有好些音同义殊同音词。为音义明确起见,"伟"与"大"构成了"伟大"这一双音词,仿此,"人"与"物"(古代"物"也指人)也构成了"人物"这一双音词,可是人们当说到"伟大人物"的时候,又嫌繁复;为求精练,四音节词便压缩成双音节词——"伟人"。同样情况,"伟大功绩"压缩成"伟绩","伟大事业"压缩成"伟业","伟

（巨）大力量"压缩成"伟力"。又比如"衣"的同音词有"医、一、依"等，"架"的同音词有"嫁、价、驾"等，而为音义明确起见，"衣"说成"衣服"，"架"加后缀成派生词"架子"，而人们当说到"衣服架子"的时候，又嫌繁复；为求精练，四音节词便压缩成双音节词——"衣架"。同样情况，"衣勾"（"衣服勾子"）、"衣柜"（"衣服柜子"）、"衣扣"（"衣服扣子"）、"衣箱"（"衣服箱子"）、"衣料"（"衣服料子"）等等复音词成片出现。

汉语词汇复音化是多渠道的，以上举其要者而已。复音化为新词的创造开辟了广阔道路，解决了音节载体量小、词义信息量大而必然出现的多义词和同音词过多等等矛盾，增强了语词的表达效果，适应了语言交际职能的发挥。假定上古汉语 32 个声母和 29 个韵母，用它们进行组合，可能构成音节总数 928 个，再假定上古也有四声，音节总数也只有 3612 个。其中并不是每一个声母都能跟一个韵母组成音节，因此上古汉语音节总数可能在 3000 个左右。这 3000 个音节两两组合构词，就可能构成九百万个复词。再在这基础上组合两个音节以上的复词，可能构成的复词就更大得惊人。这么庞大的词汇量由单音节词扩展而成，其内部的有机联系应是有目共睹的。（数字统计参考盛九畴文）

复音化程序往往与词义引申的多向性和多重性相适应地反映。比如"资"的本义是财物，财物总是人们做事不可缺少的，所以多向引申为费用、积蓄、资助、凭借等等意义，如"军资（费用）所出"、"贾人夏则资（积蓄）皮""资（资助）之以布帛"、"资（凭借）以胜敌"；往后便由费用义构成"邮资、川资、工资"，由积蓄义构成"资产、资金、资料"，由"凭借"义构成"资历、资格、资望"等等。

以上词的内部形式、词的外部形式和词的构成形式的分析，有人可能认为只不过是多注意了一些词源的探讨而已，应属词源学所论析的范围。没有疑问，论析词汇体系，离不开辞源探讨，但单纯的词源探讨，非本文申论要旨。众所周知，词源学研究各个词的历史来源和音义关系，或者研究词汇中的同源词，但本文探源旨在析流，从中揭示词的体系性联系。探源而析流，着眼于历时性和共时性的全面探求，方是认识汉语词汇体系的根本。

至于方言词的存在，外来词的渗进，新旧词形的替换，词风格的分化（口语和书面），词义位和语义场的变化，当然与词汇体系有关，但非体系自身主流反映，毋庸一一赘述。

（原载《古汉语研究》1989 年第 4 期）

关于词的"内部形式"

张 永 言

0.1　词的"内部形式"是西方近代语义学的一个术语,①最先由德国语言学家洪堡特(Karl Wilhelm von Humboldt, 1767－1835)提出。但是关于这个问题的研究我国训诂学家也早就开始注意,这就是对所谓"名义"即事物的"得名之由"的探讨。清代以来,从段玉裁(1735－1815)、王念孙(1744－1832)、王引之(1766－1834)到刘师培(1884－1920)、杨树达(1885－1956),在这一学术领域用力甚多,取得的成果非常丰硕。只是近年来在我国语言学界这方面的研究显得颇为沉寂。现在笔者不揣浅陋,拟就此略申管见,以为引玉之资。

1.1　所谓词的内部形式又称词的词源结构或词的理据,它指的是被用作命名依据的事物的特征在词里的表现形式,也就是以某种语音表示某种意义的理由或根据。②探究词的内部形式的目的在于阐明一些事物或现象为什么获得这样那样的名称,借以帮助我们认识语言里词与词之间的语义联系和语言词汇的系统性,进而寻求词义演变和词汇发展的某些规律。

1.2　每一种客观事物或现象都具有多方面的特征或标志,比如一定的形状、颜色、声音、气味等,但是人们在给它命名的时候却只能选择其中的某一种特征或标志来作为根据,而这种选择在一定程度上又是任意的。因此,在不同的语言或方言里,或者在同一语言的不同发展时期,同一事物或现象获得其名称的根据都可能有所不同;也就是说,表达同一概念的词可能具有不同的内部形式。比如蚯蚓这种动物,汉语"蚯蚓"得名于它行动的特点,③古汉语方言"歌女"得名于它的鸣声,④德语 Regenwurm(雨虫)和英语方言 rainworm 得名于它出现时的天气,英语 earthworm(方言 mudworm)、法语 ver de terre(土虫)和俄语 земляной червъ(土虫)得名于它的生活环境,而英语方言 fishworm 和 angleworm 则得名于它的一种用途。又知蜘蛛这种昆虫,汉语"蜘蛛"得名于它的形状,⑤而德语 Spinne(＜spinnen"纺绩")、英语 spider(方言 spin-

---

① 参看 В. А. Эвеинцев:*Семасиоловня*,1957,стр. 186－214。

② 参看严学宭《论汉语同族词内部屈折的变换模式》,《中国语文》1979 年第 2 期,第 88 页。

③ "蚯蚓"得名于"曲伸"。详见俞敏《释蚯蚓名义兼辨"胸忍"二字形声》,《国学季刊》第 7 卷第 1 号,1950,第 28－30 页;又《古汉语里面的连音变读(sandhi)现象》,《燕京学报》第 35 期,1948,第 38－39 页。

④ 古人相信蚯蚓能鸣。崔豹《古今注》卷中"鱼虫":"蚯蚓……善长吟于地中,江东谓之'歌女'。"

⑤ "蜘蛛"即"蝃(蝃)",得名于形短。见王念孙《广雅疏证》卷二下《释诂》"侏儒"条;刘师培《左盦外集·物名溯源》;又《尔雅虫名今释》。

ner)和日语 kumo(＜kumu"编织")则得名于它的行为特点。又如鸭这种家禽，汉语"鸭"(ʔap)[①]
得名于它的鸣声，而英语 duck(古英语 ducan"潜水")则得名于它的一种习性。以上几个例子就
可以说明不同的语言或方言选择同一事物的不同特征来作为命名的依据的情况。

1.3　语言的词汇是不断地发展丰富的，发展的主要途径是创造新词，而新词的创造多半是
在已有的语言材料和构词方法的基础上进行的。因此新造的词的语音形式和意义内容之间的
关系一般说来并不是偶然的；也就是说，除了一些"原始名称"以外，语言里的词往往有可能考出
其内部形式或者理据。

最常见的构词方法是词根复合法和加缀派生法。以现代汉语为例，如：青菜、白菜，毛笔、钢
笔，茶杯、酒杯，汽车、电车；读者、编者，作家、画家。这类词的内部形式是显而易见的。在这种
情况下语义学上词的内部形式的分析和构词法上语素的分析是重合的。

此外，还有所谓语义学构词法，即由一个词的语义分化而形成新词的方法，例如：卓＞卓
(桌)、倚＞倚(椅)、螺蛳＞螺丝，和语音—形态学构词法，即利用语音手段(包括音素交替、重音
转移、声调变换等)造成词形变化以孳生新词的方法，例如：入＞枘、执＞贽、结＞髻。[②] 在古汉
语里这两种方法用得较多。这样孳生出来的新词跟原词一起构成一个词族(word family)。汉
语训诂学称这原词为"语根"。

通过语义学构词法派生的词跟语根的关系有时比较地明显，比如由语根 lwo(义为黑色)孳
生出"垆"(黑土)、"泸"(黑水)、"眹"(黑瞳子)、"犷"(一种黑犬)、"鸬"(一种黑鸟)；[③]有时不那么
明显，比如由语根 Gəu—ləu/Gləu(义为弓曲貌)孳生出"曲偻""痀瘘""踾偻""偁旅""伛偻"(人
弓腰曲背)、"枸篓""姑娄"(弓起的车篷)、"瓯窭"(隆起的田地)、"岣嵝""岣崷"(隆起的山)[④]、
"栝楼""苽瓜"(弯曲的王瓜)。

这类单纯词(单音的和双音的)的内部形式可以用汇集同根词或同族词进行综合考察的方
法来加以阐明。这就是说，当语素分析法无能为力的时候，词的内部形式仍然能通过其他方法
进行探讨。把词的内部形式这个语义学概念跟构词法上的语素分析混为一谈，认为"词的内部
形式指词的内部构成方式"，"单纯词说不上有什么内部形式"，[⑤]这种看法是不妥当的。

1.4　在语言发展过程中，由于一些词和语素消亡了或者它们的形、音、义有了变化，有的词
可能跟它所由形成的词失去语义联系而孤立起来，从而其内部形式也就变得暧昧不明，以至为

---

① 上古音构拟据高本汉(Bernhard Karlgren)："Grammata Serica Recensa"，*Bulletin of the Museum of Far Eastern Antiquities*，No. 29，1957. 所用音标据该书页 3—4 的说明改为国际音标。

② 参看俞敏《论古韵合怙屑没曷五部之通转》，《燕京学报》第 34 期，1948；梅祖麟《四声别义中的时间层次》，《中国语文》1980 年第 6 期。

③ 参看沈兼士《卢字之字族与义类》，天津《大公报·文史周刊》第 12 期，1947。

④ 参看《广雅疏证》卷七下《释器》"枸篓"条；卷九下《释山》"岣嵝"条；萧璋："考老解"，《说文月刊》第 4 卷，1944，第 79—82 页。

⑤ 洪笃仁《词是什么?》，新知识出版社，1957，第 14、20 页。

人们所遗忘。这种现象就是所谓词的理据磨灭或"词源中断"(deetymologisation)。① 尽管如此,我们借助于历史语言学和历史比较语言学的研究方法,诸如古音的重建、音变规律的确立、同根词或同族词的比勘、亲属语言里同源词的证合(identification),这类词的已经消失或趋于消失的内部形式往往还是可以重新探明的。

1.5.1　一般说来,合成词的内部形式是明显的,但是有时候由于它的一个或几个组成部分从语言里消失了,它的内部形式也会模糊起来。例如:英语 neighbour(邻居)＜nēah(近的)＋gebūr(同住者),nightingale(夜莺)＜nihte(夜)＋gale(歌唱者)。② 随着 nēah、gebūr 和 gale 的消逝,neighbour 和 nightingale 这两个词的内部形式也就模糊不明了。

有时候一个复合词由于语音和结构发生了较大变化而成为单纯词,它的内部形式也会从人们的语言意识里消失。例如:英语 barn(谷仓)＜bere-œrn(大麦房)③、lady(主妇)＜hlāf-dige(捏面包的)、lord(家主)＜hlāford(＜hlāf-weard"看守面包的")。④ 这种过程就是所谓语素融合。语素融合的结果是新的单纯词和新的词根的出现。

派生词也会发生语素融合。例如:俄语 образ＜об(四周)＋раз(打),本义是"在四周打磨而成的东西",引申为"偶像""神像""形象"等义,同时前缀 об 和词根 раз 融为一体,形成一个新的词根。这样 образ 就跟它的同族词 раз—ить(打)、от—раз—ить(打退)等失去语义联系,而它自身的内部形式也就模糊了。⑤

由语素融合引起的词的内部形式的消失跟词义和词汇的发展都有密切的关系。例如:随着其内部形式的消失,barn 的词义扩大为泛指贮藏谷物的处所;образ 词义抽象化并成为构成一系列词(如 образ—ец、образ—ование、из—образ—ить)的词根。由于同样的原因,lord 也成了构成一些新词(如 land—lord、war—lord)的语素。

词的内部形式在逐渐模糊的过程中往往会跟词的现实意义发生矛盾,例如:红—墨水儿、绿—粉笔、小—大门儿。人们平常说的词的字面意义跟实际讲法不一样有时候就是指的这类情况。这种矛盾能推动词义发展,而矛盾克服的结果就是词义进一步概括化。比如"墨水儿"不专指黑色的,"粉笔"不限于白色的,只要是正门不论大小都叫"大门儿"了。⑥

由此可见,词的内部形式的变化往往会促成词义的演变和词汇的丰富,研究词的内部形式对于探讨语言发展的规律具有重要的意义。

1.5.2　至于单纯词,特别是一些渊源古远的词,它们的内部形式一般说来比较难于明了。

---

① Л. А. Булаховский:*Введенио визыыкознание*,1954,стр. 80—81.

② Eric Partridge:*Origins:A Short Etymological Dictionary of Modan English*,3rd ed. , 1961. pp. 430,435.

③ E. Partridge:op. cit. , p. 39.

④ 参看 J. Vendryes:*Language*(Eng. tr. by Paul Radin),1925. p. 222;E. Partridge:op. cit. , p. 361.

⑤ 参看杨隽《俄语说文解字新篇》,《华中师范学院学报》(外国语言版)1960 年第 4 期。

⑥ 正如古汉语"华""荣"得名于"红",而可以说"白华"(《诗·小雅》)、"素荣"(《楚辞·九章·橘颂》);"葩"得名于"白",而可以说"红葩"(张衡《西京赋》、何晏《景福殿赋》)。

汉语里的单纯词大部分是单音节词,许多是从古沿用的"根词",探讨它们的内部形式就较为困难。比如"鹤"和"虾"这两个词的内部形式或者说这两种动物的"得名之由"是什么,这就不是一目了然的。但是如果我们运用历史语言学的方法进行探讨,就能发现"鹤"和"虾"的内部形式分别为"白"和"红"。①

此外,古汉语里还有相当数量的双音单纯词,它们的内部形式也是已经隐晦而有待阐明的。以传说中的两个专名为例。如《孟子·滕文公下》:"周公相武王,诛纣伐奄,……驱飞廉于海隅而戮之。"赵岐注:"飞廉,纣谀臣。"《史记》卷五《秦本纪》:"蜚廉善走,……以材力事殷纣。""飞廉"这个词的内部形式是什么,似乎难于稽考。但是如果我们知道"飞廉"又是神话中最能奔驰的"风伯",②而"风"的前上古音 plum 正是"飞""廉"二字的合音,就可以推测"飞廉"当是形容此人能跑得风一般快的绰号,词的内部形式为"(疾)风"。③ 又如见于《孟子·离娄上》、《商君书·弱民》、《韩非子·奸劫弑臣》等古籍的著名的明目者"离娄",其实就是得名于"丽廔",犹言"玲珑",其内部形式为"穿通透明之貌"。④ 关于传说、神话中这类专名的内部形式,前人也做过一些有价值的考证,比如王念孙论"干将""莫邪"得名于"锋刃之利",⑤顾炎武论"钟馗"的理据是"终葵",⑥闻一多论"望舒"的理据是"方诸"(蚌蛤),⑦就都是很好的范例,只可惜为数尚少。此外,历史上某些现实的人名,其内部形式也是值得加以阐明的。比如秦末起事首领彭越,并非姓彭名越,而是得名于"蟛蟚(蚏)""彭蜞"。《古今注》卷中"鱼虫":"蟛蚏,小蟹也,生海边。""彭越"乃是这位渔民因其职业(或者还有形貌)而得的绰号。《史记》卷九十《魏豹彭越列传》:"彭越,昌邑人也,字仲,常渔钜野泽中,为群盗。""仲"犹言"老二",也不是什么正规的字。他的名和字正显示了他的阶级出身和草莽英雄本色。又如《史记》卷八十六《刺客列传》:"荆轲既至燕,爱燕之狗屠及善击筑者高渐离。""渐离"即"蛎离(蝐)",是水族中一种鱼或介虫的名字(见司马相如《上林赋》、许慎《说文解字》),被用为形容这位出身下层的乐工的相貌的称号。⑧ 这类材料不仅在语义研究上有它的价值,而且对社会、文化史研究也具有一定的意义。⑨

① 参看拙作《论上古汉语的"五色之名"兼及汉语和台语的关系》。

② 《楚辞·离骚》:"前望舒使先驱兮,后飞廉使奔属。"王逸注:"飞廉,风伯也。"又《远游》:"前飞廉以启路。"王注:"风伯先导以开径也。"又:"风伯为余先驱兮。"王注:"飞廉奔驰而在前也。"《汉书》卷八十七上《扬雄传上》载雄《反离骚》:"鸾皇腾而不属兮,岂独飞廉与云师?"颜师古注引应劭曰:"飞廉,风伯也。"《文选》卷三十五张协《七命》:"丰隆奋椎,飞廉扇炭。"李善注:"王逸《楚辞注》曰:'飞廉,风伯也。'"

③ [补]参看尉迟治平《"风"之谜和夷语走廊》,《语言研究》1995 年第 2 期;又:《从"风、雷、雨、电"论夷语、楚语、羌语和雅言》,《语言研究》1996 年增刊。

④ 参看《说文》七上冏部"冏"字、九下广部"廔"字说解,徐锴《系传》及段注。

⑤ 《广雅疏证》卷八上"释器""龙渊"条。

⑥ 顾炎武:《日知录》卷三十二"终葵"条。参看陈友琴《从终葵说到钟馗》,《思想战线》1979 年第 4 期。

⑦ 闻一多《〈天问〉释天》,《古典新义》下册,古籍出版社,1956,第 331 页。

⑧ 参看桂馥《札朴》卷三"彭越"条、"渐离"条,卷十"彭蜞"条。

⑨ 参看卜弼德(Peter A. Boodberg):"Chinese Zoographic Names as Chronograms",*Harvard Journal of Asiatic Studies*,Vol. 5,No. 2,1940,pp. 134—135. n. 28;闻宥《铜鼓上几种花纹的试释》,《思想战线》1978 年第 6 期,第 41—45 页。

1.6 关于词的内部形式,前代和当代训诂学家已经做过不少有益的探索。他们依据"音义相关""音近义通"的原理,运用汇集同根词或同族词进行分析综合的方法,揭示出了许多词的业已模糊的内部形式。如上所述,内部形式的消逝会使本来互相关联的词失去联系,那么内部形式的再现自然就意味着这些词之间的联系的重新恢复。显然这对我们认识语言词汇的系统性以及词汇和语义的发展都是很有裨益的。

以下笔者拟就汉语里几个古老名称的得名之由加以考索,作为不仅通过同根词或词族词的比勘而且借助亲属语言里同源词的证合来探讨单音根词的内部形式的例证。

葚 ḍ'iəm/d《说文》一下艸部:"葚,桑实也。"《诗·卫风·氓》:"无食桑葚。"字亦作"黮"。《鲁颂·泮水》:"食我桑黮。""葚"的内部形式为"黑色",有下列同族词可证:"黕"təm,"黔"tsʻəm,"黬"ȶiəm,"黮"tam,"点"tiam/-iem,"玷"tiem,"者"tiem,等等。此外,亲属语言里同源的黑义词也可为旁证。如泰语'dam,阿含语dām,壮语dam,傣语dām,侬语dam,黎语dam。

葩 pʻa/p-《说文·艸部》:"葩,华也。从艸,皅声。"《文选》卷十九宋玉《高唐赋》:"葩叶覆盖。"字亦作"芭"。《大戴礼记·夏小正》:"三月……拂桐芭。"《楚辞·九歌·礼魂》:"传芭兮代舞。"戴震《屈原赋注》卷二:"华之初秀曰芭。""葩"的内部形式为"白色",有下列同族词可证:"皅"pʻa,"皤"pwa,"翠"pie,"貔"pi,等等。此外,亲属语言里同源的白义词也可为旁证。如彝语pʻa,白语pa,纳西语pɔ,羌语pʻi。

铜 ḍ'uŋ《说文》十四上金部,"铜,赤金也。""铜"的内部形式为"红色",有下列同族词可证:[1] "彤"ḍ'oŋ,"赨"ḍ'oŋ,"融"dioŋ,"虹"ḍ'ioŋ,"赬(柽)"tʻièn,"桯"tʻiě 等等。此外,亲属语言里同源的红义词也可为旁证。如泰语ḍ'eŋ,阿含语diŋ,壮语deŋ/diŋ,傣语dɛŋ,布依语diŋ,侬语diŋ,沙语deŋ,苗语ȶʻieŋ。

1.7 至于双音单纯词的内部形式,上文已经涉及,这里再专就联绵词问题略作补充说明。[2] 联绵词大抵由两个具有双声、叠韵关系的字组成,多数是形容词,也有一些是物名。探索联绵词的内部形式及语源义的主要方法是:以上下字的声纽为链索,广泛系联音近义通的同根词或同族词,[3]归纳出一个个模式,进而追溯其语源,阐释其理据。例如:

伴奂《诗·大雅·卷阿》:"伴奂尔游矣,优游尔休矣。"试依据古音,钩稽文献,汇集"判涣""判援""盘桓(洀桓、磐桓)""徘徊""屏营"这一系列同根词,加以参较,就可以归纳出b'-gʻ-(ɣ-)

---

① 岑仲勉《周铸青铜器所用金属之种类及名称》(《两周文史论丛》,商务印书馆,1958)云:"'铜''彤'一义","铜之"得名,盖示其赤色。"(页116)其说甚是。又云:藏语gdong-dmar应译为"彤面","彤"正与藏音dong相当,"泰语和壮语都呼红为deng","与藏语差不多,可见藏缅族及泰族对红之呼法很相近","汉语之'红'得与藏音g(d)ong相当"。(页119)其说并误。藏语gdong-dmar(古译"赤面"或"赭面",不应译为"彤面")中gdong为"面",dmar为"红";dmar与汉语的"彤"或"红"、泰语和壮语的deng全都不相当。藏缅族对红的呼法也全都与泰族对红的呼法毫不相近。

② [补]参看冯蒸《古汉语同源联绵词试探》,《宁夏大学学报》1987年第1期,第26—33页。

③ 在一组同源联绵词中,各个词的上字与上字、下字与下字应同声纽(包括"旁纽"),而每个词的上字与下字一般应同韵部(包括可以通转的相邻韵部)。

这样一个联绵词模式即"联绵词格";再就其语义加以考索,就可以推求出"伴奂"的内部形式(语源义)——回转往复的样子。①

望洋《庄子·秋水》:"望洋向若而叹。"试依据古音古义,广征文献,汇集"望羊(望佯、望阳)""茫洋(眈洋、盲羊)""漭荡""漭漾""罔养""漭浪""莽罞""罔窢(罔浪、罔阆)""罒两""网蜗""罔两""魍魉""酩酊""沐肿""糟懂"这一系列同根词,加以考索,就可以归纳出 M-NGD-NG 这样一个模式,②并推考出"望洋"的内部形式(语源义)——迷迷糊糊或模糊不清的样子。③

运用同样的方法,我们可以把"漫(曼)漶""漫(曼、缦)胡""漫洰""满胡""模糊""濛颒(鸿)""溟涬""冥莁"这一系列同根词归纳为一个联绵词格,并推考出其内部形式(语源义)为"浑沦不分或界划不明的样子"。④

2.1 人们都愿意知道一个事物或对象为什么是这么叫法的,因此可以说词的内部形式问题是人人都感兴趣的,而对于理据不明的词往往要想法给找出或造出一个讲法来。比如五代十国时吴越王钱镠用周公一沐三握发的典故命名的"握发殿",⑤老百姓不懂得它的得名之由,就给说成了"恶发殿"。"恶发"是当时口语词,义为"发怒,生气"。⑥ 庄季裕《鸡肋编》卷中:"钱氏时'握发殿',吴人语讹,乃云'恶发殿',谓钱王怒即升此殿也。"陆游《老学庵笔记》卷二:"钱王名其居曰'握发殿',吴音'握''恶'相乱,钱唐人遂谓其处曰:此钱大王'恶发殿'也。"又如四川省绵阳、三台间有个地名叫"塘汛"(tángxùn),由于常常误写为"塘汎",于是"音从字变",许多人就说成了 tángfàn,但又觉得这 tángfàn 没个讲法,于是现在索性说成并写成"糖房"了。又如四川大学的一所职工宿舍"涛邻村",本来是取"与薛涛为邻"的意思,后来人们不再知道它的得名之由,于是就说成并写成了"桃林村"。又如成都的一些街巷名称:在一般人的语言意识里"珠市街"成了"猪市街","王化桥"成了"黄瓜桥","楞伽庵"成了"林檎庵",并且有的已经"字从音变"了。像这样子去寻找词的内部形式,只不过是根据语音的近似和错误的联想,以熟悉的语素或音节取代了不熟悉的,⑦结果是歪曲了一个词原来固有的词源结构。这种语文现象就是所谓"民间词源"或"流俗词源"。

民间词源导致词的语音和内部形式的讹变,这在其他语言里也很常见。比如古英语管新郎叫 brȳd-guma(新娘子+男人)>bride-grome(新娘子+小伙子),后来语素 guma/grome 从语言里消失了,人们觉得这个词不好讲,就给说成 bridegroom(新娘子+马夫)了。又如古英语 sam-

---

① 参看葛毅卿《释判涣》,《中国文化研究汇刊》第 6 卷,1947,第 19—20 页。

② M 代表双唇鼻音,NG 代表舌根鼻音,D 代表舌头音。关于用大写字母代表辅音音类,见卜弼德(P. A. Boodberg):"Some Proleptical Remarks on the Evolution of Archaic Chinese", *HJAS*, Vol. 2, Nos. 3 and 4, 1937, p. 337, n. 11.

③ 参看黄生《义府》卷下"酩酊"条、"茗柯"条;俞敏《古汉语里的俚俗词源》,《燕京学报》第 36 期,1949。

④ 参看蒋大沂《汉代戈戟考》,《华西协合大学中国文化研究所集刊》第 3 卷,1942。

⑤ 《韩诗外传》卷三记周公语:"吾于天下亦不轻矣,然一沐三握发,一饭三吐哺,犹恐失天下之士。"

⑥ 参看吕叔湘《语文杂记·恶发》,《国文月刊》第 43—44 期(合刊),1946。

⑦ 参看 Henry Sweet:*A New English Grammar Logical and Historical*, Part 1, 1930, p. 191;Ferdinand de Saussure:*Cours de linguistique générale*,1931,p. 239.

blind(视力极差的),其中的 sam-是"半"的意思(比较拉丁语 semi-,古希腊语 hemi-),后来 sam 从语言里消失了,于是人们就把这个合成词说成 sand-blind,而词的内部形式就从"半盲"变为"沙盲"了。①

在借用外语词的时候也容易出现民间词源现象。比如英语借古法语的 crevisse(小龙虾),把它变成了 crawfish(嗦子+鱼);拉丁语 asparagus(芦笋),借到英语里变成了 sparrowgrass(麻雀+草)。②

民间词源有时候还会导致修辞性新词语的产生。比如英语里 sand-blind 的存在使得莎士比亚(William Shakespeare)造出来 high-gravel blind(砾盲,石头子儿瞎),在喜剧《威尼斯商人》第二幕第二场(*The Merchant of Venice* II:ii,37—38)里就有 more than sand-blind, high-gravel blind 这样的话。汉语里由于"望洋"一词的内部形式被误解而产生"望天兴叹"之类,也是这方面的例子。

民间词源是古今中外的语言都有的现象,在过去人民群众缺少文化修养的情况下尤为常见。今后随着教育的普及,这种语文现象将会趋于衰微。但是在历史上民间词源对语文演变有不小的影响,值得语言学者给予适当的注意。

2.2　民间词源不但会改变词的内部形式,而且有时候还会由误会而附会,导致民间传说的产生。这样,民间词源学(folk etymology, Volksetymlolgie)就跟民俗学(folklore, Volkskunde)挂上了钩。比如杜甫的官号"杜拾遗",通过民间词源讹变为传说中的"杜十姨",祠庙中的"神"像也是女像。③ 又如四川丰都县"阴王庙",本是奉祀仙人阴长生、王方平的庙宇,民间词源把"阴王"误解为"阴间之王"即冥王,于是"阴王庙"也随着讹传为"阎罗天子祠",从而产生了丰都为鬼都的一套民间传说。又如古人称老鸦为慈乌,"慈乌"犹言"黑乌",本是依据这种鸟的颜色特征来命名的。"慈"dzʻiəg 有"黑"义,有以下同族词可证:"兹"tsiəg,"黰"tsiəg"鷀(鶿)"tsiəg/dzʻ—,"鰦"tsiəg,"嵫"tsiəg,等等。可见"慈乌"即"鷀(鶿)乌"。《大戴礼记·夏小正》:"十月……黑鸟浴。黑鸟者何也? 乌也。"《广雅·释鸟》:"慈乌,乌也。"可为佐证。但是后来由于"慈"的这一意义的消逝,"慈乌"原来的内部形式趋于磨灭。于是人们就有意无意地把"慈"讲成了"慈孝"的"慈",④把"慈乌"理解为"孝乌",更进一步又根据孝乌的语象给动物生活加以伦理化的解释,从而产生了有名的乌鸦反哺孝亲的传说。

（原载《语言研究》1981 年创刊号）

---

① 参看 Leonard Bloomfield:*Language*, 1955,p. 423.

② 同上。

③ 参看钱锺书《管锥编》第 3 册,中华书局,1979,第 101—104 页。

④ "慈"有"孝"义。例如《国语·齐语》:"慈孝于父母。"《墨子·非命上》:"是以入则孝慈于亲戚,出则弟长于乡里。"《孟子·离娄上》:"虽孝子慈孙,百世不能改也。"《礼记·内则》:"昧爽而朝,慈以旨甘。"参看王引之《经义述闻》卷三十一"通说上""孝慈"条。

汉语复合词内部形式的
特点与类别

刘 叔 新

0.1 词的内部形式,理解为构词形式是不正确的。[①] 把它混称为"词的理据",[②]也须要澄清。按照区别于外部形式来理解,词的内部形式是词义(一个意义,下同)的表现方式,"用词表达概念的方式"。[③] 说得更明白准确些,词的内部形式是词义最初形成时反映事物对象的特点所采取的形式,它为词形所制约和固定。比如"木耳"的意义虽然反映了这种蕈类植物的多种性质特点,可是表现出来却只是最初所着重反映的"木头上(长)"和"耳朵形"这样两个特点,即整个意义以"木头上(长)"+"耳朵形"作为展现自身的方式;这种表现形式为词形 mù'ěr 所制约和固定,它就是"木耳"一词的内部形式。由于最初着重反映的特点总须用表示这特点的语言材料来固定,因而词的内部形式自然就成为何以用某个词形来命名的缘由,从而合乎逻辑地引申出"词的理据"的理解。但是,理据并不等于着重反映的特点本身,它是词源学历时性的概念。对于词义表现形式本身的分析,则是共时的。词义的共时描写,应按"词义在词中的表现方式"的理解来应用"词的内部形式"这一术语。

0.2 本文试作一种轮廓式的共时描写。限于篇幅,不把汉语各种词都纳入分析的范围,而只对复合词作个简要的考察。这复合词也只限于现代汉语(普通话)体系的范围。复合词的内部形式在现代汉语全部词的内部形式中是占主体地位的,具有主要模式的意义。[④]

1.1 从语言共时系统的平面看,现代汉语的复合词并不都存在内部形式。随着现实事物、词义和语音形式的历史变化,有的复合词的内部形式已经消失,词义只以反映事物区别性特点和其他某些特点的一般形式而出现。用历史方法所"恢复"的内部形式,只是存在于某个历史时

---

① 张永言《关于词的"内部形式"》(《语言研究》1981 年第 1 期)有对这种观点的中肯批评。还可补充一点:构词形式是外在的、整个词的结构上的,词的内部形式则纯是语义现象。

② 一般有以"词的理据"或"内部的语言理据"(见 B. A. 兹维金采夫的 Семасиология,186 页,1957 年)来理解和指说词的内部形式的情形。张永言《词汇学简论》(27 页,1982 年)明显地把词的内部形式和词的理据列为同一现象的异名。

③ P. A. 布达哥夫:Введение в науку о языке,63 页,1958 年,莫斯科版。

④ 原因是:单纯词绝大多数在现代已难看出其内部形式;派生词的内部形式,一般或者十分简单(如"编者、商人"),或者难以看出来(如"样子、甜头")。只有复合词的内部形式复杂多样,而且复合词占了词的大多数。

代的东西。例如"逍遥",根据先秦和秦汉古籍"遥""摇"假借互通的材料,①可查知其内部形式是"消受着、(身体)晃动着",借此表现早先"优游自得貌"的意思。这样反映的优游自得貌的特点,今天一般人已不能从"逍遥"中意识到,这说明它业已消失,只是存在于古代。类似的例子,还可举出"跋扈、磊落、踟蹰、陆离、勃谿、当归、蟾蜍、鹌鹑、蝙蝠、蝼蛄"等等。在对现代复合词内部形式的描写中,显然应该把这一部分排除在分析范围之外。

这里,存在一个界限问题。有的复合词,须是文化较高的人才能意识到或迅速推知其内部形式,如"推敲、涂乙、滥觞、泰斗、春晖、刀笔"之类。它们的内部形式只为某一部分人所知晓,但应该承认是现代语言系统中的语义事实,因为它无须通过历史的考查而意识到。因此,凡内部形式能被相当一部分人所知晓的复合词,应列入共时分析的范围;而凡内部形式须作历史的探查才能得知,仅为很少专业人员所明了的,可以排除出去,划归词源学研究范围。这样一种界限,可能比较符合实际。

1.2　不能忽略的是,现实中具有内部形式的复合词,有一部分的内部形式在不同程度上是模糊的。多半由于词中某一语素所表示的对象(词所指的对象,下同)含有什么特点,难以了解,即不清楚某一语素对整个词义的表现起什么作用。但是不同语素之间在对象特点上的联结关系,仍可明了。如"鲫鱼、鲤鱼、鲅鱼、麋鹿、猕猴、猛犸、菠菜、韭菜、苋菜、川芎、械树、苹果、澧水、澶河、鄠县、郏县、蓝本、肥皂、惝恍、婵娟"等等。这类复合词,其内部形式可以说是不完全的或半消失的。

含有音译和意译部分的外语词如"摩托车(motorcycle)、拓扑学(topology)、冰激凌(icecream)"等,音译部分成了一种特殊的语素,不表示对象的任何特点(除非查考相应的外语词的那部分)。整个外语词音译,再加上意译对象类属的外来词,如"芭蕾舞(ballet)、啤酒(beer)、卡宾枪(carbine)、可兰经(koran)"等,音译部分的情形也如此。所有这两类外来词,显然都没有完全的内部形式;只是由于有外语词的出处,内部形式的不完全程度比上述"鲫鱼、菠菜"之类的复合词低一些。

1.3　现代汉语复合词的内部形式存在上述完整程度不等的级别,可以看作是一个特点。从内部形式如何形成和表现来看,汉语复合词的内部形式还有两个特点:1. 除去纯粹音译的情形,意义组合的直接成分以单音语素为体现的基础;2. 意义组合的双项性。下面分别略加阐述。

2.1　在具有内部形式的情形下,复合词的词义总含有若干个不同的意思,并且就以这些意思互相组合的方式而表现出来。这"意思"代表着某种特性或事物,同词所指的对象密切相关,通过它来表明词义着重反映对象的什么特点。每个这样的意思,不仅成为词义的成素,而且是内部形式组合的直接成分,也就是该组合的结构项。如"木耳"一词内部形式的两个结构项,是

---

① 　如《礼记·檀弓上》:"孔子蚤作,负手曳杖,消摇于门。"

"木头上(长)""耳朵形"这样两个意思。在汉语,一般用单音语素来体现和固定。如"木头上(长)"只表现于"木","耳朵形"只表现于"耳"。凡是具有完全的内部形式的双音复合词,如"棱角、冷盘、花絮、心腹、累赘、狐媚、汗漫、勒索、续弦、滑翔"等等,都是用单音语素来体现和固定的。

由于汉语的大量单音语素本来都是根词,到了现代,大多数也仍可单独作词来用,以它们来体现和固定内部形式的结构项,那是非常自然、经济的。即使有常用的合成词跟某个单音语素都表示同样的意思,也往往以单音语素来体现内部形式的结构项。例如,说"童话",不说"儿童话";说"地衣",不说"地衣服";说"兜肚",不说"兜肚子";说"拐棍",不说"拐棍子";说"鼠疫",不说"老鼠瘟疫";说"木棉",不说"树木棉花",等等。这成为相当普遍的构造方式。不过,也有少数例外。比如,说"老虎凳",不说"虎凳";说"土皇帝",不说"土帝"。另外,某个意思在没有现成的单音语素来表示时,则用合成词(按其本来的性质说)或两个临时组合的单音语素来表示,如"美人蕉、走读生、天然气、铁饭碗","挡箭牌、通心粉、童养媳、大锅饭"。这种情形,只占较小的比例,而且使用的"合成词"或语素组合本身仍由单音语素构成,而余下的结构项(如"铁饭碗""挡箭牌")又一般由单音语素来体现(汉语的复合词很少超过三个音节),因而这里的内部形式仍然是以单音语素作为其结构项的体现基础。

若把单音语素看作"字",那么可以说,汉语复合词的内部形式(结构项)一般具有单字性。这种特性使内部形式十分简洁、精练。

2.2 体现着内部形式结构项的字,虽说纷繁庞杂,但是有一部分出现的频率较高,其余绝大多数也不只见于个别的词。复合词所用的字,从词的内部形式着眼,有其类别、条理。一组词某一结构项采用相同的字组成,这表明对象同属一类或有某种共性,表明在内部形式上有相应的共同的结构项。如以生活在海中而形态颇似豹的特点来命名的一种水栖哺乳动物,有"海豹"这个词;同样取生活在海中的特点,有"海狮、海象、海狗、海豚、海牛、海马"等。又如"睡莲、王莲、旱莲、木莲、铁线莲、水浮莲、半边莲",每个词所用的"莲"都表明所指的植物相似于莲花的特点;"鲸鱼、鳄鱼、章鱼、鱿鱼、墨鱼、娃娃鱼"等所用的"鱼",同样反映词所指的动物相似于鱼类的特点。像这样成系列的词,显然凭共用的字而聚合,凭它显示出各自所指的对象有类同之处,彼此在内部形式上同中有异而互相比照。

可见,结构项的单字性,使复合词的内部形式可以彼此整齐地对应,形成一个个内部同异关系很清楚的聚合体。

2.3 意义组合的双项性,是比结构项的单字性更为普遍的特点。"双项",指整个结构只由两个结构项组成。汉语复合词的内部形式一律只有两个直接成分,即两个结构项。当复合词含有三个词汇性的单音语素时,其中两个语素所含的意思都只是内部形式某一结构项的直接成分,和另一个语素的意思并不处于同一个结构层次。例如:

"山丛"和"里头"是内部形式结构项"山丛里头"的直接成分,次于"山丛里头——红色"的层次;"山里红"一词内部形式的结构项,只是"山丛里头"和"红色"。同样,"敌百虫"内部形式的两个结构项,是"抗住"和"许多种害虫"。当复合词含有两个单音词根语素及一个纯语法的单音语素时,意义组合的双项性是较为明显的。如:

汉语复合词大多数只含两个单音语素,其内部形式由两个结构项组成,当然更为清楚。

意义组合的双项性,加上结构项的单字性,使复合词的内部形式构造整齐而很有规律,给揭示词义提供简明的线索,也便于人们理解和记认。

3.1　复合词内部形式线索的简明性,在复合词内部也存在程度、方式等方面的差别。这些差别,通过对复合词内部形式的分类可以看清楚。

3.2　要得出汉语复合词内部形式的类别,首先须讲求分类的准则。这准则应来自现象的本质或存在的条件、特点,从而既能使划分出的类别互相区别,又可进一步揭示现象的基本性状或基本方式。根据上述的看法,我们定出两种划分汉语复合词内部形式的准则,并得出两种不同的分类。

3.3　依据对象具有什么特点这一准则,复合词内部形式能划分为实质的和表征的两大类。

"实质的"着重反映对象的本质特点,采用分析概括的反映方式。如"晨光、风纪、大街、淡水鱼、爱护、瞄准"等词中所体现的。"晨光"指早晨的阳光;这对象的本质特点,一是早晨,一是太阳发出的光线,前者由"晨"来反映,后者的"光线"由"光"加以反映。"风纪"指作风和纪律,由"风"反映作风的本质特点,"纪"反映纪律的本质特点。这类纯由对象实质的反映所构成的内部形式,数量较多,构造较明显,但是抽象而平直,和词义逼近或一致。它包含四式:

1. 定性式。以一个结构项指明对象所属的一个大范围的事物,既表明具有这事物的一些特点;又以另一个结构项定出对象的特性,从而表明大范围事物中具有这种特性的部分。对象特性的反映先出,大范围事物特点的反映后现。例如下列复合词中的内部形式:

A 彩霞　岛国　木偶　冰橇　朝阳　暗室　白面　愁容　初衷　安眠　哀鸣　侧击　曲解　痛哭　自杀　持久战　常备军　策源地

B 菜色　列车　晨光　风筝　扫帚菜　灯心草　份儿饭　大理石　辰砂　官腔　烙饼

变蛋 担架 劣弧 常春藤 蜜月 安歇 投缘

A组两个结构项分别反映了事物两种重要的本质特点,反映较全面,和词义一致。B组由于有一个结构项(加着重号的)只反映事物某个抽象特点而不反映更重要的特点(如"菜色"的"菜"只指以菜充饥,"列车"的"列"只表示(形体)成一长列),整个组合的反映小于单项词义,显出了内部形式的个性和作用。

2.选性式。两个结构项结合起来,有选择地反映对象部分本质特点;内部形式和词义的差距,比定性式的B类大些。如"粮草",其内部形式只反映粮食和草料,舍去了军用性;"父老"的内部形式只反映"父辈的、年老的",不取"一国之中或乡中的"。再如"风土、风采、纠纷、尘肺、缝纫、恬淡、徒手、涂乙、出挑、投奔、推托、传神、默契"等词的内部形式,都只反映对象部分本质特点。

3.联结式。两个结构项分别反映对象的某一本质特点,又彼此平行地联结起来。例如:

A 风华 风纪 谋略 富贵 安康 镇静 丑恶 奥妙 辨析 捕捞 种植 崩塌
　　爱护 保墒 待命 凌云 接力 阐明

B 粮饷 观瞻 观光 瞄准 临危 投宿 论难 生造 究办 联防 莽撞 窘促
　　奋迅 流利 明快 热烈 随便 简慢

A组内部形式反映对象的本质特点比较完全,同词义几乎没有差别(如"风华"反映了风采和才华的本质特点,"风纪"反映了作风和纪律的本质特点)。B组中有一个结构项(加着重号的)并不完全反映对象某个本质特点的各个方面(如"粮饷"的"粮"只反映粮食而没有反映军用的性质;"观瞻"的"瞻"只反映被(别人)往前或往后看到,没有反映被看到的反应和留下的印象),只能显出内部形式的个性和作用。

4.重合式。对象的本质特点及一般特点在每个结构项上都反映了出来;两个结构项的加连是一种重合,用以加强抽象的反映,强化对象的概念内容和印象。例如:

A 诞生 洗濯 怜悯 流淌 逮捕 痊愈 诠释 行走 飞翔 聆听 气恼 惭愧
　　寻觅 奔跑 寒冷 凛冽 道路 途径

B 愤愤 腾腾 袅袅 悠悠 冉冉 濛濛 莽莽 娓娓 茫茫 苍苍 蠢蠢 明明
　　匆匆 碌碌 稍稍 略略 每每 常常

A组的两个结构项用不同的字来体现;B组则用同样的字,有时除加强抽象的反映之外,还借以体现对象的某种状态(如"愤愤"表现气愤貌,"腾腾"表现不断涌起、上升的情状)。

3.4 表征的内部形式,着重反映对象表之于形的、易于感知的特征,采用具体描写的反映方式。如"壁虎、三弦、松花、贻贝、佛手、映山红、白头翁"等词中所体现的。"壁虎"的内部形式"墙壁上似老虎一般的",明显地反映一种爬行动物的活动场所和扑起吞噬蚊蚋、小蛾时迅猛如虎的形态。"三弦"的内部形式"(张着)三根丝弦",是对一种弹拨乐器外部构造特征的描写。这类内部形式反映对象的某种形态或情状,多姿多彩,生动别致,很好理解,使人容易记住它的特征。但是由于不侧重反映对象的本质,表征的内部形式同词义之间就有较大的差距,通过自身的意义组合而引出词义的线索不如实质的内部形式显豁。这种从具体表征到抽象本质的曲折性,正好配合了反映的具体性,使内部形式饶有风趣而越加生动,使它别具特殊的表意方式和表意功能而有较大的描写价值。因而表征的内部形式,是复合词内部形式中的主要部分。它包含两式:

1. 体现式。反映对象易被意识到的具体特点(如某种密切关联的物象,某种行动或状态),从而把对象体现出来。有一定程度的具体性,但只以具体表现为目的,对象并不表现真切,没有形象感。例如"笔墨",不是抽象地反映文字的性质,而是以书写工具表现出借它写出的东西。这是具体的,虽然书写工具和文字都并没有形象地展现。又如"出家",以离开家庭来体现脱离世俗生活去当和尚或尼姑的行为,也相当具体,但没有形象性。类似的例子,再举出一些:

头脑　腿脚　地雷　财迷　搭腰　马扎　刀笔　三弦　冬青　贻贝　分寸　眉目
夹竹桃　穿山甲　插身　拨冗　串门儿　串花　烧心　拿手　点缀　对垒　寒暄　贪青

2. 显示式。真切地反映对象的具体特点,使它形象地被感觉到,也就是形象地显示出来。如"映山红",展现出所指的植物开花时一片嫣红,与青山辉映的形象;"苍穹"把对象显示为碧蓝色的穹隆形大圆盖;"落网"使人感觉到就像某个动物掉进捕捉它的网里那样。再举一些例子:

佛手　爬山虎(指一种藤本植物)　雪里红　鞍马　把柄　绊脚石　天河　羊齿　龙眼
豺狼　蓝点颏　薄脆　滴水(指滴水瓦的瓦头)　漏网　垮台　穿梭　抵牾　挨肩儿　捣
蛋　联袂　蹭蹬　熬煎　沉浮　穿凿　笔挺　黄昏

这类的内部形式或由于相似的事物十分具体的比喻,或由于对象可感触的特征被如实反映,而具有形象性。对象呈现的鲜明、具体程度大大高于体现式,其结果,使词义涂上形象色彩而增强了明彻性,并利于生动的表达。[①] 与此同时,内部形式同词义之间的差别就更为突出,词的内涵明显地包括两层意义——表层(字面)的和深层(真实)的(如"映山红",其表层意义是"与青山辉映的一片嫣红色",深层意义是"一种植物——杜鹃花");只有了解对象的特征,才可将表层同深层联系起来。这是显示式所以生动的一种因素。

显示式和体现式之间没有明显的界线。存在着一些介乎两式之间的内部形式,如"腐竹、百合、门路、沉香、葱白"等。有的表征式,由于相应的词使用时间很长或使用频繁,起初具有的形象性处于日趋淡薄的过程中,如"提纲、立脚点、倒楣、昂扬、同胞"等。把它们划入显示式或体现式,都无不可。

3.5　在表征的和实质的两种内部形式之间,也存在一些混合的或中介的现象。如"暗笑、呃逆、鳞伤、车轮战、马桶、带鱼、大头针、梅花鹿"等,既有表征的具体反映(带着重号的),也有实质的抽象反映。这类内部形式毕竟含有描写价值较大的表征成分,其中有的甚至表现出较强的

---

① 参见拙文《词语的形象色彩及其功能》,《中国语文》1980 年第 2 期。

形象性（如"梅花鹿、金钱豹"），因此把它们基本上归入表征式，比较合适。

3.6 反映对象特点的途径如何，是划分复合词内部形式的另一个准则。依据这一准则，可以划分出直指的、喻指的、引指的三类。

"直指的"比较普通，直接反映对象的特点。可分为全指、略指两式。全指式比较全面地直接反映对象的重要特点，导出词义的线索最为明白，如"大街、变蛋、父老、肠梗阻、莽撞、带鱼、没落、长臂猿"等。略指式只直接反映部分重要特点，导出词义的线索不如全指式的明豁。例如"草虫"，指一种花草、昆虫的国画，词的内部形式只反映这种画的特殊题材；"土木"指修建工程，词的内部形式只反映一种主要的施工对象和一种材料。再如"同行、裁缝、便衣、教授、三弦、刘海儿、插戴、垫脚、兜肚、双响、薄脆、滴水"等等，都是用了略指式。

"喻指的"以某种近似的事物的反映来比喻对象的特点，比较生动和风趣。可分为纯喻、半喻、借喻三式。纯喻式整个组合都是比喻，字面意义不能明显地透出实际意义。如"累卵"，以内部形式"层层堆叠着的蛋"比喻形势极不稳定，随时有垮台的危险；"刀俎"以"菜刀和砧板"比喻宰割者或迫害者。内部形式属于纯喻式的词例，还可举出"卵翼、手足、落汤鸡、顶梁柱、泰斗、风云、浪潮、心腹、把柄、矛盾、蚕食、续弦、撑腰、推敲、沉浮、沉溺、鼎沸、兔脱"等。半喻式只有一个结构项比喻对象的特点，另一结构项则是直指，因而导出词义的线索比纯喻式明显得多。如"鸭舌帽"，内部形式一个结构项的"帽子"直指对象所属的事物类别，另一结构项"鸭子舌头（状）"则比喻形状特点；"蟊贼"，以"做大坏事的人"直接指明对象所属的范畴，以"吃根苗的害虫"比喻危害国家、人民。再如"兔唇、子母扣、蒲剑、芭蕉扇、斗车、风险、土皇帝、安全岛、党羽、地雷、河马、笼罩、尝试、拔高、蜂拥"等，都是兼具喻指和直指两种情形的。借喻式是把词的本义的内部形式借用来比喻另一对象的特点，也是整个组合都作比喻，性质上和纯喻式基本一致，不同只在于有个固定的本义同时也起烘托、比喻的作用，即比喻性更强。例如"脉络"的内部形式"血脉网状分支"，借来比喻条理、线索，而本义"血管系统"也同时起着烘托、比喻的作用。复合词中，带借喻式的相当多，这里只再举一些例子，如用在转义上的"背景、堡垒、舵手、冰山、标兵、本末、独角戏、门楣、冲撞、出马、帮腔、蠢动、锤炼、亮相、饾饤、麻痹、赤裸裸"等。

"引指的"出现在词的引申义上。它反映的特点实际上属于本义所表明的对象，须通过本义的环节才同引申义关联起来，因此反映对象的特点是间接的、转折的。如"调门儿"反映的特点"音调途径"，首先表现本义"唱或说时音调的高低"，通过这本义才与引申义"论调"相关联，即成了论调某种间接地和转折地反映的特点。又如用在引申义上的"对象、短打、对话、抽象、消极、村野、冷僻、收拾、攻击"等，其内部形式也如此曲折地同对象的特点关联上。

4.1 汉语复合词内部形式如上两种分类所得出的不同类别，各有不同的应用场合。在分析内部形式的组合时，特别是揭示突出反映对象哪个方面或分析反映的内容时，须要用上实质的、表征的及其下各种子类的类别范畴；而在揭示内部形式与词义及对象的关联特点时，是首先要使用直指、喻指、借指这种类别范畴的。

4.2　存在于现代复合词中的内部形式,相当一部分不见得能普遍地为人们所识晓。因而细致地描写它们的内容、构造及与词义的关联等,对于语文教育来说,很有必要。为研究汉语词义及其组织关系,作这种描写的必要性自然也无可置疑。而对词的内部形式作细致、系统的分析,不建立在明确其特点及类别的基础上,是难以进行的。本文的写作,就是企望能对这种工作起一点促进的作用。

(原载《中国语文》1985 年第 3 期)

现代汉语双音合成词的构词理据
与古今汉语的沟通

王　宁

一

这里所说的"现代汉语双音合成词",指的是普通话词汇中的双音合成词。这种合成词一般流行较广,并且早就用于经过加工、提炼的现代汉语书面语。这里所说的"古汉语",专指以先秦口语为基础而形成的上古汉语书面语,以及后代用这种书面语写成的言语作品,即通常所说的文言。自"五四"新文化运动提倡白话文、废除文言文以来,白话和文言无形之中成了对立的东西,研究现代汉语的人很少重视文言,认为二者互不相关。研究古代汉语的人则强调的是古今汉语的差异,生怕用现代语言来附会文言而错会了古人的意思。而实际上,先秦文献语言对现代汉语词汇的影响太直接、太强烈了,可以说,排除了文言词汇,现代汉语词汇简直没有办法深入理解。

二

汉语至先秦两汉时代已结束了单音孳生造词的阶段。在单音孳生造词的时期,造词与孳乳造字几乎同步进行,因而积累了足够量的单音词与足够量的汉字。至此为止,汉语还是以单音词为主。魏晋以后,口语的双音化倾向日渐明显,但仿古书面语仍袭用文言,言与文一直并存,距离却越拉越大。两种并存的汉语不可能不相互影响、相互吸收;那么,白话与文言谁对谁的影响更大些呢? 有人强调口语的活力,认为活着的语言必会冲击死去的文言,会不自觉地改变文言的面貌,让文言也白话化。然而事实并非如此,文言文直到被打倒时,还是那么酷似先秦文献语言。不论是清代桐城派的古文,还是蒲松龄的《聊斋志异》,语言一似《左传》、《史记》和先秦诸子,丝毫不为白话所动。除非梁启超的《少年中国说》这种半文不白的文章似有白话与文言的交融;但究竟是文言侵入了白话,还是白话侵入了文言? 实在难以说清。仿古属于人为,而且是少数士大夫文人之所为,他们作文言文轻车熟路,要想故意躲开白话,应当说没有什么困难。

相反的,文言词汇对白话文的影响则是不可避免的。这不仅因为,白话文不等同于民俗口语,它仍是文人之所为,属雅文化范畴,典范白话文的作者相当一部分也精通文言,易于吸收文言成分。更重要的是,词汇和词义的发展不是更替型的,不可能突然地、成批成批地淘汰更新。词汇和词义的发展是累积型的,经过长时期的积攒,同时逐渐进行内部能量的调节、交换,采用旧的成分,形成新的系统。先秦汉语的单音词,一部分演变为现代汉语单音词;另一部分作为构成现代双音词的语素,大量积淀在现代汉语词汇里。这符合词汇发展的一般规律。

三

　　构成现代汉语双音词的不自由语素,相当一部分保留着先秦古义,而且大多属于现代不再单独使用的意义。例如:

　　"失",现代汉语有"丢失"、"失掉"义,这是古今延续使用的。而"失"的"放纵"意义属古义。《说文·十二上·手部》:"失,纵也,从手乙声。"纵即放纵,不能控制。《榖传·襄公二十五年》:"庄公失言。"注:"失言谓放言。"这个意义现代汉语已不单用,但在"失言"、"失声"、"失态"、"失足"、"失调"、"失禁"、"失守"、"失修"……等双音词中,仍作为不自由语素保存着。

　　"天"的"天空"义是古今延续的。而"天"的本义是人的顶额,现代汉语早已不用,却在"天庭"、"天灵盖"、"天窗"(顶窗)……等双音、多音词里,作为不自由语素保存。

　　"除"的"除去"、"排除"义古今通用,而"除"的本义是堂前的台阶,引申而有"更替"义。《诗经·小雅·小明》:"日月方除。"毛传:"除陈生新也。"《汉书·景帝纪》:"初除之官。"如淳注:"凡言除者,除故官,就新官也。"沈括的《梦溪笔谈》说:"以新易旧曰除",又说:"阶谓之除者,自下而上,亦更易之义。"这个意义先秦常用而现代汉语已不独用,惟在"除夕"(新旧年交替之夜)、"除岁"(新旧岁交替)这两个双音词中,作为不自由语素而保留。

　　"的"是"馰"的正字,本义是动物身上显著的白斑,例如马的白额称"的颡"。古代射箭的靶子,白底子的称"的",所以《汉书·鼂错传》"矢道同的",注:"的谓所射之准臬也。"这个意思除保留在"有的放矢"这个成语里外,早已不用。但在双音词"的确"里,还保留着它"清晰"、"明白"的引申义。

　　"爽"在现代汉语里常用作"凉爽"、"爽快"义,这是它的本义。而"爽"在先秦由"疏朗"义引申而有"差错"义。《诗经·卫风·氓》:"女也不爽,二三其行。"毛传:"爽,差也。"《老子》:"五味令人口爽。"王注:"爽,差失也。"《国语·周语》:"经纬不爽",注:"爽,差也。"这个意义现代汉语已很少见,却在"爽约"一词中以不自由语素保留。

　　除此之外,"徒"的"空"义保留在"徒劳"、"徒手"、"徒然"等词中,"救"的"止"义保留在"救灾"、"救火"、"救难"等词中,"落"的"庙成祭祀"义保留在"落成"一词中……无一不是先秦古义直接进入现代汉语双音词。想要分析这些双音词的构词理据,不了解这些语素的先秦古义是办不到的。

四

　　其实这种现象很容易解释。就现代汉语来说，这种含有先秦古义的双音词，因为其中有一个不自由语素，而且又用的是古义，结合得自然非常紧密，成为一个统一的使用单位，使用者不会再去追究一个一个的语素义——特别是造词时的语素义了，古义也就被淹没了。而就先秦汉语的发展来说，正因为含有这些意义的单音词已经"死"了，没有了活动能力，所以如果被现代汉语采用，就必然成为不自由语素。正是由于词汇系统发生了总体性的变革，才使它们由词沦为仅仅是构词的成分，命运发生了根本变化。

　　词汇和词义累积型的演变方式，还造成了一个与上述现象相关的现象。那就是在单音的同义词中，口语词的构词能量往往小于文言词。例如：

　　　"竖"和"纵"在"垂直"（与"横"相对）意思上同义，而"竖"造成的双音词只有"横竖"、"竖立"两个算是结合得比较紧密的；但"纵"当"垂直"讲，却造成了"纵横"、"纵贯"、"纵深"、"纵观"、"纵览"、"纵队"等一系列结合紧密的双音词。

　　　"丢"和"失"在"丢失"意义上同义，而"丢"在这个意义上组成的双音词只有"丢失"、"丢弃"、"丢掉"比较紧密；"丢人"、"丢脸"的"丢"，"丢失"义已较淡化；大部分采用"丢失"义造的词都用"失"不用"丢"："失盗"、"失明"、"失恋"、"失学"、"失宠"、"失效"、"失势"、"失音"、"失重"、"失传"、"报失"、"挂失"、"失主"、"丧失"、"损失"、"流失"、"遗失"、"亡失"……都是典型的双音词。

　　　"拿"和"取"在"以手取物"意义上同义，而"拿"在这个意义上几乎没有造什么双音词，"取"则造成了"取代"、"取舍"、"夺取"、"攻取"、"获取"、"换取"、"汲取"、"捞取"、"猎取"、"摄取"、"索取"、"提取"、"攫取"、"榨取"、"牟取"等一系列结合紧密的双音词。

　　这种情况所以普遍，一方面是因为口语的单音词尚能独立活动，可以临时组成词组，不必凝固成词；另一方面则是因为口语词是随着白话文进入书面的，历史的积蕴程度较浅，构词的能量也就相对较低。

　　还需要说明的是，来自文言单音词的语素所构成的词，大部分并没有文言文味儿，完全白话化了，说明它们已不折不扣地被现代汉语吸收。

五

　　现代汉语里的许多双音词，两个语素结合的原因实际上是来自文言的。不从先秦文献语言去挖根儿，很难知道语素互相选择的缘由。例如：

　　　"风"与"俗"在先秦汉语里已经连用，现代汉语直接继承为双音词，两个语素完全同义。

但是在组词时,现代汉语只说"习俗"、"礼俗",而不说"风习"、"礼风"。推究原因,是因为先秦汉语"风"、"俗"在对文时仍有差别。"风"是自然环境造成的社会、人情特点,所谓"天地之气所为",而"俗"则是后天教化造成的社会、人情特点。《周礼·地官·大司徒》疏说:"俗谓人之生处习学不同。"《礼记·曲礼》疏说:"俗,本国礼法所行也。"古人认为风不能改变,想变只有移民,而俗是可以通过教化习学而改变的,因此有"移风易俗"之说。"俗"与"习"结合、与"礼"结合不能改成"风",正是先秦汉语里"风"、"俗"的这种差异。

"贫"与"穷"在先秦就已连用,现代汉语袭用为双音词,两个语素意义无别。"贫"与"穷"在"贫穷"意义上组词的能量不相上下,例如:

贫困——穷困; 贫苦——穷苦;

贫民——穷人; 贫国——穷队;……

但是在"少"这个意义上,现代汉语双音词用"贫"不用"穷"。例如"贫血"、"贫矿"、"贫油"、"贫瘠"……都不能换成"穷";而在"竭尽"这个意义上,现代汉语双音词用"穷"不用"贫",例如"穷尽"、"穷极"、"穷究"、"穷途"、"技穷"、"词穷"、"无穷"……都不能换成"贫"。这是因为,在先秦汉语里,"贫"与"穷"的意义并不完全相同,"贫"是财少,所以与"富"相对;"穷"是路尽,官运不通,所以与"达"相对。这种差别,直接反映到现代汉语双音词的组合关系里。

其他如血缘关系用"亲"不用"密",同样成为行政单位名称,"班组"是一个层次,"部局"又在另一个层次上等等,都必须用先秦汉语去解释。

六

现代汉语还有不少双音词,早在古代结合,结合的理据存于先秦,而在结合后又作为一个词的整体意义引申,遂使现代用意与构词的意图脱节,一旦寻其造词理据,分析结构方式,仍必须向上追寻。例如:

周代贵族相见的礼节,主方设上宾、承宾、绍宾负责传话,宾方设上介、次介、末介负责通报,因而有"介绍"的结合。《礼记·聘义》:"介绍而传命。""介绍"的使用义几乎无人不知,而"介绍"的构词理据——"介"与"绍"相互选择的文化原因,并没有凝固到词义里去。

先秦汉语"责"有"要求"义,"责备"本当"求其完备"讲,所谓"求全责备",即是它的原始意义,现代汉语"责备"已有"谴责"之义,与构词意图偏离。

"要"是"腰"的古字,"领"有"颈领"义,古代行刑有"腰斩"与"斩首"两类。《管子》说:"属其要领",《礼记》说"全要领","要领"因刑法而结合。因为"腰"和"颈"都是人体转动的枢纽,因而"要领"引申为"主旨"、"要旨"义,遂使使用义与理据偏离。

"白"在先秦的意义是强烈的阳光,一般只与"黑"相对,而不与其他多样彩色相对。与其他彩色相对的是"素"。《庄子·人间世》:"虚室生白。"《释文》引崔注:"白者,日光所照也。"印度历法以月盈至满(初一至十五日)为白分,月亏至晦(十六至三十日)为黑分。都可看出"白"的意思。《说文·七下·白部》解释古文"白"的字形为"从入合二","二"表空间,"入"为日光照射。较之甲、金文,这个说法不一定是造字本义,起码也反映了"白"在先秦的常用义。"明"也是日光照射状,所以有"白天"的意思。"昼夜"称"晦明","始旦"曰"明","迟明"、"平明"都与日出有关,所以,"明白"之结合,基于阳光普照。而在现代汉语里,"明白"已具有"清楚"义,广度十分宽泛,与造词理据离得较远了。

"奥"是古代宫室西南角的专称。《尔雅·释宫》:"西南隅谓之奥。"《释名·释宫室》:"室中西南隅曰奥,不见户明,所在秘奥也。"这正是"深奥"、"奥秘"结合理据之所在,必须追溯到先秦文献,才能弄清。

双音词的构词理据,包括以下三方面的要点:(1)原始构词时两个语素各自的意义;(2)两个语素结合的语言原因和文化原因;(3)与这两方面原因相关的语素结构模式。如果不追溯到先秦,有些现代双音词的结构模式很难判定。例如:

"颜色"一词,仅从现代汉语看,似为"联合式","颜"与"色"都有"色彩"义,为同义合成。实际上颜是人的额中部、眉之间的地方,人的喜、怒、哀、乐在这个地方表现最明显,忧怒时皱眉,古人说"蹙颜",转忧为喜,古人称"解颜"、"开颜",都是指眉间的表情。"色"是人的心情在颜面上的表现,所谓"气达于眉间是为之色,颜色于心若合符节。"孟子说:"仁义礼智根于心,是生色也,睟然见于面",所以"颜色"应解释为"颜间之色",是一个偏正结构的名词。"察颜观色"的意思是"察其颜则能观其色"的压缩。"颜"在现代汉语里也引申有"色彩"义,才使"颜色"像是联合结构,与构词时的理据不一致了。

因此,汉语双音节的构词法,仅从形式上去研究很难得出准确的结论;仅就使用意义而言,两个语素属于什么结构也很难判定,必须追溯到原初构词的理据。而就原初构词的意图或缘由而言,不少双音词与典故有关,远非有限的几种模式所能涵盖的。

七

汉语双音词的构词理据,常常因为书写方式的改变而被掩盖,变得难以解释,最明显的是一部分联绵词的形成。相当一部分联绵词,本来是先秦同源词的结合,或者是具有音律关系的两个单音词的结合,因书写形式改换失去理据而变得不可分析。(联绵词的推源问题是一个专门而复杂的问题,本文暂不讨论)一般的双音合成词因不用本字用借字,或采用古字,与现代用字不一致,而使现代人感到不解。例如:

"自首"是自己报告罪行。"首"字难解,其实,"首"是"道"的古字。王引之《经义述闻》说《左传》"疏行首"即"疏行道"。所以,《唐律疏证》以为"自首"即"自道"(自己说出罪行),是可信的。

　　"清楚"有"明晰"义，"楚"字难解。《说文·七下·耑部》："黼，合五彩鲜色。"下引《诗经》"衣裳黼黼"，而毛诗写作"楚楚"，知"楚"借"黼"义，因五彩鲜色而有"鲜明"义，"清楚"之理据可明。

　　"刻苦"有"勤苦"之义，"刻"字难解。《说文·十下·心部》："愙，苦也。"《一切经音义》引《通俗文》："患愁曰愙。""愙"训"苦"，即《孟子》"苦其心志"的"苦"，"刻苦"用于脑力劳动，理据存于"愙苦"。

　　"检阅"是现代阅兵的称谓，外交礼仪也用之。不像有些工具书只解作"翻检阅读"。"检"的本义是"书署"，一般确用于翻检文书，但现代汉语的"检阅"指观阅大规模队列，从字面上很难解释。古代打仗有告庙之礼，出入都要"以数军实"，也就是点人数、军械数、车马数（出时点自己的，胜利归来包括清点俘虏和俘获物），称作"简阅"。"阅"与"税"同源，有"计数"义，"简"是"简书"，按简查数，"简阅"是名词作状语的偏正结构。必须以"简"换"检"后，才能说清原初构词的意图和缘由。

常有人讥讽求本字的做法，以为是古代"小学"家的一种"莫名其妙的癖好"。其实求本字是探词源、别词义的一种重要的手段，也是汉语研究不同于使用拼音文字的语言研究的特点所在。用字一旦改换，词的发展源流便因此而产生阻隔，变得脉络不清。解决书面文献的语言问题，不可能不涉及汉字的使用问题。而且，为书面文献中的词语求本字，因为有大量的语言材料可以参照，有不同的版本可以对勘，有充足的训诂材料作依据，一般可以避免主观随意性。比之为方言口语中毫无书写形式、仅凭语音形式冒然寻找所谓的"本字"，要可靠得多。所以，现代双音词与先秦汉语的沟通，也少不了用这种办法。

八

　　以上列举的五种现象，说明先秦汉语直接被现代汉语承袭的情况：1. 大量的先秦汉语单音词的古义，保存在现代汉语的不自由语素里；2. 文言词充作构词语素，有时比同义的口语词充作构词语素的构词能量高得多；3. 现代双音词两个语素相互选择的缘由，有一部分要在先秦语言中去找；4. 一部分现代汉语双音词的结合理据存在先秦，因结合后再引申而使用义与理据偏离；5. 探求现代双音词构词语素的本字，尚可进一步促进先秦语言和现代汉语的沟通。这些现象所举语例虽属平常，但统而观之，却可以看到这样一个事实：大量的文言词和词义，并不经过中古和近古的阶段演变，可以直接被现代汉语书面语继承，并同时进入普通话口语。文言与白话之间，并不存在着一个绝然相离的鸿沟。这是因为，"五四"运动以前，与历代活的口语转写的白话文同时存在的，还有更为强大的仿古文言文，文言对上层文化的影响力度，一直是高于白话的。这种中国文化史上的独特现象，不论造成的原因如何，也不论是否正常，总是汉语史研究无法否认、必须面对的事实。历代的书面文献语言，从两个渠道来吸收先秦文献的词语：一是从正常的汉语发展中顺流积淀而存贮；另一是直接取于同时代的文言写成的典籍与诗文。这两个渠道向现代汉语输送的先秦词与词义都不是少数。

这些现象还说明，在汉语发展史的各个阶段，当代书面语的丰富和定型，既依赖于从方言口语中吸收养分，又依赖于从历史的典籍中继承适合于自己的书面材料。但是，由于词汇系统和词义系统内部结构的制约，口语——特别是方言土语进入当代书面语的机会，往往少于历史文献语言。这不但因为典范的书面语一般与上层文化（宫廷与文人文化）密切相关；还因为历史文献语言由于是书面的，在传播上也有着更为优越的条件。这一方面说明，在汉语史和现代汉语的研究中，口语的研究固然应当给予特殊的重视，要通过一些特殊的方法搜求历代口语的活材料；另一方面也说明，书面语——特别是先秦文献语言的研究，有着不可忽略的重要意义，不但不应削弱，而且需要加强，在对先秦文献语言的研究中，搜求、勾稽文言作品对历代白话文的影响，更是十分重要的，因为这将使"五四"以前脱节了的言与文之间的既差异又统一的事实，被描述得更为清楚。

在汉语教学中，强调古今差异的同时，也必须同时看到古今汉语的沟通。这将有利于通过已知来掌握未知这一教学原则的实施，有利于在语言教学中树立承认历史、尊重传统的正确观念，避免把历史和现实对立起来、把口语与书面语对立起来的形而上学的语言观，体现古为今用的精神，也可使现代汉语词汇教学内容进一步丰富起来。

（原载《庆祝中国社会科学院语言研究所建所 45 周年

学术论文集》，商务印书馆 1997 年版）

论梵汉合璧造新词

梁 晓 虹

语言是社会的产物。社会的政治、经济、文化不断发展,新事物不断出现,语言也相应发生新的发展变化。印度佛教自汉代传入我国以后,对汉族人民的语言文化影响很大。其中词汇这一对于社会发展最敏感,几乎处于不断变动中的语言组织的基本单位,自然成为这种变化的关键因素。反映佛教思想、文化以及文物制度的印度古典语言(以梵语为主)成为汉语词汇中外来词部分的重要来源之一,为汉语词汇补充了大量新鲜血液。这已为语言学界所共认,并逐步有人在开始研究。

人们一般把因翻译佛经而产生的新词分为两大类:一、音译词;二、意译词。也有人已经注意到这中间还有另一类,即所谓半音半意的词。这是很正确的。然而对其成词,却未见有人作探讨。人们一般把它看得比较简单,但实际情况并非如此。因为音意兼备,所以它具备了这两种词的基本特点:既要服从并且适应汉语的语音系统,包括音节构造(音译部分),又要服从并适应汉语的语法结构,包括构词法(意译部分),还要根据汉语词汇的一些规律把它们有机地组合在一起。而且,因为这部分词的出现,曾引起汉语词汇里一些较明显的变化。这些都是值得探讨的。即使从构词法的角度出发,探讨它们的构成,找出一些规律,也可为汉语构词法增添一些新的内容。为此,笔者在此试作初步研讨。

一

梵语属印欧语系,词以多音节为主。为了适应并服从汉语词汇以双音为主的发展规律,音译的词采取了略音的办法,即一般只取原词的二个音节,使它在形式上得以汉化。如"阎罗"是"阎磨罗阇"的省音;"三昧"是"三摩提"的省音;"琰魔"是"琰魔逻阇"的省音;"舍利"是"设利罗"的省音;"和尚"还是由"邬波驮耶"展转翻译省音而成的。即使有的词语开始时是全译的,但后来也逐渐地改为省称,特别是那些人们熟悉的常用的词,如:"菩萨"或作"菩提萨埵";"罗汉"或作"阿罗汉";"修罗"或作"阿修罗";"兰若"或作"阿兰若";"阿夷"或作"阿梨耶"等。当然,大多数专有名词一般仍取原形,未加更改。

梵汉合璧者,因其含有一个意译的部分,自然与汉语的关系更密切一点,所以它的音译部分更得省略,一般只保留一个音节。如:"彼岸"之"彼"为"波罗密多"的省音;"忏悔"的"忏"为"忏摩"的省音;"僧侣"的"僧"为"僧伽"的省音;"衣钵"之"钵"为"钵多罗"的省音;"贝叶经"之"贝"本为"贝多罗"的省音等等,不胜枚举。一般所保留的是梵语音节的第一个部分,如以上所举之例。但也有根据词义和构词的需要,取其尾音的。如:"尼姑"之尼,是音译成分,为比丘尼(Bhiksuni)之省音。"尼,ni",在梵文里代表女性,但却不能单独自成音节表示女性。《法华文句》(隋代·智颛讲述,弟子灌顶笔录)二之上曰:"尼者,天竺女人通名也。"比丘本为出家人之通名,加"尼"者则专指出家之女子。"尼"音特指女僧是汉文翻译的结果。后来,在汉语中又往往接上一个表示女性的汉字"姑"。这样,"尼姑"就可用来表示"比丘尼"这个概念。"宝塔"之"塔",本为梵语"窣堵坡"(stūpa),后写作"浮屠、浮图"之省音,因汉语原无此字,晋宋译经时据"浮屠"之尾音而造"塔",表示供奉佛像,收藏佛经或供奉佛骨之处。"浮图"的第一个音节则后来写作"佛",用以表示"佛陀"及和尚等概念。所以,音译部分音节的取舍,有时亦须据其义而定。

　　另外,因为是音译,用汉字表达,则往往不固定,会有很多不同的书写形式。如"Brahman"可写作"勃兰摩"、"波罗贺摩"、"没罗憾摩"、"梵览摩"、"梵摩"等等。但既然要与汉语固有的成分组合成新词,自然要尽可能采用符合汉字表意特点的成分。如"浮图"之"浮"写作"佛","迦沙曳",或作"架裟",最后定为"袈裟"。"茉莉花",原产印度,译经作"抹莉",宋代《王十朋集》作"没利",《洪迈集》作"末丽",至明代李时珍《本草纲目》始定作"茉莉"而沿用至今。再如"呗赞"之"呗",是"呗匿"的省音。"呗匿"又可写作"婆陟"、"婆师",后来固定自然是前者。因为"呗匿"者,梵音之歌咏也。引声咏偈颂,是为赞叹三宝之功德也。玄应《一切经音义》卷十四:"梵言婆师,此言赞叹,言呗匿者,疑讹也。"其实,止非讹词,因为它适应了汉语的特点。所以,即使有不少大师认为它是"讹词",但它倒是在汉语里保存下来了。又如"衣钵"之"钵"为梵语"钵多罗"(pātra)之省音。此为出家人所用之食器。正好汉语中也有个"盋"字表示食器。《说文》:"盋,食器也,盂属。"所以僧人也常借用此古名。然而,却是"钵"这个外来的音所译的字留下来了,因它更能确切表达文意:钵有泥制、铁制两种,此则取铁制之意。

　　译经者在翻译时,总是尽量地利用汉语原有的字词。但他们所负责介绍的毕竟是一个全新的异域文化,如此多的新概念,一时不可能从汉语仓库里拿出那么多现成的书写符号来表达它们。于是,人们在译经时,不仅利用汉语原有的材料创造了大量的新词,还创造了一些新的汉字,以满足构词的需要,这些汉字家族里的新成员基本可以作为梵汉合璧的成分。如:

　　"魔鬼"之魔,是梵语"魔罗"(Māra)的略音,汉语里本无此字,开始译经时借用汉语中的"磨",后来梁武帝才把它改为"魔"字。玄应《一切经音义》卷二十一:"魔,莫何反。书无此字,译人义作。梵云魔罗,此翻名障,能为修道作障碍故。"佛家有所谓四魔之说:一、烦恼魔;二、阴魔;三、死魔;四、自在天魔。"魔鬼"一词,即源于第三种死魔。死魔,能断人之命根,与汉民族传统所说的鬼怪相似。另外,印度古代神化传说欲界第六天主波旬(pāpiyas)为魔界之王者,常率魔众作破坏善事的活动,被称为魔王。佛教沿用之,即四魔中的自在天魔。慧琳《一切经音义》卷十二说:"魔罗,唐云力也。即他化自在天中魔王波旬之异名也。此类鬼神有大神力,能与修出世法者为留难事,名为魔罗。以力为名。"这也与人们想像中的力大无比、变化莫测的鬼神相似,故魔字从鬼,最能体现它的本意。

"忏悔"的"忏",是梵语"忏摩"(Ksama)的略音,也是译经时造的新字。玄应《一切经音义》卷十四说:"忏悔,此言诮略也。书无忏字,正言忏摩。此云忍,谓容恕我罪也。"

"宝塔"的"塔",是梵语"浮屠"或"浮图"的略音,晋宋译经时造"塔"字。初见于晋葛洪《字苑》与南朝梁顾野王《玉篇》。《玉篇》:"塔,他盍切。《字书》:塔,物声。《说文》云:'西域浮屠也。'"实际上,《说文》中本无此字。《翻译名义集》卷七云:"《说文》无此字,徐铉新加,云西域浮屠也。"

其他如"昙花"之昙,"梵语"之梵,本来都是根据梵语音译后的略音而造的字。丁福保《佛学大字典》"昙"字条下曰:"甄正论上曰'窃寻昙、梵二字,此土先无。《玉篇》、《说文》、《字林》、《字统》竟无此字。昙、梵二字,本出佛经……翻译人造,用诠天竺之音,演述释迦之旨。在于北方,先无此字,后葛洪于佛经上录梵字,训以为净。陆法言因而撰入《切韵》。"

当然,这样新造的字只能是少量的。但是我们应该看到,它们都是形声字。根据汉字的造字规律,依靠汉字形旁表意的功能,首先取得了文字形式上的汉化。再加它们又大多被用作梵汉合璧,再加一个表意的汉语词根,自然就与汉语词更接近了,能很快加入汉语词汇的大家庭,对汉语词汇产生巨大的影响。如"魔",自汉译佛经里出现了这个概念,汉语里有了这个字,以它为词根产生了一大批的新词:魔王、魔鬼、魔子、魔女、魔民、魔事、魔病、魔障、魔禅、魔纲、魔宫、魔力、魔术、诗魔、书魔、病魔、妖魔、魔爪、魔掌等;成语还有"妖魔鬼怪"、"群魔乱舞"、"邪魔外道"等。它的构词力极强,为汉语增添了不少词语。其中有不少词已完全摆脱了宗教内容的束缚,成了汉语中的常用词。

根据以上的简析,可以看出:梵汉合璧中的所谓"梵"者,虽然属于音译部分,但并非全不管其意。在被人使用的过程中,它已经在音节构造、词形等方面尽可能地被汉语同化了。这样,合璧后的新词能很快被汉语接受,而又无外来之感,其中有些甚至逐步成为汉语词汇家族中的中坚。

二

梵汉合璧者从构词角度看,有它的特殊性。它既不同于音译词,也不同于意译词。前者用汉字对译其音,许多复杂的梵语名称,往往只能靠此办法。唐代译经大师玄奘有所谓"五不翻"的理论,"不翻"就是对复杂的概念用音译。后者用汉语原有的造词材料,根据汉语的造词方法与梵语所概括的内容另构成一个内容与形式统一的新词。从构词角度看,新的东西也不多。而梵汉合璧是音与意的有机合成,所以它既具备二者构词方面的一些特征,同时又有它自己的特色,这是我们要探讨的内容。

初步归纳,梵汉合璧的词是通过以下几种方法构成的。

(一)音译加类名词,创造新词。

这是在梵汉合璧中占比例较大的一种,也是得到大家公认的汉语外来词的一种主要构词法。在此简举一例以说明之。

佛,是梵语"Buddha"的音译,"佛陀"的省称,意思是觉者。"觉"包括三个方面的内容:自觉、觉他(使众生觉悟)、觉行圆满,是佛教修行的最高果位。佛经里一般都把它作为佛教始祖释迦牟尼的尊称,大乘经典还泛指一切觉行圆满者。这个成分加上汉语的类名词构成了不少新词,不仅用在佛典里,也用在汉语里。如:佛土、佛心、佛地、佛印、佛身、佛门、佛像、佛慧、佛德、佛堂、佛道、佛钵、佛法、佛性、佛骨、佛眼、佛子、佛母、佛语、佛寿、佛境、佛田、佛愿、佛赞、佛牙、佛光、佛位等等。这都是双音节的,还有三音、四音乃至更长音节的一些专有名词。大多数的所谓梵汉合璧的词,都是这样构成的。

(二)音兼意译加类词,创造新词。

语言在其融合过程中吸收外来语词的时候,总是尽可能依照本语言的规律来使用外来语的词,来对外来语的词加以改造。梵译汉时,自然也是这样。前面我们曾对梵汉合璧中的所谓"梵"进行了一些分析,可以说明一些问题。音兼意译加类名词还可作一些补充说明。

1. 前一部分曾提到,译经者根据方块汉字具有"意符"的性质,往往把代表某类意义的偏旁,挑选与梵语音相似的汉字,放在一起,重新创造形声字,表示佛教的新概念。这个新字(有时就可当新词用),虽然是因梵音而成的,但因为它又根据了汉字表意性的特点,与单纯的对音字不同,具有一定的汉语意思,在它的前后再加上表示类别的汉语成分,就又创造了许多新词,这样的词,自然能比较快地被汉语所接受,成为汉语词汇中的"积极分子"。如"塔",是译经时的新造字,在"塔"的前后加上表示类别的汉语成分,就构成了一大批新词,如:塔林、塔碑、塔庙、塔头、塔主、塔台、塔灰、宝塔、石塔、水塔、舍利塔、法身塔、六和塔、白塔、灯塔、纪念塔等等。其中有不少都是活跃在现代汉语里的词,与佛教内容没有丝毫干系。"塔"已经成了汉语里一个活跃的构词要素,人们大概很难想到,追根起来,它是来源于佛教的"梵"呢。

"魔"是在梵语 Māra 的对音字的省称"磨"的基础上改造的。很明显,新字具有相当的表意功能,现在人们提到魔,就会与鬼怪联系起来,"魔鬼"早已是汉语中的常用词。汉译佛典里,汉语口语中,以"魔"为词根,再加表示类别的汉语成分构成的词是很多的,前面已有叙述,在此不再赘举。虽然其中不少词早已与佛教没有什么关系,但归根结底都是由佛教之魔逐步引申开去的。

再如"苹果"一词,也是这样产生的。最初音译为"频婆罗",简作"频婆",后来再简为"频",加"果"表示属于水果类,并给"频"加"艹"头,又简化为"苹",于是汉语里又增加"苹果"一词。它们的成词过程,既体现了"梵汉合璧"的词,从音节上适应汉语词双音节为主的汉化方式,也体现了改造梵语对音字,使之成为表意成分的手段,真正是"音兼意译"了。

2. 在翻译过程中,根据需要,一个词的概念几经转换,最后用来构词的对音字所表达的内容与梵语的本义已不大一样了。因此,这个字不是纯粹的记音成分,而是包含了一定内容的了。我们也把它看作"音兼意译"者,加汉语类名词,又可以造出很多新词。例如:

"菩提树",这个名称是随佛教一起进入汉民族的。它虽是梵语"Bodhi"的对音再加汉语类名"树"而成,但实际上已非此树真正梵语原音。"菩提"(Bodhi)意译为"觉悟"或"智慧",即指佛家所谓断绝世间烦恼而成就涅槃所达到的一种精神境界。《成唯识论述记》(唐,窥基撰)卷一:"梵云菩提,此翻为觉,觉法性故。"而"菩提树"的真正音译为"毕钵罗"(pippala)。相传释迦牟尼是在这树下苦思六年,最后证得菩提,即获无上智慧,得以成佛的。所以后来则把这种树称为"菩提树",它的真正的学名却不用了。《翻译名义集》(宋,法云编)卷三《林木篇》第三十一:"《西域记》云,即毕钵罗树也。昔佛在世,高数百尺,屡经残伐,犹高四五丈。佛坐其树下,成等正觉,因谓之菩提树焉。茎杆黄白,枝叶青翠,冬夏不凋,光鲜无变。每至涅槃之日,叶皆凋落,顷之复故。《法苑》云,释迦道树。"若完全意译,应为"思维树"、"道树"或"觉树"。可知"菩提树"与"毕钵罗树"相比较,前者是音兼意了。

再如:"梵"本为"梵摩"、"梵览摩"(Brahmā)等的略音。它的本意是"梵天",是古印度婆罗门教所崇尚的创造神。婆罗门认为世界万物(包括神和人)都是他创造的,故被称为始祖。佛教产生后,被吸收为护法神,为释迦牟尼的右胁侍,持白拂。故与婆罗门教有关的可称梵。如汉语中的"梵志",即指婆罗门。另外,"梵"又可意译为"清净"、"寂静"、"离欲"等,婆罗门教把它看作是修行解脱的最后境界。这与佛所提倡的也相通,所以佛有时也可称为梵。由此辗转,汉译佛经里,凡与佛有关的事物,往往冠以"梵"字,再加汉语类名词,汉译佛典里就出现了许多新词,如:"梵钟",指寺庙的钟;"梵刹",指寺庙;"梵典",指佛教经典;"梵音",指佛之声音;"梵众",指佛教徒;"梵嫂",指僧妻;"梵轮",指法轮;"梵学",指佛学,等等,可以举出很多。又因为梵语是古印度的书面语,所以译经中常对印度等地的事物也冠以梵字,以示与汉土有别。如"梵字"指印度古文字;"梵经"指古印度的"吠檀多经";"梵土"即为婆罗门国,即古印度的别名。

以上所举的例子均应属梵汉合璧而造的词,但这些音译部分到译经造词时,根据需要意义都有一定的变化,所以我们把它看做音兼意的成分。

(三) 梵汉同义合并、相补,创造新词。

这一类梵汉合璧的词,所用的汉语成分意思与梵语音节所表达的原意基本相同,如果从意义上看,二者之间是并列的,或者相补充的,没有修饰与被修饰的关系。例如:

"禅定"之"禅",本为梵语"禅那"(Dhyāna)的省称,意译为静虑,即心注一境,正审思维之义。"定"是汉语词,它也有个外国名称,叫"三昧"或"三摩地"。禅与定,一梵一汉,从意义上看是相同的,结合在一起组成新词,指通过精神集中,观想特定对象而获得佛教悟解的一种思维修习活动。新词与它的二个词根也基本是同义的。当然,禅与定之间还有一定的意义上的差别。

丁福保《佛学大字典》"禅定"条下就做过解释："……故定之名宽,一切之息凝心名之;禅之名狭,定之一分也。盖禅那之思惟审虑,自有定止寂静之义,故得名为定;而三昧无思惟审虑之义,故得名为禅也。今总别合称而谓之禅定。"概念的外延有大小,但仍系同义范围。同义的还有"禅静"。

"僧侣"之"僧",本为"僧伽"(sangha)的省称,意译为"众"、"和合",一般要四人以上才可称为"僧"。《智度论》(后秦,鸠摩罗什译)卷三:"僧伽,秦言众多,比丘一处和合,是名僧伽"。"侣"是汉语成分,是同伴的意思。既有伴,就一定是复数。"僧侣"也是同义合并的词。

"尼姑",也是同义合并。"尼"与"姑"分别是梵汉中用来表示女性的成分,合在一起,组成新词,表示"女出家人",即"比丘尼"。

"忏悔"之"忏"是"忏摩"(Ksamaya)的略音。本来只是忍耐之意。丁福保《佛学大字典》"忏悔"条下转引《有部毗奈耶十五注》:"言忏摩者,此方正译当乞容恕、容忍,致谢意也。若触误前人,欲乞喜欢者,皆云忏摩。无问大小,咸同此说。若云悔罪,本云阿钵提舍那,Āpattideśanā。阿钵底是罪,提舍那是说。应言说罪。云忏悔者,忏是西音,悔是东语。不当请恕,复非说罪,诚无由致。"由此可知:"忏"与"悔"有机相补,才使这个因译经创造的佛教新名词有了对人发露自己的过错,求容忍宽恕,给以悔改之意。佛教制度规定:出家人每半个月举行一次诵戒,给犯戒者以说过悔改的机会。现在,忏悔意义扩大了,不仅用于佛教徒,还可引申泛指任何人的认识过错,决心悔改,成了现代汉语中的常用词。

<h1 style="text-align:center">三</h1>

在漫长的历史长河中,汉民族曾与许多其他民族有过各种各样的文化交往,因此汉语语言中存有大量的外来成分,其中自然有很多半音半意的词,或称"混和词",或称"半译词"。名称虽异,实质是一样的。本文之所以分析"梵汉合璧"的词是有原因的。

(一)佛教在中国历史上的地位决定了它在汉语外来语中的重要地位。随着佛教进入中国,大批的佛教经典被翻译出来,成批成批的佛教名词进入汉语语言。可以说,鸦片战争以前,这对汉语影响算是最大的一次。另外,佛教在中国得到了发展,逐步由外来的宗教变为具有汉土特色的宗教,佛教成为中国文化的核心部分之一。佛教与人们的生活内容密切相关,这就决定了仅仅吸收外来的佛教术语还不够,还需创造大量汉语新词来表示汉化了的佛教内容,其中有不少词就是在"梵汉合璧"的基础上产生的。例如:禅宗是主张用禅定概括全部修习内容的佛教宗派,由菩提达摩传来,在中国得以发展,成为最有汉民族特色的佛教宗派。为此,汉语中又新造了一大批以"禅"为词根的佛教名词:禅斋、禅礼、禅赞、禅髓、禅堂、禅习、禅僧、禅经、禅头、禅屋、禅林、禅门、禅客、禅师、禅德、禅偈、禅毯、禅家、禅院、禅病等等。这些词在音节构造、词形等方面已经完全符合汉语规范,我们可以把它们当作汉语的固有词而不觉得是外来的了。前面所分析到的"梵汉合璧"的词中,有很多也是这样产生的。这是因为所谓"梵"语名称已与它所表示的概念一起被人们约定俗成,后来产生的新词大多是在已有的词和概念的基础上形成的,因此人们难以看出本属于"梵"的部分。

(二)佛教传入中国的年代很早,这些词自然也在汉语词汇中生存悠久了。因为它们有汉语成分,即使音译部分也得到汉化,因此,极易被汉语吸收,早就成为汉语词中的积极成分。它们不仅本身得以为汉民族文化服务,有很多还成了汉语中的基本词,被重新用来造词,又繁衍出不少新的词,若究起根源来,它们仍属"梵汉合璧",它们大大促进了汉语的发展。

因此,相对来说,"梵汉合璧"的词与其他"半音半意词"(如鸦片战争后,汉语吸收的印欧语系中的一些外来词)比较,历史更悠久,对汉语语言的发展影响更大,构词也稍复杂一些,值得我们深入探讨。

(原载《福建师范大学学报(哲学社会科学版)》1986 年第 4 期)

复合词结构的词汇属性

——兼论语法学、词汇学同构词法的关系

刘 叔 新

一

  一般论及复合词的结构,多从句法的角度去观察和定性。不少论著把复合词结构直接作为语法问题来分析或论述,认为复合词的构造方式可以分出同句法关系一样的偏正式、动宾式、主谓式、动补式等等。但是这种分析论述大多限于分类概说,不能深入结构的实质,难有说服力。

  这就可以提出一个问题:复合词的结构是语法性质的吗?

  本文将分析一些实例,看看复合词构造法究竟具有何种性质。如果它是语法现象,那么把它及复合词结构定为语法学的对象,当然是合理的;如果不然,它就完全可能纯是词汇本身的事实,词汇学应有理由将构词法纳入自己的对象范围。

  有不少复合词的结构是同短语的句法结构相近的。在现代汉语里,占了词汇成员最大比例数的复合词有相当多的部分,表面看去,其结构就几乎和短语结构一致。这种相近,是使一些学者把复合词结构看做句法现象的基本原因。例如:

  A. 眼泪　脚印　牛皮　草根　船底　字迹

  B. 扎针　撒手　踩水　请客　入场　采蜜

  C. 高矮　大小　山水　花木　来往　横竖

从字面形式看,A 组复合词的结构与"单音名词＋单音名词"的偏正结构似无差异,B 组复合词的结构与"单音动词＋单音名词"的动宾结构仿佛相同,C 组则是词性一致的两个单音词相并连的联合结构。但是只要从语言的结构实质来看,情形绝不是如此。作为词内语素之间相结合的结构,无论 A、B、C 哪一组词,都是紧密联结而定型的固定整体。表现在语音形式上,具有一个词所必有的、中间不能停顿的语音形式特征;[①]表现在结构项(组成成分)的组合形式上,项与项之间没有也不能有别的成分(若插入任何成分,即不能作为一个复合词的整体而存在),而且任

---

  ① 参考 Charles F. Hockett 从相反方面做的界说:"词是句子中由可以中断的连续点为界的任何片段。"(*A Course in Modern Linguistics*,第 167 页,1959 年,纽约)又参看拙文《论词的单位的确定——兼谈以词为词目的问题》,载《语言研究论丛》第 2 辑,天津人民出版社,1982 年。

何一项都不单独与别的成分发生组合关系。后一种情况如：

$$眼泪（流～）\begin{cases} \nrightarrow {}^*眼的泪，{}^*眼流泪 \\ \nrightarrow {}^*左眼泪，{}^*眼泪下如雨 \end{cases}$$

$$扎针（快去～）\begin{cases} \nrightarrow 扎过针，扎完针 \\ \nrightarrow {}^*挨扎针，{}^*扎细针 \end{cases}$$

$$高矮（他～如何）\begin{cases} \nrightarrow 高和矮，高胜过矮 \\ \nrightarrow {}^*相当高矮，{}^*高矮人 \end{cases}$$

而字面形式类似的短语结构，不仅结构项之间（即词与词之间）可以有语音上较小的"中断"，而且能插入别的成分，单个项还可以单独与另外的成分组合，如：

$$房梁\begin{cases} \rightarrow 房的梁，房需要梁 \\ \rightarrow 东房梁，西房梁粗 \end{cases}$$

$$吃面\begin{cases} \rightarrow 吃着面，吃很多面 \\ \rightarrow 猛吃面，吃面和米饭 \end{cases}$$

$$人机\begin{cases} \rightarrow 人与机，人控制机 \\ \rightarrow 人慧机巧 \end{cases}$$

很明显，两种字面上相近的结构，实质上有很大差别。

别的语言中，复合词结构与表面上近似的短语结构之间，同样存在质的差异。如英语：

blackcock（黑山鸡）——black cock（黑的山鸡）

blackboard（黑板）——black board（黑色的板）

blackbird（画眉）——black bird（黑色的鸟）

whitehall（白厅）——white hall（白色厅堂）

whitebait（银鱼）——white bait（白色的饵食）

whitecap（浪沫）——white cap（白色的帽子）

左边的结构，当中没有语音停顿，不能插入其他成分，个别的项也不能单独与另外的成分组合；而右边的结构却相反（如 black cock，不仅两词之间可以有较短的语音停顿，还可说成（a）black and pretty cock，（a）very black cock）。英语还有很多复合词结构具有区别于短语结构的其他语言形式特点——不全保持每个词干或词根的重音，或者在不同的词干或词根之间有特殊的接合音素，如'workshop（工场）不再是 * 'work 'shop；'eyeball（眼球）不再是 * 'eye 'ball；handiwork（手工品）不可看做 * hand work；speedometer（速度计）不能是 * speed meter。这大体类同于现代汉语"东西"（dōngxi）与"东、西（两头）"（dōng xī），"火烧"（huǒshao）与"火烧（眉毛）"（huǒ shāo），"买卖"（mǎimai）与"买卖（公平）"（mǎi mài），轻声和重读（带某个声调）的差异成为复合词结构区别于短语句法结构的一个明显特征。再如法语，wagonnet（摇车）不同于 wagon net（清洁的车），laisser-passer（通行证）不同于 laisser、passer（留下、通过），sourd-muet（聋哑的）与

sourd、muet（聋的、哑的）有别，等等。

可见，同短语结构最近似的一类复合词结构，也在实质上和句法结构迥异。既然短语是以词为成分的结构，它就自然不可能出现在一个词之内。如果认为复合词具有同短语句法结构一致的结构，那么或者所论的复合词还不能算作词，或者是客观上把句法结构的性质和范围弄模糊，从而导致句法研究的混乱。所谓句法，是联词成语（短语或语句）的组织法则；而复合词内词素之间的结合是语言另一种组织形式，其自身的组织法则自然不应拽到句法里去。句法结构和复合词结构各处于语言结构的不同层次，没有理由把它们混淆起来。

复合词只要自身是个词的单位，或者基本上已具备了词的要素或特征，其结构就不能是词与词组合的句法结构。这是无可怀疑的。形态变化比较多的语言，其大量复合词内所含的词根或词干许多都不像词那样有形态变化，这点可以充分表明复合词结构没有句法性质。例如英语 sleephead（好睡者），其中的 sleep-不变为 slept-；breakstone（碎石），break-不变为 broken；playground（运动场），play-不变化。德语的名词 Lachkrampf（一阵阵的笑），词根 Lach-并没有出现名词 Lachen（笑）或动词 lachen（笑）的词形变化；Rotwein（红酒）的前一词根 Rot-，并不带上词尾-er（因此 Rotwein 绝不同于 roter wein"红色的酒"）；Kurzschluß（短路）的词根 Kurz-同样没有形容词词尾。

缺少形态变化的语言，其复合词结构相应地很少有明显区别于句法结构的"缺形态变化"的特征，因而单从成分的组合方式看，很容易形成近似于句法结构的情形。特别像汉语，绝大多数的语素是单音节的，其中相当大一部分又可以同样形式作为词或作为词素①分别出现在短语和复合词之中，甚至文字形式也没有区别，从而在大多数情况下词素序也仿佛和词序是合二而一的。这导致一般易将汉语复合词结构看成句法范畴的现象。尤其是复合词的词素序，往往容易被有意无意地视作词序的特殊呈现。

其实，词素序就是词素的顺序，当然不能又成为词序。词序是一定语法类别的词彼此组合的确定顺序，表示一定组合关系的语法意义。以一定语法类别的词作顺序排列的项，这是词序构造上的一个基础因素。而复合词内的词素，既不可能有有的形态变化等词法特点，又由于并非意义明晰地、独立地与相邻词素组合，并且不能单独与其他成分组合，也没有句法方面的功能特点。复合词的词素不是由语法特点所决定的一定词类的词，而且本身根本不可能有语法的类别。这就决定了复合词的词素序与词序在性质上是大不一样的，不能认为前者同后者一致或是后者的某种特殊表现。

从顺序形式看，也有很多事实能够说明复合词词素序和词序不是一回事。如现代汉语里，"火柴"若说成句法的偏正结构，勉强敷衍得过去，而"柴火"的结构又怎能用"偏正"来解释？同样，有像是"偏正"式的"猫熊"这一学名，又同时有普通使用的"熊猫"；有通用的"蓝靛"，又有在

---

① 本文中"词素"指词的组成成分。

一定职业范围内使用的"靛蓝";存在"羔羊""泉源",也存在"羊羔""源泉";有"层云""家居",又有"云层""居家";"爱情"与"情爱","卷烟"与"烟卷","脚注"与"注脚"都共存;"寄奉"与"奉寄","奉交"与"交奉","奉呈"与"呈奉",是并用的。出现与所谓偏正式的词在意义上一致的逆序词,当然就不可能把它们的结构看成同一种句法上的偏正结构,不可能把它们的词素序看做同某一句法功能相因应的特定词序。还有那样一些不存在逆序同义词的复合词,意义上一个词素有修饰性,另一个词素被修饰,而它们之间的顺序却与现代句法偏正关系相反,如"饼干、萝卜干、豆腐干、肉松、桃酥、石青(青蓝色的矿物质颜料)、石墨、石英、韭黄、竹黄、月亮、世俗、铁流、画卷、商旅、人群、人流、机群、书丹、专擅、抗衡、走私、默哀、抗议、拜节、拜堂、创始、殉难、急难、逃生、逃荒、打游击、打仗(杖)、打围、打拳、救火、救荒、救灾、养病①"等等。汉语上古时期有定语后置的顺序②和状语后置的情形。③ 但是近代和现代,定语一般出现于中心语之前,不容许后置;特别是现代,甚至口语里也不能有定语后置的易位现象。④ 而状语的位置,现代通常是在中心语之前的。因此,近代和现代产生的、词素序相反于偏正结构词序的复合词,显然不可能以搬用句法的词序来解释其结构形式。现代汉语一部分体现活动支配(事物)关系的复合词,其支配成分位于被支配成分之后,这也不符合现代动宾结构的正常词序。如"要冲、海拔、物产、球拍、苍蝇拍、尘拂、口罩、面罩、薪给、轴承、脚扣、木刻、竹刻、石刻、株守、体检、麦收、物议、理解、理论('讲道理、争论'义)、诸如、讯问、气喘、役使"等等。汉语以"名—动"的顺序来表示动宾关系,现代或者出现在对答或仓促说话的特殊情形之中——这时名与动之间会有小停顿,或者出现在强调的情形下而在宾语前带上"连",宾语、述语间带上"也"。复合词支配成分后置的词素序,显然不可能是这类动宾反顺序"名—动"的搬用。现代汉语除了某些记账式的特殊说法可把数量短语放在名词后面(形成主谓结构)之外,名量词作限定成分须用在名词之前,这是句法的通则;可是现代出现了表计量单位的词素置于表事物的词素后面的成批复合词,如"车辆、船只、马匹、布匹、人口、牲口、物件、信件、事件、案件、稿件、事项、款项、纸张、书本、书册、画册、卷宗、土方、石方、土块、田亩、地段、花朵、花束、花枝、枪支、叶片、面条、链条、线条、枝条、钢锭、房间"等等。如果说,汉语古代同时存在不少顺序相反的复合词(如先秦、秦汉时的"发愤、愤发""如何、何如""生平、平生""故事、事故",元明清时的"后日、日后""客人、人客""命运、运命""从人、人从"之类),可以解释为当时句法上偏正结构及动宾结构尚未完全形成定型词序的反映,那么,现代一些复合词的词素序与句法通行的词序相反,是根本无从说按照词序模式来确定这些词素序的。句法上也比较注重词序的现代英语,同样有不少复合词的词素序与通常的词序相反,如 life-long(终

---

① 李行健《汉语构词法研究中的一个问题》认为,"打仗、打围、打拳、救荒、救火、养病"等含动状结构(《语文研究》1982年第2期第66—67页)。就修饰成分后置而论是中肯之见。

② 张清常《上古汉语的SOV语序及定语后置》,《语言教学与研究》1989年第1期。

③ 参看李行健《汉语构词法研究中的一个问题》。

④ 参看陆俭明《关于定语易位问题》,《中国语文》1982年第3期。

生的)、blood-thirsty(嗜血的)、housekeep(主持家务)、hand-shake(握手)、whitewash(涂白)、backslide(堕落;直译是"后面滑向")、browbeat(威吓;直译是"眉打")等等。

语言中还有大量复合词,从词素义的相互关联来看,词素的排列似乎多少同词序有点近似,从而被误认为可以纳入词序或句法的范畴。其实这类复合词的不同词素结合一起,完全不符合句法的习惯,绝不是句法的组合,谈不上表现出什么词序。例如"法办",用词语组合来表示其意义,须说成"依法惩办",句法上一般不能单用名词直接置于动词之前来修饰。"耳语、追加、报纸",要用短语来表达各词的意思,会分别是"(口贴近在)耳朵边说话""追补地加上""报道(新闻)的散页读物",那样才合于句法的习惯;就是说,"耳语、追加、报纸"要看成其中有某种词序以致形成短语,那完全不符合事实。它们都是句法上不会有的组合形式。同样,像"血战、肉搏、笔试、口试、鸟瞰、狐疑、蜂拥、枪击、粉碎、函授、口授、面交、风行、雷同"等等,不能看作带"名—动"词序的状中组合;"竞走、翻阅、披览、淋浴、张望、飞跑、寻思、忖思、拜托、请求、乞求、哭诉、投宿、巡视"之类,也不是带"动—动"词序的状中组合;"银白、葱白、杏黄、金黄、苹果绿、草绿、孔雀蓝、天蓝、橘红、桃红、漆黑、墨黑、雪亮、肤浅"之类,并非带"名—形"词序的状中组合。而像"工贼、牛虻、手笔、扇贝、奶牛、种马、马车、轮船、火车、雨伞、电话、油画、水彩、蚊香、山货、石窟"等等,意义上既不就是"工的贼""牛的虻""手的笔"……,短语中又绝不存在这类词的直接联结,把它们看成带有"名—名"词序的定中组合就当然违理。英语里,复合词 tomcat(雄猫)、horsefly(马蝇)、playground(运动场)、bedroom(卧室)、by-path(小路)、dryclean(干洗)、broadcast(广播)之类,词内两成分的联结在短语里是不存在的,因此它们的顺序不能是词序。

现代汉语还有不少复合词,其词素的排列甚至根本看不出可能同任何一种词序接近或相关。如"蚕蚁、肉桂、木耳、开锅、落选、落榜、捣鬼、抢白、拔河、救赎、奋发、耻笑、亏累、耳生、糊涂、跋扈"等等,词素意义之间的关联是无法同词序所表示的语法关系挂钩的,甚至这关联本身也不太容易弄清楚。又如叠置式的"婆婆、公公、叔叔、娃娃、头头、星星、本本、条条、框框、悠悠、茫茫、绵绵、冉冉、袅袅、滚滚、滔滔、恨恨、悻悻、白白"等等,两词素(尽管是同一的)的排列形式也无法以任何词序的方式来解释。"架次、人次、吨哩、吨公里、吨海里、秒公方、吨位"之类,词素义之间的关系与词序所表示的任何结构关系都不相近,也不相干,其词素序自然与词序相去更远。

上述情况表明,复合词的词素序并非词序的某种特殊表现。词素序作为复合词结构的重要表现方式,是惟一可能使复合词结构获得句法性质的因素,也是惟一可能的句法形式,然而它事实上并不是句法的词序。因此,复合词结构并没有句法性质。采用句法结构的术语"主谓式""动宾式""动补式""偏正式"等来指说复合词的结构类型,无疑是不妥当的。

复合词结构在性质上与句法结构迥异,并不等于说它们相互间没有关联。很多复合词是古代词与词的句法组合逐渐词化的结果。如现代的复合词"水力、野外、老少、妻子、明星、先觉、从戎、出山、成仁"等等,本来都是有句法结构关系的词与词的组合。在利用两个词或词根,使它们结合为复合词时,也往往会模仿或参照短语的结构模式,如构造"火花、火力、火网、水分、水平、水门"之类,可能模仿了偏正结构的定中式;构造"接力、吃力、着力、倒台、下台、上台"之类,可能参照了动宾结构的形式。由于人们很熟悉并经常运用着句法格式,在创造复合词时,自然很容易模仿其组合形式。这种格式近似的模仿,在词序作用突出的语言里比较多见,是合乎情理的。

但是,复合词结构由句法结构转化而来也好,由模仿句法结构的组合形式而建立起来也好,只要成了词的内部结构,它就具有和句法结构大不一样的性质。这个区别不应被两种结构的近似所淹没。可以说,复合词结构只是在其相当大一部分中存在句法结构的投影。而投影总不能是物象本身。

为彻底弄清问题,还须看复合词结构有无归入词法的可能。

众所周知,词法作为语法的一个组成部分,指的是词的变化的规则。而词的变化,除了同一个词的不同语法变化即构形法之外,还能指同一个词根或根词加上词缀或改变语音成分而造成新词(即派生词)的情形。但是语法上的"词的变化"也只限于这样的内涵。复合词的构造已不是同一个词根或根词如何起语法变化的问题,当然不能包括在词的语法变化范畴内。因此,正如 J. 莱昂斯所指出,"十九世纪'词法(morphology)'这个术语被引入语言学是涵盖屈折变化和词的派生这两方面的"。[①] 构词法能属于词法的部分,只是其派生构词法;词法是不可能有复合词构造方面的内涵的。

问题在于复合词结构是否存在词法的语法形式。在复合词中,惟一有可能成为语法形式的东西,是词素序,别无其他。但是词素序不仅不是句法的词序,而且根本上不成其为语法形式。原因在于,无论词性还是词素意义关系类型,都往往不与特定的词素序形式相因应,即一种词素序可表示多种词性和不同的意义关系,不同的词素序则可表示同样的词性和意义关系。如"活动义词素—事物义词素"序,出现在动词"眨眼、跳水、兜风、执笔、变卦、开刀"等等之中,也见于名词、形容词和副词,如"司机、裹腿、抽风、活力,刻板、刺眼、屈才、有力,逐步、随手、任意、托故"等等;可以表现支配关系(眨眼、司令、刻板),也可表现修饰关系(塑像、交情、食品)。而"事物义词素—活动义词素"序,同样既在名词"日蚀、军需、人选、脚扣、期考、兽行、地震"等等出现,也见于动词"首肯、耳语、目击、力行、斧削"之类和形容词"国产、机动、人为、风流、山响"之类;可以表现施动关系(日蚀、首肯、国产),又可表现支配关系(手饰、脚扣、麦收)、修饰关系(沟通、力行、笔挺)。体现"活动义词素—活动义词素"序的,有动词(流落、沦落、脱落、丢掉)、名词(下落、着落、经络、经济)、形容词(活泼、生动、洒脱、飘逸)、副词(从来、始终、毕竟、没有)、介词(凭借、凭靠、按照),这种词素序也可表现修饰关系(从来、向来、照搬)、支配关系(无论、没有、启动)等等。

可见,不同的复合词词素序不能在表示词性和某些意义关系上互相区别,不是显示不同语法意义的语法形式。复合词结构没有任何词法的表现手段,是谈不上可以归入词法的。

---

① 　John Lyons, *Introduction to Theoretical Linguistics*,第 195 页,剑桥大学出版社,1975 年。

二

　　复合词内词素间的结构关系,无论意义方面和形式方面,都没有被语法加以概括,因而不存在现实的语法意义和语法形式,不属于句法或词法范畴,不是语法性的。这从反面说明,复合词结构只是词汇的现象,具有词汇属性。

　　复合词既是词汇的成员,其自身的构造就本是词汇的问题。当然,很多词汇成员,如固定语和派生词及有构形法形态的词(有内部或外部屈折的词,或者有重叠变化的词),存在着语法结构;不过这些单位的构造形式,总是词汇成员形式方面的构成现象,何况形式中又必然具有带概念意义的词或词根这种词汇性的结构成分,而词缀作为语法性的结构成分一般也同时兼有词汇性(含或多或少、或显或隐的词汇意义成分)。至于复合词结构,就更进一步,完全是词汇性的。这种结构的决定因素是词根间的意义结合关系。词根的意义是体现概念的,其相互结合的意义关系只具有概念关系范畴的性质,并非语法关系意义。语言中并非任何组合性的意义关系都同语法相干,更不等同于语法关系。词汇中部分特定搭配成员间的语义关系就没有语法性质(如"一试就灵验""一看就明白","爱看不看""爱吃不吃")。与此相同,复合词词素间的语义关系,是只从词汇意义及其关系范畴的角度被概括的。它可以按照抽象程度的大小而划分为多层次的许多类别。如以汉语来说,最高一层可有修饰、支配、补足、陈说、并联、重述(如"叔叔、茫茫、白白")、表单位(如"纸张、书本、花朵")、统量(如"人次、架次")、杂合(如"蚕蚁、捣鬼、抢白")等类。而修饰关系之下,可分出性质限定("红果、阴谋、报纸、国土、人品")和情状修饰("武断、追加、肉搏、耳语")两个次类;在性质限定关系之下,又有定性("红果、黄牛、报纸、钢板")和领属("国土、车轮、人品、手纹")两类;定性关系可进一步划分出定形态("矮子、恶相、红果、通途")、定质量("劣品、佳绩、钢板、石桥")、定功能("耕牛、种马、报纸、花篮")的类别;定形态关系又可再划分出定人外观("矮子、高个儿、美人、恶相")、定物外观("红果、蓝天、雪松、方桌")、定事物状况("通途、幽径、暗洞、晴天")等类别;等等。若进行细致的分类,可以一层一层地分出低层次的极多小类来。这些纷繁的语义关系类别,若都看作语法关系,就会十分奇怪,至少难以设想相应存在着那么多各有区别地表现它们的语法形式。

　　复合词词素意义关系当然有其表现形式。它通常只是属于其意义类别的词素及它们的连结;连结的顺序往往不是形式标志的因素。不同的意义关系类别并不必然有不同的词素序,相反,表现出的词素序常常一致;只是少数意义关系类别(如表单位、重述)同特定的词素序因应,有的类别(如支配、状态修饰)较多采用某种词素序。显然,同意义关系的内容方面一样,复合词结构的形式也是词汇性的。

　　复合词内纷繁众杂的词素意义关系,可以而且也须要由词汇语义学去研究。而复合词结构,作为构词法一种重要种类的体现方式,其一般性质、层次、类别划分、与词义及词素义的关系等等方面和问题,当然是词汇学应该加以研究的,而且也只是词汇学的研究对象。

其实,不仅复合词,各种词及其变异的结构方式,词汇学都理应全面加以描写分析。另外,语言构造新词的各种方法,如直指或喻指的组合法、叠连法、缩略法、语义转化法、拟声法、音译法、联绵法等等,都毫无疑问须由词汇学去研究。造词法若由语法学去研究,显然是越俎代庖。

是否还需要语法学研究构词法呢?回答是肯定的。不过语法学不应研究构词法的全部内容。派生法利用了词缀或语音成分变化的语法作用,派生词的结构和词性相关联而且大多牵涉语法成分,这两方面无疑都应是语法学的对象。构词法也只是其派生法和派生词结构能由语法学去研究。词法传统上是只包括构形变化和词的派生的。语法学有责任研究词的派生法和派生词结构。当然,对这两方面,词汇学也要研究。两门学科尽管都研究同一领域,可是研究的角度和任务有所不同。语法学要从与构形法相比较的角度出发,冲着派生法的语法性质,来描写一种语言的词缀及其他改造词根或根词而造出新词的手段,揭示它们的语法意义、语法形式特点及语法功能,分析词缀与词根结合的关系和类型。词汇学则从词的产生方法和结构方式之一的角度来加以研究,描写其区别于其他造词法及词的结构方式的特点,分析词缀可能含有的词汇意义及其强弱类型,揭示派生的新词如何在词义上和功能上不同于词根或根词。

为了分工明确以及不把术语的概念弄模糊,建议术语"构词法"只用于语法学。它本是语法学所提出,用来和"构形法"平行而列并互相区别的。词汇学可以用"词式"和"造词法"来替换"构词法"。词汇学研究构词法,概括来说,就是一方面描写各种词的结构方式(词式),另一方面研究造出新词的种种方法(造词法)。

(原载《中国语文》1990 年第 4 期)

一种特殊结构的名词

戴 昭 铭

汉语名词中的偏正式（或称附加式、向心格）的合成词，一般是表示中心意义的词素在后，表示限定、领有或修饰意义的词素在前。这是一种比较普遍的结构方式。此外有一种中心词素在前、修饰性词素在后的格式，尚不大有人注意到。本文只谈其中修饰成分是名词词素的一类。

一

先从"熊猫"这个词谈起。动物学上的"熊猫"有小熊猫和大熊猫两种。小熊猫属浣熊科，大熊猫属熊猫科。两种熊猫外形和大小差别很悬殊。但在大熊猫尚未发现的一百来年前，熊猫的名称并无大小之别，所谓熊猫即指小熊猫。大熊猫是 1929 年首次被捕获的，1937 年出版的《国语辞典》始谓熊猫"有大熊猫、小熊猫二种"。

用"熊猫"这同一名称来命名形态差别如此悬殊的两种动物，显然是因为它们都是"有猫的一些特征的熊"。为免混淆，后来才分别加上"大"、"小"二字以示区别。其中"熊"指出其类属，是中心词素；"猫"从特征方面对"熊"加以修饰，是附加词素。但假如按一般偏正式结构的名词来理解，把前一词素看做修饰性词素，把后一词素看做中心词素，就成了"像熊一样的猫"了，那就和事实相去太远了，因为在两者身上"熊"的特征毕竟比"猫"的特征占着显然的优势。

1951 年商务印书馆出版的薛德熿的《系统动物学》，首次提出了给熊猫正名的理由："Ailuropoda melanoleucus（大猫熊），俗称熊猫，其实称猫熊较适当，形态上属于熊科和浣熊科之间，是熊而不是猫……"据此作者还把小熊猫也正名为"小猫熊"，与此相应又分别立了"小猫熊科"和"大猫熊科"的名目。1962 年出版的《辞海》和 1979 年出版的《辞海》（修订本）以及《现代汉语词典》都收立了"熊猫"和"猫熊"两个词条，但都在"熊猫"条下注"见'猫熊'"。显然这是在暗示："猫熊"是正体，"熊猫"是别体，也含有正名与规范的意思。但至今在群众中广泛地使用着的仍是"熊猫"一词，"猫熊"一词反而很少有人知道。这说明语言的约定俗成的力量毕竟要大于人为的"规范"的力量。

在这里，我们并不是要强调约定俗成的重要性，而是要弄清这样一个问题：究竟"熊猫"一词是一个不科学、不规范但已约定俗成、不得不用的名词呢，还是一个合乎科学、合乎规范的名词呢？

对"熊猫"一词提出异议的人认为,在汉语构词法中,"名₁＋名₂"所造成的偏正式名词只有一种格式,即"名₁→名₂"("名₁"和"名₂"分别代表两个名词性词素,箭头表示修饰方向),而没有"名₁←名₂",惟独"熊猫"一词例外,容易引起误解,所以必须匡正。其实"名₁←名₂"的结构方式不仅表现在"熊猫"一词上,而是古已有之、今天仍在发挥作用的结构方式。

二

先说"蜗牛"这个词。根据《说文解字》、《尔雅义疏》和《广雅疏证》等书,蜗牛共有三十二个不同的名称。现将其中的三十种名称按照各自的结构方式和相互关系列成下表:

单纯词	联合式	合 成 词		附注式
		偏 正 式		
		名₁(形)→名₂	名₁←名₂	
蜗		土蜗　附蜗	蜗牛　瓜牛　蜗篱	蜗虫
蠃(螺)	蜗蠃　蜾蠃	蚹蠃　附蠃　蒲蠃 薄蠃　蟆螺　仆累 蒲卢		蠃母（?）
		陵缲　蠡蠃	蠃蝓	
		旱蠃　小螺　小牛缲	蠃蜗　陵蠡	
蝓		虒蝓　蠕蠃　蛞蝓		

上表中词下加横线表示该词系由同一小方格中加曲线的字音转、假借或加形旁而来。如《尔雅义疏》说:"蜗蠃与蜾蠃声同。""蚹蠃与蒲卢声相转。……蚹蠃转为仆累,见《中山经》。仆累即蟆螺,又转为薄蠃。蠃蜗,《广雅》作蜗蠃,语之转耳。又转为陵蜗。"按:古无轻唇音,所以"蚹"和"蒲"、"仆"同声,"蒲"、"附"是"蚹"的假借字,"仆"("蟆")系由"蚹"对转而来,再经旁转便成"薄"。"蚹",《康熙字典》引《庄子·齐物论》注云:"蛇腹下龃龉可行者也。"很明显,这里是修饰"蠃"的。《说文》无"螺"字,"蠃"与"螺"古今字而已。至于"虒"和"蠕",《尔雅义疏》说:"虒,虎之有角者。"蜗牛有角,故得虒名,俗加虫为蠕耳。""蛞"呢,据旧版《辞源》引程瑶田《释虫小记》说:"蜗牛腹垂边外,铺如剑锷而阔于背,故曰蛞蝓,蛞之为言阔也。"可知"虒"(蠕)和"蛞"也都是修饰性成分。"蚹蠃"和"虒蝓"等词皆是"名₁→名₂"式无疑。"蜗虫"的结构,和"鲤鱼"、"鹞鹰"、"芹菜"等词一样,是在单音词的基础上附加一个表示物类的词素而成,今采孙常叙先生说,列为"附注式"。[①] "蠃母"一词尚未究明其结构,姑置于"附注式"栏中。

现在我们来着重分析偏正式中"名₁←名₂"一栏中的词。它们可分成两组:(1)蜗牛、瓜牛;

---

① 孙常叙《汉语词汇》1957年版,119页。

(2)蜗篱、蠃蠡、蠃蜽、陵蠡。

先看第一组。"蜗"和"瓜"古为同音字。"瓜"在这里是别字。显然,"蜗"和"牛"两个词素既非同义相关,又非反义相关,不可能是联合式。"牛"非"蜗"的物类,也不可能是附注式。偏正式呢? 如果按一般的"名₁→名₂"式来理解,"蜗牛"就成了"像蜗那样的牛",岂非谬之千里?

"蜗"之被称为"蜗牛"的原因,王引之说得很对:"谓之蜗牛者,有角之称"。[①] 其旁证是"蜗牛"的另三个俗名"水牛"、"黄犊"和"小牛螺"(前两个俗名上表中未列)以及上文已论及的"虒蝓"一名的由来。所不同的只是:"水牛"和"黄犊"是隐喻性的,就像用"飞兔"、"飞鸿"来称呼良马一样,[②]而"虒"、"小牛"在此都是修饰性的。再若把"小牛螺"和"蜗牛"对比起来看,就更清楚了:前者意为"像(小)牛那样的螺",后者意为"像牛那样的蜗"。两个词素"牛"都是修饰、形容性的,只不过一在中心词素之前,一在中心词素之后罢了。

再看第二组。《尔雅义疏》说:"蠃蠡,《广雅》作蠡蠃。语之转耳。又转为陵蠡。"我们按照出现时间的先后及其转承关系,将第二组词和与之有关的"蠡蠃"、"陵螺"等词排成下表:

$$\underset{(淮南子)}{蠃蠡} \longrightarrow \underset{(名匠别录)}{蜗篱} \longrightarrow \underset{(御览)}{蠃蜽} \longrightarrow \underset{(本草)}{陵蠡}$$

$$\downarrow$$

$$\underset{(广雅)}{蠡蠃} \longrightarrow \underset{(古今注)}{陵螺}$$

《尔雅义疏》引《士冠礼》注说:"今文蠃为蜗"。可见"蠃"与"蜗"不但同韵、同义,连文字也相通。"蠃蠡"和"蜗篱"只是写法不同而已。"蠃蜽"一词是《太平御览》引《淮南子·俶真训》时由"蠃蠡"改成的。所以"蠡"、"篱"、"蜽"三字在此实为一字。至于"陵蠡"和"陵螺"的两个"陵",虽然字面相同,却是由两个不同的字相转而来。前者来自"蠃蠡"的"蠃",系由双声通转;后者来自"蠡蠃"的"蠡",是阴阳对转。又上文说过,"螺"是"蠃"的后起字。所以上表六个词实际上只有"蠃蠡"和"蠡蠃"两个词。

那么,《御览》引用《淮南子》,为什么要改"蠡"为"蜽"呢? 原来"蠡"并非虫名,而是"虫啮木中也",是一个动词。因为它是个假借字,就把它改成了同音的"蜽"。但是,"蜽"虽然是虫,却是和蜈蚣一般的蚰蜒,和蜗牛差得仍远,仍不是"蠡"的本字。今按,"蠃蠡"的"蠡"当是"蛎"的假借。"蛎",《说文》作"蛎",释曰:"蚌属,似螊微大"。"蠃"和"蛎"同是介壳类软体动物,有相似之处,所以用"蛎"来对"蠃"加以形容修饰。因此"蠃蠡"当为"蠃蛎","蠡蠃"当为"蛎蠃"。两个词的意思都是"像蛎那样的蠃",所不同的也是修饰成分"蛎"的一前一后。两个词素前后易位,郝懿行只是笼统地说"语之转耳",但他并没有解释为何会有这种前后易位的"转"法。

---

① 《广雅疏证》卷十下。

② 张楫《广雅·释兽》。

蛀蚀衣、书等物的虫,《说文》叫"蟫"、"白鱼",《玉篇》叫"蠹"。此外,又有"蛃鱼"、"壁鱼"、"衣鱼"、"蠹书"、"蠹虫"、"蠹物"、"蠹鱼"等名称。现在较通行的叫法是"蠹鱼"。至于衣、书中的虫子怎么会以"鱼"命名,郝懿行解释道:"白鱼长仅半寸,颇有鱼形而歧尾,身如傅粉,华色可观。"[1]但不同的是,"白鱼"、"蛃鱼"、"壁鱼"、"衣鱼"等称呼中的"鱼"都属借喻性质,结构都是"名$_1$(形)→名$_2$"式,惟有"蠹鱼"的"鱼"是带修饰性的,结构和"蜗牛"一样,意为"像鱼似的蠹"。

犀牛,原来叫"犀"。《说文》:"犀,徼外牛……似豕。"可见造字时认为它是一种牛,字也从牛。但是,牛是偶蹄的,犀是奇蹄的,又有了矛盾。所以郭璞说它"形兼牛豕"。[2]《交州记》更说道:"犀出九德,毛如豕,蹄有三甲,头似马……"大概还是觉得它更像牛些,所以称之为"犀牛"。"犀牛"一词形成较早,《汉书·平帝纪》有"黄支国献犀牛"语。其结构也和"蜗牛"一样,意为"像牛似的犀"。

豻俗名"豻狗"。[3] 词素"狗"也是形容"豻"的特征的。《说文》说它"狗声",《尔雅》说它"狗足",《一切经音义》引《仓颉·解诂》语和《吕览》高诱注都说它"似狗"。"狼狗"和"豻狗"形虽似而用意、结构均不同。前者指一种像狼的狗,为"名$_1$→名$_2$"式,后者却 是"像狗的豻",为"名$_1$←名$_2$"式。无独有偶,浙东一带民间至今仍称"豹"为"豹狗",其用意和结构与"豻狗"完全一样。

刚孵化出的小蚕叫做"蚁蚕",又叫"蚕蚁"。叩头虫、金龟子等昆虫的前翅在静止时覆盖在膜质的后翅上,好像鞘一样,于是被称为"鞘翅",又叫"翅鞘"。后者便是"名$_1$←名$_2$"式。无脊椎动物水螅、水母等称为"腔肠动物"。"腔肠"意为"有肠子功用的体腔",也是"名$_1$←名$_2$"式。

由此可见,用"名$_1$←名$_2$"的方式构词是汉语史上相当古老的、固有的造词现象。如果认为"熊猫"一词不科学、不规范,要对它进行人为的"匡正",岂不等于说"蜗牛"、"犀牛"等有同样结构的词都必须"匡正"吗?这是办不到的,也是违背汉语构词法规律的。

<h1 style="text-align:center">三</h1>

我们知道,汉语的构词法和造句法有密切关系,复音词的结构同词组(乃至句子)的结构有一定对应关系,后者往往影响前者。如果我们把观察范围从词扩大到词组,对结构关系的分析也包括领属关系在内,那么这种"前正后偏"的结构的起源还可以追溯到上古时代。"姜嫄"(又作"姜原")的意思是"住在高原上的姜姓人"。[4] "中野"、"中夜"、"中露"、"中心"、"中河"这几个词的意思分别是"荒野之中"、"夜之正中"、"露水之中"、"心之正中"、"河之正中"。在《诗》中它们是和"前偏后正"的"泥中"、"丘中"、"河侧"等并行不悖的。其后又产生了"中途"、"中路"、"中

---

① 《尔雅义疏》。
② 《尔雅义疏》。
③ 《尔雅义疏》。
④ 据俞敏《汉藏两族人和话同源探索》,《北京师范大学学报》1980 年第 1 期。

餐"、"中宵"、"中天"、"中流"、"中肠"、"高天"等词组。由于经常使用,格式已经凝固化,有的沿用到今天,成为现代汉语中的双音词。文学作品常常把表示比喻意义的词放在中心词之后对中心词加以修饰,如"京华"、"辞华"、"才华"、"雾縠"、"露珠"、"鬓云",并且常常把两个这样的结构连在一起使用,形成一种四字格,如"刀山剑树"、"刀林剑树"、"刀树剑山"、"饭山酒海"、"唇枪舌剑"、"刀霜剑雪"、"刀山火海"、"枪林弹雨"等等。这些双音节和四音节的词组有的也已成为今天习用的词和成语。至于南方某些方言中常将表示牲畜性别的形容性词素后置,如"牛牯"、"鸡公"之类,早已有人指出,兹不赘述。

用后置名词性修饰成分造成新词的方法,在现代汉语中还有一定的造词能力。仅表示人体或动物部件方面的名词,就可以举出以下这些:

脊梁	骨盆	乳房	睾丸	耳朵	眼珠(子)
肠管	脚丫(子)	脚板	脸盘	脸蛋	屁股蛋
肚囊	腿肚子	手爪(子)	脖梗〈方〉	后脑勺	脑袋
脑瓜	脑袋瓜	脑瓜蛋(子)	脑瓜卵子(骂人话)		

言语运用的基本原则,一方面要求准确、严密,一方面又要求简洁、凝练,同时又要尽可能形象、生动。这几方面是互相矛盾而又可以统一的。在造成新词的时候,则要求把这几方面尽可能地统一起来。如果我们对"名$_1$←名$_2$"式结构的名词作进一步分析,还可以根据词素"名$_1$"和"名$_2$"在整个名词中的地位及其相互关系的不同而把这种名词分两类:A 类像"熊猫"、"蚕蚁"、"骨盆"、"翅鞘"、"腔肠"等词,"名$_1$"所表示的只是整个名词所指称的事物在概念上的类属,"名$_2$"则指出该事物在性状、外貌等方面的某种特征,从而对"名$_1$"所表示的概念起分化、限定作用,达到确定整个名词所表示的概念的内涵的目的;B 类像"蜗牛"、"犀牛"、"豺狗"、"蠹鱼"、"耳朵"、"脸蛋"、"脑瓜"等词,"名$_1$"已经表示了整个名词所指称的事物,"名$_2$"只是对该事物作形象化的修饰、描摹。A 类中的"名$_2$"既表形象,又参与表概念;B 类中的"名$_2$"则纯粹是表形象的。就二者的共同点"表形象"方面看,这种造词方式显然是由言语运用时力求形象、生动的原则而产生的。就 B 类词的"名$_2$"同时也使原来的单音词双音化这一点,则可见添加表形象的修饰成分也是汉语单音词双音化的一种形式。单音名词双音化有各种形式,或同义合成,或附加词缀,或附注物类,但它们都不能如"名$_1$←名$_2$"式兼而收到形象化的效果(试比较"脸面"和"脸盘"、"脸蛋","豹子"和"豹狗","蜗虫"和"蜗牛")。当然,前加修饰成分也可以表形象,如"月琴"、"梯田"、"狗熊"、"鲸鲨"、"锁骨"、"驼背"、"马铃薯"、"娃娃鱼"、"狗尾草"、"鹅卵石"、"荷包蛋"、"蝴蝶结"等等,而且数量要比后加修饰成分的多得多。但是,它们只有和 A 类词相对应的一种,和 B 类相应的则根本没有。"蜗牛"即"蜗","牛蛙"却并不等于"蛙",而是种特大的蛙。"脸蛋"可以泛指脸,"鸭蛋脸"却不是泛指一般的脸。由此也可见 B 类这种造词方法具有前加修饰成分表形象的造词方法所不具有的语法功能。

用"名$_1$←名$_2$"的格式造词,能使词语凝练、形象化,有一种特殊的修饰效果。如要表达"纵横交错的许多水道所构成的整体"这一概念时,就得说"像网一样的河道"或"网样的河",如果凝缩一下,说成"网河",意义又不大明确。只有把修饰成分放到后面去,说成"河网",意思才一下子显豁起来。再者,汉语中偏正结构的词的节律一般是前轻后重,因此,后置的修饰成分就比前置的修饰成分更能获得语音上的优势。由于词的最后音节也是允许停顿的音节,是词的各部分意念和形象中最后入脑的部分,比起前面部分来,在脑中的印象总要深刻明晰些,所以表形象部分后置的词语比前置的词语其形象在感觉上总是更丰满、鲜明、突出些。正因为这样,人们十分乐意使用这种造词方式,用类推法造出许多新词来。比如,用"网"作后置表形象成分的就有"法网"、"情网"、"公路网"、"铁路网"等等。特别是文艺作品中这种词更多,如"云幕"、"雾幛"、"云海"、"林海"、"火海"、"煤海"、"粮山"、"书山"、"书林"、"石林"、"雪花"、"尘海"、"花雨"等等。最有趣的是"脑袋"一词,已经有了形象的后置成分,但用久形象似乎就平淡了,于是人们又给它加上一个表形象的后置成分,成了"脑袋瓜"。这种情况也是"名$_1$→名$_2$"式名词所不能有的。

四

那么,怎样确定"名$_1$+名$_2$"结构的偏正式名词是"名$_1$←名$_2$"式而不是"名$_1$→名$_2$"式呢?如果在该名词中"名$_2$"使用的不是概念上的意义,而是形象上的意义,那么这个偏正式名词就是"名$_1$←名$_2$"式。如"瀑布"一词的"布",显然不是指用棉、麻等纤维织成的做衣服的材料,而是指像布那样又长又宽又薄的形象,可见它是修饰"瀑"的。但有些词如"雪花"、"地球"、"电棒"等等在判别时也是要费点斟酌的。一般可采取以下三种方法:

一、找同素异位的等义词。如果"名$_1$+名$_2$"结构的偏正式名词有相对应的同素异位等义词,那么表形象的成分在后的那个词就是"名$_1$←名$_2$"式的,如下列各对的左边一词:

冰棒——棒冰	茶砖——砖茶	药丸儿——丸儿药
药面儿——面儿药	糖块儿——块儿糖	煤块儿——块儿煤
鱼美人——美人鱼	石钟乳——钟乳石	

二、用对比和扩展的方法。把所要鉴别的名词进行顺、倒两个方向的扩展,再看扩展成的词组的意义和原词词义是否吻合。如果是"名$_1$→名$_2$"式,一定和顺扩展的意义吻合;如果是"名$_1$←名$_2$"式,一定和倒扩展的意义吻合。例如:

步　骤 ＼ 例　　词	雪　　花	梅　　花
设　　问	是否花? 否。	是否花? 是。
顺　扩　展	雪的花×	梅的花√
倒　扩　展	花形的雪√	花形的梅×
结　　论	名$_1$←名$_2$	名$_1$→名$_2$

三、用省称法。"名₁→名₂"式的名词，常常可以省略"名₁"，径称"名₂"，而不能省略"名₂"，单说"名₁"。"名₂←名₁"式的名词，情况正好相反，只能省略"名₂"，不能省略"名₁"。如下表：

例　词	省略名₁入句	省略名₂入句	结　论
狼　狗	公安局养了两只狗。√	公安局养了两只狼。×	名₁→名₂
脸　蛋	你这个蛋大，那个蛋小。×	你这个脸大，那个脸小。√	名₁←名₂

在使用扩展法鉴别词的结构时，不要把词素的意义理解得过死。比如"电棒"一词，如倒扩展成"棒形的电"，就与词义不合。这个"电"显然是"电灯"的省略说法（对比"手电"的"电"可知）。因此，倒扩展为"棒形的电灯"就与词义吻合了。此外，用省略法省去"名₂"后，有时词义并未发生变化，比如"犀牛"之于"犀"，"豺狗"之于"豺"。上述 A 类词的情况大体如此。但 B 类词省去"名₂"后，一般只能保证二者所指事物概念上类属的一致，而词义多少总有些变化。比如"茶砖"和"茶"，虽属同一类事物，而词义毕竟有所不同。前者特指一种制成砖形的茶。所以省略法仅是一种检验词的结构的方法，并不是说任何时候都可将这类词省略使用。

最后应当说明一点的是："名₁←名₂"式虽然是汉语名词结构的一种形式，但是无论和"名₁→名₂"式比，还是和其他构词方式比，它的构词能力都显得较弱，所造成的词汇的数量也远远没有其他方式的多。它只是各种构词方式中比较特殊的一种。

（原载《复旦学报（社会科学版）》1982 年第 6 期）

化 石 语 素

俞　敏

语素这个词儿是从北美语言学派借来的。过去的语言学家常说有什么"词头""词嵌"（in-fix)"接尾部""词尾""词根""词干""词"各种单位。只要不能再分，就是个语素。据说某些阿拉伯话有称呼各样骆驼跟它的头、蹄、下水等等的词两千个左右，独单没有"骆驼"这个总名——这些人的专业知识太深了，倒用不着这个泛说的总名了。过去的语言学家也是专业知识太深了。直等到北美结构学派才开始用 morph 这个词。有时候，几个 morph 作用一样，分工互补，好比英语的/s/、/z/、/iz/都用来表示名词多数，按上头的音是什么分着用。这三个可以算一个单位——morpheme 的变体。本文里不再区分，因为绝大多数情况是讲 morph。

有些语言里一个词里有几个语素，每个语素干什么用都容易看清楚。汉语可以算一种。北京口语有个词儿叫"大辜模儿"dàgūmǔr，是大致的情形，粗粗的估量的意思。这里"大"表示粗疏，独立的词"大"没这个意思，又没什么"小辜模儿"，"辜"就是《广雅·释训》"嫭榷……都凡也"的"嫭"。王念孙《疏证》说："《檀弓》'以为沽也'。郑注云：'沽犹略也。'""模"就是"规模"的"模"。"辜模"是个并列复合词，在北京口语里作动词。加"儿"是加造名词接尾部。末一个音节变上声是因为老北京音阳平低，像唐山音。海淀人不说"自己"，说 yírěr（一人儿），那个 rěr 也念上声。您看：这"大辜模儿"里四个语素，个个有讲儿，清清楚楚。古印度雅语有个词根 kr"作"，加强（原始是带重音）形式是 kar。kar 加 a 这个接尾部成词干 kara 以后才能变位。kara 加 ti 成 karati 才是个词，"他作"。这里每个语素是什么，起什么作用也清清楚楚。可是并不是所有的语言都是这样的。

就在语素比较清楚的语言里也不是全部都清清楚楚。有些语素到底是什么始终弄不清楚。有些语素倒弄得清楚，可是它不起作用。后一种简直像生物范畴里的化石一样。

北京口语有些双音节名词是用较比古的两个单音节名词并列合成的。比方：兄弟、国家、模样儿、凤凰。

"兄弟"这个词儿从《诗·常棣》"兄弟阋于墙"就用了。兄是哥哥、弟是弟弟。当时是两个词，或者是个结合松的复合词。两个语素都十足起作用——世上没一个人打架的。到现代北京口语里，"兄"不起作用了，"兄弟"就是弟弟。"兄"是个化石语素。顺便提一句：在北洋军阀的部队里流行着一个词儿——"弟兄"。在这里"兄"还活着。当兵的互相称呼，反正不是弟就是兄。那方言基础是山东、河南。

"国家"在先秦本来指的是两样东西。《孟子·梁惠王》说:"万乘之国,弑其君者,必千乘之家。"诸侯的封地(或首都)叫国,大夫的领地叫家。不过从封建皇帝说,"富有四海",国就是他的家。官僚是他的奴仆——所谓"臣"。军队是他家保镖的。管财务的衙门是他家的账房。从现代人看起来,"权臣称兵向阙"是最大的国事。可是东晋孝武帝说:"王敦、桓温,磊砢之流,既不可复得;且小如意,亦好豫人家事。"(《世说新语·排调》)管那么大的事叫"家事":这是十足的"家天下"。可是范晔写《后汉书·冯岑贾列传》说:"……与公卿参议国家大事。""家"就不起作用了。北京口语"国家"的"家"也是化石语素。

《说文·木部》说:"模,法也。"又说:"樣,栩实也。"段玉裁注说:"今人用樣为式樣字:'像'之假借也。唐人式樣字从手作'樣'。"看起来"模样儿"这个词复合得比较晚。今天北京口语里还有句成语叫"大模大样"。要问怎么行动才表现出"大模",怎么才表现出"大样"来,怕是谁也说不清。现在模样儿的意思是"体态",特别是"脸蛋儿"。在这里有讲儿的是"样儿"。说"瞧你那模样儿"跟"瞧你那样儿"差不多。只是"样儿"更容易带北京口语"德行"的口气。("模样儿"也可以带)。"模"在"模样儿"里什么也不表达,也是个化石语素。

"凤凰"在北京口语里是一只鸟。《儿女英雄传》二十回里褚大娘子说:"我在左边给你老人家摆一只凤凰,右边给你老人家摆一只凤凰。"一查古字典,原来凤是凤,凰是凰,不一码事。《尔雅·释鸟》说:"鹢:凤。其雌,凰。"敢情"凤"跟"凰"是公母俩。楚狂接舆唱歌儿叫孔子"凤兮!凤兮!"并不是"你这位老太太呀!"从汉以后妇女带凤冠,慢慢的给人个印象:凤是母的。民间传说不容分说把凤嫁给龙,所以《儿女英雄传》里安龙媒才娶了何玉凤、张金凤。他们村名叫双凤村。这么一来,凤凰就是凤。"凰"就是化石语素了。

北京口语里造抽象名词有一种办法是用两个意思正相反的单音节形容词合成,比方"大小儿",体积、年龄、辈分。这是汉藏母语留下的老习惯。西藏话到现在还保持这种构词法,比方:

     che 大   chuñ 小   chechuñ 大小儿,体积

     riñ 长   thuñ 短   riñthuñ 长短儿,长度

现代北京口语里还有不少这种名词。

北京话说"甘苦",并不像古书里的"甘苦"。《史记·燕世家》说:"燕(昭)王吊死、问孤,与百姓同甘苦。""甘"是丰年、喜雨;"苦"是疾病、死丧。两样儿感情都共同分担。北京话里要说"冯玉祥这位司令是行伍出身,最懂得当兵的甘苦",就专指苦处说了。在北洋军阀的队伍里头,将甘兵苦是常事。司令要懂得小兵的苦处,就很难得了。

北京口语还有个"好歹儿"。从元以后"歹"dǎi 这个字才流行来看,这个词复合起来得较比晚。原来是从两面说。《水浒》七十三回说:"好歹要救女儿还你。"好是条件顺利,歹是条件恶劣,原是两面儿都说到了。到了现代,人们用"好歹儿"意思偏到一边儿去了。比方:"她要有个好歹儿,扔下俩孩子可怎么办呢?"这里的"有个好歹儿"实际指死说的。除了专以涅槃为乐的真

佛子,一般人总拿死当歹事。"好歹儿"就是"歹"。所以"好"就是化石语素了。

杨树达《汉文文言修辞学》14章3节说:"《史记·吴王濞传》:'擅兵而别,多他利害。'利害,害也。《刺客传》:'多人不能无生得失。'得失,失也。《仓公传》:'生女不生男,缓急无可使者。'缓急,急也。《后汉书·窦何列传》:'先帝尝与太后有不快,几至成败。'成败,败也。树达按:此种对待之辞,一正一负。连类用时,往意在负而连类及其正。"(这是隐括成文,并不是原文,为的是省篇幅。读者可以自己核对原文)杨说本于《日知录》卷27。只有一点可以补充:常"连类而及"说明双音节词结合紧密,不像先秦那么好拆开了。这正是化石语素的起因。

不光相反的形容词可以合成名词,两个相反的动词也可以合成名词。在旧社会,人们讲究时时防火、夜夜防盗:神经特别紧张。一家子人,半夜里听见点儿可疑的声音,就疑心闹贼,嘴里又不愿意说,怕的是"说起曹操,曹操就到"。这阵儿最普通的说法是"有动静儿"。仔细一想,深更半夜的,"有静"是正理,"有动"除了闹耗子是鸡毛蒜皮以外,别的才可能是反常的。打这儿看出来,说有"动静儿",那"静"不起作用,也是个化石语素。

《孟子·公孙丑》说:"无是非之心。""是"是肯定什么。"非"本来是个以动词("非儒"就是"以儒为非"),否定什么。两个一复合,成了名词。北京有句成语,在民间文艺里流行:"来说是非者,便是是非人。"其实北京口语里"说是非"就是专说别人坏话,挑拨离间的意思。"是非"的"是",也是个化石语素。"是非"还是形容词。说一个人好跟人闹意见可以说"他就是那么个人儿,是是非非的"。要放到先秦,"是是非非"是"肯定对的,否定不对的",那就变成赞美人的话了。那里没化石语素。

北京口语的双音节形容词也有原来由两个单音节形容词复合成的。"舒服"就是一个。现在说"舒",人们别看觉着有点儿面生,也还可以连想到"舒展",老相声的"展眼舒眉"。"服"是干什么用的呢?说一个人"服"了,这怎么跟"舒"配得上呢?这个"服"是个化石语素,人们往往不再追究了。

还有个双音节形容词"富裕"。"富"这个话现在还活着。老相声段子就有"富不富(父的谐音),冥衣铺"这样的话。"裕"在一般人心里没讲儿,只是个化石语素。

也有用两个动词合成的形容词。"利害"就是。《庄子·齐物论》说:"死生无变于己,而况利害之端乎?"那里利跟害是名词。《国语·鲁语》说"唯子所利",利就是动词了。到北京口语里"利害"偏到半边儿去了。不能利人,光能害人,这"利"就成了化石语素了。有些人不知道世上有化石语素,就写"厉害",用"厉鬼"的"厉"字。这叫俚俗语源写法。这用心是好的,至不济也是可以谅解的,可惜给语源学家添麻烦了。

"冒失"也是由两个动词合成的。一看"冒",人们就联想到"冒雨""冒险""冒着敌人的炮火前进"。"失"平常当弄丢了讲,在这里完全讲不通。人们学"冒失鬼""冒冒失失"这样的词,从来不追问"失"什么。我咬文嚼字五十年了,也就是在写这篇文章的时候才头一回想这个问题。想也没想明白,因为"失"是个化石语素。

还有用两个名词合成的形容词。"方便"这个词，原来是"方法"跟"便 biàn 宜"（清朝人还说"便宜行事"）复合再压缩的。北凉昙无谶译《佛所行赞》有"无方便"，梵文 anupāya，"方便"，梵文 abhyupāya。原是名词，一看原文就知道了。到今天北京口语也还说"行个方便"。另发展出个形容词来（顺便说一句，还有个动词，当上厕所讲）。"便"虽然带文言气味，"不便"可是常说。用习惯了，谁也不问"方"怎么讲。这倒简单："方"是化石语素。

双音节动词只有两个单音节动词复合的。最流行的是"褒贬"。晋朝杜预作《春秋序》说："以一字为褒贬。"这里"褒"是赞美、奖励。"贬"是不赞成、排斥那类意思。可是在北京口语里，"褒贬人"是说人不行的意思。上文我给"贬"下定义，又不准又勉强。我要是给一个北京学生讲书的话，我就可以说"贬就是褒贬"，一下子"入耳心通"。没别的，"褒"是化石语素。

"炮 páo 制"是从中药铺里流传出来的。查查古字典，"炮"是搁到锅里干焙的意思。其实制药不光这一种办法。从普通市民说，这个音节没讲儿。"炮制"就是"制"。páo 这个音节单念，只能让人想到"刨""袍"，谁也想不到"炮"。这就是说，"炮"是化石语素。

您要看见人讲什么什么是并列复合词，请留点儿神：他可能讲的是汉朝的构词法。要是讲现代情况，这里有可能是让一个活语素跟一个化石复合的。

上头提到的 kr，在吠陀期语言里变位作 kr̥noti。kr̥、ti 干什么用已经说了。no 这个语素干什么用没人知道。有人管它叫动词分类记号（梵文动词分十类）。这种说法是颠倒的。原来语法学家给动词分类的时候是根据 no 这些"记号"的。波腻尼仙写语法在纪元前 400 年左右。吠陀里最早的部分可能早到纪元前 2000 年以上了。我在高中的一位同学，因为矮，排队老在排尾。要说他的身量是"排尾的记号"，那不也是说颠倒了么？

除了化石语素以外，语言里还有一种不起作用的，生加上的零头儿。"玻璃"这个词儿原是从印度输入的。梵文叫 sphatika，C. Cappeller 在《梵文字典》里下的解释是 Bergkrystall，山里的晶石。原是宝石的一种。-ka 等于北京口语的"儿"。剩下就译音，所以也写"颇黎"。sphati 方音作 pati，t 变 l（翘舌 l）是吠陀期语言习惯，方言里有保留的。北京话［puoli］正是 pali 的现代形式。可是好些北京人说 bōlìn。这个 n 是生加上的，也不起作用。还有借款付息，北京人过去管这种借款叫"利息钱"，说 lìxinqián。这个 n 也是生加的，不起作用。

梵文法教给人：kumāra"儿子"的多语业声是 kumārān。可是在文章里遇上这样的句子：Tasmāi prasanno Damanaḥ sabhāryāya varam dadāu, kanyāratnaṁ kumārānç ca trīn udārān, mahāyaçāḥ，这里 kumārān 后头凭空加了个 ç。查详细的语法书，才知道是更古的形式的残余。那么他在当代也得算生加的，不起作用了。kumārānç 的修饰语 udārān 后头就没加。

古希腊文某些动词后头碰上元音，就加个"n"，εἶχε 就成了 εἶχεν。这还可以说为发音方便。在句子末尾也允许加 ν，简直跟北京的 bolin 一样了。（比方"这房子的窗户都还没安玻璃"）

　　这些语素都是天外飞来的。它跟原有作用慢慢僵化的化石还不一样。我看叫个陨石语素倒挺好。因为跟化石语素相近(特别是梵文的 ç{＜s})，所以在这里也提几句。

　　别管化石语素还是陨石语素，我看过的语言学理论书里还不记得有人讲过。要有"博雅之士"知道，请多多赐教。我提出这个问题，也许给人添了麻烦，那也先在这里道歉。

（原载《中国语文》1984 年第 1 期）

复合词构成的语素选择

周　荐

§0

0.1　汉语复合词要由至少两个语素构成。复合词所由构成的语素绝大多数是实语素,实语素与实语素相结合形成了汉语复合词的典型形式。汉语复合词所由构成的语素也可以是虚语素。合成词中的虚语素传统上只被认定是词缀,但是有些虚词性成分在词中作为虚语素用以构词时,却不好看作词缀。如:"着呢"中的"着""呢","来着"中的"来""着"都是虚语素,如果因为它们虚语素的性质而把其在词中的身份看作是词缀,于理难通;"的话"中的"的","罢了"中的"了",虽也是虚语素,却因不具词缀常有的能构性、定位性而也难以就视为词缀。以上四个词,有的全由虚语素构成,有的由虚语素和实语素一起构成。这些词中的虚语素都不是词缀,而具有着词根的资格。如此看来,说复合词是由实语素与实语素构成的就不如说它是由词根与词根构成的更为妥帖,因为充当词根的并不一定就是实语素。但是,这样一个表述又可能会带来新问题:不少学者认为,词根仅仅是充当构词成分的一个语素,而且是一个实语素,即:一个实语素和一个词根相当。[①] 一个复合词,内有两个语素,说它是由词根与词根构成的,没人会有异议;内有三个或三个以上的语素,再说它是由词根与词根构成的,似乎就很难为所有的人接受。其实,一个合成词,其所由构成的直接成分一般都只有两个,[②]这直接成分只要不被判定为词缀,就都是词根,无论它是由一个语素还是由多个语素构成。如:"钢铁"中的"钢""铁","豆腐皮"中的"豆腐""皮","高血压"中的"高""血压","自来水笔"中的"自来水""笔","北回归线"中的"北""回归线","航空母舰"中的"航空""母舰","老鼠"中的"鼠","石头"中的"石","非常设"中的"常设","现代化"中的"现代",就都是词根。[③] 由单个语素构成的词根可称单词根,由多个语素构成的词根可称复词根。[④] 只有在由两个语素构成的合成词中,词根才有可能与语素相重合。本

---

①　持这种观点的著作如:林祥楣先生主编的《现代汉语》,语文出版社 1991 年版,第 121 页;张静先生主编的《新编现代汉语》(上册),上海教育出版社 1980 年版,第 89 页。

②　只有极少数的并列式复合词有不止两个直接成分,如作为学报名称的专有名词"文史哲"。

③　胡裕树先生主编的《现代汉语》(增订本)(上海教育出版社 1981 年版)即把"非正式化""军事化"等词看作是由词根和词缀(前缀或后缀)构成的。见该书第 243—245 页。

④　刘叔新先生把这里所谈的复词根称作"复合词根"。见所著《汉语描写词汇学》,商务印书馆 1990 年版,第 71 页。

者纯属意合,单凭字面难以稽考,或者用以构词的语素是虚语素,意义不很明确,它们都无法归入到 1.1 所列的几类中。例如:

  弱冠:出自《礼记·曲礼上》:"二十曰弱,冠。"

  皮傅:出自《左传·僖公十四年》:"皮之不存,毛将安傅?"

以上两个词都截取自相邻的语句,凑合而成,无法解释凑合起来的两个词根有何种结构关系。

  驴骡:(公马)母驴所生的骡子。

  马骡:(公驴)母马所生的骡子。

以上两个词的词根在表义上并不完整:驴骡不是母驴一方所生,马骡也不是母马一方所生;语素"驴"不能兼表驴、马两者,语素"马"也不能兼指马和驴。

  线春:丝织品,用做春季衣料。

  雷同:打雷时,事物同响共鸣。

以上两个词,语素表义都很隐晦,不作解说,人们很难确知每个语素的意义,当然,词根与词根之间的关系就更难为人知晓。

  天牛:能在天上飞的,牛形的(昆虫)。

  木耳:长在木材上的,耳朵形的(食用菌)。

以上两个词,语素都只表示性质、特点,实际上词义所指的是具有某些性质、特点的一个事物。如果按照语素本身的意义为词作结构形式的归类,不仅牵强,而且会与词的真意风马牛不相及。至于"着呢""来着""罢了""所以"①这些由虚语素构成或内含虚语素的复合词,就更难归入人们为实语素与实语素相结合所设计的关系类型中。以上这些词中语素与语素的结合,说明了汉语复合词结构类型的复杂性,也表明了完全用句子中词与词(或词与词组、词组与词组)的结构模式来解释复合词中词根与词根之间的结构关系的困难。

§2

2.0　汉语复合词在由人们用语素与语素结构成的时候,还要考虑所选择的两个语素是否能在语义上搭配得拢。语素跟语素能否在语义上相搭配,也是复合词能不能构成的一个重要条件。复合词中的语素跟语素能否搭配在一起,可从下面三种情况看出。

2.1　两个语素搭配在一起,在语义上须合乎情理,不能是荒谬的。所谓合乎情理,就是两个语素组合在一起后指称的或表示的事物现象能为人所理解,符合逻辑。如:有"狐臭",无"狐香";由腋窝等部位的皮肤内汗腺分泌异常而产生的刺鼻气味就是臭的,像狐骚一样,而不是香

---

　　① 王力先生认为"所"是代词(见所著《汉语史稿》中册第 295 页)。但是作为语素,"所"已极度虚化,很难再看做是代词性的了。

的。有"烈日",无"烈月""烈星";太阳光线照射强烈而炎热,月光、星光只是对日光的反射,不强烈,也不炎热。有"泪珠""泪花",无"泪泡";泪滴在常人肉眼看来不可能有泡。有"欺生",无"欺熟";熟不可欺。有"天体",无"地体";地球也是天体。有"罗致",无"罗去",有"捏合",无"捏离";"罗""捏"动作的焦点是由外趋内,不允许有动作的焦点是由内趋外的语素"去""离"与之配合。有"失去",无"失来",有"剖解",无"剖合";"失""剖"动作的焦点是由内趋外,不能有动作的焦点是由外趋内的语素"来""合"与其组合。有"落后",无"落前";"落"就是"遗留在后面"的意思,规定了与之组合的语素方位不能相反。有"提前",无"提后";"提"就是"把预定的期限往前挪"的意思,要求与其组合的语素在方位上一致。

2.2 两个语素搭配在一起,表义须确切,不能不准确或含糊不清。如:有"望风""望楼""望断""望子",无"看风""看楼""看断""看子";"望"是从远处看,"看"只是一般地看,"看"与"风""楼""断""子"等组合,表义不确。有"刨花""菜花""窗花""葱花""灯花""钢花""火花""酒花""浪花""泪花""礼花""帽花""绒花""题花""尾花""雪花""血花""盐花""油花""烛花",无"刨朵""菜朵""窗朵""葱朵""灯朵""钢朵""火朵""酒朵""浪朵""泪朵""礼朵""帽朵""绒朵""题朵""尾朵""雪朵""血朵""盐朵""油朵""烛朵";"花"常指已开放的花朵,且通俗、常用,"朵"常指含苞待放的花朵,且较"花"罕见、少用。有"串珠""电珠""顶珠""钢珠""滚珠""泪珠""露珠""念珠""胚珠""数珠""珍珠",无"串球""电球""顶球""钢球""滚球""泪球""露球""念球""胚球""数球""珍球";"珠"仅指较小的球体,而且圆润光洁,玲珑可爱,"球"也可指大的球体,与"串""电""顶""念""泪""露""胚""珍"等语素组合表义不确。有"喷薄""喷灯""喷发""喷饭""喷壶""喷溅""喷漆""喷泉""喷洒""喷嚏""喷桶""喷头""喷吐""喷子""喷嘴",无"射薄""射灯""射发""射饭""射壶""射溅""射漆""射泉""射洒""射嚏""射桶""射头""射吐""射子""射嘴";"喷"是"(液体、气体、粉末等)受压力而射出"义,"射"非此义。反过来看,有"射程""射干""射击""射箭""射界""射猎""射流""射门""射手""射线""射影",无"喷程""喷干""喷击""喷箭""喷界""喷猎""喷流""喷门""喷手""喷线""喷影";"射"有"用推力或弹力送出(箭、子弹、足球等)""液体受到压力通过小孔迅速挤出"和"放出(光、热、电波等)"三个义项,与"喷"的意义无一相同。因此,"薄""灯""发""饭"等可与"喷"组合而不可与"射"组合,"程""干""击""箭"等可与"射"组合而不可与"喷"组合。

2.3 两个语素搭配在一起,语义色彩要谐和,不能不相一致。如:有"丑类",无"美类";"类"在指人时常常带有贬义,很少可能与褒义语素正常搭配。① 有"认输",无"认赢";"认"有消极义,表无可奈何,不能与表积极义的语素"赢"搭配在一起。有"奸徒",无"忠徒";"徒"在此非褒义语素,不能与褒义语素"忠"组合。有"坏蛋""笨蛋",无"好蛋""巧蛋";"蛋"是骂詈性语素,

---

① "类"间或也可与褒义语素相组合,但组合起来之后整个儿词的意义却并非褒义的。如"善类",字面意义虽是"善良的人",但实际上这个词却只能用于否定式。

没有与褒义语素搭配在一起的可能。有"拌嘴""吵嘴""打嘴""顶嘴""斗嘴""堵嘴""多嘴""犯嘴""赶嘴""回嘴""快嘴""笼嘴""卖嘴""磨嘴""撇嘴""贫嘴""抢嘴""说嘴""贪嘴""偷嘴""油嘴""掌嘴""争嘴""支嘴""走嘴""嘴笨""嘴尖""嘴脸""嘴损""嘴碎""嘴硬",无"拌口""吵口""打口""顶口""斗口""堵口""多口""犯口""赶口""回口""快口""笼口""卖口""磨口""撇口""贫口""抢口""说口""贪口""偷口""油口""掌口""争口""支口""走口""口笨""口尖""口脸""口损""口碎""口硬"。"嘴",《说文》作"觜":"雖旧头上角觜也。"段玉裁注云:"鸟味曰觜,俗语因之凡口皆曰觜。""口",《说文》解释说:"人所以言食也。"可见"嘴""口"有别:"嘴"指鸟类的嘴,"口"是人类的嘴。近古以来,"嘴""口"虽可混用于人,但在称说不好的事物现象时一般仍用"嘴"不用"口";"嘴""口"的不同语义色彩残留未泯。因此,"拌""吵""笨""尖"等语素就很少有与"口"相组合的可能。

复合词的两个语素,其中之一的语义色彩如果是中性的,既不是褒也不是贬,那么,另一个语素的语义色彩则少有限制,常常见到的情形是可褒可贬。如:有"良民",也有"贼民";"民",色彩中性。有"忠臣",也有"奸臣";"臣",无所谓褒贬。有"凄切",也有"热切";"切",不具褒或贬的色彩。有"超人""贵人""好人""红人""佳人""巨人""良人""美人""名人""明人""能人""亲人""情人""骚人""圣人""完人""伟人""闻人""贤人""新人""雅人""要人""友人""哲人""真人",也有"仇人""蠢人""歹人""敌人""恶人""犯人""废人""黑人""坏人""贼人""狂人""浪人""土人""妄人""小人""罪人",还有"报人""保人""便人""病人""常人""传人""法人""凡人""贾人""国人""匠人""今人""近人""军人""来人""老人""猎人""路人""媒人""门人""牧人""行人""古人";"人",无任何特殊的语义色彩,与之搭配的语素也就很少有语义色彩上的限制。

§3

3.0　汉语复合词在由语素和语素构成时,也还要受到语音条件的制约和影响。语音的因素常会导致复合词在构成的时候使用某个语素而不用另外的语素。语音条件对复合词构成中语素选择的作用和影响,可从下面两种情况看出。

3.1　两个语素搭配成词时,常会因声调的不同而在次序上做出选择。通常见到的情形是:两个语素的声调若一为平声一为仄声,以前平后仄为常;两个语素的声调若同为平声或仄声而有阴平和阳平、上声和去声之分时,则以前阴、上,后阳、去为多见;入声语素常常出现在复合词后一词根的位置。① 这一现象明显地表现在并列式复合词的构成上。② 我们从《现代汉语词典》

---

① 参考拙文《并列结构内词语的顺序问题》,《天津师大学报》1986 年第 5 期。
② 参考陈爱文、于平《并列式双音词的字序》(《中国语文》1979 年第 2 期)和蒋文钦、陈爱文《关于并列结构固定词语的内部次序》(《中国语文》1982 年第 4 期)两篇文章中所作的分析。

中随手摘出打头的语素的声调分别为阴平、阳平、上声、去声的各两组词加以统计,即可看出大概:[①]

清——清白　清澈　清醇　清脆　清淡　清高　清寒　清洁　清净　清苦　清朗
　　　清冷　清廉　清凉　清亮　清冽　清明　清贫　清平　清爽　清晰　清闲
　　　清新　清秀　清雅　清幽　清越　清湛

28 个词中,只"清高""清新""清幽"3 个词后一语素的声调与"清"一致,是阴平,约占 10.7%;另 25 个词后一语素的声调都非阴平,它们或为阳平,或为上声,或为去声,或为入声(如清晰),约占 89.3%。

商——商讨　商榷　商量　商贾　商贩　商计　商议　商酌　商洽　商兑

10 个词,后一语素的声调都非阴平,百分之百符合复合词内语素的声调排列顺序。

神——神采　神怪　神魂　神秘　神妙　神祇　神奇　神气　神色　神圣　神态
　　　神仙　神异　神志　神智

15 个词中,只"神仙"一词的后一语素声调为阴平,约占 6.7%;"神魂""神祇""神奇"三个词后一语素的声调与"神"同为阳平,占 20%;另 11 个词后一语素的声调或为上声或为去声或为入声,占 73.3%。

流——流播　流布　流畅　流荡　流浪　流离　流丽　流利　流露　流落　·流派
　　　流散　流淌　流亡　流徒　流行　流转

17 个词中,"流离""流亡""流行"3 个词的后一语素的声调与"流"同为阳平,约占 17.6%;另 14 个词后一语素的声调或为上声或为去声(播,古去声)或为入声,约占 82.4%。

浅——浅薄　浅近　浅陋　浅露　浅显　浅鲜　浅易

7 个词中,后一语素的声调是阴平、阳平的无一例,是上声的有"浅显""浅鲜"两个词,约占 28.6%;另 5 个词后一语素的声调分别为去声和入声,约占 71.4%。

解——解放　解救　解劝　解散　解释　解悟　解除　解答　解决　解剖　解说

11 个词中,只"解除"的后一语素声调为平声,占 9.1%;后一语素的声调也是上声的有"解剖"(剖,古上声)一词,也占 9.1%;另 9 个词后一语素的声调或为去声或为入声,占 81.8%。

盗——盗匪　盗劫　盗卖　盗骗　盗窃　盗贼

6 个词中,只"盗匪"的后一语素的声调为上声,约占 16.7%;"盗卖""盗骗"两个词后一语素的声调与"盗"同为去声,约占 33.7%;另 3 个词后一语素的声调都为入声,占 50%。

淡——淡泊　淡薄　淡漠　淡雅

4 个词中,只"淡雅"的后一语素的声调为上声,占 25%;另 3 个词后一语素的声调都为入声,占 75%。

---

① 对调类的确定,主要参考郭锡良《汉字古音手册》,北京大学出版社 1986 年版。

3.2　两个语素搭配成词时,要尽量避免所选择的语素与已有的词的语素在语音形式上雷同。如:有"体检""查体",无"检体""体查";"检体"与"简体"音同,"体查"与"体察"音同。有"晨练",无"早练";"早练"与"早恋"音同易混。有"水选",无"水择";"水择"与"水泽"同音。有"寒潮",无"冷潮";"冷潮"易混同于"冷嘲"。用机械、光学或电磁等方法把声音记录下来说"灌音",不说"注音";"注音"已指用符号表明文字的读音。鸡的胸脯(肉)说"鸡脯",不说"鸡胸";人胸部的疾患已由"鸡胸"来称说。

§4

汉语复合词在由语素与语素构成时,风格上的制约和影响也是一个重要因素。能搭配在一起的两个语素,风格上常是协调一致的。风格上不相协调的两个语素,很难搭配成词。如:有"食品""用品",无"吃品""玩品";"吃""玩"有口语风格,与"品"不协调。有"官员",无"兵员""民员";"员"有庄重的风格。有"累卵",无"累蛋""摞卵";"累""卵"风格一致。有"疾驶",无"快驶""疾开";"疾""驶"风格协调。有"诠释",无"诠解";"诠""解"风格不相一致。有"疆场""边疆",无"边场";"边""场"风格差异过大。

§5

5.0　汉语复合词在构成时选择什么样的语素,要受到语法的、语义的、语音的和风格的条件的制约和影响。有些复合词,在构成时尽管遵从了上述的一个或几个要求,但是所造出的词的意义未必与语素的意义相合,或者说,在造词时选择此语素而不选择彼语素,却又使此语素指彼物不指此物;有些复合词可有语素与语素相结合的某种形式,而同类型的词有的可有同类的形式有的不可有同类的形式。这些都与人们的语言习惯有关。习惯的因素在复合词构成的语素选择上也起着一定的作用。

5.1　某一事物现象已有一个词称说,另一事物现象又造一新词加以指称。新词、旧词所选择的语素本是同义或近义的,但人们却强制性地使之表示不同的意义。如:有了"航空",又造一"航天";"天""空"本同义,但是"航空"指飞机等飞行器在空中(大气层内)飞行,"航天"指宇宙飞船等飞行器在地球附近的空间或太阳系空间飞行。有了"摄影",又造一"摄像";"影""像"义本极近,但"摄影"指用照相机拍下实物影像,"摄像"则指用电视装置摄取景物。有了"现代",又造一"当代";"现""当"义本近同,但是"现代"在中国历史分期上指"五四"运动到现在的时期(在一些文学史类的著述中又指"五四"运动到中华人民共和国成立前的一段时期),"当代"则专指中华人民共和国成立到现在的时期。有了"冰箱",又造一"冰柜";"箱""柜"义本接近,但是"冰箱"指既可冷冻又可冷藏物品的器具,"冰柜"指专用于冷冻物品的器具。有了"无线(电话)",又造一"无绳（电话）"；"线""绳"义本无不同，但是"无线电话"指用无线电波传送的电话，"无绳电话"指话筒和主机不用电线连接的电话，即俗所谓"二哥大"。有了"接客"，又造出"接人""迎客"；"接"和"迎"，"客"和"人"，义本相近，但是"接客"专指妓女接待嫖客，"接人""迎客"指迎接客人。①

5.2 汉语复合词中有一些其结构方式是重叠式，即同样的语素叠合起来构成复合词。什么样的语素可以重叠构词，什么样的语素不能重叠构词，常常取决于语言习惯，似无太多道理可讲。如亲属称谓词中表示长两辈、长一辈和平辈亲属的词，凡能以单语素称者，多数都可重叠成复合词：

爷——爷爷　爸——爸爸　伯——伯伯　叔——叔叔　婶——婶婶　姑——姑姑

舅——舅舅　哥——哥哥　弟——弟弟　姐——姐姐　妹——妹妹

少数不能重叠成复合词：

姨——*姨姨

下一辈的亲属称谓一律不能重叠构词：

儿——*儿儿　女——*女女

侄——*侄侄　甥——*甥甥

而再下辈的亲属称谓似乎又可重叠构词：

孙——孙孙②

这恐怕就仅仅是个习惯的问题，很难从语法、语义、语音和风格上找原因。再如："刚才"是由"刚""才"两个副词性语素构成的，但是，"刚"可以重叠成"刚刚"，"才"却不可重叠成"才才"；"仅只"是由"仅""只"两个副词性语素构成的，但是，"仅"可以重叠成"仅仅"，"只"却不能重叠成"只只"。同类的例子如：

平凡——平平——*凡凡

隐约——隐隐——*约约③

逐渐——*逐逐——渐渐

素常——*素素——常常

5.3 汉语复合词中有不少是可以逆序的词。能够逆序的词通常是由两个语素构成的并列式双音复合式。但是由同类型的语素以同类型的结构方式构成的词，却有的可以逆序成词，有的逆序不成词，如：有"力气"，也有"气力"，有"灵魂"，也有"魂灵"；但是，有"骨肉"，却没有"肉骨"，有"手足"，也没有"足手"。下列左侧是可以逆序成词的另一些例子，右侧是逆序不成词的

---

① 如果是到车站去迎接客人，干脆就说成"接站"，更不说"接客"。

② "孙孙"很像是儿语词，但它与根本不成词的"儿儿""侄侄"之类比较毕竟在构成上有所不同。

③ "隐隐"成词，"约约"不成词。"隐隐约约"只是"隐约"的语体变体。

另一些例子：

情感——感情　平常——*常平

叫喊——喊叫　飞翔——*翔飞

躲藏——藏躲　天空——*空天

斗争——争斗　奴仆——*仆奴

由同类型的语素以同类型的结构方式构成的，有的是词，有的却是词组，如："酒诗"是词，"诗酒"是词组；"马车"是词，"车马"是词组。下列是逆序之前为词逆序之后为词组的另一些例子：

词　　词组

马骡——骡马

菜瓜——瓜菜

海河——河海

诗集——集诗

（原载《中国语言学报》第七期，语文出版社 1995 年版）

汉语语音词的韵律类型

王　洪　君

汉语中一些多音节但又有特定韵律限制的、只表示单个语素义的语词形式，如普通话“啪啪、劈啪、啪啦、劈里啪啦”等象声词，获嘉方言“圪崩、卜登、忽塌”等表音词头词，晋方言的“嵌 l 词”，古汉语的双声叠韵联绵词等，我们称为“语音词”，把它们的语音形式称做“联绵音节”，石毓智(1995)则称为“大音节”。本文试对汉语语音词的韵律特点做进一步的探讨，对它们进行分类，讨论各类与音节结构的关系，并评论石文的一些论点。

一　汉语语音词的韵律类型

拙文(王洪君 1994)曾提出，太原嵌 l 词、福州切脚词、晋方言的表音词头词、北京[p‘i-p‘a，p‘a-la]等象声词都具有响度上前一音节暗后一音节亮的特点。下面拟通过分析双音语音词韵律类型的小类来揭示其他的韵律限制。

双音语音词的韵律形式主要有如下六个小类：

1)完全回旋式，例如“啪啪”(北京)[꜀p‘a-꜀p‘a]，古汉语的重言也属这一类型。该式的韵律为单纯回旋：第一音节与第二音节的各个要素分别完全相同，响度相同，音素、声调等也相同；该式适宜表现同一种声音、现象的重复。

2)抑扬变韵回旋式，例如“劈啪”(北京)[꜀p‘i-꜀p‘a]，古汉语的双声也属于该类。该式的韵律为有强烈响度变化的变式回旋：音高(声调)完全回复；部分音素(声母)回复；韵母前音节暗后音节亮而造成响度强烈的抑扬对比。另外，声母多为阻塞音，与元音交替而形成响度峰谷跌宕分明的效果。该式适宜表现同类声响一明一暗节奏分明地交替出现。

3)等响变声回旋式，例如“咕嘟”(北京)[꜀ku-꜀tu]，古汉语的叠韵也属这一类。该式的韵律为没有大的抑扬变化的变式回旋：音高(声调)完全回复；大部分音素(韵母)回复；声母一般是阻塞音，必须有发音部位的变化，有时还可加上送气与否等变化(如“啪嗒”)，但响度差别都不大。阻塞音声母与元音交替出现，使得响度峰谷跌宕分明。该式适宜表现两种不同的声音相继或交替出现。

以上三种类型的响度模式都是由两个独立的峰组成，峰谷跌宕比较明显。

4)后衍变声回旋式，例如“啪啦”(北京)[꜀p‘a-꜀la]。该类的韵律特点是回复中尽量减少响度峰谷的跌宕：两音节声调相同、韵母相同构成回复，第二音节的声母换为响度最大的[l]，使第二响度峰与第一响度峰间的差距有所减小；适宜表现一个声音后紧接着一个更加亮一些的拖音或回响。该类型的响度模式仍为两个独立的峰，但峰谷跌宕较小。

以上四种类型的共同特点是前后音节的三个直接组成成分（声韵调）中至少有两个完全相同，以构成成分超乎一般的复现造成了回旋式韵律。

5）前冠衍接式[pəʔ₃-ᶜlai]"薄睐㩦"（太原嵌 l 词）。"前冠"指前一音节短而弱；音节结构简单，不带元音或鼻音韵尾；元音的响度一般极小，如过渡音性质的短的央元音（[əˀ]，有入声的方言多取该方式）、与声母发音部位相同的可以无声化元音（与唇辅音相接的[u]，与舌根辅音相接的[u,ɯ]，与舌尖擦音相接的[ɿ、ʅ]，与舌面辅音相接的[i、y]等；无入声的方言多取这种方式）。"衍接"指一二音节间的响度谷跌宕极小，这是由第一音节选用响度最小的韵母，第二音节选用响度最大的声母[l]共同作用而造成的。该类的响度模式是两音节基本合成一个较大的响度峰，但在上升的坡上有极小的跌宕。

6）前冠跌接式[pəʔ₃-tuŋˀ]"不洞㝂坑"（太原表音词头词）。"前冠"的意思与前一类相同，"跌接"则指声母不选响度大的[l]，而选普通的阻塞音。因此其响度模式是在一个正常的峰之前附带一个极小的、近乎于平的小峰。

以上是汉语双音语音词的主要类型，主要类型之外还可以有中间类型。如[ᶜpa-ᶜlaŋ]"□㔘跚"（福州切脚词），可称之为"前冠衍接回旋式"，其特点是第一音节不能有韵尾，必须是紧元音、紧调，第二音节只能是[l]声母，两音节主元音相同（但可以有松紧差别）。

综观上述六个类型可以发现，其韵律特点包含回旋、抑扬、衍接、前冠四个小要素，每种类型具有一个以上这些要素。其中，回旋和前冠是最重要的；必须至少具有其中之一，才是语音词。石文提出的"第二音节各个位置上的音素的响度都小于或等于第一音节"的原则之所以不能把不属于语音词的"揭穿"过滤出去，就是因为该原则不能说明，如果两音节是等重的（非前冠式），其声韵调中就必须至少有两个相同（回旋式），否则就不是语音词。由此以上六类又可以归纳为两大类，前四种是回旋式，后两种是前冠式。这两大类在与单音节的关系、与单音节语言的关系上都很不相同，下面的两节将讨论这些问题。

三音节或四音节语音词的语音形式是在双音形式上再次运用回旋、抑扬、衍接等手段生成的，本文不打算讨论。

二 音节的韵律特点和"大音节"

语音系统各级大大小小的单位都有自己特殊的韵律限制，因此才有了摩拉（mora，指韵里相当于一个音位长度的短音）、韵（rime）、音节、音步、语音词等不同的韵律层级。仅仅因为汉语语音词的音形有严格的韵律限制，就称之为"大音节"，道理上说不过去。只有证明这些语音单位的韵律特点与音节的韵律特点相同或相近,称之为"大音节"才有道理。下面先讨论音节的韵律限制,再讨论汉语语音词的词形和音节相近与否。

石文介绍了音节的"响度顺序原则"(sonority sequencing principle):一个音节"从音首(onset,又译"声母")到音核(nucleus,又译"韵腹")各个音素的响度逐渐增加,从音核到音尾(coda,又译"韵尾")的各个音素响度逐渐减弱;音核的响度最高"。响度原则早在叶斯泊森时代就已提出(罗、王,1981)。它可以说明语言中大多数的音节,但许多语言中也存在不少的例外,如,英语中 spring 的首音 sp-和 works,kept 的尾音-ks,-pt 就不符合响度原则。波兰语这样的例外更多,不符合响度原则的首音有 mn-、ln-、rt-等,尾音有-mn,-ml,-sl,-tm,-tr 等(Kenstowicz,1994)。

响度顺序原则现在的确已经作为普遍原则,这是因为 20 世纪 80 年代后美国的音系学家发现了该原则例外的限制:所有语言在核心分布中的音节都是符合响度原则的,但部分语言可能在边际分布中出现超出响度原则的音丛。典型的边际分布如一个词音形(特别是附加了词头词尾的派生词形)的两端。如 stipulates、straitforwards 都是三音节词,不符合响度顺序原则的音丛有 st-、ts-、-dz,它们都出现在词的两端(第一音节的首音或最末音节的尾音),词中间的音丛都符合响度原则。也就是说,从响度看,人类语言的核心音节(core syllable)都是以韵腹为最高点的单峰;但在某些边际分布(词界,特别是派生词界)处,单峰可以加上一个小的前挑或后扬。

音节除了响度的限制外,还有其他限制。如最多可容纳几个音素、每个音素的位置上有哪些替换的可能等等。但仅从韵律考虑,除响度外最值得注意的大约应该是音节的质量(quality)了。所谓"音节质量"是指音节中韵(包括韵腹和韵尾)所含摩拉的多少,如英语的 CV 音节(如 the)只有一个摩拉,是轻音节;CVV、CCVV 音节(如 key,stay)或 CVC、CCVC(如 red, plan)都有两个摩拉,是重音节;CVVC 音节(如 read)则有三个摩拉,是超重音节(长元音算两个摩拉)。汉语普通话的普通音节都是两个摩拉(Duanmu,1990),也就是说,普通话的单韵母其实是长元音,与复韵母质量相当,可对比"巴"与"掰"、"搬"。而轻声音节一般是单摩拉的轻音节,可对比"哥哥"的两个音节。由于普通话的轻声音节都是派生性的,非轻声音节是本原性的;所以可以说普通话的基本音节是两摩拉的重音节,但在一定的句法或词汇条件下可以派生为一摩拉的轻音节。

下面我们来看看汉语语音词的韵律与音节有无相似性。在这个问题上,回旋式与前冠式很不相同。

非前冠的回旋式语音词与单个音节毫无或极少相似之处。从质量看,回旋式的所有小类都由两个典型的汉语基本音节组成:每个音节有两个摩拉,一个声调。从响度看,回旋式中的三个小类[pʻa-pʻa、pʻi-pʻa、ku-tu]都有跌宕分明的两个响度峰,是典型的双音节。只有一个小类[pʻa-la]的峰谷跌宕较小,与音节有一点点相似。

前冠式语音词则与单个音节极其相似或比较相似。

前冠衍接式[pəʔ-lai]与单个音节最相似:质量上第一音节轻而短,韵只含一个摩拉(没有韵尾,表紧喉的[ʔ]在轻读时只是元音的附加特征,不算独立的音素)。而且,由于韵中的元音音素常常是可以无声化的[ə˞],舌根音后的[ɯ、u],唇后音后的[u],舌面前音后的[i、y],舌尖前音后的[ɿ、ʅ]等,所以连读中可以无限地接近于无韵母,即第一音节其实十分接近于一个阻塞音声母。从响度上看,由于第一音节的声母是阻塞音,韵母响度很低且可以进一步无声化,第二音节的声母又是辅音中响度最大的[l],所以可以彼此衔接为响度渐增的缓坡,有个小的峰谷跌宕(当第一音节的韵母有声时),或完全平滑的衔接(当第一音节的韵母无声时)。这样,前冠衍接式(如太原嵌[l]词)与含有[pl-、kl-]等复辅音声母的、从普遍音理看与完全符合响度顺序原则的单个音节就十分相似。其质量为三个摩拉,于普遍音理来说是一种较常见的音节。但该式又不是合格的现代汉语音节:现代汉语的基本音节不允许复辅音声母,不允许三个摩拉。

前冠跌接式[pəʔ-tuŋ]与单个音节的相似度比衍接式差一些:由于第一音节与第二音节的声母常常都是响度相差不多的阻塞音,所以即使第一音节的韵母响度很弱甚至还可能无声化,但总比后接音节的声母响度稍高或相等,形成以第二音节为主峰,主峰前附一小峰的响度曲线。这样的响度曲线不符合响度顺序原则,但与带前挑小峰的边际音节颇为相像。该类的质量与前冠衍接式一样,比汉语一般的双音节词少一个摩拉,比单个音节又多一个摩拉。不少研究汉藏语的学者把前冠式词形称做"一个半音节",可以说是确切地反映了它们的特点。

总之,汉语语音词的音形只有前冠与单个音节在韵律上有相似之处,回旋式则是典型的双音节。之所以能够区别于普通的双音词,前冠式靠的是一种近乎单音节又不是单音节的韵律结构,回旋式则靠的是前后音节相同结构要素超出一般的复现率。石文所说北京象声词词形的第三条原则"两个音节共用一个声调"其实只适用于回旋式,前冠式则第一音节与第二音节大多不同调,如太原嵌l词、获嘉表音词头词、福州切脚词等。这一区别用我们的理论很容易解释:声调相同是回旋的手段之一,而前冠式韵律必有的要素是趋同单音节,不是回旋。

由上面的分析可以看出区分回旋式、前冠式两大类的合理性。还可以看出,"大音节"只适合前冠式小类,"联绵音节"则既适合作回旋式小类的名称,也适合作前冠、回旋两类的统称。

三　联绵音节与音节的其他关联

本节要讨论的第一个问题是联绵音节与音节有无同构性(isomorphous)。比如石文中提到的,汉语联绵音节的构成元素(音节)最多不超过四个,普通音节的构成元素(音素)最多也不超过四个;这是偶然的巧合,还是存在着内在的同构联系。

不难找到否定这种同构假说的证据:闽语不少方言允许双韵尾,其中建瓯方言的双韵尾可以与介词同现于一个音节,如"反"[ᶜxuaiŋ]。也就是说,建瓯方言的一个音节可容纳五个音素,但并没有见到该方言有五音节联绵式语音词的报道。汉藏语系其他语言的例子就更多了。古藏语的一个音节最多可以容纳六或七个音素,现代藏语也有不少方言一个音节可以容纳五个音素,但未见藏语存在五音节以上语音词的报道。德宏傣语一个音节最多可容纳三个音素,但有不少四音节回旋式语音词。因此联绵音节和普通单音节的这种同构性是不存在的。

但是,音节结构简单的语言倾向于用较多的音节构造特殊语音词,音节结构复杂的语言倾向于用较少的音节构造特殊语音词的趋势则比较明显。如音节结构异常简单的日语有大量的四个短音节的拟态词(如 shitoshito"淅沥淅沥地",yukkuli"慢慢地")和一定数量的两个长音节的象声词(如 moomoo"哞哞"),但没有两个短音节的象声词、拟态词。音节结构稍复杂些的汉语则似乎两音节、三音节的拟态、象声词并不比四音节的少。音节结构更复杂的英语则没有四音节拟态、象声词,只有两音节的。这在音理上很容易解释:必须由一定数量的音素排列起来才足以构造超乎一般的复现回旋或其他特殊韵律,音节短了,就必然要增加音节的数目。

第二个问题是,联绵音节与单音节的复辅音声母是否矛盾;是否如石文所说,"假如上古汉语允许辅音丛……,首先不可能有现代汉语这种大音节结构的存在,而《诗经》中已有大量的联绵词……",因此上古不可能有复辅音声母。

该假说也不难找到大量的反例:英语的单个核心音节允许两个复辅音声母,如 pr-、bl-、kw-、nj-等,边际音节则允许三个复辅音,如 spl-、str-、skw-等。但英语中也有不少回旋式双音象声词,如 ding-dong,tick-tack,flip-flop,zip-zap 等等。其他有复辅音声母的语言也不难找到回旋式联绵音节的特殊语音词。

英语中虽然有不少回旋式双音象声词,但没有前冠式双音象声词,只有不少首音复辅音的单音节象声词。如 crack(劈啪声),croak(呱呱声),squeak(吱吱声),squawk(鸭等受伤、受惊时发出的叫声),groan(呻吟声),grit(摩擦声),growl(嗥叫声),flop(拍击声),flump(重落声),troat(公鹿等叫春声),plump(扑通声),plunk(砰的一声)等等。这些音节的声母很像是汉语前冠式联绵音节的两个声母,它们也可以分为两类:一类是符合核心音节响度模式的阻塞音加响音(kr-、tr-、pl-等),一类则含有不符合响度原则的边际音丛(sk-)。它们的另一个特点却不同于汉语的前冠式:尾音也是辅音性的,且大多与声母中的阻塞音相同或相近,形成音节内的回旋。英语之所以没有前冠语音词有两种可以共存的解释,一是如果一个语言本身就是词内有轻重音交替的多音节语言,双音前冠式将是一种正常的普通词形(如英语的 belong,to be),不可能成为特殊的韵律格式;二是如果一个语言的单音节结构可以容纳复辅音和多种阻塞音韵尾,音节内就可以容纳较为特殊的序列,从而没有必要选用前冠式做特殊韵律词。而且前冠式与复辅音声母的单音节也过于相像。

第一个假设是很强的,构不成特殊的韵律当然不可能成为特殊语音词的词形。因此,双音前冠式在基本音节质量均等(如汉语都是两摩拉)的单音节语言中因韵律特殊而可能成为多音语音词的词形,在轻重音型的多音节语言中则不可能。前冠式与单音节语的关联使该类词具有类型学的意义。回旋式不论在单音节语还是多音节语中都是一种特殊的韵律,因而不具有类型学的意义。

　　第二个假设不那么强。具有复杂的单音节结构的确就不一定非要用多音联绵形式，但不一定要用不等于一定不能用。复辅音声母单音节与双音前冠式因过于相像也确实很可能不共存于同一语言，但可能不等于一定。这一假设需要更多的材料证明。汉藏语系不少语言有支持该假说的证明，如景颇语在复辅音消失后才出现了大量前冠式双音形式（戴、杨，1994）。在其他语言中有无反例，反例的比例有多大，都有待于进一步查证。

　　联系到汉语史，有可能与复辅音不能共存的嵌 l 词等前冠形式是宋以后才见于文献的，与单音节结构简单似乎有关联的三音、四音联绵词也是宋以后出现的（如"勃腾腾"、"温吞蠖托"，《轩渠录》，[宋]吕居仁）。见于上古文献的联绵音节则只能肯定有双音回旋式，它们与复辅音或复杂单音节结构并不矛盾。表音词头虽然也有，但一是不能肯定它是轻读还是重读，二是没有后字声母只能是[l,r]的倾向。因此汉语史上有关联绵音节的记载不足以否定上古汉语有存在复辅音的可能。

　　综上所述，汉语的双音词可以分为回旋式、前冠式两种韵律类型。回旋式的特点是前后音节相同结构位置上出现相同成分的频率超乎一般，前冠的特点是近乎一个音节又不是一个音节。双音回旋式与语言类型无关，它既可能出现于多音节语或音节结构复杂、允许复辅音声母的语言；也可能出现于单音节语或音节结构简单、不允许复辅音声母的语言。双音前冠式则与语言类型有关，它肯定不出现于轻重音型的多音节语，还可能不出现于允许复辅音声母的语言。

参考文献

戴庆厦、杨春燕　1994　《景颇语两个语音特点的统计分析》，《民族语文》第 5 期。

贺　巍　1980　《获嘉方言的表音字词头》，《方言》第 1 期。

梁玉璋　1982　《福州方言的切脚词》，《方言》第 1 期。

罗常培、王　均　1981　《普通语音学纲要》，商务印书馆，新 1 版。

沈　明　1994　《太原方言词典》，江苏教育出版社。

石毓智　1995　《论汉语的大音节结构》，《中国语文》第 3 期。

王洪君　1994　《汉语常用的两种语音构词法》，《语言研究》第 1 期。

赵秉璇　1979　《晋中话"嵌 l 词"汇释》，《中国语文》第 6 期。

朱德熙　1982　《潮阳话和北京话重叠式象声词的构造》，《方言》第 3 期。

Duanmu，San　1990　A formal study of syllable，tone，stress and domain in Chinese languages. MIT Ph. D dissertation.

Kenstowicz，Michael　1994　*Phonology in generative grammar*. Cambridge MA and Oxford UK：Blackwell.

（原载《中国语文》1996 年第 3 期）

学科专业名称研究[*]

马 庆 株

§0 引言

0.1 "学科"有三个义项^①:(1)"按照学问的性质而划分的门类",(2)"学校教学的科目",(3)相对于"术科"的"军事训练或体育训练中的各种知识性的科目"。本文在第(1)项意义上使用"学科"一词,把第(2)(3)项意义称作"课程"。"专业"指的是高等学校或中等专业学校里"根据科学分工或生产部门的分工把学业分成的门类","学业"是学习的功课。由于各行各业都有其特殊的学问,因而专业不仅包括基础学科的专业,也包括应用学科的专业。"学科"的意思可大可小,有很大的伸缩性,包含了"专业"的意思。下文就把"学科专业名称"简称作"学科名称"。

0.2 随着科学的发展,人们不断地进入新的领域,对于已经做过探索的领域中的事实和规律的研究也越来越深入、精细,于是学科越分越细;人们不断找到新的视角、新的方法和新的研究手段,不同学科的互相影响交叉渗透,使人们不断取得新的认识,做出新的分析,又在新的认识、新的分析的基础上达到了新的综合。这样,许多新学科便涌现出来了。

探讨学科名称的构成方式、学科名称的性质,研究各学科名称系统内和系统间的关系,不仅是科学学的任务,也是语言学的任务。但科学学和语言学研究的侧重点不同:科学学面对学科系统,而语言学面对的是学科的命名和作为术语成员的学科名称的构成这类问题。

0.3 本文根据作者收集到的 2247 个学科名称来考察学科名称的构成模式、类别、性质、特点,描写由它们构成的固定语(即固定词组),其中包括学科名称和非学科名称;说明学科名称和非学科名称的关系。这不仅可以从一个小的局部说明汉语词汇的特点,也可以为提出和建立新学科开拓人们的思路。

0.4 学科名称既是一种名称,就有指称功能。从语法上看,名词、名动词都有指称功能,因而名词、名动词都有成为学科名称或其组成部分的机会。

学科名称有的含有学科名称的标记,一眼就可以看出是学科名称,这是显性的专用的学科名称;有的没有学科名称的标记,看不出是不是学科名称,这是隐性的借用的学科名称。前者不

---

* 本文承蒙刘叔新教授审读,指正多处,谨此致谢。

① 据中国社会科学院语言研究所词典编辑室编《现代汉语词典》,商务印书馆 1982 年版。

依赖语言环境，总是以学科名称的身份出现，因此可以叫做固定的学科名称；后者有时是学科名称，有时不是，依赖于一定的语言环境才成为学科名称，因此可以叫做临时的学科名称。

学科名称有的是单词，有的是词组，词组又有偏正结构的和联合结构的两大类。

§1　含"学"、"论"、"史"的学科名称

1.0　"学"、"论"、"史"往往是学科名称的标记，主要用来构成表示学科名称的词。

1.1　"学"作为学科名称的标记，不是"学习"的意思，而是某方面系统专门的知识，也就是"学科"。"学"构成学科名称，有下列情形：

Ⅰ　附在一个语素后面，这个语素可以是成词的，也可以是不成词的。成词的语素有的能单独形成名词，我们称之为成名词语素；能单独形成动词的语素是成动词语素；能单独形成形容词的语素是成形容词语素。"学"前面出现的成名词语素如：

　声　光　电　磁　力　地　茶　蚕　药　法　理　数

成动词语素如"化"、"医"，成形容词语素如"美"、"热"，不成词语素如"史"①、"哲"。

Ⅱ　附在语素组合后面，这个语素组合有成词的和成词组的两类。

A　"学"前面可以出现的成词的语素组合又分为成名词语素组合、成动词语素组合、成形容词语素组合。成名词语素组合能出现在"学"前面的数量很大，例如：

　　生物　动物　植物　微生物　真菌　种子
　　鱼类　鸟类　兽类　昆虫　饲料　饵料
　　果树　蔬菜　花卉　树木　藻类　海藻
　　地层　地史　地质　地貌　地图　冰川
　　人体　组织　胚胎　细胞　服装　中成药　中草药
　　方剂　气功　温病　经络　腧穴　中药　药剂
　　内科　外科　妇科　产科　儿科　人口　新闻
　　兽医　禽病　鱼病　病毒
　　环境　沙漠　草原　园林　海洋　河流　气象
　　土质　岩石　结晶　矿床　生态　天气　气候
　　矿物　金属　土壤　木材　商品　价格　市场
　　文艺　文献　图书馆　博物馆

成动词语素组合出现在"学"前面的也有三十几个。例如：

　　检验　诊断　麻醉　护理　遗传　解剖　刺灸

---

① 　"史地"是两个学科的合称（缩略语），"史"的普通用法是不成词的。

　　运筹　测量　测绘　统计　计划　建筑　计量

　　采矿　选矿　冶金　铸造　焊接　沉积　计时

　　教育　管理　耕作　摩擦　传热　考古　运动

B　"学"前面可以出现的成词组的语素组合。例如：

　　古生物　古人类　古地理　古生态　古气候

　　古地磁　古文字　古钱

　　栽桑　养蚕　养蜂　造林　造园　推拿

1.2　语素"论"作为学科名称的标记不是分析说明的意思，而是"学说"的意思。在"论"前面出现的单个语素不多，主要是：

　　数　图　群　场

"论"前面出现的语素组合有成名词的，如：

　　信息　函数　概率　条约　德育　教学

　　区位　集合

有成动词的，例如：

　　搜索　测度　更新　存储　控制

　　分布　规划　递归　逼近

1.3　语素"史"在现代一般不成词，但能构成学科名称。由"史"构成的学科名称常含有专名成分，"史"前面出现的专名有语言名如"汉语"，国名如：

　　朝鲜　日本　印度　英国　俄国

地区名如：

　　东南亚　拉美　亚非　中、西亚　南亚　中东

朝代名如"明"、"清"，历史事件名如"第二次世界大战"。"史"前出现的非专名有学科名，如：

　　数学　物理学　化学　天文学　地学

　　生物学　医学　中医学　哲学　史学

其他成名词的语素组合如：

　　法制　地区　国别　政治

"史"前面可以出现成时间词的语素组合，例如：

　　古代　上古　中古　中世　近代　现代　近现代

"史"前面可以出现词组，其中偏正词组如：

　　国际/中美关系　　　宋辽金夏关系

　　中国/外国哲学　　　中国/外国教育

　　中国/外国音乐　　　中外交通/关系

　　中国文学批评　　　中国民族

　　　　马克思主义哲学　　　国际共产主义运动

联合词组如"思想文化"。

§2　偏正词组型学科名称

　　2.1　中心语是名词的学科名称,前面的限制性成分有形容词、动词、区别词、名词。学科名称的名词中心语前面的形容词有"普通"、"常"、"偏"、"模糊"、"抽象"等:

　　　　普通地质学/生物学/物理学/外科学/心理学/自然地理学

　　　　常微分方程　　　偏微分方程

　　　　模糊数学/代数/拓扑/逻辑

　　　　抽象代数　　　精细化工

学科名称的名词中心语前的动词,最常见的是"比较"、"实验"、"计算"、"应用",例如:

　　　　比较文学/教育学/心理学/财政学/经济学/管理学/行政学/社会学/法学/政治学/

　　　　伦理学/哲学/美学/艺术学/修辞学/图书馆学/情报学/胚胎学/解剖学

　　　　实验力学/核物理/生物学/动物学/胚胎学/营养学/药理学/针灸学/美学

　　　　计算数学/几何学/力学/物理学/流体力学/空气动力学

　　　　应用数学/泛函分析/化学/电化学/地球化学/地貌学/地球物理

还有以其他动词作修饰成分的学科名称,例如:

　　　　放射化学　　　分析力学　　　检验技术　　　　　聚合机理

　　　　摄影测量学　　统计力学　　　自动化仪表与装置

　　　　康复医学　　　生殖内分泌学　发展心理学

　　学科名称的名词中心语前的区别词(非谓形容词)有不少,例如:

　　　　无机材料　有机/医用化学　高能物理

　　　　线性规划/模型　非线性规划

　　　　实变/复变函数　古典文献[学]

　　　　随机过程　围产医学　局解手术　显微外科

　　　　高等数学/代数/无机化学

　　　　临床医学/药学/药理学/营养学/放射学/眼科学/耳鼻咽喉科学

　　学科名称的名词中心语前的名词修饰语,数量非常大,有单词,有词组。常见的单词如:

　　　　工程地质　　　基础数学/力学/医学

　　　　结构力学/化学　历史地理学/地质学

　　　　理论物理/核物理/力学/电工

名词性词组如:

国际政治/民族解放运动理论

国家与法理论　　软件开发方法

中医骨伤科学基础

以上讨论了学科名称中名词中心语前面的成分,现在讨论名词中心语的情形。学科名称中的名词中心语往往是学科名称的标记。常见的名词中心语有"科学"、"理论"、"工程"、"方法",例如:

系统/信息/控制/领导/决策/行为/管理/社会/环境/生命/能源/兵器科学

史学/社会学/法学/新闻/翻译/作曲/体育/美术/原子核/算子/电子场/中医理论

数学物理/计算机/计算/抽样/最优化方法

油脂/针织/热能/低温/真空/环境/结构/岩土/公路/铁路/生物/发电厂/高压电/软件工程

还有"基础"、"结构"、"系统"、"学说"、"原理",例如:

中医学/推拿基础

数据结构　电路系统　脾胃学说

政治学/德育/宗教学原理

名词性中心语还可以是偏正结构、联合结构。例如:

核酸的结构与功能　中国山地自然地理

流体力学计算方法　偏微分方程数值解法

以名词为中心语的个别偏正式学科名称,中心语去掉一个语素(加括号标出)整个名称就由词组变成词了,例如:

材料[科]学　饲料[科]学　草原[科]学　儿科[医]学

2.2　中心语是名动词的偏正式学科名称,其前面的限定成分主要是名词和名词性词组。例如:

数值预报　压力加工　计算机应用

农田灌溉　水土保持　工业自动化

环境质量评价　自然语言理解　卫生事业管理

近代物理实验　中子散射的应用　植物组织培养

汉藏语系语言比较

限定成分也可以是区别词(非谓形容词),如:

多元分析　随机分析　普物实验

泛函分析　生化分析

这类学科名称的中心语由名动词或由名动词构成的词组充当。较常出现在学科名称中的名动词有"研究"、"分析"、"设计"、"检验"、"测量":

算法/《红楼梦》/作家与作品/商业美术/舞台美术/绘画艺术/音乐表演艺术/电影艺术/导演艺术/书籍装帧/教材教法/民族古文字/世界宗教研究

数学/数值/算法/大范围/流形上张量/食品/仪器/电化学/冶金化学/现代西方经济分析

鱼雷/导弹/服装/建筑/程序/美术装潢设计

食品/水质/空气/微生物法医物证检验

大地/矿山/工程/光频测量

名动词性词组主要是联合词组,有不用连词的,如:

船舶/农业机械设计制造

木材采伐加工　　园林规划设计

牧草栽培育种　　农产品贮藏加工

也有使用连词的,如:

学校管理与领导　　水产品贮藏与加工

矿产普查与勘探　　矿山电气化与自动化

城市规划与设计　　同位素研究与发展

函数逼近与插值　　船舶机械制造与修理

铁道牵引电气化与自动化　线性系统的分析与设计

植物生长和发育　　文字和图像的编辑排版和处理

国民经济计划和管理　金属腐蚀磨损及防护

2.3　偏正式学科名称有的含标记,有的不含标记。标记有两种:一种是简单的学科名称,一种是某些词。

简单的学科名称充当中心语的偏正式固定词组是学科名称,如:

基础数学　应用数学　计算数学

理论物理　高能物理　固体物理　低温物理

有机化学　分析化学　环境化学　放射化学

人文地理学　区域地理学　自然地理学

有些简单的学科名称带有标记"学",当这个简单的学科名称被包含在复杂的学科名称之中的时候,"学"这个标记就往往不出现了。例如:

加速器/反应堆/电子/无线电/半导体/原子/表面/大气/天体物理

口腔/口腔解剖生理　昆虫毒理　神经药理

水文地质　大气探测　粉末冶金　药物分析

如果中心语可以成为学科名称,那么含这个中心语的偏正词组也可以成为学科名称。例如:

古代汉语　近代汉语　现代汉语

上古汉语语法　系统功能语法

计时仪器

甚或中心语不是学科名称的偏正词组也有可能成为学科名称，只要它本身比较复杂。例如：

唐宋诗词　清宫医案　数据结构

汉语方言

这是无标记的偏正式学科名称，它们以及单词可以加上"研究"、"分析"、"理论"，变为有标记的学科名称。例如：

民族器乐研究　室内设计研究

装饰雕塑/绘画研究

有时超常搭配可以使得本来不是学科名称标记的词成为标记。例如"工程"，照《现代汉语词典》的解释，是：

土木建筑或其他生产、制造部门用比较大而复杂的设备来进行的工作，如土木工程、机械工程、化学工程、采矿工程、水利工程、航空工程。

现在又有了"食品工程、丝绸工程、蛋白质工程、生物医学工程、系统工程、管理工程"等，这些偏正词组中的"工程"不一定用大设备，也不都是建筑、生产、制造部门进行的工作，因此"工程"与"食品"、"丝绸"、"蛋白质"、"生物医学"、"系统"、"管理"的搭配是超常的，这里"工程"成了学科名称的临时标记。

2.4　偏正结构的学科名称中有些是由多个词构成的，这些词中有一部分的排列顺序是固定的或有固定化的倾向。例如：

$$\begin{matrix}控制\\管理\end{matrix}<系统<结构<工程<\begin{matrix}设计\\分析\end{matrix}<技术<科学<\begin{matrix}基础\\基本\end{matrix}<理论<比较<研究$$

A　＜B　＜C　＜D　＜E　＜F　＜G　＜H　＜I　＜J　＜K

每个词下面的字母是代号，＜读作"先于"。① 当这些词在学科名中共现的时候，都以代号的字母顺序为序。例如：

(1) 字 处理 系统
　　　 A　 B

(2) 火力/飞行器导航 控制 系统
　　　　　　　　　 A　 B

(3) 操作 系统 结构 分析
　　　　 B　 C　 E

(4) 水工 结构 工程
　　　　 C　 D

---

① 拙作《能愿动词的连用》（《语言研究》总第14期）说明能愿动词的小类在共现时的先后次序是用＞表示"先于"的。鲁川先生告诉我，输入计算机时都改成了小于号。

(5)建筑 技术 科学
　　　　F　　G

(6)法学/正规族/中医 基础 理论
　　　　　　　　　　H　　I

(7)教育 基本 理论
　　　　H　　I

(8)经济史/现代化历史进程 比较 研究
　　　　　　　　　　　J　　K

由上面的例子通过与日常搭配的对比，更可以看出，学科名称中的词序有固定化的倾向。非学科名称的日常搭配中可以说"理论基础"，"理论"在"基础"前面；在学科名称中，"理论"只能在"基础"后面。除了(3)中的 结构 分析 的符号不是连续的，其余的加横线的词的代号都是连续
　　　　　　　　　　　　　　　C　　E
的。学科名称中出现上面系列中的两个词，虽然它们在上面系列中不一定是连续的，但先后次序是相当固定的。例如：

(1)工业/科技教育/运输/船舶电气/轮机 管理 工程
　　　　　　　　　　　　　　　　A　　D

(2)现代/最优/自动 控制 理论
　　　　　　　A　　I

(3)兵器/航空宇航 系统 工程
　　　　　　B　　C

(4)计算机 系统 基础
　　　　B　　H

(5)泛函/调和 分析 基础
　　　　　E　　I

(6)现代西方经济/现代宏观经济 分析 理论
　　　　　　　　　　　　E　　I

(7)计算机 科学 理论
　　　　G　　I

(7)中的"理论"可以移前变作"理论计算机科学"。这种顺序不因虚词的增添而改变。例如：

线性 系统 的 分析
　　　B　　　E

2.5　由两个显性学科名称构成的偏正式学科名称，两个组成部分的先后也有规律，因而是可以推知的。数学类的简单的学科名称在与其他简单的学科名称组合成偏正式的复杂的学科名称的时候，常是前置的；①地学类学科名称在与其他学科名称组合成偏正式学科名称的时候，

---

① 有例外，如"经济数学"、"生物数学"。按，这两个名称见于《高等院校理工农医专业介绍》，未见于《全国授予博士和硕士学位的高等学校及科研机构名册》。

又总是后置的。例如：

> 数学物理　　数学制图学　　数学地质学
>
> 代数语言学　几何声学　　几何光学
>
> 方言地理学　历史地理学　经济地理学
>
> 化学地理学　医学地理学　水文地理学
>
> 动物地理学　植物地理学　水文地质学

生物学类学科名称出现在物理学类学科名称的前面，例如：

> 生物物理　　生物力学　　生理声学
>
> 生理光学　　心理声学

物理学类学科名称出现在"化学"的前面，例如：

> 物理化学　热化学　电化学　光化学

由生物学类学科名称在分布上放在物理学类学科名称的前面，物理学类学科名称放在"化学"的前面，可以推断：生物学类学科名称一定出现在"化学"的前面。例如：

> 生物化学　动物化学　植物化学

在含两个词的、同时也就是两个学科名称构成的偏正词组中，两个音节的学科名称出现在 3 个音节的学科名称的前面。例如：

> 医学遗传学　物理气象学　光学天文学
>
> 医学心理学　化学胚胎学

这类学科名称是学科交叉渗透产生的新学科的名称。

§3　联合词组型学科名称

联合式学科名称往往不是单一的学科名称，它们当中大部分包含两个结构项，前后两项都是词的是对称结构，例如：

> 泛函与拓扑　运筹学与控制论　腐蚀与防护
>
> 滑坡与泥石流　微生物学与免疫学

大都使用连词；不用连词的不多，如"统计推断"、"统计计算"。

前后项分别是词和词组的是非对称结构。前项是词、后项是词组的学科名称中，后项偶尔会包含前项。例如：

> 作曲及作曲理论　语言学与应用语言学

前后两项含有共同成分的如：

> 科学学与科学管理　染料及感光材料
>
> 水力学及河流动力学

上面最后一例是一个大学科(整体)与一个小学科(部分)的联结。前后两项常常没有共同成分。例如：

地磁与高空物理学　　电磁场与微波技术

概率与随机过程　　　通信与电子系统

营养与食品卫生学　　医学与变态心理

配位及稀土化学　　　超导及功能材料物理

发光及生化分析　　　脉图及心血管检测

与上面情况相反，也有前项是词组，后项是词的。例如：

神经科学与行为　　　原子核物理与场论

系统模型与辨识　　　铁道运输自动化与通信

天文仪器与方法　　　旋涡流动与湍流

临床检验与诊断学　　劳动卫生与职业病学

液压传动及气动　　　自动控制理论及应用

两项都是词组的基本上是对称结构。其中有些包含共同的成分，构成模式为 CA＋CB，共同成分在各项前部的如：

国际政治和国际组织　　　　天体测量与天体力学

反应堆工程和反应堆安全　　电子发射与电子能谱

无线电物理和无线电电子学　蛋白质化学及蛋白质工程

模式为 AC＋BC 的，共同成分在各项的后部。例如：

辩证唯物主义与历史唯物主义

理论核物理及实验核物理　电子物理和离子束物理

分离流动与旋涡流动　　　模式识别与智能识别

顶真式的即 AC＋CB 式的如"非线性光学与光学双稳态"。此外，还有 AC＋BC 式的如"水文地质与工程地质学"，CA＋BC 式的如"化学工程与工业化学"，CA＋DCB 式的如"建筑历史与现代建筑理论"，AB＋ACB 式的如"半导体物理与半导体器件物理"。

两项都是词组，没有共同的成分的学科名称，其结构项是四个音节的占多数。例如：

化学进化与生命起源　　大气环流与气候变化

天然产物与有机合成　　有机合成与立体化学

兵器结构与制造工程

电工材料及绝缘技术　　航空陀螺及惯性导航

这是一种对称结构，不仅音节数目上前后两项关于连词为对称，结构上前后两项大致上也可以分别看作偏正结构。

前后两项长度可以不一致。这样的学科名称如：

第四纪地层与古气候　　精细有机合成与天然产物

环境流体力学与风工程　　亚纯函数的值分布与正规族理论

工程水文及水资源　　　　原子核理论及多体问题

电厂热能动力及其自动化　热带环流动力学及数值模拟

有限群的理论和计算机方法

光合碳代谢及光合酶的分子生物学

包含 3 项的联合式学科专业名称有用连词的，例如：

气候地貌与沉积　　草原培育、生态及保护

信号、电路与系统　　炮弹、火箭弹及导弹战斗部

有不用连词的。例如：

铁路、公路、水运　　　　振动、冲击、噪声

联合结构的学科名称各项间是相关并列的关系。例如"概率论与数理统计"中后项是以概率论为基础的一个数学分支。

§4　学科名称间的关系

4.1　上下位关系。上位学科是大学科，下位学科是小学科。大小是相对的，与教育层次、学校类别、学科性质、社会需要有关。与此相适应，学科名称分为 4 级：门类名（特级）、学科名（1级），专业名（2级）、研究方向名（3级）。不同级的学科名有相同的情形。

门类名与学科名（1级）相同有两种情况：只含一个学科（1级）的门类名如"哲学"、"经济学"、"历史学"，与学科名所指范围相同；不只包含一个学科的门类的名称如"法学"、"教育学"、"农学"，所指范围大于同名的学科名。学科名（1级）与专业名相同的也有这类情况：只含一个专业的学科的名称如"民族学"、"自然科学史"，与专业名所指范围相同；不只包含一个专业的学科的名称如"政治学"、"社会学"，其所指范围大于同名的专业名。

从另一方面看，简单的学科名称作中心成分的偏正式复杂名称，其外延小于所含的简单名称。或者说，简单名称的外延大于包含该简单名称的偏正式复杂名称。比较：

语法学史　　汉语/中国语法学史

物理学　　　真空/空间/等离子体物理

化学　　　　高分子化学　　无机化学

简单的学科名称和偏正式复杂学科名称，根据长度可分出等级来。长度是指起限制作用的成词语素、词和词组的数目。简单名称的长度为 1 级，每加一次限制就给长度级数加 1。限制一次，长度为 2；限制两次，长度为 3，以此类推。按这种算法，"文字学"是 1 级；"古文字学"是 2级，它属于"文字学"；"上古汉语语法"是 3 级。在含有共同中心成分的不等长的学科名称中，从

能指形式上看,长名中包含短名;从所指外延上看,短名的外延包含了长名的外延。这两类包含之间有互为逆向的关系。

　　4.2　上下位的学科名称常含有共同的成分。例如"经济学"(用~表示)下面有:

　　　　政治~　数量~　人口~

含"经济"(用~表示)二字的有:

　　　　中国~思想史　外国~思想史　中国~史

　　　　世界~　~地理　国民~计划和管理

　　　　工业~　农业~　商业~　运输~

　　　　基本建设~　技术~

共 15 个,占经济类 21 个专业名的 71.4%。

　　再如"语言学"(用~表示)下面有:

　　　　心理~　认知~　神经~　人类~　社会~

　　　　比较~　历史比较~

　　　　历史~　文化~　哲理~　民族~　伴随~

　　　　话语~　统计~　计算~　数理~　层次~

　　　　类型~　结构主义~　汉藏~　现代~

　　　　共时~　历时~　描写~　对比~　理论~

　　　　应用~　普通~　汉语~　英语~

　　　　罗曼~　斯拉夫~　印度~

含"语言"的有"语言年代学",此外还有含语素"语"、"言"的:

　　　　语音学　语法学　语义学　语用学

　　　　语体学　方言学

这些词或这些词所含的语素又构成了一批学科名,例如:

　　　　语音学→音位学　音韵学　实验语音学　生理语音学　感知语音学

　　　　语法学→词法学　句法学　历史语法学　描写语法学　比较语法学　格语法

　　　　修辞语法学

　　　　语义学→生成语义学　词汇语义学　句法语义学　优选语义学　哲学语义学

　　　　历史语义学　结构语义学　孟塔古语义学　汉语语义学

不含"语"、"言"、"语言"、"语言学"的语言学科名称如"词汇学"、"词源学",也各构成一批学科名。同级的可以有横向联系,上下级的可以有纵向联系,纵横交错地形成了学科名称网络系统。

　　4.3　学科名称反映研究对象。对较大的学科名限制的结果是得到较小的学科名。限制研究对象的范围的常见方式是用语种限制,如:

　　　　英语/俄语/法语/德语/日语/朝鲜语/阿拉伯语语言文学

英语语言史

汉语方言　汉语文字学　汉语音韵学

用国家地区限制，如：

中国<u>古代史/近现代史</u>　日本文学　英美文学

<u>中欧北欧/南欧拉美</u>文学　日本经济　印度政治

<u>北方/东北</u>民族史　　　北京历史地理

用时代限制，如：

隋唐西域史　清代经济史　近代西方史学思潮

第四纪地质学

用时代、语种限制，用处所、时代限制，如：

现代汉语语法　中国现代文学

用处所、时代、对象限制，例如：

中国东部寒武纪奥陶纪牙形石生物地层

从方法上加以限制，如：

代数数论　几何数论　中医内科学

解析数论　航空摄影测量　遥感地质学

从目的结果上加以限制，如：

英语新闻写作　词典编辑　地图制图

油气田开发工程　软件开发方法

钢铁冶金　机械制造　飞机设计

从工具手段上加以限制，如：

机器翻译　水力发电工程　仪器分析

<u>射电/红外/紫外/X</u>射线天文

人工智能　医学检验　放射<u>医学/治疗学/诊断学</u>

从用途上加以限制，如：

军事<u>医学/地形学</u>　轻工机械　工业催化剂　临床放射学

兽医内科学　司法精神病学　航空航海医学

军用光学　摄影化学　航海天文学

外贸英语　科技德语　特殊用途外语

从对象客体上加以限制，如：

信息处理　放射性废物处理　色谱分析

<u>太阳/太阳系/恒星/</u>高能天体物理

植物形态解剖　时间序列分析　天体物理学　人体解剖学　<u>恒星/</u>星系天文

从变化的主体方面加以限制,例如:

　　　　植物生长和发育　　植物形态发生

　　从不同角度对同一对象进行限制,得到的学科名称,彼此之间往往有交叉关系。从同一角度、用同一标准限制的结果是得到并立的即具有分割对象关系①的学科名称。

　　4.4　指同一对象的不同的学科名称如"逻辑学"、"逻辑"、"论理学"、"名学"有同指关系,或称同一关系。这须要加以规范。这组例子中"逻辑学"是后起的,已经基本上战胜了"论理学"和"名学",这种达到规范的方式可以称为自然的规范。另一种规范是人为的、非自然的规范,即由权威部门审定公布有影响力的规范标准。新产生的学科名称如"语言类型学"和"类型语言学",二者须保留一个,去掉另一个。

§5　汉语学科名称的性质特点

5.1　自源性

　　汉语的学科专业名称的构成成分是汉语的固有语素,外来语素较少,使得学科名词有理据,便于理解和使用,这就是自源性或汉源性。学科名称中的外来语素主要出现在专名部分中。这类学科涉及外国。涉及人名的如:

　　　　黎曼曲面　　非牛顿流体力学　　西方马克思主义
　　　　马克思主义政治学/史学理论

涉及国名、民族名的有:

　　　　德国古典哲学　　19世纪德国文学
　　　　法国文学史　　现代法国小说
　　　　美国史

涉及洲名的如:

　　　　西欧近代思想史　　欧洲文学史　　欧美近代史

涉及地质时期名称的如:

　　　　前寒武纪地质学　　寒武奥陶纪生物地层

还有涉及国内少数民族名的如:

　　　　藏医学　　蒙医学　　蒙药学　　拉祜语

语素来自音译的学科名称很少:

　　　　几何　　高等/微分/代数/解析几何

---

①　这是刘叔新先生提出的术语。参看刘叔新《汉语描写词汇学》第332页和第334页,商务印书馆1990年版。刘先生在《论词汇体系》(《中国语文》1964年第3期)中已对这种关系的内涵作了说明。

拓扑　代数拓扑学　逻辑学

由含外源语素的汉语学科名称可以看出，外来语素汉化，常减少音节，多音节的语素分别单音节化和双音节化。前者如：

Asia 亚细亚→亚　　　　Europa 欧罗巴→欧

Afrika 阿非利加→非　　Latin 拉丁→拉

America 阿美利加→美　English 英吉利→英

Deutsch 德意志→德　　Oros 俄罗斯→俄

Français 法兰西→法

后者如：

Geo[metry]→几何　topo[logy]→拓扑

"几何"这两个汉字令人望文生义，一般人已经看不出是外来成分了。只要一注意其含义，就会发现这门学科研究的不是"几何"这两个字字面所表示的数量，而是客观世界的空间形式（形状、大小和相互位置关系）。空间形式这一意义大大超出了古汉语"几何"的本来意思，可以说"几何学"的"几何"与表数量的"几何"之间没有同一性。这种令人望文生义的音译使非自源的语素也变得仿佛是自源的了。

汉语学科名称的自源性是就其构成成分的来源而言的。倘若论及学科名称的来源，则有相当大的一个多数是借自日本语的借形词。日语的学科名称多是以汉语语素作为构词材料的，其读音是借自古汉语的"音读"，因此这样的学科名称是汉源性的。这就为汉语大量从日语借入学科专业名称创造了现实的可能性。例如：

数学　高等数学　哲学　历史学　世界史

政治学　法律学　教育学　人才学　体育

经济学　经营学

管理学　统计学　冶金学

动力学　物理学　力学　光学　地质学　农学

天文学　生态学　社会学　民俗学　语源学

音义学　修辞学　现代修辞学　文学

艺术　伦理学　音乐　美术　美学　心理学

医学　化学

汉藏语系的藏语的学科名称也是像汉语一样尽量用本民族的语素构成的。例如：

(1) rtsis-rig　rtsom-rig　gnam-rig　sman-rig

　　　数　学　　文　学　　天文学　　医　学

(2) mtsan-nyid-rig-pa　gdan-tshigs-rig-pa

　　　哲　　　学　　　逻辑　　　学

sgra-rig-pa   bard-spord-rig-pa

　语言 学　　　语法 学

dngos-khams-rig-pa   rdzas-vgyur-rig-pa

　　物理 学　　　化 学

skye-dngos-rig-pa

　　生物 学

（3）rtsod-sgrub-gi   gdan-tshigs-rig-pa

　辩 证　　　　逻辑

phyi-tshul-gi   gdan-tshigs-rig-pa

　形 式　　　　逻辑

dngos-gtsovi   rtsod-sgrub-rig-pa

　唯物　　　辩 证 法

tsan-rig-gi   spyi-tshogs-ring-lugs

　科 学　　社会　　主义

rig-rtsal-thad-gi   rigs-payi   gzhung-lugs

　　文艺　　　理 论

chab-srid   dpal-vbyor-gi   rig-pa

　政 治　　经济　　学

（4）rig-gnas   tshan-khag   bzo-las   tshan-khag

　文　　科　　　工　科

rang-byung   tshan-khag   dang   bzo-las   tshan-khag

　　理　　科　　　（和）　工 科

（1）中 rig、（2）（3）中 rig-pa 是学科标记，（4）中 tshan-khag 是门类标记。

5.2　系统性

学科是成系统的，相应地学科名称也就有了形式上的系统性。

　纷繁的学科形成了一个大系统，大系统下面有子系统，子系统下又可以分出更小的子系统。一个学科下的子系统与另一学科下的子系统从名称上可以看出它们常常有对应关系，如语言学中有社会语言学，心理学中则有社会心理学；经济学中有计量经济学，数理经济学，语言学也有计量语言学、数理语言学。这方面的系统性特点是相对于词汇的其他许多类成员而言的。这种特点是超语言的，可以使人们认识到：在学科系统网络中还有许多空格在等待人们去填补，只要留心一下各个学科名称形成的系统，就能提出许多新学科。这将对科学发展大有裨益，人们可以选最有意义的学科作为研究方向。

　由语言间学科名称形式的对比，我们可以发现，汉语的学科名称标记比较整齐。请对比英语和汉语：

phonetics	grammar	lexicology	rhetoric
语音学	语法学	词汇学	修辞学
geometry	algebra	geography	literature
几何学	代数学	地理学	文学
shipbuilding	electricity	the science of law	navigation
造船学	电学	法学	航海学
toponomy	botany	meteria medica	library science
地名学	植物学	药物学	图书馆学

上举英语的学科名称的形式各异，缺乏共同成分。与英语形成鲜明的对比，汉语含有共同成分"学"，从构造上体现了系统性。另外，由于汉语中学科名称是自源的，许多相关的学科名称有共同的语素。英语中学科名是他源为主的，由于相关学科名分别借自不同的语言，因而学科之间的相关只是意义上的相关，名称形式则表现不出学科的相关。

5.3　开放性

科学研究的发展使人们注意到本来没有注意到的许多新领域，新学科不断产生，表示新学科的名称的新词新语也随着新学科的出现而出现，甚至新学科尚未出现时就起好了名字。《新词新语词典》[①]仅末字为"学"的学科名称就收了 373 个。略举些例子：

工效学　术语学　文书学　文章学　文摘学

市场学　书法美学　生物力学　公共关系学

5.4　国际性

学科专业名称有相当大的一部分属于国际科学用语。科学无国界，学科名称的意义明确单一，翻译时是可以做到一对一地翻的，这是意义上体现出来的国际性。国际性的形式表现是学科名称在东方和西方各有一个系列。西方语言中学科名称用的是西方国际词。例如：

汉	数学	生物学	哲学
英	mathematics	biology	philosophy
德	Mathematik	Biologie	Philosophie
法	mathematiques	biologie	philosophie
西	matem á tica	biología	filosofía
俄	математика	биология	философия

汉	物理学	动物学	历史
英	physics	zoology	history

---

①　李行健、曹聪孙、云景魁主编，语文出版社 1989 年版。

德	Physik	Zoologie	Geschichte
法	physique	zoologie	histoire
西	fisica	zoologia	historia
俄	физика	зоология	история

汉	化学	植物学	地理
英	chemistry	botany	geography
德	Chemie	Botanik	Geographie
法	chimie	botanique	géographie
西	quimica	botanica	geografía
俄	химия	ботаника	география

英、德、法、西班牙语词形和发音都大同小异,俄文如果用罗马字母转写,使用罗马字母、操上述语言的人都能看懂。

东方汉语、日语学科名称中有很大一批是共同的,例见§5.1。朝鲜语、越南语的学科名称基本上与汉语、日语相同,从语素上看是汉源的,从读音上看相同或相似,有对应关系。这许多学科名称是东方或东亚国际词的重要组成部分。这又是一个系列。请看越南语的例子:[①]

$hwa^5 hok^6$　　$i^1 hok^6$　　$sinh^1 li^5 hok^6$　　$fap^5 hok^6$
　化学　　　医学　　　生理学　　　　法学

$dien^6 hok^6$　　$triet^5 hok^6$　　$benh^6 li^5 hok^6$　　$chinh^5 tri^6 kinh^1 te^5 hok^6$
　电学　　　哲学　　　病理学　　　　政治经济学

每个音节下标汉字读音与粤方言十分接近。

5.5　常有缩略。

学科名称在特定的环境中是高频词语。由于原形往往很长,因而常有缩略,例如:

　　中共党史＜中国共产党历史

　　国际共运史＜国际共产主义运动史

　　企管＜企业管理　纺机＜纺织机械

　　化纤＜化学纤维　粮储＜粮食储藏

　　汽拖＜汽车与拖拉机　地貌与第四纪学＜地貌学与第四纪学

　　生化＜生物化学(例:神经～|动物～|植物～|蛋白质～|食品～|分析～|～制品)

　　组化＜组织化学(例:神经～)

　　组胚＜组织胚胎学＜组织学与胚胎学

---

① 选例和标音考虑了排印的方便,在保证区分不同音位的前提下,把不易排印的音标换为越南文字母,声调符号一律改用标明调类的数字。

　　儿少卫生学＜儿童少年卫生学

　　针麻＜针刺麻醉　　口外＜口腔颌面外科学

　　口内＜口腔内科　　口矫＜口腔矫形

　　普外＜普通外科　　神外＜神经外科

　　胸心外＜胸外、心血管外科学

　　整形＜整形外科学　　显微＜显微外科学

　　普物＜普通物理（例：～实验）

§6　学科名称与非学科名称的关系

6.1　非学科名称的词语转化为学科名称。

由非学科名称词语转化来的学科名称对环境的依赖程度最高，包括语种名称如：

　　英语　俄语　日语　法语　德语

　　西班牙语　阿拉伯语　朝鲜语

各种法律名称如：

　　宪法　民法　刑法　诉讼法　婚姻法

　　劳动法　国家法　国际法　联合国法

各类体育运动名称如：

　　体操　武术　田径　球类　足球　篮球

　　排球　羽毛球　棒球　垒球

各种乐器名如：

　　钢琴　手风琴　小提琴　中提琴　大提琴

　　长笛　单簧管　双簧管　大管　小号　长号

　　圆号　笛子　二胡　扬琴　琵琶　古筝

　　板胡　唢呐　笙

各类音乐名如：

　　声乐　管弦乐　管乐　弦乐　民乐

　　拉丝乐　弹拨乐　打击乐

各类绘画名如：

　中国画　人物　花鸟　山水

　油画　版画　动画　装饰画

其他如：

　　汽车　内燃机　硅酸盐　烟草　服装　歌剧

以上是名词转作学科名称的情况。下面看用动词作学科名称的例子：

制冷　统计　设计　测绘　雕塑　装潢

运动　游泳　举重　击剑　导游

编剧　导演　表演　摄影　播音　录音

作曲　指挥

6.2　无标记的学科名称中有些可以加上标记转化为有标记的学科名称；有标记的学科名称中的标记往往失落，从而有标记的学科名称转化为无标记的学科名称。这是标记隐现型的转化。例如下列学科名称中加方括号的"学"可以出现，也可以不出现：

电工[学]　电机[学]　电器[学]　几何[学]

病理[学]　生理[学]　药理[学]　物理[学]

传染病[学]　职业病[学]

冶金[学]　铸造[学]　焊接[学]

上面§6.1讨论的学科名称依赖于一定的环境，如果不是出现在特定的环境中，就不是学科名称。这种不靠标记的隐现实现的转化是学科名称与非学科名称的转化。本小节上面所列标记隐现型的转化，既有学科名称与非学科名称的转化，又有带标记的学科名称与不带标记的学科名称的转化。

6.3　有些不带标记的学科名称与非学科名称的转化相对自由一些，如临床医学学科专业名称与医院中的科同名的有很多：

内科　外科　眼科　耳鼻喉科　口腔内科　普通外科　胸外科

妇产科　妇科　儿科

手外科　骨科　骨外科

有些术语可以成为学科名称。例如：

针灸　内分泌　泌尿　正畸　创伤

6.4　学科名称中带有标记"学""论"的有作为构词材料的可能。凡以"学"煞尾的学科名称后加上准后缀"家"就变为指人名词而不再是学科名称了。例如：

语言学家　哲学家　经济学家　考古学家　化学家

凡"学"前为双音节的学科名称后面还可以加后缀"者"转化为指人名词。例如：

语言学者　经济学者　考古学者

以"论"煞尾的只有个别较长的词可以后加"者"转化为指人名词如"历史唯物论者"。

6.5　学科名与课程名和书名

学科名称可以构成课程名和书名。这里讨论的书名限于含学科名称的学术著作、科普著作，包括教科书。课程名可以成为书名。从相反的角度看，书名不一定能作课程名，课程名也不一定是学科名称。只有极少数非常重要的经典著作名可以成为学科名如"内经"、"伤寒论"、"金匾要略",或者可以构成学科名如"《资本论》研究"。

6.5.1 学科名称既可以作课程名称,又可以作书名。例如:

逻辑 宪法学 刑法学 中国文学史

中国现代文学史 文化语言学

汉语描写词汇学 汉语修辞学 汉语口语

现代汉语语法学 现代汉语句型

6.5.2 课程名称可以是书名,但不是学科名称。这类课程名称里,在所包含的学科名称后边出现了"概论"、"导论"、"引论"、"选读"、"作品选"。

概论:文学～ 语言学～ 法医学～

　　　康复医学～ 调和分析～

引论:语言学～ 数理逻辑～

　　　整函数与亚纯函论～

导论:环境科学～ 原子核物理～

选读:西方语言学名著～

作品选:中国古/现代文学～

"广告实用写作"中的"实用"是形容性成分,含这类成分的不是学科名称,但可以是书名和课程名。不属于学科名称组成部分的"基础"、"研究"、"分析"也能加在学科名称后面构成书名和课程名。例如:

调和分析基础　　泛函分析基础

汉语语法专题研究 汉语语法研究

现代汉语句法分析

6.5.3 有些书名只能是书名,不是学科名称,也不能作课程名称。这类书名里含有表示书的性质的成分。例如:

讲义:语法～　　　答问:语法～

教程:古代汉语～　简编:中国通史～

　　　语言学～

　　　实用公文写作～ 新编:现代俄语语法～

概要:文字学～　　探新:语法修辞～

纲要:中国史～　　初探:汉语话语语言学～

　　　语言学～

稿:　中国语法学史～ 求索:语法～

　　　汉语语法学史～

　　　汉语史～　　　研究和探索:语法～

　　论稿:语法～

　　丛稿:语法～　　　　　探索:现代汉语语法～

　　集稿:语音探索～

　　集： 语法问题探讨～　述要:语法～

　　论集:现代汉语语法～

　　　　语言～

　　　　语文～

　　　　汉语史～

　　论文集:汉语语法～

　　论丛:语言学～

　　　　　语言研究～

　　译丛:语言学～

　　　　语言研究～

　　散论:现代汉语虚词～

左栏所列标示书名性质的成分是名词,右栏所列标示书名性质的成分是动词性的(多为名动词性的)词和词组。这些书名是由学科名称加书名标示成分构成的。学科名称前面加上非学科名称组成成分又非课程名称组成成分的形容词也构成书名。例如:"简明实用汉语语法"。

　　6.6　学科名称与校系名和科研机构名

　　6.6.1　学科名称与校名

　　校名中不一定包含学科名,如北京大学、南开大学。但许多校名中包含学科名,含学科名称的高校名的构成方式是:

　　　　学科名＋大学　对外经济贸易大学　石油大学

　　学科名前面经常出现国名、地区名、省区名、市名、人名。例如:

　　　　中国政法大学　　　　中国纺织大学

　　　　华北水利水电学院　　东北重型机械学院

　　　　内蒙古农牧学院　　　陕西财经学院

　　　　桂林冶金地质学院　　北京航空航天大学

　　　　苏州蚕桑专科学校　　北京针灸骨伤学院

　　　　中山医科大学　　　　白求恩医科大学

其中包括一个或两个学科名。学科名常和"学院"融合成一个词。例如:

　　　　医学＋学院→医学院　首都医学院

　　　　工学＋学院→工学院　东北工学院

　　　　农学＋学院→农学院　宁夏农学院

　　　　　药学＋学院→药学院　　沈阳药学院
　　　　　林学＋学院→林学院　　浙江林学院

6.6.2　学科名称与学系名

　　不同规模、不同类型的学校用学科名构成学系名时,可能会有不同。区别主要在于专业划分粗细程度不一致。综合性大学有很多系,由于大学教育的发展,学系数量有所增加。例如北京大学英语系从西方语言文学系独立出来,日语系从东方语言文学系独立出来,考古系从历史系中独立出来;南开大学国际经济系、金融系、管理学系从经济学系中分了出来。

　　学系名以学科名加“学系”的方式构成。如果学科名中也包含“学”字,就要去掉一个。如果一个系有多个专业,总是以最吸引考生报名的专业名来命名的。

6.6.3　学科名与科研机构名

　　学科名是科研机构名的重要组成部分。科研机构名的构成公式一般是:

　　　　　国名或者市名或上级单位名＋学科名＋通名

第一部分不是必有的,只含学科名和通名的如:

　　　　　航空材料研究所　　　　有色金属研究总院
　　　　　建筑材料科学研究院　　海洋环境预报研究中心

包含三部分的如:

　　　　　中国原子能科学研究院　　中国气动力研究与发展中心
　　　　　中国预防医学科学院　　　中国空间技术研究院
　　　　　中国电影艺术研究中心　　中国建筑技术发展中心
　　　　　广东心血管病研究所　　　南京电子工程研究中心
　　　　　冶金部建筑研究总院

科研机构名中一般包含一个学科名,如中国科学的学部名:

　　　　　化学部　　地学部　　生物学部　　技术科学部

也有包含两个学科名的,如“数学物理学部”。这里学科名中的“学”与“学部”的“学”碰到一起,省掉了一个。

§7　余论

　　7.1　关于学科名称的音节数即字数,我们对授予博士学位的 487 个专业名作了统计。一个专业名含 2～13 个音节,其中 4 个音节的 128 个,占 1/4 强;其次是 5 个音节的,占 1/5 强。3～7 个音节的共 397 个,占 81.5％。7 个音节以内的稳定性较强。统计的学科专业名称分别包含 1～7 个词,其中含两个词的 225 个,占 46.2％;其次是含 3 个词的和含 1 个词的共 188 个,占 38.3％;含 1～3 个词的共 413 个,占 84.5％。

128 个四音节学科名中 117 个由两个双音节词构成。104 个五音节学科名由双音节词和三音节词构成,其中双音节词在前的 90 个,在后的 14 个。在含 3 个词的学科名中,由 3 个双音节构成的有 54 个,占 56.8%。由此可见汉语词的双音化趋势和节律的四音节趋势。

7.2　学科名称固定化程度上有差异。总的说来,大学科名比小学科名固定化程度高,老学科名比新学科名固定化程度高,实在学科的名称比虚拟学科的名称固定化程度高。

实在学科指已经或正在形成的学科,虚拟学科指虽已提出名称,但并没有值得重视的成果,因而看不到形成学科的前景的学科。这种学科为数不少,目前不宜把这类学科的名称看作词汇成员,至多看作有成为正式成员的潜在可能性的候补成员。

学科名称中固定语包括:(1)特级、1 级、2 级学科名称(参看 §4.1),(2)其他不超过 3 个词,不超过 7 个音节的实在而非虚拟的学科名称。

7.3　学科名称近十几年大量涌现,简直多如牛毛,然而也还是有限制的。例如不少疾病名称能构成学科名称,加"学"的:

　　　　流行病　　地方病　　传染病　　皮肤病
　　　　精神病　　职业病　　老年病

不大加"学"的:

　　　　血液病　　心血管病　　肾病　　呼吸系病
　　　　消化系病　　内分泌与代谢病　　克山病
　　　　热带病

例中的病名多是类名,这类是医学上对疾病的分类,不是日常概念的分类,不是很难成为一门学科的某种具体疾病名。例如没有:

　　　　*头痛学　　　*发烧学　　　*感冒学
　　　　*鸡眼学　　　*腹泻学

可见学科名称具有科学的概括的品格。

学科有大有小,最大的学科是门类,最小的学科是研究方向(branches of research)。因此学科名称不可能包括全部术语,而只能是各学科术语中的极小部分。

7.4　学科名称分别是词和固定语,比较地说,大学科的名称中词比固定语多,学科门类名称是词;小学科名称中固定语比词多。在由一系列固定语构成的学科名称子系统中,上位学科名称固定化程度比较高,异名的情况比较少,规范程度也比较高;下位学科名称固定化程度比较低,异名的情况比较多,规范程度比较低。上位学科在划分为下位学科时,不同的高等学校和科研机构根据本单位指导教师的业务专长作了不同的划分。甚至一个单位同一专业的不同指导教师的研究方向也常有重叠。例如同是中国古代文学专业,下面的研究方向有:

　　　　(1)先秦至隋文学　　(2)魏晋至隋唐文学
　　　　(3)魏晋南北朝隋唐五代文学

(4)宋元明清文学　(5)元明清文学

(1)与(2)交叉,(3)包括(2),(4)包括(5)。

再如中国古代史专业下的研究方向:

(1)秦汉史　(2)汉唐史　(3)魏晋南北朝史

(4)隋唐史　(5)宋辽金史　(6)宋史

(1)与(2)交叉,(2)包括(3)和(4),(5)包括(6)。

世界地区史、国别史专业下的研究方向:

(1)亚非拉史　(2)亚非史　(3)亚非拉近现代史

(4)拉美史　(5)东南亚史　(6)中、西亚史

(7)南亚、中东史　(8)印度史　(9)朝鲜史

(1)包括(2)(3)(4)(5)(6)(7)(8)(9),(2)与(3)交叉,(2)包括(5)(6)(7)(8)(9),(3)与(4)交叉,(6)与(7)交叉,(7)包括(8)。

7.5　对于由固定语形成的学科名称,我们既描写其形式方面,又描写其内部的各成分之间的意义关系。

固定语形式方面的描写是词汇—语法描写,说明固定语构成成分的分布特征;构成成分之间意义关系的描写是词汇—语法—语义的描写,说明其内部形式,即深层的语义关系。可见,要全面地描写固定语,须从词汇学、语义学、语法学三个方面着手。

参考文献

国务院学位委员会办公室编　1986　《全国授予博士硕士学位的高等学校及科研机构名册》,高等教育出版社。

李行健、曹聪孙、云景魁主编　1989　《新词新语词典》,语文出版社。

刘叔新　1990　《汉语描写词汇学》,商务印书馆。

马庆株　1988　《关于缩略语及其构成方式》,《语言研究论丛》第5辑,南开大学出版社。

王吉辉　1991　《术语的性质、类别及其与共同语词汇的关系》,南开大学硕士论文(油印)。

朱德熙　1982　《语法讲义》,商务印书馆。

(原载《语言学论辑》第一辑,天津
人民出版社1993年版)

论 同 步 引 申

许 嘉 璐

一 何谓同步引申

历来谈词义引申,只着眼于单个词意义延伸的情况,或描写其轨迹,或探究其原因。实际上词义的引申并不是词的个体孤立地、一个词一个"模样"地进行的。一个词意义延伸的过程常常"扩散"到与之相关的词身上,带动后者也沿着相类似的线路引申。我们把词义的这种伴随性演变称为"同步引申"。下面先考察几个相关词的引申情况。

族 《说文》:"矢锋也。束之族族也。从㫃,从矢。㫃所以标众,众矢之所集。"是许慎以矢镝丛聚之状为其本义,亦即簇之本字。段玉裁云:"引申为凡族类之称。"甲骨文家或有以族类为本义者。① 丛聚或族类皆非一之名。设以此为起点,则第一步引申为多。《礼记·祭法》:"大夫立三祀,曰族厉、曰门、曰行。"孔疏:"族,众也。大夫众多,其鬼无后者众,故言族厉。"凡物,多者即为"一般",极好与极坏者即异于"众",总是少数,所以"族"又引申为"一般的""大路货"。《庄子·养生主》:"族庖月更刀,折也。"族庖即技术平常、最一般的庖丁。《释文》引崔注:"族,众也。""众"虽也包含着"一般"之义,但直训为"众",于义稍疏。

众(衆) 《说文》:"多也。"字从目(甲文从口、曰)、仦。《说文》"仦,众立也",是"众"本取义于人之多,引申为一切之多。《庄子·天地》:"与夫人之为徒,通是非而不自谓众人。"《释文》引司马注:"众人,凡人也。"(今本《释文》误移于"谓己谀人"句下。)《淮南子·修务训》:"贤人之所不足,不若众人之有余。""众人"与"贤者"相对,显然此"众"已非一般众寡义,所以高诱注云:"众,凡也。"《列子·力命》记杨朱之友季梁患病,矫氏医之,季梁曰:"众医也,亟屏之。"继而俞氏、卢氏医之,季梁分别称之为"良医""神医",与《养生主》说庖人之分三等相同。《史记·汲郑列传》:"夫以汲郑之贤,有势则宾客十倍,无势则否,况众人乎?"王安石《伤仲永》:"则泯然众人矣。"诸"众人",皆与《修务训》同。

列 《说文》:"分解也。"《大戴礼记·曾子天圆》:"割列䄍瘞。"卢辩注:"列,䚊辜也。"䚊为副之籀文,亦即剖解判分之义。所谓分解、副,本专指解牲,一分为二,因此引申为行列。成行成列则众多。《史记·廉颇蔺相如列传》记秦王先见相如于"列观",列观即一般的殿堂或台观。惟其

---

① 如丁山,见所著《甲骨文所见氏族及其制度》。

一般,所以相如才以此为说收回和氏璧,迫使秦王改在"章华台"行九宾之礼以见之。

以上三字的引申轨迹为:

族　　丛聚→众多→一般

众　　人多→众多→一般

列　　分解→行列→一般

"庶"字也走了同样的线路:

庶　　屋下众→众多→一般

案,《说文》训庶为屋下众,盖以字形从广,但于文献无征。姑以此为起点,则一切事物之众多为其引申义,庶人、庶子、庶老之庶已有"一般"义。

如果以近似号表示同义(近义)关系,那么这样的同步关系可以用以下公式描写:

$$A\rightarrow A_1\rightarrow A_2\cdots\cdots A_N$$
$$\approx\quad\approx\quad\approx$$
$$B\rightarrow B_1\rightarrow B_2\cdots\cdots B_N$$
$$\approx\quad\approx\quad\approx$$
$$C\rightarrow C_1\rightarrow C_2\cdots\cdots C_N$$

或简化为:

$$A:A_1:A_2\cdots\cdots A_N\approx B:B_1:B_2\cdots\cdots B_N\approx C:C_1:C_2\cdots\cdots C_N$$

相关的词意义演变的这种关系,姑称之为"同步引申律"。同步引申是一种历时现象,是词在其演变过程中某一阶段的现象。具有同步关系的诸方在此阶段之前或之后具有不同的来龙与去脉,因此一个词在其意义演变的不同阶段可以和不同的词发生同步关系。例如"族"作为动词的灭族义即与众、庶无关,而在"部属→连续→会合"的引申阶段又与"属"同步。

属《说文》:"连也。"其字从尾,蜀声,则"连"者,谓交尾而相连属(见《新方言》卷四)。引申为属下、部属。《尚书·周官》:"六卿分职,各率其属以倡九牧,阜成兆民。"又引申为连续。《礼记·经解》:"属辞比事,《春秋》教也。"再引申为会合。《礼记·王制》:"千里之外设方伯,五国以为属,属有长。"

与上列族、众的同步引申轨迹联系起来,就呈现出这样的网络:

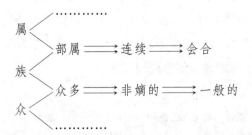

如果继续系联,把经过考察、彼此确有同步关系的词会合一处,就可以得到若干相当庞大而复杂的同步引申图。

二 同步引申的类别

同义词最容易形成同步引申。上述族、众、庶、属之间即为不同范围中的同义词。又如:

休 《说文》:"止息也。"由此而引申为善、美。

徽 《尔雅·释诂》:"止也。"也由此而引申为善、美。

折成同步引申律,即:

休:止:善:美≈徽:止:善:美

又如"基"由"墙始"(《说文》)引申为一切之始,"肇"由"始开"(《说文》),指户之始开,"户"暗含于"开"字之中)引申为一切之始。人事通常始于谋虑,因此基、肇在一定的语言环境中也可以指谋虑。《诗·江汉》:"肇敏戎公,用锡尔祉。"传:"肇,谋也。"《礼记·孔子闲居》:"'夙夜其(基)命宥密',无声之乐也。"郑玄注:"基(其),谋也。"[1]以公式表之,即为:"基:始:谋≈肇:始:谋"。

反义词同样可以形成同步关系。例如"厚"与"薄",原指物体上下两个平面间距离的大小,但却平行地移指轻重、深浅、多少、浓淡。《战国策·秦策》:"会齐王之罪其于弊邑之王甚厚。"高注:"厚,重也。"《史记·吴起列传》:"居顷之,其母死,起终不归,曾子薄之而与起绝。"薄,轻也("意动")。《汉书·谷永传》:"厥咎不远,宜厚求诸身。"颜注:"厚犹深也。"《礼记·月令》:"审棺椁之薄厚,茔丘垄之小大高卑薄厚之度。"第二个"薄"字即浅义。《考工记·弓人》:"厚其液而节其帤。"郑玄注:"厚犹多也。"《汉书·高祖纪》:"吾非敢自爱,恐能薄,不能完父兄子弟。""能薄"即才能寡少。《韩非子·扬权》:"香美脆味,厚酒肥肉,甘口而病形。"厚酒即浓酒。《说文》:"酖,厚酒也。"是言酒中酒精含量自有专字,今用"厚"字,乃用其引申之义。枚乘《七发》:"腥酖肥厚。"意为腥肥酖厚,酖与厚同义交叉搭配,厚亦即酖。与之相对,淡则谓之薄。《庄子·胠箧》:"鲁酒薄而邯郸围。"厚/薄的引申状况为:

厚:重:深:多:浓≈薄:轻:浅:少:淡

又如好、恶为反义词。好之本义为女子之美(段玉裁说),恶之本义为"过",即过错,"有过而人憎之亦曰恶",与事物美好而人喜之相反,因此二字分别引申为喜爱与憎厌。又因"好"引申为一切之美,"恶"也就指一切之丑,包括女子之貌。所以《战国策·赵策》既说"鬼侯有子而好",又说"纣以为恶"。这样,由于好的带动而形成同步:

---

[1] "夙夜基命宥密"为《诗·周颂·昊天有成命》中句。《国语·周语》载叔向说此诗之辞,以基为始,毛传、郑玄笺《诗》从之。这里又训"基"为谋,又进了一步。

好：女子之美：一切之美：喜爱≈恶：女子之丑：一切之丑：憎厌

这里暂时略去了"好"与"恶"引申顺序的不一致处,详见下文。

形成同步关系的词语间有不少彼此声音相通。例如:

灵：善：福≈禄：善：福   孔：空：美：甚≈好：空：美：甚

渠：盾：帅：芋根≈魁：盾：帅：芋根   永：长：续≈羕：长：续

灵/禄、孔/好、渠/魁、永/羕都有声转关系,①多是同源字,或为"兄弟",如"孔/好",或为"母子",如"永/羕"。

所谓同步,只是从历时角度看不同的词引申轨迹大致平行而已,并不是说同步之诸方面如引申的速度、发生的时代完全一致,即同步过程本身未必共时。例如"族"的"一般"一义就可能早于"众多"义,这与"众""列"的情况恰好相反;而且这一义项在历史上只存在了短暂的一瞬,不如"众"之"一般"义持续得长久。又如"好/恶",恶之指女子之丑似在"憎厌、一切之丑"之后,二字的引申次第可能也相反。

"冤/曲"的情况更有启发。这两个词都曾经引申为受屈、弯曲义,形成同步;但冤的直接引申义为受屈,曲的直接引申义为弯曲;冤作弯曲解、曲作受屈解都是再次引申的结果。有意思的是双方都是由自己的直接引申义出发向着对方的直接引申义发展,呈现为:

若以斜向箭头表示间接引申义,则可标为:

与此相近的例子是上述的"孔/好"。孔之训美、好之训空,虽然不一定在孔训空、好训美之后,但在使用中孔之美义、好之美义显然不及孔之空义、好之美义常见。如果以斜向箭头表示使用频率不高的意义,则也形成与"冤/曲"同样的矩阵:

这种引申次第、速度(包括使用频率)具有某种相反性质的情况可以称之为交叉同步。

---

① 参看《广雅疏证》《尔雅义疏》各字下,及黄侃《尔雅音训》。

三　同步引申对语言发展的影响

　　语言中的词等义者少，一般说来都是一个词一副"模样"。每个词被运用于言语实践时所遇到的情况也是千变万化的。这就使得词义的引申呈现出纷繁的状况。如果所有的词意义引申的过程是彼此绝不相干的，那就会跟每个事物都设专名的后果一样，造成语言的浪费，增加人类学习、掌握语言的障碍。同步引申律恰好是对词义引申可能无限多样化的反动。意义相关的词（主要是同义词、反义词和同源词）平行引申，走着大体相同的路，这使原本极为复杂的情形稍有条理可循，描写叙述起来也相对地简化得多了。众所周知，在汉字的发展过程中，转注与假借是相反相成、相互制约的一对规律，遵循这对规律的结果是汉字数量的相对稳定。① 跟这一情况相类似，词义的自由发展、所经路线的各有特色，与同步引申、相关词的意义演变历程的大体相似，则是词义发展过程中的矛盾统一，其结果是促进了某些词义的演变发展，同时又限制了引申线路的过于歧异与紊乱。

　　同步引申的过程往往也就是词与词间相互竞争的过程。竞争的结果通常是其中一方的引申结果为历史所接受。例如"秽／浊／污"三者的同步律为：

　　　　秽：草不洁：不洁之地：不洁≈浊：水不洁：不洁之地：不洁≈污：水不洁：不洁之地：不洁②

"不洁"在人之品德则为贪婪刮取，故"贪秽、贪浊、贪污"三者可并行，在《后汉书》中就是这样：

　　　　先时守宰并多贪秽，诡人采求，不知纪极。（循吏传）

　　　　邵陵令任嘉在职贪秽，因迁武威太守。（儒林传）

　　　　隐核官僚之贪浊者，将加贬黜。（孔融传）

　　　　欲先诛左右贪浊者，大赦党人，料简二千石能否。（宦者传）

　　　　司空张颢条奏长吏苛酷贪污者，皆罢免之。（酷吏传）

　　　　残民贪污烦扰之吏，百姓所苦。（百官志注引《汉旧仪》）

显然地，后来"贪污"战胜了其余二者。又如"持／把"曾经有过同步阶段：

　　　　持：握：掌握：掌管≈把：握：掌握：掌管

掌管一义，体现于如"持家"这样的词语中。"持家"自古至今为常语，而"把家"在语言中只存在了很短的时间。《牡丹亭》第三出："你好些时作官为儿，有一日把家当户……""把"的这一意义

---

① 参看陆宗达师《"说文解字"通论》。

② 秽，《说文》作薉，"芜也。"段玉裁云："地曰芜薉，水云汙薉，皆谓其不洁清也。"浊，《说文》云水名，这里姑不以为本义。《说文》"汙"下云"一曰，小池曰汙"，小池停水而腐，亦即"不洁之地"。

没有被继承下来,这一领域由"持"独霸了。① 前文所述"族"之"一般"一义较早地消失,以及"孔"在后代不再表美义的现象,也都是竞争的结果。

　　同步引申对汉语双音节词的产生和演变有不小的影响。例如物、事、故交叉同步,因而产生了同义复合双音词事物、物事、事故、故事等。举与措同步,因而措手也说举手。《汉书·王莽传下》:"愁法禁烦苛,不得举手。"不得举手即无所措手足。又如室与家同步,所以同是表达学习某种知识得其奥妙,古说"入室",今言"到家";家即室耳(今晋陕方言犹以家为室)。又如今之隧道,古称穴道、穴径(见《汉书·西域传》),即因孔、穴、隧同步,径、道同步。上文说的贪秽、贪浊、贪污,把家、持家,就其所以产生和并存而言,用同步观点分析,可得到较深入的说明。要之,言语中的同义互换(包括双音词中同义词素的互换),都是由于有同步引申的基础。

四　同步引申与语言分析

　　同步引申说是对词与词间在意义发展演变过程中所发生的关系的考察。如果我们从研究单个词意义引申的轨迹出发,找出词与词间的同步关系,并逐步系联出词在其意义演变的不同阶段与不同的词所发生的不同的同步关系,形成多层次多趋向的网络,这将是对词间关系、因而也是对词汇系统的另一角度的描写。

　　在我们所系联或构建的这个网络中,同义词和反义词的关系将显现得最为突出而清晰。迄今为止,人们对同义词和反义词的判定与分析还是比较笼统粗略的。例如同义词的辨析,大多是从词的词汇意义、语法意义、修辞或情感意义几方面着手,还没有注意到词义系统的比较。如果运用同步引申律观其异同,则不但可以显示同义词间的同与异在其各自的意义序列中处于什么样的地位,而且可以看出不同的同义词群之间的勾连瓜葛以及同义词间的亲疏远近。仍以上文所举族、列、庶、众一组词为例,用同步律归纳即为:

　　　行:　行　走:行列:曹辈
　　　　　　　　　　　　《
　　　列:　分　解:行列:一般
　　　　　　　　　　　　　　　《
　　　庶:　屋下众:众多:一般
　　　　　　　　　　《　　　《　　　《
　　　众:　人　多:众多:一般
　　　　　　　　　　《　　　《

---

① 在闽南方言中还说"把家",但通常还含有善于管家的意思。至于用作定语时指私人专用,则更与掌管义远离了。参看《普通话闽南方言辞典》。

族：积聚（人）：众多：一般
　　　：部属：连续：会合
　　《　　《　　《

属：　交　尾：连续：部属：会合

词与词之间近似号多的，同义关系近；近似号少的，同义关系远。如果经仔细研究（上述各同步律公式只是为说明问题所做的粗略的排列，并不是认真的描写），根据同义关系远近把同义词分为几个 档次，或许有助于人们对同义词的认识，其中甚至会有打破现在人们的一些观念的地方，例如今不以为是同义词者被归为同义词，今多以为是同义词的实际却不是，等等。

同步引申律可能还有助于对古语词的训释和对古人成训的鉴别。如果同步的一方（近似号的左方）其词义序列清楚，则可以据以推断另一方（近似号的右边）词义序列中的某一项。例如"休/罢"同步：

休息：止：停止≈罢：息止：停止①

无名氏杂剧《陈州粜米》第一折："这是朝廷救民的德意，他假公济私，我怎肯和他干罢了也呵。"又："父亲亡逝已过，更待干罢。"据"休/罢"的同步关系，则干罢即干休。即使我们靠语感释罢为休，同步律也可以为我们提供一方面的理论根据。又如《战国策·韩策》《史记·仓公列传》并有"宁为鸡口，不为牛后"之语，《史记》正义："鸡口虽小犹进食，牛后虽大，乃出粪也。"是以"后"为肛门。索隐引《战国策》延笃注："尸，鸡中主也；从，谓牛子也。言宁为鸡中之主，不为牛之从后也。"尔后说者各执一端，莫衷其是。今按"后"之反义词"前"，可指人的脸面。《梁书·沈约传》："约尝侍谳，值豫州献栗，径半寸，帝奇之，问曰：'栗事多少？'与约各疏所忆，[约]少帝三事。[约]出谓人曰：'此公护前，不让即羞死。'"然则可得如下公式：

前：不行而进：前头：脸面≈后：走在末尾：前之反：？②

即："A：A₁：A₂≈B：B₁：X"。则X(B₂)应为脸面之反，亦即臀。"牛后"与"鸡口"相对，无异于言"宁为鸡前，无为牛后"或"宁为鸡口，无为牛豰"，只是为了叶韵而以口对后（后指臀又指窍，即同一词兼指全体和部分，这在语言中常见）。《史记·仓公列传》："[此]涌疝也，令人不得前后溲。"索隐："前溲谓小便；后溲，大便也。"此"后"所对之"前"虽非指脸面，但"后"指后窍则与"牛后"同理。由此可说明张守节之说甚确，而或以为《韩策》《苏秦列传》字误者乃以不误为误耳。

五　前人对同步引申的关注

我国古代的小学家已经注意到同步引申的事实。例如王念孙在《广雅疏证》中往往指出不

---

① 《说文》："罢，遣有罪也。"段玉裁云："引申为止也、休也。"这里为了显示其同步关系，略去其本义和由"止"再产生的引申义。

② 《说文》："前，不行而进也。"这是说乘船，以其字从止从舟；又"後，迟也。"即走得慢，落在后面。今并据以为本义。

同的词的共同引申道路：

> 止与至同义，故距、碍、艾三字训为止，又训为至也。（释诂）

即："距：止：至≈碍：止：至≈艾：止：至"。

> 躐谓之蹶，亦谓之踶；走谓之踶，亦谓之蹶；义相因也。（释言）

即："蹶：躐：走≈踶：躐：走"。

> 凡更代作必以其次，故代谓之比，犹次谓之坒也；代谓之遞，犹次谓之第也；代谓之迭，犹次谓之秩也。（释诂）

即："比：代：次≈遞：代：次≈迭：代：次"。

> 魝与侏儒，语之转也。故短谓之侏儒，又谓之魝；梁上短柱谓之棳，又谓之侏儒，又谓之棳儒；蜘蛛谓之蠿，又谓之蠿蝥，又谓之侏儒。（释诂）

即："魝：短：短柱：蜘蛛≈侏儒：短：短柱：蜘蛛"。

> 郝懿行在《尔雅义疏》中也搜集了许多这类现象，例如：

> 皇谓之大，亦谓之君，烝谓之众，亦谓之美，亦谓之君。

即："皇：大：君≈烝：众：美：君"。①

> 黄侃先生亦尝措意于此。其《尔雅义疏笺语》②云：

> 疾与健义近，故训壮；疾健同训捷，训偈，训壮，故知义近。

即："疾：捷：偈：壮≈健：捷：偈：壮"。

先贤所举，更仆难数。要之，前人对同步引申现象的研究具有以下特点：

1. 所搜集的材料相当丰富。

2. 不但指出了同步引申的现象，而且用以对字义进行训释，其中包含有据已知的同步现象推断未知的字义的成分和趋向。

3. 有一定的理论说明。首先表现为对《雅》书条例的阐述；其次表现为对名·实关系、词之衍生孳乳规律的总结。例如王念孙于前文所引论"侏儒"之后云："盖物形之短者其命名即相似，故屡变其物而不易其名也。"这实际是他所说的"义相因也"的具体化。郝懿行于"皇谓之大"下云："凡有数义而皆通，斯《尔雅》诸文之例也。不明乎此，则窒矣。"黄侃先生的认识又前进了一步。他说"疾与健义近，故训壮"，这是说疾与健有产生同步关系的基础：二字义近；他说"疾健同训捷、训偈、训壮，故知义近"，则是指出由二词的同步关系判断二字同义。

4. 还未能与词的分化和字的孳乳问题区别开来认识，也就是还没有从一片混沌中从另一个角度抽象出新的规律。

5. 尚未能从理论上对同步引申现象的产生、意义作更为深入的说明。

---

① 郝氏的叙述语言不及王氏清楚，据其意构拟公式应如此。

② 见《尔雅音训》。

这后两点，是有赖于今人的努力的。

六　同步引申的基础

语言方面的基础　语言是社会的，也是个人的。惟其是社会现象，为全民所创造、所承认、所使用，所以我们所说的词义乃是词的社会意义。但语言使用者的个体在语言活动中的地位和作用也不容忽视或抹杀。每个社会成员在使用语言时并不是消极被动地遵循社会共有的规律，否则语言就不会变化和发展。每一个正常的语言使用者几乎都有自己的语言特色，在使用过程中有"创造"。众多的"创造"经社会的筛选和考验，有的被核准，就进入了全民语言，成为"成功者"；有些则作为个人现象转瞬即逝，成为"失败者"。同步引申就是在这种外部语言的内部化，继而变个性化的使用为社会化的过程中出现的语言类推作用的产物。语言使用者以原有的语义及其演变的知识为前提，把某一词语的引申用法推广到与之相关的词语身上，于是后者引申的方向与阶段性就被前者"同化"了。因此同步引申的一个词群中总有一个是"先驱""带路人"，其余的都是被动者。

关于语言的类推作用，过去人们只注意了语音和语法方面，而对词汇，尤其是对词义发展的类推情况却关心和研究得很不够。有人曾经涉及到"由反义关系联结起来的成对的词可以互相影响到词义发展的方向"，[①]也并没有看到这一规律的更为普遍的意义、同步者的多元性。实际上语言的类推作用在词汇—词义领域里的影响并不亚于语音、语法领域，这可以从语言的习得过程中得到有力的证明。同步引申说的进一步研究或许可以反过来丰富人们对语言及其规律的系统性的认识。

心理方面的基础　这是语言使用者主观方面的基础。人类对于词语意义的逻辑思维（包括认识与判断）属于有意识的心理状态；下意识的语感、非自觉的类推则是无意识的心理状态。对于词语引申状态的类推是这样发生的：当一个词（如"众"）由本义延伸出一个新义（如抽象的"多"）并被全社会接受以后，语言使用者据其本义的特征而推广到与它相关的词上（如"族""列"），觉得既然前者（"众"）可以表示这个新义，那么相关者也应如是，于是照着前者的新用法使用其他词。这就形成了最初相同的一步。这一切都是在无意识的心理状态下发生的。

在这个过程中，通感与联想起了很大的作用。通感或称联觉，本来是指某一感官受到刺激而产生了另一感官所特有的感觉。[②]我们在这里借用这一术语来说明实际上比感觉更为复杂的心理活动对形成同步引申的影响。厚/薄、重/轻、深/浅、多/寡、浓/淡，本来都是不同性质的感觉，但由于它们所引起的心理感受有相通之处，因而可以成对地移此植彼地引申；而这种通感

---

①　〔苏〕兹维金采夫《普通语言学纲要》中译本47页。
②　参看〔苏〕彼得罗夫斯基《普通心理学》中译本266页，人民教育出版社。

在一般情况下又几乎是民族和社会群体所共有的,因而由此而产生的同步引申可以为社会所接受。

但是通感或联觉顶多只能说明同步引申的各方何以会有后来一系列的引申,还不能解释为什么一方的引申线路会影响到与它相关的词而形成同步。"联想"原理或者可以做出一定的说明。在古希腊,亚里士多德已经把联想分为类似联想(性质相近的事物间的联想)、对比联想(性质相反的事物间的联想)、接近联想(在时间或空间上同在或相继的事物间的联想),并为后代许多心理学家所接受,[①]后来又有人添上了因果联想一项。[②] 我们所说的"类推",实际就是联想的结果,而且巧得很,上文所说的同义词、反义词、同源词所形成的同步引申大体与心理学上的前三种联想相应,而因果联想实际已潜在于这三种类型之中。当然,作为同步引申的心理基础的联想,实际是很复杂的心理过程,例如其中还有语言习得的因素、社会约定俗成的压力;而这一切,多半又是在无意识情况下进行的,这些都不是简单地归结为联想所能说清楚的。这个问题的彻底解决还有待于语言学家和心理学家的通力合作。

(原载《中国语文》1987 年第 1 期)

---

① 参看唐钺《西方心理学史大纲》24、96、130、161 页等处,北京大学出版社。

② 彼得罗夫斯基《普通心理学》中译本 308 页。

词语的形象色彩及其功能

刘 叔 新

一

语言中相当多的词语，除含有概念性的或关系的意义之外，还具有感性的表达色彩。这种表达色彩是语义中的成分，有感情色彩、态度色彩、风格色彩、语体色彩①及形象色彩等类别。通常较被重视的是感情色彩和态度色彩，风格色彩和语体色彩也已引起学者们的注意，惟独形象色彩较被忽视。高名凯先生在其关于语义系统结构的论述中，曾提出过"表形象"的"意义色彩"，②后来也有人谈及形象色彩和同义词的关系，③但都没有就形象色彩问题作专门的探讨和深入的分析。

很多词语，除代表一定的对象这种理性意义之外，还同时含有关于该对象的某种形象感。这就是形象色彩。称为"色彩"，能够表明在词语意义中的次要性质和依附于理性意义的地位。

词语的形象感，以视觉形象的居多，也有听觉、嗅觉、味觉、动觉等形象感觉，都是词语所指的对象在人们意识中的一种感性的、具体的反映。例如"金钱豹"，使人仿佛看到所指的猛兽有着黄色钱状的花纹；"虎视眈眈"，呈现一种威逼、凝注的、企图占夺或袭击对方的凶猛目光。这是视觉的形象感。其他非视觉的形象感，如"鼕鼕当当"，使人听到热闹的敲锣打鼓的声音，"香喷喷"让人感到好食物的一股香味像是扑鼻而来，"甜丝丝"带来仿佛尝到甜味的感觉，"哽咽"有一种哭泣时声气阻塞的动感，等等。有的词语形象感，还综合了不同形式的感觉。例如，"扑啦啦"既有鸽子之类忽然振翅起飞的声音感觉，又可呈现拍翼而起的视觉形象。

形象色彩应是语言词语中客观存在的事实，即应是大家都同样有的形象感觉。凡词语只在个别人意识中引起的形象感，都不是语言事实，不能算词语的形象色彩。比如"狗"这个词，假定会使某甲产生早年咬过他的那个恶狗的形象感觉，那么这就只是某甲个人的意识，并不是"狗"的客观词义中的形象色彩。但是像上面列举的"金钱豹"等词语就不同，它们无可置疑地具有形象色彩，因为在大家的意识中都会浮起某种具体的形象。

---

① "语体"指语言因交际条件不同而形成的书面语和口语。

② 见高名凯《语言论》，207—208页，212—213页，科学出版社1963年。

③ 见李行健、刘叔新《怎样使用词语》，53—54页，天津人民出版社1975年。

在话语中,特别在文艺作品抒情的和描写的言语中,词语由于和别的词语单位组合起来,常处于特定的语境而会临时具有某种形象感。这是词语自由搭配的产物,依赖于自由搭配成的整个语段并成为这语段意思的成分,属于言语现象而并非语言词汇单位固有的意义内容。例如王维的诗句"大漠孤烟直,长河落日圆","直"表现出孤烟的形态,而且它是在大漠上直升向空;"圆"被赋予落日的形状、光色特点,是悬在长河之上为流动泛光的河水所映衬的。无疑,这里的"直"和"圆"具有特殊的形象性,展现出了壮丽的境界。但是两个词单独来看,这样的形象感并不包含于词义之中。再看现代散文中的一个语句:"在这高山深谷中,云烟冉冉,晨雾流荡。"(碧野:《情满青山》,31 页)"云烟""晨雾"由于各受"冉冉""流荡"的影响,又处于"高山深谷中"所赋予的特定语境,是有特殊的形象意味的;但这意味同样不可能是词义本身所固有的,两个词在词典里绝不能做出含有该意味的解释。词语在个别言语中的形象感与它本身可能具有的形象色彩是两回事,不能混淆。前者由话语语言学去研究,也可由结合着句法来分析语句意义的所谓"句法语义学"去研究,而后者则是词汇语义学所要研究的对象。

言语范畴内的形象感,一如言语的意思内容,每日每时都有无数新的涌现(有好些又随生随灭),其数量是无限的,范围无从确定。即使很平淡的词,由它们组合起来的整个话语也常会有形象性。比方:"他停下来,望着人们。"(方纪:《三峡之秋》)像这种语句的形象感,在人们的言语中实在是无穷无尽,当然更需要把它们同词语单位的形象色彩区别开来。

在语言性质的和言语范畴的形象感之间划清了界线,探讨词语的形象色彩问题才有个合理的基础和明确的范围。

二

不同的语言或方言,指称什么对象的词语带有形象色彩,会各有不同。这是各民族不同的文化传统和社会生活,或各地区不同的特点、习俗所决定的。但是,在形象色彩主要分布的词语类型上或产生的基本来源上,各种语言方言也会有某些共同性。拿现代汉语来说,词语的形象色彩主要来源于如下各类词语,从中不难看出各种语言会有一致的地方:

1. 内部形式异常生动别致的复合词。比如"须眉""佛手""山里红""吊钟""金盏"(水仙的花心)"四脚蛇""续弦""吐翠""汗颜""鹅黄"等等,都能显露对象的突出特点,表现得十分生动、具体、形象。因此这些词具有形象色彩。造成内部形式能呈现对象的效果,或者是由于直接提出对象的具体特点,如"须眉""羞赧""汗颜""卷心菜""映山红""凌霄花""山里红"等等(这里又分为两种情形:提出的特点只涉及对象本体的,如"须眉""羞赧";特点涉及对象与周围事物的关系的,如"映山红""凌霄花"),或者由于用别的事物具体比喻出对象的特点,如"佛手""吊钟""金盏""羊胡子"(内蒙的一种草)"葛藤""续弦""瓢梨""鸡冠花""尺蠖"等等。复合词的内部形式如果是平淡的,或只抽象地反映对象,如"胡萝卜""洋葱""抑制""安置""自大""聪明"之类,就不可能有形象色彩。有的内部形式,虽然用了比喻,但比喻得不真切或不够实际和具体,也不会有形象感。如"美人蕉""没骨花""凤蝶""狮子头"(一种肉菜)"睡莲""龙虎斗"等等。

2. 有具体比喻的成语。例如"一盘散沙""一刀两断""缘木求鱼""大海捞针""无病呻吟""狼吞虎咽""鱼贯而入""口若悬河""心如刀割"等,都含具体形象的比喻,字面意义显然带有形象色彩。有时,不以别的事物作比喻,而以夸张表现对象的某种特征来比喻,这也会造成字面意义的形象色彩,如"摩肩接踵""垂涎三尺""瞠目结舌"之类。有不少成语,字面意义的比喻或者只是数量的夸张而缺乏实感(如"千头万绪""千山万水""千篇一律"),或者远离实际(如"为渊驱鱼""与虎谋皮""天诛地灭"),或比较抽象(如"小题大做""坐收渔人之利""三心二意"),那就没有形象色彩。

3. 鲜明地表示某种特殊运动形态的动词,它们的内部形式并不生动,但所指的对象能伴随着概念性的意义而在某种程度上呈现出来,因而能具体地为人们所感觉。例如"奔驰""挥动""颤抖""瑟缩""抽搐""蹲伏""摇曳""晃荡"等等,是有形象色彩的。

4. 表示某种声音的象声词。例如"轰隆""哗啦啦""喔喔""丁当""啧啧"等,语音形式逼肖地表示的声音,使人如闻其声。这引起的听感,是形象色彩,并非概念性的抽象意义。象声词当然也有抽象的含义。莱昂斯(John Lyons)正确地强调,"任何符号系统都具有意义性,即有能够传达意义的性质"。[①] 象声词是语言符号系统的一种符号单位,因而也必然传达意义,就是表明代表着一定对象。正是由于有这"代表着一定对象"的抽象意义,象声词的声音形象感觉才能是一种色彩,才有其存在的依据。不过,象声词语音形式的象征作用很强,以致形象色彩几乎掩盖了抽象意义;尤其当词游离于句子结构之外时,容易把象声词看成仅仅是一种模拟的声音,这是误解。

5. 构词上具有叠音形式(象声者除外)而带描摹性的、或者带有后缀"然"而能显示一定情状的形容词。例如"涓涓""滔滔""绵绵""滚滚""胀鼓鼓""沉甸甸""火辣辣""绿油油""纷纷扬扬""骂骂咧咧""坑坑坎坎""愕然""粲然""悠然""泰然"等等。

6. 一般具有比喻性的转义的词。这样的词用在转义上时,由于本义对转义的比喻通常成为形象的烘托,因而会带上形象色彩。例如"沐浴",在说"沐浴着温暖的阳光""沐浴在波光中"时,转义"沉浸"就具有沐浴活动的烘托。在"攀登科学的顶峰"这种说法中,"顶峰"的转义"发展的最高点",有着顶峰形象的烘托。再如"包袱"的"沉重负担"义、"疙瘩"的"不易解决的问题"义、"崩"的"关系破裂"义、"叮"的"追问"义等等,都有类似的情形。词由引申而得的转义(如"日"的"一昼夜"义、"素"的"非肉类食物"义),是不可能有形象色彩的,因为本义没有以共同的具体特征来作比喻。在言语中临时使一个词产生形象比喻的情形(如鲁迅《风波》里写的"人人的脊梁上又都吐出汗粒"),由于本义所烘托的意义及其色彩都属于主观意义,因而不是词语形

---

① 见莱昂斯 *Semantics*,79 页,剑桥大学出版社 1978 年。

象色彩范围内的现象。

7. 某些表意生动具体的惯用语。惯用语不同于成语,没有字面的比喻意义和真实意义之分,是直接指明对象的,但是这并不排斥形象表达的可能性。当所组合的词比较平淡时,组合的结果也有可能造成具体生动的情景而带来形象色彩。如"促膝谈心""含苞欲放""狂饮大嚼""眉来眼去""嗤之以鼻""摇头晃脑""翻箱倒箧"等。一个惯用语如果包含带形象色彩的词,那么往往就由此造成整个组合都有形象色彩,例如"惶惶不可终日""恍然大悟""粲然一笑""啧啧称奇""思想疙瘩"等等。

8. 在词的固定搭配组合中,为邻近的词的形象特点所感染的词。这样的词具有形象色彩,是由于所处语义场内词义的相互影响。鲍林杰(Dwight Bolinger)称这类影响为"动态的相互关系(Dynamic relationships)"。[①] 例如"银光闪闪","闪闪"使"银光"所指的光色显得闪烁耀眼;"吃吃地笑","吃吃"使"笑"的行为带上笑声和因有趣而笑的笑貌。再如"热气腾腾"中,"热气"受"腾腾"的感染;"余音袅袅"中,"余音"受"袅袅"的感染;"侃侃而谈"里,"侃侃"感染了"谈";"果实累累","累累"感染了"果实";"依依惜别","依依"感染了"惜别";等等。词在固定搭配中染上形象色彩,是语义场或动态的相互关系在语言方面所形成的事实。这种形象色彩由于为固定搭配所产生和巩固,因而是语言的词义所包含的成分;只不过它不能离开相应的固定搭配组合而存在。

以上八类有形象色彩的词语,除第五类是汉语所特殊具有者外,其余七类是其他语言都能有的。值得注意的是,汉语中不论哪一类词语的形象色彩,一般都会由于词语使用得频繁或已变得不新鲜而消磨掉。例如"鼓吹""垮台""标兵""插手""突破口""百花齐放""力争上游"等,存在的历史并不长,但晚近频繁地使用,"推敲""琢磨""按捺""煎熬""矛盾""东山再起""狼狈为奸"等已使用很久而不新鲜,因而起初具有的形象色彩现在都已消失。形象色彩的稳定性不很强,其生命远不如词语的抽象意义那样长久,这恐怕也是各种语言一致的规律现象。

从存在的方式来看,各种来源的词语形象色彩可以归纳为三种类型:

(1) 自体的。以单独一个词所指的对象本身的形象性而出现。上面(1)(3)(4)(5)四类的形象色彩都属于这一类型。自体的表现,数量上较多,形象真切。

(2) 背景的。以非本词语所指的事物形象映衬地出现。上面(2)(6)两类的形象色彩属于这种类型。背景的色彩往往生动别致,饶有风趣。

(3) 牵连的。以倚凭于固定搭配的其他词的形式,或凭借不同的词固定地结合和互相作用的形式,而有其存在。上面(7)(8)两类的形象色彩是牵连式的。这种类型表现得就不那么明显。

---

① 见鲍林杰 *Aspects of Language*,第二版,200 页,1975 年美国出版。

三

　　词语的形象色彩具有一定的功能。表现在如下三个方面：

　　1. 使所在的词语具体指明对象，从而增强语义的明彻性，有助于人们具体认识事物对象。一个词语除了代表某种对象的抽象意义之外，如果又含有表现这对象的形象色彩，自然会使对象十分清楚明确，使人们能通过这词语很好地把握对象和交流认识。这是为什么会有比喻的转义、形象的成语以及生动别致的内部形式不断产生的重要原因。比方，说"发展的最高点"，虽然可以，但用"顶峰"来代替这个说法，同样的对象就表示得很具体、明白，使人容易懂得它"最高、最完美的阶段"和"较难达到"的性质。又如语言中已有"恶毒"一词，意思有点平淡和抽象，于是另创造出成语"蛇口蜂针"，把狠毒害人的特点具体表现了出来。语言中指一种花的"杜鹃"，内部形式（有个典故）已变得不很明白，表意变得抽象，因而有借助内部形式而作形象展现的"映山红"的出现。许多时候，形象的反映是词语清楚指明对象的极其重要的手段。比方，不少动植物往往需应用这种手段来命名，以利于识别。例如"狮头鹅""扇尾鸽""猫头鹰""丹顶鹤""斑马""长颈鹿""眼镜蛇""羊胡子""狗尾草""剑麻""蛇瓜""发菜"等等，就是这样命名的。许多风景名胜也需要形象地命名，以具体标明特色而引人入胜。如杭州的"柳浪闻莺""三潭印月""花港观鱼"，泰山的"壶天阁""南天门"，广州的"白云松涛""双桥烟雨"等，都给人提供了风光绮丽的画面。又如红、绿、黄、蓝、紫等颜色，各有不少色调不同的种类，要很好地一一标明这些细分的颜色，不利用形象的命名方式是难以做到的。以各种红色来说，就需有借物状色的"桃红""橘红""玫瑰红""石榴红""玛瑙红""金鱼红""砖红"等等。

　　2. 可造成与其他指同样对象的词语之间的同义关系，从而成为词汇同义组的一种构成因素。不少同义组，只是由于组中一个成员具有形象色彩而得以成立。如"续弦、续娶"，"醒悟、省悟"，"羞赧、羞臊"，每组前一单位带形象色彩，因而不带形象色彩的后一单位就同它对照，形成同中有异的同义关系。较多情形下，同义组由多种因素构成，但是形象色彩可以是这多种因素之一。如"顺利、顺遂、顺当、一帆风顺"，四个单位之间除交错着语体色彩上和细微意味上的区别之外，后一个成语和前三个词之间还存在着有无形象色彩的对照。在形成词汇众多同义组的意味色彩细微区别的纷繁系列中，形象色彩是占有一个重要位置的。

　　3. 运用在言语中，可以使搭配的词语产生特殊的形象意味，尤其能使言辞话语生动具体，富于色彩。词语在自由组合中临时受到形象性感染的情形，上面已谈过并举出过实例。词语形象色彩在言语方面的主要功能，是使整个语句的意思表达得形象、真切。诗句中作为"诗眼"的词，如果具有形象色彩，那就大大有助于形成整个诗句的意境。"僧敲月下门"之所以优于"僧推月下门"，重要原因之一就是"敲"有声感的色彩，使诗句所写的情景有声有色，既增加了境界的逼真感，又韵味盎然。古代诗人有意用形象性的词语来代替一般平淡的名称，如以"白发"代"老人"，"蛾眉"代"美人"，"蓬门"代"穷家"，"寒香"代"梅"等等，是同创造诗句的形象意境分不开的。现代作家在使用形象性词语上面下功夫，从而求得语句表达上真切、具体的情形，在作品里几乎随处可见。举两个例子：

　　　　又是一对鹌鹑从路旁草丛间扑啦啦飞起，打断了四喜和赶车老王的唠叨，……（柳杞：《好年胜景》；《建国十年文学创作选·散文特写》198 页）

　　　　顶上已有一米多长的一排砖掉了，红色的火焰就从这道缝里"呼呼"地喷出来。（胡万春：《家庭问题》，156 页）

"扑啦啦"不仅形象地表现了鹌鹑突然飞起的音响和动态，而且把田野的平静风光及两个人物因鹌鹑的振翅飞起而中断语声的情景生动地映衬了出来。"呼呼"以具体的喷气声，把从缝里冒出的火焰写得活灵活现；不用这个词，语句就未必能如此生动传神。

　　词语的形象色彩有着这样显著而多样的功能，自然很值得重视。无论语义学、修辞学的研究，还是同义词的辨析，都应该考察词语形象色彩的表现，揭示其作用。在语文教育中，如果注意作形象性词语的分析和运用上的指导，对于提高群众的语言表达技巧和作品欣赏能力，会有重大的意义。而为了让人们了解词语的形象色彩以发挥其作用，词典在释义方面是负有特殊责任的。释义如何处理好语义中的形象感成分，是一个应当进行研究的问题。

（原载《中国语文》1980 年第 2 期）

比喻型词语的类型及释义

应 雨 田

所谓比喻型词语,即用比喻造词法造出来的词语。《现代汉语词典》收入的各类比喻型词语将近 1700 条。从词性来看,以名词性词语、动词性词语居多,形容词性词语较少,其他词语更少。从内部结构来看,全为复合式合成词,各种结构形式均有。为了充分揭示比喻造词的特点,有助于总结比喻型词语的释义规律,我们觉得从比喻格式的结构特点入手来进行分类较为理想。按此标准,可以把比喻型词语分为借喻型、隐喻型、明喻型三大类。下面分类举例说明其特点及释义方式。

一 借喻型

借喻型词语的特点是词面只出现喻体(用来作比的对象),不出现本体(被比的对象),也就是说,词语的字面意义是喻体,其比喻义是本体。如"猴头"的字面义"猴子的脑袋"只是用来作比的事物,而"生长在树上的一种珍贵的食用蕈"才是这个词的实际所指,即本体。这种蕈为什么可用"猴头"作比? 因为它呈圆形,泥黄色,表面丝状,很像猴子的头。再如"撑腰",其字面意义"用手抵住腰部"是喻体,其比喻义"给予有力的支持"是本体。因"撑腰"有用力使其稳稳站住不致摔倒的作用,与"给予有力的支持"相似,故用来作比。有同志把"撑腰、砸锅"这类词语分析为"动词→比喻性名词"的组合,似乎词的比喻义仅由"腰""锅"提供。我们认为这类组合的整体都是喻体,故这类词属借喻型。

借喻型词,以表具体事物的名词居多,表动作行为的动词和表性质状态的形容词也有一些。名词如"佛手、龙眼、画眉、豹猫、鞍马、龙头、股肱、羽翼、油水、手足、风云、心腹、鸡眼、仙人掌、过山龙、白头翁、狮子头、鬼剃头"等;动词如"剥削、煎熬、针砭、权衡、影响、鞭策、变卦、骑墙、断弦、续弦、穿梭、卵翼"等;形容词如"辛酸、辛辣、炎凉、刻骨、中肯、狼藉"等。

绝大多数惯用语其字面意义都是简单明白的自由短语的意义,仅作为喻体存在,其比喻义才具有词义的整体性和稳定性,才为语文词典所收录,故属借喻型。惯用语的句法结构多为述宾式,少数为偏正式,其他结构罕见。"抱佛脚、抱粗腿、背黑锅、拉后腿、灌米汤、赶浪头、吹冷风、唱独角戏、戴高帽子、吃定心丸、出气筒、耳边风、顶梁柱、狗屎堆、垫脚石、鬼画符"等均为借喻型惯用语。

"凤毛麟角、鸡毛蒜皮、叠床架屋、鸡飞蛋打、白璧微瑕、唇亡齿寒、风驰电掣、百炼成钢、杯弓蛇影、杯水车薪、哀鸿遍野、孤掌难鸣、狐假虎威"等成语,其字面意义也只是以喻体的身份出现,其比喻义才具有词义的整体性和稳定性,才是成语真正的本义,所以这类成语也属于借喻型。

借喻型词语的比喻义不同于一般所说的比喻义。一般比喻义是由词语的本义直接或间接派生出来的,是派生义的一种,而借喻型词语的比喻义就是本义,派生其比喻义的原义不是词义,而是自由短语的意义或基本不用的字面意义。因此,借喻型词语的释义有别于一般比喻义的释义。下面根据《现代汉语词典》有关词语的释义情况进行分析归类并指明其得失。

1. 对习用已久、人们已感觉不出比喻色彩的借喻型词语,可直接说明其所指,一般不加"比喻"之类的提示语。如:

【过山龙】虹吸管的通称。

【龙头】自来水管的放水活门,有旋转装置可以打开或关上。龙头也用在其他液体容器上。

【续弦】男人丧妻以后再娶。

【剥削】无偿地占有别人的劳动或产品,主要是凭借生产资料的私人所有权来进行的。

【中肯】(言论)抓住要点;击中要害。

【唱高调】说不切实际的漂亮话;光说得好听而不做。

上述释义有些最好还是具体一点,在说明该对象特点时将命名的由来顺便介绍出来。《现代汉语词典》大多注意到了这点,如:

【白头翁】[1]鸟,头部的毛黑白相间,老鸟头部的毛变成白色⋯⋯

【白头翁】[2]多年生草本植物,花紫红色,果实有白毛,像老翁的白发⋯⋯

【断弦】死了妻子(古时以琴瑟比喻夫妇)。

2. 对那些还带有比喻色彩的词语,最好在释文前加"比喻"之类的提示语。如:

【风波】比喻纠纷或乱子。

【砸锅】比喻办事失败。

【刻骨】比喻感念或仇恨很深,牢记不忘。

【出气筒】比喻无故受气的人。

【凤毛麟角】比喻稀少而可贵的人或事物。

3. 对比喻色彩较浓,而人们在本体和喻体之间一下难以沟通的词语(特别是成语),除加提示语"比喻"外,还需突出字面义的解释。其方式可不拘一格,但必须坚持一点,字面义不能单列一个义项,因为它不是词义。如:

【炎凉】热和冷,比喻对待地位不同的人或者亲热攀附,或者冷淡疏远。

【打屁股】旧时的一种刑法。现比喻严厉批评。

【叠床架屋】床上叠床,屋上架屋。比喻重复累赘。

【杯弓蛇影】有人请客吃饭,挂在墙上的弓映在酒杯里,客人以为酒杯里有蛇,回去疑心中了蛇毒,就生病了(见于《风俗通义·怪神第九》)。比喻疑神疑鬼,妄自惊慌。

《现代汉语词典》对借喻型词语的释义绝大多数处理较好,但也有疏漏之处。如:

【赶浪头】指追随大众做一些适应当前形势的事。——误将借喻造词当成借代造词,应将提示语"指"改为"比喻"。(破折号后的文字为笔者按,下同)

【唇舌】比喻言辞。——误将借代造词当成比喻造词,应将提示语改为"代指"。

【抱粗腿】攀附有权势的人。——有浓厚的比喻色彩,应加提示语"比喻"。

【股肱】比喻左右辅助得力的人。——字面义读者比较生疏,应予解释。

二　隐喻型

隐喻型词语的特点是词面出现喻体和本体,但无喻词连接,故称为隐喻型。这类词语实际上是明喻的凝缩形式,加上喻词(有的还需补出因构词需要而压缩掉的一些成分),就是一个完整的明喻,如"鸡冠花——→像鸡冠一样的花"。可见这是用比喻方法造词。

隐喻型词语从句法结构的角度观察,皆为偏正式。正的部分是本体,名词素、动词素、形容词素均可;偏的部分是喻体,皆为名词素。词义以本体词素为核心,喻体词素只是从某个方面修饰限制本体词素。词性也由本体词素决定。所以,这类词语又具有句法造词的特点。下面分名词、动词、形容词、成语四类说明。

(一)名词

1."喻体名素/本体名素"式,如"蚕豆、驼鹿、卵石、鱼雷、鞍鼻、云锦、云鬓、斗室、灯心绒、灯笼裤、蜂窝煤、鱼鳞坑、鱼水情、处女地、车轱辘话、鸡皮疙瘩"等。隐喻型中此类词最多。此类词与一般偏正式词的根本区别在于修饰词素是不是喻体。"驼鹿"是一种头大而长,颈短,鼻长如骆驼的鹿,可转化为"像骆驼一样的鹿","驼"为喻体,故"驼鹿"为隐喻型词。"驼绒"是指骆驼的绒毛,"驼"实指,非喻体,故"驼绒"为一般偏正式词;"驼背"是指人的脊柱向后拱起的疾病,"驼"既不是用其本义,也不是把它当成喻体,而是用其引申义"弯曲",故"驼背"也是一般偏正式词。

2."本体名素/喻体名素"式,如"云海、人海、火海、花海、雾海、泪花、灯花、火花、雪花、血花、泪珠、水珠、汗珠、眼珠、冰山、云山、粮山、心扉、心弦、法网"等。这类词可看成倒喻式,是将前者比作后者,而不是前者修饰后者。如"冰山"可有两种理解,一为"冰冻长年不化的大山","冰"修饰"山","冰""山"皆实指,故为一般偏正式;一为"像山一样的巨大冰块","山"为喻体,故此义的"冰山"为隐喻型词。

隐喻型名词释义多采用定义式,即用名词性偏正短语(本体事物为中心词)直接说明其所指,不过在介绍该事物特点时,最好将命名的由来介绍出来,这样可突出造词特点,增强比喻色彩。如:

【云锦】我国一种历史悠久的高级提花丝织物,色彩鲜艳,花纹瑰丽如彩云。

【鸡皮疙瘩】因受冷或惊恐等皮肤上形成的小疙瘩,样子和去掉毛的鸡皮相似。

【雪花】空中飘下的雪,形状像花,因此叫雪花。

【人海】像汪洋大海一样的人群。

有些喻体意义显豁或不便说明时,释文也可含而不露,点到为止,留给读者去体味。如:

【腹地】靠近中心的地区;内地。

【处女地】未开垦的土地。

【火花】迸发的火焰。

【泪珠】一滴一滴的眼泪。

隐喻型词语的本体部分都是直陈其事,整个词的意义不是比喻义,故释文前不能加提示语"比喻",下面的释义方式是欠妥的:

【斗室】比喻极小的屋子。——应去掉"比喻",或改成"像斗一样狭小的屋子"。

(二)动词

皆为"喻体_{名素}/本体_{动素}"式,如"龟缩、鸟瞰、蚕食、鲸吞、蜂起、云游、云集、冰释、瓜分、鼎立、鼎峙、波动、瓦解、鸡奸、席卷"等。这类词表面上是用事物来比动作行为状态,实际上是用甲事物的动作行为状态来比乙事物的动作行为状态,不过因构词的需要,喻体部分省略了动作行为状态,本体部分省略了动作行为状态的主体,掐前尾去后头而凝成一个高度浓缩的新词,如:_{云四处飘浮}/人游──→云游、_{冰化/嫌隙怀疑等}释──→冰释。动素"游""释"只适于陈述被比事物,不适于陈述作比事物,所以只能将"云""冰"看作喻体的代表,"游""释"看作本体的代表,而不能将"云游""冰释"的整体看作喻体,故这些词为隐喻型,而非借喻型。我们也注意到这类词中还有一些词,其动素既可陈述作比事物,也可陈述被比事物,如"云集、云散、龟缩、鲸吞、蚕食"等,它们似乎既可看成借喻型,也可看成隐喻型。有人也的确把这些词看成借喻型,下列释义方式就反映了这种认识:

【云集】比喻许多人从各处来,聚集在一起。

【龟缩】比喻像乌龟的头缩在甲壳内一样藏起来。

我们认为这类词是古汉语中比喻性名词状语这类结构的词化,还是作隐喻型处理较好。

既然这类动词是偏正结构的隐喻型,故释文用"像"引出喻体构成比况结构作状语修饰本体较好。如:

【云散】像天空的云那样四处散开。

【蜂起】像蜂飞一样成群起来。

【壁立】(山崖等)像墙壁一样陡立。

"云集""龟缩"的上述释义方式是借喻型词语的释义方式,应改写成"(许多人)像云一样从各处聚集拢来"和"像乌龟的头缩在甲壳内一样藏起来"。这类词描绘性强,释文前加"形容"一类提示语也可。

（三）形容词

多为表色彩的形容词，少数为表其他性状的形容词。格式均为"喻体$_{名素}$/本体$_{形素}$"。如"血红、桃红、橘红、火红、碧绿、草绿、葱绿、橘黄、土黄、鹅黄、铁青、蛋青、瓦灰、天蓝、雪白、鱼肚白、雪亮、漆黑、笔直、火热、冰凉、冰冷"等。

为什么可用具体事物来比性质状态？因为该事物具有某种性质状态，所以实质上还是两种性质状态的相似。这类形容词因用具体事物作比，较之本体形容词都增添了鲜明的形象色彩。释义方式一般都用"像"一类喻词引出喻体作修饰词，构成偏正短语。如：

　　【雪白】像雪一样的洁白。

　　【雪亮】像雪那样明亮。

　　【天蓝】像晴朗的天空的颜色。

　　【火热】火似的热。

隐喻型形容词除增添形象色彩外，有些还加深了程度。为突出这点，有些释文采用程度副词修饰本体形容词的格式，如：

　　【漆黑】非常黑。

　　【冰冷】很冷。

与前一种释义方式相比，不仅表现不出比喻造词的特点，而且失去了鲜明的形象色彩。

（四）成语

多为并列关系的复合结构。"（名词性喻体/名词性本体）＋（名词性喻体/名词性本体）"式，如：鸠形鹄面、鹤发鸡皮、鹤发童颜、燕颔虎颈；"（名词性本体/名词性喻体）＋（名词性本体/名词性喻体）"式，如：人山人海、风刀霜剑、唇枪舌剑、米珠薪桂；"（名词性喻体/动词性本体）＋（名词性喻体/动词性本体）"式，如：鹅行鸭步、蜗行牛步、烟消云散、狼吞虎咽。

还有少数其他关系的复合结构。如"人声鼎沸、声誉鹊起"是主谓结构，动词性喻体陈述名词性本体；"富贵浮云"也是主谓结构，不过是名词性喻体陈述名词性本体；"风烛残年"是偏正结构，名词性喻体修饰名词性本体；"蜂拥而上"也是偏正式，不过是动词性喻体修饰动词性本体。

隐喻型成语的内部虽有比喻成分，但总体意义却是描写性质的，释文的提示语只能用"形容"，不能用"比喻"。释文一般分两部分，先作字面意义的分解，再作整体意义的说明。如：

　　【米珠薪桂】米像珍珠，柴像桂木，形容物价昂贵，生活困难。

　　【鹤发鸡皮】鹤发：头发像白鹤的羽毛那样雪白。鸡皮：脸上像鸡的皮肤那样起皱纹。形容老人头发变白，脸上布满皱纹。

有的释文只整体指明描写对象，未剖析字面意义，词语的形象色彩就难以充分显示：

　　【枪林弹雨】形容激战的战场。

　　【人山人海】形容聚集的人极多。

有极少数隐喻型成语本义用于描写,又有比喻派生义,那就要分列义项,分别冠以"形容"和"比喻"的提示语:

> 【风刀霜剑】寒风像刀子,霜像剑一样刺人的肌肤,形容气候寒冷。也比喻恶劣的环境。——最好用序号标示两个义项。

有些成语内部结构虽为隐喻型,但整体只有比喻义,那就应归入借喻型,其释文的提示语应该用"比喻",不应该用"形容"。如:

> 【刀山火海】比喻非常危险和困难的地方。

> 【铜墙铁壁】比喻十分坚固,不可摧毁的事物。

隐喻型成语情况较复杂,稍一不慎,释义就可能失误。"铜筋铁骨、人声鼎沸、风烛残年、声誉鹊起"均为隐喻型成语,皆为描写性,释文提示语应该用"形容",可《现代汉语词典》等工具书却处理为借喻型。如:

> 【铜筋铁骨】比喻十分健壮的身体。

> 【风烛残年】比喻临近死亡的晚年。

三 明喻型

只有成语才有这种构造方式。明喻型成语的特点是本体和喻体之间有"如、同、若、似"一类喻词连接。根据本体和喻体的构成情况,大致可分四小类:

(一)本体为名词性词语,喻体多数为名词性词语,少数为动词性词语:口若悬河、心如枯井、室如悬磬、味如鸡肋、门庭若市、目光如豆、归心似箭、巧舌如簧、虚怀若谷、忧心如焚、势如破竹、心如刀割、味同嚼蜡。

(二)本体为形容词性词语,喻体多数为名词性词语,少数为动词性词语:寥若晨星、呆若木鸡、安如泰山、危如累卵、坚如磐石、浩如烟海、固若金汤、冷若冰霜、噤若寒蝉、易如反掌、洞若观火、骨瘦如柴、囊空如洗。

(三)本体为动词性词语,喻体为名词:应答如流、用兵如神、从善如流、从谏如流、趋之若鹜、归之若市。

(四)本体为述宾短语,喻体为名词(实为述宾短语省略了与前相同的述语):守口如瓶、防意如城、挥金如土、爱财如命、挥汗如雨、疾恶如仇、惜墨如金、弃之如敝屣。

明喻型成语,因本体出现,又是直陈其事,故整个成语一般没有比喻义,多具有描写性。释义一般先释字面义,再指明描写对象。如:

> 【目光如炬】眼光像火炬那样明亮,形容见识远大。

> 【虚怀若谷】胸怀像山谷那样深而且宽广,形容十分谦虚。

> 【呆若木鸡】呆得像木头鸡一样,形容因恐惧或惊讶而发愣的样子。

有的只指明形容对象,不释字面义。如:

　　【噤若寒蝉】形容不敢做声。

　　【口若悬河】形容能言善辩,说话滔滔不绝。

　　【味同嚼蜡】形容没有味道,多指文章或讲话枯燥无味。

也可将指明形容对象和解释字面义融为一体。如:

　　【安如泰山】形容像泰山一样稳固,不可动摇。

　　【从善如流】形容能很快地接受别人的好意见,像水从高处流到低处一样自然。

解释这类成语,也有不恰当地选用了提示语"比喻"的,使人误以为是借喻型成语。如:

　　【危如累卵】比喻形势极其危险,如同摞起来的蛋,随时都有倒下来的可能。

　　【易如反掌】像翻一下手掌那样容易,比喻事情极容易办。

　　从上面的举例分析可以看出,即使是很有权威性的《现代汉语词典》,在释义中也还存在着一些混乱现象,这说明对某些理论问题尚无明确一致的认识。为了使词书的释义工作进一步科学化、规范化,我们认为有必要对各类词语分门别类地、深入细致地进行系统的科学剖析。

参考文献

湖北大学语言研究室　1985　《汉语成语大词典》,河南人民出版社。

任学良　1981　《汉语造词法》,中国社会科学出版社。

中国社会科学院语言研究所词典编辑室　1983　《现代汉语词典》,商务印书馆。

(原载《中国语文》1993 年第 4 期)

表动作行为的词的意义分析

符 淮 青

一

如何分析词的概念义(本文就把概念义叫做词的意义),①是很多语言学家探讨的一个问题。一些时间以来,在西方流行的构成成分分析法,②看来存在不少问题。莱昂斯(J. Lyons)说:"现在语言语义学文献充满了从语用学效果考虑的说明,认为所有语言的所有词位都可以而且必须用被认为是基本的、可能是普遍的意义构成成分的结合来说明。但是,已经发表的许多分析是不完整的,多数是没有说服力的。它们的应用限于比较少的语言中的比较狭小的词汇领域。……人们把构成成分分析的热心鼓吹者提出的主张作为合适的东西接受的时候应该小心。"③为了推进词义分析研究的发展,需要探求新的道路。本文试图从对表动作行为的词的意义分析,在这方面作一些探索。

在作具体分析之前,先谈一下我们对词义分析的一般认识。因为这是我们的出发点。

词的意义只能用除它以外的多个词语来表示。④ 被解释的词是一个语言单位的符号,解释的词语是多个语言单位的符号组成的符号串。从表面上看,二者都不是意义本身。但它们既是语言符号,它们就都联系一定的意义内容。在语言中正是用多个语言单位组成的词语的意义内容,表示一个语言单位(这里指词,或相当于词的语言单位)的意义内容,不管是词典的释义,还是语文教学中,文学作品分析中,以至于日常生活中对词语意义的说明,都是如此;构成成分分析法所用的公式化的表示法,仍以语言符号为其基础。由于被解释的词的意义是潜在的,它的意义要用除它以外的多个词语说明,我们把它看作是语言—思维的分析式。由于解释词语是多个词语组成,它的内容对被解释的词来说是展开的,可以引起人的相应的思维活动(有时伴随一定的表象、想像活动),使人理解词义,我们把它看作是语言—思维的分析式。这同数学中以等

---

① 词的概念义也有人称为词的理性内容、概念内容,即一般所说的词的意义,它属于词的词汇意义,但不包括感情、语体、风格色彩。

② 构成成分分析(Componential analysis)也叫义素分析(Seme analysis),是把词义"分解成它的最小构成成分或特征,来描写词义内部联系的方法"。例如"woman 妇女"可以确定有＋HUMAN 人类＋ADULT 成年－MALE 非男性的特征,这使它同"girl 女孩""man 男人""child 小孩""cow 牛"区别开。参看 G. Leech:*Semantics* (1974)第六章 Components and Contrasts of Meaning 96 页,124 页。

③ 参看 J. Lyons:*Semantics* I (1977)9.9 Componential Analysis,333 页。

④ 以一词释一词这种方式的运用是有条件的。参看拙作《词的释义方式》,《辞书研究》1980:2 期,160—161 页。

式表示一个数量的情况很相似。我们要问 10 是多少？可以说是 $1+9,11-1,2\times5$ 等等。$1+9,11-1,2\times5$ 等等对 10 来说是"分析式"，10 是"综合式"。因此，对于词这种语言—思维综合式意义的分析，只能以对它作了正确说明的语言—思维分析式为根据。

正如在数学中一个数量（"综合式"）的等式可以有不同的表示法一样（在数学中，表示 10 的"分析式"是无限的），在语言中，有不少词的意义也可以用不同的方式来解释，也就是说，一个语言—思维综合式可以有多个同其等值的语言—思维分析式。如：

　　　冷落　不热闹
　　　　　　冷冷清清
　　　　　　寂静衰败
　　　　　　萧条破败的景象
　　　开　　不关闭
　　　　　　使关闭的东西舒张分离
　　　　　　使合拢的东西舒张分离的动作

也正如 $1+9=11-1=2\times5=10$ 一样，表示"冷落""开"的各个语言—思维分析式也是等值的（这里不考虑其意义的细微差别）。因此，对于一个既定的词来说，我们只需采用一种正确的释义作为分析的根据。我们下面对表动作行为的词的意义的分析，就主要以《现代汉语词典》（简称《现汉》）的释义为根据。

二

这里所说的表动作行为的词，不等于语法所说的动词，但它包括动词中相当多的一部分，是指一般所理解的表示人或物的活动而能充当谓语的那些词。语言中表示人或物活动的词是很丰富多彩的，数量庞大的。翻开《现汉》看对这类词的释义，其内容是各式各样的。如果要从这类词的意义中提取所谓最小的意义构成成分，然后使这些构成成分作不同的结合，去表示各个不同的词义，并且是一种正确的表示，这是很难办到的。热心构成成分分析的人对表动作行为的词分析不多，这不是没有原因的。[①] 但如果我们不是用提取意义的最小单位构成成分的分析

---

① E. H. Bendix 曾从部分动词中提取出"X HAVE Y(x 有 y)""CAUSE(促使)""CHANGE TO(改变)"等构成成分，用这些成分表示"gets rid of(除去)""keep(保持)"等词的意义如下：

x gets rid of y：x HAVE Y and x CAUSE (not x HAVE Y)

(x 除去 y：x 有 y 和 x 促使(非 x 有 y)

x keeps y：x HAVE y and not x CHANGE TO (not x HAVE Y)

(x 保持 y：x 有 y 和不是 x 改变成(非 x 有 y)

见 E. H. Bendix：Componontial Analysis of General Vocabulary the Semantic of a Set of Verbs in English，Hindi and Japanese (Part 2 of *International Journal of Americans Linguistics*，32)(1966)

我们看到，这种分析要借用数理逻辑的表示方法，其假设的构成成分适用范围是极其有限的，也很难说它们是"最小"的意义构成成分。本文不详谈这方面的问题。

方法,而分析众多的表动作行为的词的释义内容,就会发现其意义的构成有很大的共同性。也就是说,同这类语言—思维综合式等值的语言—思维分析式,其构成有很大的共同性。为了便于说明,我们先写出我们归纳出来的表动作行为的词意义构成的模式图(以下简称"模式图"),再用具体的词来印证。

表动作行为的词意义构成模式图

(除动作外,其余都是可能项)

可以用符号表示"模式图"中的各项:A=原因条件,B=施动者,b=施动者的各种限制,D_1=动作$_1$,d_1=动作$_1$的各种限制,D_2=动作$_2$,d_2=动作$_2$的各种限制,E=关系对象或关系事项(E 或同 D_1 或同 D_2 发生关系),e=E 的各种限制,F=目的结果,则上述"模式图"可表示为:

$$A+{}^bB+{}^{d1}D_1+{}^{d2}D_2+\cdots\cdots+{}^eE+F$$

表动作行为的词的意义不同,正是由于"模式图"中各项的出现情况及其内容不同。其中 D_1 为必然项,否则就不是表动作行为的词了。省略号表示还可能有 D_3。下面我们根据这个模式图说明各种表动作行为的词的意义。

1. ${}^{d1}D_1$

捏　用拇指和别的手指夹　(d$_1$ 为身体部位限制)
　　　d$_1$　　　　　D$_1$

绑　用绳带等缠绕或捆扎　(d$_1$ 为工具限制)
　　d$_1$　　　　　D$_1$

射　用推力或弹力送出　(d$_1$ 为方式限制)
　　　d$_1$　　　　D$_1$

群居　成群聚居　(d$_1$ 为数量限制)
　　　d$_1$　D$_1$

清算　彻底地计算　(d$_1$ 为程度限制)
　　　d$_1$　　D$_1$

永别　永远分别　(d$_1$ 为时间限制)
　　　d$_1$　　D$_1$

长跑　长距离跑步　(d$_1$ 为空间限制)
　　　d$_1$　　D$_1$

溺　沉没在水里　(d$_1$ 为空间限制,出现在后)
　　D$_1$　　d$_1$

d_1 中的各项是可以交叉出现的，如：

攀　<u>抓住东西</u><u>向上爬</u>　（d_1 为方式和空间的限制）
　　　d_1　　　D_1

拍　<u>用手</u><u>轻轻地</u><u>打</u>　（d_1 为身体部位和程度的限制）等等。
　　d_1　　　　D_1

2. $^{d_1}D_1 + {}^eE$

耢　<u>用耢</u><u>平整</u><u>土地</u>　（E"土地"为"平整"的关系对象）
　　d_1　D_1　E

磨　<u>用磨</u>把<u>粮食</u><u>弄碎</u>　（E"粮食"是"弄碎"的关系对象，用介词"把"把它前置）
　　d_1　　E　D_1

收　把摊开的或分散的<u>东西</u><u>聚拢</u>　（^eE 关系对象有性状的限制）
　　　　　　　　　^eE　　　D_1

撩　把东西的<u>垂下部分</u><u>掀起来</u>　（^eE 关系对象有部位的限制）
　　　　　^eE　　　　D_1

包场　<u>预先</u><u>定下</u>一场电影、戏剧等的<u>全部或大部座位</u>。　（^eE 关系对象有数量和性质的限制）
　　　　d_1　D_1　　　　　　　　　^eE

以上 E 是可以触摸的物体，故称之为 D_1 的关系对象，以下各例 E 不是可以触摸的物体：

要　<u>希望</u><u>得到</u>　（E"得到"是 D_1"希望"的内容）
　　D_1　E

编派　<u>夸大或捏造</u>别人的<u>缺点或过失</u>　（E 为 D_1 所及的有关问题）
　　　D_1　　　　　E

取巧　用巧妙<u>手段</u><u>谋取</u>不正当的<u>利益</u>或<u>躲避</u><u>困难</u>　（E 虽为"谋取"的对象或"躲避"的对
　　　d_1　　D_1　　　E　　D_1　E
　　象，但皆不可触摸）

以上各例 D_1 所涉及的对象皆非可触摸的物体，统称为 D_1 的关系事项。

在 E 包含有指人和指物或指事两方面的内容时，可细分，指人者写为 E_1，指物或指事者写为 E_2，如：

要饭　向<u>别人</u><u>乞求</u><u>饭食或财物</u>
　　　　E_1　D_1　　E_2

求情　<u>请求</u><u>对方</u><u>答应或宽容</u>
　　　D_1　E_1　　E_2

报告　把<u>事情或意见</u>正式<u>告诉</u><u>上级或群众</u>
　　　　E_2　　　d_1　D_1　E_1

E 分为 E_1E_2 是这类词特殊的一类，故在总图上不必标记出来。

3. $^bB + {}^{d_1}D_1 + ({}^eE)$①

———————————————

① 加（　）表示可能不出现，下同。

吠　(狗)叫
　　 B　D₁

求婚　男女一方请求对方跟自己结婚
　　　　B　　　D₁ E₁　　E₂

抓　人用指甲或带齿的东西或动物用爪
　　B　　　　d₁　　　　　　B

　　在物体上划过
　　d₁　　D₁

撞　运动着的物体跟别的物体猛然碰上　（这里 ᵇB 施动者有性状的限制）
　　 ᵇB　　　　E　　　d₁ D₁

群起　很多人一同起来　（ᵇB 施动者有数量的限制）
　　　 ᵇB　d₁　D₁

B 施动者有时同 d 中的身体部位限制交叉，为了同语法的分析取得一致，如果它处在主语位置上，则算 B，如下两例：

咬　上下齿用力对着
　　B　 d₁　D₁

眯　眼皮微微合上
　　B　 d₁　D₁

4. (ᵇB)＋ᵈ¹D₁＋(ᵉE)＋ᵈ²D₂(＋……)

眨　(眼睛)闭上立刻又睁开
　　 B　 D₁ d₂　D₂

抿　②嘴唇轻轻地沾一下碗或杯子，略微喝一点
　　 B　 d₁　D₁ d₁　E　　　d₂ D₂ d₂

检修　检查修理
　　　D₁ D₂

摩挲　用手轻轻按着，并一下下地移动
　　　d₁　　D₁　　　 d₂　 D₂

以上是一个表动作行为的词包含有两个动作行为的例子。

挑　扁担等两头挂上东西，用肩膀支起来搬运
　　B　 d₁　 D₁ E　　 d₂　　D₂　　 D₃

弹　一个指头被另一个指头压住，然后用力挣开，借这个力量触物
　　 E　　　　　d₁　　D₁　　　　d₂ D₂　　 d₃　　D₃E

以上是一个表动作行为的词包含有三个动作行为的例子。

5. A＋(ᵇB)＋ᵈ¹D₁＋(ᵈ²D₂)＋(ᵉE)

裹　②为了不正当的目的，把人或物夹在别的人或物里面
　　　　　A　　　　　　E₁或 E₂ D₁　　　 d₁

涨　固体因吸收液体而体积增大
　　B　 A　　　d₁　D₁

还手　因被打或受到攻击而反过来打击对方
　　　　　A　　　　　d_1　D_1 E

垂涎　因想吃而流口水
　　　A　　D_1 E

A 的内容有时是原因，如"裹""还手""垂涎"诸例中的 A，有时是条件，如"涨"中的 A。但有时界限难分，如"涨"的 A 也可以说是原因。

6．$(^bB)+^{d1}D_1+(^{d2}D^2)+\cdots\cdots+(^eE)+F$

磨　②用磨料磨物使光滑锋利或达到其他目的
　　　d_1　　D_1E　　　　　　F

烙　用烧热了的金属器物烫，使衣服平整或在物体上留下标志
　　　d_1　　　　　D_1　　　　　　　F

披红　把红绸披在人身上，表示喜庆或光荣
　　　E_2 D_1　　d_1　　　　F

谢幕　演出闭幕后观众鼓掌时，演员站在台前向观众敬礼，答谢观众的盛意
　　　d_1　　　d_2　　　B　D_1 d_1　　d_2　D_2　　F

以上我们用表动作行为的词意义构成模式图说明了这类词意义的不同内容，反过来又证明了这类词意义构成中的共性。

上面我们引用的各词的释义，其内容一般都是不可删的，删去，释义就不准确，也就是说它们是词义必然包含的内容。从这些内容可以看出，一般所说的表动作行为的词并不是单纯表示某一个动作行为，而是：

①它当然包含有表示一个动作行为的内容；

②它有时包含有一定的关系对象关系事项；

③它有时包含有一定的施动者；

④它有时包含有两个以至三个动作行为；

⑤它有时包含有对各个动作行为，关系对象、关系事项，施动者的各方面的限制；

⑥它有时包含有动作行为进行的一定的原因条件或者目的结果。

由此可见，表动作行为的词意义内容是复杂的，但其构成仍是有规律的。

上面我们说过，这类词一部分也可以用别的方式来解释，如我们说过的"开"：

　　　　不关闭　（有关词语的否定式）

　　　　使合拢的东西舒张分离的动作（定义式，偏正词组的中心语"动作"表示"开"的类，其余

　　　词语表示种差）

而"使关闭的东西舒张分离"则是符合"模式图"的释义。我们也说过，这些不同的释义是等值
　　　E　　　　　　D_1
的，所以我们完全可以根据最能表示这种词意义构成的共性的释义方式来分析它的意义。

我们的这种分析说明：

1. 可以根据我们这里所说的语言—思维综合式和语言—思维分析式等值的观点来分析词义，分析语言—思维综合式（这里指词）的意义只有通过分析同其等值的语言—思维分析式（这里指用多个词语所做的对词的释义）来进行。

2. 我们这里所说的语言—思维综合式和分析式都是自然语言表示的，因此分析词的意义完全可以通过自然语言来分析自然语言，不一定要另外设计理论上的种种构成成分和关系。

3. 上面归纳的表动作行为的词义的构成模式，只是一种语言—思维分析式，它适用于表动作行为的词，但一般不适用于表名物的词和表性状的词，后二者应该另有合适的语言—思维分析式。

三

我们可以根据表动作行为的词意义构成的模式，反过来检查词典对这类词的释义，说明这类词同义近义词意义的同异，研究这类词意义古今变化的情况。

1. 检查词典对这类词的释义

《现汉》对词义的解释一般是较好的，我们上面引用的大量例子都说明了这一点。但根据"模式图"来检查，也发现一些词的释义不够准确。如：

砍　用刀斧猛力把东西断开
　　d_1　　　E　D_1

释义的 D_1 是"断开"，但砍并不一定是"断开"。似应改为：

　　猛力使刀斧等进入物体或将物体断开
　　d_1　　　D_1　E　　　E　D_1

使 D_1 有"进入""断开"两个可能，似更准确。

弹　一个指头被另一个指头压住，然后用力挣开，借这个力量触物使动
　　E　　　　d_1　·D_1　　　d_2　D_2　　　d_3　　$D_3 E$ F

上面我们引用这个释义时删去"使动"二字，因为弹"触物"可以使动，也可以不动，"使动"并不是必有的目的结果。

启发　阐明事例，引起对方联想，而有所领悟
　　　D_1　E　　·　　　F

释义把 D_1"阐明"的有关事项 E 定为"事例"，但"阐明"的也可以不是"事例"，其目的结果 F 也不一定包括"引起对方联想"，对方可以联想，也可以直接感到。似应改为：

　　就某一问题说明有关内容，使对方领悟
　　d_1　　　D_1　E　　　F

2. 说明这类词同义近义词意义的异同（不能说明其感情、语体、风格色彩的异同）

例如"把东西拿住"也可以说"把东西捏住"，"拿"同"捏"在这里有何异同呢？可以说明

如下：

拿　用手抓住
　　d_1　D_1

捏　用拇指和别的手指夹
　　　　　　　d_1　　　D_1

其同处是这两个动作都用手，都是用手使物固定在手中。不同处在于"捏"有更具体的手的部位的限制，而且其动作前者是"抓住"，后者是"夹"。

又如"压"和"榨"都是对物加压力，但"榨"是"$\underline{压出物体里的液汁}$"，"压"是"$\underline{对物体}\underline{施加压力}$"
　　　　　　　　　　　　　　　　　　D_1　　E　　　　　　　E　　　D_1

（$\underline{多从上向下}$）"。其区别是："榨"的 D_1 为"压出"，E 为"液汁"，而"压"不要求"压出"，无 E"液汁"，
　　d_1

而且"压"一般有 d_1"从上向下"的方向的限制。

有时词典释义简单，要广泛收集分析例句才能辨别同义近义词的异同，而上述"模式图"又有助于我们归纳比较其意义、结合能力的异同。例如"调集"和"纠集"，《现汉》解释为：

调集　调动使集中

纠集　纠合（含贬义）　纠合　集合联合（多用十贬义）

释义说明了二者感情色彩的不同，但它们的意义究竟有何不同，从释义很难看出来。我们比较下列例句：

首长调集一团军队来了（不能用"纠集"）

组织调集了大批救灾物资（同上）

他纠集了他的拜把兄弟（不能用"调集"）

这个坏头头纠集了一伙人（同上）

其语词搭配情况可表示如下：

调集	首长 组织 领导 ⋮	调动集中	军队 人员 物资 器材 ⋮
纠集	某人 坏头头 ⋮	集合联合	拜把兄弟 人员 流氓 ⋮
	(B)	D_1	(E)

《现汉》的释义主要说明了 D_1，其可能结合的施事者（B），其可能结合的关系对象（E）都无说明（这是允许的，有时也无必要）。但正是在这两方面，显示了这两个词结合情况的差别，而结合情

况的差别，也反映了意义的差别："调集"不可能有"纠集"的（B），反过来也一样；"调集"和"纠集"都可能有（E）"人员""人""军队"，但"纠集"绝不可能有（E）"物资""器材"。

3. 说明这类词意义的变化

根据"模式图"，可以较细致地说明这类词意义的变化。如：

报复

古义：报答恩怨。汉书六四朱买臣传："上拜买臣会稽太守……买臣到郡……悉召见故人，与饮食，诸尝有恩者，皆报复焉。"三国志蜀法正传："一飡之德，睚眦之怨，无不报复。"

（《辞源》）

今义：对批评自己或损害自己利益的人进行反击　　　　　（《现汉》）

这个词古今义的不同可简示为：

$$\text{古义：}\underset{D_1}{\underline{\text{报答}}}\ \underset{E}{\underline{\text{恩怨}}}$$

$$\text{今义：}\underset{D_1}{\underline{\text{报答}}}\ \underset{E}{\underline{\text{怨}}}$$

这里词义有缩小，缩小之处在于动作行为的关系事项。

抽身

古义：引退，脱身。唐刘禹锡刘梦得集外集二刑部白侍郎谢病长告…以诗赠别："洛阳旧有衡茅在，亦拟抽身伴地仙。"……　　　　　（《辞源》）

今义：脱身离开　　　　　（《现汉》）

这个词古今义的不同可表示为：

$$\text{古义：}\underset{d_1}{\underline{\text{（长期）}}}\underset{D_1}{\underline{\text{脱离}}}\underset{E}{\underline{\text{官职}}}$$

$$\text{今义：}\underset{d_1}{\underline{\text{（暂时）}}}\underset{D_1}{\underline{\text{离开}}}\underset{E}{\underline{\text{岗位、工作、事情}}}$$

这里词义有扩大，扩大处在于动作行为的关系事项，动作行为的时间限制古今义也不同。

挑拨

古义：（一）挑动撩拨。南唐李昪咏灯："主人若也勤挑拨，敢向尊前不尽心。"（全五代诗二四）宋王之道相山集四秋日苦雨和子厚弟韵诗："烟郁湿薪费挑拨，可堪余沥溅如泼。"

（二）搬弄是非，以破坏双方关系。水浒二十："是谁挑拨你？我娘儿两个下半世过活，都靠着押司。……"　　　　　（《辞源》）

今义：同（二）。

古义（一）似应释为"拨动"。今义和古（一）义的不同，除感情色彩一为中性（古），一为贬义（今）外，其意义变化可表示为：

　　　　古义：(用手或条状物)拨动物(灯心、柴火等)
　　　　　　　　　　d₁　　　　　　D₁ E

　　　　今义：(以言语)拨弄是非关系
　　　　　　　　d₁　　　D₁　　　E

这个词意义有转移，转移之处在动作行为的关系对象从具体物变为抽象物，动作行为所凭借的工具 d_1 也不同。

　　捏

　　　　古义：(二)(握)。古今杂剧元郑德辉㑇梅香一："俺捏住这玉佩慢慢的行将去。"

　　　　　　　　　　　　　　　　　　　　　　　　　　　　　　　(《辞源》)

　　　　今义：用拇指和别的手指夹　　　　　　　　　　　　　(《现汉》)

"捏"古义相当今之"拿"，从古义变为今义表现为动作所用的手的部位有具体特殊的限制。

　　布告

　　　　古义：对众宣告，公告。史记吕后纪："刘氏所立九王，吕氏所立三王，皆大臣之议，事已
　　　　布告诸侯。"　　　　　　　　　　　　　　　　　　　　(《辞源》)

　　　　今义：(机关、团体)张贴出来通告群众的文件。　　　　(《现汉》)

"布告"古义为表动作行为词，可用本文所说的模式释义："对众宣告、公告"。今义为表名物的
　　　　　　　　　　　　　　　　　　　　　　　　　　　　E　　　D₁

词，已不能用这种模式释义(《现汉》用定义式)，故其意义已完全转移了。

　　根据表动作行为词的意义构成的模式，还可以进行普通话和方言，本族语和外族语之间这
类词意义的对比研究，对此，本文就不赘了。

　　　　　　　　　　　　　　　　　　　　　　(原载《北京大学学报》1983 年第 3 期)

同义词研究的几个问题

符　淮　青

　　建国以来,同义词研究取得很大成绩。理论的说明由浅到深,由粗转精,积累了不少辨析材料。20 世纪 80 年代以来,编成了几部有一定影响的同义词词典。由于辨析词义的异同是复杂的工作,这种分析又难做到严格的形式化,在理论说明、具体辨析方面仍存在分歧,不尽完善。本文拟就下列三个问题作些讨论:一、同义词词义内容的说明;二、在组合中分析同义词;三、不同目的的同义词分析。

一

　　同义词的"同"指什么? 一般用"意义相同、相近"的说法,有学者认为是表示的概念相同,[①] 有学者认为是"反映的对象一致"或"所指事物对象的同一"。[②] 这些说明都是把词义的构成要素"二分",所谓"二分"就是把词的语音外壳作为词义构成要素的一方,词的所指对象为另一方。词的所指对象可以用不同的名称来指称,例如"意义""概念""反映的对象""所指事物对象"等等。

　　随着人们对词义认识的深入,学者对词义的说明逐步深入。由奥格登(C. K. Ogden)和瑞恰慈(I. A. Richards)提出的语义"三角图"将词义的构成要素区分为三(即 Symbol 指号,Thought or Reference 思想或指示活动,Referent 被指示的东西),西方语言学者多在"语义三角图"的基础上说明词义内容。英国学者莱昂斯(J. Lyons)在所著《语义学》(Semantics I)一书中综合语言学家、哲学家的观点,对词义内容作了更细致的分析。[③] 其要点是:

　　1. 把语言单位区分为词位(Lexemes)、词位变体(forms)和应用中的词语(expressions)。如原形的 find(找到)代表一个词汇单位的词,是词位,现在时的 find,过去时和过去分词的 found 是词位变体;find 和 found 用在具体上下文中就是应用中的词语。

　　2. 把词语的意义细分为——sense:词位和应用中词语的意义。　　reference:应用中词语的

　　① 见周祖谟《汉语词汇讲话》,人民教育出版社 1959 年,第 46 页;石安石《关于词和概念》,《中国语文》1961年第 8 期。

　　② 孙常叙《汉语词汇》,吉林人民出版社 1957 年,第 220 页;刘叔新《同义词和近义词的划分》,《语言研究论丛》,天津人民出版社 1980 年。

　　③ J. Lyons Semantics I p. 50—52, p. 174—208, Cambridge University Press Reprinted 1978.

具体所指,词位无这个内容。　　denotation:词位指示的客观存在对象。　　referent:应用中词语所指客观对象。

　　试以汉语"书"一词解释这些区分。词典说明"书"是"装订成册的著作",这是 sense,作为词位和应用中的词,"书"都有此义。"我去买书"、"他家里书很多"中的"书"是应用中的词,它可有单称、普称、定指、不定指的区别,这是 reference 的变化。(按,莱昂斯所说的这些变化,主要属于词义的指示范围,应用中词义的变化不限于此,详后)作为词位的"书"指示客观所有的书,这是"书"的 denotation,应用中的"书"指示的客观对象是它的 referent。

　　在这个分析的基础上,莱昂斯指出同义词的"同"是指词位意义(sense)相同:"同义词是 sense 相同,并非 reference 相同",[1]"两个或更多的词语可以有相同的 sense,如果它们在言辞中互相替换而不改变言辞的描述义。"[2]这种说明对同义词的词义(按,这里指概念义或理性内容)的分析有相当的启发。它启发我们:1)词义内容不只简单归结为"意义""概念""所指对象"等等,而是区分为词位义、词位义的客观所指、应用中词的意义、应用中的词的具体所指。2)同义词只是词位义相同,它们在应用中的词义内容是有变化的。下面举例讨论这种现象。

　　"年龄""年纪""岁数"可以看作一组同义词。《现代汉语词典》(以下简称《现汉》)对这二个词的解释是:

　　　　年龄　人或动植物已经生存的年数:入学～|退休～|根据年轮可以知道树木的～。
　　　　年纪　(人的)年龄;岁数:～轻|小小～,懂什么?
　　　　岁数　(～儿)人的年龄:妈是上了～的人了|他今年多大～了?

《现汉》的释义可看作是对这三个词词位义的说明。下面分析这几个词在几个句子中的应用。

　　在(1)"他今年多大____?"中,这三个词都可以用,这时这三个词成了应用中的词,具体所指相同,而且同它们的词位义是一致的。

　　在(2)"根据年轮可以知道树木的____"中,只能用"年龄",不能用"年纪""岁数",这是由它们的词位义有不同决定的。

　　由此可以说,(1)显示了它们词位义一致的地方,(2)则显示了它们词位义的差别。

　　在(3)"妈是上了____的人了"中,可以用"年纪"也可以用"岁数",但不能用"年龄"。在(4)"他是一把____的人了"中,只能用"年纪",不能用"年龄""岁数"。

　　(3)(4)中不能用"年龄",不能从词位义找到解释。实际上(3)(4)中的"年纪""岁数"是指"人生存较长的年龄"。也就是说,当"年纪""岁数"作为应用中的词出现在一定的组合中,它的具体所指已不完全等于词位义,而是发生了变化。而"年龄"作为应用中的词,出现在(3)(4)这种组合中并无这种变化。这样"年龄"不能用于(3)(4)这种组合中就不是从词位义中找到原因,

① 　J. Lyons *Semantics* I p.199, Cambridge University Press Reprinted 1978。
② 　J. Lyons *Semantics* I p.202, Cambridge University Press Reprinted 1978。

而是从应用中的词具体所指可以发生变化找到原因。(4)中的"一把年纪"中的"年纪"不能换为"岁数",也不能从词位义找到原因。可以从两个角度说明这种现象,一是"一把年纪"是一种固定的搭配;二是"岁数"出现在"一把＿＿＿"中不能如它出现在"上了＿＿＿"这种组合中那样,具体所指变为"人生存较长的年龄"。

再如,"边境""边陲"是一组同义词。《现汉》对这两个词的解释是:

> 边境 靠近边界的地方。　　　边陲 〈书〉边境。

在(5)"战士守卫着祖国的＿＿＿＿"中,二者皆可用。这两个词在这里作为应用中的词的具体所指同词位义是一致的。但(6)"中缅边境"不能换成"中缅边陲",(7)"祖国边陲"不能换成"祖国边境",这从两个词的词位义找不到解释。实际上在(6)的组合中"边境"指"两国靠近国界的地方",在(7)的组合中"边陲"指"靠近国界的本国领土",它们的具体所指已发生了变化。①

由此可见,将词义内容区分为词位义、应用中的词的具体所指等不同的方面,对说明同义词的词义关系,同义词在应用中有时可替换、有时又不可替换的情况有明显的帮助。

二

同义词的同异包括词位义、应用中的词义变化、用法的不同等,都是在组合中实现的。在组合中分析同义词至关重要。

在组合中分析同义词,"替换"试验是主要方法。不能把"替换"仅仅作为鉴定同义词是否同义的方法,②而应把它作为进行多方面对比分析的方法。

在组合中分析同义词有许多问题可以讨论,本文着重讨论下列几个问题。

(一)组合中词的语义范畴有变化

20 世纪 50 年代周祖谟和张世禄讨论过同义词词性是否应该相同的问题。周认为同义词应该词类相同。张认为"不同词类的词,只要意义近似,也就可以属于同义词"。③ 以后多数学者认为同义词应该词性相同,也有学者指出在一定条件下某些不同词类的词可以构成同义关系。我们来分析一下周祖谟和张世禄讨论过的一组同义词——"光辉"和"辉煌"。"光辉的成就/战果"可以说成"辉煌的成就/战果",因此可以认为它们是同义词。但一般认为"光辉"是名词,"辉煌"是形容词,词性不同。《现汉》对这两个词的解释如下:

> 光辉 ❶闪烁耀目的光:太阳的～。❷光明,灿烂:～前程。
> 辉煌 光辉灿烂:灯火～|金碧～◇战果～|～的成绩。

---

① 此例取自北京大学中文系罗曼玲硕士毕业论文《现代汉语同义词的词义分析和组合分析》,1998 年。

② 刘叔新在《现代汉语同义词词典》"导言"中提出"同形结合法"代替"替换",如"招待"分别加上"来宾"、"来客",招待来宾＝招待来客,则"来宾"、"来客"为同义词。但换一个角度看,"招待"是不变的词,"来客"、"来宾"仍是互相替换。

③ 张世禄《词义和词性的关系》,收入《张世禄语言学论文集》,学林出版社 1984 年,第 326 页。

按照这种解释，"光辉"有二义，❷义为形容词义，这样，它的❷义同"辉煌"构成同义词，不是词性不同。但如果我们在组合中展开分析，可以有新的认识。

"光辉"带定语充当中心语组成的结构可充当主宾语：

　　　　（1）太阳的光辉照耀大地。　　　（2）人民永沐伟大思想的光辉。

（1）（2）中的"光辉"不能换为"辉煌"。

"辉煌"可充当谓语：

　　　　（3）灯火辉煌　　　（4）战果辉煌　　　（5）成就辉煌

（3）（4）（5）中的"辉煌"不能换为"光辉"

"光辉"、"辉煌"作定语的比较：

　　　　（6）辉煌的战果　　　（7）辉煌的成就　　　（8）辉煌的成绩

（6）（7）（8）中的"辉煌"可换为"光辉"

　　　　（9）光辉的前程　　　（10）光辉的思想

（9）（10）中的"光辉"不能换为"辉煌"。

又（6）（7）（8）中，"辉煌"前可再加程度副词"很""非常"，若换为"光辉"则不可。

由此可见，"光辉"只是在以"战果""成就"等充当中心语的定中结构中同"辉煌"可以互相替换而所指不变。它不能作谓语（（3）（5）所示），充当定语时它也不能再加"很""非常"这些程度副词（（6）（7）（8）所示）。因此可以说，"光辉"仍是一个名词。名词能充当定语（加"的"或不加），在（6）（7）（8）中能同充当定语的"辉煌"相替换，但为什么在（9）（10）中不能同充当定语的"辉煌"相替换呢？可以这样解释："光辉"是一个名词，其词位义属体词性语义范畴（形式标志是：其词位义以体词性扩展词语释义），当它充当定语而修饰"战果""成就"等词时，其具体所指发生了变化，义为"光明灿烂（的）"，属表性状的语义范畴（形式标志是：它处在定语的位置上，起修饰限制作用）。这样，它同"辉煌"在这里的具体所指相同。而在（9）（10）这样的组合中"光辉"不能生出这种变化。因此我们认为，"光辉"是名词，《现汉》为它立的❷义，仅仅是它在一种组合中发生的变异而已。从这个例子也可以看到，词性不同的词，在一定的组合中，可以因具体所指发生变化，语义范畴变化而同义。

再如"红"是形容词，"红色"是名词，按同义词应该词性相同的见解，它们不是同义词。在下列句子中它们可以替换而所指相同。

　　　　（11）她穿一件红上衣——红色（的）上衣

　　　　（12）衣服镶上了红边——红色（的）边

在下列句子中这两个词不能替换

　　　　（13）这块布染红了——*染红色了

　　　　（14）这块布染成红色了——*染成红了

(15)他喝了酒,两颊变红了——*变红色了

(16)他喝了酒,两颊泛起了红色——*泛起了红

(13)(15)中作为补语的"红"不能换成"红色",(14)(16)中作为宾语的"红色"不能换成"红"("红"可作为表心里活动动词的宾语)。这可以说是"红""红色"词性不同,构不成同义词。

但在(11)(12)中,"红""红色"皆作定语,它们可以替换,替换后所指完全相同,可以认为,在这种组合中,它们表示的不同语义范畴的对立消失,"红色"原表体词性语义范畴,在(11)(12)的组合中,变成表性状语义范畴,同"红"一致了。这个例子说明,不同词性的词,在一定组合中可因语义范畴对立消失而同义。

(二)显示同义词组合的差别

从聚合、组合关系来看,同义词是聚合词群。但这种聚合词群的成员,在各种可能有的组合格式的同一位置上,并不都能同时出现。其差异是各种各样的。例如上举"年龄""年纪""岁数"这组同义词,在"他今年多大____?"中这三个词都能出现,在"妈妈是上了____的人了"中,只能出现"年纪""岁数"。在"他是一把____的人"中,只能出现"年纪"。同义词的细致辨析,正是要在这些方面下功夫。下面再举一例。

《现汉》释"见"义为"看到;看见",释"看见"为"看到","看见"和"见"词位义相同,是同义词。从下面的句子可看到它们组合上的差别:

(17)他抬头看,看见了云层中的飞机。　　(18)他往远处看,看见一个人影。

上二句多用"看见",少用"见"。

(19)你坐在前排,能看见台上的演出吗?　　(20)他坐在前排,应该看见台上的演出。

上二句"看见"不能换为"见",这表示"见"表示"看见"义时,其所构成的谓词性结构,不能作助动词"能够"、"应该"的宾语。

(21)你去天津,能看见老张吗?　　(22)他去天津,应该看见老张。

在上二句中,"看见"若换为"见",则"见"义为"会见;会面",在《现汉》中是"见"的❺义。这表明"见"在表"会见,会面"义时,其构成的谓词性结构可以充当助动词"能""应该"的宾语。

(23)只见水静如镜,岸柳如丝。　　(24)此诗为他见了友人一画有感而作。

上二句中"见"换为"看见"显得不协调,用"见"更合语体的要求。

由此可知在组合中,同"看见"比较起来,"见"的基本义的不少用法已受到了限制,"见"的基本义多用于书面语色彩浓的组合中。[①]

(三)在组合中辨析词的词位义

有时通过组合分析,可以更好地辨析词的词位义,对某些有争论的问题,做出更合理的解

[①]　参看拙文《"看"和"看见"等词义的异同和制约》,《汉语学习》1993 年第 5 期。

释。例如"改良"和"改善",有学者认为是词义相同而不能替换的同义词,有学者认为既然二者不能替换,就不是同义词。下面就此作一番讨论。

《现汉》对这两个词的解释如下:

　　改良　❶去掉事物的个别缺点,使更适合要求:～土壤|～品种。❷改善。

　　改善　改变原有情况使好一些:～生活|～两国邦交。

为"改良"立❷"改善"义,却无用例。在"改善"条列举的用例中,"改善"不能换为"改良"。

张志毅《简明同义词典》对这两个词的差异之处说明如下:

　　改良　着重指改得更好一些(去掉个别缺点)。对象常是较具体的东西,如品种、土壤、作
　　　　　物等,有时也是技术、生活等。

　　改善　着重指改得更完善、更好一些。对象常是较抽象的事物,如生活、关系、条件、待
　　　　　遇、状况、方法、工作等。

张着重说明两个词所用对象不同,已显示了这两个词组合的重要差别。又如:

　　(25)地方对军队的关系必须改善。

　　(26)技术的改良有助于提高产品质量。

　　(27)群众的生活这些年来大大改善了。

　　(28)经过几年努力,我们改良了果树的品种。

　　(29)改善工作条件,改善投资环境,促进经济发展。

　　(30)改良社会,改良文学,开发民智。

上述六个句子中的"改善"和"改良"都不能互换。这样,我们可以有理由认为,这两个词经常结合的意义上的受事对象应该进入词位义的说明:

　　改善　改变关系、生活、条件等的原有情况,使更好。

　　改良　改变品种、土壤、技术、环境等的不足之处,使更良好。

从这两个词以上词位义的说明中可以看到,它们在"改而变好"这一点上义同,在改变的对象方面则有明显的差别。这样,这两个词的同异和不可替换从词位义得到说明,避免用它们是不可替换的同义词或不是同义词这类简单的说法。

三

比较不同的同义词典,可以发现,不同的词典所确定的各组同义词的成员有一部分是一致的,也有不少是不一致的。例如,张志毅《简明同义词典》以"盯、看、瞧、望"为同义词,刘叔新主编的《现代汉语同义词词典》以"看、望、瞧、瞥、瞅、视、观、顾"为同义词,又另以"看见、见、瞥见、睹"为同义词。

笔者曾用"词义成分—模式"分析说明过汉语表眼睛活动的词群中各成员的意义,上面这些

词的词义是：[①]

B	d₁	D₁	E
看	眼睛	注视	事物或方向

瞧　　同"看"。

视　　同"看"。但在现代汉语中，"视"一般已不作为词来用，多作为语素存在于合成词
　　　和固定结构中，如视线、视觉、环视、俯视、视而不见、熟视无睹。

B	d₁	D₁	e	E
看见	眼睛	感受到	注视的	事物

见　　同"看见"。

睹　　同"看见"。"睹"在现代汉语中也不作为词来运用，多作为语素存在于合成词和固
　　　定结构中，如目睹、先睹为快、惨不忍睹。

B	d₁	D₁	E
瞥	眼睛	很快　看	
		一下	
瞥见	眼睛	一眼　看见	
望	眼睛	望远处　看	
顾	眼睛	往回　看	
观	眼睛	仔细地　看	
盯	眼睛	集中视力　看	某物

以上"顾""观"在现代汉语中一般不作为词来用，多作为语素存在于合成词和固定结构中，如回顾、环顾、顾影自怜、瞻前顾后；观看、观望、隔岸观火、坐井观天。

　　根据上述说明，"视""睹""顾""观"不应作为现代汉语词的成员看待。"看""瞧"义同；"看见""见"义同；"瞥""瞥见"义近；"望"含有空间限制的内容，同"瞻望(抬头往远处看)"、"张望(向四周或远处看)"义更接近；"盯"含有特定的关系对象的内容，同"注视(注意地看)"义更接近。这说明在词汇成员众多、词义区分细致的词群中，要恰当地说明词的同义关系需要在更大的词汇系统、词义系统中进行分析。

　　颜色词中的同义词分析也属这种情况。例如现代汉语表"红"的颜色词是一个很大的词群，其中有形容词(红、鲜红、绯红)、区别词(大红、朱红、宝石红，不能作谓语)、状态形容词(红彤彤、红丹丹、红艳艳)、名词(红色、绛色、茜色)。这些词的出现就是为了表示红颜色范畴中的细微差别，如何在这个词汇词义系统中确定同义词，应该根据更严格的标准。[②]

　　综观汉语同义词研究的发展，我们认为，因目的需要的不同而形成了三种同义词分析：

---

①　参看拙文《汉语表眼睛活动的词群》，《中国语言学报》1995 年第 6 期。

②　参看拙文《汉语表"红"的颜色词群》(上、下)，《语文研究》1988 年第 3 期，1989 年第 1 期。

1. 古代学者为理解古籍中词义的异同所作的同义词分析。这就是《尔雅》为代表的、以"×
××，×也"形式对词义共同内容所作的概括。其中有同义词，如"流、差、柬，择也"。(《尔雅·
释诂》)有的用来解释的词是被解释的词的上位词，如"禋、祀、祠、蒸、尝、禴，祭也"。(《尔雅·释
诂》)其中"禋"是烟祭，"祠"是春祭，"蒸"是冬祭，"尝"是秋祭，"禴"是夏祭，"祀"是永久祭祀。
"祭"是这些词的上位词。有的"×也"只是概括了被释的几个词的共同的意义内容。如"曩、尘、
仁、淹、留，久也"。(《尔雅·释诂》)其中"曩"意为从前、过去，表示过去较长的时间；"尘"通
"陈"，指时间长久，表性状；"仁"为久立，"淹"为久留，"留"为停止在某处时间长，此三词皆表行
为。"久也"之"久"是对这些词包含的共同意义内容的概括。[①]

2. 为指导语言应用，对现代语言词义、用法异同所作的同义词分析。建国以来的同义词研
究，多考虑语文教学、促进语言规范、指导语言应用的需要。其特点是：确定同义词较宽松，多考
虑指导应用的需要，不同的同义词词典确定的同义词有较多差异；出现了罗列众多同义、近义、
相关义词目，以供应用中挑选的词典。

3. 为研究词汇、词义系统所作的同义词分析。随着学者对同义词这种现象认识的深入，出
现了词汇、词义系统中分析同义词的研究，上文已指出这一点。刘叔新在《汉语描写词汇学》中
提出同义词是一种"结构组织"的观点，[②]也体现了从词汇、词义系统中确定、分析同义词的要
求。但是明确、深入地从这个要求分析同义词，还有待于作进一步的探讨。如何在词汇、词义系
统中，从聚合、组合关系两个角度分析同义词，无疑还有很多工作可以做。

(原载《中国语文》2000 年第 3 期)

---

① 参看拙著《汉语词汇学史》，安徽教育出版社 1996 年，第 21—22 页。
② 刘叔新《汉语描写词汇学》，商务印书馆 1990 年，第 287 页。

反义词聚的共性、类别
及不均衡性

石安石　詹人凤

一

通常说，某词与某词是反义词，严格地说，应称反义词聚。因为它不像多义词、复音词、派生词之类术语那样指的是一个一个的词，而是一组一组的（在这里是两个为一组）词的聚合，正如同音词（实即同音词聚）、同义词（实即同义词聚）是一组一组的词的聚合一样。当然，说甲词与乙词（如"长"与"短"）互为反义词，还是可以的。

反义词聚是各种语言中普遍存在的一种相当重要的语言现象，以致几乎凡词汇学、语义学方面的专著或教材都要提到它，议论到它。各家所讲的反义词聚，范围有广有狭。举"长—短""真—假""老师—学生"为例，一般的看法，也是我国语言学界通行的看法，承认前两对是反义词聚。较狭的理解，则只承认第一对。[①] 较广的理解，则同时承认以上三对。[②] 另外有人除承认前两对外，还认为"只—都""从—到"[③]甚至"把—被"[④]也是反义词聚。我们觉得，不妨对反义词聚作广义一点的理解，即认为前三对都是，因为它们都有"反义"的共性。不过，同时不要忽视各类反义词聚的特殊性。

反义词聚的共性，笼统地说，首先在于词聚内两项的意义相反。具体地说，包括以下两条：

第一，两项词义间的关系必须是逻辑学概念间的可比较关系中的不相合关系。[⑤] "太阳—蚂蚁""走—美丽"，联系非常薄弱，都是不可比较关系；"学校—大学""妇女—售货员""春天—春季"都是可比较关系，但在外延上或部分重合或全部重合，所以都是可比较关系中的相合关系。"长—短"是可比较关系，而且两者外延不相合，所以是可比较关系中的不相合关系；"真—假""老师—学生"也是。如以 A 和 B 代表反义词聚中的两项，那么，是 A 则非 B，是 B 则非 A。写

① John Lyons *Semantics* I (1978)9. 1 指出：antonym（反义词）限于指渐变性对立，如 big（大）：small（小），high（高）：low（低）等。

② 何霭人《普通话词义》(1957，新知识出版社)第 40 页指出："有人把'学生'和'老师'也列入反义词……"

③ 张拱贵《反义词及其在构词上和修辞上的作用》，见《中国语文》1957 年 8 月号。

④ 崔复爱《现代汉语词义讲话》(1958，山东人民出版社)，131 页。

⑤ 术语"可比较概念""不相合概念"见 C. H. 维诺格拉多夫等《逻辑学》汉译本(1956)，第 32—33 页。不相合关系又叫全异关系，后者见金岳霖主编《形式逻辑》(1979)，第 38—41 页。

成公式是：A→B̄，B→Ā。这虽然不是形成反义词聚的充足条件，但是是必要条件，即形成反义词聚的前提。

第二，两项词义必须在某一个语义成分上相反，而且只在某一个语义成分上相反。例如"长"和"短"都指长度，但在程度高低上相反；"进"和"退"都指一定方向的运动，但在向前或向后上相反。又例如，比较"上、下、前、后、左、右、旁边"这几个表示方位的词，它们共有"相互空间关系"这一语义成分，但在语义成分"纵面/横面""第一横轴/第二横轴""正向/反向"上反应不尽相同，如下表：[①]

	上	下	前	后	左	右	旁边
相互空间关系	＋	＋	＋	＋	＋	＋	＋
纵面/横面	＋	＋	（－）	（－）	（－）	（－）	（－）
第一横轴/第二横轴			＋	＋	－	－	－
正向/反向	＋	－	＋	－	＋	－	

词与词间有各种对立的情况。"前"和"右"，"后"和"左"，各在两个语义成分上对立，从而不形成反义词聚；只有"上"和"下"，"前"和"后"，"左"和"右"各在一个语义成分上相反，形成反义词聚；"旁边"不与其中任何词形成反义词聚。

反义词聚乃是一种语言现象，而且是特定语言中的语言现象，因此，反义词聚的形成，还有语言自身的条件。对反义词聚的两项，要求风格上的一致，就是这方面的一个重要表现。例如"迅速""快"同时与"迟缓""慢"在意义上相反，但仅仅形成"迅速—迟缓"和"快—慢"这样两个反义词聚。类似的如"日—夜""白天—夜晚"，"美—丑""好看—难看"，"进—退""前进—后退"，"胜—败""胜利—失败""赢—输"，"丈夫—妻子""男人—女人"等等。另外，各种语言既然在词义上不能一一对应，那么各种语言的反义词聚也就不能一一对应，也就是说，反义词聚的形成要受语言词义系统的制约。例如，汉语中有"婆—媳""天—地"，英语中无相对应的反义词聚。[②]汉语中有"深—浅"，英语中有相对应的 deep—shallow，[③]法语、西班牙语中都无相对应的反义词聚。[④]俄语中有 больше（较多）—меньше（较少），英语中有 best（最好的）—worst（最坏的），汉语中无相对应的反义词聚。这些都与语言的词义系统有关，往往还与社会历史、社会心理有关。

---

① 下表的制定参考了 G. Leech *Semantics*（1978）第七章对 over、under 等词语的分析。
② 英语 daughter-in-law 是儿媳，mother-in-law 却兼指婆婆和岳母；英语中表"天"的 sky，heaven 与表"地"的 land，earth 等不形成反义词聚。
③ 当然只是在特定义项上相对应，不是全面对应。
④ 只有作"深"解的词 profond（法），profondo（西），没有作"浅"解的词。

二

　　"长—短"是典型的反义词聚的例子。两项词义间具有极性对立关系。[①] 一般地说，两个词处于同一轴线的两极，两极之间存在着某种中间状态。非 A 不一定就是 B，非 B 不一定就是 A；从概念的外延上看，A<B̄，B<Ā。图示如下：

$$\text{A} \quad | \quad \bar{\text{A}} \quad \bar{\text{B}} \quad | \quad \text{B}$$

$$\underbrace{\qquad\qquad}_{\bar{\text{B}}} \quad \underbrace{\qquad\qquad}_{\bar{\text{A}}}$$

例如"长—短"，"不长"（Ā）不一定就"短"（B），"不短"（B̄）不一定就"长"（A），也许是"不长不短"（ĀB̄）。这个 ĀB̄ 有时候有专门的词表示，如"黑—白"的中间状态"灰"；多数无专门的词，只好用短语"不 A 不 B"（或"非 A 非 B"）如"不长不短"表示。

　　虽不处于轴线的两极，但处于与轴线中心等距离的两侧的两个词，是否也可以形成反义词聚呢？有的学者认为，英语中，处于轴线两极的 hot（热）和 cold（冷）固然互为反义词，作为两者的中间词的 warm（暖）和 cool（凉）也互为反义词。[②] 这四个词在轴线上的位置如下：

$$\text{hot} \quad | \quad \text{warm} \quad | \quad \text{cool} \quad | \quad \text{cold}$$

英语中的情况且不讨论。假使上例成立，与此相应的汉语的词怎样？似有两种不同的情形。一种是："温"是"不冷不热"的意思，正是"热"与"冷"的中间状态，"热带—温带—寒带"这几个复合词的出现正好说明了"温"的这种地位；而"凉"是"温度低"的意思，与"冷"同义（"手凉"与"手冷"同义）。"热、冷、温、凉"四个词在轴线上排列如下：

$$\text{热} \quad | \quad \text{温} \quad | \quad \text{冷（凉）}$$

可见，"温"和"凉"并不形成对立，从而也不形成反义词聚。另一种情形是："温"和"凉"同是"热—冷"的中间状态，"温"在"热"一边，但程度较浅；"凉"在"冷"一边，但程度较浅。如可以说"不热，温的"或"不冷，凉一点儿"，还可以说"我国北方的黑龙江省，冬季不仅寒冷而且漫长，夏季短促略感温凉"（《气象知识》）。这种情形下四个词在轴线上排列如下：

$$\text{热} \quad | \quad \text{温} \quad | \quad \text{凉} \quad | \quad \text{冷}$$

这里的"温—凉"似乎可算反义词聚。[③]

　　个别循环序列中某两个词也可以因对立而形成反义词聚。例如"春、夏、秋、冬"这个循环序列中，"夏"和"冬"两个季节，在气温上处在两个极端，"春"或"秋"是两者的中间状态，因而"夏—

[①]　"极性对立"译自英语 polar opposition。参看 G. Leech *Semantics*（1978）第六章。

[②]　关于 warm 和 cool 的分析，参看 E. R. Palmer *Semantics*, *a new outline*（1977）4.5。

[③]　至于作为动词的"温"和"凉"（liàng），那是另一回事。

冬"被看做反义词聚。也有人认为"春"和"秋"是两个有相反趋向的季节,把这也看做反义词聚。[1]

形容词组成的反义词聚大都属于这一类。形容词组成的反义词聚,都可以用作程度上的比较,适用下列公式:甲比乙 A/B,如"这枝笔比那枝笔长/短";而且一般还有以下蕴涵规则:甲比乙 A$\rightleftharpoons$乙比甲 B,如"狗尾巴比兔子尾巴长"就意味着"兔子尾巴比狗尾巴短",反之,"兔子尾巴比狗尾巴短"就意味着"狗尾巴比兔子尾巴长"。

属于此类的又如:

大—小	远—近	强—弱
深—浅	多—少	快—慢
重—轻	硬—软	高—矮
咸—淡	美—丑	稠密—稀疏
复杂—简单	困难—容易	渺小—伟大

何为"长",何为"短",何为"大",何为"小",没有一个随时随地都适用的规定。例如,"这架飞机真小",是说它在飞机当中是相当小的。"这只蚊子真大",是说它在蚊子当中是相当大的。其实,最小的飞机比起最大的蚊子来也不知要大多少倍。

不过一般地说,这种对立仍然是有客观标准的。例如"象比马大,马比狗大""坐汽车比骑自行车快,骑自行车比步行快"。通常情况下,任何正常的人都会同意这样的比较,这就是证明。牵涉到对事物的社会评价的一些词语,则主体标准可能起相当大的作用。例如"好—坏",甲乙两事物比较,有人认为甲比乙好,另外的人可能相反。"美—丑",你认为"美"的,我也许认为"丑",反之亦然。

作为对立面的 A 与 B,有少数在某些情况下似乎营垒分明。人们往往把事物分为属于 A 的一类和属于 B 的一类,自然还可以有中间一类。同属于 A 的一类的事物之间也许只能作 A 方面的比较,同属于 B 的一类的事物之间也许只能作 B 方面的比较,而属于 A 的一类的事物与属于 B 的一类的事物之间则不能作任何比较。例如"好—坏"之用于人,在说"张大娘比李大娘好"的同时不一定能说"李大娘比张大娘坏";在说"杀人犯比小偷坏"的同时不大能说"小偷比杀人犯好";革命同志和反革命分子之间则完全不能作"好"或"坏"的比较,例如不能说"希特勒比××同志坏",也不能说"××同志比希特勒好"。"残酷—仁慈""消极—积极""富—穷""喜悦—悲哀"都有类似情况。

非形容词组成的极性对立反义词聚一律不能作"甲比乙 A/B"式的比较。如:

优等—劣等	长期—短期	高档—低档
开头—结尾	顶—底	梢—根
严寒—炎热[2]	天堂—地狱	表扬—批评

①　李行健、刘叔新《词语的知识和运用》(1979),91—92 页。
②　这两个词在有些著作中被认为是形容词,但它们的性质与一般形容词有较大的差异。

三

"真—假"代表另一类反义词聚。两项词义间具有互补对立关系，[①]即逻辑学中的矛盾关系。否定此一方即意味着肯定另一方。非（不）A 则 B，非（不）B 则 A，即 $\bar{A}{\rightarrow}B,\bar{B}{\rightarrow}A$。加上反义词聚的共性 $A{\rightarrow}\bar{B},B{\rightarrow}\bar{A}$，实为：$A=\bar{B},B=\bar{A}$。图示如下：

A		B
$\bar{B}$		$\bar{A}$

例如"真—假"，"真"自然"不假"（$A{\rightarrow}\bar{B}$），"假"一定"不真"（$B{\rightarrow}\bar{A}$），而且"不真"一定"假"（$\bar{A}{\rightarrow}B$），"不假"一定"真"（$\bar{B}{\rightarrow}A$）。属于此类的又如：

虚—实	阴—阳	男—女
死—活	直—弯	单—双
正—反	彼—此	本地—外地
主流—支流	完整—残缺	全部—局部
批发—零售	感性—理性	和平—战争
白天—黑夜	时常—偶尔	必然—偶然
现实—梦想	成功—失败	

这类反义词聚的特点在于不存在一个非 A 非 B 或不 A 不 B 的中间状态，尽管有时候对立面间的界限是模糊的——例如"白天—黑夜"，但是就一定时间来说，人们总认为它不是白天就是黑夜。有时，可以有"不 A 不 B"或类似的说法，也不真表明有某种中间状态的存在。例如可以说"不死不活"或"半死不活"，那只是一种修辞手法，其实还是"活"，而没真"死"。"半真半假"是有真有假，不是非真非假。"不男不女"的生理学上的"两性人"确实存在，那是犹如双头怪胎一类的极个别反常现象；平时说的"不男不女"，不过是对某些人不寻常的打扮或神态的描绘罢了。

"进"与"退"间有不进不退（"停"）的中间状态存在，但特定情况下可以说"不进则退"，意在强调进的必要性，可以认为这时"进—退"被临时当作互补对立关系的反义词聚运用。不过，一般地说，"进—退"并不具有互补对立关系，因为"进""退"间确有中间状态存在，何况也没有"不退则进"的说法。

四

任何反义词聚，要么有中间状态，要么无中间状态，二者必居其一。这样看来，上述两个类

---

① "互补对立"译自英语 complementary。参看 E. R. Palmer *Semantics, a new outline* (1977)，4.5；J. Lyons *Semantics* I (1978)，9.1，9.2。

别也许可以概括一切反义词聚。但人们还可以从别的角度给反义词聚分类,例如分为性质反义词聚、行为动作反义词聚等等。我们觉得,值得注意的是从另外的角度分出的这样一个类别:反向对立的反义词聚。它可分为三个小类,下面分别介绍。

第一小类表现为方位和时间的反向对立。公式是:甲在乙的 A⇌乙在甲的 B。例如,"中国在日本之西",则"日本在中国之东";反之,"日本在中国之东",则"中国在日本之西"。属于这一小类的又如:

　　　南—北　　东北—西南　　西北—东南

　　　前—后　　左—右　　　上—下

　　　过去—未来

由这些成对的词加上其他成分组成的复合词"南面—北面""左边—右边""上方—下方"等也组成这类反义词聚。"昨天—明天""去年—明年""前天—后天""前年—后年"等也可包括在内,例如在 5 月 9 日看 5 月 10 日是明天,在 5 月 10 日看 5 月 9 日是昨天。"前—后"可以表方位,也可以表时间:一般是过去为"前"未来为"后",如"1900 年前""1900 年后";有时相反,如"向前看,不要向后看"。

这类对立如果说也有中间状态的话,那么它就是标示有关方位、时间的出发点。如图示:

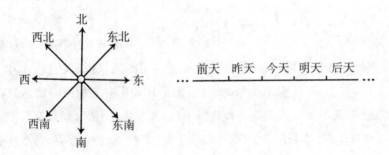

第二小类表现为社会关系上的反向对立。公式是:甲是乙的 A⇌乙是甲的 B。如"老张是小于的师傅",则"小于是老张的徒弟",反之亦然;"老张是她的丈夫",则"她是老张的妻子",反之亦然。因此,"师傅—徒弟""丈夫—妻子"都属于这一小类。又如:

　　　老师—学生　　　　房东—房客　　长辈—晚辈

　　　父母—子女　　　　主人—仆人　　债权人—债务人

　　　统治者—被统治者

"甲是乙的哥哥(或姐姐)",则可能"乙是甲的弟弟",也可能"乙是甲的妹妹";反过来,"乙是甲的弟弟(或妹妹)",则可能"甲是乙的哥哥",也可能"甲是乙的姐姐"。根据反义词聚两项词义只能在一个语义成分上相反的原则,也许只能承认"哥哥—弟弟""姐姐—妹妹"是反义词聚。类似的情况还有"父亲—儿子""母亲—女儿"。按此原则,则"岳父—女婿"形成对立,"岳母"找不到对立面,"婆婆—媳妇"对立,"公公"找不到对立面。汉语中历来都只见"翁—婿"对举,"婆—

媳"对举。这是汉族社会心理在反义词聚中的体现。

第三小类表现为行为活动的进程上的反向对立。由动词组成。图示如下：

$$
\begin{array}{c}
\text{A} \\
\longrightarrow \\
\longleftarrow \\
\text{B}
\end{array}
$$

例如，付出货币以换进商品是"买"，付出商品换进货币是"卖"；进气是"吸"，出气是"呼"。又如：

收—发	收—支	交—接
吞—吐	教—学	输—赢
进—退	升—降	上—下
来—去	戴—摘	穿—脱
任命—罢免	延长—缩短	建设—破坏
生产—消费	增加—减少	统一—分化

涉及甲乙双方的同一进程，如在甲方为 A，则在乙方为 B，如在乙方为 B，则在甲方为 A，那么，这个 A 与 B 的对立也是反向对立。"嫁—娶""进攻—防御"就是。上面举到的"买—卖""收—支""交—接"等同时具有这种性质。

五

反义词聚中两项的不均衡性是一种普遍现象。它的表现是多方面的。

有反义词的词不是在任何意义上都有反义词。例如，"谢"在一个意义上与"开"互为反义词（"花开花谢"），但在其他意义上，如在"感谢""拒绝"的意义上就无反义词。从而，在某对意义上构成反义词聚的两个词，在其他意义上各自是否另有反义词，或另有多少反义词，可以很不一样。例如"开—谢"，"谢"无另外的反义词，而"开"则还可以在另外的意义上分别与"关""闭""合""煞（车）""封""散（会）"等互为反义词。

同一对反义词，可以只在一对意义上互为反义，例如上面举到的"开—谢""红—白"，也可以在若干对意义上互为反义，例如"高—低"，在"从下向上的距离大/小，离地面远/近"（"高/低空飞行"）"在一般标准或平均程度之上/下"（"高/低速度"）"等级在上/下的"（"高/低级"）等意义上，都互为反义。"熟—生"，在"（果实）已/没有成熟"（"熟/生瓜"）"（食物）已/没有煮够"（"熟/生肉"）"熟悉/生疏"（"熟/生人"）等意义上，都互为反义。但即使在若干对意义上都互为反义的这些词也不一定在一切意义上都互为反义。仍以"熟—生"为例，"熟"并不与在"生硬"义上的"生"（"生搬"）互为反义，也不与"很"义上的"生"（"生怕""生疼"）互为反义；"生"并不与"程度深"义上的"熟"（"睡熟了"）互为反义。

有的反义词聚中 AB 两词，有时 A 可以在外延上包含 B。例如"天（日）—夜"，"三天（日）三夜没睡觉了",是说三个白天和三个夜晚都没睡觉了,"天(日)"与"夜"对立;"三天(日)没睡觉了",也是说三个白天和三个夜晚都没睡觉了,"天(日)"包含了"夜";但"三夜没睡觉了"只是说三个夜晚没睡觉了,"夜"不能包含"天(日)"。又如"老板—老板娘"对立,但"老板娘"只能是女的,"老板"一般指男的有时也可指女的。语言学中把这类词聚中有特殊标记的(如"老板娘"中的"娘"表女性)或虽无特殊标记但分布较受限制的一项叫做"有标记成分",把另一项叫做"无标记成分"。上例中"夜""老板娘"都是有标记成分,"天(日)""老板"都是无标记成分。类似的例子还有"掌柜的—内掌柜的""皇帝—女皇"。士兵,包括男女在内时称"战士",专指男性时也只说"战士",不说"男战士",专指女性时总是说"女战士"。"法官""教师""青年""工人""炊事员"等有类似情况。"护士"则专指男性时可说"男护士",其他情况只说"护士"。"父、母"都是上一辈,但只用"父辈"而不用"母辈"代表上一辈;"子、女"都是下一辈,但只用"子辈"而不用"女辈"代表下一辈;"孙子、孙女"都是下两辈,但只用"孙子辈"而不用"孙女辈"代表下两辈。

　　形容词构成的部分反义词聚中的两个词,对"～不～"这个格式的反应不一样;在一般提问时用这一个,在特殊情景中才用那一个。例如,"重—轻",一般提问时说"重不重?"在担心或设想其为轻时才问"轻不轻?""深—浅""宽—窄""长—短""好—坏""忙—闲""美—丑"等都有这样的差异。形容词构成的部分反义词聚中的两个词,对于"有多～?"这个格式的反应也有差异。例如,在一般提问时问"有多重?"在担心或设想其为轻时才问"有多轻?"至于表数量的格式"有[数量]～",往往只有其中一个能够运用而另一个不能运用。例如说"有五两重",不说"有五两轻"。这些早已有人指出过了。

　　互为反义词的两个单音节词,往往能作为构词成分与同一他语素(或语素组)结合而构成新的反义词聚。但也不尽然。以"高—低"为例,一方面有:

高速—低速　　高潮—低潮　　　　高空—低空

高温—低温　　高频—低频　　　　高栏—低栏

高压—低压　　高血压—低血压

高产—低产　　高档—低档

但是另一方面:①

高见—*低见　　高龄—*低龄　　　　高炉—*低炉

高帽子—*低帽子　　高跟儿鞋—*低跟儿鞋

*高估—低估

又例如"长—短",一方面有:

长篇—短篇　　长波—短波　　长笛—短笛

---

　　①　由于语义搭配上的限制而不能组合的不计。例如有"高贵""高攀""高昂"而不能有"低贵""低攀""低昂"之类,有"低沉""低洼""低劣"而不能有"高沉""高洼""高劣"之类。

　　　　长期—短期　　　长命—短命　　　长跑—短跑

　　　　长工—短工　　　长途—短途　　　长枪—短枪

但是另一方面：

　　　　长城—*短城　　　　　长空—*短空　　　　长凳—*短凳

　　　　长度—*短度　　　　　长生—*短生　　　长征—*短征

　　　　长方(形)—*短方(形)　　*长打—短打①

　　　　*长评—短评

　　有时候，以互为反义的单音节词为构词材料，各自与同一他语素组合之后不再互为反义。例如：

　　　　⎰ 高能：高能量(物理学术语)
　　　　⎱ 低能：才能低下

　　　　⎰ 长足：进展大
　　　　⎱ 短足：短途步行

　　　　⎰ 大姐：对女性朋友或熟人的尊称
　　　　⎱ 小姐：对未出嫁的女子的尊称

　　反过来，有时，两个语素作为单音节词存在时并不构成反义词聚；但在分别与同一他语素组合之后却构成了反义词聚。例如：

　　　　良医—庸医　　　借方—贷方　　　长辈—晚辈

　　　　低头—抬头　　　超声波—低声波　好看—难看

　　　　白案—红案②　　　时装—古装

　　汉语中词的音节的多少与词的风格特点有密切的联系，因此，组成反义词聚的，往往是单音节词对单音节词，双音节词对双音节词。这体现了风格上一致这一要求。但也不能认为在汉语中只有音节数相同的词才能组成反义词聚。例如："脏—干净"与"肮脏—干净"，"聪明—笨"与"聪明—愚蠢"，"难—容易"与"困难—容易"，"有—没有"与"有—无"等都是现代汉语的反义词聚，只是在风格上每一组的前一对"白"一些，后一对"文"一些。

　　风格上要求一致，是反义词聚内部均衡性的表现。但是在感情色彩上则不然。如 A 是褒义的，则 B 为贬义；如 A 是贬义的，则 B 是褒义。下面的例子都是前褒后贬的：

　　　　香—臭　　　　美—丑　　　　善—恶

　　　　细致—粗糙　　舒服—难受　　灵活—死板

　　　　大方—小气　　勤快—懒惰　　勇敢—怯懦

---

①　戏曲演员穿短衣开打。

②　指厨工分工上做饭食和做菜的工作。

　　安全—危险　　文雅—粗俗　　清醒—糊涂

　　团结—分裂

如果 A 具备中性感情色彩,自然它的反义词 B 就不宜是有褒贬色彩的。例如"原因"一词,仅就概念上说,与它"反义"的有"结果""成果""后果"几个,只有中性感情色彩的"结果"这一个最有资格作为它的反义词。

　　褒贬对立的反义词,在句法环境的分布上也有某些显著的差别。如在以下格式中,往往出现褒义的一个,而不能出现贬义的一个:①

　　日子过得还算舒服(*难受)

　　他身体还好(*坏)

　　材料不够丰富(*贫乏)

　　非常不大方(*小气)

而如在以下格式中,则往往出现贬义的一个,而不出现褒义的一个:②

　　这件衣服有点脏(*干净)

　　这枝笔用得有点旧了(*新)

　　这个图案太难看(*好看)

(原载《语言学论丛》第十辑,商务印书馆 1983 年版)

---

① 这里谈的限于形容词。参看崔永华《与褒贬义形容词相关的句法和词义问题》,《语言学论丛》第九辑。

② 同上。

论词内反义对立

郑 远 汉

一 引言

(一)词内反义对立是指同一词项有意义或用法相反或相对的现象。意义或用法相反或相对就是差别,是语义差别的特殊情形。这种差别是同一词项内的差别,因而一般应表现为不同的义位或义位变体,是义位或义位变体的反义对立,不是词项之间的语义差别,不同于反义词。词内反义对立是词义发展和丰富的重要方式和途径之一,但是词汇学讨论词义的发展、引申问题,多是一般性地谈到词义的扩大、词的缩小、词义的转换等方式,很少专门论及反义对立。训诂学里有所谓"反训"说,这是作为训释古书字义的一种方法提出来的,即训释古书中某些与现时通行义相反的特殊字义或用法,不是立足于共时态、立足于古汉语词义系统全面研究词内的反义对立状况,因此作为反训提及的字义,即使在古汉语字词典里也多不收列。如常提及的臭训香,治训乱,徂(通"殂",死亡)训存,废训置,故训今,锡(赐)训为"下予上"(现时的通常义是"上予下"),伐训为"见伐"(即主动态为被动态)等,这些被训的义,《古汉语常用字字典》(商务印书馆,1959)概未收录。反义对立是共时态下的对立,不是历时态的训解,不是偶然的、个别的现象。

(二)反义对立在不同类别的词里表现的情形并不相同,适于分类考察。本文的考察范围是现代汉语动词。我们对《现代汉语词典》收入的动词逐条作了调查,发现反义对立在基本词汇的单音节动词里有一定普遍性。有一些已作为不同的义项或义位变体反映在词典里。如"借",《现代汉语词典》列出的两个义项,一为"……借进",一为"……借出",反义对立;《新华词典》看作一个义项而语义相反的义位变体,释文是"暂用别人的财物或把财物给别人暂用"。好些未能在词典的义项里得到反映。不同的词典,甚至同一部词典,对于词内反义对立现象所作的反映并不一致,或者很不一致。如"盛"(chéng),《新华字典》有"把东西放进去"和"容纳"两个义项,《新华词典》也是这样两个义项,只是后一个义项的释文是"容纳,装"。补个"装"字作为容纳义的补充,用"装"训释缸里盛着水的"盛"确比用"容纳"训释更顺适。可见"装"也表示承受即容纳的意义。就是说,"装"和"盛"一样,既可表示施予即装入义,也可表示承受即容纳义,比较:

> 把饭盛在碗里——把水装在缸里
>
> 这间屋子小,盛不下这么多东西——这间屋子小,装不下这么多东西

　　　　篮子里盛着鸡蛋——盒子里装着饼干

　　可是,两部字词典,还有《现代汉语词典》,都没有给"装"列出对立的义项,没有反映承受义的义位,只有施予即装入这一面的意义,如《现代汉语词典》释"装"为"把东西放进器物内;把物品放在运输工具上"。另外,"盛"的容纳义下,《新华词典》举例有"缸里盛着水";而基本相同的例子("缸里盛满了水"),《现代汉语词典》却是用以说明"盛"的施予义而不是承受义(释义是"把东西放在器具里")。以上情形说明,反义对立现象还没有得到充分注意,存在不少需要研究的问题。

　　(三)现代汉语动词反义对立主要表现为向与背、授与受、毁与成、臧与否几种对立关系或情形。这是从对立关系的角度所作的归类,不是对具体词的语义阐释。有对立义位的词可能是多义位的对立,例如动词"下",《现代汉语词典》所列的好些义项都表现为反义对立关系,即向背对立,如"下楼"是离开楼,"下装"是卸下,"三号下,二号上"的"下"是退场,这些义项都是表示有所背离,它们同"下馆子"表示有所趋赴的"下"形成对立,这就是多义位的对立。后面我们举例说明各种对立关系时,只就关系举例,不具体讨论每个义项的释文,多义位的对立也看作一种对立关系,综合举例。

二　向与背的对立

　　有些动词所表示的动作行为涉及人或事物同有关处所、方位的向背关系,或表示趋赴、趋附,或表示离开、分离。下面分成两组举例。

　　(一)"下、走、出、去"等。

　　这一类是有趋向意义的行为动词。表示离开、分离,也可以表示到达、趋赴,二者相反相成,有所离,才有所达,着眼点不同,形成反义对立。看下表:

动词		表示离开、分离	表示趋赴、进入
下	你下,(我上)	下场　下岗　下位(离开座位) 下螺丝　下玻璃	下厂　下馆子　下海　下锅 下种　下秧　下面条
走	你走,(我来)	走了火　走了油　走了气	走西口　走人家　走南闯北
出	你出,(我进)	出国　出轨	出海　出庭　出场
去	你去,(我留)	去潮湿　去油污　去腥 去世　去职	去上海　去学校

　　(二)"刮、擦、刷、涂、抹"等。

　　这一类是作用于物体的行为动词,通过有关行为除去物体上的附着物,或者相反,使附着于某物。这是向与背反义对立的又一种表现。

　　先看"刮"。"刮胡子"是把胡子从脸上刮去(所附的处所"脸"隐含),"刮脸"也是刮去脸上的胡须之类(该刮去的胡须之类隐含,并不是把脸刮去):"刮"所表现的都是某物背离某处、从某处分离。"塑料薄膜上刮了一层糨糊",是刮上,即糨糊趋附于塑料薄膜;"这种石灰刮墙容易脱落",也是刮上,却把石灰刮上墙:"刮"所表现的都是某物趋附某处、附着于某物。"你快去把桌子的油漆刮了",这个句子有歧义,就在于"刮"既可以表示刮去,也可以表示刮上。

"擦、刷、涂、抹"等也是如此。比较:

擦汗、擦脸(从脸上擦去汗水灰尘之类)——擦油、擦脸(油膏之类擦在脸上)

刷衣服上的灰、刷碗(即刷去碗上的油污脏物)——刷标语、石灰刷墙

把那几个字给涂了——涂了一脸墨

把脸上的鼻涕抹了——口红抹得太浓

"放"也属此类,既可表放入,又可表放出,向背对立。如:"咖啡里多放点糖"、"衣服放柜子里",是放入(即放置义);"别把车胎的气放了"、"放虎归山"、"放冷箭"是放出(即放逐或发出义)。

三 授与受的对立

授是交付、施予,受是收纳、承受,有所授则有所受,有所受也就有所授,二者相反相成,地位不同使然,在一定条件下可以朝相对的方向转换,这是有些词形成对立义位的内部根据。例如"受",本义是"相付"(《说文》),林义光的《文源》指出:"授、受二字古皆作受。"韩愈《师说》:"师者,传道受业解惑也。"是授予义,今作"授"。当然,字已区分,现在只能看作两个词了,是反义词,不是一个词的两个对立的义位。不过说明了一个事实,词义的授受对立,在一定条件下可以转换,可以分化成对立的义位或义位变体。下面分两组举例:

"借、租、缴、纳"等。看下面的歧义句:

我借老李一本书(向老李借/借给老李)   枪都缴了(交出,上缴/收缴)

这间房子我已经租了(向出租人租得/租给了人)   不应纳贿(行贿/受贿)

这些歧义,是词义不同所致,这些词有授受(即交付或收纳)对立的义位。"借"的反义对立,好些字词典已作义项载入,与之相当的"租"却没有。"租"同样有向别人那里租得和出租给别人两种意义,比较:

我借了老李的一本书——我租了老李的一间房(借得,租得)

借书给他——租房给他(借出,租出)

"借"比"租"适用面广,使用频率高,因此"借"的反义对立状况能引起注意,这也许是一个原因。

"盛(chéng)、装、上(上课)、理(理发)、看(看病)"等。

这一组词,既可以表示施予的意义,也可以表示承受或接受的意义。是授与受反义对立的

又一种情形。"盛"和"装",前面已述及；现在看后面几个词的例子。

> 我在上课（给学生上课，即授课/听老师讲课，即受课）

> 我在理发（给人理发/接受理发）

> 我在看病（给病人诊病/接受医生诊病）

这些句子都有歧义，与句法无关（以上句法结构都相同），是因为"上课、理发、看病"这几个动词有授受对立的义位。《现代汉语词典》对"上课"的释义是"教师讲课或学生听课"，反映了这个词反义对立的实际（词典作义位变体处理）。同样，"理发"、"看病"也有授受对立的义位。表示授予义的"理发"、"看病"，还往往是指所从事的一种工作，一种职业。

四　毁与成的对立

毁与成的对立，也就是破坏与建设的对立。有些词的意义表示对人或事物的损毁，如"打"（把杯子打了），"烧"（书都给烧了），"破"（衣服破了），"撕"（一把新扇子硬给撕了）。损毁与成就、破坏与建设是有联系的，在一定条件下，破坏本身就意味着建设，可以转化。词义是思想认识的反映。有些词的意义既表有所毁，也表有所成，毁与成反义对立，并存并用。上列各词同时可以表示有所成的意义；看下面的歧义句：

> 家具打了（打毁/打成）　　　木炭烧了（烧毁/烧成）

> 衣料撕了（撕毁/撕成、撕得）　木板破了（破损/破成、破得）

"打"这个词的用法很复杂，对于它的义位划分认识不尽一致，不过对于成毁反义对立的情形倒是都有不同程度的反映。如《现代汉语词典》有"（器皿、蛋类等）因撞击而破碎"义项，此含有损毁的义素，而"制造"（如打烧饼）义、"编织"（如打毛衣）义，则含有成就的义素。

"撕"，《新华字典》释为"扯开，用手分裂"，其他字词典与此大同小异，都没有反映出这个词有成毁对立的义素。实际上这个词有成毁对立的义位，不看到这个事实，就无法说明"把布撕了"这类句子的歧义。用"扯开"或"用手分裂"这样的释文来解释"我给孩子撕了件衣服"的"撕"难以圆通。"撕"和"扯"是同义词，许多字词典将它们交互成训，即同义互训。如《新华字典》"扯"有"撕破"的义项，以"撕"为训，同时揭示了损毁的义素（"破"），举的例子是"他把信扯了"。句中的扯可以换作"撕"，"撕"也同样可以释作扯破、扯碎之类。由此可见，"撕"和"扯"都有成与毁的语义对立。

有的词本表示使人或事物有所成就的意义。如"治"表示治理，在于使被治理的对象有所成就，得到建设，例如"治国安邦"、"治山"、"治水"。反义转化，也可表示使有关对象受到打击乃至毁灭的意思，例如"治罪"、"治虫"、"这帮坏家伙非治不可"。当然，遭受打击或毁灭，是就所治的对象而言，从另外的角度看，也是为了有所建设，毁与成是相反相成的关系。

也有些动词的意义本无所谓表示毁或成，由于行为的动机或结果不同，而形成语义分化。

如"挂",指让一物搭连在另一物上,没有成与毁的语义区别,但用于挂电话,语义就发生分化了:"我的话还没讲完,对方就把电话挂了。"是挂断;"我要挂北京长途!"是挂接、接通。

五　臧与否的对立

动词的臧否反义对立,是由词义里包含的情感义素决定的。同一个词,既表臧,也表否,这便是臧否对立。"骄傲"一词是典型例子:表示与"自豪"相当的意义,含有臧的情感义素;表示与"自满"相当的意义,则含有否的情感义素。"自豪"和"自满"是反义词,在"骄傲"一词里则为两个对立的义位。再看几个词:

哄。"我不能再哄孩子了"是歧义句,因为其中的"哄"可以表示哄逗、带引乃至使人高兴的意思,也可以表示哄骗、欺骗的意思,前者含有臧的情感义素,后者含有否的情感义素。

看(kān)。"看小偷儿"、"看犯人",这种"看"是看管、监视的意思,对有关对象来说当然是不愉快的;"看孩子"、"看病人",这种"看"是照看、看护的意思,对有关对象来说是好事。"看"的两个义位,臧否对立。因为"看"有臧否对立的义位,句子在所指对象或人物身份不明确的情形下,就可能产生歧义,如"他没人看了","怎么没有把李××看好"。

夸。"把一点小事夸得比天大"是虚夸的意思,含否定评价的义素。"大家都夸他为人老实"是夸奖的意思,含肯定评价的义素。

闹。"又哭又闹、闹矛盾、闹别扭、闹水灾"中的"闹",明显含否定评价义素;而"闹市、热闹"的"闹"表示活跃、旺盛,"闹革命、闹生产"的"闹"表示声势大,都含积极的肯定的评价义素。正因为"闹"有表示臧的义位或义位变体,所以宋祁的词句:"红杏枝头春意闹"(《玉楼春》)才能引起热腾、美好的联想。

受。"受苦、受罪、受气、受风寒"的"受",是忍受或禁受艰难、困苦,含不愉快的情感义素;"受用、受看、受吃、受听"的"受",表示合宜、适意,与前一种"受"相反,是肯定的评价。

因为臧否对立反映对人或事物不同的情感倾向和评价,这样的词在使用时必然表现出较强的搭配选择性。如"看",带贬义的,其支配对象只能是"小偷儿、犯人"之类;带褒义的,其支配对象当然是那些受照顾、受保护的人或事物。搭配对象的不同要求是由词义的臧否不同决定的,而不是相反。事物都可以有对立的两面。都可以或臧或否,却不是都有相应的对立的词,更不是都会形成臧否对立的义位。如"教育"既可以用于同志和朋友,也可以用于敌人(如俘虏)、犯人,但是"教育"一词并没有形成臧否对立的义位。

词义是一个系统。包括臧否对立在内的义位形成和建立,要看搭配组合关系,还要看联想替换关系,这两方面是有联系的。如"骄傲"有臧否对立的义位,是因为这个词在搭配组合关系和联想替换关系两方面都有区别性特征,且列几条如下:

骄傲了(同义替换:自满、高傲)　　　感到骄傲(同义替换:自豪)

　　别骄傲(同上)　　　　　　　为……而骄傲(同上)

六　余论

　　(一)词内反义对立的形成和表现,是社会约定俗成的,也是不断发展变化的。反义对立在各级语言单位之间都有表现,词内的反义对立是在"词内"的表现,一般应是不同的义位或义位变体。"受"在古汉语里可以表示给予义,也可以表示接受义,表现为词内的反义对立;现代汉语的"受"没有这样的对立,"受"与"授"是反义词关系。"借"与"租"在现代汉语里存在词内反义对立,英语却分别由不同的词项表示:lend(借给),borrow(借得);let(租给),rent(租得)。

　　(二)词内的反义对立是词义发展、引申的方法和途径之一。就我们对一些动词的调查看,主要有两种情形。一种是反义对转,一种是引申分化。

　　反义对转指一种意义发生转化,形成另一种与之相反的意义,两义并存。如"去"由离开义对转为趋赴、到达义。"出"也是这样。"缴"在现代汉语里的基本义是表示交出,即"给予"这一方面的意义,对转为表示收缴,即"接受"、"接收"这一方面的意义。"纳"与"缴"相反,本义是纳入,上古汉语里多写作"内",又表示缴纳,也是反义对转。

　　引申分化指由一种意义分化成两种有对立关系的义位或义位变体。"租、借"等就是这种情形。如"借"本来就涉及借入方和借出方,对借入方说是因借而有所入,对借出方说是因借而有所出,这个词从先秦时代就是一词两指的,并不偏指哪一面。现代汉语的一些字词典,把它分成两个义项,是承认了分化。

　　(三)无论是转化或分化,都应在词内固定下来,成为同一词项的两个对立的义位或义位变体,不能是临时的偶然的用法,也不能将句法结构的关系义混同于词义。不过,义位的形成或分化往往有一个由量变到质变的过程,处于过程的两极比较容易判断,不可能都是这样,因此对于某些词是否形成了反义对立的义位会有不同认识。字词典有各自的任务和要求,即使是详解词典,"详解"也是相对的,要考虑稳定性,不能有闻必录。词义虽然不同于结构关系义,但是二者不是没有联系。别的且不说,句法结构至少有显示或明确词义的作用,特别是多义词。当然只是"显示"或"明确",不是决定,决定的是词本身具有那个义位。问题是有时划定这个界限会出现分歧认识,或者将词义误为结构关系义,或者相反。这些都是需要深入研究和讨论的问题。这里举两个我们在前面没有列出的词为例,作为问题提出来讨论。

　　"换",《现代汉语词典》立了三个义项,其一是"给人东西同时从他那里得到别的东西"(交换,调换),另两个义项是"变换,更换"和"兑换"。这三个义项都是涉及两件事物或两个方面,不分主体、客体,不计换出和换得的区别。不计这种区别的用法是有的,如:"咱俩把位置换一换","她一天要换三次衣服"。却也有存在区别、必须区别的,如"你这旧脑筋也该换换了"、"敢教日月换新天",两个"换"的意思不一样,一是换去、换掉,一是换得、换成,含有相反的义素。收破烂的喊"破烂的换钱",是叫顾客拿破烂来换得钱,不能喊成"钱换破烂"。能不能说,"换"这个词有反义分化和不分化并存的义位? 或者我们作出别种解释。

"考(考试)",在"出这么难的题考中学生不妥"里是主考的意思,在"我的英语没考好"里是应考的意思。"考研究生"有歧义:一是为读研究生应考;一是对研究生考试,即主考。存在这种反义对立是事实,问题是我们怎样作解释。把这种区别归于句法,还是归于词义? 词语处在一定句法位置上会产生一定的关系意义,如"烤白薯"和"烤烧饼",虽然都是述宾结构,关系意义却有所不同,前者是对象关系,后者是结果关系(因烧而成烧饼)。但这种区别不是"烧"的词义分化的结果,而是与宾语名词所表示的事物的性质有关,是二者相结合而产生的一种关系意义。"鸡不吃了"有歧义,不是"吃"的意义有什么不同,是句法关系有别。一种是施事关系,一种是受事关系,后者可以变换为"不吃鸡了"。这种关系意义的不同,绝不限于"鸡"这个具体的名词或"吃"这个具体的动词。"考研究生"不属这种情形。它的歧义不是句法关系造成的,说成"研究生不考了",结构变换了,歧义不变,仍然有不对研究生考试(即主考义)和不参加研究生考试(即应考义)两种意义。而且限于"考(考试)"这个具体的词,"读研究生"、"教研究生"等等就没有歧义。

(原载《中国语文》1997 年第 5 期)

传意需要与港澳新词

程　祥　徽

　　人的生命每分每秒都在变化,只不过当事人觉察不到而已。两个相亲相爱的朋友别后重逢,分隔时间短者常贺对方"发福了";离别时间长者甚至惊呼:"要是在大街上踩了你的脚还不知道是你哩!"语言的生命如同放大了的人生,每时每刻都在变迁,永远保持运动的形态:某些词语出现的机会在逐渐减少,某些新的成分却不知不觉地潜入语言的库存,甚至个别完全不通情理的词语莫名其妙地充斥于广大地区。语言的变异现象积攒到一定数量的时候,它们有可能在使用同一种语言的不同地区之间、不同行业之间、不同年龄的人群之间形成鸿沟。港澳青年学生、青年文员使用粤语的情形足可说明这一点。他们使用新词语和外来词语特别多,他们毫无语言的传统势力的负累,成为创造新词、照搬外国词语、改变原有语言规则的急先锋。在语音方面,他们以丢失声母(如我、爱、牛等字),合并音位(如吕、女不分),取消读破(如时间、间接的"间"同调)等方式显示自己是不受羁绊的一代;在用词和语法规则方面,他们"肆无忌惮"地改变旧有习惯,例如在动宾结构的动词或词组的后面再带一个宾语:挑战奥运,出线足球杯,约会女朋友,接壤俄罗斯,过境洛杉矶,于是,保传统和反传统的战斗展开了,前者声嘶力竭地斥责后者,义愤填膺地要后者恢复旧有的规则,甚至电视台也出来助阵,制作一些用《广韵》规范港澳人发音的节目,教导听众只有弄通了平仄押韵才能提高中文水平。然而通平仄者未必写得好文章,不通平仄者未必写不出好文章。

　　当然,语言作为传意的媒体要力求稳定,否则容易造成传者与受者之间的脱节。传意过程包括信息的发出、通道、编码转换、储存、解码翻译直至接收。这个过程本来就存在许多障碍,要受许多因素的干扰。传、受两极民族心理的不同,文化背景的不一,知识程度的不等,言语环境的差异,密码内容的误解,……常常引来"传者无意,受者有心"或"传者有心,受者无意"的局面。一个众所周知的笑话便是最好的注脚:宴会主人说"该来的都不来",已来赴宴的客人以为"不该来"而走了;后来又到了新客人,宴会主人惋惜地说"不该走的都走了",新来的客人以为自己"该走"而不走,于是走个精光。还有一个真实的故事也可作注:"文革"期间有人从北京寄信给他的儿子,信中有一句"阿姨病了",儿子回信请父亲问候阿姨;父亲回信教训儿子道:"阿姨病了指江青闹情绪,你连这点政治敏感都没有!"发生这样的误解是因为传受双方没有事先约定密码的内容。为了减少传意过程中出现障碍,语言的规范无疑绝对必要。如无规范,任由语言中的不正常现象泛滥,将会给传意带来更大的障碍。然而语言一刻不停地变动,规范过后即刻又有不规范的成分出现,因此规范只能是一个理想,提供一个榜样或模式,供语言的使用者和学习者去模仿或追求,伦敦南部英语便是这样一种规范化的英语。语言的使用者和学习者只能做到靠拢规范,永远不能实现完全的规范。既要规范又不能完全达到规范,不能完全达到规范而又不可不去规范,这是切合实际的结论,不要轻率地给持这种观点的人扣一顶"不要规范、否定规范"的帽子!

活着的语言处于或缓或急、或大或小的变化之中;没有变,就没有语言的生命。这一点,连清末切音字运动的倡导者们都已经看到,沈学即认为一切都"以变通为怀"(《盛世元音·自序》),而语言的变化又并不完全按照以往的轨迹或原有的模式,更不依照人的主观意志或良好愿望。因此,语言中出现异乎正常的成分实在是再正常不过的事了。"卡拉 OK"究竟属何种构词方式?"随身听"分明是个动词性词组,怎能当作名词使用?既有一个通行了四十年的"出租汽车",怎会轻而易举地为一个外来词"的士"所取代?而且"的士"这个词真可以说在一夜之间传遍神州大地,它的省略形式"的"竟同时变成一个十分活跃的构词语素,其能产度之高足令原有的语素望尘莫及,据说到 1995 年底,由语素"的"构成的新词已有二十六个之多。于是,保卫语言纯洁、净化的语言学家又发话了,直斥这是语言的污染,甚至是语言中的殖民现象,非连根铲除不可。但是铲除语言中的一个成分谈何容易,因为任何一个成分的出现都有它的理由,尤其是这个成分一旦进入了构词体系之后,那就更难撼动了。你可以说"的士"是由港澳"殖民"到大陆的词,但是"的"以语素身份出现在二十六个新词中却是大陆的创造,近年不曾到过大陆的港澳人至今根本不知道"打的"、"面的"、"的哥"、"残的"……为何物。然而大陆的这些词语又有可能返过头来影响港澳方言,笔者校阅本文清样时在香港的报纸上看到流行在新疆的一个新词"马的":"在新疆哈密市,不仅有'的士',还有别的城市不常见的'马的'。其实'马的'就是马车。与一般马车不同的是,'马的'用来载客,装饰也讲究些、漂亮些。"(1996 年 1 月 24 日《明报》)笔者又在澳门的报纸上发现一个"夜的"("夜更的士"即半夜一时至清晨七时行驶的的士),1996年 1 月 28 日《澳门日报》有一道新闻标题是"不赞成夜的附加费"。

据说"巴士"也对汉语造成了"污染",它的省略式"巴"也以语素身份混入汉语构词系统,"中巴"就是一例。何谓"中巴"?于根元主编的《现代汉语新词词典》解释为"中型载客轿车"(1994年 11 月出版)。此外,这部词典还收了"大巴"(大型载客轿车)和"小巴"(小型公共汽车)。"大巴"、"中巴"、"小巴"在现代汉语新词中形成一个小小的系列。然而作"中型载客轿车"解的"中巴"在港澳粤语中是不存在的,澳门没有"中巴"一说,香港人只知"中巴"是"中华巴士公司"的简称。奇怪的是,广州出版的标明是"香港方言"的词典却说"中巴"是"二十四座的中型公共汽车",不知词典编者从香港的哪一个乘客那里听来的。"中巴"解作"中型载客轿车"是大陆的新创词,完全符合汉语的构词方式,不是由香港传入大陆;那本解释香港方言的词典说"中巴"是"二十四座的中型公共汽车"倒是想当然是用大陆"中巴"来解释香港的"中巴",以为词面相同词义也就相同,殊不知这是研究语言现象的大忌。社会语言学视语言为一种社会现象,将语言现象置于特定的时代、特定的地区、特定的行业、特定的文化背景下以及特定的语言环境中加以考察。一个词面相同的词在不同的时代、不同的地区、不同的行业、不同的文化背景以及不同的语言环境中可能具有不尽相同的词义或感情色彩,甚至可能具有完全不同的词义或感情色彩。例如"班房",旧指"衙署、府第的差役值班之所",另为"监狱或拘留所的俗称",现代汉语仍有"牢房"的意思;港澳粤语却指称"教室"。又如"炮制"、"策划"、"检讨"在港澳粤语中属中性词,在大陆则含贬义。社会语言学的研究应以"中巴"的误解为戒。再附带说一句,那本香港方言词典还有一些词条的解释亦不可信,例如"打簿"被释为"发工资日将个人活期存折交银行由电脑过账"就失之片面,不在发工资日就不可打簿? 不过账就不可打簿? ……"打簿"的例子留待下文再议。这里想说的是近年来汉语语素库中增加了"的"、"巴"之类语素,并且按照汉语可接受的方式或习惯构出了一批新词,这并不是一件坏事,起码起到了适应传意需要的作用。套一句俗话说,这种做法不求无功也罢,但求无过也就够了,怎么反而要背"污染"、"殖民"的罪名!

　　面对规范的要求与新词语的产生和涌现,语言学家尤其是社会语言学家应当采取何种态度和措施呢?

　　词语创新是个外延很宽的概念。词语的创新至少包括以下几个方面:一是词的义项的增加(或减少),二是具有新词面的词语的产生,三是外地词语或外国词语的借用。社会语言学家难做,是因为他们必须具有鉴别优劣、预测新词语走势的功夫。这就要求社会语言学家与使用语言的社会成员一道去思考、权衡和选择,这项工作不是大棒一挥、大话一套就能奏效的。但凡新词语涌现的历史时期,鱼龙混杂、优劣难分是难以避免的,而"纯洁"与"污染"的界限又不那么分明,语言学家切不可在语言新成分刚刚出现的时候就大张挞伐,摆出"除恶务尽"的姿态。出现新因素的主要原因不是语言使用者的标奇立异,而是新事物的产生、新概念的形成以及传意生活的紧迫需要。

　　词语义项的增加是词语创新的重要手段。笔者在构思这篇文章的时候刚刚完成澳门机场启航征文比赛的评判工作,许多应征的文章说,物质的飞机起飞了,从此将会带来澳门经济的起飞。前后两个"起飞"不是一回事,后面这个"起飞"的含义在九十年代以前的汉语词典中是查不出来的。于根元主编的《现代汉语新词词典》在"起飞"条下有"原指飞机开始升空飞行。现也喻指事业起步迅速、发展顺利"的字样。李行健等主编的《新词新语词典》(增订本)也在"起飞"条下列出两个义项:"①(飞机)开始飞行。②比喻某项事业开始迅速起步并取得较大发展。"①是"起飞"的本义,②是"起飞"的比喻义。港澳冰、雪不分,因为现实生活中没有天然的雪,只有人造的冰。"雪柜"、"雪糕"这类冰雪不分的词极有可能产生在南方。果然李达仁等主编的《汉语新词语词典》收了"雪柜",李行健等主编的《新词新语词典》(增订本)收了"雪糕"。李行健对"雪糕"的解释是:"方言词。现进入普通话,多指方形的固体冰淇凌。""雪糕"的发展并未到此止步,后来又有了"雪糕筒"。"雪糕筒"是盛有雪糕的上圆下尖的锥形的甜筒,港澳冷食店或快餐厅都能买到。近十年来,"雪糕筒"逐渐取得一个新的义项,甚至独立成一个新词,取代"指示路线和道路情况的标志"即"路标"的地位,因为它酷似倒置的雪糕筒。冷食店里卖的"雪糕筒"与隧道口摆了一排"雪糕筒"或汽车撞倒了"雪糕筒"也不停车的"雪糕筒"是形极似而质不同的两件东西,前者是本义,后者是比喻义,"雪糕筒"近年又获得一个新义:"话筒"或"传声器"(港澳粤语叫做"咪头")。《澳门日报》《采访余墨》专栏文章《"雪糕筒"阵》说:"(记者们)举止'勇猛',发现目标便一拥而上,十枝八枝雪糕筒直伸向采访对象,大有'雪糕筒'非食不可的势头,甚至香港部分报界记者近来也把'雪糕砖'(按指微型盒状录音机)抛弃而改用'雪糕筒'了。这种'雪糕筒'阵的场面更为壮观。"

向本族语言的方言和向外国语言借词是丰富本族语言词汇,为传意提供更多选择的重要途径。这方面的论证已经够充分的了,本文不想赘述。笔者只是想说,一个借词的生命要由传意的需要赋予。本族语言有这种事物或这种现象而无表示这种事物现象的词,借来的词就有生命力,否则借词的生命不会旺盛甚至可能是一现昙花。近一年多以来,港澳粤语出现了一个词语:人气急升。"人气急升"是个日本词语,专用来形容表演艺术家的声望突然上升。翻检香港报刊,尤其是报刊的娱乐新闻版,"人气急升"用得一点也不差,都是用在演员、歌唱家等艺人的身上。从事其他行业的人例如学者声望上升了呢? 不可用人气,大约可用"人望"吧。汉语曾经给予日语很深的影响,日语影响汉语则是近百年来的事。日本占领台湾期间,日语影响台湾汉语;中国民主革命时期,汉语向日本借词数目可观;近一二十年日本经济冒升,港澳粤语受日语的影响不可轻视。在香港繁华的街道上,明明是四川菜馆,招牌却要标以"四川料理"、"名厨主理";明明是减价出售,却要写作"大出血"、"大割引"之类;……港澳娱乐行业受日本影响特别深,华语影片也要请日本作曲家编主题歌,香港电影《似水流年》那首动听的歌曲就是日本音乐家作曲的;流行曲不少是借用日本歌曲而填上粤语歌词。港澳青年对日本歌星的认识和崇拜远远超过对大陆的歌唱家。明了这个背景,香港粤语原封不动地借"人气急升"以及香港人如此准确地使用这个词语也就不无原因了。现在"人气急升"的词义开始扩大,1996 年 1 月 26 日香港《经济日报》以"人气急升"为题转载一幅卢瑞华陪同朱镕基视察东莞外企的新闻照片,说明词结尾说"可见卢瑞华'人气急升'"。卢氏属政界人物(1996 年港澳各报报道"卢瑞华当选广东省长"),并非演员、歌星,"人气急升"用在他身上原是不妥的。

汉语是一种极讲文明委婉的语言,例如对人称名不称姓,称字不称名,有号不称字,有排行不称号,有官职则连字号都不称了,甚至以籍贯代名字。这是中国人都知道的普通常识。四十年代苏联领导人米高扬访问延安,他连毛润之就是毛泽东都不知道。现代美国青少年是可以直呼父母名字的,在中国则属大逆不道! 因此,汉语对文明词语特别敏感。"厕所"已属委婉之词,现在却向更委婉的方向走下去,如今港澳豪华酒店和娱乐场所很少再有"厕所"的字样,"厕所"换作源自日本的"洗手间"、"化妆间"、"盥洗室"。这些词语似曾相识,因为它们的语素都是汉语所固有的,结构也符合汉语的构词方式,而且更能表现文雅的气息,汉语借之又何妨! 再如以往接听电话,问的是"找谁?"、"干什么?"现代却多数问"我有什么可帮助你?"这后一种问法要客气得多,有礼貌得多,何乐而不用? 然而这一问句却完全来自英译:May I help you? /How can I help you? /How can I be at your service?

　　毋庸否认,语言交流中的确也会有一些不健康的成分侵入语言的肌体。1990 年 7 月笔者在《澳门的三语流通与中文的健康发展》(与刘羡冰合作,见《语言与沟通》,澳门基金会 1995 年 2 月)中称现代汉语夹杂英语词语的洋泾浜现象为 Chinglish (Chinese＋English),并且斥之为"怪胎",必须加以铲除以维护民族语言的纯洁规范。然而"现代民族不再有什么'净化'的语言了。在今时今日,国际间的文化交流日益频密,语言间的相互影响、语言成分的彼此吸收成为现代语言的共同特征;而在非单一语言的社会,这种现象就更加突出"。因此,社会语言学应以"现实的发展的眼光看待语言交流中出现的新成分与新表达方式"。"反对以'净化''纯正'为理由抹煞或排斥语言交流中产生的现象",因为"不纯正的语言材料正可透露语言影响的痕迹,也正是社会语言学所要探讨的问题"。人们要求于语言学家的不是语言学家的棒喝,而是希望语言学家能耐心观察语言现象,脚踏实地而不是浮光掠影、一知半解地掌握语言素材,进而借鉴语言学的理论作科学的分析评断,预测语言发展的可能趋势,引导人们正确使用语言。例如汉语构词的词尾化趋势正在扩大,仅仅与"人"相关的词尾式的语素在港澳粤语中就十分活跃。以往用"者"多,现在却不拘一格地用"星"、"客"、"人士"等等。以往只有"明星"(不是指天上明亮的星,而是指有名的演员、运动员等)和"童星"(指未成年的著名演员),现在增加了"歌星"、"球星"、"笑星"、"打星"、"脱星"……以往有"食客"、"香客"等等,现在有"水客"、"偷渡客"、"大陆客"……以往"人士"含褒义,有"爱国人士"、"民主人士"等等,现在却褒贬不分,既有"成功人士",更有"吸烟人士"、"可疑人士"、"在逃人士"、"非法入境人士"、"黑社会人士"、"任何人士不得带十八岁以下人士入场"……香港的报纸这样登,香港的电视台如此播,搞得凡"人"都是"士"。面对这般情景语言学家忍不住要捶胸顿足,然而捶胸顿足有什么效应! 不如分析给大众听:与"人士"同义而不同褒贬的词或语素有的是,"分子"大多用在不大好的方面,"者"字则比较中立,黑社会的成员称"黑社会分子"不会错;吸烟的人无所谓好与坏,不妨称之为"吸烟者"。现在又有一个外来的词或语素令语言学家光火:日语的"一族"。在日语中,"一族"的原义是指有血缘关系的整个家族,后来用于"武士一族"之类的词组之中,无所谓感情的褒贬;现时的"一族"多指因亲属关系或裙带关系而进入一个集团中的人,例如"丰田一族"等等。日语另一个"族"字,义指具有同样性格或同样生活习惯的人,如"窗际族"、"竹子族"、"暴走族"等等。"窗际族"指公司里靠窗坐的那些人,意思是地位并不重要,地位重要的人物坐在公司中央的位置。"竹子族"指原宿街头跳舞的人,他们有共同的兴趣与爱好。"暴走族"就是港澳的"飞车党"(驾高速赛车的一群人)。港澳粤语中的"晨运一族"、"夜游一族"、"打工一族"、"上班一族"(《澳门日报》还用作一个专栏的名称哩)……就是借自日语而略有变通。语言学家大可将使用"一族"的中国人训斥一番,但是你提出一个什么样子的词来取代它呢?"达明一派"(香港的一个小型乐队)的"一派"吗?"飞车党"的"党"字吗?"读者群"的"群"字吗? 似乎都无可无不可,语言学家尽可提出方案交由大众选择。还有前面提到的"打簿"，英文作 update，义指将存折拿到银行去既不取款也不存钱，只是查核一下存折中的数目。（将来也可以不到银行去办理此项业务，因为自动打簿机已经出现。）这个词早已深入到港澳社会的每一个家庭。"打簿"所指的行为正向北方延伸，必将随着银行电脑业务的普及而遍及全中国，然而这种行为的词面形式是不是非"打簿"不可呢？社会语言学家大可发挥自己的想像，按照汉语构词规则设计多个词语交由大众选择，例如查数、查账、打账、核账、打摺、打折、……"打账"、"核账"可能在第一轮选择中就被淘汰，因为它们与"打仗"、"合葬"音同或音近；"核数"也不一定合式，至少在港澳地区不合式，因为"核数"是会计业务的一种，港澳就有"核数师"的职业；"打摺"可能与"打褶"相混；"打折"容易误解为"打折扣"；"查账"却含"检查"、"审查"的意味。如何是好？是不是用"打本"呢？"打本"在港澳地区不可用来指 update，因为粤语方言原来就有这个词，义指凑资金做本钱。在别无选择的情形之下还是暂让"打簿"通行吧。

现时的汉语规范问题与商品经济生活相关联。中国在经济上提倡改革开放，引进国外技术与资金，在引进外来事物的同时引进一些外来概念、外来词语势所难免；引进来的事物有好有坏，引进来的词语夹杂一些不合汉语规则的成分也无须大惊小怪。经济上买进来一艘外国轮船可能是一堆废铁，语言上借来一个词语可能成为本族语言的冗赘，正确的态度是吸取教训，总结经验，更重要的是要相信大众在词语使用的过程中会自觉地做过滤的工作，将有用的词语保留住，将有损民族语言纯洁健康的成分淘汰掉。"德律风"在不知不觉之中改换为"电话"，从此，大家不约而同地都用"电话"，"德律风"则成了汉语词汇中的陈迹；卡拉 OK、随身听、喥弗（keep fit）……也将走同样的路。总之，如果有更好的词面形式取代那些不似汉语民族形式的词语，大众都会乐于接受。语言的主人绝不会放着大好的语言形式不用而专拣别别扭扭的词语，除了那些以洋词洋语显示特殊身份的人。

学者的语言观与商人的语言观有很大出入。学者观察语言重在讲理据，商人则把语言当作经商的工具、盈利的工具。1995 年 12 月 25 日北京香山举行全国首届语言文字应用国际研讨会。研讨会上一位学者质疑明明是"山楂水"，商人偏要给它取个洋名，连出售这种山楂水的老板自己也解释不了这洋名的意思。笔者对心灵纯洁的大陆学者一向怀有深深的敬意，他们称没有沾染商业气息的教学单位和文学刊物为"净土"，且以置身于"净土"而自豪，仿佛行商就是污秽的行为。他们不敢瞧不起工人、农民，只好把孤芳自赏的情绪放在与商人的对比中发泄出来。招牌、商标在学者眼中要考核它的含义与出处，在商人的眼中却是"招徕之牌"，只要能招揽顾客就是好招牌、好商标。香山研讨会期间国家语委主任许嘉璐教授在鸿宾馆宴请港澳与会者，席间他即兴发言："大家都是鸿儒，又都是语委的嘉宾，这鸿宾馆正好是宴请各位的好去处。"简单几句话显示出一位训诂学家的学识与文采。当时我想，鸿宾馆的老板未必能如此得体而风趣地解说自己开的饭馆的招牌。土气十足的山楂水改作洋气十足的名称，不就是为了吸引顾客，多卖一些货品，多赚几个钱吗？在商言商，天经地义。或曰"只改商品名称，这是欺骗"，然则你能奈他如何？你要批判、取缔之，他说"你何不首先批判、取缔天津的'狗不理'？那才是一块侵犯了人权、污染了语言的招牌！"商业用语用字的确有时是与语言规范相矛盾、相对抗的，号称华语华文规范工作做得很有成绩的新加坡也有这方面的例子：一家商店用繁体字书写招牌，客人问何以不用简体，答曰"本店做台湾人的生意，何须用简体！"据说江南小镇有一爿点心店，生意不好，一位书法家别出心裁地将点心店的心字多加一点，生意一下子旺盛起来。是顾客出于好奇心理都来光顾呢，还是多了一点的心字标榜点心的馅儿特别多而招来了顾客呢？不得而知。笔者尤其不知道在为社会用字立法的呼声高唱入云的今天这家点心店招牌的命运如何。

　　林则徐在他的名联中说：有容乃大，无欲则刚。一个有容量的民族是伟大的民族，一种有容量的语言才是丰富的语言。中华民族就是一个最宽容的民族，例如她没有自己的国教，却包容了世界上许许多多种宗教。汉语也是世界上最有量度的语言之一，古代汉语既容纳了中国境内其他民族语言的成分，也包容了西域其他国家民族的语言成分；近代汉语又不知收容了多少西方的、日本的语言成分。今时今日的社会语言学家更应胸怀大度，尽量多地占有语言素材，切忌忙不迭地妄下断语；要从传意角度看待语言发展和语言交流中出现的各种现象，并以传意为目标预测语言发展的路向，制订语言规划，不断调整语言与传意两者彼此依存相互推进的关系。

（原载《中国语文》1996 年第 3 期）

新词语的预测

周 洪 波

一

预测是科学的普遍方法之一。任何科学都可以而且应该预测,语言学是领先科学,当然也可以而且应该预测。语言预测是一个重要的研究课题。[①]

以前,语言学界对预测持有异议。现在,理论上重视了,但对语言事实的预测还做得很少。

二

20 世纪 80 年代以来,一些学者对语言事实(尤其是词语)做过零星的预测,只是在自觉或不自觉地运用而已。譬如,有学者从街头上的"汽配(汽车配件)"联想到许许多多的人工制造物都有配件,进而预测两三年内有可能会出现"火配(火车配件)""飞配(飞机配件)""轮配(轮船配件)""摩配(摩托车配件)"等,后来果然出现了"摩配"。[②] 有的学者由"内宾"联想到"内商""内资"等,认为这些词语也有出现的可能,[③]不久,"内商""内资"等词语也显现了,并很快进入了新词语词典。还有人根据口语中的"博导"(博士生导师)预言,这个词不久可能会出现在书面语中,还有可能进入现代汉语的词汇系统,[④]果然,"博导"也很快有了书面语的例证。这些预测都比较成功。也有少数是不很成功的。譬如有了"出租汽车",再出现一个译音的"的士",总想把后者打入不规范之列,这实际上是在预测这个译音词不久就会隐退,结果,"的士"一词不但没有隐退,反而还衍生出了与之相关的"打的""面的""轿的""摩的""板的""的票"等说法。

由此看来,词语的预测至少包括两方面的内容:一是推测那些潜在的新词语如何显现,如"摩配""内资"等,二是测定那些已经显现了的词语怎样发展变化,如"博导""的士"等。由于预测涉及的因素十分复杂,加上目前还缺乏比较全面系统的研究,下面主要讨论潜在的可能出现的词语的预测问题。至于已经显现的词语的发展变化,我们将另文讨论。

---

① 吴建新《论语言预测》,《上海师范大学学报》1987 年第 4 期。
② 王希杰《"博导"和"汽配"》,《语文学习》1991 年第 11 期。
③ 《新词新语新用法》,《语文建设》1987 年第 3 期。
④ 王希杰《"博导"和"汽配"》,《语文学习》1991 年第 11 期。

三

对潜在的可能出现的新词语进行预测,我们的策略是,根据已经显现的词语来反推那些尚未出现的新词语。通常的情况是,显现的词语从一个方面给了某种启示,为我们进一步预测新词语打开了思路。具体表现在两个方面:

(一)新词的预测策略。　　主要着眼于语素与语素之间的排列组合。这可以分三种情形:

一是仿造。许多新词语是通过把同类的事物连在一起而仿造出来的,因此,我们可以从一个新词语的显现入手,预测出一大批新词语来。

譬如,王希杰先生在 1994 年的一篇短文中谈到,一年前,他对人说,既然有"白条子"(财务上的非正式单据)、"绿条子"(不能及时兑付的邮政汇款单),也可能会有"红条子""黑条子"的,甚至还可能有"黄条子"吧。[①] 果然,1993 年我们的语料里就有"红条子"(某些部门给集资单位或个人开的盖红章的凭据)、"黄条子"(不能及时办理的银行票据,如支票、汇票等),1994 年我们还收集到了"黑条子"(某些掌权者到企业报销的药费、旅游费等发票)、"蓝条子"(释义一时还看不出来)。从社会角度看,"白条子""绿条子""红条子""黄条子""黑条子""蓝条子"都不是什么好条子,都在扫除之列,但从语言学角度看,却又是研究的极好的素材。

我们最近搜集到了这样一个语料:

(1)一头猪命换了一条人命(《人民日报》1994 年 9 月 11 日)

对于我们来说,只知道汉语基本词中有"人命、狗命"的说法,未曾听说过"猪命"一词。这里的"猪命"是在与"人命"对举时临时仿造的一个偶发词,它是一种修辞用法,很难进入词汇系统。但是"猪命"的显现却给了我们以这样的启示,大凡表示动物类的词语总是可能与"命"有缘的,如:

鸭命　鱼命　马命　牛命　羊命　鸡命　鸟命　猴命　鹿命　鼠命　鹅命　兔命

猫命　鸽命　乌命　虎命　蛇命　熊命……

如果思路再开阔一些,表示植物类的词语也是有可能跟"命"组合的,有的还含有比喻义,[②]如:

树命　花命　草命　苹果命　香蕉命　橄榄命……

根据这样的思路,我们就可以对下面的词语做出预测了:

曲目、书目→刊目、报目、片目、带目、碟目

期刊、期报→期书、期曲、期片、期带、期碟

导游、导购、导读→导穿、导车、导展、导房、导教

年份、月份→季份、日份

国民、市民、县民、村民→省民、镇民、街民

---

① 王希杰《白条子 绿条子 红条子》,《语文月刊》1994 年第 10 期。
② 据陈建民先生说,广东闽南话地区流行"甘油命"一词。"甘油"为一种果子,先苦后甜。"甘油命"比喻人的命水。

人籍→船籍、车籍、机籍

电能、水能→煤能

新近的语料表明,"片目""导车""季份""船籍"等词已经显现了。

需要说明的是,类推仿造不是一种穷尽的办法,中间有许多复杂的情况,有时可能需要经过一个"磨合"的过程。[①]

二是简缩。简缩的一个基本原则是,大致保留原有的信息,而且出现频率越高,简缩的可能性就越大,据此我们可以对某些词语做出预测。譬如,20 世纪 80 年代以来,"第三产业""第二职业"等词语在报刊上频频露面,我们搜集时经常下意识地把它们简作"三产""二职",果然,后来这两个简缩词语显现了,用得很多。根据这个经验,我们又试着对下面的词语做了预测:

三资企业→三企	国有资产→国资	双向选择→双选	邮政储蓄→邮储
导购小姐→导姐	宏观调控→宏调	农民负担→农负	家庭轿车→家轿
职称评定→职评	专业技术→专技	时装模特→时模	礼仪小姐→礼姐

现在,"三企""国资"等词已经编入我们的年鉴式新词语词典了,"时模""礼姐"还需继续观察。

有时候,这种简缩形式在体育术语中似乎特别流行。例如:

(2)特别的奉献——在中华女裁左秀娣的身后(《中国青年报》1991 年 11 月 22 日)

例(2)中"女裁"为"女裁判"的简缩,按理说,"裁判"前原为单音节的"主裁判"等应该也可能简作"主裁",由此进一步预测,原为双音节或三音节式的"足球裁判、游泳裁判、篮球裁判、排球裁判、乒乓球裁判"等同样也可能简作"足裁、泳裁、篮裁、排裁、乒裁"等。

当然,简缩也是有条件的,有时候由多音节简缩成双音节也不很容易,中间要受些损伤,因此,有的多音节词语如"希望工程""知识产权""有线电视"等的简缩可能要颇费些斟酌,甚至无法简缩。

三是合力,即综合仿造、简缩两股力。在汉语里,联合词组中几个相关成分的并列,往往讲求音节匀称、整齐,如果其中有一个成分音节较多,就很容易受前后成分节律的制约而仿造、简缩,据此也可以预测一些新词语。例如:

(3)对教育有各种各样的分法,如高教、普教、职教、成人教育四大块,这是对的。(《中国教育报》1991 年 4 月 2 日)

当收集到这一语料时,我们想,既然高等教育、普通教育、职业教育可以简缩为"高教""普教""职教",那么"成人教育"是不是也可能简作"成教"呢?一个月以后,我们发现,"成教"显现了:

(4)本市郊区已制订出"八五"期间人才培养蓝图:形成普教、职教、成教三者并举的农村教育体系,各类专门人才达到 20 万名。(《解放日报》1991 年 5 月 7 日)

显然,这里的"成教",一方面由"成人教育"简缩而来,另一方面还借助了语境的帮助,即受前面

---

① 于根元《说"友"》,《语文建设》1996 年第 3 期。

"普教""职教"节律的影响而仿造。后来,"成教"就逐渐脱离"普教""职教"等具体的语境而独自出现了:

（5）安徽、江苏、贵州部署扫盲和农村成教工作。（《中国教育报》1992年2月15日）

（6）重阳节前夕,北京市成教系统500余名老教育工作者欢聚一堂,庆祝北京老成人教育工作者协会成立。（《北京日报》1994年10月14日）

与"成教"相关,我们又搜集到这样一个语料:

（7）市委领导同志向1993年上海市普教、职教、师范教育系统的优秀教师标兵颁奖。（《文汇报》1993年10月12日）

根据同样的道理,我们认为这里的"师范教育"有可能简缩为"师教"。过了不久,在苏州召开的第八次现代汉语语法学术讨论会上,何伟渔先生告诉我,上海市高教部门就设有一个"师教处"（师范教育处）。

有了这样的体验后,我们又大胆地对这类格式中的词语做了预测。如下面的"贫困区"→贫区、"管理作风"→管风、"社会风气"→社风、"劳动教育"→劳育:

（8）在闽西、闽北、闽东这些老区、山区、贫困区,虽然劳力剩余率在福建全省最高,但那里的劳动力转移和劳务输出却难乎其难。（《经济日报》1988年6月7日）

（9）同济大学"三管齐下",狠抓学风、教风、管理作风。（《解放日报》1992年2月7日）

（10）不少人士痛心疾首地提出:奢靡之风不治,反暴利将无法彻底,党风、民风、社会风气也好不起来!（《瞭望》1994年第23期19页）

（11）各级各类学校都要贯彻德育、智育、体育、劳动教育、美育全面发展的方针,把学生培养成为有理想、有道德、有文化、有纪律的社会主义建设人才。

现在,我们的语料中已经有了"贫区""管风""社风"的说法了,至于"劳育"的前景到底如何,我们拭目以待。

（二）新义的预测策略。　主要着眼于语素义之间的排列组合。很多潜义是由于显词中有一个多义语素,这可以分别两种情形:

一是由语素的不同义项引起的。如"～龄",《现代汉语词典》中,"龄"有"岁数"（年龄）、"年限"（年数）等义项:

A. ……的年龄。如:　　　　　　　　B. ……的年数。如:

婚龄:结婚的年龄。　　　　　　　　党龄:入党后的年数。

学龄:指儿童适合于入学的年龄。　　工龄:参加工作的年数。

役龄:服兵役的年龄。　　　　　　　军龄:军人在军队中已服务的年数。

　　　　　　　　　　　　　　　　　艺龄:艺人从事艺术活动的年数。

这些都是在人们的实际用例中已经显露出来的含义,其中"龄"的计算往往以事件作为参照点,如"婚龄"的参照点是"结婚",指的是结婚前的年龄;"党龄"的参照点是"入党",指的是入党后的年数。从逻辑上说,"婚龄"也有可能指结婚后的年数,"党龄"也有可能指入党前的年龄。由此我们预测,由"～龄"派生的词,至少都有可能具有 AB 两个义项:

A. ……的年龄。如:　　　　　　　　　B. ……的年数。如:

党龄:党章规定的入党的年龄。　　　　婚龄:结婚的年数。

工龄:参加工作的年龄。　　　　　　　学龄:指在学校学习的年数。

军龄:参军的年龄。　　　　　　　　　役龄:服兵役的年数。

艺龄:从艺的年龄。

这些都是词语潜藏着的可能出现的含义。它虽然是我们假设、类推出来的,却又是可能的、合理的。下面的语言事实支持了我们对"婚龄""学龄"潜义的预测:

【婚龄】……也指结婚的年数。例如:自愿离婚者中年龄轻、婚龄短、轻率结婚等现象值得注意。(《文汇报》1986 年 10 月 19 日)①

【学龄】学生入学后至毕业前的年数。特指在大专院校学习的年数。如国家某部委在分房条例中规定:学龄分的计算按规定学制每满一年计 2 分,但不得与工龄分重复计算。

二是由语素简缩的不同来源引起的。如下面的"评模""名模",其中"模"既可以是"劳动模范"的简缩,又可以是"时装模特儿"的简缩:

【评模】评选(劳动)模范。例如:最近我们要评模,大家都一致地提出了小刘。(峻青《黎明的河边》)②

【名模】著名的时装模特儿。例如:"上海名模"谁能问鼎——'89 上海时装模特儿电视大赛得主预测(《文汇报》1989 年 11 月 24 日)③

由此可以预测,"评模"也可能有"评选时装模特儿"这一潜义,"名模"也可能有"著名的劳动模范"的潜义。

四

显而易见,对词语进行预测指出了潜在词语显现的一种可能性,但这种可能性能否成为现实性,必须有客观的基础,那主要是交际的需要。它涉及语言外部(如社会文化条件)和语言内部(如语言自身的调节)诸多因素。④

从外部来说,潜在词语的显现需要一定的社会文化条件。譬如"～盲",我们解放初期扫除的是"文盲"。后来普及科学知识,扫除的是"科盲"。前些年推行法制,宣传法律知识,理所当然

---

①　于根元主编《现代汉语新词词典》333 页、501 页,北京语言学院出版社 1994。

②　闵家骥等《汉语新词新义词典》448 页、2 页,中国社会科学出版社 1991。

③　于根元主编《现代汉语新词词典》333 页、501 页,北京语言学院出版社 1994。

④　王希杰《说写的学问和情趣》7 页、28 页,河南大学出版社 1992。

要扫除"法盲"。现在搞市场经济等,还要扫除"经盲、股盲、税盲、商盲、球盲、卫生盲、外语盲、电脑盲、管理盲"等。这些都与社会因素密切相关。

又如,20 世纪 90 年代初期,《北京日报》《解放日报》分别设立了"科技明星""科技之星"专栏,却未使用"科星"一词。"科星"的说法可能仿自"歌星",也可能是"科技明星"等的简缩。它迟迟不见出来,固然与我们的科学家和科技工作者不像"歌星"那样容易出名,社会上还没有真正形成重视知识和知识分子的风气有关,也有人们的一些文化因素在起作用。天上的星星往往一闪而过,"科技明星"可能就比星星更明亮更长久些,有的甚至要照耀很长一个历史时期,因此以"星"来喻指著名的科学家,似乎觉得不够确切。"科星"一说还容易让人联想到社会上形形色色的"星",给人一种品位低的感觉,这样心理上又有点接受不了。后来,"科星"一词显现了,就自然而然地把人们对科学家的崇拜淡化了,同时还带来了一种跟老百姓更为贴近的新色彩。

从内部来说,潜在词语的显现还取决于语言自身的调节。如下面的"车程",指汽车等行驶的路程:

(12)北京新雅研修学院是一所私立综合大学,位于山青水秀、风景诱人、交通方便的北京市房山区崇青水库南侧,距离北京市约半小时车程。

按理说,由"车程"可以预测出"机程""船程"等,由于"车程"在系统中占有强有力的优势地位,加上"航程"已包含了"机程""船程"的意思,两者共同抵制了"机程""船程"的出现和流行。

又如"房改","住房制度改革"的简缩。1991 年北京地区在实施房改的初期,先在部分地区进行了危旧房改造,"危旧房改造"一度也简缩为"房改":

(13)日前,本报群工部对本市 14 片即将进行危旧房改造地区的居民进行了调查。从回收的 390 份问卷看,91.28% 的人对房改持拥护态度。(《北京青年报》1991 年 4 月 9 日)

由于"房改"作为住房制度改革的简缩早已占位,对危旧房改造的简缩形成抵制、排斥的作用,后来,"危旧房改造"就退而简缩为"危改"了:

(14)危旧房改造是件大大的好事,"危改"哪怕慢一点,哪怕暂时没有我们的份儿,大伙儿心里也高兴。(《北京日报》1991 年 1 月 28 日)

有时,潜在词语冲破了语言系统的压力而显现出来,其使用的频率、结合的松紧度都有很大的局限,如"内宾"(比较"外宾")、"慢餐"(比较"快餐")、"男士"(比较"女士")、"真唱"(比较"假唱")、"健全人"(比较"残疾人")等就是很典型的例证。有的新词语一旦占位了,由于品位不很高,排除起来就比较困难。如下面的"癌变":

【癌变】正常细胞在致癌因素作用下转变为癌细胞,由良性病变转化为癌症病变。例如:……医生一再告诫他:萎缩性胃炎往往是癌变的先兆,一定要抓紧治疗。(《人民日报》1989 年 9 月 18 日)[1]

---

[1]　闵家骥等《汉语新词新义词典》448 页、2 页,中国社会科学出版社 1991.

应该说,这里的"癌变",不如"癌化"明确。当初要是不采用"癌变"而采用"癌化",也许更为合理一些。① 现在既成事实,就难以改变了。

五

由此看来,新词语的预测是基于对语言本质的正确认识的:语言是一个动态的开放的系统,它在隐性的层面上,成分之间是对称的,而在显性的层面上,成分之间又是不对称的,有许多缺环、空位。尽管有些缺环、空位所表示的事物是日常生活中不可缺少的,但我们并不因为它们的存在而感到交际的困难。可以这么说,潜在词语的显现是交际的需要,词语的缺环、空位同样也是交际中的正常现象。譬如,世界上食物品种成千上万,颜色五彩缤纷。营养学专家按颜色把食物分为五大类:白色(大米、面粉等)、红色(各种畜禽肉类、鱼虾等)、绿色(各种新鲜蔬菜、水果等)、黄色(大豆、花生等)、黑色(黑米、黑豆、黑芝麻、黑木耳等)。这些食品早已有之,但以往并没有出现"白色食品""红色食品""绿色食品""黄色食品""黑色食品"之类的说法。现在,"绿色食品""黑色食品"两个词语已经显现并流行开了,因为它们比较特别,人们喜爱"绿色食品"的安全、营养、无公害和"黑色食品"含有的多种微量元素,而"白色食品""红色食品""黄色食品"等词语仍处于缺环、空位阶段,因为它们太平常太普通了,人们对其营养价值早已习以为常了。

新词语的预测是一项工程,我们不能只是停留在单纯凭语感来预测的阶段,应当作为一个研究的课题,经常不断地预测一批,作一些追踪调查,看看哪些词语先显现,哪些词语后显现,它们为什么与预测的情况不一致,据此总结出预测的规则来。词语预测的落脚点是为语言规范服务。有了这种预测意识,人们在新词语出现时就不至于感到惊讶,甚至认为是不规范,而应该是在预料之中,并怀着很欣喜、很欢迎的态度和感情的。

话又说回来,预测并不容易。词语的预测不但须有语言学方面的功力,也须有社会知识的基础,还要思想开放,目光敏锐。即使这样,中间还难免包含主观愿望。好在预测的经验是不断积累的,它的可靠性也是在不断地验证、不断地提高的。② 因此,预测成功或者失败都是正常的现象,我们不能因为某人预测失败而否认预测的重要性,正像不能因为天气预报不准确而否认预报的重要性一样。只有这样,才能建立起覆盖面更广、解释力更强、更具有预测能力的词语发展理论,才能使新词语的研究进一步科学化,也更有实用的价值。

（原载《语言文字应用》1996 年第 2 期）

---

① 王希杰《说写的学问和情趣》7 页、28 页,河南大学出版社 1992。
② 文炼《句子的理解策略》,《中国语文》1992 年第 4 期。

们之间并没有什么引申的关系。"欺骗"的"骗"是同音假借"骗马"的"骗"。① 二、"骗马"同"骑马"义不同。明王伯良《新校注古本西厢记》注"骗马"为"跃而上马,谓之骗马。今北人犹有此语。"王伯良已注意到这是北方方言。正好今河北一带仍把"跃而上马"叫"骗马"。骑自行车用单腿跨上也叫"骗","骗"的本义正是"跃而乘马",后因"骗"的词义扩大了,凡"跨跃"均可叫"骗",如"骗驼""骗墙",才产生出"骗马"。

狗鳖　　《望江亭》第三折,李稍云:"相公鬓上一个狗鳖。"王季思先生《元杂剧选注》:"狗鳖:狗蝇。"其实狗鳖和狗蝇是两种动物。狗鳖,学名狗虱,属昆虫纲虱目,赤褐或灰黑色,是狗身上的寄生虫,它用钩吻叮住狗的皮肤,一生吸食狗血,死后方从狗身上脱落下来。今河北方言称之为"狗鳖",天津方言称之为"狗豆子"。狗蝇,一名犬虱蝇,属昆虫纲双翅目,形似苍蝇而稍小,终日围绕着病狗、脏狗的脖子飞舞,以叮食狗血为生。作者这里借以调侃、嘲骂杨衙内。

不刺　　元剧中常见的语助词"不刺"(亦作"不俫"),各家对它表达的意思注释也多语焉不详。河北方言中至今还常用这个词,如"新房子已经盖好了,不刺,旧的坍就坍吧。""不刺"就是"罢了"的意思。实际上元剧中也多是这种意思。如《拜月亭》第三折,〔倘秀才〕曲:"我怨感我合哽咽,不刺,你啼哭你为甚迭?"张相先生认为这种"不刺"的作用是"另开下意,为转接语气之话搭头"(《诗词曲语辞汇释》742页)。但在河北方言中,"不刺"并不同上下文连读,而是前后隔开,有如插入语。张相先生把"不刺"同下文连读,似亦不妥。

二　随文释义

随文释义与"望文生义"不同。"望文生义"是凭想像释词,往往是错误的。"随文释义"有时是对的,但它的缺点也十分明显,大多不是增加义项就是减少义项,甚至弄得义项之间发生矛盾。增加义项造成义项繁琐,减少义项造成对词义的片面解释。如:

台孩　　《董西厢》卷三,〔红罗袄〕曲,写张生:"畅好台孩,举止没俗态。""台孩"的确切意义是什么,各家解释就不很相同。徐嘉瑞先生的《金元戏曲方言考》解作"骄傲",张相先生的《诗词曲语辞汇释》解作"气概轩昂",朱居易先生的《元剧俗语方言例释》解作"扳起面孔",引申为"气概轩昂"。这些解释很难说是完满的。就以《诗词曲语辞汇释》该条所举的九个例句看,也很难说一概都可解作"气概轩昂"。"台孩"在河北方言中,意思是大方、安逸等样子,如果参照一下这些意义,显然会解释得贴切一些。这就是由于"随文释义",各家理解不同造成的分歧。

白(或白破)　　王锳同志在《诗词曲语辞例释》(中华书局版)中释为"白,揭露、戳穿的意思,专指揭露戳穿谎言。""'白'又可说成'白破',义不变。"这还值得研究。"白"和"白破"在河北、天津方言中经常使用,就是"说"的意思。"说了半天",就说成"白(破)了半天"。用这种意义去解释

---

　　①　参看李行健《"骗"和"骗马"简说》,载《语言研究论丛》,天津人民出版社1981。

王书中所用的引例都是十分通顺合理的。实际上,"揭露"和"戳穿"等意义是受王书所引例句上下文的影响添上去的,是随文增义造成的。

打火　朱居易先生解为"旅途做饭"(见所著《元剧俗语方言例释》)。河北方言中"打火"只有"做饭"的意思,不限于旅途。朱先生加上"旅途"限制,显然是受了他所排比的具体例句意思的影响。因为例句中的"打火"说的是旅途做饭。但那是具体用法的问题,不是"打火"本身的词义问题。加上"旅途"限制,就把词义的范围缩小了。这也是单纯依靠排比例句随文增义解词带来的局限。

多咱　是元剧中常见的一个词。张相先生释为"犹云大概也;总之也",朱居易先生释为"大概、恐怕"(分别见《诗词曲语辞汇释》和《元剧俗语方言例释》,下引张、朱意见均见此两书)。从他们所罗列的十几个例句中,可以说大致是通的。但是否就准确呢?张先生把"多咱"同"多则"并在一起,而朱先生却又把"多管"和"多咱"并在一起,认为它们是同词异形。这就人为地给"多咱"造成了好些义项,形成了几种不同的写法。实际上,河北方言中,"多则""多管""多咱"还都说,但意思不同。它们不是异形同义词。"多咱"是"什么时候"的意思,常用在询问或反诘的句子中。如"你是多咱来的?""多咱"之所以是这种意思,因为它是从"多早晚"连读音变缩减而来的。"早晚"变成"咱"(也写作"咱"),是取"早"的声母和"晚"的韵母拼合成的。如果用这种意义去解释张、朱二位先生罗列的全部例句,就会不仅通达而且贴切。这种用法在《红楼梦》中还有。如六十六回:"这人此刻不在这里,不知多早晚才来呢。也难为他的眼力。"这里用的是合音前的原形。

乜斜　张相先生解为"胡涂之义;又委靡之义",朱先生解为"胡涂、痴呆、朦胧"。这些解释大致也是对的。河北方言口语中常说这个词,意即"委靡不振,无精打采"的样子,常形容人病病歪歪的那种神态。如,"你看他病得那个乜斜样。"由于这种样子的眼睛是半睁半闭的,所以也可以说:"乜斜着眼睛"。不随文释义,而用这种比较概括的意义去释"乜斜",似比原来的要具体实在一些,同时也不必分得那么繁琐。张先生把"醉乜斜"解为"胡涂","病乜斜"解为"委靡"也似可不必。"醉"本身也是一种病态,可以一样概括为"委靡"之意。张先生所引《春闺即事》中的例句就已透露出了这层意思:"病乜斜恰似醉乜斜,身瘦怯那堪影瘦怯。"说明"病"和"醉"是差不多的。

敢则(敢则是)　朱先生解为"大概",张相先生解为"犹云大概是也;又犹云决定是也"。在他们所举的例句中好像是能解通的。但"大概"和"决定"相差甚远,甚至对立,何以同属一词实属可疑。这也是随不同的上下文去释义造成的弊病。"敢则"(敢则是)在河北方言中,是"原来"(原来是)的意思。用这种意义可解通全部例句,包括张先生原来分作"大概是"和"决定是"两类不同的例句。因之,这种解释似比朱、张的原解释要好。

本等　朱先生解作"本来、原来",基本上是对的,在他所举的例句中也是确切的。但河北方言中的"本等"还有"本分"义,并且在古小说中也有用例。《醒世恒言》十六回:"那张荩乃风流子弟,只晓得三瓦两舍,行奸卖俏,是他本等。"《水浒全传》一百一十回:"为军的人,学射弓箭,是本等的事,射的亲是你能处。"因此,如果对"本等"加以解释,应为:(1)本来、原来。(2)本分。否则就有因随文释义而形成以偏概全的缺点。

三　似是而非

拿　　　王锳《诗词曲语辞例释》释为"犹云对付,动词",并举了六条例证。其根据除在六例中似可解通外,主要是张相《诗词曲语辞汇释》卷二"奈"可释为"对付、处分",而王锳同志认为"拿"与"奈"或即一声之转。这也有些似是而非之嫌。今河北方言还有"拿",也有"对付"的意思,如"这个家伙真是鬼难拿"。但此外,还有"揣测、猜想"的意思,如"他的性子真难拿,一会儿东,一会儿西,谁也摸不准。"如果分别用这两种意思去训释王书中举的六个例证,可能会更准确贴切。同时,王书例四"敢是将咱来戏耍,你做作教我难揣难拿。""揣"和"拿"互文,更可以证明"拿"有"揣测"之意。

雏儿　　　朱居易先生根据他排比分析的例句,解释作"未经世面的公子哥儿",似可以解通,但实际上并不对。河北方言中"雏儿"指幼稚、未经世面、没有经验的人,并不限于"公子哥儿"。在古小说、戏曲中,好像也应这样理解。如《西游记》三十二回:"那魔是几年之魔? 怪是几年之怪? 还是个把势,还是个雏儿?"元剧《曲江池》一折,正旦白:"妹子也,他还是个子弟,是个雏儿?"

无赖　　　王锳《诗词曲语辞例释》释为"等于说可喜,可爱,与通常放刁撒泼义或指品行不端者不同……",不能说大错,但似觉还不十分确切。今河北方言中"赖"是不好的意思。"无赖"就是不不好,也即是好的意思。同"不坏"相近。不同的是古时用"无",现今用"不"。如"小伙子长得不赖,脾气也不赖。"也就是人的长相和脾气都不坏——好。"无赖"之所以有"可喜、可爱"义,应是这样来的。但不好直接释为"可喜、可爱"。而用"不坏"这个意思去训释王锳同志举的所有例证,就十分通畅贴切。王书例五辛弃疾词:"大儿锄豆溪东,中儿正织鸡笼,最喜小儿无赖,溪头卧剥莲蓬。"句中已有"最喜",把"无赖"释为"可喜""可爱"不仅语义不顺,也重复累赘,辛词当不会拙劣到如此地步。"最喜小儿无赖",即"最喜小儿天真活泼",而这种意思正是从"不坏""好"等引申而来的。

铁马　　　元剧《汉宫秋》第四折:"画檐间铁马响丁丁。"王季思先生《元杂剧选注》:"铁马:挂在屋檐的响铃。"似也可通,但并不准确。河北方言中铁马是悬挂于屋檐间的马形铁片,风过处,它们相互撞击,发出叮咚悦耳的响声。《芸窗私志》:"元帝时临池观竹,既枯后每思其响,夜不能寝;帝为做薄玉龙数十枚,以缕线悬于檐外,夜因风相击,听之与竹无异,民间效之,……今之铁马是其遗制。"

胡侃　　　《西厢记》第三本第二折:"你那隔墙酬和都胡侃,证果的是今番这一简。"王季思先生《元杂剧选注》:"胡侃:胡调。侃,讲话的意思。"侃,原义为和乐的样子,但在北方话中它有特殊的含义。今河北方言尚有"大侃""花侃""胡侃"之说,"侃"本身即不着边际的胡拉乱扯或撒谎、吹牛皮说大话意。"胡侃"在这里也应是胡扯、乱讲一通、不谈正经的意思,"侃"非一般的讲话。

掐　　元剧《梧桐雨》第三折,〔步步娇〕曲:"寡人呵万里烟尘,你也合嗟呀;就势儿把吾当谎,国家又不曾亏你半掐,因甚军心有争差,问卿咱,为甚不说半句儿知心话?"顾肇仓先生在《元人杂剧选》中,对"掐"字解释为:"用指甲掐东西叫做掐;半掐形容很细微的意思。"这个解释专就字义而言,是无问题的。但从曲文的全句来看,有些似是而非。因为这样解释,"掐"就是动词。曲文里的"掐"字是量词。这样它才能加得上"半"字去。四川方言中有这样一个词,读作 kà 或 qià,就是这个"掐"。意思是指张开的拇指与中指尖之间的距离,作为量长短的单位。在四川和山东方言中,"掐"还可以作为量物粗细的计量单位。"一掐"可以是两手伸开拇指、中指和无名指互相结合成一个圆圈的长度,也可以是一只手拇指和食指或中指围成一个圆圈的长度。总之,"掐"作量词用,表示一个小的度量单位。"半掐"自然也就是"一点儿""半点儿"的意思。

四　不够贴切

爪寻　　朱先生解为"找寻",似亦可通。但河北方言中"爪寻"是"找人寻衅",也有写作"找寻"的,不完全是一般的"找寻"。如可以说:"你别爪寻我,我可不怕你。"朱先生举的《燕青博鱼》中的例句,显系找人寻衅的意思,是燕青去找杨衙内算账报仇时说的话,全文是:"调动我这莽拳头,掭动我这长梢靶,我向那前街后巷便去爪寻他。我一只手揪住那厮黄头发,一只手把腰胯牢掐……"朱先生举的第二个例句的确只能解为一般的"找寻"。这表明当时的"爪寻"或有两种意义,或同找人寻衅的"爪寻"是两个同音同形词,但至少说明朱先生的解释虽通,但还不能算十分确切。

绰起　　《李逵负荆》第一折,李逵云:"俺绰起这桃花瓣儿来,我试看咱。"王季思先生《元杂剧选注》:"绰起:撩起。下文'绰起俺两把板斧来',意同。""撩"字大体上有两种讲法:(一)把物的下垂部分掀起来;(二)用手舀水由下往上甩出去。这两种意思"绰"都没有。这里,李逵既然从水里抓起桃花瓣儿捧在手里玩赏,就不会把它连水一并甩出去;更不是把什么物件的下垂部分掀起来,"绰"作"撩"解不确切。河北方言中"绰"用作动词时与"抄"同,乃"抓取"意。有些北方话把从水中取物叫"捞"。因此,"俺绰起这桃花瓣儿来"释作"俺捞起这桃花瓣来"似无舛错。至于"绰起俺两把板斧"之"绰起",则更无疑是"抓起"意,今河北方言将随手拿起物件说作"绰(chāo)起"。

坯　　《看钱奴》第二折,陈德甫云:"一了他一贫如洗,专与人家挑土筑墙,和泥托坯。"王季思先生《元杂剧选注》:"坯:没有烧过的砖瓦、陶器。"北方话中"坯"不指砖瓦、陶器的坯胎,而是专指一种状似砖而比砖厚、大,不经烧制的建筑材料。其制法有两种:一是把潮湿的土放在模子里用石夯砸实使之成形,叫做"打坯";二是把和好的泥放在模子里,用手整理成形,叫做"托坯"。这里所说即第二种方法。王先生的解释不能说不通,古汉语及其他方言中"坯"就有"没有烧过的砖瓦"的意思。杨树达先生《长沙方言考》十六"坯"条引《说文·土部》:"坯,瓦未烧。""按今长沙犹云。"《〈长沙方言考〉札记》[①]说:"此字今一般书其或体作'坯'。今长沙方言凡土器未烧均可谓之坯。"但元剧《看钱奴》用的是北方话,所以应该解释为不经烧制的、用来垒墙或搭炕用的建筑材料。此意从剧文"挑土筑墙"中已可看出。这是"通"不一定对的典型句例。

不中　　《单刀会》第三折,关平云:"父亲,他那里筵无好会,则怕不中么?"王季思先生《元杂剧选注》:"不中:不对头。"《选注》释"不中"为"不对头":可能鲁肃设宴暗藏杀机,气氛不对头,或指关羽赴宴这种做法不对头。不过这两种讲法似乎都不切当。这里关平已经明确指出鲁肃"筵无好会",如果紧接着再说一句"只怕(那宴会的气氛)不对头吧",就是多余的重复了。所以"不中"不是指鲁肃的筵宴气氛不对头。"不中"似也不指关羽赴宴这一举动不对头,因为在讲究"纲常"的封建社会,即使父亲真的错了,儿子也不敢公然批评,关平当然也不能当面直接指责关羽做事"不对头"。"中",今河北、河南许多地区仍在使用,其意为行、好、可以;不中,当然就是不行、不好、不可以了。关平看出鲁肃宴请关羽不怀好意,于是一力地劝阻关羽切勿赴宴,但他只能委婉地请求,而不能直率地警告,"恐怕(您赴宴)不好,不行吧?"正是这样的商量口吻。因此,"不中"在这里还是讲做"不行""不好"为宜。

麻线道儿上　　《渔樵记》第二折,旦儿云:"对着天曾罚愿,做的鬼到黄泉,我和你麻线道上不相见。"王季思先生《元杂剧选注》:"麻线道儿上:狭路上。"麻线道儿,宋元俗语,今河北方言中也有,指迷信说法的阴司路,犹所谓黄泉路。《调风月》第三折:"本待麻线道上不和你一处行。"意思就是本想死了往阴间去也不和你在同一条路上。剧中主人公玉天仙说的这段话也是此意,即我就是做鬼到阴间,在通往阴间的路上也不和你朱买臣相见。"黄泉"和"麻线道儿"互文见义。王先生注为"狭路上",不能说不通,但是肯定不对。

五　知其然,不知其所以然

人样虾蛆　　朱先生解为"形容人像干虾的样子",不十分清楚。河北方言中"人样虾蛆"是形容人弯腰驼背的丑样子。元剧中似亦应作如是解。朱先生举的《遇上皇》二折,〔梁州第七〕曲:"缩着肩似水淹老鼠,躬着腰人样虾蛆。""躬着腰"已勾画出"人样虾蛆"的概貌。"虾蛆"是晒干后的小虾米,成弓形。所以用以形容卑琐的外形。

平地起孤堆　　朱先生解为"无事生非,平地起风波"。意思是对的,但何以如此,却不能让读者知其然。河北方言中"孤堆"指坟,做没有埋死人的假坟叫"平地起孤堆",因此才引申出"无事生非"义。

---

① 《〈长沙方言考〉札记》,《杨树达诞辰百周年纪念集》,湖南教育出版社 1985。

好鞋踏臭屎 朱先生释为"作很大的牺牲",总觉隔了一层。河北方言中是"不值得"或"不配"去干某种事的意思。这也正是这个俗语字面上的原意。用这个意思训释朱先生所举的例句,就会切近一些:"我舍著金钟撞破盆,好鞋踏臭屎。""撇罢了想思,怎再肯好鞋踏臭屎。"

墙上泥皮(或壁上泥皮) 朱居易先生直解为"媳妇"。就以他举的几个例句看,这样的解释也不怎么顺当。如《秋胡戏妻》二折,[滚绣球]曲:"常言道,媳妇是壁上泥皮。"这样岂不等于"媳妇是媳妇"? 实际上,河北方言中"墙上泥皮"是指旧社会中妇女处于不平等地位,人们把妻子比作墙上泥皮,即揭了一层又一层,可以娶了不要,再娶。这种意思在元剧中也是很清楚的。朱居易先生在该条中举的第二例《神奴儿》一折,[柳叶儿]曲:"在那里别寻一个同胞兄弟?媳妇儿是墙上泥皮。"显然就是这个意思。

敦葫芦摔马杓 前文已指出从前有的注释望文生义。后来有的注释把"葫芦"注为瓢,"马杓"注为杓,似近原意。但还未说出所以然来。原来瓢、马杓都是北方常使的炊具,现在还时有所见。过去妇女社会地位低下,受了气也不敢公开反抗,只好在做饭时顺手抓过马杓、瓢等器皿使劲敦摔以发泄怒气。久之,北方人即以"敦葫芦摔马杓"比喻发怒泄愤了。元剧《李逵负荆》第三折:"打这老子没肚皮揽泻药,偏不的我敦葫芦摔马杓。"正是描写李逵发怒的话(王季思先生《元杂剧选注》把本句注为"大意是难道只许你蛮干,偏不让我粗暴吗?"这也是望文生义的)。前文本例举的《桃花女》剧中例,则是另一种情况。河北一些地方有为惊吓着的孩子招魂的旧俗。拿着马杓敲打门框,唤着孩子的名字叫:"××回来!"这同元剧《桃花女》中写的情节是一样的。

炙地眠 这是元剧中的常见词,今天许多同志就不知道是怎么回事。旧时在河北许多地方,叫花子冬天衣单无被,晚上只好找一个破庙或避风的地方,拾一些干草树枝,把人睡的那么大一块地方烧一烧,待烧热后把余烬堆在旁边,人睡在烧过的地方,借此熬过严寒的冬夜,所以又叫"烧地眠"或"炙地卧"。许多注家由于不明民间有关风俗,不了解词语的来源,往往不是注错就是注不清楚。如舒芜同志注关汉卿杂剧中的"炙地卧",就注得不清不楚。

　　前面我们举了一些单纯用排比归纳法训释的失误和用方言词语帮助训释宋元词语的情况。有一些词语,至今专家学者还解释不好,正是缺乏方言中活的词语作参证,因为那些词往往在字书上是找不到解释的。训释这些词语,光靠归纳排比也解决不了问题。但如借助方言活材料,有时问题就可迎刃而解。如:

添 元剧《赵礼让肥》第一折:"(赵孝云:)'母亲,你看兄弟拿着个空碗儿哩!'(正末云:)'哥哥,你兄弟有。(唱)量这半杓儿粥都添了有甚那!我转着这空碗儿,我着这匙尖儿刮。'""添"的意思是什么呢? 未见确注。河北、四川和扬州方言管把饭舀到供食用的碗盘里就叫"添"。西南地区,到饭馆叫服务员"添四两",就知道是盛四两米饭。上例元剧中也正用的是这个意思。"半杓儿粥都添了",是说半杓儿稀粥都被舀到母亲和哥哥的碗里,自己没有什么了。"添"指把物品盛入某种器皿的意义可能起源较早,唐朝韩偓的《赠僧》诗中就有这种用例。自然,河北、四川和扬州方言中"添"还有一般的用法,即"增添"的意思。如某人嫌东西少了,再增加一点,也叫"再添点"。

料 《后庭花》第四折:"这有晒衣服的绳子,我解下来,一头拴在井栏上,一头料下去。我拽着绳子下去井里试看咱。"《抱妆盒》第一折:"承御:你慌甚么? 别人家的娃娃,料在金水河下了。"有人注"料"为"掷弃",不怎么确切。河北、山西和西南官话的一些方言中,主要是指把手里的东西丢出去,或把肩上的物件甩下地。至于被抛出或甩下的物件,是弃去或是不弃去,这个词本身并不表明这层意思。比如一位教师,向他的学生说:"你的书本要收拾好,不要东料、西料。"这里只相当于"放",而没有"弃"的意思。这个意思在北京话里也常用,通常写作"撂"。这个词与"放置"也是有区别的。"放置"这个动作比"料"要小心在意一些。比如一枝铅笔,既可以说放在桌上,也可以说料在桌上。如果是一副眼镜,那就只好说放在桌上,不宜说料在桌上。

穰子 《渔樵记》第二折,旦儿云:"娘子娘子,倒做着屁眼底下穰子。"王季思先生《元杂剧选注》:"穰(ráng)子:谐娘子。穰,有外壳的谷物、水果,壳内的肉叫穰,这里指没有消化被排泄出来的屎渣。"河北方言中穰子通常指以下几种东西:1. 除掉米粒的高粱穗子;2. 高粱秆里面的软芯;3. 玉米棒子核。旧时北方农村贫苦人家买不起手纸,大便后多用上述"穰子"揩擦屁股,迄今河北农村还有"棒子穰子擦屁股,来回不顺茬"的歇后语。所谓"屁眼底下穰子",应该是指擦过屁股、沾上粪便的高粱秆或玉米核,它本来就不值钱,沾上粪便就更令人厌恶。这是玉天仙的牢骚话,比喻自己贫贱到极点。这种词用例极少,很难用排比归纳法训释。

划 元剧中常见的一个词,它除了别的意义外,还有一个重要的意义"光"(裸露),仍保留在河北方言中。当地把无鞍马叫"划马",骑无鞍马叫"划骑"。如说"马不用备啦,我划骑着去",即不用备马鞍,骑光背马去。这种意义,在词曲中均有不少用例。"划马"是"无鞍马",各家注释相同。可是对"划骑"的注释就值得研究。张相先生在《诗词曲语辞汇释》中注"划骑犊子不施鞯"中的"划"为"只"(仅)字义,以李后主词《菩萨蛮》中"划袜下香阶,手提金缕鞋"为旁证,指出"惟其提鞋于手中,则著袜而行,故曰划袜也,言只有袜也。"其实,"划骑"就是骑光背马,"划袜"就是没有穿鞋的光袜。用这种含义去读张相先生举的其他几个类似的例句,均畅通无阻,并且比原注释贴切而有据。证以河北方言,我认为张相先生说的"凡云划骑或划马,均指无鞍之马而言"是不确切的,"划骑"与"划马"不同,"划骑"应是骑无鞍之马,把"划骑"中的"划"解为"只"也是不合适的。如果不参照方言的用例,这种难题也是一时不好解决的。

合饹 朱居易先生把它解为"馄饨一类的食品",陆澹安先生解释为"一种荞麦面做的饼"(《戏曲词语汇释》),在该书所举的几个例句中似都可以讲通。但实际上并不妥当。这正是以曲释曲的局限性的表现——用那种意义在例句中可以讲通,但有时却并不一定就是该词的确切词义。这种错误,若不证以活的方言用例,往往很难纠正。王祯《农书·荞麦》:"北方多磨荞麦为面,或做汤饼,谓之河漏,以供常食,滑细如粉。"元剧和今河北方言中"河漏"(合饹)指的正是这个,即用荞麦面压的面条,同馄饨并非一类的食品。

　　显然,参照一些方言中保存的古词语的含义和用法,可以补充或纠正某些词语的训释。这对于词书的编纂也是很有意义的。罗常培先生在三十多年前就指出:"金元戏曲中之方言俗语,今日流传于民间者尚多,惟理董无人、索解匪易。"(《金元戏曲方言考·序》)这方面的材料没有很好地利用起来,实在是一种损失。

(原载《中国语文》1987 年第 3 期)

外来词研究的十个方面*

史 有 为

十年前,我应邀参加了《汉语外来词词典》的编纂工作,在将近三年期间,我把几乎所有的业余时间都投入了这部词典的编纂工作。这使我获得了一次再学习的机会,而且使我从此对外来词发生了浓厚的兴趣。在此后的几年中,我越来越感到我国外来词研究的冷清,越来越觉得自己有责任为此做点什么。

外来词领域中有些什么值得我们去做的?而我自己又可以在哪一点上略尽绵薄?

在我看来,现代意义上的外来词研究大凡有十端:

一为考源流,考证外来词源于何种外族语之何词,理清词形和词义之流变。例如,探索"葡萄"之词源,究竟是来自大宛语还是来自大夏语或古希腊语;考察"骆驼"一词在不同时期、不同典籍中之不同词形,如何由"橐它、橐驼"而"馲驼",又最终成"骆驼";疏理"和尚"之词义演变,怎样从"亲教师"而逐渐扩大外延,变至今日"比丘"之内涵。

二为察交流,在更广阔的视角下观察某个或某类外来词是在何种历史背景下,何种广义的文化交流下产生并融合的,或者说考察它反映了何种历史背景和文化交流。外来词的产生并不仅仅是单纯的语言现象,同时也是一种社会和文化现象。它反映了某种社会的或文化的接触和交流,而且它本身就是一种广义的文化交流形式。可以说,外来词的产生是语言发展的一个方面,同时也是社会进步和文化融合的一个标记。

三为度资格,审度外来词的资格,确定某种外来词身份的标准。常常提到的问题是:意译词(如"电视",意译自英语 television)、仿译词(如"黑板",仿译自英语 blackboard)算不算外来词;日语来源的汉字词(如"否决",日语意译英语 rejection)是否应列入外来词;外来之人名、地名等专有名词又有多少外来词的资格。

四为明层次,即使确属外来词,内部也有层次之别,有必要加以区分。有些外来词是全国通行的,已进入普通话,有些则仅只是某一地域、某一阶层内通行的;有些是历史久远甚至已被忘却为外来(如"葡萄"、"茉莉"),有些只是晚近迁入的新客户,外来之烙印还很明显(如"探戈"、"盘尼西林");有些是决意要打入汉语词汇,让国人使用的音译词,有些则无意打入汉语,仅仅为了注释某个意译词或汉语固有词才临时提供参考的外族语原词的汉字"音写"形式(例如介绍

---

* 本文根据笔者《异文化的使者——外来词》一书的前言改写。

"书"在英美称为"簿克",这同用外文注释相差无几,当然也有资格问题)。诸如此类,似乎不应混而同之。

五为审构成,审察外来词的构成方式或词内整合模式。这种审察应异乎汉语固有词。因为外来词具有二重性:一方面具有外族语的血缘,在形式以及部分内容上含有外来因子;一方面又被改造为汉语词,在形式和内容上都或多或少被汉语化了。比如,晒斑(因曝晒而致的红斑或皮疮,译自英语 sunburn)、痔根断(一种治疗痔疮的内服药,译自德语 Circanetten)、扑热息痛(一种解热镇痛药,译自拉丁语 paracetamolum)、万宝路(一种美国香烟,译自英语 Marlboro)、味美思(一种用苦艾等香草调味的白葡萄酒,译自英语 vermouth),这些词的两面具有强烈的反差对比,用一般汉语固有词构词法的单一眼光去处理是欠全面的,必须用新的二重角度去审视。

六为集众词,尽可能多地搜集各类外来词及其词源,汇编成工具书。如果说考源流是最基本的外来词研究工作,是一切进一步研究的基础,则集众词将是集其大成,是考源流成果的总检阅,也将给进一步研究并为传播知识成果提供基本工具。

七为计数频,统计各类各层外来词在总词汇量或外来词总量中的静态比例以及它们的使用频度和各项动态比例。现代科学已从定性进入定量,只有定量才能更好地定性,才能有效地观察发展的趋向。这项工作是极其必需的。

八为辨用途,辨察外来词在语言交际生活中的各种用途,包括概念的表达、在不同场合的使用以及修辞色彩等方面,以及发现外来词在本民族语言发展中对词语的构造、音系的调整所产生的各种影响。

九为定规范,确定外来词的规范原则和标准,以使民族语言得以健康发展。外来词带来的外族语言血统,对于本族语言来说是一种异物,它必然对本族语言的系统发生某种干扰。这种干扰有的是有益的,会促进本族语言健康发展的,有的则将导致本族语言系统的混乱,影响使用,影响交际。因此,制订一套符合语言发展规律、有利于本族语言使用的规范是极有必要的。

十为测未来,有必要根据以往并结合社会发展去预测未来,并据此做出长期的语言规划,其中包括对外来词的政策。当前,未来学已扩及许多领域,而在语言这样一个与人类并生并存的领域里开展未来研究,当然是极其自然的。这样做将使人们在将来掌握主动,而不致被动。

这十项之中,最困难的,但也是学者们最注目的是第一项考源流。因为这是整个外来词研究的基础。从事这项研究需要有多种语言修养,可以说古今中外,多多益善,而且还要有史地、民族、政经、科学等多方面的知识,需要有深厚的文化根底。需要做孤寂、艰苦、长期的钩沉考证。在这条道路上,已是硕果累累,丰碑林立。国内有陈垣、冯承钧、季羡林、冯家昇、韩儒林等大家的宏制精品;国外则有伯希和、劳费尔、沙畹、白鸟库吉等的开拓耕耘。要再向前迈进一步,谈何容易!然而留下的词源之"谜"仍然数以百计,我们并非无用武之地。

除此之外,许多项目也受到学者们的关注。例如罗常培的《语言与文化》探讨了外来词所反映的文化交流;高名凯、刘正埮的《现代汉语外来词研究》除了阐明外来词的实质及其在文化交流上的意义外,并为了规范化,重点讨论了吸收和运用外来词的一般规律;刘正埮、高名凯、麦永乾、史有为合编的《汉语外来词词典》则广泛地搜集了各类外来词,集中了众家词源考证的成果;等等,等等。同时,未深入开掘甚至未曾染指的领域也随处可见。

学者们的这些努力无疑为后来者的研究提供了基础与启示。但是,在今天现代科学发展的条件下,我们的研究又不应仅仅停留在前人探索过的范围和框架内。我们有责任寻找新的视角,运用新的方法,开拓新的领域。比如,数频统计就是一个新的领域;而用模糊数学的观念去重新探讨外来词的资格和构成,则又是一个新的视角。值得我们去做的实在太多。我们完全可以为此做出自己的贡献。

在从事《异文化的使者——外来词》一书的写作时,我首先想到的是,必须在理论的指导下注力于实例,尤其是当前许多学者的重要论著难以搜求寻阅,更有必要给前贤大家们的辛勤努力做一个初步的小结,汇总并进而考订他们的成果,从文化交流的角度以及历时与聚类两个维度的结合的角度提供一个外来词的概貌。这是我力所能及的。此外,我们必须在理论上有新的探索,有新的奉献。如果说,在这本书里还有些许新的理论奉献,那便是近年来对外来词的文化品格与二重性的思考,以及外来词对传统的汉语词内整合模式突破的观察。我希望这些搜求疏理,这些探索奉献能对外来词研究的进一步拓展有所裨益。

附　外来词研究的角度与方面

外来词具有三种功能:语言功能、文化功能、社会功能,它实质上是语言、文化、社会三种符号的合一。从这三个角度出发可以形成如下五大方面 18 个研究方向:

(一)语言方面:

(1)词语源流:鉴别是否为外来词,考证来自何种语言,以及确定进一步的词源。

(2)词语构成:分析外来词的不同形式和不同构成方式以及据此确定的外来词类型与层次。

(3)语义发展:辨明外来词借入时的词义,以及如何由此发展为目前的词义。

(4)文字表达:分析外来词在书面如何表达以及对语言和吸收外来词的影响,并研究理想的表达方案。

(5)语言影响:观察外来词对本族语言在构词、语音、语法、语用、修辞上的影响。

(二)文化方面:

(6)文化交流:考察外来词产生的文化交流背景和路径,分析交流的因果,交流的各种动力、阻力及其应对。

(7)文化含意:审视体现在外来词上的文化功能以及所带来的文化含意。

(8)文化融合:探究外来词所表现的文化融合,分析围绕外来词的文化冲突。

(三)社会方面:

（9）社会层次：根据社会背景和社会功能，分析不同外来词的不同社会层次。

（10）社会用途：审度在社会上的用途，观察它们作为社会符号的作用。

（11）交互影响：观察社会和语言之间的交互作用，评价各自在这方面的影响。

（四）综合方面：

（12）数频统计：统计各种类型和来自各种语言的外来词的静态数量和动态频度。

（13）语词汇集：在研究考证基础上编集各种类型和各种用途的辞书或汇编。

（14）规范研讨：总结现实问题，分析影响因素，研订规范方案以及实施办法。

（15）未来研究：根据以往发展规律，因应未来需要，制定具体应对和调控方案。

（16）对比研究：对比多种语言（包括方言）以及同一种语言不同时期的外来词在以上 15 方面的异同，从中得出必要的结论或规律，并为不同语言的发展提供参考意见。

（五）学科建设方面：

（17）术语研究：这项研究虽然不属于外来词本身的研究，却也是一项必要的课题。"必也乎正名"，"名不正，言不顺"，古代有此问题，现代同样也有术语学，它牵涉命名原则和内涵、外延的合理性，涉及术语的国际对接问题，不可没有科学的处理。

（18）方法研究：探讨外来词研究的方法论问题，为建设"外来词学"提供理论基础。

以上各项并非绝对独立的课题，彼此间必然存在着很强的联系，因此研究常常不大可能完全单一。

（原载《语文研究》1991 年第 1 期）

北方话词汇的初步考察[*]

陈 章 太

一 引言

1.1 普通话是"以北京语音为标准音,以北方话为基础方言,以典范的现代白话文著作为语法规范的现代汉语标准语"。说北方话是普通话的基础方言,是有广泛含义的,但主要是指词汇而言。本文试图对北方话词汇的基本面貌作一初步考察,为进一步研究北方话词汇及其与普通话词汇的关系提供一些线索和材料,并提出笔者对这一问题的粗浅看法。

1.2 本文使用的资料主要是笔者和李行健教授主编的《北方话基本词汇集》,还参考了北方话地区某些方言词汇资料,如《河北方言词汇》《山西方言常用词语集》,以及某些省、市、县方言概况、方言词典、方言志和方言专著中的词汇资料。《北方话基本词汇集》是国家社会科学"七·五"规划重点项目的调查研究成果,共收 90 多个地点的 3000 条左右词语。其中绝大部分是基本词汇,少部分是常用词语,还有一些表示新事物名称的词语。

1.3 所谓基本词汇,就是表示社会生活中最重要事物的概念的那部分词汇。它具有生命力强、稳固性强、构词能力强等特点,是各种语言或方言词汇系统中的主要词汇。

1.4 下文所说的"基本相同的""有一定差别的"和"差别较大的"这三种类型,是根据有关的资料粗略统计得出的。当然,这几种类型的划分是有一定标准的。所谓"基本相同的",是指某些词语在北方话区或某次方言区各点的相同数约占百分之八九十。所谓"有一定差别的",是指某些词语在北方话区或某次方言区各点的相同数约占百分之六七十。所谓"差别较大的",是指某些词语在北方话区或某次方言区各点的相同数在百分之四五十以下。有些词语在北方话区或某次方言区的有些点虽然有细小的差别,但由于有差别的点很少,而且差别也很小,我们可以不加区别,而把它作为同一类统计;如果分得太细,那就显得很零乱,从整体上反而看不清它的基本面貌。如"彗星"一词,各次方言区绝大多数点都叫"扫帚星",只有西南方言区的某些点称"扫把星";"小风"一词,各次方言区绝大多数点都叫"小风",只有个别点称"微风"或"细风",对此我们都没有区分。又如"月亮"一词,西南方言区有的点又称"月婆"或"月婆子""月亮婆婆",我们把这三种叫法作为同一类处理。

---

* 本文是提交 1993 年 8 月在北京举行的第四届国际汉语教学讨论会的论文,这次发表时略有修改。

二 北方话词汇的基本面貌

2.1 在一种语言或方言中,词汇系统远比语音系统和语法系统复杂,北方话词汇系统也不例外。我们只能对北方话词汇的基本情况作些考察和分析,以窥视其大概面貌。

总的看来,北方话词汇内部的一致性还是比较大的,但也有一定的差异。其差异如同语音一样,大致可以分为北部方言、晋方言、西北方言、西南方言、江淮方言等几个大区。① 而以河南省为中心的中原地区和胶(东)辽(东)地区,其方言词汇也有某些特殊性。

2.1.1 根据对3200条词语的分析统计,这些词语在各地区基本相同的共有1900多条,约占三分之二。这当中,有些常用的口语词,各地的说法也是相同的,如"下水(猪牛羊的内脏)""里脊""棒槌""梭子""簟子""别针儿""衣襟""回门(婚后第一次同丈夫回娘家)""门槛儿""山墙""地窖""熬夜""上供""打尖(正餐以外吃东西)""淘米""择菜""擀面""炖肉"等。

如果从各个地区来看,北部方言区的词汇内部的一致性更大一些,在3200条词语中,全区相同或基本相同的共有2700条左右,约占85%。

2.1.2 北方话词汇内部有一定差异的词,共有1200多条,占总数的三分之一多。其中各地差别较大的仅有178条。这些词如"傍晚""除夕""膝盖""踝子骨""乳房""牙垢""乞丐""傻子""瘸子""厕所""大便""小便""毛巾""手纸""聊天",以及"祖父""祖母""伯父""伯母""丈夫""妻子"等亲属称谓词。

就地区来说,西南方言区和江淮方言区内部的词汇差异以及与其他方言区词汇的差异表现得明显一些。如"祖父"西南方言又叫"公""家公""爹""爹爹""老爹",江淮方言又叫"爹""爹爹""老爹";"把尿"西南方言叫"提尿""端尿""旋尿";"豁嘴"西南方言叫"豁豁""缺嘴(儿)",江淮方言多叫"豁子""豁嘴子";"褥子"西南方言和江淮方言除叫"褥子"外,又叫"霸絮""垫絮""垫褥"等;"肉末儿"西南方言又叫"肉渣渣""剁肉",江淮方言又叫"绞肉""肉糊子""肉削子";"劈雷"西南和江淮方言多叫"炸雷","下雨"多叫"落雨","失火"又叫"走火","白天"又叫"日里","中暑"又叫"发痧","汤药"又叫"水药"等等。

2.2 北方话词汇内部的异同情况在各类词汇中有不同的表现,大致情况是:数词、量词、连词、表颜色的形容词,以及名词中的政法类、教育类、文体类、交通类、服饰类等的一致性最大,其次是一般形容词、常用动词、介词、指代词以及名词中的用品器具类、工业类、农业类、商业类、植物类、动物类、宗教祭祀类、饮食类、起居类、应酬类、房舍类、方位类等,差别较大的是名词中亲属称谓类、婚丧类、人体类、疾病医药类、时间类、人品类、天文类、地理类、人体动作类以及副词等。下面具体考察各类词汇的异同情况。

---

① 几大方言区各包括的地域请参看下文2.3.1,2.3.2,2.3.3,2.3.4,2.3.5。

2.2.1　名词共有 2550 条,占总数的比例最大。其中全区相同或基本相同的 1505 条,约占 60％;有一定差别的 906 条,约占 35％;差别较大的只有 139 条,约占 5％。差别较大的词如"灶""吝啬鬼""纸钱儿""耳屎""狐臭""鸡胗肝儿""蛋羹""了吊儿(门扣儿)""衣兜儿(衣服口袋)""蝙蝠""蝉""蜻蜓"等。

从词义来看,各类词的异同很不一样,大致情况如下:

	相同或基本相同	有一定差别	差别较大
天文类	42	28	5
地理类	42	24	6
时间类	41	62	6
人品类	40	57	7
亲属称谓类	15	53	18
婚丧生育类	22	66	4
人体类	28	66	7
人体动作类	26	58	2
疾病医药类	55	50	17
用品器具类	105	51	11
饮食类	75	48	7
起居类	35	22	5
房舍类	35	25	5
服饰类	104	25	3
应酬类	22	12	
交通类	48	5	
工业类	65	20	
农业类	78	27	3
植物类	115	34	5
动物类	87	57	15
商业类	75	30	
政法类	65	3	
教育类	93	15	3
文体类	78	16	2
宗教祭祀类	38	16	2
普通名词①	48	13	4
方位名词	32	29	3

---

①　所谓"普通名词",是一些不好归入"天文""地理""时间""人品"等 26 类的一般名词,如"事情、样子、尺寸、颜色、籍贯、情况、原因、办法、记号、名字、题目、影子、次序、关系、声音、胃口、气味、好处、福气、力气、道理、心愿、意见、意思、心思、精神、脾气、主意、习惯、生活、生命、功课、学问、知识、道德、品格、良心"等。

从上表可以看出，政法类、文体类、教育类、交通类等一致性最高，服饰类、宗教祭祀类、工业类、商业类、应酬类等的比例也不低，差别最大的是亲属称谓类、婚丧类、人体类等。

2.2.2 动词部分主要包括表示动作、行为、存在、变化、心理活动、使令、能愿、趋向等方面的常用词，共有 185 条。有些动词与名词有的类相关，归入名词相关类计算，这里不加统计。

在动词中，全区相同或基本相同的有 121 条，约占总数的 65%；有一定差别的 57 条，约占总数的 31%；差别较大的只有 7 条，约占总数的 4%。一致性较高的动词，是表示一般动作，尤其是表示饮食、起居方面的词，以及表示能愿、趋向方面的词。例如"蒸、焖、烧、煮、洗、择（菜）、切（菜）、剁、炒、炖、烩、淘（米）、和（面）、揉（面）、擀（面）、捞（面）、发（面）、氽（丸子）、包（饺子）、舀、喝、穿、漱、刷、梳（头）、剪、刮、剃、烤、晒、躺、睡、起、坐、能、会、敢、要、应该、上、下、进、出、回、过"等。差别较大的动词，是表示某些动作的词和表示某些心理活动的词，如"玩儿、使（筷子）、搛（菜）、盛（饭）、撒（网）、收拾、喜欢、讨厌、怀念、犹豫、盼望"等。

2.2.3 形容词部分主要包括表示性质、形状、数量、感觉、状态、颜色等方面的词，共有 128 条。其中全区相同或基本相同的有 93 条，约占总数的 73%；有一定差别的有 25 条，约占总数的 20%；差别较大的有 10 条，约占总数的 7%。一致性较高的形容词是表示形状、数量、颜色的词，如"大、小、长、短、粗、细、高、低、矮、鼓（出来）、瘪、圆、扁、厚、薄、宽、窄、深、浅、正、歪、斜、多、少、许多、全部"等。表示颜色的形容词，全区几乎都是相同的，例如"红、桃红、粉红、蓝、天蓝、浅蓝、绿、草绿、墨绿、黄、杏黄、焦黄、黑、白、灰白、灰、银灰、青、藏青、紫"等。表示性质的形容词，多数也是相同的，如"好、坏、不错、差不多（又'差不离'）、丑、酸、甜、苦、辣、咸、淡、香、臭、涩、稀、密、肥、胖、瘦、硬、软、冷、热"等。差别较大的是一部分表示状态、感觉的形容词和某些表示性质的形容词，如"凑合、称心、晚（迟）、结实、舒服、难受、歹毒、机灵、聪明"等。

2.2.4 代词部分包括人称代词和指示代词，共有 38 条。其中全区相同和基本相同的有 22 条，有一定差别的 7 条，差别较大的 9 条。人称代词的一致性高一些，指示代词的差别较大。差别较大的词有"您、谁、这里、那里、哪里、什么、什么样、怎么、怎么样"。

2.2.5 数词、量词部分共有 190 条，其中数词 64 条，量词 126 条，都是基本的、常用的。这两类词的一致性都很高，请看下表：

	相同或基本相同	有一定差别	差别较大
数词	58	5	1
量词	118	7	1

两类词中有一定差别或差别较大的词数量很少，如"老幺（最小的儿子）、（一）头（牛）、（一）棵（树）、（一）座（房子）、（一）拃（宽）、一会儿、（一）桩（事情）、（一）担（米）、厘米"等。

2.2.6 副词、介词、连词部分共有 109 条，其中副词 55 条，介词 26 条，连词 28 条。各类词的异同情况请看下表：

	相同或基本相同	有一定差别	差别较大
副词	26	27	2
介词	14	11	1
连词	23	5	

从上表可以看出,三类词中连词的一致性最高,其次是介词,副词最低。有一定差别的词和差别较大的词如"刚好、也许、马上、趁早、早晚、幸亏、一起、顺便、故意、一共、大约、更加、终于、偶尔、稍微、差点儿、独自、被、把、替(～我值班)、顺着、靠着、给(为)、以及、既然、与其"等。

2.3　　现在再从方言区出发,考察北方话词汇在各地区的异同情况。考察的主要内容有二,一是各地区词汇的基本面貌,二是各地区词汇与普通话词汇的异同情况。我们从 3200 条词汇中,选出名词的天文类、婚丧生育类、房舍类、宗教祭祀类和一般形容词、代词、副词、介词等类的 529 条加以分析统计,作为论证的基本根据。为什么选择这些类的词来统计呢? 主要是去两头取中间,也就是这些类的词在各方言区的一致性和差异性都不是最大的,而是属于"有一定差别的"中间状态。当然,这些材料不一定全面,统计也未必十分准确,但可以从中看到大概的情况。

这些类的词如:天文类的"太阳、太阳地儿、阴凉、月亮、月牙儿、日食、月食、星、流星、彗星、银河、云彩、早霞、晚霞、风、大风、小风、旋风、雷、劈雷、闪电、雨、大雨、小雨、毛毛雨、连阴雨、雷阵雨、冰雹、虹、雪、雪花儿、鹅毛雪、雪珠儿、冰、露水、露珠儿、霜、雾、天气、晴天、阴天、地震、地球"等;

婚丧生育类的"婚事、媒人、恋爱、约会、对象、相亲、订婚、婚期、彩礼、嫁妆、结婚、媳妇、出嫁、喜糖、喜酒、新郎、新娘、新房、回门、离婚、改嫁、续弦、怀孕、孕妇、流产、接生、胎盘、坐月子、满月、双胞胎、遗腹子、独生子、生日、祝寿、寿星、丧事、孝子、咽气、遗体、棺材、寿材、入殓、骨灰、灵柩、灵位、带孝、孝帽、孝服、哭丧棒、讣告、吊孝、花圈、送葬、纸钱儿、安葬、坟墓、墓碑"等;

房舍类的"房子、房基地、院子、篱笆、屋子、进深、面宽、里屋、外屋、正房、厢房、厨房、客厅、楼房、楼梯、栏杆、阳台、地板、厕所、牛棚、马棚、猪圈、羊圈、狗窝、鸡笼、鸡窝、地窖、大门、后门、门槛儿、门吊儿、门鼻儿、门闩、锁、钥匙、房顶、房檐儿、山墙、前墙、后墙、梁、檩条、柱子、柱石、天花板、走廊、窗户"等;

宗教祭祀类的"老天爷、灶王爷、佛爷、神仙、菩萨、神像、香、香炉、香案、上供、供神、长明灯、木鱼、拜佛、庙会、和尚、尼姑、道士、土地爷、财神爷、关老爷、龙王庙、城隍庙、迷信、占卜、许愿、还愿、阎王、判官、小鬼、算命、相面、教堂、主教、教徒、祷告"等;

一般形容词的"好、坏、次、凑合、称心、行、美、丑、要紧、热闹、清静、坚固、干净、肮脏、鼓、瘪、圆、扁、方、软、硬、正、歪、斜、多、少、大、小、长、短、宽、窄、厚、薄、深、浅、粗、细、高、低、矮、酸、甜、苦、辣、咸、涩、淡、香、臭、稀、密、稠、稀少、稠密、许多、全部、肥、胖、瘦、冷、热、舒服、难受、疼、痒、胀、麻、麻烦、调皮、缺德、窝囊、吝啬、小气、大方、实在、厚道、滑头、善良、歹毒、聪明、伶俐、糊涂、死板、楞、笨、利索、凉快、背静、地道、称心、早、晚、红、黄、黑、白、蓝、绿、灰、青、紫"等；

代词的"我、你、他、我们、你们、他们、咱们、它、您、大家、人家、自己、谁、什么、别的、这、这个、这些、那、那个、那些、这里、那里、这样、那样、这会儿、那会儿、怎么、哪里、怎么样、什么样、哪样儿"等；

副词的"本来、刚、刚好、刚巧、有点儿、恐怕、也许、差点儿、马上、趁早、早晚、幸亏、当面、一起、独自、顺便、故意、到底、根本、简直、一共、大约、白(吃)、偏(要)、胡(来)、先(走)、格外、一律、一直、十分、也、已经、曾经、正在、永远、更加、偶尔、稍微、老(是)、怪(想)"等；

介词的"被、把、对、对着、由、朝、打、到、(扔)到、替、在、从、照、按照、顺着、靠着、和、向、比、除了"等。

有些与名词有关的词组归入名词类计算，如"起风、刮风、打雷、打闪、下雨、结冰、化冻、下霜、下雾、下露水、说媒、娶媳妇、嫁女儿、吃奶、尿床、做生日、烧香、赶庙会、信教"，等等。

2.3.1　北部方言区，包括华北大部分地区和东北全部地区。北部方言区的方言可以称为"小北方话"。在这个方言区内，各地词汇的一致性是相当大的，在上述各类的529条词汇中，各地相同或基本相同的共有498条，有一定差别的30条，差别较大的只有1条。与普通话相同的共有505条，说法不同的只有24条。这些与普通话有所差别的词，在北部方言区内完全一致，如"贼星(流星)、扫帚星(彗星)、天河(银河)、雹子(冰雹)、冻冰(结冰)、露水珠儿(露珠儿)、小产(流产)、尿炕(尿床)、拜寿(祝寿)、宅基地(房基地)、牛圈(牛棚)、门插关(门闩)、姑子(尼姑)、老道(道士)、冲着(对着)"等。这些词大多是口语词，与普通话词的差别，实际上是口语词和书面语词的差别，有的在普通话口语中也常用，如"扫帚星、结冰、小产、尿炕、宅基地、老道、冲着"等。

2.3.2　晋方言区，包括山西及其周边的一些地区。晋方言区内，各地词汇的一致性也是主要的，但其差异程度比北部方言和西北方言大。在529条词汇中，各地相同或基本相同的共有461条，有一定差别的57条，差别较大的11条。各地说法相同或基本相同的词，绝大部分与普通话相同，只有18条不同。各地说法不同的词如"扫帚星(彗星)、天河(银河)、冷(弹)子(冰雹)、露水珠儿(露珠儿)、起雾(下雾)、小产(流产)、尿炕(尿床)、庆寿(祝寿)、牛圈(牛棚)、马圈(马棚)、地窨(子)(地窖)、供桌(香案)、姑子(尼姑)"等。这些与普通话不同的词，几乎都是口语词，其性质与北部方言的有关词的情况相同。

晋方言词汇有一定的独特性，有些词是其他北方话方言所未见或少见的，其数量还不太少。如"走星(流星)、早烧(早霞)、晚烧(晚霞)、对风(顶风)、霍雷、冲雷(劈雷)、蒙糁糁雨(毛毛雨)、霍雷雨(雷阵雨)、雪圪糁(子)、雪圪糁糁(雪珠儿)、冰凌(冰)、起面(发面)、怀娃老婆(孕妇)、小生(流产)、头首(头胎)、孝衫(孝服)、栅子(篱笆)、兀个(那个)、兀些(那些)、兀样(那样)、兀会儿(那会儿)、咬人(使人痒)、当下、跟手(马上)、一疙瘩(一起)、满共(一共)"等。

2.3.3　西北方言区包括西北五省(区)的地区。西北方言词汇内部的一致性仅次于北部方言，在529条词汇中，各地相同或基本相同的词有485条，有一定差别的词37条，差别较大的词

7条。差别较大的词是"顶风、雪珠儿、结冰、孝服、哭丧棒、瘪、那么"。485条各地相同或基本相同的词,大部分与普通话也相同,与普通话不同的词只有14条,如"扫帚星、炸雷、天河、露水珠儿、小产、尿炕、拜寿、上房(正房)、马圈、柱顶石"等。这些差别的情况,其性质与前面两种方言的有关词的情况差不多。

2.3.4　西南方言区包括西南三省及湖北大部、湖南、广西的部分地区。西南方言词汇内部的差异比较大,是五种北方话次方言之最。在529条词汇中,各地相同或基本相同的词有403条,有一定差别的词111条,差别较大的15条。这15条词中,如普通话的"鹅毛雪",西南方言有"鹅毛雪、大雪、棉花雪、泡雪、雪片片儿"等说法;"毛毛雨"各地有"毛毛雨、麻麻雨、毛飞飞儿雨、蒙松雨、凌毛儿雨、牛毛雨、麻纷雨"等说法;"独生子"有"独生子、独子、独儿、独崽、独丁丁"等说法。在403条各地相同或基本相同的词中,只有14条与普通话有别,如"扫把星(流星)、雪弹子(冰雹)、天干(天旱)、拜寿(祝寿)、孝衣(孝服)、堂屋(正房)、屋檐(房檐)、哪个(谁)"等。在126条各地有一定差别或差别较大的词中,每条词的普通话说法,西南方言有些地方也使用。从上述分析中可见,西南方言词汇与普通话词汇的相近程度还是比较高的。

2.3.5　江淮方言区包括安徽、江苏、湖北的部分地区。江淮方言词汇比较接近普通话词汇,内部的差别也比较小。在529条词汇中,各地相同或基本相同的词有470条,有一定差别的词51条,差别较大的8条。差别较大的8条词是"流星、淋雨、冰雹、雪珠儿、婆媳妇、尿床、孝服、牛棚"。如"流星"各地有"流星、跐星、贼星、穿星、撒星"等说法;"牛棚"有"牛棚、牛栏、牛笼、牛圈、牛屋"等说法。470条各地相同或基本相同的词中,与普通话有别的词只有11条,其中有的词在普通话口语中也使用,如"上冻(结冰)、小产(流产)"等。

2.3.6　前文提到的中原方言和胶辽方言,其词汇也有一定的特殊性,有些词与周围的北方话方言词很不相同,这里不作细论。

另外,从总体上看,在北方话五个次方言中,靠北的北部方言、晋方言、西北方言关系密切一些,靠南的西南方言和江淮方言比较接近,对此有待进一步研究。

三　结论

从上文对北方话词汇的初步考察分析,似乎可以得出如下的几点主要结论:

3.1　北方话词汇内部的一致性大于差异性。

3.2　北部方言词汇的一致性大于晋方言、西北方言、西南方言和江淮方言词汇的一致性。

3.3　北方话词汇与普通话词汇关系密切,北方话词汇是普通话词汇的基础。

(原载《中国语文》1994年第2期)

北京话的称谓系统*

胡　明　扬

　　每一种语言或方言的称谓系统都有浓厚的地方特色和时代特色。在发生巨大的社会变革的时期,称谓系统也会随之发生急骤的变化。

　　北京话在这里指的是祖居北京的人的话。北京话是北京的土话,是北京的地方方言。北京话和普通话不是一个概念,北京话和普通话有不少差别,当然也有不少相同之处。

　　北京话本身也不是单一的,由于年龄、文化程度、职业、家庭和邻里语言环境的不同而有所不同。本文记录的是 20 世纪 50 年代到 80 年代北京汉人的称谓习惯(满人和汉人有差别)。

　　称谓系统可以大别为两类:一类是亲属称谓,一类是社交称谓。"亲属"包括同姓的"本家"和外姓的"亲戚"。亲属的地方特色很浓,久居北京的外地人,社交称谓和北京人相同,但是亲属称谓往往仍保留原籍方言的特色。社交称谓的时代特色很浓。解放前后北京的社交称谓截然不同,而近年来随着社会的动荡和某些制度的改革,社交称谓也在发生变化。

　　本文各项称谓用书面语作本项,后列北京话的称谓形式。称谓又当分面称和背称两种。面称是当面的称呼;背称是背后的称呼,但不是指被称呼者一定不在场时的称呼,如向别人介绍自己的父亲,虽然父亲在场,但不是直接称呼父亲本人,而是面向他人,向他人介绍父亲,因而是背称,不是面称。

　　北京话的称谓形式又因使用的语体不同而不同。北京话的语体大致可以分为三种,即:在亲朋之间使用的家常语体,在一般交际场合使用的社交语体,在隆重的场合使用的正式语体或典雅语体。家常语体用北京话,社交语体用普通话,正式语体或典雅语体用书面语。

一　　亲属称谓

1. 父亲

　　面称:爸。

　　背称:爸;爸爸;父亲。

　　在文艺作品和电影中广泛使用"爸爸",因此外地人认为北京话说"爸爸"。事实上,"爸爸"

---

　　* 本文曾在日本《中国语》(1982 年 1 月号)上发表过,这次在国内发表做了不少修改。

是普通话,北京话面称用单音的"爸"("妈"、"哥"、"姐"同此)。"父亲"是书面语。有的年轻人背后称自己的父亲为"老头儿"等等,这不能认为是正式认可的称呼,本文不记录这一类称呼。

2. 母亲

面称:妈。

背称:妈;妈妈;母亲。

3. 祖父

面称:爷爷。

背称:爷爷;祖父。

4. 祖母

面称:奶奶。

背称:奶奶;祖母。

5. 曾祖父(母)

面称:老祖儿(老祖奶奶)。

背称:老祖儿(老祖奶奶);曾祖父(母)。

四世同堂的现象已经很少,因此曾祖一辈不再分性别,统称"老祖儿",必要时才分性别,称曾祖母为"老祖奶奶"。称外祖父的父母亲也一样用"老祖儿(老祖奶奶)"。五世祖有称"老太爷"、"老老祖儿"等的,那就更不常见了。

6. 外祖父

面称:姥爷。

背称:姥爷;外祖父;外公。

"姥"是俗写,也有写作"老"的。

7. 外祖母

面称:姥姥。

背称:姥姥;外祖母;外婆。

8. 伯父

面称:大爷。

背称:大爷;伯父。

如果有几位伯父,按排行称呼,大伯父称"大爷",以下冠以排行数字,如"二大爷"、"三大爷"等。其余亲属称谓仿此。表亲面称同本家,背称加"表"字,如"表大爷"、"二表弟"等。

9. 伯母

面称:大妈。

背称:大妈;伯母。

10. 叔父

　　　　面称:叔儿,叔叔。

　　　　背称:叔儿,叔叔;叔父。

11. 叔母

　　　　面称:婶儿。

　　　　背称:婶儿,婶子;婶母。

12. 姑母

　　　　面称:姑姑,姑妈。

　　　　背称:姑姑,姑妈;姑母。

13. 姑父

　　　　面称同背称:姑父。

14. 舅父

　　　　面称:舅舅。

　　　　背称:舅舅;舅父。

15. 舅母

　　　　面称:舅妈。

　　　　背称:舅妈;舅母。

16. 姨母

　　　　面称:姨儿。

　　　　背称:姨儿;姨母。

17. 姨父

　　　　面称同背称:姨父。

18. 哥哥

　　　　面称:哥。

　　　　背称:哥;哥哥。

19. 嫂子

　　　　面称同背称:嫂子。

20. 姐姐

　　　　面称:姐。

　　　　背称:姐;姐姐。

21. 姐夫

　　　　面称同背称:姐夫。

22. 弟弟

　　　　面称:[老派]兄弟;[新派]弟弟。

背称:兄弟,弟;弟弟。

23. 弟妇

面称:妹妹,弟妹。

背称:弟妹,兄弟媳妇儿。

24. 妹妹

面称:妹妹。

背称:妹,妹妹。

25. 妹夫

面称同背称:妹夫儿。

26. 儿子

长辈对晚辈当面称名,余仿此。新派有一部分喜欢用叠字称呼子女,如不是单名就用名字的后一字,如"明明"、"蘋蘋"等。这是一种爱称。

背称:[老派]小子,学生(未成年),儿子;[新派]儿子。

27. 儿妇

面称:[老派]姑娘,称名;[新派]称名。

背称:儿媳妇儿。

女子在夫家对夫家亲属面称随丈夫。

女子背称丈夫的父亲、母亲为"公公"、"婆婆",背称丈夫的哥哥为"大伯子",弟弟为"小叔子",姐姐为"大姑子",妹妹为"小姑子";其余随丈夫。新派妇女也有使用社交称谓来背称夫家长辈的,对平辈面称也有称名或连姓带名的。新派男子的情况仿此。

28. 女儿

背称:[老派]闺女,丫头;[新派]闺女,女儿。

29. 女婿

面称:称名;姑爷(敬称)。

背称:姑爷;女婿。

男子在妻家对妻家亲属面称随妻子。

男子背称妻子的父亲、母亲为"老丈人;岳父","丈母娘;岳母";背称妻子的哥哥为"大舅子",弟弟为"小舅子",姐姐为"大姨子",妹妹为"小姨子";其余随妻子。

30. 侄儿

背称:侄儿,侄子。

姑母背称娘家侄儿为"内侄"。

31. 侄妇

背称:侄儿媳妇儿。

其余晚辈媳妇仿此。

32. 侄女

　　背称：侄女儿。

33. 外甥

　　背称：外甥。

34. （外）孙子

　　背称：（外）孙子。

35. （外）孙女

　　背称：（外）孙女儿。

36. 夫妻互称

　　面称：［老派］尽可能不用面称，用"欸""嗨"等叹词或"他爸（妈）"等代用语；［新派］称
　　　　　名，称姓名，称老张小李，称昵名等。

　　背称：［老派］"孩子他爸（妈）"，"我们那口子"等代用语；老伴儿，老头儿等；［新派］爱
　　　　　人，老伴儿，老头儿等。

　　夫妻互称的情况最复杂，很难列举，也很难有定式。现在仍然有人背称妻子为"屋里的"，老年妇女仍然有背称丈夫为"掌柜的，当家的"。在新派青年妇女中时兴背称丈夫为"老头儿"。男青年背称妻子为"老婆"的不在少数。"丈夫"和"妻子"目前仍然有浓重的法律名词的味道，只限于称呼当事人的亲属。但是在电影和电视剧中最近已经一再在使用这两个比"爱人"更明确的词作为背称，在日常生活中也有个别人开始使用这两种背称。不少人都感到"爱人"这个称呼不那么合适，特别是老头儿、老太太一说"我爱人"，别人就觉得有点滑稽。未来的发展怎么样，现在还很难预测。

二　社交称谓

在社交活动中由于人和人之间的亲疏关系不同，社交场合不同，使用不同的称谓。社交活动可以大别为三类：一类是家常社交活动，也就是在关系比较亲近的熟人之间，如在邻里、战友、同事、同学、近友之间的社交活动；一类是事务性的或一般的社交活动，也就是因某种事务在不很熟悉或初次见面的人之间的社交活动；一类是比较正式的社交活动，也就是在正式会议、宴会、典礼等场合的社交活动。

（一）家常社交称谓

在关系密切的邻里、战友、同事、同学、近友的家庭成员之间互相使用亲属称谓，越是全面系统地使用亲属称谓，越显得"亲如一家"。在男性长辈中分出"大爷"、"叔儿、叔叔"、"舅舅"，甚而分出排行，这就和本家人没有区别了，这是最亲密的称谓方式。不过一般只采用部分亲属称谓。

老派的社交活动范围比较窄,限于亲友之间,因此采用亲属称谓较多。新派的社交活动范围广泛,较少采用亲属称谓,更多地采用家常社交称谓。

家常社交称谓还可以分通称和敬称两种形式。

1. 通称

(1)当事人之间

　　a. 称名。

　　b. 称姓名。

　　c. 称老张、小李等。

　　d. 称职务,如张老师、李师傅等。

从 a 到 d 依次从亲到疏。年轻人中间也有称"小×儿(×取名字中后一字)"的,如"小柱儿"、"小娟儿"等,那是一种昵称。"小陈"等可以儿化成"小陈儿",这等于不儿化的"小陈",和昵称的"小柱儿"等不同。恋人之间有单称名字中的一个字的(一般是后一字)或单名不加姓,不过这种称呼更常见于书面,口语中少见。

"老张"、"小李"的"老"和"小"都是相对的,要看使用这一称呼的人的相对年龄。所以可以有五十岁的"小董",二十岁的"老李"。对同一年龄的人用"小"表示亲切,用"老"表示一定程度的尊重,当然还不是敬称,敬称必须把"老"放到后面去,如张老(见下文)。对中年、青年妇女一般不称"老张"、"老李",更多地称"小张"、"小李",或用其他称谓。

(2)晚辈对长辈

　　a. 长一辈

　　　男:[老派]大爷;[新派]叔叔。

　　　女:[新派]阿姨。

"叔叔"是解放后流行的一种社交称谓,可能起源于"解放军叔叔"。"叔叔"泛指长一辈的男子,不计较这位男子比自己的父亲年长或年幼,凡是不够称"爷爷"的都是"叔叔"。在南方人中间习惯用"伯伯"。有人在中关村地区作了调查,认为北京话中用"伯伯",或者按年龄分别称呼"伯伯"和"叔叔"。我们对此持怀疑态度。首先"伯伯"(bāi·bai/bó·bo)就不是北京话,北京话用"大爷"。

老派妇女不参加一般社交活动,因此没有专门的社交称谓。

　　b. 长两辈

　　　男:爷爷,老爷爷。

　　　女:奶奶,老奶奶。

"爷爷"和"奶奶"前面可以再加"老",说明使用时和亲属称谓中的"爷爷"和"奶奶"不同。亲属称谓中的"爷爷"和"奶奶"前面是不能再加"老"字的。

(3)长辈对晚辈

　　a. 称名。

　　b. 称姓名。

（4）称呼对方配偶

　　a. 称姓名。

　　b. 称职务，如张老师、李师傅等。

　　c.［老派］大嫂。

如何称呼对方配偶，在取消了"先生"和"太太"以后出现了称谓上的空白，往往使人十分为难。径称"你爱人"实在是没办法，并且在不少场合根本不适用，所以如果知道一点情况就改用称姓加职务，可是往往只知道对方的姓或姓名，关于对方的配偶什么都不知道，简直没法称呼。

　　2. 敬称

（1）对工人的敬称

　　a. 某师傅。

　　b. 某头儿。

称授业的师父一般不称姓，直称"师傅"。

（2）对干部的敬称

　　a. 某某某同志。

　　b. 称职衔，如张科长、李主任、王书记等。

"某某某同志"和"某同志"不同。"某同志"限于称呼不熟悉的，甚至还不知道名字是什么的人，是社交称谓中的通称，不是敬称。"某某某同志"是敬称，用来称呼熟悉的人，加"同志"二字是表示尊敬，表示不直呼其名。例如称呼领导用"长"有官气，用"老张小李"不客气，直呼其名更不像话，所以往往称"某某某同志"。此外还有"某某（名）同志"这种称呼，最早用于革命队伍内部，特别是党内，既亲切又有礼貌。一部分长者用这种称呼来称呼晚辈，同样既亲切又有礼貌。

（3）对知识分子的敬称

　　a. 某某某同志。

　　b. 称职务，如张老师、李大夫等。

　　c. 称学衔、职衔，如张总、李工程师、王教授等。

　　d. 某先生。

"先生"在解放后一段时间内是对民主人士、旧学校教师的敬称，在革命队伍内部不是一种敬称。近年来，"先生"已成为知识界，特别是学术界的一种尊称，高于一般的敬称。"先生"用作尊称时无性别区分。

学生称呼授业老师可以不带姓，径称"老师"。

实行学衔制度后，"教授"已逐步成为一种敬称。在 20 世纪 70 年代，称职称的限于工程技术职称，如"张工程师"、"汪总（工程师）"、"李技术员"，称"某教授"的极少，连教授听了也不习惯。这两年来，情况在发生变化，"教授"作为一种敬称已经慢慢用开来。

高校学衔用作敬称的只有"教授"，副教授也是"教授"，"讲师"、"助教"没人用作敬称。

近一年多来，有人开始用"老师"这一敬称来称呼演员，可能是因为无法称呼"某演员"，而借用"师傅"或"教授"都不行，所以选择了"老师"，正好某些演员也的确同时是老师。

(4)对长者的敬称

　　a. 某老（取姓或取名字中的第一字）。

　　b. 某某老（取姓和名字中的第一字）。

例如称呼叶圣陶老先生，可以是"叶老"，"圣老"或"叶圣老"。后两种称呼除表示尊敬外还表示亲切。在知识界也有称"公"的，如称茅盾为"茅公"。"公"可以用来称呼中年人。

(二)一般社交称谓

在外出处理一般事务或在公共场所和不相识的人交往时使用一般社交称谓。

1. 事务交际场合

　　a. 同志、师傅、老师、大夫等。

　　b. 某同志、某师傅、某老师、某大夫等。

　　c. 某科长、某厂长等。

这部分称谓也许是最乱的。解放初期一律称"同志"，文革期间先是极左分子限制"同志"的使用范围，"谁是你'同志'！"，"你配称'同志'！"尔后绝大多数同志都成了"叛徒、特务、走资派"，"同志"也就不香了。只剩下"师傅"是工人阶级，"工宣队"至高无上，"师傅"就替代了"同志"作为社交场合的通称。通用"师傅"（还有"老师傅"）最早是从上海开始的，最晚在七五年就已经到处称"师傅"了，以后传到北京，现在多数青年人在一般社交场合都用"师傅"作为通称，管军人、知识分子、营业员都叫"师傅"。在机关内部，"同志"仍然在使用。在学校，学生称教师和其他工作人员为"老师"。在医院，病员称大夫、护士和其他工作人员为"大夫"。

"师傅"作为一个通称显然是不合适的。称解放军战士和知识分子为"师傅"实在不伦不类。我们需要一个适应性强的通称，"同志"是最合适的。但是由于种种原因，已经通行了的"同志"看来很难恢复全部活力了。将来人民选择什么样的通称现在还难于预测。

(三)正式社交称谓

在隆重的交际场合使用正式社交称谓。

　　a. （通称）某某某同志。

　　b. （称学衔、职衔）某某某教授、大夫、工程师等。

　　c. （称官衔）某某某部长、书记、师长等。

　　d. （用尊称）某某某先生、某老（限知名人士）。

　　e. （称高级身份）某某某夫人。

在隆重场合现在仍用"同志"，不用"师傅"。

在隆重场合一般用全名（连姓带名）。

"夫人"最早出现在外交场合，以后也出现在其他比较正式的交际场合，近年来有扩散的趋势。大概要贯彻男女平等原则，所以出现了"某某某大使夫人某某某同志"的说法。近年来已经可以单说"某某某教授夫人"。

对外还使用"先生"、"女士"、"太太"、"小姐"、"博士"等称呼。在这里的"先生"等于解放前的"先生"，不同于国内学术界的尊称。国内现在还极少称"博士"。

北京话的新的社交称谓系统目前还不稳定，也还有一些缺漏的环节，正处在一个不断完善和变动的过程中。

（原载《汉语研究》第一辑，南开大学出版社 1986 年版）

漫谈汉语中的蒙语借词

张　清　常

蒙语曾向突厥语、汉语、藏语、满语、俄语等借词，也有别的语言向蒙语借词。例如蒙语的 [xərəm]（墙）被俄语借用，成为 кремль（内城），Кремль 就是"克里姆林（宫）"。又如蒙语 [altai]（有金子，山脉名），成为世界上重要语言系属的名称之一，就是"阿尔泰"语系。蒙语 [kɔpi]（沙漠，或音译戈壁）也成为世界上许多重要语言使用的借词。

汉语也吸收了不少的蒙语借词。

在元明戏曲小说里，在《元典章》、《元史》和元代白话碑里，都保留了不少借自蒙语的词。例如"大辣酥、打剌孙、答剌孙"是蒙语 [tarasɵ][taras]（黄酒），不但见于元曲，也见于《水浒》。"库伦、胡阑、圈圚"是蒙语 [xərija][xərɔː][xurijə][xurəː]（圆形的圈子，围墙，院子，寺院），不但见于《元史》、元曲，而且今天内蒙西部的汉语方言还有 [kʻu luɣ] 或 [kʻu lœ] 的说法。"虎剌孩"是蒙语 [xɵlakai]（贼），见于元曲，也保留在内蒙西部汉语方言里，叫做"胡拉盖"（骗子）。这一类借词的数量是不少的。

有许多蒙族人取名叫"赛因""萨因"等。在元曲里面，还看到当时汉族许多小女孩叫做"赛娘"。古代本来把少女称为"娘"，这就是把蒙语 [sɑin]（好）简化成"赛"来取名字。在元曲里蒙语 [sɑin] 也写作"撒因"。

如果不熟悉蒙语，可能碰到困难。例如：睢景臣《高祖还乡》"一面旗白胡阑套住个迎霜兔，一面旗红曲连打着个毕月乌"，过去的注释未能落实。《水浒》第 24 回"他家卖拖蒸河漏子热烫温和大辣酥"，过去只好不注。[①] 有人凭着元曲上下文猜想"打剌孙、答剌孙"是酒，但不知道它不是一般的酒而专指黄酒。也就由于只凭元曲上下文去猜测，竟然把"撒因"解释成"牛，牛肉"，把"赛娘"解释成"本为酷寒亭剧中郑孔目的儿女，借用为无人照顾的儿童"。[②]

以上所举来自蒙语的借词，还是比较明显的，从字面上看起来，使用时听起来，还有个外来借词的味道。下面我们再举一些词，这些词广泛地在汉语普通话和方言里使用，汉人固然认为它是汉语，就是蒙古族，一般也不大注意到这些词原来是蒙语。

例如好歹的"歹"，在南宋彭大雅、徐霆《黑鞑事略》里已经说明了它是蒙古语，写成"觕"。车

---

① 《水浒》，人民文学出版社 1973 年印七十回注释本，279 页。
② 朱居易《元剧俗语方言例释》，商务印书馆 1956 年，97 页，293 页，274 页。

站的"站"见于《元典章》、《元史》，借蒙语［tɕam］（路）。此外如蒙语［takalimpa］［taːlimp］借为汉语"褡裢"；蒙语［moku］［moːk］借为汉语"蘑菇"；蒙语［xɒttɒk］（水井）借为汉语"胡同"；蒙语［xapa］借为汉语"哈巴（狗）"；蒙语有［tɕa］，表示应诺，汉语借来，写作"喳"、"咋"。

这些借自蒙语的词，早就在汉语里面生了根，完全成了汉语的词，并且很活跃。

"歹"在蒙语本来是"不好"，作为汉语的词就表示阴险狠毒为非作恶。"胡同"在蒙语本来是"水井"，北京的地名有"二眼井"、"四眼井"，可能就是这种命名的痕迹。于是汉语在街道、里、巷、弄堂之外，又有了具有北方特点的"胡同"。有些胡同没有出口，有的称为"口袋胡同"，有的叫做"死胡同"。因此，有"敌人钻进了死胡同"之说。自从鲁迅先生写了《论"费厄泼赖"应该缓行》，"哈巴狗、叭儿狗、叭儿"就更现原形，充分暴露出被豢养，汪汪乱叫，胆怯，懈怠，没出息，脑满肠肥的丑态，不同于一般的狗，也不同于乏走狗。至于"蘑菇"，它加入汉语原有的蕈类名称之后，还出了个"泡蘑菇"，由此又有了"蘑菇"战术"将敌磨得精疲力竭，然后消灭之"。[①] 此外还有"蘑菇云"。蒙语表示应诺的"喳"（满语同），原来没有贬义，也没有身份限制。汉语的文学作品里刻画奴颜婢膝，把奴才对主子连声称"是"的应诺之声，一写成"喳"，就显得格外低三下四。京剧的历史剧里丑角往往如此说。

以上这些例子可以说明：若干蒙语借词既进入汉语，就扎下根，完全成了汉语自己的词了。甚至于有的还成了汉语的基本词，并且由它产生新词语。"站"就是一个例子。

汉族从秦汉时代就有了较完善的传驿制度。"驿"这个词被日本语吸收，今天日本语称东京火车站为东京驿。自从南宋时代蒙语的"站"进入汉语，元朝的"站"在国内外普遍设置起来，于是"站"字就代替了那时汉语里已使用了一千多年的"驿"。"站"字用了不过百余年，明朝皇帝就运用封建政治压力，通令从洪武元年（公元 1368 年）9 月起，"改各站为驿"，强迫全国恢复用"驿"字，事见《明会要》卷 75 引《大政记》。可是到了崇祯三年（公元 1630 年），明朝行将灭亡，距离洪武元年已经有二百六十二年，那年有个大臣上奏折，还是跟着老百姓一同使用"站"字，事见《明史·魏呈润传》。可见"站"字并未取消得掉。清朝采取了"驿"、"站"并存的调和办法，书面规定的区别是：各省腹地所设的叫做"驿"，军报所设的叫做"站"。既消灭不了"站"字，就想复活"驿"字，结果既不能救活"驿"字，又不能取消这个蒙语借词"站"。"九一八事变"之后，日本帝国主义者在伪"满洲国"也取消"站"字而使用"驿"字，可是到底行不通。与此相反，"站"字却越用越广泛，还被吸收进入汉语基本词汇之内。不只有时代较早的驿站、军站，而且现代生活中的词语有：车站、站台、粮站、广播站、水电站、发电站、交通站、供应站、运输站、收购站、交换站、接待站、气象站、防疫站、扬水站、茶水站等等。随着新生事物的产生发展，"站"字还会滋生出更多的新词语来。

汉语和蒙语不但相互借词，而且往往有些词彼此借过来又借过去。早期的例子如蒙语向汉

---

① 《关于西北战场的作战方针》，《毛泽东选集》第 4 卷，1118 页。

语借了"太子"、"夫人",后来汉语又从蒙语再搬回来,这就是"台基"、"兀真"。一出一入,语音和词义都略有改变。后来的例子如"百姓"是汉语的词,蒙语借用,叫做[paiɕiŋ],意思是土房子,并且由老百姓住房变成店铺。这个词又被汉语再搬回来,叫做"板生",简称为"板"。呼和浩特市有个"麻花板",可能当初那里有个卖"麻花"的店铺在,因而得名。"麻花"、"麻哈"和元曲中的"米罕",都是蒙语[mixa][max](肉),不是油炸面棍之类的食品。呼和浩特市还有库库板、攸攸板、塔布板、厂汗板、古路板、乃莫板、吃老板、讨号板、羊盖板、黑炭板等等的"板"。又如"博士"是汉语的词,蒙语借用,叫做[pakɕi],意思是老师。又被汉语搬回来,这就是"把式",意思是擅长某种手艺的人(如:车把式、花儿把式、武把式、老把式……)和贬义的"把戏"(如:小把戏、鬼把戏、耍把戏……)。

由此猜想,在近代汉语里,有"茶博士"、"酒博士"等,虽然汉字写的是"博士",而词义上却与"太学博士"相去颇远。如果看了蒙、汉语借词这种关系,博士——[pakɕi](师父)——把式(擅长某种手艺的人),那么,卖茶卖酒的人能够称为"博士",就比较自然了。[①]

这里附带提一下地名问题。

既然蒙语有了[oros],汉语就从蒙语借来,写成"俄罗斯",元、明、清三朝都使用,约定俗成,因此英语的 Russian 和日语的"露西亚"就不被汉语采用了。

就地名来说,内蒙古自治区除了汉语的地名之外,还有三种情况。第一种是蒙语的译音,例如:包头[pɔkɔt'ɵ](有雄鹿),萨拉齐[sakaliɕ'in][saːliɕ'in](挤奶的人),巴彦诺尔[pajannɔːr](富饶的湖)。第二种是音译加意译,例如:呼和浩特市,"浩特"[xɔt'a]就是城市;西拉木伦河,"木伦"[morən]就是河。最值得注意的是第三种,蒙汉两种语言组合在一起而构成地名。例如呼和浩特市有大召、小召、五塔召、新召、太平召。"召"是蒙语[tɕɵl],"大小、五塔、太平"是汉语,"新"又是蒙语又是汉语,两种语言碰巧都叫[ɕin]。又如锡林南路,锡林是蒙语,南路是汉语。此外如:达赖庄、喇嘛营子、乌梁素海、哈喇沁沟、圐圙村、紫敖包,"庄、营子、海、沟、村、紫"是汉语,其余是蒙语(喇嘛则是蒙语借自藏语)。

自从 1947 年成立内蒙古自治区以来,在党的民族政策正确指导下,蒙古民族及其政治经济文化事业日益繁荣昌盛。这时汉语所借蒙语的词就通过书报刊物、电台广播而迅速传布到全国。"那达慕"、"乌兰牧骑"就是其中最出名的。可以料想,今后汉语中来自蒙语的借词将会不断增加,犹如来自祖国大家庭其他民族的借词也将不断增加一样。

(原载《中国语文》1978 年第 3 期)

---

① "师、老师、师傅、师父"等没有被蒙语借用过。近代汉语没有出现"茶师父"。直到现代汉语才有"工程师、建筑师、理发师、园艺师、麻醉师、厨师、厨师父、木匠师父、铁匠师父、瓦工师父"等。

北京话中的满汉融合词探微

赵 杰

北京作为辽、金、元、明、清五代的京师,其间北京话在和契丹语、女真语、蒙古语、汉语南京方言和满语的接触中,逐渐形成了一些语言融合的类型。其中,满语①对北京话的影响是很深远的。满族的前身女真人在京畿和广大的华北地区不仅留下了语言底层,而且留下了一半人口。尤其是进京定鼎的历代满族人,自觉地把满语融进了自己的满式汉语,又和原北京汉话逐渐合流,并且利用清廷满汉双通和京旗都市文化的优势,把这种北京官话②推而广之。

今天北京官话中仍活跃着一些满语词汇,它们虽然频繁出现,一般人却习焉不察。现举出当今北京话中的 33 个满语词(含满汉融合词),并在语音上加以分析,以求"窥一斑而见全豹"。

一 满语现象的揭示

1. 北京话中的满语词

汉字	北京话读音	清代满语音	清文汉译
啰唆	lo˥ •suo	lor səmə	话不休歇状
肋膱	lə˥ •t'ə	lət'ə lat'ɑ	累赘、行李垒颓
秃鲁③	t'u˥ •l(u)	t'ur χɑ	身体消瘦
古鲁	ku˥ •łu	kuli	移动
伍的	uʌ •tə	uta	集合
萨其马	saʌ •tɕ'imaʌ	satɕ'ima	糖缠
妞	niou˥	nionio	大人爱小儿之昵称
胡同	xu˩ t'uɲ	xot'un	城、街区
挺	t'iɲʌ	t'ən	极
白	pai˩	paipi	白白的
划拉	xua˩ •la	xuala(mpi)	扫(院子)
马勺	maʌ ʂau˩	maʂa	柄勺
把式	paʌ •ʂʅ	pak'ʅ	学者、读书人

---

① 这里的满语包括 1599 年创制无圈点老满文前的女真语文。
② 参看林焘先生《北京官话溯源》,《中国语文》1987 年第 3 期。
③ "秃鲁""古鲁""伍的"为女真语,后面的清文汉译也为女真语汉译,分别引自金启孮《女真文辞典》的 p. 128、p. 250、p. 77。

磨蹭	mo ˦ tsʻəŋ↗	motʂʻo	拙钝、拖延
苛刻	kʻə˥ kʻəↄ	kʻəikʻə	刻薄、过于严厉
撒目	sɑ˦ •mu	sɑpu(mpi)	（快）看
玛呼	mɑↄ •xu	mɑxⱷ	鬼脸、假面具

这十七个北京话词汇表面上还能分析出是满语词，因为每个词除了在超音段成分和少数音素上加进汉语成分外，整个词的音节轮廓还是满语。如果有人对现代北京话的这些词义不能确切解释，例表中清代的满文汉译已非常清楚地揭示了它们的本义和引申义的关系，不懂的人也就一目了然了。但有些词由于译写成汉语相应的同义词或近义词，并且约定俗成，数代相传，一般人已习惯地认定是汉语，也就难以察觉它们就是满语词了。

2. 北京话中的满汉融合词

汉字	满语借词音	清文原词	清文汉译
咋呼	tʂɑ˥	tʂɑpu	频繁应答
衙署	jɑ↗	jɑmən	官署
庄屯	tʻun↗	tʻun	村庄
哨卡	kʻɑↄ	qʻarun	边关
笨笨拉拉	lɑ˥ lɑ˥	lala	末尾
有一搭无一搭	ta˥	ta	首领、头目
末了	liↄ	lala	末尾
公子哥	qə˥	aqə	少爷，兄长
藏猫	mauˈ˥	mo	树丛
唔们	m ↗	musə	我们
压马路	jaↄ	japu(mpi)	行，走
档案	taŋↄ	taŋsə	庋藏之文书
白丁	pai↗	pai	等闲、无事
央求	jaŋ˥	jantu(mpi)	请托
达官	ta˥	ta	首领、头目
猫匿	mauˈ˥	mo	树丛

这十六个融合词从表面上更难看出其中的满语成分了（字下打△号的是满语语素或词，下同），因为参加组合的满语音节和音素多数都是汉语音系里也有的。即使汉语本体没有的音节，一般人也已不知不觉地约定为是汉语，比如[tʂɑ][qɑ]等。有的音素本和汉语不同，比如[liↄ]中之[l]，[qə]中之[q]，但因和汉语相应的[l][k]发音部位相近，人们也就司空见惯而忽略不问了。最易混淆的是"公子哥"中之"哥"，它应读成[qə]，无疑是代表满语[ˈaqə]中的"少爷"之义的，北京人都会把"哥"读成小舌清塞音[q]的，只有新来的南方人才会把"哥"读成舌根清塞音[k]，这是误认为"哥"[qə]就是汉语表"同父母而年纪比自己大的男子"的[kə]的缘故。

语义上，由于大部分是满汉并列互注或者其中至少有汉语素，不熟北京话的人也会猜出个八九不离十。例如，"压马路"之"压"是清代满语及物动词[japumpi]（行，走）的首音节，用首音节代表全词和汉语词素构词，是满汉语言融合的最常用手段，这里直译为"在马路上行走"，语义结构上和"逛大街"相同,但人们从汉字"压"的字面上理解为汉语义"踩马路"也能凑合。少数词还是从字面上看不懂,那就归为北京土话升格而随众了。比如"有一搭无一搭"这个惯用词组,如果不懂满语是百思不解其疑的。其实"搭"就是满语表"首领、头目"意思的[tɑ],直译为"当有首领在,也当没有首领在地做事情",也就是"头儿在时一本正经,头儿不在时漫不经心",引申指"尽量去办,办不成也不在乎"的超脱心态。最有意思的是"猫匿",现在多数人只是心领神会地用,而不知其构词法和词源。"猫匿"之"猫"是清代满语表"树丛"的[mo],"藏猫"是一个常用的满式汉语词,因为东北长白山满族做捉迷藏游戏常要藏在树里,入关后在北京,"藏猫"泛指"捉迷藏",而"猫"也就代表了"暗中的情节"或"隐藏之地方"。"匿"是汉语,意思是"隐藏"。"猫匿"最初构词还符合满语的宾动式构词法,直译为"情节隐藏",宾语在前,动词在后。二十世纪四十年代齐如山先生在《北京土话》中开始活译成"隐藏的情节",虽然他当时记成"猫儿腻""猫儿尿""猫儿溺",但尾音节读音都是[niɤ]。只有了解了满语在北京话中的发展背景,才会把这个[niɤ]字确定出"匿"来。[①] 可见,研究汉语北京话中的满语底层,非得从语言学上寻找它的融合方式和接触规律不可。

二　满汉语言融合的方式

上述的 33 个词例中,至少有下列满汉语音的三种融合方式。

1. 音段内音素的融合

满语和汉语的音位系统大体一致,使用在单词中作为音位变体的音素有些居然相同,这为满汉语音的认同提供了方便,却为区分融合中的两种语言的音素带来了难度。但是只要我们仔细研究和甄别,也是不难把它们分清的。一些满语词是在进入汉语的过程中悄悄换上某些汉语音素才得以在汉语中安家落户的。下列现汉满语词下带△号的音素都是汉语音位。

tʻulu （秃鲁）	kulu （古鲁）	niou （妞）
xutʻuŋ （胡同）	tʻiŋ （挺）	motsʻəŋ （磨蹭）
losuo （啰唆）	maʂau （马勺）	sɑmu （撒目）

第一排三例都是增换了汉语的音位/u/,女真语[tʻur]之颤音[r]汉人难以发出,换上了同部位的汉语边音音位/l/,再在后面因同化而增生出[u]音,正因为[u]本身也是汉语固有的音位,它才得以顺利产生。有了[l][u]音素和[tʻu]的结合,"秃鲁"单词就得以在汉语中稳定下来。女真语[kuli]中的[i]换成汉语的音素[u],道理同上。满语[nionio]变成一个音节的拉长,产生出[u]音,这与汉语中三合韵母[iou]的吸引大有关系,所以这个[u]应该算是汉语的音素。

---

① 以上诸词的词源,详见拙著《北京话与满语》,北京燕山出版社。

第二排三例都是增换了汉语的音位/ŋ/。胡同[xut'uŋ]和挺[t'iŋ]中的[ŋ]均是替换掉满语的[n]，其中胡同[xut'uŋ]中的后一个[u]也是由原来满语的[o]变来的。磨蹭[motṣ'əŋ]中的[ŋ]是在替换掉满语的[o]后随着整个汉语的[əŋ]音节融合进来的。三个词加进了这几个汉语音素，虽然还是两种音素的融合，但却更像汉语了。磨蹭[motṣ'əŋ]、啰唆[losuo]、马勺[maṣau]三个词是分别在原来满语[o][ə]和[ɑ]的地方换上了[əŋ][uo][au]三个汉语复元音韵母，用汉语音素的组合打进满语单词，在融合中进一步改造满语，使其在汉语中更加合法化。其中[motṣ'o]中的[tṣ'o→ts'əŋ]，满语的[tṣ']变成汉语的[ts']，大概是对译汉字的原因，这就又换上了汉语的音位/ts'/。撒目[samu]中之[m]也是代替满语[p]而融合进来的汉语音位，可以推定，如果不换成[m]仍说成[sapu]，这个满语词就不会在汉语中保留到今天。

以下是音素融合的另一种情况。例如：

[məˌliɔ]（末了）　　　　[kuŋtsɿqə]（公子哥）

[mmən]（咱们）

前述16个满汉融合词在北京话中使用频率都很高，其中满语音节中的音素由于大部分和汉语相近或相同，也就自然向汉语音系看齐，成为语音上汉化的满语词素了。例如"猫"[mo→mau]（树丛），"央"[jan→jaŋ]等。但也有些融合词内仍然保留了满语的音素，它们虽然在汉语中没被列入音位，却作为明显的音位变体存在于人们的口语中。[məˌliɔ]一词，谁也不把其中的[ˌl]发成[l]，真要发成舌尖中边音，那就大失词的韵味和要表达的语气，北京人会感到别扭，甚至费解。这种汉语的外来语音位变体，虽然不起区别词的语音形式的作用，却能负载感情和风格的附加色彩，因此是不容易被相同（近）部位或方法的汉语音位类推掉的。公子哥[kuŋtsɿqə]中的[q]是满语的小舌清塞音而不是汉语的舌根清塞音，这在一般人把"哥"听为儿化的错觉中也能得到旁证，其实，前例中的[ˌl]和本例中的[q]都是发了地道的满语音，满语音素习惯于将部位发得偏后，舌尖后边音[ˌl]和小舌塞音[q]后跟中低元音时有一种自然卷舌的发音习惯，不熟音理的人认为"末了"和"公子哥"中的"末"和"哥"是元音儿化，其实它们的元音音质根本没有变，只是满语[ˌl][q]音素的卷舌动作所致。正像[ˌl]音素的附加色彩不可替代一样，满语的[q]音素也在融合词中起到了特殊的表音表义功能。不信，谁把"公子哥"中的满音[qə]读成"大哥"中的汉音[kə]，北京人很可能认定他是港台人。咱们[mmən]中领音节的辅音[m]是满语[musə]（我们）中的词首鼻辅音，这个满汉融合词里仅剩下一个满语音素，但它起的作用却非同小可，换掉这个满语音素变成[wo]，第一人称复数的强调色彩和感情韵味就会大大减轻。正因为"我们"的语体显得过于正规，北京话口语中说"咱们"的场合才逐渐多了起来。

满汉音素交叉镶嵌的形式分布在汉语内所有的满语词和满汉融合词当中，这不能不说是满汉融合造词的有效方法。

2. 超音段成分的融合

在进入北京话的这几十个满语词中,我们还可看到满汉语音融合的另一种方式,那就是两种语言的超音段成分在词中的巧妙融汇。汉语是音高型语言,靠词中音节的声调来区别词的语音形式,进而区别词义;满语是音重型语言,靠词中音节的重轻来表明发音的准确,有的轻重音也在相同语境下区别词义。清初旗人说着一种官方满式汉语,当时满语母语大量进入北京官话是可想而知的。即使原北京汉语有些势力,也不如京城满式汉语的影响大,当今的北京话乃至普通话仍然带有这种汉语的浓厚色彩。从上述融合的细节看,汉语借用满语,绝不是原封不动地音译,而是经过音素的改造融合,从中也把满语的特点合法化,超音段成分的融合也是如此。一方面,所有满语词(素)进入汉语都加上了原来没有的声调;另一方面,汉语和满语融合时,不仅一些满语音段词保留轻声,一些原来有声调的汉语音节也变成了轻声。请看下列两种类例。

1)加上汉语声调的融合

进入汉语的满语词,一般根据相应音译汉字的固有声调来定其调值。例如:

阴平:苛(刻)、(公子)哥、央(求)

阳平:胡(同)、划(拉)、(马)勺、磨(蹭)、撒(目)、衙(署)、(庄)屯、白(丁)、达(官)

上声:伍(的)、挺、马(勺)、把(式)、玛(呼)、(哨)卡、(末)了、姆(们)

去声:(胡)同、(苛)刻、压(马路)、档(案)

没有相应或固定汉译字的满语词,一般都读成高平调,和满语固有词的音高重音相同,和汉语的阴平读音也没什么两样。例如:

啰(唆)、肋(腻)、秃(鲁)、古(鲁)、萨(其马)①、妞、咋(呼)、(笨笨)拉(拉)、(有一)搭(无一)搭、(藏)猫、猫(匿)

这些满语词加上了汉语的声调,形成"满语音段+汉语音高"的融合法,也成为满语正式进入汉语的必要条件,有了抑扬顿挫的不同调值,它们也就在汉语中扎下了根。

2)加上满语轻声的融合

满族带着具有音重特征的满语进入关内,类似[ˈɑma](父亲)、[ˈaqə](兄长、少爷)、[ˈənie](母亲)、[ˈqɑlɑ](手)、[ˈkəkə](姐姐、公主)等前重后轻的双音节常用词极大地影响了京旗的满式汉语,清初的北京话虽然在一些音段上把满语替换成汉语,但超音段的成分却没有换掉,因而在十七世纪以后的北京汉语中逐渐产生了许多前重后轻的双音节词,这种现象也同样分布在上述满语词和满汉融合词中。例如:

a. 啰唆[loˈ.suo]、肋腻[ləˈ.rə]、秃鲁[tˈuˈ.lu]、古鲁[kuˈ.lu]、伍的[uˈ.tə]、划拉[xuaˈ.la]、把式[paˈ.ʂ]、磨蹭[məˈ.tsˈəŋ]、撒目[saˈ.mu]、玛呼[maˈ.xu]

b. 咋呼[tʂaˈ.xu]、姆们[mˈ.mən]、央求[jaŋˈ.tɕˈiou]

a 类词是满语音段词,但在超音段上却是汉语音高和满语音重的并列融合。前一音节加进

---

① "萨其马"是纯音译的满语词,三个音节的声调都不稳定。"萨"音节有时读成去声,有时又读成阴平。

汉语的声调,后一音节附上满语的轻声,这就不仅在音段内的音素上打下了融合的基础,而且在超音段的音高音强上又进一步巩固了融合的成果,两层融合的力量必然会影响到其他用词范围。

b 类词在音段内本是满汉音节融合词,其中的汉语音节按说可以不必改动,但也受到了满语的影响,由原来的声调变成现在的轻声。"咋呼""姆们""央求"三个词的融合情况可以表示为:

	(汉)(满)	(汉)(满)	(汉)(满)
超音段	˦˩	˩˦ ˩	˦˩
音　段	tʂa　xu	m　mən	jaŋ tɕ'iou
	(满)(汉)	(满)(汉)	(满)(汉)

当我们着眼于音段(音素)和超音段(音高、音强)两层语音现象的分析时,几乎从语音结构的每一个环节上都能微观到满汉语言要素的融合。

3. 语素音节的融合

满语中有满语音节和汉语语素共同构词的习惯。例如,满语固有词[molin]意思是"马",之后拿[lin]和汉语借词素"骡"组合成[lolin],表示"骡子"。满语固有词[taik'ɔ]意思是"歪",后来又把[k'ɔ]和汉语借词"歪"结合成[waik'ɔ],也表示"歪"。汉语和外来语素共同构词的例子也屡见不鲜。例如,和英语的[k'a]组成"卡车",和俄语的[t'ora]组成"拖拉机",和蒙语的[tɛ](坏)构成"好歹"等。因此,北京话中存有一些满汉语素融合词,也就不足为奇了。前述十六个融合词都是满汉音节相互结合的结果。它们有以下几种方式:

1)并列式:咋呼、衙署、庄屯、哨卡、笨笨拉拉、末了、公子哥、档案、央求、达官

2)动宾(支配)式:有一搭无一搭、藏猫、压马路、猫匿①

3)偏正(限定)式:白丁

4)附加式:姆们

并列式融合占据了四种方式的绝大部分,而且词中基本上都是满汉同义语素的并列,它也成为满汉音节融合的最大特点。其他音节融合虽然方式不同,但也多是双音节构词,这是两种语言音节结构趋一同化的反映。清代汉语仍然是单音节词占优势的语言,单音节成词语素灵活方便,可拆可合,在吸收满语词进入汉语的过程中,往往利用这种优势对所借满语加注,或与之并列,或半音半意借。这种满汉语素构词法既然在汉语里实行,那么,随着汉语逐渐双音节化的趋势,满汉融合词也要随之双音节化。满语的少量单音节词很自然地和汉语单音节词(素)融合,像"庄屯""达官""猫匿"等,但更多的满语词是多音节构造,这就不得不精简到用一个音节(通常是首音节)来代表全词和汉语的单音节词(素)结合,实际上是黏着结构类型的满语语素和

---

① "猫匿"是满语宾动式语法结构的遗留。这里归入动宾(支配)式。

孤立结构类型的汉语词(素)的音节融合。这种承载语义互注内容的音节融合形式也为满语词在汉语普通话中的广泛运用提供了保证。

三 语言接触的规律

通过对上述满语现象的分析和融合方式的揭示,我们得出以下四条语言接触的普遍规律。

规律一:借进语言按音近义通原则对译成母语文字,这是改造同化外来语的秘诀,也是外来语在异地他乡改进、扎根的主要原因。汉语在借用满语充实自己的时候正是这样做的。类似于"伍的""苛刻""公子哥""压马路"中的满语词的汉语译音几乎和满语原音相同。用同义汉字转写也非常成功,"伍的"一词女真语早期的汉字注音是"兀·塔",后来满人写成"兀的",进入现代汉语时才把它写成"伍的"。"伍"字的意义大体上相当于女真语和满语的"集合"与"许多"的意思,加上对译汉字"的",成为"集合的""许多的",也就略等于"等等""什么的"了。"苛刻"的对译汉字和清代满语"过于严厉"的原义几乎相等。"公子哥"之汉字"哥"本是满语[ˈɑqə](少爷、兄长)义项的内容之一。"压马路"之汉字"压"甚至让人感到就是汉语的"脚踩"而达到了以假乱真。类似于"马勺""磨蹭""撒目"等满语词和前组不同的是,为了使音译汉字和汉语词义基本相同,笔译者(也许是口语变读在先)把满语原词的语音按相近方法或部位的汉语音来变通,例如,把马勺[mɑʂɑ]之[ɑ]变成[ɑu],把磨蹭[motʂˈo]之[tʂˈo]变成[tsˈən],把撒目[sɑpu]之[p]变成[m],经过这种汉化式音变,人们仅从字面上理解就能使用了。

第一次按音近义通原则口译或笔译的人们往往是外来语音变的创始人,这种人为的音变也容易被借用语言的大多数人所习用,一旦它约定俗成为自己的语言,排外的潜意识也就不知不觉地打消了。

规律二:借进语素和固有语素并列互注,是外来语得以在被借语言中巩固和扩展的基本条件,也是民族文化心理的本能使然。在清廷鼓励满汉文化交流的双语环境下,汉语和满语正是在长期自觉自愿的替换和融合中不断创造出这种并列词汇的。上述的十六个满汉融合词中,就有十个是满汉语素并列式合成词(参看上文"语素音节的融合"中的"并列式"),其中除"咋呼"是"一答一喊"的反向并列外,其他词的满汉成分均是同义语素。这种并列合成起码有三种功能:

第一,起到互相注解的作用。这在清初北京满汉双语的社群中尤为重要,即使后来完成了满语向汉语的替换,一些仍然保留原貌的融合词也起到了为后人提示的作用。比如"衙署",今天的青年人已经不知道什么是"衙门"了,但是"官署"之"署"作了注解,就使人很自然地理解了全词的"官府"大意。"公子哥"之"哥"的满语义项有"少爷"和"兄长"两个,究竟哪个是融合词中的意思,同义的汉语"公子"分明注出"哥"指"少爷",足见并列互注的妙用之处。

第二,增加双语词素所没有的新义。两种语言的语素并列,绝不是简单的语义相加,而是增出了原来所没有的新义。比如"笨笨拉拉",就不只是"笨"和"后",还有"做事缓慢、大脑迟钝"的意思。"咋呼"不只是"呼喊"和"应答",而是增出了"显白,浮夸"的新义。"达官"也不只是满汉同义词"首长"的重叠,而是增出了"飞黄腾达,荣华富贵"的新义,常和"贵人"搭配合用。

第三,反映民族平等的文化心理。满族是一个富取博收的民族,不要忘记,这些词常常是首先在满式汉语中诞生的。汉族是一个善于吸收、消化、融合外来文化的民族,借用外来语时习惯运用音加注的方式。满汉语素的并列互注正好代表了两个民族相互学习的良好愿望,也达到了民族平等互助的心理平衡。

规律三:在双语接触没有语言规范的口语借词中,发音部位或方法相似的音素是经常自由变读的。这是我们判定语言间相互借用的词语的一个重要的线索和准则。正像在母语内仍有音位的条件变体和自由变体一样,在双语环境中靠耳听模仿来习得自然语言的口语,大音类的概念是很宽泛的,惟一的标准是让人能听得懂,这是书面语的音位偏离理论无法解释的。

例如,满语本来有一套[q、qʻ、χ]小舌音位,清代满语"玛呼"[maχɷ]中之[χ],"卡伦"[qʻarun]中之[qʻ]即是,但在汉语普通话中已经念成相近部位的舌根音位[x]和[k]。满语的舌尖中颤音[r]在汉语中也都念成同部位的边音[l],如"秃鲁"[tʻur→tʻul]。"(胡)同""挺""央(求)"的音节鼻尾音[n]也许就是在和[ŋ]的自由变读中逐渐过渡到[ŋ]的。元音的变体也很普遍,比如"伍的"[uta→utə],轻声音节中[ɑ]弱化为[ə],"玛呼"[maχɷ]中之[ɷ]高化成[u],"咋呼"[tʂaxu]中之[ɑ]前化为[A],"藏猫[mo]"和"猫[mo]匿"中的[o]变成[ɑu],都是在大音类可接受的范围内自由变读后才慢慢转正到汉语音位的。

规律四:尽量缩略各自语言的组合是语言间借用、融合的经济、高效的构词规则。前述词例中,[lor səmə→losuo](啰唆)、[lət'ə lat'ɑ→lət'ə](肋臌)、[tʻur χɑ→tʻul](秃鲁)、[paipi→pai](白)、[kʻəikʻə→kʻəkʻə](苛刻),都是语音形式缩略,语义仍然完整的明证。前述融合词中的满汉词(素)在各自的语言中一般是不能单用的,"咋"在满语中要用[tʂapu],"呼"在现代汉语中要用"呼喊",但在融合词中却能成功地缩略成"咋呼"。与此相同,满语的"衙门"简化成"衙",汉语的"官署"简化成"署";汉语的"岗哨"简化成"哨",满语的"卡伦"简化成"卡",等等。语音的缩约非但没有减少词义,有时反倒增加了两个原词以外的新信息("规律二"已例述)。这种言简意赅的融合词,恰是双语环境中追求高效交际的产物。

(原载《中国语文》1993 年第 4 期)

熟语和成语的种属关系

唐 松 波

云生同志在《关于熟语》[①]一文中提出讨论如何正确使用"熟语"这个词的建议,我们认为,把"熟语"和"成语"的关系讨论一下,还是有必要的。

云生同志说:"'熟语'这个名词可能是从俄语 Фразеодогия 译来的。"作为一个科学上的术语来说,这个词可以肯定是从俄语译来的。[②] 俄语的 Фразеодогия 有两个意义,一指熟语,另一指研究熟语的学科——熟语学。熟语学是在最近几十年间兴起的语言学中的一门年轻的学科。当然,有关熟语的问题早就为语言学家注意了。熟语学的形成和发展,得力于苏联学者,首先是得力于维诺格拉多夫院士的地方很多。

一个定义的翻译不够确切,会在科学研究和实际工作中引起很多的麻烦。为了搞清楚熟语的定义,我们首先提出"词组"和"词的组合"两个概念来。两者是有区别的。"词组"固然是一种"词的组合",但"词的组合"并不一定是"词组",它可以是"词组",也可以是"句子"。换句话说,"词的组合"的范围比"词组"要广得多。尽管在一定条件下,单词和词组都可以成为句子,但是词组和句子的概念仍不能混淆,因而词组和词的组合的概念同样不能混淆。

以汉语为例。"上车"、"下楼梯"、"有一个人"和"有朝一日"都是词组。前三个是自由词组,后一个是固定词组。因为前面三个是自由结合着的,"有一个人"可以改说成"有一位同志","有一个学生",等等。后面一个却是固定的说法,不能随便改动,说"有朝一旦"或"有朝一天"就不通。这样的固定词组是我们要讨论的对象。另外,"我上车,你下车"和"愚公移山"都是句子。前两个句子里面的词的结合是自由的,后一个句子里面的词却是固定的。"我上车,你下车"可以改说成"你下车,我上车"或"我一下车,你就上车",但"愚公移山"就不好改成"愚公搬山"。为了区别一般的句子,我们把"愚公移山"这类句子叫做固定句子。这样的固定句子也是我们要讨论的对象。

在我国语言学界中,对熟语这个词的使用,虽不见得怎样混乱,但在看法上总有一些分歧。这对语言研究和教学都很不方便。

云生同志看到了目前对熟语认识上的主要分歧,他说:"比方说,熟语的结构形式,只是固定

---

① 见《中国语文》1959 年 7 月号。以下引文不另注。
② "熟语"这一个词在汉语里并非新造,但是过去不看成是确切的语言学术语。

词组呢,还是固定词组或句子? 如果是前者,那么熟语的范围就应该狭些;如果是后者,它的范围就要大些。"这种提法无疑是正确的。但是他接下去谈到自己的看法:"熟语既然是指某种语言所有固定词组的总和,那么,固定的句子肯定是熟语。"这可就不对了。这样一来,云生同志否定了自己提出的客观存在的分歧。照他的意见,分歧原因只不过是某些人不知道固定词组的总和也包括了固定句子的形式。事实上,认为熟语只是固定词组的人完全可以把句子形式的谚语及部分成语排斥在熟语范围外。要解决分歧,关键的问题在于是否需要给某一语言中特有的词汇材料(包括固定词组和句子)一个总的名称。如果需要,如何命名是次要的问题。叫熟语、成语,还是惯用语,或者另叫其他什么的,尽可以讨论。不过,我们认为,首先必须把熟语和成语两个概念区别清楚,不应该把熟语和成语并列起来。把熟语和成语并列起来的人恐怕都是从"熟语是语言里特有的词组"这一定义出发的。比方俄语,既有固定词组的形式,也有固定句子的形式。维诺格拉多夫院士分析的三种熟语类型中,第一类融合性熟语全部都是俄语的成语,这些成语有的具有固定词组形式,有的具有固定的句子形式。他把惯用语、名言、典故、谚语都归入第二类综合性熟语中。有的学者把术语性质的固定词组,如表示行政、政治、地理概念的固定词组也归入这类。在第三类组合性熟语中,包括了一切不属于以上两类的固定词组。划分的标准主要是根据熟语单位内各个词的融合程度,同时也考虑了它们的来源和语法、修辞的特点。俄语这样地划分熟语能帮助我们进一步了解汉语的熟语的性质。如果现在我们把熟语和成语、谚语等概念并列起来,非但无助于我们理解熟语的构造规律,而且会把问题弄得越加复杂。

上面提到了熟语的三种基本类型。应该提出的,要把语言中所有的熟语单位都按这三种类型划分清楚,是有困难的。某些熟语单位究竟放在哪类,可能会引起争论。介乎两类之间的熟语单位也可能存在。

根据上面谈的,我们可以把熟语看作某一语言中全部固定的词的组合的总称,看作一个属的概念;而把成语、谚语、名言、格言等看作一些种的概念,即是语言中某一部分固定的词的组合的名称。在语言中,很大一部分术语,可以归在上述种的概念上,歇后语也是种的概念。

在这些种的概念中,成语是很重要的一类。成语的研究对其他种类的熟语研究有密切的联系。

成语区别于其他种类熟语的本质特点首先是表示一般的概念,这就区别于表示特有事物的专门名词和表示科学概念的术语,也区别于表示某一判断或推理的谚语。其次是简练而生动,成语通常都具有很强的表达能力和浓厚的修辞色彩——有形象性,有褒贬意义——,这种表达能力和修辞色彩往往通过一定的方法达到。最常见的方法就是比喻、对衬等,如"青出于蓝"、"胆大心细"、"两条腿走路"。

成语和谚语的界限要分清楚。谚语也是非常精炼和生动的,但是谚语表示判断和推理。它概括地说出了一个客观的真理或者是概括而完整地说出了一种思想。如"天下乌鸦一般黑",这一谚语概括地说明:凡是有钱有势的人,凡是统治和剥削劳动人民的人,都是坏心肠的。这是一个结论。成语就不同了，它仅仅表示一种客观的现象，人或事物的特点、状态等。成语通常不作句子用，仅作句子成分。例如："这个人一毛不拔"，"他花了九牛二虎之力……"，"谁知道他葫芦里卖的什么药"。这点正好同谚语相反，谚语一般能够作句子用。

一个成语由多少个字来组成，这不是成语的最本质的问题。四字格的成语是汉语特点在发展过程中的自然产物，应该承认它是最占优势的；但是，四字成语不能概括现代汉语成语的全貌。事实上，现代汉语的成语格式是十分丰富的。这里我们可以撇开四字格式的成语不谈，因为这种格式已经没有疑问，而且是大家都谈过的了，我们只就非四字格式的来谈一谈。

两个能单独运用的词固定结合起来，也可以看做成语，比如："吃醋"、"喝风"、"牵线"等动宾结构形式，多少还可以体会到成语的意味，至少可以说，它们还没有完全转化为双音节词。至如"摊牌"、"摸底"之类的群众熟习的词语，最好作为成语看待。因为把它们当作成语，就意味着它们是一种固定词组，其中存在两个不同的词，人们可以从这些词的结合上去领会其中隐藏着的深刻形象性。解放以后这类成语越来越多了，如"上马"、"下马"、"过关"、"交心"等。因为固定的词组不仅表现在形式上，还表现在意义上。比如"上马"，只能理解为进行工作，执行任务（多半指积极地进行或执行）；没有人会理解为真骑上马背或者其他。这就是成语的特点。因此我们现在还不能把用在这一意义的"上马"看作单词。为了把它同一般的自由词组"上马""上车""上船"区别开来，也应该算作成语。这类成语是转义性的。就跟"开倒车"、"乱弹琴"一样，用在本义时，是自由词组，用在转义时，就是成语。

三个字形式的成语可以是三个单音词的组合，也可以是一个单音词和一个双音词的组合。可以是固定的词组形式，也可以是固定的句子形式（如：狗咬狗）。

三个字的成语也有转变为三音节词的可能，如："风凉话"、"红帽子"。但这个问题还可以研究。比较一下这两个句子："母亲给孩子买了一顶红帽子"——"他在解放前被国民党反动派戴过红帽子"。假如说，前一句中的"红帽子"是一个自由词组，后一句中的"红帽子"就应该看成是一种固定词组了。

此外，像"马后炮"、"耳边风"、"单打一"、"下马威"、"落水狗"、"落汤鸡"等，都是这类成语。

三字成语中有很多是动宾结构的形式，如："敲竹杠"、"拍马屁"、"耍花招"、"磨洋工"、"出洋相"等。还有用数词结合的，如："一把抓"、"一窝蜂"、"一边倒"、"三结合"等。

五个字和五个字以上的成语也不少，它的结构也是多种多样的，有固定词组，也有固定句子。五个字的如："一问三不知"、"换汤不换药"，等等。五个字以上的如"有眼不识泰山"，"打肿脸充胖子"，"不到黄河心不死"，等等。

至于像一般认为是歇后语的"癞蛤蟆想吃天鹅肉"、"丈八金刚摸不着头脑"之类，也应该属于熟语里的成语。

谈到这里，好像我们把成语范围放得太宽了，其实如本文开头所说，我们还不是没有一定的原则的。这里不妨举出《汉语成语小词典》（中华书局）为例来说明我们的看法。这本词典把"只许州官放火,不准百姓点灯","一言既出,驷马难追","吃一堑,长一智","种瓜得瓜,种豆得豆"等作为成语;另外把"留得青山在,不怕没柴烧","三十六策,走为上策","万事俱备,只欠东风","若要人不知,除非己莫为"等作为熟语。其实这些例子既不是成语,也不是熟语,而是不折不扣的谚语。在这本《小词典》中,把"杀人不见血"作为成语,而把"杀人不眨眼"作为熟语。其实这两句话根据上述原则都应是成语,这一点就是从这本词典的解释和用法条例上也可以看得出来。由此可见,把成语和熟语两个概念并列起来的做法是不正确的。至于把名言和格言也都列入成语,那就更不妥当了。

(原载《中国语文》1960 年第 11 期)

熟语的语形问题

刘 广 和

一 引言

成语、惯用语、歇后语、谚语等固定短语,在高等院校《现代汉语》教材里头一般统称熟语。叫熟语不一定最合适,本文暂且不讨论这个问题。

书卷气味浓,通常用四个字构成的,比如"美不胜收"、"花好月圆",叫成语。下剩的口语意味浓的,比如"老大难"、"挂羊头,卖狗肉"、"有枣儿没枣儿打一竿子",叫惯用语(或者习惯语);比如"剃头挑子,一头儿热"、"小葱拌豆腐,一青二白",后一截儿可以省了不说,叫歇后语。意在传达知识、经验、训诫的,比如"年纪不饶人"、"三个臭皮匠,顶个诸葛亮",叫谚语。

一个熟语由一定的词构成,有一定的意义,有相对固定的组成成分和一定的搭配规律。本文讨论的语形就是上述表现形式的简称。

人们发现,有的熟语有两个以上的语形。比如:

(1)王仁利:"你就劝她改嫁?"王仁德:"哥哥,改嫁比饿死强!那年月就那样,胳膊拧不过大腿去!"(老舍《全家福》)

(2)老伴说:"你吃吧!你不知道胳膊扭不过大腿?有啥理可说哩!"(李准《黄河东流去》)

(3)老爷子一声令下便是圣旨,我娶不了金裹银儿和小戏子,看不到斗蛐蛐儿的好戏,烦恼了好几天,怎奈胳膊拗不过大腿……(刘绍棠《野婚》)

"胳膊拧不过大腿"里边的动词"拧",跟"扭"、"拗"语音形式不同,它们之间的交替产生三个语形,三个语形包含的基本意义相同。编辞典的人可以把它们看成一个东西,给一个共同的释义:比喻双方在权势或者力量上相差悬殊,一方难以跟另一方抗衡。

有的熟语的语形还可能有其他变异,比方说插入其他成分或者变动语序。例如:

(4)吃不开啦!得忍气就忍气,胳膊反正扭不过大腿去。(老舍《方珍珠》)
这个惯用语的中间插进去了一个副词"反正"。

人们理所当然地会提出一个问题:既然是固定短语,它的组成成分和结构就该是不变动的,可是实际上有的熟语语形容许变动,这怎么解释呢?流行的解释是说它们既有固定性(或者叫凝固性、定型性),又有灵活性。说有固定性,是因为成分和结构比较固定,不能随意变动;说有灵活性,是因为有的可以变动成分,或者插进别的东西,甚至于颠倒词序。为了引述方便,我把这种主张叫"双性说"。"双性说"描绘了某些熟语的形式特点,不失为一种见解,可是这种解释有值得进一步琢磨的地方。第一,说它既固定又灵活,把两种对立的性质统一起来,理论支柱不是语言学,是哲学,是对立统一的辩证法。咱们能不能另辟蹊径,直接到语言学里头找到解释?第二,"双性说"提出固定性跟灵活性的二元对立,把非固定性的表现都归到灵活性,结果持这种见解的人有时候把词汇问题跟运用问题混为一谈。上头举了四个书证,(1)(2)(3)里头的语形差异属于词汇问题,例(4)里头的语形变异应该是造句时的用法问题。

二　语形单位和变体

正因为一个熟语可能有几个相对固定的语形,就有必要建立"语形单位"这个概念。熟语的各个语形单位包含的语形数量可能不完全一样,"开夜车"、"一鼓作气"这两个语形单位都只有一个语形,"跑了和尚跑不了庙"这个语形单位,我由手头儿的材料找着了六个语形:

　　　　(5)跑了和尚跑不了庙　　(周立波《暴风骤雨》)

　　　　(6)跑了和尚跑不了寺　　(梁斌《红旗谱》)

　　　　(7)跑了和尚跑不了寺院　　(赵树理《李家庄的变迁》)

　　　　(8)走了和尚走不了庙　　(丁玲《太阳照在桑干河上》)

　　　　(9)逃得了和尚逃不了寺　　(马忆湘《朝阳花》)

　　　　(10)躲得了和尚躲不了寺　　(吴敬梓《儒林外史》)

当然,言语作品里头不止这几个语形。

属于同一语形单位的几个语形互为变体,或者说互为异形语。变体的基本语义相同,基本语形相近。变体的语形差别属于个性特征,一个变体的个性特征不足以造成另外一个对立的语形单位。变体之间差就差在语形上,也可以叫异形语。

熟语当中可以有同义语。两个熟语有相同的语义,基本语形不相近,不属于同一语形单位的变体,可以构成同义语。比如:

　　　　(11)老鼠舔猫鼻子,找死　　(刘子威《在决战的日子里》)

　　　　(12)耗子舔猫鼻子,找死　　(冯志《保定外围神八路》)

　　　　(13)小草鱼赶鸭子,找死　　(黎汝清《万山红遍》)

照着我们的尺子量,例(11)和例(12)能归进同一个语形单位,因为它们语义相同,语形相近,"老鼠"和"耗子"虽说语音有差别,可是它们所指相同,这两个歇后语显然有同源关系。例(13)跟它们的语义相同,可是语形差得远,应当作为同义语,归到另一个语形单位。再如:

　　　　(14)物以类聚　　(鲁迅《两地书·一二一》)

　　　　(15)人以群分　　(李六如《六十年的变迁》)

虽说语义相同，都是指人或者事物同类的凑在一块儿，不同类的自然分开，可是语形差异大，不能算异形语，应当算同义语。

熟语当中也有反义语。两个熟语之间有反义关系就可以构成反义语，无论它们语形相近不相近，都分别属于不同的语形单位。比如：

(16)花好月圆　（宋·张先《木兰花》）

(17)花残月缺　（元·关汉卿《望江亭》）

前者可以比喻爱情圆满，后者可以比喻爱情破裂，语义对立，它们是反义语。

三　语形的两类变异

语形的变异有两类：一类是形成异形语的变异，一类是不形成异形语的变异。

1. 形成异形语的变异

这类变异产生的语形不是临时的，是固定的语形，A变体可能在此时此地或者甲社团的言语作品里常用，B变体可能在彼时彼地或者乙社团的言语作品里常用。这类变异的主要方式有四种：

第一种是语序变化，比如：

(18)新仇旧恨　（唐·雍陶《忆山寄僧》）

(19)旧恨新仇　（元·王实甫《西厢记》）

(20)胡子眉毛一把抓　（李劼人《大波》）

(21)眉毛胡子一把抓　（古立高《隆冬》）

第二种是成分替换，比如：

(22)看家本领　（清·文康《儿女英雄传》）

(23)看家本事　（同上）

本领和本事是同义词。再比如：

(24)身在曹营心在汉　（雪克《战斗的青春》）

(25)人在曹营心在汉　（袁静等《新儿女英雄传》）

身和人在这个语境里是所指相同的成分。

第三种是成分增减，比如：

(26)哪壶不开提哪壶　（凌力《星星草》）

(27)哪壶水不开提哪壶　（张笑天《没画句号的故事》）

第四种是结构变化，比如：

(28)大名鼎鼎　（清·李宝嘉《官场现形记》）

(29)鼎鼎大名　（朱自清《三家客店》）

前者是主谓结构,后者是偏正结构,同时有语序差别。再比如:

　　(30)老鼠钻到风箱里,两头受气　　(马烽等《吕梁英雄传》)

　　(31)钻进风箱的老鼠,两头受气　　(冯志《敌后武工队》)

前者是主谓结构,后者是偏正结构,同时有成分和语序变化。

　　2. 不形成异形语的变异

　　这类变异产生的语形是临时的、不固定的。它是出于达意或者修辞上的需要,属于语词的用法问题。比如惯用语"戴高帽子"可以有这样的变异:

　　(32)哪怕您再捧出一两打高帽子来给我戴……　　(茅盾《锻炼》)

"戴"后移,语序变了,又拆开用,它跟"高帽子"中间又插进其他成分,可是并没构成新的固定语形。再比如:

　　(33)竹篮打水,一场空　　(梁斌《播火记》)

　　(34)还是搞了个竹篮打水,还是啥也没有捞住　　(马烽等《吕梁英雄传》)

后者把歇后语的后半截儿省了,这是习惯用法,它没产生新的固定语形。

四　异形语的来源

　　异形语的来源至少有如下几个:

　　1. 时间方言。语词由古代传下来,有的经过历时变化出现古今差异。假定古代的一个熟语传下来了,基本语义没怎么变,可其中的组成成分有变化,就会产生变体。比如:

　　(35)百日斫柴一日烧　　(唐·李谭《炉神颂序》)

　　(36)千日斫柴一日烧　　(宋·普济《五灯会元》)

　　(37)千日打柴一日烧　　(今)

古时候说"斫柴",现在说"打柴",所指相同。再比如:

　　(38)揠苗助长　　(宋·吕本中《紫微杂说》)

　　(39)拔苗助长　　(今·李欣《循循善诱》)

"揠"是往上提溜,现在改成"拔"也是这个意思。由词汇古今演变造成的变体可以叫时间方言变体。

　　2. 地域方言。同一时代的不同地区有方言分歧,也会造成变体。比如:

　　(40)呆头呆脑　　(北京、天津)

　　(41)木头木脑　　(上海)

这两例都是形容人头脑不灵活。再比如说,西南官话有一批叠音名词,北京、天津人叫"虾米"的,四川人叫"虾虾",这种分歧也会造成变体:

　　(42)大鱼吃小鱼,小鱼吃虾米,虾米吃滓泥　　(京津)

(43)大鱼吃小鱼,小鱼吃虾虾,虾虾吃泥巴 (四川)

这么产生的变体叫地域方言变体。

3. 俚俗语源(popular etymology)。有时候人们把一个不甚理解的熟语语形歪曲了,让人歪曲的语形居然还流传开了,这种现象叫俚俗语源现象。比如:

(44)打开窗子说亮话 (老舍《不成问题的问题》)

(45)打开天窗说亮话 (老舍《四世同堂·饥荒》)

(46)打开鼻子说亮话 (老舍《老张的哲学》)

它们都表达"直截了当地说"或者"毫不隐瞒地说"。前两个好理解,窗户一开让阳光直接进来,屋里更亮,"亮"能落实。例(46)就费解。鼻子一打开,连[m]、[n]、[ŋ]都念不成了,怎么说"亮话"? 这是把"壁子"歪曲成了"鼻子"。请看:

(47)打开板壁讲话,这事……没有三百,也要二百两银子,终有商议。 (吴敬梓《儒林外史》)

(48)这个哑谜,足足叫你猜了三四个月。今天我来可要打开壁子说亮话,同你正式谈判了。(濯婴《新新外史》)

板壁、壁子就是墙,"打开板壁(壁子)说亮话"跟"打开窗子说亮话"很容易联系起来,在不说壁子这个词的方言里头,把壁子错成鼻子,或者换成窗子,都有可能。由哪位圣人这么歪曲出来的语形可以叫俚俗语源变体。

五 词典条目和异形语的安排问题

编词典面对纷纭歧出的语形你没法儿回避,总得做出选择、安排。一般地说,人们不采取有一个语形立一个词条的办法,比如"胡子眉毛一把抓"和"眉毛胡子一把抓",不列成各自独立的两个词条,恐怕是觉得这种单摆浮搁的办法缺乏归纳。人们通常都是把某些个语形归纳到一个词条下头。只要做这种归纳排列,就得先明确一个前提:根据什么标准归纳。本文讨论的语形理论可以给确立归纳的标准提供一种根据。

一般的辞书,如果收熟语条目,理想的体例是每个词条下头只归纳属于同一语形单位的各个变体,也就是说,只类聚异形语。以往有些辞书没注意这些理论问题,所做的归纳有时就值得研究。比方,有一部《歇后语辞典》做了如下归纳:

1. [老虎身上去搔痒,寻的送死]这个词条下头,又收了[老虎头上抓痒,找死了]、[小草鱼赶鸭子,找死];

2. [老虎嘴上拔胡子,危险]这个词条下头,兼收了[老虎嘴上拔毛,找死]。

这么归纳缺乏明确的标准。第1条归纳的是同义语,第2条归纳的又不是同义语了,好像瞧着那俩歇后语前半截儿差不多就归成一条儿。归纳同义语当然可以作为一个标准,假定贯彻这个标准,那么第2条里的[老虎嘴上拔毛,找死]就该归纳到第1条里。歇后语的前半截儿往往是打比方,当引子,后半截儿点明语义,有些歇后语虽说前半截儿相同或者相似,可后半截儿不同,整体语义不一样,就该分属两个语形单位。照着咱们的理论分析,第2条里的两个歇后语就不应当归到一个词条下头。假定不是同义词典,一般辞书的每个词条没有类聚同义语的任务。

　　紧接的一个问题是挑哪个语形立条目,或者说找哪个语形代表一个语形单位呢? 这就得看是编什么样儿的词典了。假定是编一部反映历史源流的,一般用早期的固定语形立条目,把晚期的语形附列在下头。假定是编一部现代汉语词典,想做语言文字规范工作,就需要挑一个语形推荐给读者,这个语形一般是现代汉语里最常用的。所谓最常用,一是使用频率高,二是分布率高,各行各业的人多数都用这个语形。这需要做调查统计,发调查表做统计是个办法,没有条件这么办的时候,依靠现有的、足够大的语料库的统计也是一途。比如,成语"千山万水"和"万水千山",这两个语形在唐诗里都有,现代汉语里都用,拿哪个立条目呢? 向国家语委语用所"现代汉语通用词数据库"查询的结果是:

	频率	分布率
万水千山	0.0005393	6
千山万水	0.0001115	4①

可以用"万水千山"立条目,用它当这个语形单位的代表,"千山万水"附列在下头,或者列成互见条、参见条。

　　本文想用语形单位、异形语、同义语这些概念分析熟语的某些形式特点,试图做归纳和划分工作,这只能算是初步探索,恐怕还得经过大量实践的检验,才能得出最后的结论。

　　　　　　　　　　　　　　　　　　　　　　　　　　(原载《中国语文》1996年第4期)

---

①　这个资料是国家语委语用所方世增先生提供的,谨致谢忱。

成语与民族自然环境、文化
传统、语言特点的关系

向　光　忠

一　成语与民族自然环境

一定的民族语言，依存于一定的民族社会；一定的民族社会，是同该民族所在的特定的自然环境相联系的。这样，在一定的民族语言里，有些成语的产生，也就带上了该民族自然环境所独有的山川、交通、气候、物产等方面的特色。

例如"蜀犬吠日"这一成语，在其他民族语言的成语里是不可能有的，因为"蜀中山高雾重，少见日光，每至日出，群犬吠之"（柳宗元《答韦中立论师道书》）这样的现象，为蜀地所独有。

下列成语也是汉民族语言所独有的：合浦珠还、泾渭分明、中流砥柱、吴牛喘月、黔驴之技、得陇望蜀、终南捷径、庐山真面、逼上梁山，等等。

在汉语里，存在着很多同竹有关的成语，例如：胸有成竹、势如破竹、罄竹难书、雨后春笋、立竿见影、管窥蠡测、梦笔生花、箭在弦上、节外生枝、倾箱倒箧、筚路蓝缕、滥竽充数、寄人篱下、功亏一篑，等等。

在其他一些民族语言里，是罕有类似现象的。何以如此呢？就在于中国盛产竹。不仅是南方，秦汉时的北方由于气候比现在温暖，黄河以北的地区也还产竹。这样，汉人的衣食住行便同竹发生了密切的关系："食者竹笋，庇者竹瓦，载者竹筏，爨者竹薪，衣者竹皮，书者竹纸，履者竹鞋，真可谓不可一日无此君也耶！"（苏东坡语）正是这种情况，在创造成语时，竹便自然而然引起汉人的丰富联想，而那些生活中与竹无甚关系的民族，在他们的语言里，当然也就不可能产生如此众多同竹有关的成语了。即如"雨后春笋"一语，在英语里，与之相当的是 Like mushrooms（直译为"宛如蘑菇似的"）；在俄语里，与之相当的是 Как грибы после дождя（直译为"像雨后蘑菇一般"）。它们表示的都是同一的概念，即形容新事物的蓬勃成长，而其所借以体现的手段则是有所不同的。汉语是以"春笋"为喻，英语与俄语却以"蘑菇"为喻。其所以如此，正由于竹这种植物并不盛产于英国或俄国，同英吉利人或俄罗斯人的日常生活并无广泛的联系，甚至在英语与俄语里，"竹（bamboo/бамбук）"这个词根本就是外来的。再就汉语而论，笋与蘑菇都是本国所固有的，并且都是筵宴上的佳肴。这样，汉人在创造成语时，便不仅会联想到"笋"，同时也有可能联想到"蘑菇"。但是，由于汉人历来都爱好竹，曾将竹与松、梅并誉为"岁寒三友"；而蘑菇一则是它属于蕈类,蕈是高等菌类。而菌常同"霉"相关联,取义有所忌讳;再则是它是联绵字,缺乏造词能力。所以,在创造成语时,自然只宜取"笋"而不取"蘑菇"了。

二　成语与民族文化传统

一定的民族,在形成与发展过程中,基于一定的自然环境与生产方式,而有其一定的社会生活状况。不同民族的社会生活,表现了不同的习俗风尚与宗教信仰。因此,在一定的民族语言里,有些成语也就带有一些特殊的色彩。例如,汉语里的"歃血为盟"、"口血未干",它们的产生便是由于我国古代有这样一种风俗,即诸侯盟誓时歃血(嘴上涂牲畜的血),以示诚意。在没有这种风俗的其他民族语言里,便不可能有这样的成语。再如:始作俑者、可操左券、狼烟四起、烽火连天,等等,都是古代汉人所特有的习俗,在没有这类习俗的民族里,这一类的成语,也就不可能产生。

自西汉末年佛教传入我国之后,佛家思想逐渐深入人心。于是,在汉语里便出现了一些来自佛教或同佛教有关的成语,如:一尘不染、恒河沙数、五体投地、不二法门、不可思议、降龙伏虎、现身说法、味同嚼蜡、佛头着粪、借花献佛、放下屠刀立地成佛,等等。佛教之外,我国也曾盛行道教,因而汉语的成语也有直接来自道家语或由道家语演变而成的,例如:灵丹妙药、点铁成金、回光返照、万应灵丹,等等。

欧洲各国由于笃信基督教,在他们的语言里也就有不少来自《圣经》或同基督教有关的成语。例如英语的:

A covenant of salt(不可背弃的盟约)

As poor as the church mouse(直译为"穷如教堂之鼠",即"家徒壁立"、"一贫如洗"之意)

A wolf in sheep's clothing(or A wolf in lamb's skin)(披着羊皮——或"羔羊皮"——的狼)

To gird up one's loins(原指希伯来人欲从事于勇武而必先束腰以待,引申为"磨砺以须",即"准备行动")

To heap coals of fire on(以德报怨而使人懊悔)

俄语的:

Неопалимая купина(原意为"燃烧而不尽的一棵灌木",后转为"永存之物"、"不灭之物"的意思)

Камень на камне не сотавить(原意为"无一块留在石上的石头",后转为"消逝无遗"、"片瓦无存"之意)

Валк в овечьей шкуре(原意为"披着羊皮的狼",现引申为"伪装"、"阴险"之意)

一定的民族有其形成的历史条件。各个时代的历史人物都有其特具的活动情节。这样,一

定的民族语言在一定的历史时期所产生的成语，都是植根于一定的历史背景的。譬如：汉语的
"指鹿为马"和俄语的"Называть белое чёрным（直译为'将黑的说成白的'）"是同义语，表示的概
念基本相同，都是"颠倒是非"的意思。然而，二者的表现手段却完全不同。在汉语里，同"指鹿
为马"含义相当的同义语有"颠倒黑白"，而"颠倒黑白"的含义和表现手段都同于俄语的
Называть белое чёрным。但是，在俄语里，却没有也不可能有"指鹿为马"这样的表现手段。

　　又如汉语的"一败涂地"和俄语的"（Пропал）как швед под Полтавой（直译为像瑞典人复没
于波尔塔瓦一样）"都是"惨败"的意思，虽为同义语，表现手段却大相径庭。俄语（Пропал）как
швед под Полтавой 一语的形成，是基于这样一个历史事实：瑞典人入侵俄国，败于波尔塔瓦，陷
入不可收拾的困境。汉语"一败涂地"一语最早见于《史记·高祖本纪》："天下方扰，诸侯并起，今
置将不善，一败涂地"。由于历史背景不同，成语的表现手段自然也就各具特色。

　　比较下列汉语与俄语成语，也可见由于所依据的历史故事不同，各个民族语言的成语所采
取的表现手段是不同的。如汉语的：桀犬吠尧、助纣为虐、一国三公、卧薪尝胆、毛遂自荐、完璧
归赵、负荆请罪、约法三章、萧规曹随、夜郎自大、五日京兆、三顾茅庐、乐不思蜀、洛阳纸贵、东山
再起、请君入瓮、东窗事发、莫须有、项庄舞剑意在沛公，等等；这些成语的表现手段，都是汉语所
独具的，在其他民族语言里根本不可能存在。

　　那些源于神话、传说、寓言、故事的成语，特别明显地表现出一定民族文化传统的特色。

　　例如：英语的 A sword of Domocles 和俄语的 Дамоклов меч 直译都是"达莫克勒的宝剑"，
引申为"岌岌可危之势"，相当于汉语的"一发千钧"。此语导源于古代希腊传说：达莫克勒是暴
君吉诺赛的宫内大臣，他颂扬国王是最幸福的人。一日国王吉诺赛宴请他，让他身穿王服，身居
王座，但在他头上却悬着一柄仅系以一根马鬃的利剑，以此示意：身为国王虽有幸福与威势，却
是随时随地都有杀身的危险。

　　又如：英语的 The Gordian knot 和俄语的 Гордиев узел 直译都是"高尔丢斯之结"，即"难解
之结"，引申为"难办之事"。导源于古代希腊传说：腓力基国王高尔丢斯（Gordius）系一难解之
结，而声言能解此结者即可为全亚细亚之王。后来马其顿国王亚历山大大帝拔刀砍断此结以应
言。

　　英语与俄语里有直接出自荷马史诗的成语。例如：英语的 Between Scylla and Charybdis
和俄语的 Между Сдиллой и Харибдой 直译为"在西拉与喀瑞布狄斯之间"，意为"进退维谷"、
"腹背受敌"、"前有虎后有狼"。荷马史诗：意大利与西西里之间有两座巨岩。靠近意大利的岩
洞中居住着妖魔西拉（Scylla），面目狰狞，声如犬吠，有六头六颈十二足，每一头上都有三排尖如
锋刃的利齿。而相与对峙的巨岩上，则生长一棵高大的无花果树，树下居住着另一妖怪喀瑞布
狄斯（Charybdis），每日吞吐海水三次。凡是航海路过这里的人，都会受到夹击。

　　《伊索寓言》，也是欧洲一些民族语言成语的一个源头。如英语的 Sour grapes、俄语的
Зёлен Виноград，便都是出自《伊索寓言》里狐狸与葡萄的故事，即指狐狸因得不到手而所说的

"酸葡萄"，引申为"好强不认输，而强自慰解"的意思。

古希腊文化是近代才传入中国的，汉语中的成语未曾受到它的影响。汉语成语有汉民族独特的文化渊源。例如：精卫填海（《山海经·北山经》）、夸父逐日（《山海经·海外北经》）、天衣无缝（《太平广记》卷68引牛峤《灵怪录》）、画龙点睛（唐代张彦远《历代名画记》）、铁杵成针（宋代祝穆《方舆胜览》）、梦笔生花（五代王仁裕《开元天宝遗事》）、愚公移山（《列子·汤问》）、杞人忧天（《列子·天瑞》）、画蛇添足（《战国策·齐策》）、狐假虎威（《战国策·楚策》）、鹬蚌相争渔翁得利（《战国策·燕策》）、望洋兴叹（《庄子·秋水》）、揠苗助长（《孟子·公孙丑》）、守株待兔（《韩非子·五蠹》）、滥竽充数（《韩非子·内储说上》）、买椟还珠（《韩非子·外储说左上》）、老马识途（《韩非子·说林上》）、刻舟求剑（《吕氏春秋·察今》）、塞翁失马（《淮南子·人间训》）、叶公好龙（《新序·杂事》）、南柯一梦（唐李公佐《南柯太守传》）、黄粱一梦（唐代沈既济《枕中记》），等等，都是直接地生发于中国源远流长的古典文化。

我国是一个富于艺术传统的国度。自古以来就将"琴、棋、书、画"并称"四艺"，"笔、墨、纸、砚"合称"文房四宝"。我国独特的民族艺术和文物，传之久远，必然会渗入成语中来。例如：急管繁弦、弦外之音、胶柱鼓瑟、煮鹤焚琴、紧锣密鼓、举棋不定、棋逢对手、一着不慎全盘皆输，等等。

我们的祖先，在中医、中药方面留下了丰富而宝贵的遗产，在成语里也有这方面的反映。例如：如法炮制、痛下针砭、对症下药、妙手回春、着手成春，等等。

各个民族对于事物往往有不同的感情，这种情况多和各自的民族文化传统相关，在成语中也有充分的反映。例如："龙"是我国古代传说中的神异动物，封建时代用作皇帝的象征，也用来比喻俊杰；"凤凰"是我国古代传说中的神异之鸟，被视为"百鸟之王"，以象征祥瑞；"麒麟"是我国古代传说中的一种奇异之兽，古人以为"圣出则见"，当作吉兆；"龟"虽是实有的爬虫，但因其寿命长，也被视为奇特的灵物，称作"介虫之首"。"龟"常和"鹤"并举，用来称颂人享有高龄。由于世代相沿，流传久远，人们便将麟凤龟龙，谓之四灵。或取"四灵"以命名指称事物；或据"四灵"以雕塑描摹图像；或借"四灵"以作为夸饰之辞。除了龟字用得较少外，龙、凤在汉语成语中用得很广，例如：龙蟠虎踞、龙潭虎穴、龙腾虎跃、生龙活虎、藏龙卧虎、画龙点睛、群龙无首、叶公好龙、龙飞凤舞、攀龙附凤、凤毛麟角，等等。

在各民族语言的成语里，多有取"狗"的形象为喻的。可是，就汉语与英语的成语而言，由于汉人与英吉利人对"狗"（dogs）有着不同的爱憎之感，反映到成语中的感情色彩就大不相同。在汉语的成语里，"狗"常被用以譬况卑劣而丑恶的形象。例如：狗苟蝇营、狗头军师、狗急跳墙、狗尾续貂、狗仗人势、狗血喷头、行同狗彘、鸡鸣狗盗、狐群狗党、狐朋狗友、狼心狗肺、丧家之狗，等等。而英吉利人对"狗"（dogs）则怀有一种喜爱的心理，并视之为"忠实可靠的朋友"。因此，在英语的成语里，以"狗"（dogs）喻人，一般则含有褒扬或怜悯之意。如：Dog does not eat dog（"同类不相残"，直译为"狗不吃狗"）、Love me, love my dog（相当于汉语的"爱屋及乌"，直译为"爱我而爱及我的狗")、To help lame dogs over stiles ("扶危济困",直译为"帮助跛狗过门")、To lead a dog's life ("生活困苦",直译为"过着狗的生活")。

另外,像俄语里的 Ни пýха, ни перá 一语,其表面意思是"祝你一无所获",却隐含着"祝你满载而归"的意思。这是因为俄国猎人原有一种迷信心理,即出猎之时若是人家祝他顺利,有时反倒会毫无所得,久而久之,于是人们便习惯以"反语"相祝。这类成语也体现了民族文化传统和心理状态。

三　成语与民族语言特点

不同的民族语言,都是以独具特性的语音、词汇、语法而组成为一个体系。产生于不同民族语言的成语,是从所属民族语言的诸要素中取得一定的特性,而在结构上表现出显著的民族风格。汉语的成语,基于汉语语音构造的特点与汉语文学语言的传统,多数以四音节为其基本形式;成语的音组缀连为一个整体,或通过音素的结合而构成为声韵的复沓,或凭借音高的变化而组成为平仄和谐的配对;按照属对的格局,还可联成骈俪的格式。

声韵复沓

重言

嗷嗷待哺	比比皆是	察察为明	陈陈相因	蠢蠢欲动	绰绰有余
喋喋不休	多多益善	咄咄逼人	岌岌可危	津津乐道	刺刺不休
寥寥无几	靡靡之音	夸夸其谈	娓娓动听	沾沾自喜	蒸蒸日上
跃跃欲试	井井有条	振振有词	落落大方	摇摇欲坠	欣欣向荣
面面相觑	丝丝入扣	默默无闻	息息相关	循循善诱	栩栩如生
心心相印	奄奄一息	姗姗来迟	大名鼎鼎	风尘仆仆	虎视眈眈
众目睽睽	气势汹汹	信誓旦旦	小心翼翼	想入非非	衣冠楚楚
大腹便便	忧心忡忡	天网恢恢	心心念念	唯唯诺诺	熙熙攘攘
战战兢兢	兢兢业业	鬼鬼祟祟	形形色色	原原本本	期期艾艾

双声

发愤忘食	高歌猛进	家给人足	聚精会神	利令智昏	淋漓尽致
参差不齐	秣马厉兵	八面玲珑	疮痍满目	感恩戴德	感人肺腑
生灵涂炭	牛鬼蛇神	逆来顺受	琳琅满目	斑驳陆离	

叠韵

乘风破浪	从容不迫	蹉跎岁月	触目惊心	风声鹤唳	延年益寿
轩然大波	鹏程万里	精明强干	形影相吊	虚无缥缈	血流如注
高山景行	魑魅魍魉	分崩离析	含辛茹苦	欢欣鼓舞	销声匿迹

| 渗淡经营 | 道貌岸然 | 孤苦伶仃 | 冠冕堂皇 | 欢天喜地 | 户枢不蠹 |
| 断简残篇 | | | | | |

平仄配对

平仄平仄

| 亲痛仇快 | 风起云涌 | 挥汗成雨 | 坚壁清野 | 梁上君子 | 肝胆相照 |
| 心领神会 | | | | | |

仄平仄平

| 养尊处优 | 闭门造车 | 画龙点睛 | 聚精会神 | 眼高手低 | 倒行逆施 |
| 假公济私 | | | | | |

平平仄仄

门庭若市	标新立异	同床异梦	残羹冷炙	残山剩水	陈词滥调
痴心妄想	抽薪止沸	踌躇满志	翻云覆雨	防微杜渐	分庭抗礼
风驰电掣	风声鹤唳	高瞻远瞩	高谈阔论	根深蒂固	钩心斗角
孤芳自赏	沽名钓誉	光天化日	和颜悦色	同舟共济	兼收并蓄
惊心动魄	狼心狗肺	班门弄斧	披肝沥胆	披荆斩棘	

仄仄平平

百孔千疮	并驾齐驱	病入膏肓	草木皆兵	胆战心惊	海阔天空
海誓山盟	鹤立鸡群	见异思迁	锦上添花	近水楼台	刻骨铭心
画饼充饥	各有千秋	继往开来	暮鼓晨钟		

于此可见,在汉语的成语里,以汉语所特有的音节结构而造成的"四字格",以汉语所特有的音素而造成的和谐性,以汉语所特有的对偶辞格而造成的匀称体,显示了汉语成语的"均齐美"、"回环美"或"错综美"的特色。同任何其他民族语言的成语相比照,突出表现了一种特有的民族风格色彩。

(原载《中国语文》1979 年第 2 期)

成语的划界、定型和释义问题

徐 耀 民

一 成语的划界问题仍然存在

"成语"这一概念的内涵,在历史上有一个发展过程。古人所说的成语,开始时指的正是字面上的意思,即已成的言词、语句。金朝王若虚在《滹南遗志集·新唐书辨》中说:

> "疾雷不及掩耳",此兵家成言,初非偶语,古今文士未有改之者……

> "当断不断,反受其乱",成言也……"蓬生麻中,不扶自直",成言也……

这里的"成言",①从王氏的解释看,是不得改动的非临时组织的语句,其内涵大致相当于后世所说的"成语";但从引例看,实则是些俗语之类。

元朝刘祁是较早使用"成语"一词的人,他在《归潜志》中说:

> 古文不宜蹈袭前人成语……四六宜用前人成语,复不宜生涩求异。(卷十二)

这里所说的成语,按照《汉语大词典》的解释是"习用的古语"。

明朝王骥德在《曲律》中几次提到"成语":

> 又用得古人成语恰好,亦快事……如《琵琶·月云高》曲末二句第一调"正是西出阳关无故人……"

> 忌用旧曲语意,若成语不妨。

明·骚隐居士《衡曲麈谭·填词训》中说:

> 文情断续而忽入俚言,笔致拗违而生吞成语,又曲之最病者也。

上述"成语",多是指现成的诗文语句而言。②

到了清代,文人学者对成语有了较多的了解和研究,提到成语的时候也多了起来。③ 仅举几例:

---

① "成言"字样,最早见于《易·说卦》:"成言乎艮",又见于《左传》、《离骚》等古籍。

② 何华连认为"始写于 1693 年的仇兆鳌的《杜诗详注》最先出现'成语'两字"。(见《辞书研究》1994 年第 6 期)其实,元、明时期有些人、有些书已使用了"成语"字样。但尚未见宋金时有称"成语"的,他们往往将先贤语句径称"古语"、"常语",如陈师道《后山诗话》:"又喜用古语,以切对为工……",王彦辅《麈史》:"子美善用故事及常语……"。

③ 第一部以"成语"命名的工具书似是乾隆年间刊刻的《满汉六部成语》,但所收只是一些当时中央六部日常的汉文用语(加以满译),用今天观点看都不算成语。这也可反映当时人们对"成语"的认识。

　　遇此等处,当以成语了之。(李渔)

　　亦偶有用着成语之处……(李渔)

　　成语有当用者,有不当用者……(章学诚)

　　况诗与古文不同,诗可用成语,古文则必不可用……若直用四字知为后人之文矣。(刘大櫆)

　　或古诗、旧对、《四书》、《五经》成语……(曹雪芹)

在个人著述里专门开列出"成语"条目的是赵翼和钱大昕。赵氏在《陔余丛考·卷四十三》中说:"世俗称引成语往往习用为常,反不知其所自出,如'世间公道惟白发,贵人头上不相饶',杜牧诗也……"、"今更得二百条于此"。这二百条,有的是旧有诗句,如"海阔从鱼跃,天空任鸟飞"之类;有的是俗语、惯用语,如"不痴不聋不作阿家翁"、"急则抱佛脚"、"守钱虏"、"不中用"等,还有几个双音节合成词,如"毛病"、"便宜"等,而真正的成语,如"每况愈下"之类,不到十分之一。钱氏的《恒言录·成语类》,收有78条"成语",其中,真正成语(如"对牛弹琴")的比重虽大一些,但也收有不少俗语、惯用语,如"远水不救近火"、"悬羊头卖狗肉"、"先下手"、"耳边风"……还收了"妖精"、"百怪"等二字语。他们两位既未给"成语"下定义,也没指明成语的范围和界限,列举的"成语"也较杂乱。尽管如此,他们对这类不同于一般词语的词汇单位开始注意搜集、探讨,从这一点说,已比前人进了一步。

　　到近现代人们对成语的认识渐趋成熟,这可以《辞源》为例:

　　〔成语〕谓古语也。凡流行于社会,可征引以表示己意者皆是。(1915年版)

　　〔成语〕习用的古语,以及表示完整意思的定型词组或短句。(1980年版)

这两种说法,可视为对此前成语研究的一个总结。今天人们对成语多种多样的解释、界说,基本上都没有超出这个范围。但这仍未解决或不能完全解决成语和其他现成、习用的词语(如俗语、格言、惯用语、诗词成句等)的划界问题。

二　成语的特征与成语的界限

　　作为固定短语的一类——成语,似应具备下面的几个特征。

　　首先,它应是"现成的、习用的"。

　　一般说来,成语都是古已有之的。因此,新产生的或偶尔一用的四字语,算不算成语,就有讨论的必要。

　　马国凡的《成语》一书认为:

　　不死不活　包办代替　刻苦耐劳　迎头痛击　宽打窄用　说东道西

等等,都是"近代产生、形成的成语"。这里成语的范围是否太宽泛了?如果"不死不活"是成语,那么"不好不坏"、"不大不小"也就难以排斥,还有"不上不下"、"不高不低"、"不紧不慢"呢?如果"刻苦耐劳"是成语,那么同样常用的"勤劳勇敢"、"幸福美满"等是不是?如把偶尔一用或是临时凑到一块的四字语,如"排除万难"、"暮色苍茫"、"刻骨仇恨"、"刻意经营"、"埋头苦干"、"满腔热忱"等都算成语,[①]就显得汗漫了。

至于少数四字语,如"百花齐放"、"百家争鸣"之类,有可能较长久地使用下去,算不算成语似乎还得等一等,看一看,不忙于肯定其成语的身份。

古人对成语的习用、现成的特点,有较清楚的认识,曾指出"古今文士未有改之者"。但是,某些成语在长期使用过程中也有可能被改动。对那些有所改换又不能说有什么不对的,究竟是否仍算成语,我们认为应作具体分析。如:

(1)天长地久——地久天长　　投桃报李——报李投桃

　　落井下石——落石下井　　芝兰玉树——玉树芝兰

(2)屡战屡败——屡败屡战　　知难而退——知难而进　　走马观花——下马看花

　　前仆后继——前赴后继　　前功尽弃——全功尽弃

(1)组各例,前后字序虽有改动,但意义和用法都没有明显区别,都应算作成语,仿照异体字的叫法,可将后者称为前者的"异体成语"。(2)组不同,前边的四字语是成语无问题,而后者是前者的临时改动形式,意义有较大变化,同类似本字和异体字关系的"异体成语"不一样,似不宜看作成语;另一点原因是,后者大多是出于某种特殊需要,临时、偶尔活用一下,别人不一定跟着用。比如"屡败屡战"、"全功尽弃"等,很少有人再用。如果把一个成语的"活用"或"套用"后的产物都视为成语,那么成语的界限就会因此而模糊不清,成语的判定也就失去了原则。

第二,成语应有较强的修辞功能。

成语有较强的表现力和特殊的修辞效果,对成语的判定,不能不考虑这一有别于普通语词的特点。

正如平时人们所说,成语用得好,可抵得上几个形容词。这一说法比较通俗地讲出了成语的经济效果和修辞作用。叶圣陶和夏丏尊在《文心·读书笔记》一节里用了"望洋兴叹"一个成语,把几个中学生"佩服前人读书的炯眼,自愧相差太远"的心境、神情都形容了出来,换上一般词语大概就没有这样的功效。再如,"胸有成竹"是比喻,"挥汗如雨"是夸张,用起来修辞效果显著、鲜明;而"心中有数"、"大汗淋漓"就是平铺直叙、一般形容,缺少某种特殊使用效果,就不能认为是成语。也因此,我们不赞同将"诱敌深入"、"枯燥无味"、"苦难深重"、"从头至尾"、"从头做起"、"挨打受骂"、"挨冻受饿"(以上均见《汉语成语大词典》)、"反面教员"、"修旧利废"、"口耳并重"、"可有可无"(以上见常州《成语词典》)等称做成语。

有时,类比的方法也起作用,可以帮助判断,比如,要是认为"心中有数"(贵州《成语词典》)

---

① "排除万难",北大《汉语成语小词典》始收,"暮色苍茫"见湖北大学《汉语成语大词典》,后四例见常州市教育局编《成语词典》。

不是成语,"心中无数"(同上)便也不是。相反,要是认为"绿林好汉"(北大《汉语成语小词典》)是成语,那么与之同类的"无业游民"、"武林高手"等就都得看作成语。如果"可有可无"是成语(常州《成语词典》),那么"可多可少"、"可上可下"、"可长可短"、"可好可坏"等等都排斥不出去。该《成语词典》还收有"七 A 八 B"格式的词语,其中有:

      七长八短　　七颠八倒　　七高八低　　七死八活

湖北《汉语成语大辞典》又增收了一些:

      七上八落　　七歪八扭　　七横八竖　　七损八伤　　七病八痛

上面这些都不宜看作成语。

以上举例都涉及一种不是成语而又类似成语的四字格词语,或是较常使用,或有向成语发展的可能性,只不过凝固性、形象性及历史悠久、文言色彩等方面有不如一般成语的地方。我们觉得,称它们为成语是不妥的,将它们归入惯用语里也不大恰当,是否可考虑将它们单列为一类,称为"类成语",使之处于成语和一般词语之间的地位?

成语的修辞功用同成语的表意特征有关,从以上论述可以看到,成语的整体意义同字面意义往往不一致,使人产生联想,因而运用起来容易收到生动、形象、耐人寻味、言简意赅的效果。用这个特征、这种效果去检验是不是成语有一定作用。但是,语言是约定俗成的东西,成语的来源和功用也是千差万别的,不能一概而论,不能简单化。单纯从表意特征方面划分成语,就会把一些其他类型的固定短语划入成语,又会把人们心目中的许多成语排斥在成语以外。

刘叔新在他的长文《固定语及其类别》中说:

成语的重要特征,凭之基本上能同所有固定语区别开来的特征,是表意的双层性:字面的意义具有形象比喻作用或使人联想的作用,透过它曲折地表现仿佛处于内层的真实意义。(南开大学《语言研究论丛·第二辑》)

首先,我们基本同意刘文的看法;其次,我们对"凭之"就可以解决划界问题,而且是"易于断明"的说法有疑问。如,将"穿小鞋"、"摸门钉"、"滴水不漏"、"碰一鼻子灰"、"竹筒倒豆子"等我们认为是惯用语的(最后一个是歇后语),都划入成语,就似欠妥当。惯用语、歇后语差不多都具有意义的双层性特点,如"扣帽子"、"吃大锅饭",及"千里送鹅毛"等,都算作成语,恐怕不行。

有的文章还把双音节形容词的重叠形式,如"慌里慌张"、"慌慌张张"、"糊里糊涂"、"糊糊涂涂"等等,也看做了成语。作者说:

成语既常用作一句完整话的形容部分,而这种重叠式的形容词,在句中的作用正复相同;况在讲话时为了加重语气,也常常使用它,所以把它列在成语组织类型之一。①

重叠式只是词的形态变化的一种手段,词的形态变化并不改变"词"的性质。再说,有重叠特征的词很多,不独形容词,岂不都成了既是词又是短语的一身二任的东西?这种用词的法式,

---

①   朱剑芒《成语的基本形式及其组织规律的特点》,《中国语文》1955 年第 2 期。

只是结果有的构成了四字格（或说四个音节）罢了，同成语可说是毫无瓜葛。

问题还有另一个方面，就是没此特征的是否就不是成语了呢？刘文就据此排除了一些成语：

　　　从容不迫　等量齐观　不胜枚举　一语中的　一如既往　饱经风霜

把这些归入惯用语，怕是不合适的。其中有的成语不见得没有"双层性"，如"饱经风霜"，《现代汉语词典》解释是，"形容经过很多艰苦困难"，比喻义明显。由于历史的原因，有的成语，诸如"口诛笔伐"、"国泰民安"、"发奸摘伏"、"穷凶极恶"、"过犹不及"等，从来或经常使用着它们的字面意义，同时又具有经久习用、言简意赅等特征，很少有人怀疑它们的成语身份。

语言的复杂性要求我们判断语言现象时，不能简单地用单一标准从单一角度去衡量，往往需要综合的多角度的去识别、对待。所以，成语意义的双层性及其修辞功能，也只是判定、考虑时的一个重要条件，不是惟一条件。

第三，成语应是定型的。

成语的"成"，还应具有"已成之型"的含义。这"型"，主要指音节数目及其次序。在一般人的心目中，成语的外在形式是四音节的。

现代出版的成语工具书，多数都不收录双音节的语词，说明他们不承认"二字成语"；但也有少部分辞书是收录的，如1937年出版的《实用国文成语词典》就收有不少"二字式成语"（"三省"、"矛盾"等），辽宁袁林、沈同衡所编的《成语典故》，收有"阿斗"、"寸心"、"知音"、"梁孟"[①]等三十多个二字条目，台湾出版的《成语源》（1981年，陈国弘）也收有"肆业"、"祸水"、"舌耕"、"中叶"、"祭酒"等二字条目，说明他们是"二字成语"的赞成者。

有的著作还把"闭门羹、想当然、二百五、放大炮、钻空子、口头禅、露马脚、灌米汤、泼冷水"等看作"三字成语"。其实这些说法都有一个共同的特点：俚俗——口语色彩浓，在结构上又是非对称的。因此，同文言味浓烈的成语是较易断开的，可以将它们划归到惯用语里去，排除在成语之外。[②]

至于台湾《成语源》收录的三字条目，多至数以百计，这里仅举几例：

　　　息夫人　中贵人　三字经　三百篇　好小子

　　　色香味　至矣哉　串门子　急口令　或然性

这些三字语都没有什么成语特征可言。编者甚至把日语借词的"主人公"、"自由身"（"自由"是借词）以及利用"ABB"式构词法造出来的词，如"雄赳赳"（没有"雄赳"）等，都算作了成语，似乎只要能凑成三字者就是成语，这是说不过去的。

五字，六字，七、八、九乃至十几字的，多是诗词成句或古人名句，还有部分俗语。像"疾风知

---

① 　该词典的编者说，"梁孟"指梁鸿、孟光，但就是两个人名加在一块儿，四字短语也称不上成语。

② 　参看《惯用语的划界和释义问题》，《中国语文》1987年第6期。

劲草"、"近水楼台先得月"、"卧榻之侧,岂容他人鼾睡"、"欲若人不知,除非己莫为"等等,都有人认为是成语,并收到成语辞书中去。① 这样,只要是古人的诗文语句,只要引用到,岂不都成了成语? 都是成语,也就等于取消了成语。

过去讲"定型",主要强调成语的部分、格式不能变动,大致是对的;我们这里说的"定型",主要是讲成语的外在形式——字数上的有定:四字。由于是从外在形式(字数)上考虑的,判定起来,比较方便而有效。

第四,成语应是短语,而不是词或句。

对成语,现在人们至少有了一个共同的认识:固定短语的一类。这点,在理论上应作为成语的重要条件或前提条件。因此,《成语典故》中的"阿斗"、"等身"、"踏实",或是一个名字、别称或是双语素构成的语言单位,无论有无出典、有无比喻义,都改变不了其词的性质。《成语源》所列二字语,多数也是这样,如"肄业"、"舌耕"之类,能拆解成两个词吗? "串戏"并不是将戏串起来,而是担任角色之义;"祭酒"是官名,不能从先秦或更古时代的"酹酒祭神"义去理解。同理,"听其言而观其行"、"户枢不蠹,流水不腐"、"无颜见江东父老"(均见《成语典故》)、"司马昭之心,路人皆知"、"只许州官放火,不许百姓点灯"(江苏《成语词典》)等等,都是单句形式或复句形式,明显地不同于相当于一个词来使用的短语,它们一开始就是个言语单位、使用单位,表意完整而自足,引用时,也往往自成"一句话",不宜划归成语。

但是,这条在实际运用时,可能分歧较大,因为对于词、短语和句子的认定,有时意见不容易一致,只能作具体判断时的一个重要参考项。

三 成语的训释和使用问题

在这方面,容易出现问题因而需要加以注意的主要有下列几点:

1. 定音方面

成语的"成",包括读音"已成"这点,不能你读你的、我读我的,尤其工具书上的注音,更要注意准确和规范。过去有的词典将"循规蹈矩"、"啼饥号寒"中的"矩"、"号"分别标注为 jù、háo 就不准确,应改为 jǔ、háo。

语词或字的读音是个相当复杂的问题。涉及古今、方言及从俗等方方面面。我们主张,在处理成语的读音时应考虑到语音的变迁和发展,充分注意到从俗原则,由有关部门和专家加以全面而详尽的研究,做出审慎的规定,使之规范化。如国家规定"叶公好龙"的"叶"读 yè 而不读 shè,今天已无异说,就是一个较好的例子。

---

① 吉林 1994 年出版的《中华成语辞海》的"凡例"中说,"除成语外,也酌收部分格言、谚语和俗语"。既然不是成语,为什么还要收进去呢?

2. 定型方面

成语的"型",上面已说到应定于四字格,此外还表现在构成格式及成分的凝固方面。

明朝杨慎在《丹铅总录》中说:

以"汗牛充栋"而合之曰"汗充",皆文理不通,足以发后世一笑。(卷十九)

这话很对。但今天仍有将"出类拔萃"、"迎刃而解"节缩为"出拔"、"迎解"的例子,这未必妥当。

随便改字换字、加字减字以及形不定者,也同样难以取得成语资格。例如:

走头无路(《汉语成语大词典》,1579 页)

下回分解(《汉语成语大词典》,1679 页)

好高鹜远(《八用中文成语辞典》,170 页)

"走头无路"的"头",本是"投"的同音误写,完全讲不通,尽管有不少人这样用过甚至被一些辞书收录。平常都是说"且听下回分解",尚未形成"下回分解"的四字凝固形式;"好高鹜远"的"鹜"是别字,本应是"马儿跑得快"的"骛",就是说没有"好高鹜远"写法的成语。《汉语成语大词典》印成这样可能是失校,但五次出现该字五次都错;《八用中文成语辞典》并不是出于什么误会,释文中明确写道:"鹜,水鸭。"不知这个成语同"水鸭"有什么关联?

在定型方面,我们并不是主张四字皆成语,四字,只是成语的一个条件。

3. 释义方面

成语的意义是已成的、固定的。这上面最大的问题是望文生义或随便解释。

上海版《汉语小词典》对"望洋兴叹"的解释是:

河神……看到了无边无际的海洋……仰望着大海,发出了叹息。(505 页)

"望洋"还可写作"盳羊"、"望佯"等,是叠韵联绵词,为"仰视貌",同动词"望"、名词"洋"(海洋)皆无关联;这个成语没有"望着大海"的意思。[①]

《汉语成语大词典》将"虚怀若谷"解释成"谦虚的胸怀像山谷一样空旷"。大致意思不错,但很可能被人误认为"虚"就是"谦虚"的意思,"虚怀"就成了偏正(定中)关系;其实这里的"虚"用如动词,是"使……虚"的意思,同"怀"本是动宾关系。

对成语的训释应谨慎从事,严格要求,不可想当然。香港汇通《八用中文成语辞典》在这方面做得就很不够。举几个例子:

方枘圆凿:四方的木棍不能插入圆孔的凿子上。(120 页)

哪儿有什么"圆孔的凿子"?"四方的木棍"又是从何说起?该成语是说,方形的榫头,圆形的卯眼,喻格格不入。

[①]　古人也有不同看法,如认为"洋"是"阳"的假借字,"望洋"就是"望视太阳",说是"太阳在天,宜仰而观"(《论衡·骨相篇》),"望洋"就不是联绵词。这似可视为一家之言。但"洋"字无论如何不能解为"大海"、"大洋",因为这个字的"海洋"义是后起的,先秦时还不具有此义。

　　　　大腹便便：口才辩论甚好。（62 页）

不知"便便"同"口才"有何关系？便便，是肚子肥大的样子。

　　　　明察秋毫：秋毫，稀疏的毫毛。（240 页）

如果是"稀疏"的，就容易"明察"了；正相反，"秋毫"，指鸟兽在秋天长出来的细密的毛，喻微小事物。

　　　　大智若愚：博学多才的人，装作愚笨的样子。（145 页）

怎么能说成是"装作"呢？那还是智者所为吗？"若愚"是看去好像有些愚笨的意思。

　　　释义不明、不确，用例、用法自然难对，在该书中也试举两例：

　　　　那时我跟你站在敌对地位，是"桀犬吠尧"各为其主……（297 页）

怎么好说自己是"桀犬吠尧"？这里似是把贬义成语当成了中性成语。

　　　　你把滞销的货物标上高价，岂不是"买椟还珠"吗？（376 页）

把滞销货标上高价的做法，也许出自奸商的诡诈，而"买椟还珠"是"没有眼光，取舍不当"的意思，怎么能认为卖方的诡诈是"买椟还珠"呢？

　　　一个好的成语解释，应包括语源、本义、演变义（引申义）和现在使用的基本意义及其读音、用法，等等，要讲述得确切、明晰，这当然不是简单、容易的事情。但作为排难解惑的工具书，对人们学习和运用成语具有引导和示范的作用，编写者绝不能掉以轻心，应力求做到严谨无误。

　　　　　　　　　　　　　　　　　　（原载《中国语文》1997 年第 1 期）

惯用语的划界和释义问题

吕冀平　　戴昭铭　　张家骅

"文革"前,词汇研究在我国语言学界比较冷落,近年来却有了引人注目的发展。从已发表的论文和已出版的专著、辞书来看,成果显著。随着研究的深入,必然会有更多的问题被发现,被提出。到了一定阶段,对其中一些问题进行比较集中的讨论将是有益的。基于这种考虑,我们希望被许多人称为"惯用语"的这种词汇单位能够成为讨论的对象。理由是:1. 它具有不同于一般词组的表意方式,字面意义并不是它的命意所在。2. 它量大,在现代汉语中出现的频率远比成语、谚语等其他熟语为高。近年来它越来越受到语言工作者的重视,陆续有专门性的辞书出版。3. 正因为如此,确切地指明它的性质,恰当地划定它的范围,准确地解释它的意义和作用,为编纂一部高质量的专门词典在选目、释义等方面打下良好的基础,这对我国的语言研究、语言应用和语言规范化都将有重要的意义。4. 但是,目前语言学界对什么是"惯用语"看法分歧相当大,大到根据这些看法几乎不能确定惯用语的内涵和外延。下边仅以《汉语惯用语词典》(施宝义、姜林森、潘玉江编,简称《汉惯》)、《惯用语例释》(徐宗才、应俊玲编著,简称《例释》)、《词汇学和词典学研究》(刘叔新著,简称《研究》)、《惯用语》(马国凡、高歌东著)、《词汇学研究》(王德春著,简称《词汇》)、《关于惯用语词典的收词问题》(张宗华,《辞书研究》1985 年第 5 期,简称《收词》)中所举的惯用语为证:

(1)蒙汗药、马拉松、诸葛亮、文字狱、电驴子、吃几碗干饭 (《汉惯》)

(2)纱帽、台柱、寄生虫、吹鼓手、恶作剧、关系学、保险箱 (《例释》)

(3)多快好省、知识青年、不胜枚举、从善如流、四个现代化 (《研究》)

(4)呱呱叫、老鼻子、捉迷藏、打秋风、拣洋捞、香饽饽 (《惯用语》)

(5)你好、再见、对不起、吃不消、碰钉子、出洋相、磨洋工 (《词汇》)

(6)乌托邦、万事通、不大离、动不动、疙里疙瘩、花里胡哨 (《收词》)

我们仔细分析了上面六家的观点,结果发现,按照这些观点,在所列的这些词汇单位中竟然没有一个是他们共同认可的惯用语。看来确实需要进行一次讨论了,而讨论的第一步,我们觉得应该从如何划定惯用语的范围开始。

一　划界问题

　　1.1　关于名称　词汇研究的对象是词以及一些特殊词组和一些当作词组使用的特殊句子，这些可以统称为词汇单位。"特殊词组"指：1.词组的主要成员不是自由搭配的，而是相对定型的、相互制约的，尽管这种定型和制约并非绝对化。比如"背黑锅"，既不说"扛黑锅"，也不说"背白锅"；"泼冷水"可以说"浇冷水"，但不说"洒冷水"或"泼热水"。2.这个相对定型的词组在语言运用中多次重复出现，而且不仅为一人所独用。《汉惯》把"吃西瓜"列入惯用语，释义为"比喻被地雷炸了"，出自《林海雪原》。但这只是临时取譬，或在特定的时期、特定的区域内有这种说法，并未被人们当作一个词汇单位来使用。而同样结构的"吃黑枣"则不然，它的"被枪杀"的意义至少见于老舍、丁玲、孔厥、袁静多人的作品中。像"吃西瓜"这样的词组不属于词汇研究的对象，当然也不是词汇单位。所谓词汇单位，除了词之外，多数研究者给了它们一个总的名称，叫做熟语。熟语包括成语、俗语、谚语、歇后语，还有一个就是现在要讨论的惯用语。惯用语这个名称，就我们视野所及，大概始见于1962年。在此之前，1951年吕叔湘、朱德熙使用过"习惯语"，[①]不过指的是"好不热闹""他的北京话比我好"一类逻辑上有矛盾而语言上仍属正确的说法，并不一定指词汇单位。1958年周祖谟提出了"习用语"这个名称，[②]明确地把它同成语分开，专指"碰钉子、拉后腿、露马脚、吃不消"这类词汇单位。1962年胡裕树主编的《现代汉语》首先使用了"惯用语"，并把它同成语、歇后语、谚语、格言等并列，归在熟语这个总名之下，肯定了惯用语在整个词汇系统中的地位。从此这个名称就逐渐地为多数文章和专著所采用。当然也并非完全一致，比如有广泛影响的《现代汉语八百词》用"习用语"，A Grammar of Spoken Chinese 的吕译本有时用"惯用短语"，《中学教学语法系统提要（试用）》用"习惯语"或"习惯用语"。关于名称，假如最初要我们考虑，那我们将选择"习用语"，因为斤斤计较起来，"惯用"在一般情况下多少带点贬义。但是，名无固宜，约定俗成谓之宜，既然已经叫开，就没有必要另立新名了。

　　1.2　关于定义　要确定惯用语有哪些区别于其他词汇单位的特点，方便的办法是先同英语的 idiom 进行一下比较。下面是一些常见的词典对 idiom 的解释：

　　1. idiom 是连串之词表示整体意义而不表各词单个意义者。（《牛津现代高级英语词典》，转引自陈文伯《英语成语与汉语成语》）

　　2. idiom 是把一个新的意义加给一个其成员已经具有各自意义的词组。（《美国成语词典》,1975)

　　3. idiom 是一种习惯说法，或者语法上特殊，或者具有一种不能由构成成员各自的意义相

----

　　① 见1951年连载于《人民日报》的《语法修辞讲话》。
　　② 见《词汇和词汇学》，北京《语文学习》1958年11月号。

加而得出的意义。(《新韦伯斯特大学词典》,1977)

4. 某种语言所特有而不能逐字译成他种语言的不能分开的习惯说法。(《苏联百科辞典》对与 idiom 相当的 идиома 的解释,时代出版社译本)

把这些说法归纳起来,可以看出 idiom 有四个特征:

1. 它是一组词,而不是一个词。

2. 它是一种习惯说法,因此它的组成成员比较稳定,结构相对定型。

3. 它的意义不是组成成员各自意义的相加,而是新形成的整体意义。

4. 因此在译成其他语言时,它一般地不能逐词地进行对译。

有人把 idiom 译成汉语的成语。如果拿上面的四项特征来衡量,"胸有成竹、朝三暮四、非驴非马"等等当然没有问题。不过这类成语只是许多人心目中的成语的一部分,而另外的数量很大的一部分如"能言善辩、少见多怪、时不我待"等等却只能居于 idiom 之外,因为它们不符合3.4. 两项要求。其他如俗语、谚语、格言之类,如果我们采取有些语言学家的看法,把它们列入proverb,不属 idiom 范围之内,那么我们就会想到,汉语中还有另一大类,倒是几乎同 idiom 的四项特征完全相符,如"坐车、抬轿子、如意算盘、赶鸭子上架"等等,这就是惯用语。《现代高级英汉双解词典》(香港,1970)在 idiom 条下意译释文 succession of words whose meaning must be learnt as a whole 为"成语;惯用语"。不管译者心目中的惯用语所指为何,这里单把 idiom 同成语和惯用语联系在一起,跟我们准备划定的惯用语的性质和范围是很接近的。不过我们并不认为"idiom=成语+惯用语"。全面地考虑了汉语词汇单位的状况之后,我们觉得可以用下图来表示惯用语同 idiom 和成语三者之间的关系和范围:

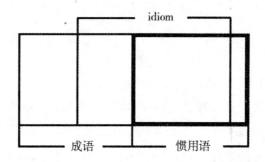

汉语的成语和惯用语互不包容,而成语、惯用语同 idiom 之间则是你中有我,我中有你,只是汉语的成语有一大部分不属于 idiom,而惯用语仅有一小部分居于 idiom 之外。现在,我们可以用下面的表述来确定惯用语的内涵和外延:"惯用语是具备下列特点的词组——1. 构成成员相对稳定,结构形式相对固定;2. 词组的整体意义不是每个词的字面意义的相加;3. 具有明显的口语色彩;4. 具有一定的修辞作用。"底下我们打算用这个粗疏的定义试试如何把惯用语同与其有镠镐的词汇单位区别开来。

1.3　惯用语和词　惯用语不应该只是一个词。理由很简单,如果是一个词,就不必再另给它一个名称叫惯用语。它有字面以外的意义，词典里加上一个义项也就解决了。从辞书编纂的宏观角度看，不同性质的词典分工明确，有百利而无一弊。否则互相重复，不仅对人力物力是极大的浪费，还常常会给使用者带来不必要的麻烦。

有些合成词，惯用语定义中的四个特点都具备，例如"花大姐"（即"二十八星瓢虫"）、"老头儿乐"（一种靴子）、"打破碗花花"（一种植物），但它们都只是事物的名称。解释它们的，应该是一般词典，而不是惯用语词典。同样，《汉惯》收的"马拉松、乌托邦、木乃伊"等等，《例释》收的"门外汉、寄生虫、狗腿子"等等，尽管有时用的是引申意义，但这些引申意义一般词典里都能注出（这六个词《现代汉语词典》里就注释得很清楚），因此不应该列入惯用语。《汉惯》还收进"诸葛亮、智多星"一类专用名词，却不知为什么不收"曹操、黑旋风"，而不论从典型性上还是从知名度上衡量，他们都在伯仲之间。其实，此例一开，历史上的和文学作品中的知名度高而且具有借喻作用的典型人物，如包公、秦桧、林妹妹、俾斯麦、堂•吉诃德等等就必须一视同仁，全都收入。但这样的人物何止千万，惯用语词典是收不了的。至于"红人儿、关系户、叫花子"（《汉惯》）"顶呱呱、关系学、恶作剧"（《例释》）这类连引申意义也没有的词，就更不必收入惯用语。另外，《收词》认为可算入惯用语的"黑不溜秋、酸不溜丢"一类，属于形容词的"生动形式"，也以不收为宜。

上面这些情况划界的难度不大，只要同意把词排除在惯用语之外，那它们就明显地不是惯用语。问题在于那些是词或词组难以划断的单位。《收词》认为"必须有三字以上才能构成惯用语"，根据是"两个单音词构成的固定词组是不存在的，因为它们已基本上成了合成词"。这话说得太满。从理论上说，只要承认现代汉语还有单音节词，就必须承认有双音节的词组（"固定"与否不能绝对化），因而也就不能排除双音节的惯用语。事实上《现代汉语八百词》里就收了一些它认为大于词的双音节"习用语"，如"帮忙、照说、真是"等。只是双音节的词汇单位处理起来确实有些困难，例如：

　　　　（1）伸手、放羊、坐车、磨牙、张嘴、下台

　　　　（2）吹牛、拍马、装蒜、买账、砸锅、筛糠

（1）组两个词的结合在意义上有两种情况：1. 字面意义相加，2. 由比喻而转成一个整体意义。（2）组则几乎总是只有 2. 而没有 1.。怎么处理？有人主张属于 1. 的是词组，属于 2. 的是词，大概不会有多少人同意，因为按照意义是否单一来划分词和词组是不够科学的。我们总不好说"伸手把书接过来"的"伸手"是词组，"从不向国家伸手"同一个"伸手"就成了词，应该说都是词组，只要它们能扩展。那么，当它们属于 2. 时，就是惯用语。不过（2）组由于总是属于 2.，所以让人感到两个词结合甚紧，成为不可分割的一个词。但它们毕竟是可扩展的，如"不买他的账"。如果说"吹牛皮、拍马屁"是惯用语，而"吹牛、拍马"却只是一个词，总不如当作同一类词汇单位更自然，更容易让人接受。

　　1.4　惯用语和句子　　惯用语也不应该是一个句子。这里所说的句子指的是一个言语单位，而不管它是不是一个主谓结构。像"你好！""再见！""对不起！"都是一个句子，虽然从语言角

度分析,有的只能是一个词。《词汇》认为它们是惯用语,理由是"一些常用的应酬用语、招呼用语和口头用语日益固定化。人们把这些用语当作现成的材料来使用,一般都是脱口而出,不必临时组织"。怎样才算"固定化"? 如何判断是"脱口而出"还是"临时组织"? 看来很难划界。按照《词汇》所提的标准,下边这些就应无例外地列为惯用语:

> 请坐!　　谢谢!　　留步!　　慢走!　　欢迎欢迎!
>
> 恭喜恭喜!　　好好休息!　　多多关照!
>
> 哪里?(打电话)　　身体好吗?(等于"别来无恙")

这样"脱口而出"的话不在少数,惯用语收录进去是没有什么意义的。

有些词汇单位是由具有主谓关系的几个词构成的,但它们独立成句的可能性却并不相同。试比较:

> (1)火烧眉毛　　　　　　(5)此地无银三百两
>
> (2)大鱼吃小鱼　　　　　(6)一条道儿跑到黑
>
> (3)脚踩两只船　　　　　(7)天下老鸹一般黑
>
> (4)一块石头落了地　　　(8)众人拾柴火焰高

从(1)到(6)的这些词汇单位对语言环境都有很大的依赖性,或者需要主语,或者需要其他句子成分,必须要有相应的词语才能独立成句。(7)和(8)则不然,它们本身就是用来说明一种情况的,因此在实际的言语中常常被引用来加强说话的力量,而很少被当成一个句子成分。据此(1)至(6)一类可纳入惯用语,(7)和(8)一类可划为句子,归入其他熟语中去。至于"树叶落下来都怕砸破了脑袋"一类,不过是一种带有夸张的描写,除了"树叶"和"脑袋"之外,其他成员都不够稳定,因此不像是有相对固定形式的词汇单位,也就没有必要算是惯用语。

1.5　惯用语和自由词组　排除了词和句子之后,惯用语的最本质的特点就在于它是一个不能直接由字面上获得其整体意义、各成员之间有稳定联系的固定词组,而不是一个临时搭配的、可随意变换其成员的自由词组。请看:

就一般意义说,这四个词可以搭配成四个词组。可只有"抬"和"轿子"之间有稳定的联系,有字面以外的整体意义。其他三个词组只是临时搭配,都没有稳定的联系。前者是固定词组,后者是自由词组。单就"固定"说,"皑皑的白雪、潺潺的流水、袅袅的炊烟"比"抬轿子"更具典型性,因为它们两个词之间的联系几乎是惟一的、不可变换的,比如"皑皑的"只跟"白雪"搭配,连"白云"都不行。但它们也绝不是惯用语,因为除了"固定"之外没有任何特点跟惯用语相符。

还有一类词组,如"露水夫妻、黄毛丫头、小道消息"等等,意义不能完全由字面去获得,"露水夫妻"是指"两性间短暂的、非正式结合的一对儿","黄毛丫头"是指"未成年的、不谙世事的女孩子"。不过它们又跟"抬轿子"一类不同,"抬轿子"的整体意义浑然不可分,而"露水+夫妻=

短暂＋一对儿""黄毛＋丫头＝年幼＋女孩",字面意义和实际意义是相对应的、可分析的。正因为这类词组的意义不是单一的整体,有些语言里并不把它们归入 idiom,俄语就不算它是идиома。但是就汉语的情况来看,我们认为收入惯用语对分析词汇单位更为有利。

区分固定词组和自由词组,一个重要的依据是看这个词组中的主要成员是不是必须相互伴随。"抬轿子"如果是表示"吹捧,效劳"的固定词组,那它们就一定要相互伴随,任何一个词单独同别的词搭配都将失去这个特定的意义。"露水夫妻"也是如此,"露水"本身并不表示"短暂",只有出现在"夫妻"之前,这种非字面的特定意义才会产生。假如这种特定意义由于使用频繁逐渐趋向固定,从而可以不依赖伴随词的时候,整个词组也就由固定词组逐渐变为自由词组。比如"看家本事"看起来跟"露水夫妻"一样,但是我们还常说"看家的活计、看家的武艺"等等,"看家"的这个特定意义已经固定化,不一定在"本事"之前才出现,《现代汉语词典》就已经把它列为"看家"这个词的第二个义项。那么"看家本事"就是一个自由词组,不在惯用语之列。

区分固定词组和自由词组的另一个依据是看这个词组是不是具有一定的修辞作用。可以说,惯用语不仅表"意",而且表"情"。比如"一袋烟工夫"只是估量时间有"抽一袋烟"那么久,别无其他;而"眨眼工夫"则不仅估量时间是"眨眼"的一瞬,更主要的是极言其短,这就同主观感情联系起来。同样,"碗口粗"只是状物,而"芝麻大"则不仅状物,而且表达了极言其小的心情。前者是自由词组,后者才是惯用语。

1.6　惯用语和成语　有一些固定词组,如"满城风雨、取瑟而歌、胸有成竹、沆瀣一气",它们是固定词组,又具有非字面的整体意义,而且还有明显的修辞作用,看来应该列入惯用语。可是从现代汉语自身的特点考虑,有充分的根据把它们划为另一大类,即成语。一是历史方面的原因,几千年来我们积累了那么多的表现力极强的文言典故;二是语言方面的原因,汉语音节元音性强,结构整齐,易于对称,方块字又突出了这个特点,所以存在着大量的由四个字组成的固定词组。汉语词汇中的这个形式方面的特点不容忽视,否则将不能准确地反映出本身的特色。《研究》认为"凡表意具有双层性的单位,无论只用于口语或书面语,也无论具有悠久的历史或只产生于现代,都是成语",因而把(1)"杯弓蛇影、有的放矢、芒刺在背、越俎代庖"归入成语,而又把(2)"从容不迫、不胜枚举、弥天大谎、从善如流"归入惯用语。在我们看来,"双层性"固然是一个重要的标准,但如果把它当成惟一的标准,而不考虑汉语的特色和人们的语言心理,恐怕难以行通。(1)和(2)两组都是人们心理上认为相同的"四字格",现在《研究》将(1)组和"穿小鞋、摸门钉、碰一鼻子灰"列为同类,而将(2)组和"知识青年、鞍钢宪法、四个现代化"列为同类,就"双层性"这个标准来说,倒也划得大刀阔斧,干脆痛快。不过,说"有的放矢"跟"从善如流"属两类,而跟"碰一鼻子灰"反属一类,总让人感到难以通过。《惯用语》把"狼狈为奸"归入成语,把意义基本相同的"穿连裆裤"归入惯用语,是从音节结构形式上划分的(狼狈/为奸,穿/连裆裤)。这当然可以算一条根据,但两者的不同在更大程度上应该是取决于两者在文雅和俚俗上的区别,可惜此书只字未提。人们之所以忽略了"有的放矢"和"从善如流"在"双层性"上的不同而把它们看作一类,又忽略了"有的放矢"和"碰一鼻子灰"在"双层性"上的相同而把它们看作两类,其原因就在于前两个文雅、整齐,文言色彩重;而后一个俚俗、参差,口语色彩浓。"阿谀逢迎"就是"溜须拍马",但不论《汉语成语小词典》(北京大学中文系 1955 级语言班编)还是《汉语成语词典》(甘肃师范大学中文系编),都只收了前者而放弃了后者,想来绝非偶然。

1.7 惯用语和古语、方言 词汇研究不能不考虑时代和区域的因素,惯用语自然也会涉及这个问题。现代汉语惯用语词典应该以解释现代白话文著作中的相关词语为其主要宗旨,因此在选目、释义等方面都要以现代白话文著作和活在现代汉语口语中的词语为对象。像《汉惯》所收的"没掂三、管城子、细柳营、八斗才、肉吊窗、人中龙、阿堵物"等等,或出于古代的经史,或出于古代的诗文、词曲和通俗文学作品。其中有些在今天确已成为"化石"(如"没掂三"),有些在古代可称为惯用语,但今天已凝成一个词(如"阿堵物"),都应当由相应的词典去处理,不必列入惯用语。

惯用语大多来自口语,这就比一般书面语更容易带上方言色彩。事实上许多惯用语来自方言,如"敲竹杠、拆烂污"来自吴方言,"拣洋捞、拉饥荒"来自东北方言。处理方言中的惯用语跟处理方言词同样困难。一方面,既然惯用语是汉民族共同语词汇单位中非常活跃的一大类,就不能不考虑它的通行性和规范性,因而排除过于偏僻土俗的;另一方面,一些本来地方色彩浓重的土俗惯用语却有可能随着文学作品的流传和群众交往的扩大而传播开来,因而成为民族共同语的词汇单位。这就要求我们在收集、整理、编纂惯用语辞书时采取审慎的态度,既要观察它现时通行的程度,又要考虑它未来发展的可能性。对于流行在不同方言区的惯用语,取舍的宽严似应有所不同。北方方言区的可稍宽,因为它是普通话的基础方言,传播面要广一些;其他方言区的可稍严,理由不必多说。这个意见如果可取,那么有些具有方言性质的惯用语尽管不止一次出现在名家笔下,或有影响的文学作品中,却又为时间和事实证明很难推广,那就不必收录。比如《汉惯》所收的"吃白相饭"见于鲁迅作品,"吃排头"见于茅盾作品,"听壁脚"见于周立波作品,至今未见推广开来,因此就没有必要把它们当作普通话的惯用语。

二 释义问题

2.1 准确和简明 释义的普遍原则应该是准确,并且在不失准确的前提下最大限度地节约所用的文字。准确当然是第一位的,但是对于词典的编纂,简明也绝非可有可无。假如《汉语大词典》每个词条下多用一个可以不用的字,那将会浪费掉多少人力物力和时间!惯用语的词条固然远不会那么多,但是由于它们表示的意义都是由字面意义通过一定手段而形成的"转义",释义上必然要多费周折,浪费的可能性也就会比一般词语大。试看《汉惯》的一条释文:

叭儿狗:原是狗的一种,体小,毛长,腿短,状如小狮子,又像猫,性情比较温顺,可供玩赏。多用来比喻讨主人喜欢的驯服、温顺的奴才。又作"巴儿狗"、"哈巴狗"。

"叭儿狗"只是一个词,它的比喻意义不过是另一个义项。就释义来说,重点应放在"用来比喻"那一部分,与此无关的说明要减少到最低限度,因为这里是作为"惯用语"来释义的。开头的"原是狗的一种",给人的感觉好像现在不是狗的一种了。不仅多用了文字,而且产生了歧义。介绍"叭儿狗"的自然状况似嫌过多,那是一般词典或动物词典的任务。整个释文只用"一种性情温顺专供玩赏的小狗,比喻驯服的奴才"二十个字似乎也就够了。《例释》在每条释文中必先说明语法上的结构关系,如"动宾结构、偏正结构"等等。按简明的原则来要求,也无此必要,正如一般词典不必给每个合成词注上结构关系一样,因为这对释义不起什么作用。

释义简明与否绝不仅仅是技术问题,剪裁实际上取决于对内容的认识,它的前提是准确。"准确"的含义应该是如实地表述出词语所反映的事物、行为、性质、状态。但是,人们对于一个词语意义的理解,除了单义的科学术语之外,总是或多或少地渗透着个人在诸如年龄、经历、文化素养、专业知识等许多方面的主观因素,因此很难完全一致。对于惯用语,因为它不仅表"意"而且表"情",人们主观感受上的差异当会更大。针对这一点,我们觉得"准确"的含义就要实事求是地修正为"如实地表述出绝大多数人,至少是大多数人对一个惯用语的共同认识"。这是个难度相当大的问题。比如,《汉惯》对"出气筒"的解释是"比喻无故受别人气的人"。在我们看来,这样的人更近于"窝囊废",却不一定成为"出气筒"。"出气筒"应当是"比喻被人用来发泄怒气的工具"。《汉惯》说"不像话"是"比喻坏得没法形容",根据大概来自《现代汉语词典》,因为后者的释文只比它少了"比喻"两个字。我们认为这个解释不够准确,表"情"的程度上有些过分。"坏得没法形容"给人的感受甚于"坏到了极点",但"不像话"起码给我们的感觉并未"坏"到这种程度。证据是可以再给它加上程度副词"很、太"之类,而且还有跟它相反的"像话"(《现代汉语词典》的解释是"(言语行动)合理")。据此"不像话"就是"不合理",再加上"坏"也就差不多了,何至于竟到"没法形容"的程度。但是,我们这个认识和感受尽管经得起分析,可大多数人如果确实像两部词典所注的那样,都觉得它是"坏得没法形容",那也只好从众,因为说到底词义的确定、发展、变化都是约定俗成的。这就要求惯用语的释义工作必须以广泛的调查研究为基础。其中主要一项是从大量的白话文著作中找出足够数量的包含同一惯用语的例句,分析不同作者在不同语言环境中使用的情况,然后再确定惯用语的意义,以避免释义者以一己的主观感受代替多数人的共同认识。

"准确"还应该包括对有些惯用语的倾向性加以说明。倾向性不仅仅指褒义和贬义,比如《汉惯》对"换汤不换药"的释文是"比喻只改变形式,不改变内容和本质",这当然不够,它的贬义性质必须注出。但是《汉惯》说"人心隔肚皮"是"比喻别人心里想什么,很难猜测",却并无问题,这个惯用语本身不带贬义。可按照这个解释来造句,"鲁迅想什么,人心隔肚皮,他不说难知道!"就得判为完全正确的句子,但是人们会觉得这样说鲁迅有点不妥当。原来这个惯用语含有"疑虑、不信任、不够尊敬"的倾向。这一点不注出,也不算准确,非母语的学习者使用时就很可能出错。

有些技术性问题也影响释义的准确性,比如释文核心部分的词类属性应尽可能同被释词条的词类属性相一致,但是这一点却常常被忽视。下面是《汉惯》中的两条:

(1)贴标签:……比喻明显的标志。

(2)文明戏:……比喻故意做出某种姿态给别人看。

"贴标签"是动词性词组,而"……标志"是名词性词组,"……标志"其实只跟"标签"相当,"贴"在释文里没有着落。"文明戏"是名词,而"故意……看"是动词性词组,这个词组其实表达的是"演文明戏",释文又加进了词条本来没有的意思。

2.2 **重点词和伴随词** 慣用语的主要特点是字面意义并非真正的命意所在,通过一定手段形成的转义才是要表达的实际意义。释义的一项主要任务就是讲清字面意义和实际意义(即转义)之间的关系。这种关系比较复杂,有些还同社会生活、民族文化背景有密切联系。比如"二一添作五"就同生活中经常出现的珠算口诀有关,"唱红脸、唱白脸"就同中国古典戏曲有关。对这种慣用语,最好先讲来源,然后再说明转义。当然,"二一添作五"只释为"对半儿平分","唱红脸"只释为"以好人的面目出现",也未尝不可。但给以理据上的说明,必定会加深对语义的理解。至于有些慣用语的理据已经难于查清,如"不管三七二十一",为什么不是"四七二十八",时移物换,今天很难考出它的来源,那也只好暂付阙如。不过,对那些有必要而且有可能注明的转义的理据,还是以尽力注明为好。

这个意见如果是对的,如何讲清转义的理据就成为不可忽视的问题。有些慣用语,其组成成员对构成整体意义所做的"贡献"无大小之分,比如"鸡毛蒜皮",对于形成"无关紧要的琐事"这个整体意义来说,分不出谁轻谁重。但更多的慣用语与此不同,所做的"贡献"轻重分明,比如"捅马蜂窝","捅"固然重要,换成"看"就不再是慣用语了,但就释义来说,"捅"却只居于伴随词的地位,因为"碰难碰的人或事,因而招惹麻烦"这个整体意义,主要来自"马蜂窝"。"捅"还可以换成"戳","马蜂窝"却不能换成别的什么"窝"。释义的重点自然应该放在"马蜂窝"上。为了与伴随词相对,这样的词可以暂称为释义的重点词。

在可分重点词和伴随词的慣用语里,两者如何划分,跟慣用语的语法结构有联系,却又并非必然联系。例如动宾结构的慣用语,重点词多在宾语,很少例外:

浇油、吃醋、交白卷、揭疮疤、穿连裆裤、卖狗皮膏药

偏正结构的慣用语,重点词在正在偏须视具体情况而定:

一锅粥、一窝蜂、一团乱麻、思想包袱、事后诸葛亮

露水夫妻、黄毛丫头、羊肠小道、鹅毛大雪、吃奶的力气

2.3 **三种修辞手法** 慣用语是一个内部情况极其复杂的词汇单位,适当的再分类是十分必要的。不同的需要、不同的角度,就要求有不同的分类。按慣用语的词类属性分,有名词性的("如意算盘")、动词性的("开绿灯")、形容词性的("脚不沾地");按慣用语内部的结构关系分,有并列的("添油加醋")、偏正的("绣花枕头")、动宾的("吃老本")、主谓的("火烧眉毛"),等等。

但是这些分类对释义作用不大。我们认为,大多数惯用语的转义是通过比喻、借代、夸张三种修辞手法形成的,与释义的关系密切,按此分类将是较好的办法。

第一类,比喻。有两种情况:

1. 惯用语的整体用于比喻,就是说整个词组的字面意义通过比喻手法形成转义。这又可以分成两种类型:

1) 字面意义是现实生活中存在的。例如:

　　空头支票、过河卒子、放羊、砸锅、吹喇叭、画框框、一锅粥、火上房

由于字面意义是实际存在的事物或现象,所以这类惯用语孤立地看都有可能成为有歧义的词组——指字面意义时,是自由词组;指比喻意义时,是惯用语。释义时最好说明形成的理据,例如"放羊",可指出"牧羊时要放松控制,让羊随意吃草",然后再说明"喻指不加管束,放任自流"。有些比喻意义不言自明,当然无需拘泥,例如"狗咬狗",只说明"比喻坏人之间互相争斗"也就够了。倘若比喻牵涉到文化背景,或带有专门行业性质,那就务必说明理据。例如"过河卒子",必须讲清楚"河,指象棋双方营垒的分界线,通常标有'楚河汉界'字样。按象棋规则,过河的'兵、卒'只进不退。比喻形势已定,后退无路,只得勉力向前"。

2) 字面意义是虚拟的。例如:

　　橡皮钉子、棉花耳朵、吃枪药、背黑锅、赶鸭子上架

既是虚拟的,字面意义所指的事物或现象在现实生活中就不存在,事实上也确实没有同形的自由词组,因此也就不可能有歧义。但从释义方面说,这虚拟的现象恰恰是取譬的需要,所以对于理据的说明更是不可缺少。如"吃枪药",必须指明"枪药即火药,能爆炸,比喻说话火气大"。

2. 惯用语中只有部分成员用于比喻,这部分成员也就是释义的重点词。如:

　　刀子嘴、风凉话、牛毛细雨、赶浪头、趁热乎、心里长草

伴随词一般都是不言自明的,不需多加说明,例如"刀子嘴",只指出"刀子锋利,喻指说话泼辣尖刻"就可以了。

第二类,借代。也有两种情况:

1. 整体用于借代,就是说整个字面意义被借指另一事物或现象。例如:

　　锅碗瓢盆、坛坛罐罐、放在心上、卷铺盖、掏腰包、勒紧裤腰带

"锅碗瓢盆"指代一切炊具,"掏腰包"指代出钱,这些只要指出借代作用即可。有的惯用语借代的途径比较曲折,就需要给以理据上的解释,如"卷铺盖",要说明"铺盖,即被褥,指代行李。卷铺盖泛指整理行装。人离开工作单位或谋生之处时要整理行装,借指离职而去(多为不得已)"。

2. 部分用于借代,这部分一般是释义的重点词。如:

　　黄毛丫头、江湖骗子、吃奶的力气、白费唾沫、求爷爷告奶奶

"黄毛丫头"借指"幼稚而不谙世事的女孩子","黄毛"是由"未成年的瘦弱的小女孩头发往往又细又黄"而来。"吃奶的力气"借指"仅有的、最后的力气","吃奶的"是由"吃奶的婴儿力气有限"

而来。这一类惯用语的重点词,大多需要做理据上的说明。

第三类,夸张。这种修辞手法很像前边所说的比喻中虚拟那一类,不同的是比喻中的虚拟现象纯属子虚乌有,而夸张的虚拟现象却只表现在程度的夸大上。试比较,"穿连裆裤"世上绝无其事;而"气炸了肺"则"肺"虽未"炸","气"却是到了极点。其他如"火冒三丈"虚在"三丈","脚不沾地"虚在"不沾地",都是释义的重点词语,应加说明。比如"三丈"言"火气之大","不沾地"言"忙碌之甚"。

2.4 其他转义手法 比喻、借代、夸张之外还有一些类型,常见而且比较重要的有三类:

1. 定型动作 用一些定型的动作来表意和表情,是世界各民族所俱有。这些定型的动作反映在语言里,如果所用词语相对稳定,语法结构相对固定,就应该列入惯用语,因为它的整体意义不能从字面意义获得。比如"点头"原是表示同意和赞许的一种动作,但是发展下去,这个意义却可以完全脱离开动作,作为一个地地道道的词汇单位。"领导已经点头了,赶快抓紧办吧。"十之八九这"领导"并没有真的"点头"动作,他只是"批准"而已。再比如用手指刮脸皮,原是说人不害羞(主要对小孩子),定型之后"刮脸皮"这个词组就成为一个常见的惯用语,它不必有真的动作,它不再限于小孩子,例如"对于好谈这种空洞理论的人,应该伸出一个指头向他刮脸皮"(《毛泽东选集》)。其他如:

> 拍胸脯:表示自信,敢于负责。
>
> 竖大拇指:表示称赞,佩服。
>
> 戳脊梁骨:表示在背后议论,指责,讥笑。
>
> 点头哈腰:表示低三下四,谄媚讨好。
>
> 磕头作揖:表示央求,告饶。

有一些表意的动作,如将食指竖在双唇前示人不要作声,抓后脑勺表示困惑、为难,拍大腿表示懊悔等等,动作虽已趋于定型,但在语言中还不能作为独立的词汇单位来使用(如不能只说"他在双唇前竖起了食指"而没有后续的"示意她不要作声"一类的话),因此尚不能成为惯用语。

这类惯用语从形成转义的手法上看,也应该归入上述借代的那一类——以动作代意义。考虑到在动作定型方面的共同点更为突出,单列一类也许对说明释义方法更方便一些。

2. 语义偏移 有些意义属于中性的词语,在特定的语言环境里其意义可能向积极方面或消极方面偏移,[①]而单从字面上却看不出来,需要加以解释。如:

> 有水平、有见解、够朋友、够味儿、有意见、有想法、不是东西、不成比例

这种惯用语多数都有肯定否定的对应关系,例如:"有水平/没有水平",肯定形式表示积极意义,否定形式表示消极意义;有的恰好相反,如"有意见/没有意见"。另外一些则经常只有一种形式,如"不成比例"表示高下悬殊,不堪一比,它的对应形式"成比例"却并不表示相差无几,因而

---

① 参看邹韶华《名词在特定环境中的语义偏移现象》,《中国语文》1985 年第 4 期。

也就很少见到这种肯定形式。对于语义偏移的惯用语，除说明整体意义之外，还需要注出表"情"倾向。例如"有意见"，既要说明"有不同的看法"，又要指出"经常带有不满的意味"。还有些惯用语，语义可以向两方面偏移，比如"有味儿"，最好分两个义项注释：（言语、文辞、唱腔等）隽永、动人；饭菜变质，有馊味儿。

　　3. 定式镶嵌　有一些惯用语具有特定的形式，即在特定的框架里嵌进相应的词语。如：

　　　　有 A 有 B：有板有眼、有声有色、有血有肉

　　　　大 A 大 B：大手大脚、大鱼大肉、大红大绿

　　　　不 A 不 B：不冷不热、不咸不淡、不红不白

定式镶嵌的手法是能产的，可以造出大量的词组，如"有吃有穿、有儿有女、大吵大闹、大喊大叫、不高不低、不粗不细"等等。但是这些都不是惯用语，因为它们只有字面意义。

　　定式镶嵌的惯用语有些同时又是自由词组，如"不 A 不 B"式，当表示"气候适宜"时，"不冷不热"是自由词组，只有表示"态度漠然"时，它才是惯用语。对这类惯用语，释义时要注意它们所表示的"分寸"。比如"不冷不热"，它所表示的当然是"不热情"，但也不到"冷漠"的程度，如释为"冷漠"，就稍欠准确。像大多数惯用语一样，这类当中有些也需要说明理据。比如"有板有眼"就必须指出"板眼是民族戏曲和音乐中的节拍名称，比喻说话做事有条理，有根据"。

（原载《中国语文》1987 年第 6 期）

歇后语的语义 *

温 端 政

在编写《歇后语例释》的过程中,我们对汉语里通行的四千多条歇后语的语义进行了分析,感到歇后语的语义并不像我们原先想的那么简单,有进行一番探讨的必要。

一　歇后语的基本意义

歇后语都是由前后两个部分组成的。这两部分在表义上有主次之分:前一部分只起一种"引子"的作用,从中"引"出后一部分;后一部分才是本意所在,表示该条歇后语的基本意义。这一点,在歇后语进入句子后,看得更加清楚:

(1)钻到这个上不通天下不入地的牛角尖里,真是船头上跑马——走投无路了!(《攻克汴京》464 页)

(2)别耍老封建,你也不要寿星插草标,倚老卖老。(《女游击队长》569 页)

(3)马正南用期待的目光一扫,见大家仍然是徐庶进曹营——一言不发。(《原林深处》509 页)

上面三例里的歇后语的基本意义都是由后一部分来表示的,前一部分"船头上跑马""寿星插草标""徐庶进曹营"都不表示基本意义,即使删去也不影响整个句子基本意思的表达。

歇后语的基本意义有本义和别义之分。有的只有本义,没有别义;有的除了本义之外,还有别义。这一点,当它们进入句子后,看得更清楚:

(4)特别是看到刚才突然进来的一伙客商,更觉得住在这里是"鲁肃上了孔明的船"——错了!(《难忘的战斗》112 页)

(5)现在去把医院的事情揽来,真是狗捉老鼠——多管闲事。(《这里并不平静》47 页)

上面例中的歇后语只有本义,没有别义,表示歇后语基本意义的后一部分"错了""多管闲事"都只有一个确定的意义,下面几例就不同了:

(6)不用指望,墙上挂门帘——没门!(《山呼海啸》314—315 页)

---

* 作者曾建议把歇后语改称为"引注语"(见《关于"歇后语"的名称问题》,刊《语文研究》1980 年第 1 辑),这里暂用目前习惯的名称。

（7）你跟石林一个被窝才睡了几天，你也学会水仙花不开——装蒜了！（《太行志》497页）

（8）头一回说亲说了个你，闹了一回子，谁知道柳树上开花：没结果。（《新儿女英雄传》78页）

例（6）里的"没门"，本义是指"没有门户"，但在句中实际意义是指"没有门路"；例（7）里的"装蒜"，本义是指"装成蒜的样子"，但在句中实际意义是指"装腔作势，装模作样"；例（8）里的"没结果"，本义是指"没有结出果实"，但在句中实际意义是指"没有达到预期的目的"：都是除了本义之外，还有别义。

歇后语的别义是怎样产生的呢？大致上有两种情况。一种是由后一部分中的一个或几个词，派生出另一种意义而产生别义。这种情况很像词的转义，而且同词的转义一样，也有引申义和比喻义的区别。例如：

（9）打锡人这时真是疗疮长在喉头上，有痛不敢说。（《井冈烽火》72页）

（10）小黄集岗楼是包脚布围嘴——臭了一圈啦！（《英雄的乡土》393页）

（11）当初我就说你不行，你硬是碟子里面扎猛子——不知深浅，张口闭口，闯呀闯的！（《松青旗红》45页）

例（9）后一部分中的"痛"，本义是指肉体上的疼痛，用在句中引申指精神上的苦衷。例（10）后一部分"臭了一圈"中的"臭"，本义指气味难闻，"臭了一圈"指嘴的周围都有了臭气；用在句中，"臭"引申指不好的名声，"臭了一圈"指臭名传遍了周围的一带地方。例（11）后一部分里的"深浅"，本义是指水面到水底的距离，用在句中比喻做事或说话的分寸。前两例运用引申义，后一例运用比喻义。

另一种情况，是利用后一部分中一个或几个字形、音、义上的相关，通过谐声而产生的别义。如果前一种情况产生的别义叫做转义，那么，这种情况产生的别义可以叫做假借义。

歇后的假借义，主要是通过以下几种手法形成的：

1. 利用同音异形异义字。如：

（12）我们东关掌炉的挂掌技术，是隔着门缝吹喇叭——名声在外了……（《战斗的堡垒》56页）

（13）光说不算，咱们得碌碡碰砘子，石打石的！（《沧石路畔》89页）

（14）咱这老婆家心眼少，谁知道孩子说的是门神卷灶爷——画里有画呀！（《不敢露面的队长》75页）

例（12）"名"借作"鸣"；例（13）"石"借作"实"；例（14）"画"借作"话"。

2. 利用近音异形异义字。如：

（15）这里几百万砖呢，几块次品有什么了不起。这明明是秋后上地——专找茬儿。（《松青旗红》117页）

(16)老四呀,你给我老母鸡抱鸡蛋——一边孵(伏)着去吧!(《玉龙的眼睛》39 页)

(17)你们互助组的人呢,我看也成了鸭子过河——咯咕咯了吧!(《汾水长流》203 页)

例(15)"茬"借作"碴";例(16)"孵"借作"伏";例(17)"咯咕咯"借作"各顾各"。

3.利用同音同形异义字。如:

(18)咱们可不能癞蛤蟆跳到秤盘上——自称自呀,兄弟分队也不含糊哪。(《三探红鱼洞》38 页)

(19)李大增这小鬼,聪明、活泼、有文化,当个通讯员那可是狗撵鸭子——呱呱叫!(《军营新歌》5 页)

(20)个顶个还叫人跑啦! 真是黑瞎子叫门——熊到家了!(《大雁山》81 页)

例(18)"自称自"里的"称",本是称东西的"称",借作"称赞"的"称"。例(19)"呱呱叫"本义是"呱呱地叫","呱呱"是象声词,用于句中时,"呱呱"和"叫"组成一个新词,形容极好。例(20)"熊到家了",本义是熊到家里来了,"熊"借作骂人无能愚蠢的"熊";"到家"借作形容词,形容程度到了极点。

歇后语的转义和假借义,都是在它运用于句中时才显示出来,所以可以看作是歇后语的功能意义。这种功能意义在长期使用中约定俗成,凝固在歇后语上,成为它的固定意义。例如:

(21)江班长这一手,真是哑巴见面,没说的。(《新花似锦》199 页)

(22)张林的学习、工作,样样都是哑巴见面——没说的……(《红石山中》25 页)

(23)彩虹这棵苗苗真是哑巴见面——没说的!(《长虹》15 页)

例(21)—(23)中"没说的",本义是指没有说的话,表示沉默;用在句中都转指没有什么可指责的地方,表示赞赏。后者已经作为功能意义固定在这个歇后语上,而它的本义在实际运用中反而不起什么作用。这说明,掌握歇后语的功能意义是非常重要的,它关系到能否正确理解和运用歇后语的问题。

二 歇后语的附加意义

歇后语的前一部分虽不表示基本意义,它却可以表示附加意义,即附加于基本意义之上的某些色彩,包括形象色彩、感情色彩、风格色彩和阶级色彩。

1.形象色彩。一般歇后语都有形象色彩,这是歇后语之所以成为一种形象化的语言形式的根本原因所在。例如:"打了耳子的瓦罐——不能提",除了表示不能提这个基本意义之外,还能让人联想起一个打掉两旁的耳子无法用绳子提起来的破瓦罐的形象;"戴着草帽亲嘴——差得远",除了表示双方距离相差很远这个基本意义外,还能让人联想起两人戴着草帽却硬要挨着脸接吻的可笑样子;"周瑜打黄盖——一个愿打,一个愿挨",除了表示两厢情愿这个基本意义外,还能让人联想起《三国演义》第四十六回所描写的黄盖主动向周瑜献了苦肉计然后诈降曹操的情况。这样就大大地增强了语言的形象性。

歇后语的这种形象色彩,使相当一部分歇后语运用于句中时起比喻的作用。例如:

(24)邱麻子烦恼上加烦恼,像一口吞下了二十五个小老鼠——百爪挠心。(《大清河上的风云》113页)

(25)白举封在家庭中的"脑力劳动"就像两条腿穿到一条裤管里——算是蹩打不开了。(《李双双小传》320—321页)

(26)老武思谋得太周到了,真是马蹄刀瓢里切菜,滴水不漏呀!(《吕梁英雄传》274页)

(27)穷社养穷人,就成了落雨天担火灰,越担越重了。(《闹海记》70页)

例(24)(25)相当于明喻,例(26)(27)相当于暗喻,表示歇后语形象色彩的前一部分都起着喻体的作用。

有的歇后语基本意义相同,区别就在于形象色彩不同。例如:

水牛掉井里——有力使不出|拖拉机撵兔子——有力使不出|推土机进隧道——有力使不出|张飞穿针——有力使不出

因此,在运用歇后语时,不仅要注意它的基本意义是否同上下文配合一起,还要注意它的形象色彩是否协调。例如:

(28)高夫人回答说:"既然朝廷无道,卢象升纵然做了宣、大、山西总督也如同水牛掉井里,有力使不出。他的头上还压着皇上跟兵部衙门哩!"(《李自成》1卷上册119页)

显然,这里只有用"水牛掉井里"最合适,换成其他说法便不伦不类了。

2.感情色彩。有相当一部分歇后语具有不同的感情色彩。有的基本意义就包含着某种感情色彩,如"又娶媳妇又嫁女——双喜临门""打开蜜罐又撒糖——要多甜有多甜",表示基本意义的后一部分"双喜临门""要多甜有多甜"都含有褒义;"屎壳郎戴花——臭美""棺材里伸手——死要钱",后一部分"臭美""死要钱"都含有贬义。

但是,也有一些歇后语,表示基本意义的后一部分不带感情色彩,它的感情色彩主要是通过表示附加意义的前一部分表现出来的。

(29)老魏与征途对着烟,吧叽了两口说:"还不是大镜子当供盘用,明摆着嘛,听好消息!"(《在决战的日子里》142—143页)

(30)刘连华这才严厉地斥责道:"这是和尚头上的虱子——明摆着的,还狡辩什么。"(《烽火南天》165页)

例(29)(30)中的歇后语,后一部分都是"明摆着",不带感情色彩,但前一部分却表达了不同的爱憎,给整个歇后语附加上了不同的感情色彩:"大镜子当供盘用"带有褒义,表现了喜爱、高兴的情感;"和尚头上的虱子"带有贬义,表现了厌恶的情感。

有的歇后语,由于前后部分都带有感情色彩,所以整个歇后语的感情色彩显得尤为鲜明、突出。例如：

（31）自打解放，毛主席领导着俺们贫下中农，走上合作化的道路，论日子那真是芝麻开花——节节高……（《中流砥柱》78 页）

（32）他用着讨厌的眼光瞪了新凤一眼，心里骂道："你真是屎壳郎翻筋斗——显你黑屁股哩！"（《双喜临门》84 页）

例（31）里，"节节高"比喻生活一天比一天好，已经具有褒义，加上"芝麻开花"，褒的色彩就更加浓厚鲜明了；例（32）里，"显黑屁股"比喻人玩弄拙劣手法，耍小聪明，已经具有贬义，加上"屎壳郎翻筋斗"，贬的色彩也就更加突出了。

从感情色彩上看，歇后语中贬义的远比褒义的多，这些贬义的歇后语运用于句中时，往往起着讥讽嘲笑以致辱骂的作用。例如：

（33）"哼，你'茅厕里睡觉'——离死（屎）不远了，还有空做善人哩！"一个匪徒讽刺地说。（《红色交通线》58 页）

（34）村里其他一些看热闹的，还说着什么：郑德明是"头上戴袜子——能出脚来了"等一类风凉话。（《李双双小传》39 页）

3. 风格色彩，有些歇后语基本意义相同，但由于前一部分取材不同而产生了不同的风格色彩。这种不同的风格色彩，往往是人们不同的生活经历的反映。例如"哑巴吃饺子——心里有数"，前一部分又可作"哑巴吃馄饨""哑巴吃粑粑""哑巴吃汤圆"，这显然同各地群众吃食的习惯不同有关；又如有的歇后语后一部分都是"硬对硬"，前一部分或者作"碌碡砸碾盘"，或者作"铁锤砸铁砧"，或者作"铁锚碰礁石"，或者作"马铁掌踩石板"，这显然跟人们的职业生活不同有关。

歇后语的这种风格色彩对于表现人物的性格，有特殊的作用，试比较以下几例：

（35）在晨光中，梅仁根看见自己的战友两手伸向空中，脸上露出笑容，甚至爽朗地笑出声来。随着笑声，邹剑国慢慢睁开了眼睛。梅仁根开玩笑地说："你真是做梦抓俘虏，尽想好事哇！都笑出声来啦！"

（36）有人听说把面包当饭吃，就摇摇头说，这是做梦娶媳妇——尽想好事，能做出那么便宜的面包吗？

例（35）描写的是中越边境自卫反击战中两个战友的谈话，"做梦抓俘虏"真实地反映了这两个年轻战士时刻不忘消灭敌人的崇高思想境界，如果像例（36）那样，改换成"做梦娶媳妇"，那会严重地歪曲英雄战士的完美形象。

4. 阶级色彩。少数歇后语带有某种阶级色彩，这种色彩，主要表现在前一部分的取材上。例如：

（37）我是小姑娘掌钥匙，当家不做主哇。（《火苗》239 页）

（38）再说俺满喜哥他也是抠人家碗底儿的，丫环女带钥匙，就怕当家不做主。（《太行风云》123 页）

比较一下"小姑娘掌钥匙"和"丫环女带钥匙"就可以看出,后者带有明显的阶级色彩。

少数歇后语的后一部分也带有某种阶级色彩,例如:

(39)芳官那里禁得住这话,一行哭,一行更说:"……我一个女孩儿家,知道什么'粉头''面头'的!姨奶奶犯不着来骂我,我又不是姨奶奶家买的。'梅香拜把子,都是奴才'罢咧!这是何苦来呢!"(《红楼梦》60回)

我们不同意"歇后语是表达思想的一个重要手段,歇后语所表达的思想不可能不带阶级性"(马国凡、高歌东《歇后语》,216页,内蒙古人民出版社,1979年)的说法,因为歇后语是汉语中的一种语汇,是语言材料,哪个阶级都可以使用,都可以理解。像"老鼠拉锨——大头在后""老虎吃天——没法下口"等一大批歇后语,不仅没有阶级性,连阶级色彩也没有;其次,在歇后语汇中,带有阶级色彩的只是少数。有的歇后语的阶级色彩,还会随着时间的推移而逐渐消失。例如:

(40)当干部是为了大家翻身,而不是为了自己发家,不是叫花子烤火——各扒各的堆堆。(《枫香树》136页)

(41)在第五次反"围剿"中……在前堵后追的敌人面前,不是积极地寻求战机歼灭敌人,而是"叫花子打狗——边打边走"。我军不管走或驻,处处受制于敌,每天都被"狗"咬着。(《星火燎原》第3卷65页)

"叫花子烤火""叫花子打狗",原先都含有对旧社会受尽苦难的贫苦人民的蔑视和嘲笑,但经过长期的运用,这种阶级色彩逐渐淡薄,人们越来越把注意力集中在由它引申出来的表示基本意义的后一部分上。

当然,歇后语里边也有一些反动阶级强加的东西,这是歇后语中的糟粕,迟早为语言实践所淘汰。

三　歇后语的单义性和多义性

歇后语的基本意义,有的只有一种解释,例如"猫哭老鼠——假慈悲","假慈悲"只有一种解释:假装出一副慈悲的样子;"船头上跑马——走投无路","走投无路"也只有一种解释:无路可走,比喻处境困难,找不到出路。这种基本意义只有一种解释的歇后语,可以叫做单义歇后语。

有的歇后语的基本意义可以作多种解释,这种歇后语可以叫做多义歇后语,例如:

(42)焦克礼说:"界线得从心里划,得小葱拌豆腐,划个一清二白的才行。……"(《艳阳天》1214页)

(43)这不是小葱拌豆腐,一清二白嘛。根据海流运动的情况,罐头盒又那么崭新,可以断定,不是那七只贼船扔下的,就是在最近几天内被人丢下的。(《黄海红哨》55页)

(44)我两个一块儿工作这么些年,真是小葱拌豆腐——一清二白,别说亲嘴,就连个手

　　指头也没有换过一下!(《新儿女英雄传》208页)

"一清二白"("清"本字作"青")在不同的上下文中有不同的意义:在例(42)里强调把界限划分清楚;在例(43)里,强调事情真相非常明白;在例(44)里,强调人与人之间的关系非常清白。

　　产生这种多义现象,主要有以下三个原因:

　　1. 后一部分的词语有不止一种解释。例如:

　　　　(45)友布知道老陈的话是"铜铃打鼓——另有音"。(《号声嘹亮》68页)

　　　　(46)办花会是铜铃打鼓另有音……(《中州风雷》65页)

　　　　(47)林山更是胸口挂着钥匙——开心哪。(《三探红鱼洞》90页)

　　　　(48)魏明像炸开的地雷,顿时勃然大怒:"什么?你真会胸口上挂钥匙——开心!"(《碧绿的秋苗》90页)

例(45)(46)后一部分都是"另有音",但解释不同:在例(45)里指另有别的声音,引申指话语里另有别的意思;在例(46)里,"音"同音假借作"因",指另有别的原因。例(47)(48)后一部分都是"开心",本义指"打开心扉",功能意义是通过同音假借,把"开"和"心"合成一个词,合成词"开心"有两种解释:在例(47)里指心情舒畅、愉快,在例(48)里指戏弄别人,让自己高兴。

　　2. 后一部分所用的比喻义,有不同的比喻内容。例如:

　　　　(49)老武思谋得太周到了,真是马蹄刀瓢里切菜,滴水不漏呀!(《吕梁英雄传》274页)

　　　　(50)同你共事,你是"马蹄刀瓢里切菜,滴水也不漏",总不肯放出钱来。(《儒林外史》19回)

后一部分"滴水不漏"都是用比喻义,但具体内容不同:在例(49)里,比喻考虑问题非常周到,一点漏洞也没有;在例(50)里,比喻非常吝啬,舍不得拿出一点钱来。

　　3. 后一部分所表明的现象,有不同的形成原因。例如"茶壶里煮饺子——倒不出来",后一部分"倒不出来"本义是指茶壶肚大嘴小,饺子在里面煮熟后倒不出来,功能意义是指人肚里有话,说不出来。为什么会肚里有话,说不出来呢?一般来说,有两个原因,或者是因为嘴笨,表达不出来,或者是因为有难言的苦衷,不好意思开口。由此就使这个歇后语产生了两个意义。请比较:

　　　　(51)他觉得自己的嘴太笨了,满心准备好的话,却像茶壶里煮饺子,倒不出来了,但他那真挚的感情,却完全可以觉察。(《钢铁巨人》384页)

　　　　(52)她想提出换刀,可是又不好意思开口,话搁在喉咙里,就像茶壶里煮饺子——倒不出来,只好使劲地磨着刀。(《战斗的堡垒》138页)

　　一个歇后语既然可以有几个不同意义,那么,会不会影响正常交际呢?不会的。多义歇后语类似一词多义,在特定的语言环境中便能表现出一个确定的意义。例如,"木匠的斧子——一边砍",既可以指人的思想方法的片面性,也可以指人在争论的双方中偏袒一方。在"我们观察问题要同时看到正反两个方面,不能木匠的斧子——一边砍"中,它的意义只能是前者,不能是后者;而在"你要叫我说哪个不对,我不能木匠的斧子——一边砍哪"中,它的意义只能是后者,不能是前者。

四　同义歇后语和反义歇后语

有些歇后语后一部分所表示的基本意义相同或相近,这些歇后语可以叫做同义歇后语。基本意义相同的,如"猪八戒端盘子——出力不讨好""顶着石臼做戏——出力不讨好""推磨换磨棍——出力不讨好"等。这一类同义歇后语,本文第二部分里已经谈到过,不再重复。这里着重谈谈基本意义相近的同义歇后语。这类同义歇后语也必须前一部分不同。如果前一部分相同,后一部分略有不同,如"哑巴吃黄连——有苦难言""哑巴吃黄连——苦在肚里""哑巴吃黄连——有苦说不出"等,不过是同一个歇后语的不同说法,不能认为是同义歇后语。再者,如果后一部分所表示的基本意义不同,即使前一部分完全相同,如"张飞穿针——粗中有细""张飞穿针——有力无处使""张飞穿针——大眼瞪小眼",也不能认为是同义歇后语,只有像"瞎子点灯——白费蜡"和"丈母娘管外甥——白费劲"这样前一部分不同、后一部分基本意义相近的歇后语,才属于这类同义歇后语。"绱鞋不用锥子——针(真)好"和"狗撵鸭子——呱呱叫",后一部分虽然本义不同,但功能意义相近,也应认为是这种类型的同义歇后语。这种类型的同义歇后语的存在,和完全同义歇后语的存在一样,是语汇丰富发达的一种表现,适当地选用同义歇后语,有助于准确地表达思想。例如:

(53)我拣住了一身黄大衣,又叫张有义扯烂了,众人还批评了我,真是老鼠钻到风箱里,两头受气!(《吕梁英雄传》161页)

(54)修理部呢? 更是豆角角抽筋两头受制……(《山西短篇小说选》15页)

(55)知县逼保正,保正逼百姓,百姓交不出骂保正。保正自己说是"松板夹骆驼,两头吃苦头"。(《上海民间故事选》150页)

以上三例里的歇后语,后一部分所表示的基本意义相近,都含有"两头不讨好"的意思,但所表示的意义侧重点各有不同:例(53)里"老鼠钻到风箱里——两头受气"指两个方面都不顺心,受了气;例(54)里"豆角角抽筋——两头受制"指两个方面都受到牵制,事情不好办;例(55)里"松板夹骆驼——两头吃苦头"指受到两个方面的压力,处境困难。这说明,注意辨别同义歇后语,对于正确运用和理解歇后语也是很重要的。

两个歇后语的基本意义相反,叫做反义歇后语,如"黄连树上吊苦胆——苦上加苦"和"糖里掺蜜——甜上加甜",后一部分"苦上加苦"和"甜上加甜"意义上相反,是反义歇后语;"芝麻开花——节节高"和"王小二过年——一年不如一年",后一部分"节节高"和"一年不如一年"意义也相反,也是反义歇后语。有的歇后语,后一部分所表示的基本意义相反,即使前一部分相同,如"屎壳郎滚屎蛋——往前拱"和"屎壳郎滚屎蛋——向后爬",也应看作是反义歇后语。这种反义歇后语的产生,是由于前一部分可以引申出意义相反的后语。如屎壳郎滚屎蛋时,往往是两个屎壳郎在一起滚,一个在前,身子往前拱,后腿向后拨动,一个在后,倒转身子向后退着爬,后腿推着屎蛋,所以同是"屎壳郎滚屎蛋",既可以"引"出"往前拱",又可以"引"出"向后爬"。

(原载《中国语文》1981 年第 6 期)

谚 语 的 语 义

温 端 政

谚语有广义和狭义之分。广义的谚语,大体上相当于俗语,包括歇后语和部分惯用语在内;狭义的谚语,相对于歇后语和惯用语,是以传授知识(包括经验)为目的的一种俗语。本文讨论的是狭义谚语的语义。

一　谚语的本义和派生义

谚语的语义,指的是每条谚语所传授的知识(包括经验)的具体内容。谚语的语义,和词义一样,也有本义和派生义的区别。谚语的字面直接表达的意义,是它的本义。如"名师出高徒",告诉人们高水平的师傅才能教出高水平的徒弟;"百闻不如一见",告诉人们耳闻的次数再多,也不如亲眼见一次来得可靠;"寸草不生,五谷丰登",告诉人们杂草是农作物的大敌,不断清除杂草就能保证农作物丰收。这些都分别是它们的本义。相当一部分谚语只有本义,但也有不少谚语除了本义之外,还有由本义推衍出来的派生义。例如:

(1)则愿你顺人和有麝自然香,休得要逆天心无祸谁能勾。(元·无名氏《连环计》第一折)

(2)怎时节船到江心补漏迟,烦恼怨他谁,事要前思免后悔。(元·关汉卿《救风尘》第一折)

"有麝自然香",本义是告诉人们只要有麝香自然会散发出香气,在例(1)里则是指人有高尚品德自然会美名远扬;"船到江心补漏迟",本义是告诉人们等船航行到了急流再补漏洞就迟了,在例(2)里则指事到危急关头才设法挽救就来不及了。这些在运用中所表现出来的新的意义,都是由本义推衍出来的派生义。

谚语的派生义是怎么产生的呢?大体上有以下三种情况:

(一)引申。引申的基础是两种意义所说明的知识具有某种相似之处。例如:

(3)咱们家没人,俗语说的"夯雀儿先飞",省得临时丢三落四的不齐全,令人笑话。(《红楼梦》第六十七回)

(4)常言道:天摊下来,自有长的撑住。凡事有愚兄在前,贤弟休得过虑。(《醒世恒言》第七卷)

例(3)的"夯雀儿先飞"指笨鸟飞得慢,恐怕落后先起飞,使人联想到能力差的人,要不落后就得早动手;例(4)的"天摊(坍)下来,自有长的撑住",指即使天塌下来,也会有高个子撑住,使人联想到出了问题自有能人去应付。这种联想的产生,基于内容的相似。正是这种联想,才由本义引申出新的意义来。

(二)抽象。抽象的基础是有些谚语所讲的知识具有某种共同的属性。例如:

(5)我说琏二奶奶并不是在老太太的事上不用心,只是银子钱都不在他手里,叫他巧媳妇还作的上没米的粥来吗?(《红楼梦》第一一〇回)

(6)"苍蝇不钻没缝的鸭蛋",哪儿有腐化堕落分子,官僚主义分子,哪儿就给特务坏蛋开了个后门。(袁静《淮上人家》第七章)

例(5)里"巧媳妇还作的上没米的粥来吗"是"巧媳妇作不上没米的粥"的反问句式,讲的是媳妇再巧,如果没有米,也作不出粥来,这里包含着一个共性的东西,就是无论做什么事情,都不能缺少必要的物质条件;例(6)里"苍蝇不钻没缝的鸭蛋",也含有一个共性的东西,就是事物发展变化中,内因是主要的,如果事物的内部不出问题,外部力量也就无能为力。"每一个事物内部不但包含了矛盾的特殊性,而且包含了矛盾的普遍性,普遍性即存在于特殊性之中"。(毛泽东:《矛盾论》)许多谚语正是运用矛盾的特殊性和普遍性的辩证关系,从本义里抽象出新的更具有普遍性的意义。

(三)概括。概括的基础,是有些谚语讲了两件或两件以上的事情,而这些事情之间又具有某种相互联系的特点。例如:

(7)俗话说,"马上摔死英雄汉,河中淹死会水人",恃勇必败,骄兵必败!(罗旋《南国烽烟》第一部)

(8)狗熊嘴大啃地瓜,麻雀嘴小啄芝麻。别听哥哥的话,他总是说我年龄小。小怕什么?(李英儒《野火春风斗古城》第三章)

(9)龙眼识珠,凤眼识宝,牛眼识青草。我金某在这方圆几百里的地界看了十几年的风水,像这样好的山形地势见着的还不多。(奚青《朱蕾》三)

例(7)"马上摔死英雄汉,河中淹死会水人",讲的两件事有一个共同点,就是有本领的人容易骄傲自满,往往由于疏忽大意而自招失败;例(8)"狗熊嘴大啃地瓜,麻雀嘴小啄芝麻",说的两件事意思虽然对立,但有一个相通之处,就是各凭各的条件办事;例(9)"龙眼识珠,凤眼识宝,牛眼识青草",讲的三件事,也有一个相通的地方,就是不同的眼力有不同的鉴别水平,有眼力的识货,没眼力的不识货。许多谚语正是抓住这种相同或相通之处,通过概括而形成新的意义。这种概括的过程,就是把原来所讲的感性知识提高到理性知识的过程。从某种意义上说,这种概括的过程,也是引申、抽象的过程,不过它是根据所讲的两件或两件以上的事情引申、抽象出来罢了。

从上面的叙述中可以看出,通过引申、抽象、概括而产生的派生义,要比原来的本义更为深刻,具有更加普遍的指导作用。有些谚语只有本义没有派生意义;有些谚语产生了派生意义之后,

本义逐渐为派生义所代替;也有的谚语产生时派生义就随着本义产生并占中心地位,例如:

　　(10)客官问他则甚?好鞋不粘臭狗屎,何必与他呕气呢!(《三侠五义》第六十一回)

　　(11)你好鞋不踏臭狗屎。只当他疯了,你理他做什么?(《醒世姻缘传》第五十二回)

从上面两例中可以看出,"好鞋不踏(粘)臭狗屎"的本义(讲"好鞋"和"臭狗屎"的关系)不起作用,派生义(讲好人和坏人的关系)才是这个谚语的真正意义。

二　谚语的单义性和偏义性

　　谚语的单义性有两个含义。一是指一条谚语一般只传授某一方面的一点一滴知识,如"见青就是肥",讲植物的茎叶都可以加工成有机肥料;"好话不背人,背人没好话","讲好话不怕人听见,怕人听见的不是好话",如此等等。二是每条谚语所传授的知识是确定的,一般只有一种解释,例如:

　　(12)我当初成人不自在,我若是自在不成人。(元·李直夫《虎头牌》第一折)

　　(13)如惹懊恼,我是断乎不依的。自古道:"成人不自在,自在不成人。"(《红楼梦》第八十二回)

　　(14)一心只欲转家乡,争奈爹行不忖量。大风吹倒梧桐树,自有旁人说短长。(明·高明《琵琶记》第三十一出)

　　(15)好花不怕人谈讲,经风经雨分外香;大风吹倒梧桐树,自有旁人论短长。(吴祖光《花为媒》第九场)

例(12)(13)里"成人不自在,自在不成人",都是讲要成为有用的人才,不能自由自在,没有约束,否则就不能成为有用的人才。只有这种解释,没有第二种解释。有的同志把它解释为"要成人之美,自己就不会清闲;要清闲,就不能帮助别人"(《汉语谚语小词典》,广东人民出版社,1982年版,31页),显然不符合这个谚语的原意。例(14)(15)里的"大风吹倒梧桐树,自有旁人说(论)短长",都是讲事情自然会有人说长道短,也没有第二种解释。

　　单义性是谚语语义的一个重要特点,这是谚语的性质所决定的。因为谚语结构简短,要准确、鲜明地传授知识,就要尽量做到一语一义。但是,语言毕竟是一种复杂的社会现象,不可能一刀切,谚语里一语多义的现象仍然是存在的,主要有两种情况:一种情况是本义和派生义并存,例如:

　　(16)古语云:"种瓜得瓜,种豆得豆。"分明见天地间阴阳造化,俱有本根。(《豆棚闲话》第四则)

　　(17)种瓜得瓜,种豆得豆,一切祸福,自作自受。(《醒世恒言》第十八卷)

　　(18)新县长的脾气又没摸到,叫他怎么办呢?常言说,"新官上任三把火",又是闹起整顿兵役的。(沙汀《在其香居茶馆里》)

(19)新官上任三把火,大嫂第一顿饭就做得这么生色!(梁斌《翻身记事》三十七)

同是"种瓜得瓜,种豆得豆",在例(16)里指种下什么收获什么,用的是本义;在例(17)里,指做下什么事情就会有什么报应,用的是派生义。同是"新官上任三把火",在例(18)里指新上任的官员,总要做几件事情,抖抖威风,用的是本义;在例(19)里则泛指一般人刚负责某项工作总要显示一下自己的本领,用的是派生义。

另一种情况,是派生义存在多义现象。谚语的派生义,是在运用过程中约定俗成的,一般也是固定的,但有的谚语的派生义,可根据不同的上下文作不同的理解,例如:

(20)我是一片本心,特地来报信,我也只愿得无事,……但做事也要"打蛇打七寸"才妙。(《儒林外史》第十四回)

(21)打蛇要打七寸,不打则已,要打就要狠狠打中敌人要害。(罗旋《南国烽烟》第一部,十三)

(22)娘儿两个吵起来。……袭人道:"一个巴掌拍不响,老的也太不公些,小的也太可恶些。"(《红楼梦》第五十八回)

(23)你们都不在,如果再遇到紧急问题,我可就一个巴掌拍不响了!(李英儒《还我河山》第四十九章)

"打蛇(要)打七寸",在例(20)里指办事要抓关键性的问题,在例(21)里指打敌人要击中要害,虽然都是用的派生义,但具体内容不一样。"一个巴掌拍不响",在例(22)里指一个人吵不成架,在例(23)里指一个人办不成事,也都是用的派生义,但具体内容各不相同。

这种多义谚语,在整个谚语中只占少数,所以仍然应该把单义性看作是谚语语义的一个基本特点。

谚语语义还有一个特点就是偏义性。表现在许多谚语虽然讲的是两个方面的知识,但其中有一个为主,另一个为辅。例如:

(24)咱们一日难似一日,外面还是这么讲究。俗语儿说的,"人怕出名猪怕壮",况且又是个虚名儿,终久还不知怎么样呢。(《红楼梦》第八十三回)

(25)再说人无头不行,鸟无翅不腾,没有周瑞,谁肯那么舍命!(《小五义》第八十二回)

(26)便好道弓硬弦长断,人强祸必随。你若保着孙孔目回来时,我自有重赏。(元·高文秀《黑旋风》第一折)

在这些例句里,组成谚语的两个部分在结构上是并列的,但在表义上却有主辅之分。例(24)"人怕出名猪怕壮"里,"人怕出名"为主,"猪怕壮"为辅;例(25)"人无头不行,鸟无翅不腾"里,"人无头不行"为主,"鸟无翅不腾"为辅;例(26)"弓硬弦长断,人强祸必随"里,"人强祸必随"为主,"弓硬弦长断"为辅。

偏义谚语大部分由讲人和讲物的两个部分组成。一般以讲人的部分为主,讲物的部分为辅。但也有例外,如"人怕上床(上床,指人死后停尸在床板上),字怕上墙"这个谚语,就不是以

"人怕上床"为主,而是以"字怕上墙"为主,一看下面这个例子就清楚了:

　　(27)"人怕上床,字怕上墙"。我这字拿上去,也不满顺眼的哩!(冯志《敌后武工队》第十四章)、

　　在偏义谚语里,为主的部分表示所在谚语的主要意义;为辅的部分表示某种附加意义,有的起比兴作用,增加语义的形象色彩,有的起映衬作用,使主要意义更加突出、鲜明。

　　起比兴作用的,如:

　　(28)我初来时,也是"客官",也曾相待的厚。如今却听庄客搬口,便疏慢了我,正是"人无千日好,花无百日红"。(《水浒全传》第二十二回)

　　(29)谚语有云:豆腐多了一包水,空话多了无人信。嘴筒子过分圆滑通达,反倒要暴露出说话人的本相。(克非《春潮急》十一)

　　(30)八戒笑道:"你甚不通变。常言道:'粗柳簸箕细柳斗,世上谁见男儿丑?'"(《西游记》第五十四回)

例(28)(29)里,"人无千日好""空话多了无人信"分别表示所在谚语的主要意义,"花无百日红""豆腐多了一包水"分别起比喻作用;例(30)里,"世上谁见男儿丑"表示所在谚语的主要意义,"粗柳簸箕细柳斗"比喻成分很少,很像诗歌里的"兴"。

　　起映衬作用的,如:

　　(31)坛口好封,人嘴难捂。我姓宋的不讲,纪家村还能没人讲吗?(陈登科《赤龙与丹凤》第一部,二十五)

　　(32)古人说:"花有重开日,人无再少年。"这少年时代真是黄金难买哪。(姜树茂《渔岛怒潮》第十二章)

　　(33)有道是"人往高处走,水往低处流",有谁不去腾云驾雾,倒去丢权丢势,摔倒在泥地上呢!(周骥良《吉鸿昌》三十二)

"人嘴难捂""人无再少年""人往高处走",分别表示所在谚语的主要意义,"坛口好封""花有重开日""水往低处流"分别从反面衬托它们。

　　上面所举的这些谚语的偏义性,即使在它们作为语汇形式存在的时候也是明显的。有些谚语作为语汇形式存在的时候,两个部分在表义上分不出主辅,但在运用时却显示出主辅,表现出偏义性。例如:

　　(34)白娘子放出迷人声态,……喜得许宣如遇神仙,只恨相见之晚。正好欢娱,不觉金鸡三唱,东方渐白。正是:欢娱嫌夜短,寂寞恨更长。(《警世通言》第二十八卷)

　　(35)宋江心里气闷,如何睡得着。自古道:"欢娱嫌夜短,寂寞恨更长。"看看三更交半夜,酒却醒了。(《水浒全传》第二十一回)

"欢娱嫌夜短,寂寞恨更长",作为语汇形式存在的时候,前后两个部分在表义上分不出主辅。进入句子之后,才显示出主辅。在例(34)里,以"欢娱嫌夜短"为主,在例(35)里,则以"寂寞恨更

长"为主。

谚语的偏义性,也是它单义性的一种表现,它使原来包含两个意义的谚语单义化,不过它不像一般单义谚语那么单纯,它带有一般单义谚语所没有的附加意义。

三 同义谚语和反义谚语

两个或两个以上语义基本相同的谚语,叫做同义谚语。同义谚语具有两个基本条件,一是所传授的知识的内容基本相同,二是取材不同。如果取材相同,只是说法上稍有差别,便不能看成同义谚语。例如:

(36)每日家偷狗戏鸡,爬灰的爬灰,养小叔子的养小叔子,我什么不知道?咱们"胳膊折了往袖子里藏"!(《红楼梦》第七回)

(37)婶子是何等样子,岂不知俗语说的"胳膊只折在袖子里"。(《红楼梦》第六十八回)

(38)且平心静心暗暗访察,才得确实,纵然访不着,外人也不能知道。这叫做"胳膊折在袖内"。(《红楼梦》第七十四回)

"胳膊折了往袖子里藏""胳膊只折在袖子里""胳膊折在袖内",取材相同,都是讲自家人要庇护自家人,应该看成是同一个谚语的不同说法,不宜看作同义谚语。只有取材不同而语义基本相同的谚语才构成同义谚语,例如:

(39)一锹掘不出一口井来,功夫是天长日久练出来的,这是急不得的事。(张长弓《草原轻骑》十一)

(40)思想工作是一件细致的艰苦工作。"一把火煮不熟一锅饭"啊!(王忠瑜《惊雷》第五章)

(41)都是淑妹子一个人带坏的,一粒老鼠屎,搞坏一锅粥。(周立波《山乡巨变》七)

(42)你怕啥,少了她这盘狗肉还不成席啊?不要一泡鸡屎坏一缸酱!(陈登科《风雷》第一部第四十一章)

"一锹掘不出一口井来"和"一把火煮不熟一锅饭"取材不同,但基本意义相同,都是讲事情不可能一下子就办成;"一粒老鼠屎,搞坏一锅粥"和"一泡鸡屎坏一缸酱"也是取材不同,基本意义相同,都是讲一人不好会影响整体,它们分别构成同义谚语。

有些偏义谚语,表示主要意义部分相同,而表示附加意义部分取材不同,也应该看作是同义谚语,如:

(43)钟不打不响,话不说不明,有话到底说呀!怎么哭起来了呢?(《儿女英雄传》第五回)

(44)鼓不打不响,话不说不明。你既是心里有了他,为啥不和他直说?(陈登科《风雷》第一部第四十八章)

(45)真是话不说不知，木不钻不透哇！王书记的一片话拨开了满天的云彩。（浩然《金光大道》第一部六十）

(46)话不说不透，砂锅不打不漏。……可是怎么动员呢？（马烽《刘胡兰传·见义勇为》）

"钟不打不响，话不说不明""鼓不打不响，话不说不明""话不说不知，木不钻不透""话不说不透，砂锅不打不漏"，主要意义都由"话不说不明（知、透）"来表示，但所带的附加意义不一样，含有不同的形象色彩，应该看作是同义谚语。

有些谚语基本意义相同，有的用概括性的语言，有的用形象性的语言，也应该看成是同义谚语。例如：

(47)她是料定了反正我们是拿不出房钱，"多得不如现得"，赶快把我们赶出去租给别人呢。（田汉《梅雨》）

(48)俗语谓"赊三不敌见二"，只望你随高就低的送一副便了。（《西游记》第三回）

(49)做公的买卖，千钱赊不如八百现。我们也不管你冤屈不冤屈，也不想甚重报，有，便如今就送与我们。（《醒世恒言》第二十卷）

"多得不如现得"指多得赊欠，不如少得现钱，是比较概括的说法，"赊三不敌见二""千钱赊不如八百现"，说得比较具体，也构成同义谚语。

汉语里，同义谚语非常丰富，如同是讲"人多力量大"，就有"人多成王""众人是圣人""众人一块金""树多好遮荫""众人拾柴火焰高"等多种说法。这是汉语谚语语汇丰富的一个表现。在作品里，适当选用同义谚语，对于准确地表达思想内容是很有作用的。例如：

(50)王彦章终于战败了，被外兵捉住了，人家佩服他的本事，一定要他降。他说："人死留名，豹死留皮。"就被敌人给杀了。（田汉《卢沟桥》第一幕）

(51)如今我竟要求你的大笔，把我的来踪去路，实打实，有一句说一句，给我说一篇……我也闹了一辈子，人过留名，雁过留声。（《儿女英雄传》第三十二回）

例(50)"人死留名，豹死留皮"是英雄人物王彦章临刑前说的话，一个"死"字，一个"豹"字，明确、果断，表现了视死如归的英雄气概。例(51)是老人邓九公恳求安学海为他生平立传的话，有"人过留名，雁过留声"，一个"过"字，一个"雁"字，显得委婉、含蓄，表现了另一种思想感情。

在作品里，适当地连用同义谚语，往往有助于提高表现力。例如：

(52)俗话说："到什么山上唱什么歌。"又说："看菜吃饭，量体裁衣。"我们无论做什么事都要看情形办理。（《毛泽东》反对党八股）

(53)俗话说，纸包不住火，人包不住错。麻雀飞过也有影子。做了的事怎么瞒得住人呢？（罗旋《南国烽烟》第一部十二）

这种同义谚语的连用，显然是为了突出中心思想，增强文章的气势。

同义谚语的连用，还是构成并列式复句型谚语的一个重要手段，像"鱼不可离水，虎不可离冈""千锤成利器,百炼变纯钢""风险里出英雄,海浪里见好汉"等等,都是由两个同义谚语构成的;"龙多旱,鸡多不下蛋,媳妇多了婆婆做饭""嫁鸡逐鸡,嫁狗逐狗,嫁着猴子满山走""饥不择食,寒不择衣,慌不择路,贫不择妻"等,则是由三个或四个同义谚语构成的。

语义相反的谚语叫做反义谚语。反义谚语的产生,往往是由于人们的社会实践不一样,从而产生不同的认识,得出不同的结论。例如:

(54)你可知古人云:"人没伤虎心,虎没伤人意。"他不弄火,我怎肯弄风?(《西游记》第十六回)

(55)分发已定,连放三个大硔,一齐起身,望宿松进发,要拿何县尉。正是:人无害虎心,虎有伤人意。(《古今小说》第三十九卷)

前一部分同是"人没(无)伤(害)虎心",后一部分一个是"虎没伤人意",一个是"虎有伤人意",这很可能是不同经历的反映。虎主要捕食动物,有时也伤人,但当他不感到肚饥,人又不去伤害它时,它也不一定会主动伤害人。正是这种不同情况,才产生这一对反义谚语。

有的反义谚语的产生,可能跟人们观察事物的角度不同有关。例如:

(56)这还是个新事业,没有基础,万事开头难!(李准《老兵新传》第一章)

(57)常言道:"起头容易结梢难。"只等我做过了圆场,方敢送程。(《西游记》第九十六回)

"万事开头难"和"起头容易结梢难",反映了事情的两个侧面。当事情处在开始阶段,不容易打开局面时,就会感到"万事开头难";当事情处在结尾阶段,要做到善始善终也不容易,于是又感到"起头容易结梢难"。

反义谚语的产生还可能跟人们的世界观有关,如"人贫志短"和"人贫志不短","英雄造时势"和"时势造英雄","将门出将,相门出相"和"将相本无种,男儿当自强"等,分别反映了不同阶级的不同观点。

(原载《中国语文》1984 年第 4 期)

汉语隐语说略

——一种语言变异现象的分析

曹 聪 孙

隐语是一种封闭型的语言变异现象。它的主要特点之一是秘密性。隐语是一种"语言的语言",是语言这一人类社会交际与表达思想工具的变态,是这一符号系统的附加现象。这种现象的产生有时与阶级社会的某些现象和条件有关。

根据现有的资料,世界上的主要大语种,都有它们自己的一些形式不同的隐语。可以认为,隐语的创造与使用是一种语言的普遍的变异现象。

隐语是社会语言学的研究对象。当然,它的特殊的音系构造要联系到语音学;它特殊的词汇现象要牵扯到词汇学。一般地说,隐语没有自己的另一套语法构造。所以,隐语和语法学的关系不是很紧密的。隐语还是一种语用现象。

一 隐语是什么?

隐语是全民语言的一种特殊变体,属于社会习惯语的一种。隐语这一名称,严格地说,概念是比较模糊的。在一般词典,甚至语言学词典中,它的释义既不一致,也不准确。R. R. K. 哈特曼和 F. C. 斯托克的《语言与语言学词典》中,把 cant 解为"某一地方、社会或职业集团,尤其是社会下层特有的行话(jargon),可替换术语:argot(隐语、黑话)、lingo(隐语、行话)"。在 jargon 条下,又释义为"行话、行业语"。[①] 实际上,以美国英语为母语的人,习惯把 jargon 也理解为隐语。所以,cant 的可替换术语首先应该是 jargon。至于 argot,则是来自法语的词。

英语的 jargon,俄语的 жаргон 均来自法语的 jargon。若热·穆南(Georges Mounin)的《Dictionnaire de la Linguistique》[②]中指出,jargon 一词"有时是 argot 的同义词,有时是 galimatias 的同义词"。对 argot 一词的解释是"指松懈的、亲昵的、通俗的、粗俗的形式。语言学术语则专指一种社会集团的具有封闭性的用语。也指秘密语,即坏人、狡猾的掮客、贩马人的用语"。galimatias 一词,则指晦涩的语言和胡乱写成的文字。它也是 jargon 的一义。高名凯在他的

---

① *Dictionary of Language and Linguistics*,有黄长著、林书武等译本,上海辞书出版社 1981。
② 《语言学词典》,Presses Universitaires de France, Paris, 1974。

《语言论》中写道，jargon 是一种"歪曲的语言"。这种社团方言具有秘密性，很像汉语里的"黑话"。《中国大百科全书·语言文字卷》未收此类条目。

隐语是什么呢？就汉语情况来看，隐语应该是词的秘密语加上音的秘密语。除了这两种秘密语而外，其他都不是隐语。

二　隐语不是什么？

汉语中指称隐语的名词不少。诸如"切口""暗语""行话""俚语""集团语""市语""春点""秘密语""黑话"等。要弄清楚什么不是隐语才有可能对这些名称加以爬梳整理。

第一，现代汉语的"隐语"不是我国古代典籍中的"隐语"。古汉语中的"隐语"指的是"廋辞"，即类乎比喻词和替代称的"谜语"。它也同样重在暗示与托辞。我国"谜语"一词出现得较晚。《北史·魏咸阳王禧传》才首见"谜"字。此类词语出现的顺序是廋辞——隐语——谜。明清以降，又称"灯谜"。王今铮等的《简明语言学词典》将"隐语"即解为"隐喻、谜语和双关语"。

第二，隐语不是行业语。各行各业往往有自己的独特用语。如电影业的"定格""蒙太奇"、相声中的"包袱""垫话"等。但从性质上看，它们迹近术语。

第三，隐语不是科技用语。"夸克子"(quark)"马太效应""救生艇状态"(lifeboat situation)这些物理学、管理学、未来学用语，虽不为一般人所熟悉，但它们只是科技专用名词，不具有隐语的性质。

第四，隐语不是刚刚产生而尚未流行的新词。如汉语的"星探""商调""炒卖"，英语的"二十二条军规"(catch—22)（从黑色幽默小说得名，后泛指"骗局"、"权力加蛮不讲理"）"黄丝带"(yellow ribbon，美流行歌曲，后指"欢迎受难的人归来"）等。

第五，隐语不是阶级习惯语。如旧时代对劳动人民的蔑称"老妈子""下房儿"以及封建时代的"寡人""驾崩"等。

第六，隐语不是俚语。俚语俗词时常在一部分人中间使用。如汉语的"没治了"（顶好），俄语的"艾迪达索夫斯基"（意思是"没治了"，"艾迪达斯"是德国一种运动服（鞋）的商标）在青少年中流行。别人听了虽感生疏，但很快就能理解。它们只是个别的、孤立的词语，不具有隐语的特色。

第七，隐语也不是"外号儿""缩写词"和委婉语等特殊词语。

三　词的秘密语

综上所述，可以指出，隐语是一种具有明显的封闭性质的词的秘密语。其中为一定的社会集团，例如帮会、黑社会、罪犯、吸毒者、色情行业等内部使用的话，可称为"黑话"。

我国的公案小说中曾经记录过一些这样的黑话。像《施公案》110 回中的几段：

　　"可也是呀！一个人敢来找伙计，也算有他的黑蛤蟆！"（黑蛤蟆指胆子）

　　"我知道，你必定是个挠儿赛！"（挠儿赛指好样儿的）

　　"看你这嘴巴骨子，分明是来闯亮！"（闯亮，指望风，侦察，也指碰碰运气）

柳溪的《燕子李三传奇》中的对话：

　　"请问壮士何以'剪草'？"（偷盗）

　　李三："剪而未落。"（偶一为之）

　　张禄："哪个溜子？"（哪帮哪伙）

　　李三："白隋窦章。"（自己单干）

　　张禄："哪个衣钵？"（跟谁学的）

　　李三："田盘山下。"（石敢当代号）

　　张禄："照过格廊？"（吃过官司吗）

　　李三："新糊的窗户。"（新手，尚未坐过监）

　　由于这本书是专写燕子李三的，所以出现了较多的隐语（黑话），比如"停风"（立定行窃）、"行风"（行走行窃）、"吃闷窑"（夜间行窃）、"开桃园"（凿墙行窃）、"提乌龟"（抢帽子）、"拨扇子"（拧门撬锁）等。

　　曲波的《林海雪原》中也引用了不少黑话来反映土匪生活。例如：

　　"蘑菇，溜哪路？什么价？"（什么人？到哪儿去？）

　　"紧三天，慢三天，怎么看不见天王山？"（走了九天，也没找到哇）

　　"野鸡闷头钻，哪能上天王山！"（因为你不是正牌儿的）

　　"他房上没有瓦，非否非，否非否。"（不到正堂不能说，徒不言师讳）

　　解放前的一贯道、帮会等组织，也有部分隐语黑话在使用。如一贯道管佛堂叫"法船"，管一家人都入道叫"齐家"等。

　　从黑话的构词来分析，常见的有以下几种类型。

　　第一，借喻（以下每组第二个词是隐语）

道路——线（子）　　米——沙　　雪——鹅毛片　　逃走——避风　　城——圈子

洋钱——饼子　　钞票——花花子　　说话绕弯儿——兜圈子　　搬弄是非——挑灯拨火

打死被绑人——撕票　　洗澡——闹海　　秘密文书——金不换　　书信——锦囊子

倒头相帮——放掉头炮　　威吓——放炮

　　第二，借代（换名）

胡子——巴腮子　　鼻子——气筒子　　牛——长角子　　马——跑蹄子

拜客——拜码头　　手枪——喷筒子　　吸烟——收熏条子　　脸——桃花

　　第三，释义

鞋——踢土(子)　　雨鞋——踏水(子)　　跪下——矮倒　　做事爽气——漂亮

第四,截尾

腿——金华火　　面——牛头马　　肉——娇皮嫩　　女——金童玉　　风——金殿装

茶——半夜巡　　店——贺后骂

第五,析字

顺天行道——川大丁首　　三礼拜六点钟——(吃)醋

丝线穿针十一口＼结义①
羊羔美酒是我家／

黑话隐语的特点之一是口语性很强。因此,这些话的用字就不大一致。比如"暗数"的用字就有不一之处。②

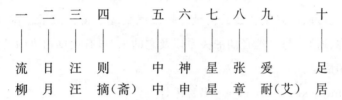

一	二	三	四		五	六	七	八	九		十
流	日	汪	则		中	神	星	张	爱		足
柳	月	汪	摘(斋)		中	申	星	章	耐(艾)		居

除了黑话外,还有另外的一种隐语,也是秘密语。这种语言往往产生于一个"隐语区"。80年代以来,有人调查了我国山西夏县(中条山麓)县城以西二十里左右,存在着一个称为"言话区"的隐语区。③ 言话区有一百多个核心单词,通过彼此组合,可以产生很强的交际功能。这种功能在抗日战争时期还发挥了极大的作用。当时,日本侵略者命令青壮年集中,鸣锣的人就先用"言话"喊:"行齿！流紧齿要乃齿了,代消！"意思是"乡亲们,鬼子要抓人了,赶紧跑！"在甘肃省兰州以西的永登县薛家湾有一个过去以算命为生的流浪群体,人称"东方中国的吉卜赛人"。他们中间也使用过一种秘密语(如爸爸称"根子",妈妈称"莫子",头称"听宫",眼称"兆宫")。④

近年来,旧的汉语隐语中的黑话消失了。可是,据调查,在一些犯罪团伙中,又产生了不少新的黑话。像"干勇"指单个行窃,"洗"指"抢","暗货"指骗来的妇女,"明货"指拐来的妇女。⑤据报导,台湾部分青少年近年也"创造"了不少新隐语。如"撤轮子"指坐出租车,"扫苗"指理发,"插蜡烛"指半路上溜走等。台湾大学一位教授认为,这是一种反正统、反规范意味的黑话,又是一种"后设语言"或"语言游戏"。

　　① 朱琳《洪门志》,中华书局1947;古研氏《中国秘密社会史》,商务印书馆1911。宋陈元靓《绮谈市语》;明无名氏《行院声嗷》。行院,行帮。
　　② 第一行暗数用字见朱琳《洪门志》;第二行暗数用字见姜宝林《相声术语探趣》,《今晚报》1988.8.20。
　　③ 潘家懿、赵宏因《一个特殊的隐语区》(夏县东浒"延话"(隐语)调查纪实),《语文研究》1986年第3期。作者后在另一文章中将"延"字改为"言"。
　　④ 鲁赣《东方中国的"吉卜赛人"》,《南方周末》1991.4.19。
　　⑤ 参看《民主与法制》画报第66期,1988.7.6。

　　隐语用久了,用多了,就有可能进入全民语。上边例子中提到的"避风""撕票""拜码头""漂亮"等,都是进入了现代汉语普通话的词语。人们也感觉不出它们是什么秘密语了。

四　音的秘密语(反切语)

　　如果说词的秘密语主要是从词汇方面对全民语言加以改变、变换或歪曲,那么音的秘密语则主要是从语音上对全民语加以改变、变换或歪曲。音的秘密语在我国的主要形式是反切语。

　　什么是反切语?赵元任在《反切语八种》[①]一文里指出:"全部说话都能改变的,大概都是利用音的变化。一种语言的音素无论怎么繁复,比起词类来总是少好些倍;论语音上辨得出的音素一个语言至多不过有百把来个,论音韵上的音类或音位,至多不过几十个。所以,只要对于音上有了一定的改变法,就可以把随便什么话机械地一改就全成了秘密语了。"在这篇论文里,作者介绍了反切语的名称、通则,与本地音韵的关系以及它的来源,有关反切语的著作资料。作者在文中提及的八种反切语是:

北平	mai－ka　mei－ka　man－t'a	名称未详
常州	məŋ－la 式	叫"字语"
崑山	mo－pa 式	叫"切口语"
苏州、浦东、余杭、武康　mo－pa 式		叫"洞庭切"
苏州	uŋ－mən 式	叫"威分"
广州	la－mi 式	叫"燕子语(公)"
东莞	la－mi 式	叫"盲佬语"
福州	la－mi 式	叫"庹语"或"食前庹"

　　文中提到,北平 mai－ka 式、常州 məŋ－la 式、苏州 uŋ－mən 式是作者本来会说的。不过,近来对于特别的变例,记忆有一点模糊。

　　《反切语八种》发表于 50 多年前,文中提及的反切语今天还能够熟练地讲出的人恐怕已经不多了。当时,这类反切语主要流行于大中学生中间。笔者于近 50 年前曾经学会说上述的北平 mai－ka 式。而且,清楚地记得它的名称叫"会中语"。另一传说为"徽宗语"。指宋徽宗被俘后,为了避免外人听懂他与亲近人之间的谈话所创造的一种语言。

　　关于反切语,文中写道:"作者所看见的只有下列两段东西。一是《歌谣周刊》三卷五十二号容肇祖的《反切的秘密语》;二是《国立中央研究院历史语言研究所集刊》一卷四期陈燠民的《闽语研究》。"近日,笔者偶然翻阅《西湖游览志余·委巷丛谈》,赫然见到有一处记述杭州地方的"反切语"。

---

　　① 《国立中央研究院历史语言研究所集刊》第二本第三分,1931 年 4 月。

在此，对赵元任先生的《反切语八种》可作如下的两点补充。

第一，北平的 mai－ka 式的名称是"会中语"。至于是个什么"会"，却不可考了。另外两种 mei－ka man－t'a 式的名称是否也是"会中语"则不敢臆断。mai－ka 式在本世纪二三十年代流行于平津等地。由于它规则并不复杂，所以对语言有兴趣的年轻学生多半能听能说。即使不能听说的人，也多能听懂几句日常用语或骂街的话。

第二，《西湖游览志余·委巷丛谈》载：杭人有以二字反切一字以成声者。如以"秀"为"鲫溜"，以"团"为"突栾"，以"精"为"鲫令"，以"俏"为"鲫跳"，以"孔"为"窟笼"，以"盘"为"勃兰"，以"铎"为"突落"，以"棄"为"窟陀"，以"圈"为"窟来"，以"蒲"为"鹘卢"。有以双声而包一字，易为隐语以欺人者。如以"好"为"现萨"，以"丑"为"怀五"，以"马"为"杂嗽"，以"笑"为"喜黎"，以"肉"为"直线"，以"鱼"为"河戏"，以"茶"为"汕老"，以"酒"为"海老"，以"没有"为"埋梦"，以"莫言"为"稀调"。又有讳本语而巧为俏语者，如诟人嘲我曰"溜牙"，有谋未成曰"扫兴"，冷淡曰"秋意"，无言默坐曰"出神"，言涉败兴曰"杀风景"，言胡说曰"扯淡"，或转曰"牵冷"，则出自宋时梨园市语之遗，未之改也。

前面举的例子，比较接近于常州的 məŋ－la 式，是反切语。中间的例子有着眼字形的，像以"丑"为"怀五"。苏州有拿"五"叫"缺丑"的称数方法。结尾的俏语多半是已经进入普通话词汇系统的方言词了。

反切语的种类不少，见于"著录"的至少是八九种。它们形成的方法与规则大同小异。所以，只要分析其中的一种，便可以以此类推。下面以北平的会中语 mai－ka 式为例，作一些分析介绍。

严格地说，这种格式也不妨叫 ai－g 式（为了方便，以下使用汉语拼音方案）。实际上，这一式的反切方法就是把一个音节（字）分为声母和韵母两部分。然后，在每个声母的后头加上一个 ai；在韵母的前头加上一个 g。

例如，"我"字，声母 w，韵母 ǒ，照上述方法，就在 w 的后边加上一个 ai，在 ǒ 的前边加上一个 g，于是就成为 wàiguǒ，大致和"外果"同音。又比如"们"声母是 m，韵母是 en，照同样方法，这个音节就读成了 mǎigēn，与"买根"同音。

为了整齐划一，用这种方法拼读出来的音节，在汉语标准语（当时还没有"普通话"的称谓）中有的是并不存在的。如"次"，拼读的结果成为 [ts'aiɿ]。

韵母有 i u ü 的，像"秒"，要拼为 maigiǎo，"推"要拼成 tuǎigui，"远"拼为 yuǎigān。也有人把韵母整个儿后推，读成 mǎigiǎo、tǎigui、yaǐguǎn 的，不能算错。

假如附加音恰好与音节（字）的声母一致，那么就必须改用声母 l。"鼓"字要拼成 gailǔ，"光"字要拼为 guǎi lāng 或 gǎi luǎng。

声母是半元音 j w y 的，就按它们原来的发音去拼，并无新规则。

至于声调，一般是按韵母的字调照读不变，而声母后头的附加音往往多读第三声。为什么如此，也说不大清楚。有一点可以指出的是，第三声的调值是 214，有曲折变化，停留时间略长，可以给听话人以预测时间（对词的认知），以备后边韵母的出现。个别常用字时常有变例。上面举出的"我"就拼为 wàiguǒ 而不作 wǎiguǒ。

所有反切语都利用了汉语的语音特点，特别是声、韵可以分开的特色，因此，各种反切语的格式都有相似之处。所不同的是附加音有较大的区别。有的反切语故意把原来音节的声母、韵母顺序加以颠倒。比如苏州的 uɒ－mən 式，广州的 la－mi 式，福州的 la－mi 式，说的时候，先读韵母，后再读出声母和附加音。"好"[hɐ]字就念成[ɐ－hən]，"叫"[tɕiɐ]字念成[iɐ－tɕən]，不能按原音节（字）的声母、韵母顺序读成[hən－ɐ]和[tɕən－iɐ]。

（原载《中国语文》1992 年第 1 期）

普通话词汇规范问题[*]

陈 章 太

一 普通话词汇规范的原则、依据和做法

1.1 对普通话词汇进行规范,是一项复杂的工程。这首先要确定规范原则。我以为普通话词汇规范(包括规范工作)的原则应当是"约定俗成,逐渐规范"。

"约定俗成"本有两层意思,不等同于"自然形成",把它解释为"既约定又俗成"似无不妥。"约定"和"俗成"是密不可分的辩证关系,"约定"离不开"俗成","俗成"不能没有"约定"。语言规范有自发规范和自觉规范两种形式,自发规范是社会在语言应用中自然的调节行为,是比较消极的规范形式;自觉规范是人们对语言应用有意识地采取某些措施,进行必要的干预,以维护语言的纯洁,促其健康发展,便于社会应用,这是一种积极的规范形式。我们需要了解、重视自发规范,但更要研究、提倡、加强自觉规范。

语言既有系统性又有社会性,语言规范化离不开语言的这两种属性。而以"约定俗成,逐渐规范"为原则的普通话词汇规范,正是符合语言的这两种特点。也就是说普通话词汇规范既离不开普通话词汇系统的状况,又要充分考虑社会应用的有关需要;对普通话词汇既要按照一定的标准进行控制和规范,又不可以脱离语言应用的实际,过急地实行"主观规范"。

1.2 为了更好地、有效地贯彻"约定俗成,逐渐规范"的原则,应当确立求实、辩证两个观点,即"宽容对待"和"重视动态"。这是因为:1)普通话词汇系统比语音系统和语法系统复杂、多变。语音系统是封闭、具体的,声母、韵母、声调和音节是固定的,即使有所变化也极慢极小;语法规则也是基本封闭、固定的,基本句型有限,句型变换、活用不多。而词汇系统却不然,现代汉语通用词数以万计,可能超过十万,加上各行各业的专用词语,其数量多少难以说清,大概有几十万条。而且词汇应用灵活,规范标准比较宽泛,不大容易掌握,对它进行规范也就要困难得多,因此要求要切实可行,不宜太死太严。2)词汇经常处于变动之中,即使是基本词汇,其变化也比语音、语法要快一些;有些词有时隐退有时又复现,实在不易把握。从"五四"以来,现代汉语词汇经历了几个重大阶段的变化,现在回过头去看"五四"时期,乃至改革开放前的词汇,其变化之大是令人吃惊的。以通用称谓词为例,解放前,主要使用"老爷"、"先生"、"夫人"、"太太"、

---

* 本文在 1995 年 12 月于北京举行的"首届语言文字应用学术研讨会"上宣读,此次发表作了修改与删节。

"女士"、"公子"、"少爷"、"小姐"等，其中"先生"、"太太"、"女士"、"小姐"是社会通用称谓词。解放后社会通用称谓词几乎只有"同志"一个；为区别夫妻关系与一般同志关系，采用"爱人"作为辅助称谓词。"文革"中阶级斗争观念强烈，"同志"不敢随便使用，而工人师傅社会地位较高，于是拿专用尊称"师傅"作为社会通用称谓词，"师傅"几乎盖过了"同志"，直到现在"师傅"的使用率还不太低。改革开放以后，重新起用"先生"、"夫人"、"女士"、"小姐"等，再把专用尊称"老师"用作社会通用称谓词，同时保留"同志"和"师傅"。至于"爱人"一词，社会上还在使用，但用得越来越少，在知识阶层和商界就更少用了。现在对这些通用称谓词的使用，虽然有些混乱，但还是有一定的讲究，与过去有所不同。如称男性的"先生"、"老师"、"师傅"、"同志"等，称女性的"夫人"、"太太"、"女士"、"大姐"、"小姐"、"老师"、"师傅"、"同志"等，因对象、行业、场合等的不同而有所不同；有时可以互用，有时不能混用。这里无法细述。面对如此复杂、灵活、多变的词汇，进行普通话词汇规范时，如果缺乏上述两个观点，是难以做好的。

1.3　规范普通话词汇，虽然难以确定具体标准，但应有所依据。然而过去所提的依据不够明确、具体、全面，需作进一步探讨与研究，以便逐渐使其完善。本文提出以下几条，作为现阶段判断和规范普通话词汇的依据。

1.3.1　"现代汉语规范词表"中所收的词汇。这种词表的研制，主要目的是为了词汇规范，它应以大量题材多样的语料做基础，按词的使用频率进行统计、分析。"规范词表"是通用的，可以分为最常用、次常用和一般通用等几级，或称一、二、三、四等级，这是最主要的。另外还应有各行业使用的各种专用规范词表，可以同"规范词表"配套。现在已经发表的一些现代汉语词表，因为不为规范目的而研制，普遍缺乏规范性和权威性，一般只能作为规范的参考。据了解，信息界正在研制中文电脑通用词库，收词五万条左右。国家语委语用所正在研制现代汉语通用词表，收词近六万条。其他一些单位也在研制这类词表。当然，这种规范性词表不能一成不变；随着社会、事物、观念的发展变化，每隔一段时间词表要补充、修订一次，以作为新阶段的普通话词汇规范依据之一。

1.3.2　规范性、权威性语文词典所收的词汇。几十年来，海内外出版了许多中文词典，但够得上规范性、权威性的语文词典却极少。就大陆来说，当前社会上和学术界所公认的恐怕只有《现代汉语词典》一种。据了解，《现代汉语词典》很快将出版修订本。编者还在编写《现代汉语大词典》，收词十万条左右，不久将出版，这是令人欣慰的。一种《现代汉语规范词典》也正在编写，收词五万多条，每个词都标注词性，这部词典的问世，也将在普通话词汇规范中发挥作用。

我国是一个泱泱大国，使用汉语的人数又这么多，按说应当有更多更大更好的汉语规范词典，使普通话词汇规范有更好的遵循，如英国的《牛津英语词典》、美国的《韦氏新国际英语词典》和俄罗斯科学院的《俄语词典》等。遗憾的是，到现在我们还没能做到，还需做更大的努力！

1.3.3　语言比较规范的现代、当代重要著作使用的一般词语。这里有两个问题需要讨论：1)什么样的著作算现代、当代重要著作？笔者以为，"五四"以来用白话文写作的、语言比较规范、影响较大的著作，都是现代、当代的重要著作。其中当然是以文学作品为主，也应包括优秀翻译作品和内容宽泛的政论等著作。如鲁迅的《呐喊》、《彷徨》、《野草》、《朝花夕拾》等，郭沫若的《屈原》、《虎符》、《蔡文姬》、《武则天》等，茅盾的《子夜》、《腐蚀》、《林家铺子》等，老舍的《骆驼祥子》、《四世同堂》、《春华秋实》、《茶馆》等，叶圣陶的《倪焕之》、《叶圣陶短篇小说集》等，林语堂的《京华烟云》(中文版)、《红牡丹》(中文版)等，田汉的《丽人行》、《关汉卿》、《谢瑶环》等，巴金的《激流三部曲》、《爱情三部曲》、《寒夜》等，冰心的《冰心小说散文选》、《我们把春天吵醒了》、《樱桃赞》等，曹禺的《雷雨》、《日出》、《北京人》、《王昭君》等，钱钟书的《围城》等，王蒙的《组织部新来的年轻人》、《恋爱的季节》、《失态的季节》等，张炜的《古船》、《九月的寓言》、《家族》等。2)什么样的语言是比较规范的语言？笔者以为，语言"完全规范"或"绝对规范"的著作恐怕很难看到。是否可以说，凡是作品使用的语言总体上符合社会普遍使用的语言的习惯，用词鲜明准确，句子通顺，没有滥用方言词语、文言词语和外来词语，没有生造、晦涩的词语，这样的语言都是比较规范的语言。

1.3.4　全国性重要传媒使用的一般词语。这里包括全国性的重要报纸、杂志，如《人民日报》、《光明日报》、《文汇报》、《中国青年报》、《经济日报》、《科技日报》、《瞭望》、《当代》、《十月》、《中国青年》、《中国妇女》等所用的一般词语；还包括中央人民广播电台、中央电视台用普通话播音的节目所用的一般词语。这里所说的"一般词语"，一指社会上普遍使用的词语，二指非专用词语，三指非生造、非生僻的词语。重要传媒使用的词语，也有不规范或不够规范的，但毕竟是少数，不会影响它们在总体上作为普通话词汇规范的重要依据。

1.3.5　北方话地区普遍使用的一般词语。这里所说的"一般词语"，主要指非专用、非生僻的词语。北方话是普通话的基础方言，北方话普遍使用的一般词语，尤其是基本词汇，应当而且可以作为普通话词汇规范的依据。北方话词汇同普通话词汇的差异一般在百分之五至百分之十，有的不到百分之五。从基本词汇看，其差异就更小了。而那些与普通话词汇有差异的词语，大多是土语词，自然不能作为普通话词汇规范的依据。北京话属北方话，有北方话的代表性，是普通话基础方言的基础方言。由于北京话的特殊地位和作用，它的一般词汇(除土语词外)更应当作为普通话词汇规范的依据。

1.3.6　普通话词汇有书面语词同口语词的差别。上述五条在总体上对书面语词和口语词的规范都适用，但在具体操作时当视情况而有所侧重；前三条较适用于书面语词，第四条既适用于书面语词也适用于口语词，而第五条则更适用于口语词。

1.4　现在讨论普通话词汇规范的主要做法。普通话词汇规范比语音、语法规范更为复杂和艰巨，是一项经常、永久的任务。为做好这一难度很大的工作，应当采取这样几项主要办法：1)尽快研制、公布普通话规范词表，并每隔一个时期加以修订和补充；2)编纂出版规范性的现代汉语大词典，使其成为普通话词汇规范的权威标准；3)加强传媒用词规范，发挥传媒对词汇规范的影响效应；4)加强普通话词汇研究与教学，提高普通话规范水平；5)成立"普通话词语审订委员会",定期发表普通话词汇审订成果。前三项上文已述,这里仅就后两项作些讨论。

1.4.1　加强普通话词汇研究与教学,是做好普通话词汇规范的基础。过去对这方面重视得不够,研究成果不太多,词汇专著寥寥无几;教学工作薄弱,教学效果不佳,以致影响普通话水平的提高。其实这方面需要研究的问题很多,如汉语分词问题,词性问题,异形词问题,外来词问题(包括外语人名、地名的翻译问题),缩略语问题,口语词问题,文言词问题,常用词、通用词问题,等等。就词汇规范本身,从理论到实际也都有好多问题要研究。

关于词汇教学,重点应当加强对少年儿童普通话词汇教学,教给他们这方面的基本知识,从小掌握一定数量的普通话词汇,为学好普通话打下较好的基础。现在不少地方在幼儿园和小学开设"说话课",在师范学校开设"口语课",这是加强普通话教学的重要而有效的举措。在这些课程中,应当适当增加词汇教学的内容,以便收到更好的效果。在具体教学中,有几项值得注意。首先,要分清什么是普通话词和非普通话词,让学生具有这方面的基本知识和基本能力。第二,要教给一定数量的普通话词,让学生掌握常用词和次常用词。第三,要加强基本词汇教学,尤其是单音节基本词汇教学,并适当讲解构词法,让学生了解这方面的知识。第四,把词汇教学与学话教学紧密结合起来,以便在实践中收到更大的效果。

1.4.2　普通话异读词审音已由审音委员会专管,这方面的工作有了较大的成效,尽管这当中还有一些问题,但一般异读词读音有了一定的遵循。科技术语已有"全国自然科学名词审订委员会"管理,一般也有统一的规范。而人文社会科学方面的词语,至今没有一个专门的机构统一管理。应当尽快成立"普通话词语审订委员会",专门负责人文社会科学方面词语的审订工作,并指导普通话词汇规范工作。委员会应定期或不定期发表普通话词语审订成果,向社会推荐使用,使人们遵循或参考。

二　普通话词汇规范的几个具体问题

2.1　当前,在改革开放的大潮冲击下,现代汉语词汇正经历一个大丰富、大变化、大发展的时期。其主要特点是:大量产生新词语和缩略语,大批吸收港台词语和外来词语。在普通话词汇规范中,怎样对待这些问题,需要很好研究。下面具体讨论这些问题。

2.2　自我国实行改革开放以来,社会各方面发生了极大的变化,新事物新概念层出不穷。为称说大量涌现出来的新事物、新概念,现代汉语产生了一批又一批新词语;其产生的速度很快,每年以数百条乃至上千条递增。于根元和刘一玲分别主编的《汉语新词语》编年本,1991年本收词335条(原资料收集近800条),1992年本收词448条,1993年本收词461条,1994年本收词也是400多条。1995年本正在编写,已收集资料近千条。

从最新的资料看,有相当一批新词语是不错的。如"茶会"(边喝茶边开会)、"军嫂"(对一些军人妻子的尊称)、"空嫂"(中年女航空乘务员)、"警花"(对女巡警的美称)、"黄业"(经营色情生产的活动或行业）、"黑车"（无照运营的客车）、"林事"（林业方面的事务）、"农情"（农业状况）、"炒家"（善做投机商者）、"欢乐球"（象征吉祥、踩后发响、让人欢乐的小气球）、"草帽官"（清廉、能干的农村基层干部）、"练摊儿"（摆摊做小生意）、"爆炒"（大肆吹捧、宣传）、"封镜"（影视完成拍摄）、"软拒"（婉转拒绝）、"抄肥"（从中渔利）、"返贫"（又回到贫穷的境地）等。而有些新词语却不甚好。如"唱药"（药剂师向取药人说明所取药品的用法）、"高人"（高血压、高血脂等患者）、"割肉"（赔钱、蚀本）、"排众"（与众不同）、"骗发"（以欺诈而发财）、"杀熟"（欺诈熟人或用行政式的经营手段挤压下属企业）、"休渔"（在一定的时间内禁止捕鱼）、"义拍"（义卖）等。近些年来，北京话里也出现许多新词语，其中一批已经进入普通话。如"帅"、"棒"、"派"、"大款"、"大腕儿"、"练摊儿"、"抄肥"、"放血"、"哥们儿"、"姐们儿"、"打住"、"面的"、"打的"、"走穴"、"滋润"、"倒爷"、"洋插队"、"没劲"、"拍板儿"、"添乱"、"窝儿里斗"等。而不少还属于土语词。如"铁"、"瓷"（都指关系密切）、"臭"（低劣、愚蠢）、"搬"（弄钱、搞钱）、"傍"（倚靠、陪伴有钱有势的人）、"傍家儿"（情人，相互依靠、陪伴的朋友和帮手）、"小蜜"（情人）、"酒蜜"（陪酒的女友）、"托儿"（被雇假充顾客帮经营者推销商品的人）、"板儿爷"（蹬三轮车挣钱的人）、"拔撞"（提高地位和威信）、"碴架"（打架，多谓打群架）、"底儿潮"（有犯罪前科）、"跌份儿"（丢面子）、"放份儿"（显示自己的气派、威风）、"佛爷"（小偷）、"加傍"（参加合作与协助）、"神哨"（胡吹、乱侃）、"毛片儿"（黄色影像片）等。其他各方言也都有或多或少的新词语，闽、粤、吴方言可能更多一些。这一批新近出现的新词语，大多属于非基本词汇，它们的寿命如何，一时很难判断；其中不少词恐怕会逐渐隐退或消失，而许多词可能使用较长时间，有的还会成为基本词汇。对待新词语总体上宜持热情、谨慎的态度，多进行观察、研究，必要时加以说明、引导，适当进行干预和规范；少作批评、指责，更不宜轻易判处其"死刑"。干预、规范新词语，重要而有效的办法是：权威机构定期或不定期公布经过认真研究、严格选定的普通话新词语词表，向社会推荐使用。每册词表按时间顺序编号，词条作简明的注释。在此基础上，再编写、出版规范性、权威性的新词语词典，并不断出版修订本或增订本，供人们应用、遵循。

2.3　缩略语是现代汉语词汇系统中的重要组成部分。它包括简称和略语；简称一般是名词和名词性词组的简缩，略语多为非名词性词组的缩略。为了使语言简洁好用，现代汉语产生许多缩略语。随着社会事物的变化和生活节奏的加快，这种缩略语越来越多，占现代汉语词汇相当大的比重。

新近产生的一批缩略语，从词形、词义看，多数合乎规范。如"暗荒"（暗地里让土地荒芜）、"案源"（案件来源）、"不争"（不必争论）、"保真"（保证真货）、"博导"（博士生导师）、"超售"（超额售票）、"春钓"（春天里钓鱼）、"车检"（车辆检查）、"打假"（打击假货）、"防损"（防止损失）、"迪厅"（迪斯科舞厅）、"揭丑"（揭露丑恶现象）、"瓶啤"（瓶装啤酒）、"罐啤"（罐装啤酒）、"国啤"（国产啤酒）、"纠风"（纠正不良之风）、"禁放"（禁止燃放鞭炮）、"家教"（家庭教师）、"家轿"（家庭用轿车）、"劳效"（劳动效率）、"换赔"（换旧赔新）、"解困"（解救困难户）、"减负"（减轻农民负担）、

"专技"(专业技术)等。也有一些缩略得不太好，或是词形欠妥，或是词义不明，让人费解。如"过负"(过重负担)、"禁渔"(禁止滥捕鱼类)、"考任"(经考试合格而任命)、"考录"(经考试合格而录用)、"高博会"(高新技术产品博览会)、"监区"(监管犯人的区域)、"盘整"(盘查整顿)、"排查"(排队审查)、"严困"(严重困难)、"音害"(噪音伤害)、"迎保"(迎接保卫)、"造笑"(制造欢笑)、"整建"(整顿建设)等。在普通话词汇规范中，对缩略语的规范要给予充分的重视。对待缩略语，同样应持宽容、谨慎的态度，不宜简单判断它不合乎规范。当然，现在的缩略语太多，似乎有些过滥，而且还在大量地产生，对它严格一点儿，对那些不合"形简义明"要求的，进行一定的规范，这是必要的。

2.4 所谓港台词语，是指香港、澳门和台湾话里的词语。这三个地方的词语虽有许多相同，但也有一定的差异，尤其是在所吸收的方言词和外来词方面，其差异更大一些。

我国大陆自改革开放以来，社会政治、经济、文化、科技等有了很大的发展，人们的观念也发生相当大的变化。在这种大变革的态势下，新事物、新概念如潮水般涌现出来，而普通话和方言一时又没有那么多相应的词语来称说，于是一批批港台词语便随港台事物一起进入了大陆。有学者估计，近十年来进入大陆地区的港台词语大约有六七百个之多。其中一批已进入普通话。如"法人"、"资深"、"周边"、"转型"、"架构"、"酒店"、"宠物"、"蛇头"、"歌星"、"空姐"、"共识"、"传媒"、"相关"、"代沟"、"精品"、"分流"、"负面"、"举报"、"投诉"、"炒卖"、"新潮"、"氛围"、"爱心"、"多元"、"反思"、"举措"、"评估"、"界定"、"拓宽"、"拓展"、"研讨"、"认同"、"投入"、"看好"、"疲软"、"保龄球"等。有的正在进入普通话。如"水货"、"物业"、"斥资"、"写真"、"水准"、"诚聘"、"珍品"、"牛市"、"婚变"、"非礼"、"电脑"、"飞碟"、"洗手间"、"度假村"、"追星族"、"上班族"、"黑社会"、"发烧友"等。有的虽在大陆社会上有所使用，但似乎还没有进入普通话。如"饮茶"、"熊市"、"派对"、"空港"、"公屋"、"镭射"、"飞弹"、"影碟"、"录影机"、"录影带"、"私家车"、"升降机"、"穿梭机"、"太空船"、"太空人"、"飞翔船"、"即食面"、"公仔面"、"化妆间"、"即溶咖啡"、"草根阶层"等。这类词语有的可能会逐渐进入普通话，但一般不太容易被普通话所吸收，因为普通话已有相应的较好的词语。如"晚会"、"聚会"、"机场"、"公房"、"激光"、"导弹"、"电梯"、"私车"、"录像机"、"录像带"、"方便面"、"卫生间"、"洗手间"等。有的大陆暂时还很少或没有那种事物。如香港的"太空人"、"飞翔船"等。

可以预料，随着香港、澳门的回归，以及大陆、港、澳、台交往的频繁，今后还会有更多的港台词语陆续进入大陆地区。面对这样的态势，我们应当热情、宽容、冷静去对待，因为港台词语的进入，从总体看是有益的，但也会有一些负面作用。普通话词汇是开放性的，需要从各方面吸取养分来丰富自己的系统；继续吸收部分港台词语，是普通话词汇丰富、发展的途径之一。但吸收港台词语不可太快、太滥，对那些不可以吸收的词语应当加以排斥。笔者以为，普通话吸收港台词语，应当考虑以下几条：1)普通话没有而港台话中有，且形、音、义都较好的港台词语，普通话可以而且应当吸收。如上文列举的已进入普通话那类港台词语的一部分。2)普通话有的，而港台词语比普通话好的那类港台词语,普通话也可以吸收。如"空姐"、"相关"、"负面"、"研讨"、"电脑"、"拓展"、"国人"(国民、公民)、"牢居"(坐监狱)、"乐捐"(自愿捐款)、"帮丧"(帮助办丧事)、"交恶"(关系恶化)、"攀升"(向上爬)等。3)不如普通话词语好的港台词语,普通话不宜吸收。如"飞弹"(导弹)、"本赋"(天赋)、"班房"(课室)、"空宇"(天空)、"扩阔"(开阔)、"烂然"(灿烂)、"即食面、公仔面"(方便面)等。4)港台话中不甚好的外来词、文言词、方言词,普通话不应吸收,如"波士"(总经理、大老板)、"波迷"(球迷)、"派对"(晚会、聚会)、"便当"(盒饭)、"作秀、作骚"(表演)、"利是封"(红包)、"齿及"(说及)、"敕选"(命令选举)、"关防"(印信、关隘)、"过暝"(过夜)、"变面"(翻脸)、"白贼"(说谎者)、"靓女"(美女)等。5)一时看不准的词语,最好是顺乎自然,观察其发展情况,而后抉择取舍。如"买(埋)单"(结账)、"收银"(收款)、"拜拜"(再见)、"私家车"(私车)、"化妆间"(卫生间),以及"……广场、……花园"(……大厦、商厦)等。

2.5 随着改革开放的深化发展和国际交往的空前频繁,外来词语也以近几十年来从未有过的速度一批批进入中国大地。这次外来词语进入的形式,打破了汉语以往吸收外来词以意译为主,兼有部分音译或半音半意译的传统方式,出现了复杂多样的形式。据笔者的初步观察,大体有六种情况:1)直用原文(包括简称、缩写),这以商标、广告、商品名称、公司名称和科技名词为多。如"PHILIPS"、"Panasonic"、"CITIZEN"、"SHARP"、"CITROEN"、"SCAN"、"SONY"、"JVC"、"IBM"、"DAM"、"X. O."、"CD"等;2)据原文音译,如"迷你"、"的士"、"巴士"、"镭射"、"柯达"、"索尼"、"夏普"、"曲奇"、"力波"、"肯德基"、"巧克力"、"皮尔·卡丹"、"雪铁龙"等;3)据原文意译,如"鳄鱼衫"、"超短裙"、"移动电话"、"皇冠豪华车"、"大众汽车公司"等;4)半原文半音译,如"T恤"、"卡拉OK"、"夏普29HX8"、"莫罗柯林K"等;5)半原文半意译,如"BP机"、"CT扫描"、"DV光盘"、"LD功能"、"VCD影视机"、"DAM钓具"等;6)半音译半意译,如"奶油派"、"柠檬派"、"拍里饼干"、"法兰西饼"、"汉堡包"、"奔驰车"、"镭射视盘"、"镭射影碟"等。这种情况到处可见,报刊上有,电视上有,商店里有,尤其是大百货商场和高档服装、食品、电器等专卖店更多。这种现象似有扩大的趋势。外来词语的大批进入,对改变汉语偏于保守的状况、丰富现代汉语词汇、活跃国人语文生活等都有积极意义,但同时也不可避免地会带来某些负面作用。对此我们同样应以宽容、严肃的态度去对待,肯定并促进其健康成分的发展,纠正和规范其乱搬、滥用现象,让外来词语逐渐纳入正确的轨道。

参考文献

陈建民 1994 《普通话对香港词语的取舍问题》,香港《语文建设通讯》第43期。

陈章太 1986 《关于普通话教学和测试的几个问题》,湖北《普通话》杂志第3期。

陈章太 1988 《普通话测试论文集》,香港普通话研习社。

陈章太 1994 《北方话词汇的初步考察》,《中国语文》第3期。

陈章太 1995 《语言文字应用研究论文集》,语文出版社。

戴昭铭 1994 《规范语言学探索》,《北方论丛》编辑部出版。

黄丽丽等　1990　《港台语词词典》,黄山书社。

施宝义、徐彦文　1990　《汉语缩略语词典》,外语教学与研究出版社。

田小琳　1993　《香港流通的词语和社会生活》,《香港词汇面面观》,载《语文和语文教学》一书,山东教育出版社。

《现代汉语规范问题学术会议文件汇编》　1956　科学出版社。

雅　坤、秀玉主编　1992　《实用缩略语知识词典》,新世界出版社。

于根元、刘一玲主编　《(1991、1992、1993)汉语新词语》,北京语言学院出版社1992年、1993年、1994年。

于根元主编　1994　《现代汉语新词词典》,北京语言学院出版社。

张首吉等　1992　《新名词术语辞典》,济南出版社。

中国标准技术开发公司　1992　《海峡两岸词语对释》,中国标准出版社。

周一民　1992　《北京现代流行语》,北京燕山出版社。

朱广祁　1994　《当代港台用语辞典》,上海辞书出版社。

（原载《中国语文》1996 年第 3 期）

关于词语规范

郭 良 夫

一 什么是词语规范

词语规范,不言而喻当然是指的现代汉语的词语规范,这是不用啰唆的。

词语规范,就是词汇规范。词汇本来就包括词和语(短语、熟语、成语等),因此管它叫词语,更加清楚明白。另有一种用法,语也包括单词,例如形容词"好",说它是形容语跟说它是形容词词语同义。

词语规范,其实就是一种规定。当然,这种规定是根据语言事实及其内在规律得出来的。既然是规定,就得定出来什么是对的,什么是错的,就得有个是非判断。1981 年 6 月 19 日,《人民日报》发表了一篇社论《大家都来讲究语言的文明和健康》。其中有一段话说:"我们所说的规范化,指的是纠正那些不正确的、混乱的读音和字形,改正那些文理不通、逻辑混乱和有歧义的表达方式,而决不反对人民群众喜闻乐见、生动活泼的语言。"这意思也是说,要分出正确和错误,并且要用正确的去改正错误的。规范化的语言,叫做文明的语言,或受过教育、有文化的人的语言,我看是符合事实的。就在发表社论的这天《人民日报》第 4 版上有一张图片,图片旁的说明文字是这样的:

  *青年姑娘段汝芳向国连蕊学习,和掏粪工杜方平对上了象,他俩在春节前结了婚。

"对象"是一个词,不能拆开,硬拆开就违反了现代汉语语法规则:"对上了象"这个话,也许是为了幽默,但它的确是典型的不规范的语言。写到这里,今天的报纸(1986 年 8 月 9 日《人民日报》)来了,停下笔读报,第 8 版上有这样的句子:

  *欧阳予倩……是卓越的表、导演艺术家。

先看"表、导演",到底算什么? 不是简称。"导演"是名称,可"表演"不是名称,二者怎么能够缩略成一个简称呢! 中间用了一个顿号,更加证明它不是一个简称。比较:

冷热饮		表、导演	
冷饮	凉的饮料	表演	不是名称
热饮	热的饮料	导演	职务的名称

"冷饮"跟"热饮"的性质完全相同,可以缩略成一个简称;"表演"跟"导演"的性质不完全相同,不能硬凑在一起。"表、导演",人们虽然能懂它的意思,但它的确是典型的不规范的词语。

再看"表演艺术家",已经用得很普遍,仿照这个格式造一个"导演艺术家",也未尝不可。但是说"卓越的导演"已经很够了,"卓越的导演"当然是艺术家,再添上个"艺术家",真可以说是画蛇添足了。"卓越的演员",后头一样不必添上个尾巴,硬说成"演员艺术家"。

也有这样的情形,把本来合于规范的说成是不规范的。新造的简称,我们的语言学者往往担心人们不懂,因而认为不合规范。原先曾经认为:"社会科学"不能简称"社科";"劳动改造"简称"劳改"会让人莫名其妙;"劳动保险"简称"劳保",在工厂中比较流行,大多数人恐怕不懂;"日用化学"简称"日化",可能产生歧义。

以上种种顾虑,语言实践证明都是多余的。这些简称完全符合语法规则:把一个较长的短语分成几段,在每一段里选出第一个字用作简称。单音节向双音节发展,多音节的长语段缩略成双音节,这正是现代汉语的发展趋势。更重要的是,语言实践证明这些简称在人民群众中已经广泛流行,有的并且由简称转化为复合词了,例如:

　　　　他一直蹲在家里吃劳保。

离开语言实际、语言规律去说不能这样,不能那样,当然难免错误。如果不是这样,而是依据语言学原理,充分研究了语言事实,那就可能作出符合语言实际的正确判断。例如:"政治攻势"不能简称"政攻";"土地法"不能简称"土法"。

"政治工作"简称"政工"(例如"政工干部"),"政治攻势"也简称"政攻",二者语音相同,意义不同,可能发生混淆。"土地法"十分简明,无须再简,硬要简成"土法",那就会造成混乱。因为另外还有一个跟"洋法"相对的"土法"。提到"土法",人们自然联想起的是"洋法",绝对不会想到它是"土地法"的简称。说这样一些简称不能成立,有语言学上的根据,又有语言实践的根据。

1955 年 10 月中国科学院在北京召开了现代汉语规范问题学术会议。会议期间,有一位语文学者发表了一篇谈现代汉语词汇规范问题的文章(《现代汉语规范问题学术会议文件汇编》第211—215 页)。摘录两小段来看:

　　　　一般说来,"军队"比较老,"部队"比较新,实际上用"部队"的人已经一天天的多起来,
　　大有顶替"军队"的趋势。"部队"这个词是有生命的,我们应当用它作规范。

　　　　比如"拢子"和"梳子","拢子"是北京话,"梳子"不是北京话,但是北京人也说它,因此
　　"梳子"比"拢子"普遍些,我们就可以用"梳子"作规范。

上列词语都是规范的,这个顶替不了那个,那个也顶替不了这个。《现代汉语词典》是这么注释的:

　　　　梳子　整理头发、胡子的用具。
　　　　拢子　齿小而密的梳子。

为什么说有的可以用作规范呢? 如果照这样办理下去,汉语词汇岂不变得非常贫乏了么! 规范的目的显然不是这样,规范的目的是要使祖国的语言更加纯洁和健康。

二 语言与逻辑

语言是约定俗成的,不能要求它处处合乎逻辑。事实上约定俗成的语言一般都是合乎逻辑的,合习惯不合逻辑的只是极少数。新造的词语或句子并不是习惯形成的,如果不合逻辑,就可能是不规范的。已经有人指出"最好水平""打破大锅饭"等是不合逻辑的词语。既经指出,人们就注意正确地运用这些词语了,去年 8 月 7 日《人民日报》第 1 版新闻报道和第 8 版刘宾雁的报告文学《没上银幕的故事》各有一段话:

> 他们针对部分企业重开"大锅饭"的问题,帮助企业落实和完善以多层次承包制和对职工实行按劳分配为基本内容的经济责任制。(新闻报道)

> 可是吃起大锅饭来,谁也不能少舀一勺子。

> 究其根源,大锅饭制度缺乏民主,是根本。(刘宾雁)

然而不合逻辑的语言仍未绝迹,1986 年 8 月 3 日《人民日报》第 2 版还出现这样的标题:

> *打破"大锅饭"　未必无饭吃

不过这样的词语确实日渐减少了;也许永远不会绝迹,那也无关大局,只要指出那是不规范的语言就行了。

1982 年 5 月 18 日《人民日报》第 8 版上的一篇文章,其中有这样一小段:

> *这是匈牙利籍的捷克艺术家在布拉格为萧三塑制的铜像。他还塑制了同样的一尊石膏像,现在完好地安放在萧三的家里。

"塑制的铜像""塑制了石膏像",这都是不合逻辑的,也是不合事实的,简直可以说是没有常识。铜和石膏都不是可塑材料,不能用来塑像。铜像要翻砂,石膏像要浇灌。艺术家塑像用的是泥,不是铜,不是石膏,也不是木材,这本来是常识,可偏偏有些搞语文工作的人不知道。这个问题,好几年以前,我就写文章指出过,有改进,但仍不彻底。比如《现代汉语词典》1979 年版的"塑造"条:

> 塑造　用石膏或泥土等可塑材料塑成人物形象。

我向《词典》的编者说,这样的释义是不完全对的。1984 年版作了改正:

> 塑造　用泥土等可塑材料塑成人物形象。

这就对了,但是"塑造"上面还有一条,仍旧没有改正:

> 塑像　用石膏或泥土等塑成的人像。

"塑像"跟"塑造"在使用什么材料上还不是一样的!既然"塑造"不能用石膏,"塑像"当然也不能用石膏,这是自明的道理。为什么不能举一反三,为什么这样难于改正?我想根本的原因是,只就语言文字谈论语言文字,就事论事,这很不够。语言文字联系着世间万事万物,语文工作者除了研究语文,还要多看看外面的世界,不如此,语文工作也是做不好的。《读书》杂志 1986 年第

7 期的一篇文章里有这样的话：

    *在分析了"借思想与文化解决问题"的思想模式对五·四知识分子的决定性塑造之后，杜毓生教授具体研究了陈独秀、胡适和鲁迅的反传统思想。

塑造跟画画儿一样，只有完成跟未完成之分，哪里有什么"决定性"！画画儿，不能说这一笔是决定性的，那一笔不是决定性的，要么是完成了，要么是尚未完成。雕塑或塑造也一样，不能说这一刀是决定性的，那一刀不是决定性的。《报告文学》1986 年第 8 期第 13 页上有这样一句话：

    *我们付出了沉痛的代价，谁要搞倒退，人民不允许，党不允许！

代价有大有小，但无所谓沉痛。比较：

很大的代价	代价很大	代价不大
小的代价	代价小	代价不小
*沉痛的代价	*代价沉痛	*代价不沉痛

两个字构成的复合词，它的意义可以是整个儿的，也可以是可分的，因此意义会产生合理的变化。例如"残废"这个词的意义原来是整个儿的：一是指四肢或双目失去一部分或者丧失其机能；二是指有残废的人。可是这个词的意义发生了变化，变成可分的了。残，指残疾；废，指废人，二者合起来就成了有残疾的废人。其实，残疾跟废人之间并没有必然的关系，如果不注意就会用错。作家萧乾在《这个词用错了》(1985 年 3 月 18 日《人民日报》第 1 版)一文中承认把这个词用错了，他在文中引了一位读者给他的信：

    你在文章中用的"残废"一词刺痛了我。我是个失去了左臂左腿的人，但我并不是个"废人"。我还开着书店，并且在卖着你写的书。我有残疾是事实，可我是否就"废"了呢？去年三月，中国成立了残疾人福利基金会，难道你没有看报？

当然，"残废"跟"残疾"都是规范的词，但是用错了就会造成混乱。现在"残疾""残疾人"用得多，"残废"用得少，也说明一种趋势。更重要的是，词典里的"残废"释义必须重行规定。

如果词义可以不规定，词语以至语言就成为不可理解的了。例如《人民文学》1986 年第 6 期第 94 页上有这样的话：

    *少女的瞳子，如新爆满的叶芽。

刘宾雁的文章《刺向封建幽灵的利剑》(1986 年 7 月 14 日《人民日报》第 7 版)，开头一句话说：

    川剧《潘金莲》上演后，从南到北，场场爆满。

"场场爆满"，谁都懂得是什么意思；"爆满叶芽"，是什么意思呢？

1986 年 7 月 28 日《人民日报》第 7 版上一篇文章里有这样的语句：

    *如果缺乏开放性的思考，只是机械地就事论事，那么作品就可能为生活表相所囿而陷入平庸。

"开放性的思考"，什么意思？难道还有封闭性的思考？除此以外，还有别的语病，"机械地"可以删去，"生活表相"大概是"生活表面现象"，但"表象"的意义是：经过感知的客观事物在脑中再现的形象。这些问题我们不去讨论,因为不是本文的任务。

1986 年 8 月 12 日《人民日报》第 4 版上有这样一个标题:

  *各地一批经济罪犯携巨款自首

"罪犯携款潜逃"的"款"一定是赃款,"罪犯携巨款自首"的"款"是什么款,读者无从知晓,要是说"罪犯自首,退回赃款",就明白了。次日《人民日报》第 4 版的标题《自首退赃》,这就对了。

三　生造和杂凑

生造的词语和杂凑的词语都是不规范的。先说生造的词语。例如《人民文学》1986 年第 6 期第 88 页:

  *那个指戳着黑子等人鼻尖破口大骂,那个叫嚷"谁抓着了,姑奶奶出钱买下"的人,就是这个美玉似的姑娘。

"指"和"戳"都是意思很明白的单音动词,生硬地凑成一个复合词"指戳",意思反而晦涩难懂了。又例如同一期《人民文学》第 90 页:

  *鸟并不很大,但爪子是刚劲的,嘴喙也透出莽厉,暗示着残暴和野性。

"嘴"就是"喙","喙"就是"嘴",用一个也就够了,如果嫌它是个单音词,用"鸟嘴"就成了。"嘴"是口语,"喙"是文言,硬挤在一块儿,不仅别扭,而且也不好懂。又例如同一期《人民文学》第 92 页:

  *一蓬漆似的浓发飘纷出浪的不羁,随风飘抖的红花衫,恰和海的蓝作了强烈的反衬。

"飘纷"是什么意思? 简直是把两个汉字硬凑在一起罢了。"飘抖"同样是生造的。又例如 1986 年 8 月 2 日《光明日报》第 1 版:

  *由黑龙江、辽宁、吉林出版总社共同发起的东北地区书刊展览于八月一日开展。

放着现成的"开幕"不用,偏偏生造出来个"开展"。如果没有上下文,这个"开展",谁也想不到是"开始展览"的意思。又例如《文艺报》1986 年第 32 期第 1 版:

  *北影采闻录

现成的"采访""闻见"等一概不用,偏要拼凑个"采闻"。又如《报告文学》1986 年第 8 期 91 页:

  *她的脑屏上,清晰地闪现出半年以前曾给过她生的启迪翱翔在蓝天下的雄鹰。

"脑海"不是很好么,"脑海""心扉"等等人们熟习的词,不能任意改换。

生造熟语。熟语是固定的词组,只能整个儿地用,不能任意改变其中的成分。如果能够自由变动,那就是临时的组合。像"走娘家、走亲戚"就是固定的。可是有人硬要改变熟语中的成分,如《追求》杂志 1985 年创刊号第 65 页:

  *她陪他们游览名胜古迹,走亲友,日程排得挤挤的,把她忙得团团转。

1981 年 6 月 5 日《人民日报》第 5 版:

　　　　　　*在旁监视的宪兵团长慌了手足，……

"走亲戚"是固定的，不能自由变动，改成"走亲友"，就是不合习惯，不合规范的了。同样，"慌了手脚"不能改成"慌了手足"。

　　生造成语。成语是定型的语句，有的可以改变其中的成分，但仍不失原意，例如"揠苗助长"，也可以说成"拔苗助长"。有的改变其中的成分，为的是反其意而用之，例如把"知难而退"变成"知难而进"。有的只变换一下顺序，例如"悲欢离合"和"离合悲欢"。生造的成语就不是这样，例如1986年8月13日《人民日报》第1版：

　　　　　　*原因就在于，厂长工人互相理解了，就能和舟共济。

"和衷共济"是同心协力的意思，改成"和舟共济"是什么意思呢？人们不懂。又例如《文艺报》1986年第32期第3版《语言，你的名字不是弱者》：

　　　　　　*现在我们有的青年作家就在依样画瓢。

上面这个例句，是从一篇论语言的文章中摘录下来的。真是够怪的，一面谈论语言、语法、逻辑、修辞等等，一面却生造出"依样画瓢"来。原来的成语是"依样葫芦"或"依样画葫芦"，不知道为什么把"葫芦"改成"瓢"？又例如1986年8月11日《人民日报》第1版：

　　　　　　*这套设备为何弃之高阁？

"束之高阁"的意思是：把东西捆起来，放到高高的架子上去，比喻不用它了。"弃"的意思是扔掉，"弃之高阁"，把东西扔到高高的架子上去，显然是不通的。又例如1986年7月26日《人民日报》第2版：

　　　　　　*我的批评不是针对某一个人，某一件事，而是针对这种不良作风，希望一呼百应，忌疾
　　　　　　如仇，使中华民族礼义之风得以发扬光大。

"疾恶如仇"是说恨坏事像痛恨仇敌一样。"忌疾如仇"，是什么意思呢？

　　杂凑是把不相干的词拼凑到一块儿。例如1986年5月12日《人民日报》第7版：

　　　　　　*有的还借鉴西方现代流行的一些艺术手法（诸如意识流、象征、意象、荒诞、变形、魔幻
　　　　　　等）以丰富表现生活的手段，使我们的文艺创作呈现出斑驳多姿的态势。

"斑驳"的意思是一种颜色中杂有别种颜色，花花搭搭的。花花搭搭的，形容大小、疏密不一致，并不多姿，倒是有些不美。可见"斑驳"跟"多姿"凑不到一块儿。"婀娜多姿"，才是形容姿态美好的用语。又例如1986年7月20日《人民日报》第7版：

　　　　　　*来往如梭的装饰得红红绿绿花枝招展的"吉普尼"（用吉普改装的小型公共计程车）。

"花枝招展"，一般形容妇女的打扮，例如文学古籍刊行社1955年出版的影印《脂砚斋重评石头记》（庚辰本）第39回第895页：

　　　　　　刘姥姥进去，只见满屋里珠围翠绕，花枝招展，并不知都系何人。

第63回第1455页：

　　　　　　平儿也打扮的花枝招展的来了。

当然,"花枝招展"也有它的本义。如中华书局 1986 年 4 月出版的苏联列宁格勒藏钞本《石头记》影印本第 27 回第 1064 页:

> 次日,大观园中之人早起来了,那些女孩子们,或用花瓣柳枝编成轿马的,或用绫锦纱罗叠成旌尾执事的,都用彩线系了,每一颗树,每一枝花上都系了这些物事,满园里绣带飘飘,花枝招展。

用"花枝招展"形容计程车倒是前所未闻的。更有趣的是《中国作家》1986 年第 4 期第 61 页的例子:

> *发展固然很好,但可惜的是熊掌、鱼翅很难兼得。

本来是鱼和熊掌,原来出自《孟子·告子》:

> 孟子曰:鱼,我所欲也;熊掌,亦我所欲也。二者不可得兼,舍鱼而取熊掌者也。……

赵岐注:"熊掌,熊蹯也,以喻义;鱼以喻生也。"固有的语句,不能随意更换其中的词,把"鱼"改成"鱼翅",就破坏了原来的组织。名词的量词,很多都是专用的,如果没有专用的,就用通用的量词"个"也行。1986 年 8 月 6 日《人民日报》第 2 版一个标题里的名量词用得不对:

> *对外合作打开一扇新窗口。

《人民文学》1986 年第 7 期第 81 页有一个名量词也用得不对:

> *后来,此地造起了一座研究所,需要一个烧锅炉的,就把阿鑫弄去了。

"扇"跟"窗口"不相应,可以说"打开一个新窗口"或"打开一扇窗(户)",但是不能说"打开一扇窗口"。"座"跟"研究所"不相应,可以说"一座楼",但是不能说"一座研究所"。更离奇的是,根本用不上动量词的地方竟用上了,如《人民文学》1986 年第 6 期第 94 页:

> *她的梦竟也跟着摩登了三回。

"摩登"怎么可以用回数来计算呢?

四　缩略和新造

简称都是将全称缩略而成的。有的简称在一定的时间通行,如"五讲四美三热爱",有的简称字面虽然没有变动,可是随着时间的推移,所指不同,如"三反",有的则不受时间限制,如"三峡"。"三反"这样的简称,是临时的,"三峡"这样的简称,是长久的。还有缩略太多,甚至需要注解的,也是一种临时的简称,如"三西"地区(甘肃定西、河西地区和宁夏西海固地区)。

有的简称,受空间限制,如"首体"(首都体育馆)、"工体"(工人体育场),在北京地区通行,在别的地区恐怕不好懂。有的则不受这种限制,如"首钢""鞍钢"等,全国通行。

有的简称,受行业限制,如"人流"(人工流产),有的则不受这种限制,如"体检"。但是"体格检查"如果缩略成"查体",那就行不通了,因为这种逆反的缩略不符合缩略的常规。

关于缩略,我们只能说要接受时间的考验、实践的检查,才能说它站得住还是站不住。比如

"普法"（普及法律知识）这样的简称不容易懂，而且又跟"普法战争"的"普法"同音同形，易致混淆。这样的简称能不能行得通，还要由实践来检验。常常用，用开了，可能行得通。

普遍通行、长久通行的简称，就可能转化成新词。老牌的"语文"就是一个由简称转化成新词的典型，新兴的"影视"又是一个这样的典型。"彩电"是"彩色电视机"的简称，又是"彩色电视"（如"彩电中心"）的简称，这个一身而二任的简称有可能成为一个新词。

"家"跟"者"，是现代汉语的后缀。现在用这两个后缀竟可以自由地造新词。过去认为先要有个"什么学"，然后才会有个"什么学家"，可是这个限制快要被突破了。《编辑之友》1986 年已经出了三期，每一期上面都有讨论"编辑学"的文章。有"编辑学"，可没有"编辑学家"，倒是有了"编辑家"，例如 1986 年 8 月 9 日《人民日报》第 8 版的一个标题：

　　　　一位执著的编辑家

用"者"造新词就更加自由了，有"劳改者"，如《中国美术报》第 32 期第 2 版：

　　　　由陕西省司法厅劳改局主办的"陕西首届罪犯书画作品展"，于 7 月中旬在西安展出。

　　　　共展出了二百余位劳改者的五百多件作品，并进行了评奖活动。

还有"犯罪者"，如 1986 年 7 月 29 日《北京晚报》第 1 版的头条标题：

　　　　本市召开从宽处理投案自首犯罪者大会

副标题是：　七名自首坦白的犯罪分子得到从宽处理

从上下文看，"劳改者"就是罪犯，"犯罪者"就是犯罪分子。这固然说明用"者"造新词是十分自由的，同时也提出了一个问题：有没有必要造那么多新词？正是因为用"者"造词自由，所以在人们熟习的熟词之外又添出许多近义的新词来。例如：

熟词	游人、游客	消费者	兜售者	看门人
新词	旅游者	购用者	卖假药者	把门者

"家"和"者"似乎可以随意用来造新词，但值得注意的是不要去滥造。如果任其滥造，势必破坏语言规范。

　　1981 年 6 月 4 日，中国文字改革委员会、中央广播事业局、中国语言学会、北京新闻学会和北京市语言学会在政协礼堂联合举行了"汉语规范问题"座谈会，纪念《人民日报》1951 年 6 月 6 日社论《正确地使用祖国的语言，为语言的纯洁和健康而斗争》发表三十周年。王力先生在会上说：我们已经有了一本《语法修辞讲话》，还应当有一本《词语规范手册》。为了促进词语的规范化，我们应当早日把《词语规范手册》编写出来。

（原载《中国语文》1987 年第 1 期）

论 缩 略

郭 良 夫

0. 汉语的缩略形式,即一般所谓简称。缩略形式包括复合词和词组,缩略的复合词可以叫做缩略词,缩略的词组可以叫做缩略语。本文的这种解释,是从广义的观点来理解简称的。

本文对复合词和词组的划分,只以说明一个简称是复合词的性质还是词组的性质为限。一般可以接受的主要划分标准有如下一些:

(1)复合词的结构和词组的结构是类似的。所有的词组都是按照造句法构成的。大多数复合词是造句性的,少数是非造句性的。非造句性的复合词,组成成分之间的关系不明,因而无法归到某一个结构类型里去,也无法分析。①

(2)组成成分里有黏着语素的,一般是复合词。成分都是自由语素的,可能是词组,也可能是复合词。是词组还是复合词,要结合着其他的条件来看。

(3)组成成分的次序不能颠倒的是复合词,能颠倒的是词组。

(4)不能扩展的是复合词,能扩展的是词组。

(5)复合词的结合较紧,词组的结合较松。

(6)一般说,词组的意义是从字面上综合的,复合词的意义是字面以外的词汇性的。

1.1 简称的性质是什么,大致有三种看法。一种看法认为简称"本质上是词组",另一种看法认为简称是"紧缩式复合词",还有一种看法认为简称的地位"介乎词和短语之间"。

吕叔湘先生在近著《汉语语法分析问题》中说,有两种组合:一种叫做简称,"从意义方面看,简称代表全称,是短语性质,可是从形式方面看,更像一个词";一种像简称,"但是不能叫做简称","是一种凝固的短语"。② 说有两种组合,这一点跟我们的认识相近,把两种组合的形式分别看成"词"和"短语",这一点也跟我们的认识相近。

1.2 为了讨论的方便,我们就先从简称的地位是不是"介乎词和短语之间"谈起。

如果全称本来是一个复合词,经过缩略成为一个简称,逻辑的推论只能是,这个简称的地位应当仍在复合词的界线之内,不能越出复合词的界线。这就是说,一个较长的复合词,缩略成较短的简称,可以等价,仍然是复合词,但是不能大于词,不能比词高一级,即不能变成短语或词

---

① 赵元任 *A Grammar of Spoken Chinese*,第 366 页;陆志韦《汉语的构词法》第 13 页。

② 《汉语语法分析问题》,第 26 页。

组,也不能是介乎词和短语之间的东西。例如:

　　　　全称:北京大学;　　简称:北大

"北京大学"不能扩展,插"的"扩展以后成为"北京的大学",实质意义改变了。"北京大学"不是"北京"的任何一所大学,它是一个专有的名称,意义不是从字面上综合而成的。由此也正好说明"北京的大学"是一个词组。根据这个浅近的原理,足以断定"北京大学"是一个复合词,我想是不会有什么争议的。"北大"的"北"是一个黏着语素,"大"在这个组合里是"大学"的省称,也是一个黏着语素。据此也足以说明它仍然是一个复合词。从意义方面说,"北大"这个简称代"北京大学"这个复合词的全称,也还是复合词的性质。

　　吕叔湘先生说:"有些简称会长期保持它的简称身份,例如机关、学校的名称,像北大,长影,以及带数字的简称,像三反,四害。它们的性质近于短语词"。[1] 什么是"短语词",吕先生解释说:"又如来不及、看中了之类介乎词和短语之间的东西,可以叫做'短语词',可绝不能叫做'词组词'。"[2]"来不及",陆志韦先生认为"暂时可以当做词组"。[3] "叫做短语词"或"当做词组",意思都是说它已经越出了词的界线。对"来不及"之类可以这样说,对"北大"可不能这么说,因为"北大"并没有越出复合词的界线,并没有跑到词和短语之间去,它不应当是"短语词",更不应当是"词组",它的性质仍然属于复合词。

　　顺便说一下,"三反""四害",有人认为不能视为简称,是所谓统称。它不是什么"总起来叫"(如像书法和绘画统称为书画),也不是什么"总的名称"(如像古籍是古代书籍、著作的统称),算什么统称呢! 带数字的简称,由于时间、地域的不同,它所指的内容可以变换,因此有的同志说它"所指的内容并不固定"。[4] 其实一般的简称所指的内容也可以是不固定的,例如"联大",可以指"西南联大",也可以指"联合国大会"。当然这种情况在一般简称里面比较少见,在带数字的简称里面比较多见。可是这不能说本质上有什么不同,所以还是应当把带数字的简称视为简称。

　　2.1　一个较长的词组缩略成较短的简称,可以等价,仍然是一个词组,也可以不等价,即小于词组,是复合词。但是不能认为简称一概都是词组的性质,也不能认为简称一概都是复合词的性质。

　　2.2　有一种代表性的理论,说简称"本质上是词组",或者说"是词组向词过渡的一种形式,本来是词组,可能发展为词"。这两种说法一样,用的都是一个全称肯定判断:简称一概是词组。

　　赵元任先生在《中国话的文法》一书中论到简称时说,"航空运输"简称作"空运"。[5] 他并且

①　《汉语语法分析问题》,第 26 页。
②　《汉语语法分析问题》,第 10 页。
③　陆志韦《汉语的构词法》,第 80 页。
④　陈建民《现代汉语里的简称》,《中国语文》1963 年第 4 期。
⑤　赵元任 *A Grammar of Spoken Chinese*,第 492 页。

明确地肯定说"空运"是"复合词"。① "航空运输"简称为复合词"空运",这样才是符合实际的,也才是正确的。显然不能说简称"空运"本质上或本来是什么词组。

"精简"是"精兵简政"的简称,它也不是什么词组,而是跟"调整""充实"等一样的复合词。比如,"调整机构""精简人员""精简'二线'""充实'一线'",可以说"精简人员",但是不能说"精兵简政人员";全称是一个词组,简称是一个复合词,语言事实正是这样。理论与事实相符,才经得起实践的检验。

2.3 相反的另一种理论,说"简称"都是"紧缩式复合词"。这又是一个全称肯定判断。在这种理论指导下,简称一概是词,"指战员""中小学""贫下中农"统统是"紧缩式复合词"。

吕叔湘先生认为"轻重工业""上下水道""新旧图书""中西药品""水陆交通""城乡居民",这类组合"是一种凝固的短语"。② 这样看是对的,我们同意这种看法。

1981 年 12 月 20 日《北京晚报》第四版登了一条消息,标题是《三十八所中小学举行长跑比赛》,正文也是说西城区有三十八所中小学参加了比赛。人们看了这条消息以后,不知道有多少所中学,多少所小学。如果把"中小学"换成"快慢班",仍旧用数量词作修饰语,说成"三十八个快慢班",就更加含混不清了。要说清楚就得分开来说"×××个快班""×××个慢班",这就是说数量修饰语修饰其中的一个词,"快班"或"慢班",才能说得清楚,修饰整个词组就说不清楚。"中小学"中间可以加顿号,成为"中、小学",表示停顿,还可以延伸成为"大、中、小学"。又如:

高中档　中高档　　　职演员　演职员　　　　篮排球　足篮球

词序可以颠倒,组合比较自由。以上这些都说明"中小学"一类具有词组的性质。

3.1 复合词的各部分之间的结构关系,跟词组的各部分之间的结构关系可以是同样的,构词法跟造句法可以是同样的。有一个笑话,说某甲请某乙吃香蕉苹果,某乙吃完了苹果,还向某甲要香蕉,某甲笑了起来。这个笑话典型地说明了这种组合本来就具有两种性质:

复合词　香蕉苹果≠香蕉＋苹果

词　组　香蕉苹果＝香蕉＋苹果

复合词结合得紧,中间不能有停顿,不能插进连词,词组中间可以有停顿,可以插进连词。但是也可以故意说成没有区别,造成错觉,上面的例子就是这样。

香蕉苹果有红的,有黄的。红香蕉苹果可以简称作红香蕉或红蕉,黄香蕉苹果可以简称作黄香蕉或黄蕉。这样的简称,只能是复合词的性质,不可能是词组的性质。因为:第一,红香蕉和黄香蕉不能扩展成"红的香蕉"和"黄的香蕉",第二,"红"和"黄"都不是真正修饰香蕉的,而是真正修饰苹果的。虽说是修饰苹果的,可又不是指随便什么红的苹果或黄的苹果。可以清楚地看出来,它的意义不是字面的综合。

---

① 赵元任 *A Grammar of Spoken Chinese*,第 362 页。

② 《汉语语法分析问题》,第 26 页。

3.2　有些词组缩略以后,仍然是词组,如果看成复合词就错了,虽然有时表面上看起来跟复合词几乎一样。例如"黄红麻"跟"灰黄霉素"表面上看起来相像,实际上一个是词组,一个是复合词。灰黄霉素是一种抗菌素,不是灰霉素＋黄霉素。黄红麻却是黄麻＋红麻。1981 年 12月 9 日《人民日报》第一版登了一条消息,说的是荆州地区的生产情况:"鲜鱼、蜂蜜、黄红麻等分别增长一至三成。"过了十天,12 月 19 日《人民日报》第二版又登了一条消息,说的还是荆州地区的生产情况:"黄、红麻发展很快。""黄"字后加了一个顿号,表示要停顿一下,意思是要把"黄"跟"红"分开。两个"麻"字,省并成一个。黄麻属线麻科,红麻属绵葵科,二者科属不同。把数量词作修饰语加在"黄红麻"的前面,就不能分清各别的数量。可见"黄红麻"也具有词组的性质。

3.3　试用上述的方法,把普通的复合词拿来跟简称作个比较,看看简称是不是具有词组的性质。由三个语素构成的组合,是很能产的,很复杂的,很典型的。用这样的组合来做试验,可以看得更加清楚。

复合词	简　称
黑白片:*黑片*白片	黑白李[①]＝黑李＋白李
寒暑表:*寒表*暑表	寒暑假＝寒假＋暑假
远近法[②]:*远法*近法	加减法＝加法＋减法

从意义看,复合词的意义是整个的(不能分割),是词汇性的;词组的意义是综合的,是字面的。可以看出来,"黑白李"(或"黑白铁")这一类具有词组的性质。类似的例子又如:

复合词	简　称
长短句	红绿灯
左右手	左右江
姊妹篇	东西塔[③]

4.1　简称,有人说它是一种特殊类型的词,这并不错,它确实具有复合词的性质。又有人说它是一种特殊类型的词组,这也并不错,它确实也具有词组的性质。其实,这两种性质,它兼而有之。我以为这样的认识才是全面的,才比较完全地反映了语言实际。

汉语的这种组合,所依据的当然也只能是汉语的语法规则。由于缩略,这种组合常常用一个单音节的语素来代表全称中的一部分,所以它的样式更接近古汉语的结构。其实这种组合本来是自古就有的,例如《史记》一书中就不乏其例。《吕太后本纪》:"赵王禄、梁王产各将兵居南北军,皆吕氏之人。"南北军就是南军和北军的缩略。带数字的简称,老早就有了,例如《晋书·陈寿传》说陈寿"撰《魏吴蜀三国志》,凡六十五篇"。"三国志"本来是个带数字的简称,后来才变

---

①　《黑白李》是老舍的短篇小说的题目。小说开头说:"黑李是哥,白李是弟,哥哥比弟弟大着五岁。"

②　《远近法》,即《透视学》。

③　东西塔是福建泉州开元寺的名胜。

成了一个正式的名称。除了《三国志》，陈寿还撰有"《古国志》五十篇"。从结构上说，"三国志""古国志"跟一般词语没有什么两样。《晋书·陈寿传》中还用了一个简称："杜预将之镇，复荐之于帝，宜补黄散。""黄"是"黄门侍郎"，"散"是"散骑常侍"，这样的简称如果不加解释，恐怕有人就可能不懂。"黄散"、"史汉"（《史记》《汉书》）这种缩略形式，直到今天仍然沿用。要分别古今，确实不容易，但也无须分别。应该加以区分和研究的倒是简称和非简称，以及简称是怎样转化成新的复合词的。

4.2　现代汉语双音节词占优势，但单音节的好像也并不少，特别是在文言里头和很俗的口语里头。单音节向双音化过渡，不在本文讨论范围之内，可以不去专门研究它。有些双音节的是由三音节压缩而成的，例如：

洗脸盆①——脸盆

火轮车②——火车

火轮船③——火轮④

　　　　　轮船

"火轮车"简称作"火车"。"火轮船"的缩略过程比较复杂，就普通话来说，"火轮船"有两种简称："火轮"、"轮船"。更加有意思的是，由此派生的词也采取了双线平行的发展。

火轮　　　　轮船

货轮　　　　货船

油轮　　　　油船

　　　　　　邮船

渔轮

"轮船"似乎比"火轮"通行，但是"货轮""油轮"比"货船""油船"更加通行一些。有"邮船"，无"邮轮"；有"渔轮"，无"渔船"（不敢肯定）。类推的方法用处有限。每一个词的形成，可以说都有一个演化的过程。"火车""轮船"已经变成了普通的复合词，人们早就看不出它的缩略的痕迹来了。

由三音节缩略而成的双音节，可以有并行的两种形式：

落花生→花生（普通话）

　　　　→落生（山东菏泽地区方言）

据赵元任先生的研究，省略的是第一个音节"落"，叫做"掐头"（aphaeretic form），⑤山东菏泽地

---

①　老舍的短篇小说《上任》："可是洗脸盆是要买的；还得来两条毛巾。"

②　赵元任 *A Grammar of Spoken Chinese*，第494—495页。

③　同上。

④　见茅盾《子夜》。

⑤　据吕叔湘先生所译，见《汉语口语语法》，第226页。

区方言省略的是第二个音节"花"。全称缩略成简称,演变的情形是多种多样的。从描写的平面上看,"花生"现在的状态应该说是一个非造句性的复合词。①

"城乡居民",可以说是由城市乡村省缩加居民而成。"城镇居民""村镇住户""城乡一片欢腾""城乡人民""城乡交流"等等,都不能说有什么省略。"城市人民""乡村人民",一般不这么说。"城""乡",现在都还可以单用,可以说"进城""回城""进过城""进×次城",也可以说"下乡""回乡""串乡过村"等等。不把"城乡居民"看成省略了什么,好像也还说得过去,现代汉语里吸收了很多古语,又吸收了很多俗语,一个形式究竟是不是省略,确实不容易分辨清楚。

4.3　由于普遍使用,长久使用,简称自然就可能转化为一般的词语。这种转化当然有一个演变过程。例如"西洋画",先是简称为"洋画",后来又简称为"西画"。一个时期,讳言"洋"字,"洋火""洋油"等等都改称了。这里有社会历史的原因。现在不大使用"西洋画"这个全称和"洋画"这个简称了,"西画"已经成了一个普通的复合词。有意思的是,二十年代、三十年代,"中国画"本来简称作"国画",现在反而叫做"中国画",这种现象可以称之为"逆转化"。"国画",现在偶尔还可以看见,听见,但是"国语""国乐""国医""国药""国术"等等已经渐渐废而不用了。语言和语言中的简称,总是要受社会的制约的。

简称的意义已经不完全代表全称的意义,它就可以脱离简称的地位而变成一个新的复合词,虽然全称并没有被忘记,仍在使用。"文艺"是"文学艺术"的简称,它可以代表全称。例如有这样一个标题:"中国文学艺术工作者第四次代表大会于 1979 年 10 月 30 日在人民大会堂隆重开幕。我国各民族文艺工作者的代表三千多人欢聚一堂。"但是"文艺"和"文学艺术"也可以不完全相等,这时候就得承认"文艺"是一个独立的新词。1981 年 12 月 23 日《人民日报》第五版的一篇署名文章中说:"文艺作为艺术,不但要求正确的思想内容,而且要求尽可能完善的艺术形式,使作品具有艺术的吸引力。"如果"文艺"和"文学艺术"相等,还要说"文艺作为艺术",那就有逻辑错误。可见作者心目中的文艺,只是指文学、戏剧等,并不包括雕刻、建筑等。"文艺会演"说的就只是舞台艺术。"文艺"已不能涵盖"文学艺术",这好像有所失,然而正因为有所失才有所得:"文艺"得到了一个独立的地位,变成了一个新的复合词。

"语文"更有意思了,《现代汉语词典》的释义是:"❶语言和文字。❷语言和文学的简称。"可是赵元任先生说,"语文"是"语言文字的简称"。② 到底是哪个的简称,已不易考定,它们之间的关系也模糊不清了。"语文"也已经是一个独立的复合词了。

不但意义起了变化,而且用法也改变了,这就更加证明简称已完全转化成了一个新的复合词。上面曾经说过的"精简",既已跟"精兵简政"的意思不一样,也跟它的用法不一样。可以说"精简人员",但是不能说"精兵简政人员"。"精兵简政"是一个并列结构,由两个动宾结构组成,

---

① 赵元任 *A Grammar of Spoken Chinese*,第 494 页。

② 同上。

如何能再带上宾语？

5.1　从前住在北京西城的人管西单牌楼叫"单牌楼"，管西四牌楼叫"四牌楼"。住在东城的人说"单牌楼"就是指的东单牌楼，说"四牌楼"就是指的东四牌楼。直到三十年代还是这样。如果离开东城区或西城区，这样的简称就混淆不清。后来叫"东单""西单""东四""西四"，就是为了避免混淆。现在人们已经不感到"东单"等是简称，觉得跟一般的地名简直没有什么两样了。

从前北京有个"中国大学"，南京有个"中央大学"，广州有个"中山大学"，都简称作"中大"；你单说"中大"，不冠以地名，可能会混淆。现在的"中大"，就只是指广州的"中山大学"。同样，抗战时期有个"西南联合大学"，简称作"联大"，现在"联合国大会"仍简称作"联大"。提到"联大"，也可能发生混淆；要是指的"西南联合大学"，再多加上两个字说成"西南联大"，就没有什么问题了。当然现在的"联大"，只是指"联合国大会"。现在说"人大"，可能指的是"全国人民代表大会"，也可能指的是"中国人民大学"。全国有"人大"，地方上也有"人大"，冠以"全国"或省名，如"全国人大"或"四川人大"，就知道指的是"人民代表大会"了。可是说"北京人大"，还会引起含混，不知道指的是"北京市人民代表大会"，还是指的北京"中国人民大学"。

5.2　语言研究的目的在于寻求客观的固有规律，不是要去作一些主观的硬性规定。有人说这样的可以简化，那样的就不能简化。能不能简化，要看人们在交际中有没有需要。据说什么什么图书馆，什么什么书店，什么什么照相馆，什么什么学会，都不能有简称。事实果真如此吗？有这样一些实例：

北京图书馆→北图　　　　开明书店→开明　　　　三联书店→三联

同生照相馆①→同生　　　大北照相馆→大北

中国人民革命军事博物馆→军博　　　　中国历史博物馆→历博

"中华医学会"，它已省略了一个"学"字，本来也可以作"中华医学学会"，因为套起来用，就省去了一个"学"字。再简，也得称"医学会"。其实"中华医学会"已经够短的，并且也挑不出代表字来，实际上没有简化的需要。

5.3　说不要主观硬性规定，并不是说不要去指出和纠正违反语言规律的错误。本篇不是谈论改错的文章，不讨论这方面的问题；要讨论的是怎样简化才好，才有利于人们的交际。例如：

外层空间→外空　　　日用化学→日化

这样的简化，令人费解，可能产生歧义，就不如不简化的好。不怎么长的、不怎么复杂的词语，是不是可以不必去简化它？

---

①　抗战前，同生照相馆是北京一家很有名的照相馆。现在的中国照相馆就设在王府井大街同生照相馆的旧址。

　　近来很多人都喜欢用一种三个语素组合成的简称,例如:表导演。①

"表演""导演",都是动词、名词兼类,但"导演"还是一种职务名称,"表演"可不是什么职务名称,两者并不完全相等,因此也就难于省并;硬要合在一起,不仅十分别扭,而且语义也含混不清。又例如"字、词典"和上面提到的"黄、红麻",省略的都仅仅是一个字,换来的却是叫人说起来不顺口,听起来不清楚,看起来也不一定明白;这代价未免太大。这是不是有点得不偿失?

　　语言一方面要求适当的经济,一方面要求适当的羡余(redundancy)。例如:

　　　　沙发→沙发椅　　芭蕾→芭蕾舞　　戈壁→戈壁滩②

　　　　咖啡→咖啡茶　　白脱→白脱油

以上所有这些词的最后一个语素都可以不要,但是要了这个语素,意思更加清楚明白。这里给了我们一个深刻的启示:"经济"和"羡余",相反而实相成。

(原载《中国语文》1982 年第 2 期)

---

① "表导演"又作"导、表演"(见近日报纸)。这更加说明它是一种临时的组合。

② "戈壁",蒙古语(гоби)的音译,意思就是沙滩。

异名同实词语研究

周　荐

异名同实词语，是一个事物对象而有不同的叫名的词语现象。现代汉语中异名同实词语究竟有多少，构成异名同实词语组的单位在语音形式、语法规则、结构成分以及其他方面存在着怎样复杂的情况，迄今无人做过全面、透彻的研究。为此，本文试作一初步的分析和探讨。

一

根据对《现代汉语词典》(1978 年版)的全面统计，该词典共收异名同实词语 2487 组。异名同实词语组，至少要由两个词语单位构成，最多可由九个词语单位构成。由两个词语构成的异名同实词语组最多，计有 2084 组，在全部异名同实词语组中约占 83.80％，如"狗—犬"、"真鲷—加级鱼"、"酒渣鼻—酒糟鼻"、"惰性元素—惰性气体"。由三个词语构成的异名同实词语组少一些，计有 331 组，在全部异名同实词语组中约占 13.31％，如"耢—耱—盖"、"马齿苋—长寿菜—麻绳菜"、"煤油—火油—洋油"、"癔病—歇斯底里—脏躁症"。由四个词语构成的异名同实词语组又少一些，计有 61 组，在全部异名同实词语组中约占 2.45％，如"啤酒花—忽布—蛇麻—酒花"、"落花生—花生—仁果—长生果"、"褐家鼠—大家鼠—褐鼠—沟鼠"、"螺母—螺帽—螺丝母—螺丝帽"。由五个词语构成的异名同实词语组更少，只有 9 组，在全部异名同实词语组中约占 0.36％，如"腹泻—水泻—拉稀—泻肚—闹肚子"、"丝虫病—血丝虫病—象皮病—粗腿病—流火"、"青稞—青稞麦—元麦—稞麦—裸麦"、"南瓜—倭瓜—老倭瓜—北瓜—番瓜"。由七个词语和由九个词语构成的异名同实词语组最少，各只有 1 组，在全部异名同实词语组中各约占 0.04％，前者是"甘薯—红薯—白薯—番薯—山芋—地瓜—红苕"，后者是"玉米—玉蜀黍—老玉米—玉茭—玉麦—包谷—包米—棒子—珍珠米"。

通过以上的分析，我们至少可以得出如下两点结论：第一，用以构作异名同实词语组的词语单位在现代汉语中占有不小的比例。《现代汉语词典》收条目"共约 56000 余条"，[①]而用以构作异名同实词语组的词语有 5464 条，占 9.59％以上。第二，异名同实词语组可由两个词语单位构成，也可由两个以上的词语单位构成；其典型形式是由两个词语构成的。由两个以上的词语

---

① 《现代汉语词典》，商务印书馆 1978。

单位构成的异名同实词语组,组内的词语单位有不少是在方言中使用的不同叫名。如由七个单位构成的"甘薯"组,只"甘薯"和"红薯"、"白薯"是共同语中的,"番薯"、"山芋"、"地瓜"、"红苕"四个词都以〈方〉标示它们来自方言。据我们统计,在 2084 组由两个词语构成的异名同实词语组中,一为共同语单位、一为方言单位的有 93 组,约占 4.46%,如"汤壶—汤婆子〈方〉"、"暴风雪—白毛风〈方〉"、"素油—清油〈方〉"、"绒裤—卫生裤〈方〉",而此外的 1991 组则全由共同语单位和共同语单位构成,约占 95.54%。

全部 2487 组异名同实词语,可以按音节是否对称大别为两类。构成异名同实词语组的单位,音节不对称的有 1192 组,约占 47.93%;音节对称的有 1295 组,约占 52.07%。两者数量和比例大体持平。音节不对称的异名同实词语组,有些是由两个单位构成而音节不对称的,有些是由两个以上的单位构成而在音节数的比照上更形复杂的。音节对称的异名同实词语组,双音节对双音节的有 734 组,约占 56.68%,如"绲边—绲条"、"恒齿—恒牙"、"焙粉—发粉—起子"、"鸬鹚—鱼鹰—墨鸦"。

二

由两个词语构成的异名同实词语组有 2084 个,其中由词与词构成的异名同实词组一共有 1898 个,约占 91.08%;由词与固定语构成的异名同实词语组只有 2 个,约占 0.11%;由固定语与固定语构成的异名同实语组有 184 个,约占 9.69%。在由词与词构成的 1898 个异名同实词语组中,名词性的有 1697 组,约占 89.41%;动词性的有 156 组,约占 8.22%;形容词性的有 23 组,约占 1.21%;副词性的有 8 组,约占 0.42%,如"敢自—敢则"、"几乎—几几乎"、"无须—无须乎"、"不外—不外乎";拟声词性的有 5 组,约占 0.26%,它们是"咕隆—咕隆隆"、"咕噜—咕噜噜"、"哗啦—哗啦啦"、"呼啦—呼啦啦"、"呼噜—呼噜噜";代词性的也有 5 组,约占 0.26%,它们是"这些—这些个"、"这样—这么样"、"这会儿—这会子"、"怎样—怎么样"、"那会儿—那会子";连词性的有 4 组,约占 0.21%,它们是"要不—要不然"、"以至—以至于"、"乃至—乃至于"、"于是—于是乎"。由词与固定语构成的异名同实词语组,都是由名词与成语构成的,它们是"形而上学—玄学"、"海市蜃楼—蜃景"。在由固定语与固定语构成的 184 个异名同实语组中,只有成语与成语、惯用语与惯用语构成的两类。由惯用语与惯用语构成的异名同实语组较少,只有 9 组,在由固定语与固定语构成的异名同实语组中约占 4.89%,如"打秋风—打抽丰"、"撑场面—撑门面"、"敲边鼓—打边鼓"、"钻牛角尖—钻牛角"。由惯用语与惯用语构成的异名同实语组,多是述宾结构对述宾结构的。余下的 175 组都可视作由成语与成语构成的异名同实语,[①]

---

① 本文确定成语的依据是看其有无经典性。请参看拙文《熟语的经典性和非经典性》,《语文研究》1994 年 3 期;又收入《词语的意义和结构》。

它们在由固定语与固定语构成的异名同实语中约占 95.11％。由成语与成语构成的异名同实语中,并列结构对并列结构的有 85 组,约占48.57％,如"璞玉浑金—浑金璞玉"、"尔诈我虞—尔虞我诈"、"锦心绣口—锦心绣腹"、"亲痛仇快—亲者痛,仇者快";主谓结构对主谓结构的有 35 组,占 20％,如"千钧一发——发千钧"、"敝帚自珍—敝帚千金"、"百废具兴—百废具举"、"薰莸不同器—薰莸异器";连谓结构对连谓结构的有 19 组,约占10.86％,如"升堂入室—登堂入室"、"落井下石—投井下石"、"揠苗助长—拔苗助长"、"图穷匕首见—图穷匕见";状中结构对状中结构的有 13 组,约占7.43％,如"虚位以待—虚席以待"、"向壁虚构—向壁虚造"、"反躬自问—抚躬自问"、"依样葫芦—依样画葫芦";述宾结构对述宾结构的有 10 组,约占5.71％,如"忘乎所以—忘其所以"、"不名一文—不名一钱"、"无足轻重—无足重轻"、"像煞有介事—煞有介事";定中结构对定中结构的有 4 组,约占2.29％,是"象牙之塔—象牙宝塔"、"丧家之犬—丧家之狗"、"一面之交——面之雅"、"晴天霹雳—青天霹雳";剩下的 9 组约占5.14％,在结构上呈现着复杂的情形:有述宾结构对并列结构的,如"旋转乾坤—旋乾转坤";有连谓结构对主谓结构的,如"着手成春—妙手回春";有并列结构对主谓结构的,如"疾风劲草—疾风知劲草";有定中结构对主谓结构的,如"嗜痂之癖—嗜痂成癖",等等。

由名词与名词构成的 1697 组异名同实词,还可从构词法的角度再行分析。其中单纯词与单纯词构成的异名同实词组有 27 个,约占1.59％,如"狗—犬"、"鸺鹠—枭"、"普鲁卡因—奴佛卡因"、"氨基比林—匹拉米洞";单纯词与合成词构成的异名同实词组一共有 221 个,约占13.02％,如"虎—老虎"、"梨—梨子"、"微音器—麦克风"、"贝叶树—贝多";合成词与合成词构成的异名同实词组有 1449 个,约占85.39％。在由合成词与合成词构成的名词性异名同实组中,由派生词与派生词构成的有 12 组,约占0.83％,如"色子—骰子"、"臊头—哨头"、"扳手—扳子"、"扦手—扦子手";由派生词与复合词构成的有 22 组,约占1.52％,如"肥皂—胰子"、"酵子—引酵"、"京二胡—嗡子"、"栀子—水横枝";由复合词与复合词构成的有 1415 组,约占97.65％,居压倒多数。在由复合词与复合词构成的名词性异名同实组中,定中格对定中格的又居绝对多数,有 1329 组,约占93.92％,如"甜面酱—甜酱"、"白血病—血癌"、"电子计算机—电脑"、"元谋猿人—元谋人";其他格式的仅有 86 组,约占6.08％。其他格式的虽数量很少,情况却很复杂:有陈述格对陈述格的,如"皮包骨—皮包骨头";有支配格对支配格的,如"跳房子—跳间";有并列格对并列格的,如"屏藩—藩屏";有补充格对补充格的,如"仰八叉—仰八脚儿";有"的"字结构对"的"字结构的,如"打鼓儿的—打小鼓儿的";还有陈述格对定中格的,如"二人转—吉剧";有状中格对陈述格的,如"环食—日环食";有定中格对状中格的,如"武丑—开口跳";有支配格对定中格的,如"裹脚—裹脚布";有并列格对定中格的,如"开关—电门";有定中格对补充格的,如"不倒翁—扳不倒儿";有并列格对支配格的,如"形声—谐声";有状中格对支配格的,如"长随—跟班";有重叠格对支配格的,如"蝈蝈儿—叫哥哥";有定中格对"的"字结构的,如"屋里人—屋里的";有支配格对"的"字结构的,如"跟班—跟班儿的";等等。

三

　　为了更清楚地了解异名同实词语的成因,有必要对异名同实词语组内各单位赖以形成对照的形式上的特征作一分析。出于技术上的考虑,下文的分析只限于由两个词语构成的异名同实词语组(不含有单纯词、派生词参与构成的异名同实词语组)。

　　由两个复合词或两个固定语或一个复合词与一个固定语构成的异名同实词语组,一共有1797个,在全部的异名同实词语组中约占72.26%。这些异名同实词语组因组内各单位形式上的一些特征彼此对照而构建起来。下面分述之。第一类,组内的两个单位以成分逆序的方式形成对照。这一类有66组,约占3.67%。此类又可分别为两种情况:一种情况是词语的直接成分完全逆序,有50组,在以成分逆序的方式形成对照的异名同实词语组中约占75.76%,如"翼侧—侧翼"、"鞘翅—翅鞘"、"风流云散—云散风流"、"唇枪舌剑—舌剑唇枪";另一种情况是词语的直接成分内的语素易换位置,有16组,约占24.24%,如"电容器—容电器"、"齿唇音—唇齿音"、"肩摩毂击—摩肩击毂"、"用舍行藏—用行舍藏"。第二类,组内的两个单位以成分的完全和残缺的方式形成对照。这一类有419组,约占23.32%。此类又可分为两种情况:一种情况是普通词语与直接成分中缀有语尾的词语相对照的,有82组,在以成分的完全和残缺的方式形成对照的异名同实词语组中约占19.57%,如"烟袋锅—烟袋锅子"、"铁汉—铁汉子"、"药丸—药丸子"、"争脸—争面子";另一种情况是有无省略形成对照的,有337组,约占80.43%。这后一类还可细分为两小类:一小类是组内的一个单位比较另一个单位而在直接成分上形成多少的对照的,另一小类是组内一个单位的直接成分有省略从而与直接成分无省略的另一个单位形成对照的。前者有44组,约占13.06%,如"裹脚—裹脚布"、"被告—被告人"、"大春—大春作物"、"农业八字宪法—八字宪法";后者有293组,约占86.94%,如"贬词—贬义词"、"附骥—附骥尾"、"黄道吉日—黄道日"、"原子序数—原子序"。第三类,组内的两个单位以一个直接成分相异、另一个直接成分相同而彼此形成对照。这一类共993组,约占55.26%。此类也可分别为两类情况:一种情况是前一直接成分相异、后一直接成分相同而彼此对照的,有556组,在以一个直接成分相异、另一个直接成分相同形成对照的异名同实词语组中约占55.99%,如"枲麻—花麻"、"狂犬病—恐水病"、"鹤嘴镐—洋镐"、"细菌武器—生物武器";另一种情况是前一直接成分相同、后一直接成分相异而彼此对照的,有437组,约占44.01%,如"隧道—隧洞"、"紫石英—紫水晶"、"九九归一—九九归原"、"饿虎扑食—饿虎扑羊"。第四类,组内的两个单位无一直接成分全同而仅在个别语素上相同。这一类有115组,约占6.40%,如"山里红—红果儿"、"发话器—话筒"、"苍天—上苍"、"指桑骂槐—指鸡骂狗"。第五类,组内的两个单位的直接成分、语素完全不同。这一类有204组,约占11.35%,如"高粱—蜀黍"、"紫云英—红花草"、"小花棘豆—醉马草"。

四

通过上面的统计、分析,我们可以得出如下结论:现代汉语的异名同实词语组,由两个词语单位构成的占优势——共2084组,在全部2487组中约占83.80%。现代汉语异名同实词语组内的单位从语音形式上看有音节对称和不对称两类,音节对称的类别中双音节对双音节的居多——共734组,在1295组音节对称的异名同实词语中约占56.68%。现代汉语异名同实词语组主要是由词与词构成的——共2289组(其中由两个词构成的有1898组,由两个以上的词构成的有391组),在全部异名同实词语组中约占92.04%。从语法和结构上看,现代汉语异名同实词语组多是名词性的——共2064组(其中由两个名词构成的有1697组,由两个以上的名词构成的有367组),在全部异名同实词语组中约占82.99%;这当中,组内单位的结构规则都是定中格的有1592组(其中由两个名词构成的有1329组,由两个以上的名词构成的有263组),在全部异名同实词语组中也占到约64.01%。现代汉语异名同实词语组内单位赖以形成对照的,主要是直接成分的同异——这一类仅在由两个词构成的异名同实词语组中即有993组,约占55.26%;这个数字也约占异名同实词语组总数的39.93%。不难看出,现代汉语异名同实词语的构成是有规律的。

现代汉语异名同实词语的使用范围并不一致。如,在1329组由两个名词构成的定中格对定中格异名同实词组中,一个单位属于共同语一个单位来自方言的有61组,约占4.59%,"鬼笔—狗尿苔〈方言〉"、"中耳炎—耳朵底子〈方言〉"、"黄瓜—胡瓜〈方言〉"、"塌棵菜—太古菜〈方言〉";一个单位是正称一个单位是俗称的有22组,约占1.66%,如"兰花—兰草〈俗称〉"、"大鲵—娃娃鱼〈俗称〉"、"白血病—血癌〈俗称〉"、"阑尾炎—盲肠炎〈俗称〉";一个单位是专名一个单位是通称的有118组,约占8.88%,如"红点颏—红靛颏儿〈通称〉"、"海豚—海猪〈通称〉"、"凤仙花—指甲花〈通称〉"、"鲎虫—水鳖子〈通称〉";一个单位是现称一个单位是旧称的有10组,约占0.75%,如"轮船—火轮船〈旧称〉"、"徽剧—徽调〈旧称〉"、"概率—或然率〈旧称〉"、"话务员—接线生〈旧称〉";一个单位是普通的说法一个单位是中国或中医界特有说法的有6组,约占0.45%,如"拜火教—祆教〈中国〉"、"手癣—鹅掌风〈中医〉"、"黄铁矿—自然铜〈中药〉"、"硼砂—月石〈中药〉";一个单位全为本语言语素一个单位有外来语素的有42组,约占3.16%,如"柴油机—狄塞耳机〈狄塞耳:德Diesel〉"、"登革热〈登革:英dengue〉—骨痛热"、"呆小症—克汀病〈克汀:英cretinism〉"、"大丽花〈大丽:英dahlia〉—西番莲"。《现代汉语词典》在为异名同实词语设条立目时,凡地位和作用都很重要的,则在主条释语、例证之后以"也叫××"的方式引出副条,副条另见;凡地位和作用不同等重要的,则只列主条,不出副条,如"月黑天—月黑夜〈无条〉"、"首富—首户〈无条〉"、"铁线蕨—铁线草〈无条〉"、"绝对观念—绝对精神〈无条〉"。在1329组由两个名词构成的定中格对定中格异名同实词组中,一个单位出条立目一个单位不出条立目的有

346 组,约占26.04%。这也说明,虽然几个词语单位被用来共指同一对象,却未必完全等值,其间可能存在着一些不容忽视的差别。

参考文献

刘叔新   1990 《汉语描写词汇学》,商务印书馆,北京。

刘叔新   1993 《语义学和词汇学问题新探》,天津人民出版社。

周 荐   1994 《词语的意义和结构》,天津古籍出版社。

周 荐   1995 《汉语词汇研究史纲》,语文出版社,北京。

(原载《中国语文》1997 年第 4 期)

关于汉语词汇系统
及其发展变化的几点想法

蒋 绍 愚

词汇有没有系统？两个民族和两个历史时期的语言词汇系统的不同表现在哪里？

对第一个问题的回答当然是肯定的。第二个问题，看起来似乎很简单：词是音义结合的产物，词所反映的意义（概念），各个民族、各个历史时期大致相同，但是各个词的读音，不同民族和不同历史时期各不相同。于是，词汇系统的不同，就归结为用不同的读音来表达相同的概念了。比如，"头"和"走"这两个概念是任何民族任何历史时期都有的，只是在英语中把它们叫做 head 和 walk，日语中把它们叫做あたま和あるく，古汉语中把它们叫做"首"和"行"，现代汉语中把它们叫做"头"和"走"。

但是，稍稍深入观察一下，问题就不那么简单。上述看法，第一，是把词看成了一音一义的结合，而事实上一个词往往是多义的，或者说，一个词往往联系着几个义位。第二，是把词孤立地加以观察，而事实上词和词之间是有联系的。比如，一些相关的词构成同一个语义场。如果把这些因素考虑在内，那么情况就不那么简单了。

比如"头"，除了"脑袋"义以外，还有"顶端"义（如"竿头"），有"首脑"义（现代汉语一般说成"头头"）。这些意义，古汉语、英语、日语都有，但除此以外，英语还可以说"use one's head"，日语中也说"頭を働かす"（都是"动脑筋"之意），汉语中"头"和"首"就没有这种意义。古汉语中"首"可以用作动词（"狐死必首丘"）。现代汉语中"头"就不能，日语中的"あたま"也不能；英语中的 head 也可以是动词，但是是另一种意义："head the ball"（顶球）。再如，现代汉语中"头"还是量词，如"十头牛"，古汉语中"首"就没有这种用法。英语中有类似的说法："ten head of cows"（head 仍是名词）；但又可以说"three pounds a head"（每人三镑），用 head 表示人数，这又和汉语不同。

上面所举的诸种意义中，有的应看作是两个词（如现代汉语中表示"脑袋"的"头"和作量词的"头"）。但这也说明词的孳生关系在不同民族不同历史时期的语言中并不相同。

"行""走""walk""あるく"也有同样的情况。比如古汉语中"大道之行"的"行"，这个意义，就不能用"走""walk""あるく"来对译。更重要的是，如果我们把表示行走的词放在一起来观察一下，就可以看到：在古汉语中，"行、趋、走"是三分的，而在现代汉语中，"走、跑"是二分的，英语、日语中也是"walk、run"和"あるく、はしる"二分的。除此之外，在不同民族或不同历史时期中，都有一些独特的表示行走的词，在其他民族和其他历史时期的语言中找不到相应的词，在翻译的时候只能用词组来表达。如古代汉语的"趋"，现代汉语的"蹓"，英语的"tramp"（用沉重的步子走），日语的"てはしり"（小跑），等等。这都说明在不同的语言（或不同历史时期的语言）中语义场的构成情况不同。

要具体地说出两种不同民族的语言或两个历史时期的语言词汇系统有什么不同，并不是一件轻而易举的事情，因为词汇系统要比语音系统、语法系统复杂得多。本文的目的，只是想探讨一下汉语词汇系统在不同历史时期的发展变化可以从哪几方面来加以考察。

一　义位的有无和结合关系

关于词汇的发展变化，一般总是说：随着旧事物的死亡和新事物的产生，旧词消亡了，新词产生了。有的词改变了意义（如"走"，古代是跑，现代是行走），有的概念改变了名称（如"跑"这个概念，古代叫"走"，现代叫"跑"）。这样说是对的，但是并不全面。

首先，旧词的死亡和新词的产生是不是都由于旧事物的死亡和新事物的产生？并不完全如此。例如：

羹　《荀子·非相》："然而君子啜其羹，食其胾。"

胾　例同上。

酣　《说文》："酒乐也。"《史记·高帝本纪》集解引应劭："不醒不醉曰酣。"

这些词的消失并不是由于它所反映的事物、动作、性状到后来不存在了，也不是因为它们到后来改变了名称。因为在现代汉语中并没有新的词来反映这些对象，要反映这些对象只能用词组："带汁的肉""大块肉""喝酒喝得很痛快"等等。

反过来说，像下面这样一些词是出现较晚的，如：

泼　《玉篇》："弃水也。"

掴　《玉篇》："掌耳。"《集韵》："批也。"

嘽　《集韵》："食无廉也。"

我们也不能说在秦汉时期不存在这些动作，或者说秦汉时已有相应的词，只是到后代改变了说法。正如上引字书的解释提示我们的那样，秦汉时只有笼统的"弃""批""食"，后来才把"弃水"叫"泼"，把"批颊"叫"掴"，把"食无廉"叫"嘽"。也就是说，把原来由词组表达的动作改用词来表达了。

这里我们需要使用"义位"这一概念。"义位"是属于语言深层结构的，反映人们思想中对客观事物的分类。上面所举的事物、动作、性状自古到今都存在，但人们在思想中对它们的分类不同。有的是古人把它们分出来作为一个义位，如"羹""胾""酣"；而在现代汉语的语义系统中却没有这些义位，在今人看来"羹"和"胾"都是肉，它们的区别可以用词组来表达。相反，有的在上古汉语的语义系统中没有形成义位,如"泼""掴""噇",当时人们觉得"弃水"的"弃"和"弃物"的"弃"并无区别。后来人们才把"弃水"这个动作从一般的"弃"中分出来,形成一个新的义位,而称之为"泼"。这就是义位的有无问题。

其次,关于"词改变了意义"和"概念改变了名称"的问题,也可以运用"义位"的概念作进一步的探讨。

对于多义词来说,在历史发展过程中词义的改变,往往不是这个词的几个义位全都改变,而是有的义位变了,有的义位没变。比如"池",讲古汉语时常常说它的古今意义不同:"池"的古义是"护城河",今义是"池塘"。其实,"池"在古代有两个义位:1. 护城河。2. 池塘(如《孟子·梁惠王》:"数罟不入洿池。")。这个词从古到今的变化,是义位1消失了,义位2保留至今。

概念改变了名称,比如说"穿衣服"这个动作,上古叫"衣",后来叫"著",现代叫"穿",这样描写固然不错。但我们也可以采用另一种表述方法:"穿衣服"这个义位,上古时用一个名词"衣"的孳生词动词"衣"(去声)来表达,后来和"附著"这个义位结合在一起,用"著"这个词来表达,现代和"贯穿"这个义位结合在一起,用"穿"这个词来表达。也就是说,"穿衣服"这个义位从古到今都存在,但在不同的历史时期,它或是单独存在,或是与别的不同的义位结合在一起,而取得某种语音形式,构成一个词,这样才能表达出来。这就是义位的分合问题。

义位的有无和义位的分合是相联系的。在某个历史时期,新产生的义位可以单独成词,例如上面所举的"泼""掴""噇",这就是新词的产生;但也可以不构成新词,而只是在原有的词上增加新的义位,也就是旧词增加新义。比如,现代汉语中说"一个和尚挑水吃,两个和尚抬水吃","挑"和"抬"是有区别的。但在唐以前,这两种动作都叫"担"。如:

    《尔雅·释天》:"何鼓谓之牵牛。"郭璞注:"今荆楚人呼牵牛星为担鼓。"(这里"担"是"挑")

    《世说新语·黜免》:"上人著百尺楼上,儋梯将去。"("儋"通"担",这里的"儋"(担)是"抬")

直到唐代还把"轿子"叫做"担子"。后来"挑"和"抬"分成两个义位,但是并没有形成新词,因为"挑"和"抬"这两个词原来就有,只不过"挑"原是"拨"的意思,"抬"原是"举起"的意思,如:

    织锦心草草,挑灯泪斑斑。(李白《闺情》)

    金砌雨来行步滑,两人抬起隐花裙。(王建《宫词》)

新产生的义位"挑"(一人肩扛)和"抬"(两人肩扛)只是和这两个旧词原有的义位结合在一起,使旧词产生了新义。如:

    担挑双草履,壁倚一乌藤。(陆游《自题传神》)

    上令侍御者抬步辇召学士来。(《开元天宝遗事》)

又如,现代汉语中"揭开帘子"的"揭",在六朝以前就用"发""开"来表达。如:

    二八人如花,三五月如镜,开帘一种色,当户两相映。(王僧孺《月夜咏陈南康新有所

纳》)

延之发帘熟视。(《南史·颜延之传》)

这说明当时"揭"还没有形成一个独立的义位,和前面所说的"泼水"的"泼"原先就包含在"弃水"的"弃"中一样,后来,这个义位独立了出来,但它没有构成新词,而只是在"揭竿而起"的"揭"这个旧词上加上了一个新的义位。如:

时有一沙弥揭帘欲入。(《祖堂集》卷十)

综上所述,可以看出,词是词义系统的"分子",义位是词义系统的"原子"。研究词义,应该以义位为基本单位。说明一个多义词的词义的变化,最好不要笼统地说这个词的意义变了还是没有变,而要说明它哪些义位变了,哪些义位没有变。在研究某一时期的词汇系统的面貌或某个历史时期中词汇系统的变化时,很重要的一点,是要考察义位这些"原子"的有无,以及这些"原子"以什么方式结合成"分子"(词)。这种"分子结构"的不同,正是两种不同语言或两个不同时期的语言词汇系统的差异的一个重要方面。我们在一开头所举的"head""あたま""首""头"的不同,就是这方面的例子。

人们常常说,一种语言中的基本词汇有极大的稳固性。这样说是对的。但这主要是指这些基本词汇的主要意义而言,比如"黑""白"两个词,从它们表示颜色的意义来看,确实是几千年来一直没有变。但是如果考察它们的"分子结构",那么它们古今还是有变化的。比如,"黑"在上古不包含"日暮"这个义位,而后来却增加了这个义位,如李清照《声声慢》:"守着窗儿,独自怎生得黑?"相反,"白"在上古除了表颜色外,还包含着另一个义位:"显著"。如《荀子·天论》:"礼义不加于国家,则功名不白。"这个义位,在现代汉语中已经消失。这种"分子结构"的不同,说明即使是基本词汇,除了它稳定的一面以外,还有它变化的一面。

二　词的聚合关系

词不是孤立地存在的,它们处在相互的联系之中。一批有关联的词,组成一个语义场。在语言的历史发展中,同一个语义场中词的分布是会产生变化的。这种变化有多种情况。

例如:在古代汉语中,表示"门"的词有两个:"一扉曰户,两扉曰门。"在现代汉语中,就只有一个"门"。在古代汉语中,表示"窗"的词有两个:"在墙曰牖,在户曰窗。"在现代汉语中只有一个"窗"。反之,在古代汉语中,表示敲击乐器和表示敲击人或其他物的都叫"击",而在现代汉语中,分成为"敲"和"打"。前面说过,在表示行走的语义场中,古代是"走、趋、行"三分的,现代是"跑、走"二分的。

在上古汉语中,"投、掷"和"弃、舍"是两个不同的语义场,分别由不同的词表示;到中古,出现一个新词"抛",能兼表这两个语义场的意义,如东汉末的"抛车"就是投石的战具;《祖堂集》:"如何抛母无人供给。"则是"丢弃"之义。到现代,又用"丢"或"扔"代替了"抛","丢"和"扔"都有

"投掷"和"弃舍"两种意义。

　　在上古汉语中,表示温度的语义场中有四个词:"热、温、凉、寒",在现代汉语中,变为"热、温、凉、冷"。这个语义场古今的变化,一是以"冷"代替了"寒",一是古代"凉"的义域和现代"凉"的义域不同。也就是说,古代汉语中在某些场合,"凉"所表达的温度,在现代汉语中要用"冷"来表达。例如:

　　　　北风其凉,雨雪其雱。(《诗经·邶风·北风》)

　　　　秋风萧瑟天气凉,草木摇落露为霜。(曹丕《燕歌行》)

其关系可以图示如下:

古代	热	温	凉	寒
现代	热	温	凉	冷

　　在表示未成年人的语义场中,现代汉语有"婴儿、儿童、少年"三个词。古代汉语中有"婴儿、童子"。(古汉语中也有"少年"一词,但是是"青年男子"之义,不在此语义场中。)这里不但有二分和三分的不同,而且,古代汉语中"婴儿"的义域也有所变化。在秦汉时,"婴儿"既可指刚出生的小孩,如《老子》:"专气致柔,能婴儿乎?"也可以指七八岁十几岁的孩子,如《史记·高祖本纪》说刘邦为亭长时,"吕后与两子居田中耨,有一老父过请饮",后来老父对刘邦说:"乡者夫人婴儿皆似君。""婴儿"就指两个能在田中锄草的孩子。因此,"婴儿"和"童子"的义域是交叉的。到唐代,"婴儿"和"童子"就不再交叉了,如《父母恩重经讲经文》:"婴孩渐长作童儿。"因此,在这三个不同的历史时期,未成年人的语义场如下图所示。

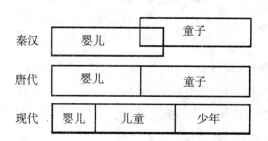

　　更值得注意的是:在一个语义场中,某个词的变动,会对其他词产生影响,例如上古汉语表示"到……去"的语义场中,有两组词:"之、适"为一组,是及物动词;"往"为另一组,是不及物动词。"往"的反义词是"来","来"绝大多数是不及物的。有极个别的"来"后面有宾语,如《春秋》昭公二十五年:"有鸜鹆来巢。"《穀梁传》:"来者,来中国也。"这就是"之、适"的反义词。而"去"为"离开"义,是属于另一个语义场的。后来,"去"的词义发生变化,成为"来"(不及物)的反义词,取代了"往"的位置,"往"也相应的变为及物动词,取代了"之、适"的位置。如《祖堂集》卷一:"大迦叶辞王往鸡足山。"而"之、适"在口语中就逐渐消失了。这时表示和"往"(及物)相反的意义用"到……来"。有趣的是,在《祖堂集》中只有"到……来",没有"到……去",这是因为当时

"到……去"的意义由"往"来表示。到现代汉语中,"往"在口语中也消失了(只用于"来往""开往"等词组中),于是"到……来"和"到……去"配成了对。这种变化图示如下:(↔表示反义)

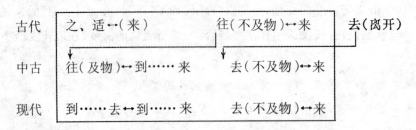

同义词和反义词是词汇聚合关系中特殊的两类,词汇系统的不同也表现在同义词和反义词系统的不同上。

比如,上古汉语中"恐"和"惧"是同义词。到中古时,"恐"主要用于表"担心"义(《祖堂集》中的"恐"几乎都用于此义),因此,"恐"和"惧"不再构成同义关系。同时,中古时新产生了"怕"这个词,"怕"和"惧"同义。这样,这一组同义关系就由上古的"恐—惧"变成了中古的"怕—惧"。

一组同义关系的变化,有时会引起几组同义关系的重新组合,例如,上古"贫"和"窭"同义,"穷"和"尽"同义,"完"和"全"同义。到中古,"穷"的词义发生了变化,变成和"贫"同义,而与"尽"不再同义;"完"的词义也发生了变化,变成和"尽"同义,而与"全"不再同义,于是形成了新的同义词组合:贫—穷,尽—完。到现代汉语中,"贫"基本上消失,"苦"在某种场合与"穷"同义,而"尽—完"这组同义关系中,又加上一个新词"光"。其关系图示如下:

上古　窭—贫　穷—尽　完—全
中古　　　贫—穷　尽—完
现代　　　苦—穷　尽—完—光

反义词系统的变化如:古代汉语中"粗"↔"精"是反义词,现代汉语中"粗"↔"细"是反义词。古代汉语中"高"↔"下"是反义词,现代汉语中"高"↔"低"是反义词,等等。

同义词系统和反义词系统的变化是有关联的。如"富"的反义词上古是"贫",中古是"贫"和"穷",现代汉语中"苦"有时也可以成为"富"的反义词。

分析同义词系统和反义词系统也应以义位为单位。所以一个多义词可以有几对同义词或反义词,在语言的历史发展过程中,这几对同义词或反义词的变化有的是同步的,有的是不同步的。这个问题在这里不拟细说。

三　词的组合关系

词的组合关系,简单地说就是词的搭配关系。词的组合关系的历史变化,主要表现在以下两个方面:

1)同一个词,词义基本不变,但在不同历史时期组合关系有所不同。现以《祖堂集》中的一些情况为例加以说明。

比如:"拔",在上古时有两个义位:1.攻下。这个义位后来消失了。2.拔擢。这个义位古今并无不同。但在《祖堂集》中除了"拔根"外,还有"拔髓""以手拔席帽带"等说法,这种组合关系,是当时特有的,到现代汉语中,"拔"就要改为"抽"了。

"戴","戴在头上"这一义位古今也无不同,但《祖堂集》中除"戴帽"外,还经常出现"披毛戴角"的说法。在现代汉语中"戴"和"角"不能搭配。

"运",表示移动、发动的义位古今一样。但《祖堂集》中除一般用法外,还有"运步""运足""运慈悲"之类的说法。在现代汉语中,"运"就要改成"动"或"发"了。

在语言的历史发展中,有的概念改变了名称,或者说新词代替了旧词。这些新词和旧词的词义基本上是一样的,但它们和其他词的组合关系却未必相同。如:

上古的"衣",中古的"著",现代的"穿",意义基本相同。但"衣"的宾语只能是衣服,不能是鞋帽。"著"的宾语可以是衣服,也可以是鞋帽。"穿"的宾语只能是衣服和鞋,不能是帽子。

上古的"食"和后来的"喫""吃",意义基本相同。但中古和近代可以说"喫酒""喫粥""喫东西风"以至于说"喫一顿捧",这种组合关系在上古和现代都是没有的。

2)在某一时期的语言平面中,既有继承前一时期的旧词和旧语法成分,又有新产生的新词和新语法成分,新旧的组合关系往往不同。这也以《祖堂集》为例加以说明。

《祖堂集》中既有"木",又有"树"。"木"是旧的,"树"是新的。只有"树"能和词尾"子"组合,如"树子""枯树子""柏树子","木"就不能。

《祖堂集》中既有"道",又有"路","道"比较旧,"路"比较新。因此"路"后面可以加上方位名词。如"路旁""路边""路头","道"就不能。

又如"视"和"看"。"视"是旧的,"看"是新的。因此《祖堂集》中有"看却""看取""看得"这样的说法,而"视"不能和这些新产生的动词词尾相结合。

"言""语""说"在唐五代时都可以表示"说话"这个动作。但当时口语中最活跃的是哪一个词?《祖堂集》中情况如下:

语犹未讫

言犹未讫　言讫　言已

早说了也

而且"说"有"说似""说向""说著""说得""说不得"这样的组合,而"言""语"没有。可见"说"是当时口语中最活跃的。

又如《祖堂集》中表示总括的副词有"皆""俱""悉""咸""都""惣""全""尽"等。后四个可以有如下的组合形式:

都　尽乾坤都来是你当人个体。(卷九)

惣　与摩则大唐国内山惣被闍梨吕却了也。（卷六）

全　与摩则治国之功全归臣相去也。（卷八）

尽　只如慧寂在江西时尽头无惭无愧。（卷十八）

　　如今尽会了也。（卷十二）

在形容词、副词后面加"来"（如"坐来""许来"）加"头"（如"长头""齐头"）是当时特有的语言现象，"……了也""……去也"是当时特有的句式。"都""惣""全""尽"能出现在这种组合关系中，可见是口语中使用的词。而"皆""俱""咸""悉"不能有这种组合，说明它们在口语中已经不大用了。

四　词的亲属关系

语言中是不断产生新词的。新产生的词，有的找不到和原有的词有什么关系，有的和原有的词有关系。这种关系可分为三大类：1）由于语义引申或语音变化而从旧词产生新词，这些旧词和新词就是通常所说的"同源词"。2）由原有的词加上词尾而构成新词。3）由原有的词作为语素而构成新词。无论是哪一类，原有的词和由此而产生的新词之间的关系，我们称之为"亲属关系"。这种关系也是构成词汇系统的一个重要方面，两种不同语言和两个不同历史时期语言中的词的亲属关系，是各不相同的。

关于同源词，王力先生《同源字典》已有全面的论述和研究，此处不再赘述。有一点需要说明：同源词既然是说的词，就不限于"同源字"的范围。那些由于词义引申而产生的新义，只要在词义上和原义相距甚远，那么，即使读音和字形都没有变化，也应该看作形成了新词。这样的新词和旧词也应该看作同源词。如前面说到的"头"（脑袋）和"头"（量词）以及"把"（柄）和"把"（介词）都是。那些由名词—动词、形容词之间互相转化而成的词，无论是否有破读，也都应看作是同源词。如"衣"（名词）和"衣"（动词，读去声），"医"（名词）和"医"（动词，读音不变），都是同源词。

同源词是词汇系统的一个重要方面，但它还不是词汇系统的全部。因为如上所述，词汇系统还表现在别的方面。

汉语的同源词系统在汉语的历史发展过程中也是有发展变化的。这种发展变化，不能简单地想像为上古时的同源词系统在后来不断地滋生繁衍，而应该看到：上古时的同源词，有的保留至今，有的消失了；中古和近代又有一些新的同源词产生。情况是比较复杂的。

上古汉语中的同源词到后来消失，首先是由于词义和语音的发展变化。如上古时"厉"有两个意义：1. 带子。《左传·桓公二年》："鞶厉游缨。"注："厉，大带之垂者。" 2. 以衣涉水。《诗经·邶风·匏有苦叶》："深则厉，浅则揭。"传："以衣涉水为厉，谓由带以上也。""厉""带"均为月部，两词同源。但后来"厉"这两个意义都消失了，"严厉"的"厉"应是另一个词，它和"带"这个词毫无关系。所以,上古时"厉""带"这一对同源词到后来已经消失。再如,上古时"直"和"特"都有"仅仅"之义。"特"的"仅仅"之义是由"特独也"之义虚化而来的,而"直"有"仅仅"义只是因为它和"特"音近(两字都是定母,职部,只是"特"为一等,"直"为三等),所以两词同源。后来由于语言的发展,"特"的"仅仅"义逐渐消失,"直"的读音也和"特"不再相近,不再用"直"来表示"仅仅"之义,所以,上古时"直""特"这一对同源词也不复存在,汉语中表"单独、特别"的"特"和表"曲直"的"直"也毫无关系了。

其次,上古汉语中由名词—动词、形容词互相转化而形成的同源词,有一些后来也由于汉语的发展而消失,如上古时"医"(动词)和"医"(名词)是一对同源词,"衣"(名词)和"衣"(动词)是一对同源词,现代汉语中分别说成"医治"和"医生","衣服"和"穿",前者或许可以说成"同根词",后者两个词就无关了。

在上古汉语的一些同源词消失的同时,中古和近代又产生一些新的同源词,如"倚"—"椅","登"—"凳","抛"—"砲","锸(臿)"—"插","擘"—"掰","馨"—"生","没"—"莽"—"摩","鹘突"—"糊涂","急赖"—"泼赖"等。目前对同源词的研究偏重于上古,对中古和近代的同源词研究还有待于深入。

但总的看来,由滋生而形成新词的这种方式,在上古是一种非常能产的方式,到中古以后,它就逐渐让位给合成这种方式了。这也是汉语词汇系统在历史发展中的一大变化。在近代和现代汉语中,如果要从词的亲属关系方面来考察汉语的词汇系统,主要应把含有同样语素的合成词划为一组。如果仅仅从"同源词"角度来考察,那就只能说某些词是"五百年前同一家"了。

从原有的词和由它充当语素构成的合成词的关系来看,合成词可分为两类。

1)由两个同义词(或近义词)复合而凝固成的合成词。这种词在中古产生得很快,在合成词中占的比例最大。这种词产生的原因,是因为随着语言的发展,汉语中同音词和一词多义的现象增加,为了区分词义,就要用合成词的方式把意义确定下来,如"镇",既是动词,义为"镇压",又是副词,义为"常常"。为了加以区别,在用作副词时就说成"镇常",这样就不会和动词"镇压"相混了。"抛",有"抛掷"义,有"抛弃"义,单用"抛"这个词不易区分,构成合成词"抛掷"和"抛弃"就不会混淆了。"清"构成合成词"清澈""澄清""清明""清白"等,也是同样道理。

2)原有的词作为语素构成合成词,原来的词义只起一种提示作用,即合成词的词义不能用语素的意义拼合而成。如"告身"不等于"告"+"身","手力"不等于"手"+"力"。这类词在现代汉语中越来越多,如"电报""电线""电压""电厂""日报""画报""汇报""预报"等等。

如果我们不把词的"亲属关系"仅仅限制于同源词,而是全面考察上述诸方面,那么,从词的亲属关系也可以清楚地看到汉语词汇系统的历史变化。

(原载《中国语文》1989 年第 1 期)

从早期外汉词典
看现代汉语词汇的发展

仇 志 群

外汉词典的编写最早可追溯到 16 世纪,第一部外汉词典《华语韵编》(西班牙语—闽南语),就是由西班牙的地理学家拉达于 1576 年编纂的。但 19 世纪以前编写的外汉词典,真正印刷面世的非常少。我们所说的早期外汉词典,则指编写出版于 19 世纪到 20 世纪初这个时期内的外汉词典,其中主要是英汉/汉英词典。

作为工具书的语文词典,往往随社会的进步、语言的发展而不断推陈出新,以适应社会的需要。在实用性上,新的版本或种类一般来说要优于旧的。但早期出版的这批外汉词典,对现代汉语词汇研究来说,却是不无价值的语言资料。一般把"五四"作为现代汉语和近代汉语的分界线。实际上,现代汉语词汇的内部发展,时间可能要更早一些。19 世纪到 20 世纪初是中国社会急剧变革的时期,也是现代汉语词汇发展的重要的前期阶段。

1840 年鸦片战争以后,对西方文化的学习、吸收被推向一个新的高潮。北京、上海、广州等地设置了同文馆、翻译馆,翻译西方著作,教授西方语言,新事物、新概念造成大量新词语。1896 年清政府开始派遣留日学生,自此以后,留日学人通过介绍日本现代文明,把大量的日本汉字词带进汉语。这个时期编写的外汉词典,正好帮助我们了解这一时期汉语词汇的状况。

这批外汉词典,一开始大都由外国传教士、翻译人员、海关官员和其他方面的外国汉学家编纂。不过一些早期的外汉词典虽署名的主编多为外国人,参编人员却都有中国学者。

根据我们的资料条件,我们选择以下几种英汉和汉英词典作为主要考察材料:

1. 罗布存德(D. W. Lobscheid)《英华词典》,1866 年。

2. T. Theodor Wong《商务华英词典》(按,实际是英华词典),1903 年。

3. G. C. 斯坦德《英汉官话(口语)词典》,1905 年。

4. 颜惠庆《英华大词典》,1908 年。

5. H. A. Gilles《汉英词典》,1912 年。

6. 赫墨龄(K. Hemeling)《标准英汉官话词典》,1916 年。

7. 李文彬等《英汉新字汇》,1916 年。

8. O. Z. Zang《增订汉英词典》,1928 年。

9. 翁良等《增订英汉合解词汇》,1932 年。

　　外汉词典作为双语语文词典,外语词语的中文释文,如果有现成对等的形式,一般总要选择使用当时通行的被社会认可的词语。如英汉词典中 history 一词下面有"历史"这一中文释文,可表明"历史"一词很可能是该词典编写时期被认可或已经进入社会语言生活的一个词。据我们的调查,在 19 世纪和 20 世纪第一个十年内编写出版的外汉词典 history 的中文释文都不用"历史"一词,那么即使不能断定当时的书面语或口语中还没有出现"历史"这个词,也可以认为这个词当时不会是常用词或通用词。再如动词"到达",这是个现代汉语常用词,但形成时间比较晚,收词年限截止到 1840 年的新版《辞源》未收。从早期外汉词典的释文来看,20 世纪第一个十年以前的外汉词典,在 arrive 和 reach 这类词的下面,释文都没有使用"到达"一词的。以 arrive 为例,1866 年本(以下皆用出版时间指称上面所列的该年出版词典)为:"至,到,来到,抵";1903 年:"来到,至,抵";1905 年:"到了,来到了,抵,至";1916 年(赫):"到,来到,抵",该词的举例 arrive at a port,释文是"抵了港,到了口,至口(文)";1916 年(李):"到,达,至,届。to arrive at 抵达"。上面所列的 1928 年和 1932 年本,释文中也未见"到达"一词。这个阶段的外汉词典相应的释文都不用"到达",这就不是释文用语的随意性造成的现象。

　　下面我们以"历史"一词为例,看一下它的形成过程和在早期外汉词典里的反映。

　　具备现代含义的"历史"据考是由日语引进的,大约在 19 世纪末。[①] 在这一时期,"历史"一词开始是出现在一些出访日本的中国学者的访日记述里,如黄遵宪的《日本杂事诗》(1889)、黄庆澄的《东游日记》(1894)。他们使用"历史"一词只是作为一门学科直接引述。1899 年罗振玉为《支那通史》作序:"自进化之论出,学子益重历史。"同年,王国维《东洋史要》序有"自近世历史为一科学,故事实之间不可无系统"。这两处使用的"历史"就是现代意义的"历史"了。1902 年梁启超在《新民晚报》上开辟"历史专栏"。1903 年清政府颁布"初等小学堂"、"中等学堂"、"高等学堂"章程,史学科都改名"历史科"。"历史"一词就从个别用例,到逐渐使用开来。

　　我们再把几种早期的外汉词典比较一下,(1)为 history 的释文,(2)为 historian 的释文:

　　　1866:(1)史,史记。(2)史者。

　　　1905:(1)史,史记,史书,记书。(2)史官,国史官。

　　　1903:(1)史,国志,事迹,传记。

　　　1908:(1)历史,史记。(2)史者,著史者,历史家。

　　　1910:(1)史。(2)历史家。

　　　1916(赫):(1)史,史记,历史。(2)历史家(新)。

　　　1916(李):(1)历史,史记;传,记录,记事,志。(2)史家,历史记者。

在 A. Gilles 的《汉英词典》(1912)里,"历"字条无"历史","史"字条也无"历史"。[②] 1910 年 Hill-

---

①　参看彭忠德《"历史"一词探源》,《辞书研究》1991 年第 5 期。

②　A. Gilles《汉英词典》初版于 1892 年,笔者没有见到初版本,也不清楚 1912 年版修订的情况。

ier 的英汉词典很有意思,(1)history 为"史",(2)historian 为"历史家",也说明这个词还没有稳定下来。1916 年(赫)本,history 的释文"历史"没加新词标注,也没加部定标注。从黄遵宪的《日本国志》到 1916 年赫墨龄的英汉词典,二十年时间里"历史"一词基本完成了它进入汉语生活的历史过程。

把"历史"一词开始进入汉语的过程和词典的反应联系起来看,可以发现两方面大体上是相对应的。词典中出现得稍晚一点,因为词典记录总有一定的滞后性,而从编写到出版也有一个时间差。这就是我们运用早期外汉词典考察现代汉语词汇发展的一个思路。

首先,早期外汉词典的中文释文,有可能为我们了解现代汉语前期和早期阶段的发展状况提供考察线索。我们可运用动态比较的方法,把不同种类或不同版本的词典排列开来,找出释文语言的差异,判定这些差异在何种程度上反映了汉语词汇的发展。这里我们主要选择 1905 年斯坦德和 1916 年赫墨龄分别主编的两部词典。这是两部不同的词典,但有着如同新旧版本的关系。1916 年(赫)本是"根据斯坦德主编由海关总署 1905 年出版的词典"编纂的,[①]而且该本主编赫墨龄也参加了 1905 年本的部分编纂修订工作。编写时间上,两部词典相差将近三十年,[②]是较理想的比较样本。以下略举几例:

air　　　　　　1905:貌,色,态,态度,气,天气

　　　　　　　1916:气,空气(部定)

agriculture　　1905:耕种,农事,耕蓐

　　　　　　　1916:农业(部定)

advertise　　　1905:告白,出告白

　　　　　　　1916:告白,广告(部定)。例:一张告白,出告白

cement　　　　1905:石灰,白灰,石膏

　　　　　　　1916:塞门德泥,胶灰,铁水泥

capital　　　　1905:本钱,本银

　　　　　　　1916:母财,资本(新),资本金(部定)

common　　　　1905:平白,平常,常

　　　　　　　1916:普通(新)

delegate　　　1905:代理事的差人,差役的人

　　　　　　　1916:代表

1916 年本词典的释文出现了大批新词,在诠释、表达上也更精细准确。这些新词很多是借

---

① 见该词典扉页的标注。

② 据 1905 年该词典序言介绍,该词典的印刷"开始于几年以前,后因出版者工作繁忙而搁置下来,从 1904 年起才又重新开始。"主编者斯坦德于 1884 年去世。所以,这部词典主要部分的编写应完成于 1884 年以前。

自日语的汉字词,例如:"农业,广告,资本,代表"等等。在收词范围上,1916 年本也扩大了许多。如下列各词都是 1916 年本增收的(释文取现在通用词语):

alcohol 酒精　　check 支票　　camera 照相机　　author 作者

communism 共产主义　　socialism 社会主义

从增收的内容上看,这种扩大应看作是那个时期社会发展变化所引起的语言发展的结果。

我们还可以把几种不同的词典按时间排列开来,选择一部分词语项目进行考察。例如:

cement　　1866:灰沙,胶,糨胶

1903:水门汀,三合土,English cement 英国泥

1905:石灰,白灰,石膏

1908:塞门德泥,胶灰

1912:塞门德,漆灰

1916(李):水泥,三合土

1916(赫):塞门德泥(新),胶灰(新),铁水泥(新),洋石灰,白垩质(部定)

1923:水泥,水门汀

1928:水泥

1932:水门汀,水泥

1916 年(李)本所依据的是英日版的韦氏大学词典(48 版),受日语汉字词的影响肯定要大一些。讲究译文语言规范的 1916 年(赫)本,有"铁水泥"而无"水泥"。但 1923 年的缩略语词典,cement 缩写的释文仍选择"水泥,水门汀",而不从 1916 年(赫)本。可以认为,从 20 年代初起,"水泥"一词逐渐在汉语词汇库里扎下了根。

在语言的发展过程中,词语在每个时期的词汇地位是不同的,早期的外汉词典还可以帮助我们直接或间接地了解一部分词语在相应阶段的有关情况。特别值得注意的是赫墨龄的《标准英汉官话词典》(1916),其中词语的标签很有特色,除了指出学科范围、语体色彩,还有"(新)"和"(部定)"两种标注。"新"即"新词",按序言介绍,包括源于汉语和借自日语的新词语。序言指出,其中大部分已成为口语常用词。"部定"即"教育部审订",是隶属于当时教育部的一个由严复为首的专门委员会组织审订的词语,大部分为科技术语,约三万个。例如:

A1　目的　辩护　鼓吹　珠算　跃进　迈进　演说　教育　普通　资本家　社会主义
　　共产主义

A2　卫生车/病车/移病车(救护车)　简字(缩写)　状师(律师)　艳丽学(美学)　节炎
　　(关节炎)

B1　空气　酒精　分析　解析　合作　注意　广告　货物　激动　绝对值

B2　杂金(合金)　宪典(宪法)　岁进(年收入)　岁殖(年产量)　计学(经济学)　电力机
　　(发动机)

A 组为"新词", B 组为"部定词"。A1 和 B1 两组是现代汉语仍然通行使用的词。A2 和 B2 在当代书面语和口语中已不用, 被其他形式取代了, 例中括号内的词是现在通行使用的。"部定"这一标注也反映了我国历史上第一次词汇规范化的成果。从后来发展的情况来看, 有些当时的"部定词"在现代汉语词汇里扎下了根, 有的则没有被社会所接受。如, arithmetic 的释文有"算学"而无"算术", "算学"是部定词, 后来"算术"占了上风。"宪法"和"宪典"后者为部定词, 在抗争中前者却淘汰了后者。研究这一社会选择的全过程, 对现代汉语的规范化也不无意义。

特别是现代汉语常用词或通用词中一些历史久远的词, 它们在发展过程中词汇地位的历史状况往往不太清楚或不被注意, 而早期的外汉词典可以启发我们发现其中的问题。例如"动物"一词, 最早见于《周礼》, 后代也时见使用。但从早期外汉词典的释文来看, 我们认为中国古代并没有建立起现代汉语"动物"一词所表达的概念, 或者说古人还不习惯用"动物"这个词来概括鸟兽虫鱼等生物。早期的外汉词典一般不用"动物"译释 animal, 例如: 1866 年: 生物, 生灵, 畜生, 牲口。1903 年: 生物, 生灵, 禽兽(该词典 1913 年第 10 版释文仍同此)。1905 年: 生灵, 活物, 生物。1916 年(赫): 动物(新), 牲动物(新), 胜(新)(按, "胜"非"勝"的简体)。1864 年译成的《万国公法》还把英语的 personal property 译为"动物", 后来才译为"动产", 这也说明, 如果当时"动物"是个常用词, 译者不会考虑使用"动物"一词来翻译英语的"动产"。"动物"的引进或者说"启用", 也是受日语的影响。19 世纪末一些介绍日本新文化的著作中已见"动物"、"动物学"。如黄遵宪《日本杂事诗》(1879)、黄庆澄《东游日记》(1894)等等,[1] 笔者见到的光绪三十年(1904)出版的一本《蒙学动物教科书》,[2] 照片很多, 印刷精美, 没标明编者, 估计是译自日文。1916 年出版的赫墨龄的英汉词典把"动物"标为新词, 同时还生造了"胜"和"牲动物"两个令人不解的所谓新词, 正反映了当时语言社会对该词的态度。1920 年出版的 W. Hillier 的 *English-Chinese Pocket Dictionary of Peking Colloquial*, 其中 animal 一词的释文为"畜生", 但 animal kingdom 却为"动物界", 表明社会对这个词的接受还在一个过程中。

现代汉语词汇的形成发展, 在早期表现出的不稳定状态也集中反映在早期外汉词典中, 我们首先看到一个词的同一义项的释文往往使用一串同义词, 这些同义词不一定有语义或风格上的差异, 也可以说是等义词。以 1916 年版的词典为例:

abattoir　宰牲厂(新)　屠兽场(新)　杀畜场(新)

camera　照相匣(新)　照相镜(部定)　照相匣子(新)　聚影匣(新)　摄影镜箱(新)
　　　　拍像匣子

capital　母财　资本(部定)　资本金(部定)

consonant　跟音(新)　仆音(新)　子音(新)

---

[1]　参看钟叔河编《走向世界》丛书, 岳麓书社 1985。
[2]　荷兰莱顿大学汉学院图书馆藏书, 无出版说明。

certificate of birth　生产凭单（新）　报生儿单（新）　报添子凭单（新）

economics　富国策　经济学（新）　理财学（新）　计学（新）

有时源语中的同一个词，它的单个词的释文形式，同短语中的形式并不一致，如 1916 年本，abstract idea 为"悬念，抽象的意思（新）"，abstract reasoning 为"抽象思索（新）"，但 abstract 单词的释文却为"悬想的（部定）　理论的（新）　虚想的（新）"，没有用"抽象"一词，这也是词汇不稳定状态的一种表现。仍以 1916 年本为例：

aethetics　艳丽学　美术学

　　aethetiç imagination　美学上之想像（部定）

change　更，更改，改，改变，改化

　　chemical change　物质之变（部定）

　　physical change　物体之变（部定）　体变（部定）

　　material change of bodies　物体实质之变化

dance　跳戏的音乐（新）

　　dance hall　跳戏会（新）　跳舞会（新）

在根词和派生词的释文中也有上述现象，如"神话"一词，在 1916 年（赫）本中没有用来译释 myth，而包含在相应的派生词 mythology 的释文"神话学"中：

myth：古神传下，神祇谈，神仙传，神代志，古记儿，古传

mythology：鬼神学（新），古神学（新），神话学（新）

"神话"一词出现较晚，如 1916 年（李）本，myth 为"小说，寓言，无稽之谈"，mythology 为"神祇志，鬼神传，小说"。1928 年的《增订汉英词典》有"神话学"而无"神话"。1918 年上海出版的一本汉英词典有"神话"一条；但相应的英文词是 oracle，其义为"神示"，在希腊罗马神话中有不少关于"神的谕示"的情节内容。在现代英语中该词有"神秘玄妙，预示天机"的意思。可见这个"神话"还是指"神说的话"，与现代的"关于神仙或神化的古代英雄的故事"这一意义的"神话"不是一回事。

早期外汉词典对考察现代汉语的发展，对词汇作断代描写，自然有其一定的价值，但双语词典的源语和目的语在反映各自的词汇系统上，价值是不同等的。外汉词典只能反映汉语词汇面貌的一部分。此外，在使用这一类文献时，还要考虑到中外词汇单位对应上的复杂情况、编写处理技术上的有关问题以及词书反映词汇运用实际的滞后性。我们认为，要充分发挥这类文献的功用，最好把词典记录的考察和其他文献的调查分析结合起来，才有可能从这里揭示出词语从个别用例到社会接受的"正名"史。例如：

"电池"一词，王立达、高名凯等人认为来自日语。1916 年（李）本，battery 释文为"电槽，电池"，1916 年（赫）本："电池"（新）。1905 年本，battery 仅"炮台"一个义项。现在通用的"蓄电池"一词，也出现得很晚，1916 年本中的 accumulator 的释文为"积聚电垒"（部定）、"电仓"（新），

实际上"电池"最早见于丁韪良(Martin William Alexander Parsons)的《格物入门》(1868)。[①]

"飞机"一词始见于《万国公报》(1893,2),该期有一条消息,题目即是"飞机试飞"。[②] 1905年本未收 aeroplane 一词,1916年(赫)本该词释文为"飞行盘",biplane:"双叶飞行盘",monoplane:"单叶飞行盘"。1916年(李)本:"飞行机,飞行器"。1932年本:"用飞行叶之飞机,飞行机",但1928年本已用"飞机"译释 aeroplane。

"空气",1905年本,air 的释文未用该词。1916年本标为新词。据考这个词始见于1857年刊行的《六合丛谈》,也有人指出日本从1823年起已见使用。[③]

"普通",从 common 的释文来看,1905年本为:平白,平常,常。1908:属众的,普属的,大众的。1903:贱的,寻常的。1916年本:普通(新)。同时"普通"也出现于 general 一词的释文,general education 为"普通教育"。该词在汉语文献中始见于1889年左右(付云龙《游历日本》,1889)。[④] 汉语里原有的"普通"为"普遍"的意思,例如《儿女英雄传》15回:"在府城里叫了一班戏子,把那些远来的客人……以至坊边左右这些乡邻普通一请,一连热闹了三天。"

分析词典的收词和释义情况,有时还要考虑到辞书的性质和任务等因素,如 customer 一词,1905年本释文为:主客,顾客,照顾主。根据1905年本编纂的1916年本删去了"照顾主"一项,可能因为"照顾主"是个北京方言词,所以仅见于偏重口语的1905年本的释文。实际上,从30年代文献看,它还活跃在北京口语里,如老舍《骆驼祥子》:"作买卖的,卖力的,不怕没有生意,倒怕有了照顾主而没作成买卖。"

早期外汉词典固然不能反映词语进入系统的确切时间,但词典记录某种程度上标志着词语走向成熟的过程中的一个阶段,或标志着词语地位的相对确定,所以这类文献只要使用得当,还是可以作为考察现代汉语词汇发展的一个重要参照的。

早期外汉词典可待挖掘的内容不少,我们只在几个方面作了举例说明,只是初步的考察研究。希望这一介绍能引起时贤们的注意。

参考文献

陈　原　1979　《语言与社会生活》,香港三联书局。

潘允中　1989　《汉语词汇史概要》,上海古籍出版社。

史有为　1991　《异文化的使者——外来词》,吉林教育出版社。

张柏然　1993　《双语词典研究》,商务印书馆。

钟叔河　1985　《走向世界:近代中国知识分子考察西方的历史》,中华书局。

周有光　1991　《文化传播和术语翻译》,香港《语文建设通讯》第34期。

[①]　参看 Federico Masini,1993,附录2。

[②]　同上。

[③]　同上。

[④]　参看钟叔河编《走向世界》丛书,岳麓书社1985。

周振鹤、游汝杰　1987　《方言与中国文化》，人民出版社。

Federico Masini　1993　The Formation of Modern Chinese Lexicon and It's Evolution Toward a National Language：the Period from 1840 to 1898，*Journal of Chinese Linguistics*，monograph，No. 6.

（原载《中国语文》1996 年第 6 期）

概念意义和一般词义

——从"国家"的词义是什么说起

李 行 健

"国家"的含义是什么？提出这个问题，也许会使有的同志哑然失笑。谁不知道这个天天挂在嘴边的词的含义呢！但看了几部词典后，却使我产生了一些疑问。

《现代汉语词典》对"国家"的注释是：

①阶级统治的工具，是统治阶级对被统治阶级实行专政的暴力组织，主要由军队、警察、法庭、监狱等组成。国家是阶级矛盾不可调和的产物和表现，它随着阶级而产生，也将随着阶级的消灭而自行消亡。②指一个国家的整个区域。

新版《辞海》对"国家"的注释有三个义项，除①②两义项同现代汉语无关外，第三义项与《现代汉语词典》同，注释更详尽，字数也多了两倍，但没有收《现代汉语词典》"国家"的第二个义项。

《四角号码新词典》（1977年修订重排本）对"国家"的注释同《现代汉语词典》差不多，也收的那两个义项。

这些就是"国家"的词义吗？可是，我们在现实生活中，常听到这样的话：

我们的祖国是一个富饶美丽的国家。

大家都应努力为国家四化多做贡献。

把上面的例句对照词典的释义，我们就会产生三个问题：一、例句中的"国家"是什么意义，从词典的释义中能找到吗？二、"国家"的含义到底是什么，为什么靠辞书解决不了问题？三、现代汉语中，"国家"究竟有几个意义，为什么不同辞书收的义项不相同？

显然，我们用现有词典的注释，是说不清楚上面两个例句中"国家"的含义的。"富饶美丽的国家"，绝不是指"阶级统治的工具"，"国家四化"的"国家"也不会是词典上说的那个意思。这就说明，"国家"不能仅仅解释为"阶级统治的工具"，即使再加上一个"国家的整个区域"的义项也不行（这个义项中的"国家"指的是什么，还没有得到解释。严格地说，用重复条目的词作释义是不恰当的）。

我们不妨看看过去的词典对"国家"的注释。《汉语词典》注释的是："有土地、主权、人民的团体。"旧《辞海》的注释基本一样。按照这种注释，能否解释通上列例句中的"国家"呢？这种注释是否全面和正确呢？

　　就现代汉语说，我认为"国家"的基本含义可概括为：①在一定历史阶段中由固定的土地和人民组成，有一个进行管理的组织的共同实体。②指由军队、警察、法庭、监狱等组成的阶级统治的工具。前者着重指明的是"国家"同其他事物的区别性特征，后者着重指明的是"国家"的本质。《现代汉语词典》"国家"的第二个义项，可以包括在上述第一个义项中。这个义项是原"试用本"所没有的，说明编者已注意到只列"阶级统治的工具"一个义项的缺点，但问题并没有因此就得到了解决，并且这个义项在释义上有循环论证的毛病，即："国家"是指"一个国家的整个区域"。

　　"国家"作为一个多义词——"共同实体"和"统治工具"（政权），在汉语中早就如此。"国家"是一个偏义复词，基本意义是"国"。我们说"建国"、"失国"、"得国"（如"隋文帝感到自己得国太容易，怕人心不服……"——范文澜《中国通史简编》，第三编第五页）等时，"国"显然指的是"政权"。当我们说"大国"、"小国"、"岛国"、"内陆国"时，"国"指的就是"共同实体"。这同我们说"资本主义国家"、"社会主义国家"和"多湖泊的国家"、"风景美丽的国家"一样，前者指的是"政权"，后者指的是某个"共同实体"。词典把"国家"仅解释为"阶级统治的工具"（政权），忽视了它作为某种"共同实体"的意义，就是以偏概全，有片面性的毛病。因此，它解释概括不了语言中"国家"作为某种"共同实体"使用的意义。解放前的词典，由于观点和时代的局限，只看到"国家"作为"有土地、人民、主权之团体"的一面，不知道"国家"的本质是阶级统治的工具；解放后的词典则把握了"国家"的本质特点而忽略了"国家"作为一种"共同实体"的客观意义。其结果竟似乎是两种解释好像不能并存。

　　为什么会产生这种片面性呢？朱光潜先生在全国政协会议发言中谈到马列著作的中译本错误很多时指出，"《国家与革命》一书，'国家'应译为'政权'。因为，这涉及国家消亡论，到了共产主义时代，消亡的是政权，而不是国家。"（《人民日报》，1980 年 9 月 11 日）这是有道理的。列宁《国家与革命》的"国家"原文是 ГОСУДАРСТВО，这个词在俄语中也有两个意义："①旨在保卫统治阶级的经济和政治利益并镇压敌对阶级的阶级统治机构；②自己的独立政府所管理的地方。"（乌沙柯夫《俄语详解词典》，引文系根据原文直译）这两种意义同汉语中的"国家"是可以对译的。但由于马列主义经典著作使用"国家"（ГОСУДАРСТВО）时，往往用的是"政权"（统治工具或统治机构）的意义，以致使一些同志误以为"国家"只应作"阶级统治工具"理解，结果出现了片面性。在俄语中，ГОСУДАРСТВО 常用作政权，而 СТРАНА 就指的是作为"共同实体"的"国家"。为了准确掌握马列主义的基本原理，不让译文产生歧义，朱先生提出把《国家与革命》译为《政权与革命》是很对的。列宁给该书写的副标题："马克思主义关于国家的学说与无产阶级在革命中的任务"，就充分说明了列宁这里讲的"国家"是指的"政权"（革命的根本问题是政权问题），绝不是指作为"共同实体"的"国家"。因此，只有把"国家"解释为既指"阶级统治的工具"（政权），又指"在一定历史阶段中由固定的土地和人民组成，有一个进行管理的组织的共同实体"，才既能概括日常群众使用的"国家"的含义，又可以解释政治概念中的"国家"。

从上述情况中,使我联想到一些类似的现象,说明我们词典的释义工作还有一些带普遍性的问题,应该引起我们的注意。

一、释义工作还需要进一步解放思想。

词典的释义,应该首先让读者对词所指明的客观事物有确切的了解,使读者能把该事物同别的事物区别开来,即一定要注释清楚词义所具有的区别性特征。比如"黄瓜",《现代汉语词典》首先指明它是"一年生草本植物,茎蔓生,有卷须,叶子互生,花黄色,果实圆柱形,通常有刺,成熟时黄绿色"。这样就让人知道"黄瓜"指的是哪一种东西,然后再概括指出它"是普通蔬菜"。通过这个注释,读者既具体又概括地掌握了"黄瓜"的词义。即使注释比较抽象的词,也得先指明该词所指的是一种什么样的客观存在,然后才有可能让读者了解它的本质属性。比如"国体",《现代汉语词典》先指出它是"表明国家根本性质的国家体制",即"国体"是一种"体制",是这么一类的事物,然后才指出它"是由社会各阶级在国家中的地位来决定的"。这就指明了它的性质,自然也就表明了它具有的阶级特点,最后才指出我国现行的国体"是工人阶级(经过共产党)领导的,以工农联盟为基础的无产阶级专政"。这样的注释无疑是较好的,因为它先让读者明白"国体"是一种国家的"体制",然后才指出它的属性和我国国体的特点。如果我们一开头就大讲国体的阶级性和我国国体的优越性,不指出"国体"是一种什么样的事物,讲了半天读者还是不知"国体"为何物,这种注释就会同具体语言中的"国体"对不上号。实际上,读者要求于词典的,首先要指明词所代表的客观对象,注释出客观对象的特征,讲清词义确切的外延,然后才有可能进一步挖掘词所指明的事物的属性(词义有时并不包含事物的本质属性,这也是词义和概念不同的特点之一)。在"四人帮"极左思潮统治下,要求词典把无产阶级专政落实到每条词上,对每条词都要进行阶级分析,要上纲上线。与此同时,把"文化革命"前的词典批得一无是处,更不要说解放前的词典了。在"国家"的释义上,批判过去的词典抹杀了国家的阶级性,认为《现代汉语词典》对国家的注释旗帜鲜明,观点正确,就因为它强调了国家的阶级性。[①] 新《辞海》用偌大的篇幅,也主要是反复论述"国家"的阶级性。在那种情况下,自然谁也不可能去考虑旧词典对"国家"的注释有无合理的、可供我们汲取的东西了。当时的着眼点,主要是怕注释缺乏阶级和阶级斗争的观点。这就使词典对"国家"的注释概括不了现实语言中的意义。我们如果不进一步解放思想,在思想认识上拨乱反正,就不可能用实事求是的态度把词典编好。我们有必要从"国家"的释义中总结一些经验教训,进一步把词典的释义写正确。对旧词典的注释,我们也应汲取其正确的内容,而不要轻易地一概否定。旧词典的许多注释是从大量语言材料中总结归纳出来的,同时又是经过较长时间语言实践检验过的,应该批判地继承。

二、要从活的语言(口头的和书面的)中概括词的含义,作为词典释义的根据。

释义工作不能从抽象的原则或教条出发。词的含义存在于活的语言中,广大群众使用的词

---

① 许多书都是这么讲的,如新出的《现代汉语》,甘肃人民出版社,1979年,257页。

义正是词典释义的可靠依据和客观标准。只有从群众使用的活的语言中,才能概括出某个词的确切含义,只有这样概括出来的词义才能指导人们的语言实践。几本词典对"国家"的释义正好违背了这个原则,完全从书本上的定义出发。具体地说,对"国家"的释义就只从马克思主义对"国家"的论述出发,只着眼于它的阶级实质和在阶级斗争中的作用,没有注意"国家"在语言中的多种含义,因而产生了片面性。马克思主义经典作家论述"国家"时,通常指的是它的"政权"的意思,主要针对资产阶级和修正主义者抹杀"国家"作为阶级统治工具的阶级性的谬论,着重阐述的是它作为阶级统治工具的产生、作用和阶级实质,这是完全必要的。因为他们本来就不是给"国家"这个词作全面的注释。但是,我们照搬过来作为"国家"的全部词义,就是片面的了。照搬经典著作的话,容易给人观点正确、立场鲜明的印象,但实际上并不符合普通辞书的释义要求。普通词典释义只能遵循和参照革命导师的有关论述,但绝不能把那些论述照搬来作词典的释义。这就说明,我们的释义工作只能从活的语言中概括总结词的含义,然后再回到语言实践中去加以检验,这样才能避免片面性,释义也才会准确、全面。

三、辞书注释的词义,应该是广大群众共同理解,一致使用的意义,不能把专门术语的概念意义当作一般词义。

脱离了使用语言的大多数人的理解,离开了群众的语言实际,那样的"词义"就不是我们一般所说的词义。几部词典对"国家"的注释正有这样的毛病。在政治学中,按马克思主义观点,"国家"是阶级矛盾不可调和的产物,是阶级统治的工具,它是随阶级的产生而产生,随阶级的灭亡而消亡的。因此,就"国家"一词作为专门术语看,几部词典对它的注释无疑是正确的,准确地解释了"国家"作为政治术语的概念意义。但问题在于,这种意义并不是一般人都理解和使用的"国家"的词义。一个小孩他不了解"国家"的本质,但他照样可以说"为国家四化做贡献"。一个非马克思主义者,他理解的"国家"的本质也许同我们很不相同,但并不妨碍我们共同使用"国家"这个词交流思想。这就表明,"国家"有一个为不同人共同理解并使用的一般意义。严格地说,《现代汉语词典》等所注释的意义,只是"国家"作为政治术语的概念意义,而不是一般所说的词义。正因如此,那种注释反映不出语言中"国家"的一般用法。用概念的意义代替一般的词义,是释义上失之过深的表现,也是对语言的社会性注意不够的表现。

类似的问题,在政治性的词语释义中不难找到。如"货币",《现代汉语词典》注释作:"充当一切商品的等价物的特殊商品。货币是价值的一般代表,可以购买任何别的商品。"对此,没有学过政治经济学的一般读者,就不好理解。这也是用某一专门学科中的概念意义去解释词的一般意义造成的结果。当然,随着科学文化水平的提高,不少词义会逐渐同概念的意义等同起来,反映出社会集体对事物认识的深化。因此,如果把群众一般理解的含义同它的概念意义结合起来,就会解释得更准确一些。如"货币"条下,可否先注释出"货币就是钱",然后再注明它的本质特征,这样可能会好一些。《现代汉语词典》在"钱"的释义中,有一个义项就注着"货币:一块钱"。自然,反过来,"货币"下也可以注上"钱"。对一般词语的注释,有时也出现这样的毛病。

比如"脂肪",《现代汉语词典》注释作:"有机化合物,由三个分子脂肪酸和一分子甘油化合而成,存在于人体和动物的皮下组织以及植物体中。脂肪是储存热能最高的食物,能供给人体中所需的大量热能。"没有一定的化学知识,是很难理解这种注释的。那么,一般人所用的脂肪又是什么意思呢? 新《辞海》的注释可供我们参考。新《辞海》没有收"脂肪"这条词,但在"脂"下,第一个义项注释作"泛指动植物所含的油质、脂肪"。一般人所说的"脂肪"正是这个意思。如果把新《辞海》和《现代汉语词典》的注释结合起来,可能既通俗易懂,又具有一定的科学水平。如果不能合并,作为普通用的中型辞书,我以为新《辞海》的注释较好,比较实用。如要更通俗些,可在"油质"后添上"如猪的肥膘"。

　　词典的编纂和出版工作,对提高全民族的科学文化水平有重要的意义,在"四化"建设中有不容忽视的作用。词典质量的高低,主要表现在释义上;而词典释义又是一件十分繁难的工作,要做到十全十美是很不容易的。但不管怎样,总应以高标准作为努力目标。释义工作涉及面广,不仅是词典编辑者的事,各行各业的同志都应关心这项工作,正是出于这样的目的,将自己一得之见写出来,以供参考。

(原载《辞书研究》1981 年第 2 期)

同义词词典编纂法的几个问题

张 志 毅

同义词词典是人们认识和研究同义词现象获得的一项重要的实践成果,是促进标准语用法规范化、提高语言修养的重要工具书,也是文化发达的标志。本文试图讨论同义词词典编纂法的几个问题。

一 同义词群问题

1.0 字典里收的是一个一个的字,词典里收的是一条一条的词,同义词词典收的是一组一组的词。因此,编同义词词典,首先碰到的问题,就是同义词群问题。

1.1 同义词群存在的基础

同义词群,也叫同义词组,同义词系列或同义词队伍,它是意义上"大同小异"的一组词的类聚,是编同义词词典的基本单位。

同义词群的存在,是以各词之间的"大同"为基础的。同一个同义词群中的各个词,必须能够归结出一个主要的共同意义。在归结共同点时,常犯的错误是,拿一个大概念或一个过于概括的意义来冒充共同点。如说"走"和"跑"都是"动物腿部在地上运动"。这样的大帽子式的"共同点",不仅"走""跑"等并列(平行)概念可以戴上,连对立概念和矛盾概念也可以戴上。如说"黑"和"白"、"白"和"非白",都是"一种颜色"。这就不是同义词群存在的基础。同义词群存在的逻辑基础只有一种关系:概念内涵相同或大部分相同。我们在归结共同点时,不能超越这种关系。如对"二/两"这组同义词,其共同点不能归结为"都是数目"或"都是整数",而应该归结为"都是大于一,小于三的整数"。如对"大夫/医生"这组同义词,其共同点不能归结为"都是做医药卫生工作的人",而应该归结为"都是以医疗为职业的人"。对于具有包容关系的同义词,归结其共同点时不能"以大代小"。如"硕果/成果",不能说"都是指事情的结局",应该说"都是指事情的好的结局"。

1.2 同义词群的成员

1.2.1 加入同义词群的词,应该具有系统性、共时性。所谓系统性,是指属于同一个词汇系统。所谓共时性(synchrony)是指同处于一种语言发展的一个断代里。① 现代汉语同义词词典的同义词群的成员,必须都是现代汉民族共同语——普通话的词,而不能是没进入普通话的地域方言词(包括土语、俚语)、社会方言词(术语、行话、黑话等)、外来词、古词。因为同义词词典不是方言词典、外来词词典、古今词对照词典。至于那些已经进入普通话的各种方言词、外来词、古词,自然应当是同义词群的正式成员。

在民族共同语形成之前,所谓"共同语"(中国古代称为"雅言")只是亲属方言的总和,只是以各种方言为存在形式。虽然各种方言都作为它的支派,都逐渐服从于它,但是它还比较抽象。在那时,所谓"同义词"总是跟方言词纠缠在一起的。这在《尔雅》、《方言》中都有反映。在民族共同语形成之后,同义词就有了民族语言的特征。这时民族共同语的同义词跟方言词就有了较明显的界限。因此,同义词群里一般不应该包括方言词。但是,对于通用于基础方言区的词,应该放宽收词的尺度。如汉语的"兴许"通用于北方话广大地区,可以收入"也许/或许"一组中。

1.2.2　加入同义词群的成员是词,而不是词的各种变体,也不是词组。

第一,加入同义词群的成员,不能是词形变体。

如汉语的"合适/合式"、"烦琐/繁琐"等等,英语的"room/roüm(房间)"、"swab/swob(擦去)"等等。它们的音、义都完全相同,只是形体不同,是一个词的词形变体(不是两个词),可称之为异体词。同义词群不应该包括异体词。而有些声音相同的同义词又常被误认为异体词,如"界线/界限"、"察访/查访"等。对这类声音相同的同义词,现代汉语同义词词典应当尽量收进去。汉语的"叱责/斥责"、"选集/选辑"、"考查/考察"、"化妆/化装"、"十足/实足"、"做/作"这些词常被用混。可见有的汉语教科书说"同义词是发音不同而意义相同或相近的词",这是借用了外国的定义,而忽略了汉语的实际。

第二,加入同义词群的成员,不能是一个词的构词变体。如"手指/手指头"、"树墩/树墩子"、"手车/手推车"、"数字/数目字"、"提包/手提包"等等。

有些词加了词缀,带上了感情色彩,如"教员/教员儿"、"老头子/老头儿",但是"儿"、"子"的色彩都是通常语感所能区别的。这类词似乎不必收。

第三,加入同义词群的成员,不能是词的语法变体。如一个词和它的不同时态,英语的"work/woking/worked",汉语的"工作/工作着/工作了";一个词和它的重叠形式,如"高的/高高的"、"看/看看"、"清楚/清清楚楚"等。

第四,加入同义词群的成员,不能是词组。如"跑/跑向/跑到"、"坏/不好/太坏"、"好/很好/

---

① 详见张志毅《确定同义词的几个基本观点》的"同义词分布概况"和"共时之中的词汇单位同义现象"两节,《吉林师大学报(社会科学)》1965年第1期。

非常好"。但是固定词组(包括成语)是可以作为同义词群的成员的。[①]

1.3 同义词群的核心词

1.3.1 处于同一个同义词群里的各个成员,其地位并不是平等、并列的,其中有一个成员处于核心地位,称之为"核心词",有的研究者称之为中心词、主脑词、主导词。不管叫什么名字,它的特征是:它的周围聚集了同义词群的其他成员,它的意义对于其他成员都是共同的,而且其意义的性质应该是直接逻辑意义或事物意义,其意义范围应该较窄,而不能太宽。其色彩一般应该是中立的。从词汇系统上说,它应该是共同语里的常用词或基本词。如《尔雅》的核心词,释诂第一组是"始",第二组是"君",第三组是"大";释言第一组是"中";释训第一组是"察",都是常用词。在现代汉语中,"看、盯、瞧、望"一组中,"看"是核心词;"希望、渴望、盼望、期望"一组,"希望"是核心词;"商量、商榷、商讨、协商"一组,"商量"是核心词。

1.3.2 核心词的重要作用,是联系本组同义词成员的纽带,是限定本组同义词范围的尺度。加入同义词群的每一个成员,都必须跟其核心词(或其中的一个意义)具有同义关系,否则便不能加入。这样,同义词群不仅有了核心,而且有了范围,就会形成一个封闭式的系统。如果只要跟任何一个成员有同义关系就可以加入,那么同义词群就没有核心,没有范围,就会形成几个开放式的系统。

A 词与 B 词,差别虽然较明显,但是可以拿 C 词为核心,组成一个同义词群。如:

英勇──→勇敢←──大胆　　　创立──→建立←──树立

1.4 同义词群的划分

1.4.1 事物总是不平衡的。聚集在各个核心词周围的同义词的数目也是不平衡的。如《尔雅》释诂的大多数同义词群、释言和释训的绝大多数同义词群,只包括二三条词,或四五条词。而释训的第四十五个同义词群,其成员多达十二条词;释诂第三个同义词群,其成员近四十条词。《广雅》释诂第四十九个同义词群,其成员多达六十多条词:"……丽、佳……妙……婤约、媚……,好也。"如果把《尔雅》释诂第八组以"善"为核心的十六条词加上,共计得到以"好"为核心的近八十条词。如果再收集,还要增加许多条。可见,这个同义词群是相当庞大的。如果把这类庞大的同义词群的所有成员放在一起辨析,就很困难,也显得臃肿不堪,不如化整为零好。

一个同义词群,以包括二三条词或四五条词为宜。在《韦氏同义词词典》(*Webster's Dictionary of Synonyms*)中,多数词群只包括四五条词,少数词群包括十几条词,如以"flash(闪光)"为核心的词群包括十四条词(见该书 347 页),以"stylish(漂亮的)"为核心的词群包括十五条词(见该书 799 页)。

1.4.2 多义词的几个意义,可以分别跟一些词形成同义词群。这些同义词群应该划分开。

---

① 详见张志毅《确定同义词的几个基本观点》的"同义词分布概况"和"共时之中的词汇单位同义现象"两节,《吉林师大学报(社会科学)》1965 年第 1 期。

如表一。一个中性词,跟褒、贬义截然对立或相反的两个词,不应该混在一个同义词群里,应该划分开。如表二。

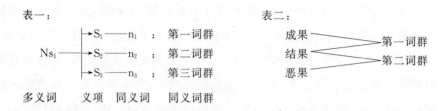

多义词　　义项　　同义词　　同义词群

有明显褒义的"成果"和有明显贬义的"恶果",是虚假同义词现象。

二　辨析的单位问题

2.0　同义词群问题确定以后,就进入了编同义词词典的主要工程阶段——描写每一群同义词的差别。

索绪尔(F. de. Saussure 1857—1913)在他的《普通语言学教程》中指出:"差别创造价值和单位。"[1]一个词"成为一个系统的一部分之后,它就不只有一个意义,并且特别是有一个价值。"[2]例如"边疆/边境"、"母亲/妈妈"、"偶然/偶尔",它们分别有着意义、色彩、用法上的差别,因此每条词在整个汉语词汇系统里各有自己的价值。同义词词典的任务就是描写这些差别,从而说明每条词的价值。

2.1　两种单位,三种做法

要描写同义词的差别,首先碰到的问题是辨析的单位问题,辨析的单位有两种:一种是词,一种是词义。辨析的做法有三种:

第一种,以词为单位。这里包括两类情况:一类是单义词 n 和多义词 N 比较,实际上 n 只与 N 的第二个意义(S_2)同义,但是辨析时却拿 n 跟 N 的三个意义($S_1 S_2 S_3$)比较,也就是把 N 作为一个整体单位,如图一(图中～代表相同或相似的意思)。另一类是多义词 n(包括 $S_1 S_2 S_3$ 三个意义)跟多义词 N(包括 $S_1 S_2 S_3$ 三个意义)比较,实际上只是 nS_2 和 NS_2 同义,但是辨析时却拿 n 和 N 作单位,如图二。

图一　| n |　～　| S_1 / S_2 / S_3 | N　　图二　n | S_1 / S_2 / S_3 |　～　| S_1 / S_2 / S_3 | N

第二种,以词义为单位。这里也包括两类情况:一类是单义词 n 跟多义词 N 的一个意义(例 S_2,此义与 n 同义)比较,如图三。一类是多义词 n 的一个意义(例 S_2)和多义词 N 的一个意

①　*Cours de Linguistique Générale*,本文转引自俄文本 курс общей лингвистики. 120 стр Москва 1933.

②　转引自岑麒祥《语言学史概要》258 页,科学出版社 1964。

义（例 S_2，此义与 nS_2 同义）比较，如图四。

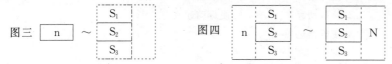

第三种，主要以词义为单位，必要时兼顾多义词的有关义项。

下面，考察一下三种做法的利弊。

2.2　以词为辨析单位

先看以词为单位的辨析实例：

$$力气 \sim \begin{matrix} 1.力气 \\ 2.能力 \\ 3.效力 \end{matrix} \ 力量$$

〔辨析〕"力量"除了用于"力气"这一具体意义之外，还用于"能力"这一抽象意义，如"人民的力量大无边"；还用于"效力"这一比喻义，如"白酒比啤酒力量大"。

$$重 \sim \begin{matrix} 1.重量 \\ 2.重量大 \\ 3.程度深 \\ 4.重要 \\ 5.重视 \\ 6.不轻率 \end{matrix} \quad \begin{matrix} 1.跟"浮"相对 \\ 2.使降落放下 \\ 3.程度深 \\ 4.重量大 \\ 5.感觉沉重， \\ \quad 不舒服 \end{matrix} \ 沉$$

〔辨析〕"重2"和"沉4"、"重3"和"沉3"同义。"重"还能表示"重量"、"重要"、"重视"、"不轻率"，而"沉"不能；"沉"还能表示"跟浮相对"、"使降落、放下"、"感觉沉重、不舒服"，而"重"不能。

从这两个实例可以看出，以词为单位辨析，就是把辨析的基础扩大到比较大的范围——整个词。其优点是给读者以一个词的完整印象。其缺点是罗列烦琐，不得要领；浮于表面，不深入；说解粗疏，缺乏缜密。在共同意义范围内的细微差别，往往被忽略。我国的"词义辨析"一类的小册子和短文，多以词为辨析单位。如说"成绩/成就"的区别是，"成就"还有动词意义："完成"。"奋斗/斗争"的区别是，"斗争"还有及物动词意义："打击"。我们打个比方，两个人的相似处是眼睛，本应该仔细地找出他俩眼睛的差别，不应该再去说他俩耳朵、鼻子等有什么不同。

2.3　以词义为辨析单位

先看以词义为单位的辨析实例：

$$胖\ 脂肪多 \sim \begin{matrix} 1.脂肪多 \\ 2.衣服大 \\ 3.肥料 \\ 4.肥沃 \end{matrix} \ 肥$$

〔辨析〕"胖"和"肥1"比较：A."胖"多兼指脂肪多和肉多，"肥"多单指脂肪多；B."胖"多形容人，少形容动物，"肥"多形容动物或一块肉，少形容人（此时含贬义）。

发动	1. 使开始	～	1. 战争动员	动员
	2. 使行动起来		2. 使行动起来	
	3. 使机器运转		3. 行动	

〔辨析〕"发动₂"和"动员₂"比较：A."发动"着重指大力宣传鼓动，"动员"着重指细心说服教育；B."发动"的对象常是群众，"动员"的对象还可以是个人、物力等。

从两个实例可以看出，以词义为单位辨析，就是把比较的基础缩小到比较小的范围——一个词之内的一个意义。其优点是简明扼要，细致，能揭示出在共同意义范围之内的细微差别，缺点是不能给读者以词的完整印象。但是给读者以词的完整印象，这不是同义词词典的任务，而是一般语文词典的任务。吕叔湘先生在《中国人学英语》中谈到"happy，cheerful，gay"等五个词的差别时说："……这都是就'快乐'一义说。happy 又有'巧'，'幸运'，'满足'等义，cheerful 又有 hopeful 义，gay 又有'华丽'义（如 gay colours）。这都不在比较之列。"①这就是辨析同义词的一条原则：不必涉及共同点之外的义项。《韦氏同义词词典》、《简明英语同义词词典》、《简明俄语同义词词典》等多数同义词词典，都是以词义为单位。郝懿行在《尔雅义疏》第一个同义词群里说："初者，裁衣之始。哉者，草木之始。基者，筑墙之始。肇者，开户之始，祖者人之始，胎者生之始也。"描写各词特点时都没有涉及"始"之外的义项。

2.4　主要是以词义为单位辨析，必要时兼顾词的完整性。

比较起来，以词义为单位辨析，其好处多一些。但是在辨析的实践中，在一些情况下，跟以词为单位的辨析不宜截然分开。因为多义词各义项跟其同义词的关系是复杂的。其间的关系，从亲疏的角度看，大体有四种：A）同义关系；B）非同义关系，但区别不明显；C）非同义关系，区别较明显，但有某种牵连或纠葛；D）非同义关系，区别很明显，无牵连或纠葛。

对于这些不同层次的关系，辨析时应该采取不同的处理办法：A 义自然应该放在辨析的正文中，B 义有的也宜于纳入辨析正文中，C 义有的宜于放在辨析正文之后，附上简要的说明，D 义完全可以舍弃不管。例如，在"work/labour/toil"这组名词同义词中，work 的意义，按它跟 labour，toil 的关系亲疏，可以分成四种：A）"工作、劳动的活动"；B）"正在加工或正在制作的东西"、"作为工资来源的工作、作业"；C）"工作结果、成品、作品、手写或印刷出的作品"；D）"作用、功（物理学）、工程、工事（军事术语）、善行德行（神学术语）……"。波达波娃在《简明英语同义词词典》里，把 A，B 义放在辨析正文中，把 C 义放在正文后的"附注"里，D 义不涉及。②

又如上文举过的例子："力量"的"能力""效力"二义跟"力气"的区别不明显，宜纳入正文中；"肥"的"衣服大"、"肥料"、"肥沃"等义，跟"胖"毫无关系，完全不必涉及；"发动"和"动员"的同义之外的某个义项，因有牵连，宜放于正文之后注明。

---

①　吕叔湘《中国人学英语》42 页，商务印书馆 1962。
②　波达波娃《简明英语同义词词典》150—151 页，商务印书馆 1959。

三　辨析的方法问题

3.1　以核心词为基点

索绪尔·巴利学派，[①]在辨析同义词时，先确定核心词，然后以核心词为基点，跟各同义词比较。这个方法被后来的许多研究者使用。如塔克霍威在《英语同义词解释和辨析》中，先列出核心词并详加解释，然后列举同义词群，再围绕核心词一一辨析。其实，在中国很古的时候早已经有这种方法了。如许慎《说文解字》卷四上"目"部，对以"视"为核心的同义词作了辨析，许慎说：眂，"直视也"，"瞲，深视也"，"瞡，疾视也"……都以"视"为基点。这种方法，可以使一组同义词的辨析有一个核心，主题突出，条理清楚。当然，如果有必要，也可以拿核心词之外的两个词作比较。

3.2　凭语感辨析

3.2.1　语感，就是人们在使用语言的实践中，通过知觉（主要是听觉、视觉）而得到的关于词句习惯用法的感性经验。许多语言学家具有很高的语言修养，因而可以用丰富的语感较准确地辨析同义词。

十八至十九世纪，俄国也流行这种方法。冯维辛（Д. И. Фонвизин，1744—1792）在1783年，凭语感辨析过 Старый、стариный 等五个同义词。达里（В. И. Даль，1801—1872）在他的《现代大俄罗斯语详解词典》（Толковый словарь живого велико Русского языка）里，在用同义词注释的地方，常凭语感区别同义词。

3.2.2　我们现在辨析同义词，只能以语感为辅助手段。语感，毕竟属于感性认识。依靠感觉去辨析，常常因为语感不同，得出的结论也不同，或者因为语感不足而产生错觉和误差。如宋代的王观国，大约因为语感不同于何休、段玉裁等人，他就以为"不弗二字通用"。[②]出于同一原因，王筠在《说文句读》中也以为"经多以弗为不"。大约因为语感不足，清代的俞樾引元代赵德的说法："就己而言，则曰吾，因人而言，则曰我，吾有知乎哉，就己而言也，有鄙夫问于我，因人之问而言也。"[③]其实"吾""我"并没有这种用法分工，至少在甲骨文、宗周金文、诗经、书经中没有这种分工，因为甲骨文、宗周金文、诗经中连"吾"字都没有，书经中也仅一见。[④]大约也因为语感不足，1955年有人认为"部队"大有顶替"军队"的趋势，应当用"部队"作规范。[⑤]实际上，这两个词的意义、用法并不完全相同，因而二十五年后的今天，"部队"仍旧不能顶替"军队"。这只要

①　索绪尔（F. de. Saussure）瑞士人，1881—1891 在法国任教。巴利（Ch. Bally 1865—1947）也是瑞士人，索绪尔的学生。
②　王观国《学林》卷十。转引自《古汉语语法学资料汇编》16，165 页。
③　俞樾《茶香室丛钞》一。转引同上，149 页。
④　周生亚《论上古汉语人称代词繁复的原因》，《中国语文》1980 年第 2 期。
⑤　《现代汉语规范化问题学术会议文件汇编》214 页。

用一两个较科学的方法认真考察一下,就会发现它们的区别。

3.3　搜集大量用例,运用归纳法

3.3.0　随着思维的发展,人们辨析同义词的方法也逐渐趋于科学化。归纳法,就是科学方法之一,运用归纳法时,主要分三个步骤:

3.3.1　第一步,有目的、有意识地观察广泛的语言事实,包括读各种体裁的典范的书面语言,听基础方言区各种职业者的口头语言。同时,搜集尽可能多的、丰富多彩的语言事实材料。这是辨析同义词、编同义词词典的客观依据和基础。《韦氏同义词词典》的编者搜集多少材料且不必说,就说选入该词典的作品竟超过了一千部。

3.3.2　第二步,从语言事实材料里,归纳同义词的差别。这种归纳,不可能根据语言中的全部用例,只能根据无限多的用例中的一部分推导出结论。因此,结论正确的程度,就由用例的数量和性质决定。首先要注意找到(选择)足够数量的用例。黎锦熙在《新著国语文法》"序"中说:"例不十,法不立。"归纳同义词的差别时,至少得有十个用例,最好有几十个。因为一组同义词的差别表现在许多方面,而其中一个方面,如"使用对象"或"搭配关系"的差别,就需要十几个甚至几十个用例才能归纳出来。没有足够的数量,就要犯逻辑学上所说的"轻率概括"的错误。如有人把"对比/对照"的差别归纳为:

"对比"较广,包括同类事物相反事物的比较;　　"对照"相反事物比较,较狭。①

其中"对照"的结论似乎欠周延。大约至少忽略了下列用例:

　　1.把照片跟本人对照一下。2.对照正本和副本。3.对照原稿和成稿。4.原文和译文对照。5.医学词汇日汉对照。6.对照一个人的两种手迹。7.对照两份供词。

以上七个用例,比较的都不是相反事物,而是相关联的并列事物。首先从大量的用例里归纳每一个同义词的特点,其次,要注意用例的性质。为编同义词词典搜集的用例,除了应该具有一般词书要求的性质(诸如典范性、稳定性、简明性、完整性、通俗性、科学性、知识性、现实性、政治性、思想性等)之外,还应该具有示差性,即用例本身能显示出同义词的差别。因此,应该特别注意搜罗用例:

A)从原稿到成稿,或从旧版到新版换用了同义词的。如:

1.　{ 从铁的熔炼开始……(恩格斯《家庭、私有制和国家的起源》1954 年中译本)
　　 从铁的冶炼开始……(同上,1972 年中译本)

2.　{ 惟有儿孙忘不了。(《原本红楼梦》第一回戚蓼生序本)
　　 只有儿孙忘不了。(《红楼梦》第一回 1964 年 3 版)

从这些同义词替换的材料里,我可以归纳出两类差别:例 1 意义有差别,"熔炼"只是"冶炼"的一种,在这里一般说"冶炼"(对铁、铜等金属);例 2 色彩有差别,"只"代"惟",用白话代文言。

---

① 张弓《现代汉语修辞学》31 页,天津人民出版社 1963。

B)一句或邻句包括两三个同义词的。如：

1. 它只是一片沉着的鼓声，鼓舞你爱，鼓动你恨，鼓励你活着，用最高限度的热与力活着，在这大地上。(闻一多：《时代的鼓手》)

2. 我也怕思想发霉，乐意跟他出去看看新鲜景致，就到了陶然亭。这地方在北京南城角，本来是京城上有名的风景，我早从书上知道了。(杨朔：《京城漫记》)

这类用例，也是比较理想的。它能更明显、更准确地表示同义词的意义、色彩或用法的差别，例1的三个同义词，意义和色彩有差别："鼓舞"着重指使增强信心或勇气，褒义词，所以后面跟上"你爱"；"鼓动"着重指激发情绪，并使行动起来，中性词，所以后面可以跟上"你恨"；"鼓励"着重指勉励、使更积极、努力上进，多用于褒义，所以后面跟上"你活着"。例2的两个同义词，意义有差别："景致"比"风景"意义范围小，常指好的，特别是别致、有趣的风景。

C)带有说明或解释成分的。如：

1. 苏东坡游赤壁，用了八个字："山高月小，水落石出"，总结了赤壁风景。(老舍《怎样丢掉学生腔》)

2. 我有四年多，曾经常常——几乎是每天，出入于质铺和药店里……(鲁迅《呐喊·自序》)

例1的"风景"一词的说明成分，是"山高月小，水落石出"。它显示了"风景"的含义：供观赏的山水等景物，多着眼于整个形象。这样的例句，比"这里风景很美"要明确得多。

例2"常常"一词的注释成分，是"几乎是每天"。这个注释，把"常常"跟"经常"、"时常"区别开了：如果是每天，就用"经常"；如果是隔了许多天，就用"时常"。

3.3.3　第三步，回到语言实践中去，一一检验每项归纳的正确性。在检验中，不断修改和补充，使我们的归纳尽可能地符合语言习惯。有位语言学家说，在语言中惟一的权威就是习惯。我们总结出来的语言、词汇、语法的规律，特别是同义词差别的规律，就是习惯的记录和描写。但是问题在于是什么样的"习惯"。现代汉语同义词词典所描写的习惯应该是现代的全民性的、系统性的语言习惯，而不是古语、各种方言(包括社会方言)的习惯，更不是个人的言语习惯。有的名家名篇，偶尔也可能流露出方言的、古语的或个人的言语习惯。这些非典范用例，自然不能作为检验的标准。

3.4　结构分析法

3.4.0　对一个词的词义特点的描写，不应该仅仅局限于词的本身，还应该列举词与词之间的结构关系(语言结构包括词汇性上下文和语法性上下文)。这种关系能显示词义的某些特点。

描写虚词的词义时，人们自然凭借这种结构关系。但是描写实词的词义时，人们却往往忽略了这种关系。

3.4.1　在做结构分析时，首先要考察同义词的分布情况，即同义词分布的位置、环境。请看表三：

表三

同义词	位置、环境		同义词	位置、环境	
A组	"名词N＋不＋名词N"之前		B组	单音节形容词前	双音节形容词前
不管	"他不管家不家……" √		很	很好 √	很美好 √
不论	"他不论家不家……" ×		甚	甚好 √	甚美好 ×
C组	"有""没有"之后	时间数量词之后	D组	"大""小"前后	"好""坏"前后
时间	√	√	成就	√	×
时期	×	×	成绩	√	√
E组	表示所到的具体名词前	表示所到的抽象名词前	F组	人物名词或代词前后	动物名词或代词前后
到达	√		肥		√
达到		√	胖	√	

从表三可以看出，B、D组的分布是有交叉的，如"成就"出现的第一环境，"成绩"也出现。E、F组的分布不交叉："到达"出现在前一个环境，"达到"出现在后一个环境里，二者在"到某处"这个语义场内，形成互补分布；"肥"出现在后一个环境里，"胖"出现在前一个环境里，二者在"脂肪多"这个语义场内，形成互补分布。当然上述这些分布，在语言实践中并不是一刀齐的，偶尔也有交叉。

这些关系，也就是词所处的语义系统的环境，索绪尔说："任何词的价值取决于它的环境。"[①]例如"到达"的价值在于用在表所到的具体名词之前，"达到"的价值在于用在表所到的抽象名词之前。离开一定语言环境的、孤立的、游离的词，常常看不出它的特点。因此，辨析同义词时不能忽略了对词与词之间的意义结构关系的分析。

3.4.2　在做结构分析时，还应该注意运用置换试验。就是在某一结构中，我们用n词去置换其同义词N，在具体语言环境中就会比较出其间的差别。例如：

1. { N：错误常常是正确的先导。
     n：错误经常是正确的先导。

2. { N：祝您新年愉快！
     n：祝您新年高兴！

3. { N：这个人真有兴趣。
     n：这个人真有趣味。

4. { N：那是不平凡的岁月。
     n：那是不平常的岁月。

从置换试验中，我们发现两类情况：一类，如1、2是不能置换的，置换后的意义结构不合乎逻辑，"错误"不能"经常"是"正确的先导"。新年时没有说"祝您高兴"的，因为"高兴"着重指情绪的兴奋，而不着重指内心快乐。另一类，如3、4，虽然可以置换，但是置换后的意思有变化。3N，指的是这个人对身外的事物有兴趣（喜好的情绪）；3n，指的是这个人本身有趣味（即有意思）。4N，是称赞那岁月，或因为在那时做出了成绩，或因为在那时得到了收获；4n，没有称赞的

---

①　*Cours de Linguistique Générale*，本文转引自俄文本курс общей лингвистики. 120 стр Москва 1933.

意思,也可能在那时是受苦受罪,也可能在那时有成绩、有收获,反正是不平常。置换试验做得越多,越能发现同义词的更多的细微差别。

3.5 除了上述辨析方法之外,还常用词素比较法、反义词对比法、构词比较法、词源比较法。这些方法已有许多人论述过,而且较易理解,限于篇幅,不再赘述。

四 辨析的项目问题

4.0 运用上述方法辨析,可以得出辨析的结果:同义词的差别项目。有了这些项目,也就提供了辨析同义词的思考线索和门路,因此国内许多研究者把"从这些项目进行辨析"叫做"辨析方法"。

4.1 同义词的差别项目,相当繁多。国外有的研究者,如柯林逊(W. E. Collinson)将其分为九项:1. 甲比乙更概括,2. 甲比乙意义更强,3. 甲比乙更富于表情色彩,4. 甲具有褒贬意味,5. 甲属于职业用语,6. 甲比乙更文雅,7. 甲属于俚俗词汇,8. 甲属于方言,9. 甲属于儿童用语。英国语义学家乌尔曼(S. Ullmann)对此批评说,这九种差别不是从同一标准着眼的,堆在一起,有些零乱。[①] 这就是说,要把五花八门的差别,理出个条理,就要从同一标准着眼,根据国内外多数研究者的意见,同义词的差别项目可分为三大项和若干细目:

一、意义差别。包括 1. 词义重点,2. 词义轻重,3. 词义虚实(抽象义、具体义),4. 个体集体(普遍概念、集合概念),5. 范围大小,6. 动作内容(如方式、方法、结果、方向等等),7. 词源不同。

二、色彩差别。包括 1. 感情色彩,2. 态度色彩,3. 风格色彩,4. 语体色彩(亦称修辞色彩——狭义的),5. 形象色彩(具体、生动地显示事物的形、声、色等形象的意义色彩)。

三、用法差别。包括 1. 使用对象,2. 使用范围,3. 搭配关系,4. 使用频率,5. 词性差别,6. 语法功能,7. 组合能力,8. 构词能力,9. 构词方法,10. 变化形式(重叠等)。

以上项目,还不能把同义词的千差万别包括无遗,只是概括了同义词的主要差别。

以上三大项,其性质既有区别又有联系。第一项,所谓"意义"实际上是指词的核心意义、中心意义、主要意义、称谓意义、概念意义或逻辑意义(各家用了不同的称呼)。第二项,所谓"色彩",实际上是指的附带意义、附加意义、补充意义、联想意义或词汇情态(лексическая модальность)。[②] 第三项,所谓"用法",有的语言学家认为它应该包括在词的内容里,有的则不同意。不管持哪种意见,都无法否认"使用对象"、"使用范围"、"搭配关系"等跟"意义"联系是相当紧密的,可以说它们是词义特点的反映。使用对象不同,如动词带的宾语不同,形容词的中心

① 见他的 *Semantics*, *An Introduction to the Science of Meaning*,1962。

② H. H. 阿摩索娃《论词的词汇意义》,见《语言学译丛》1958 年第 1 期 41 页。

词不同,都反映了词义特点。

4.2 不同类型的同义词,其主要差别项目是不同的。

索绪尔的学生巴利,按性质把同义词分为 A、B 两大类。他所说的 A 类,就是后来一些国家的语言学者所说的表意同义词(意念同义词或狭义的词汇同义词)。他所说的 B 类,就是后来一些国家的学者所说的修辞同义词。A 类主要包括近义词,B 类主要包括等义词。A 类同义词的主要差别表现在第一项即"意义"上,B 类同义词的主要差别表现在第二项即"色彩"上。A 类同义词的次要差别表现在色彩用法上。B 类同义词的次要差别表现在用法上。

在 A、B 类之外,后来又有的学者另立一类"语法同义词",其中包括一部分语法单位的同义现象,如词义相同而数或性不同的词,俄语的"крестьяне(普通名词'农民'的复数)/крестьянство(集合名词'农民')"、"зал(大厅,阳性)/зала(大厅,阴性)/зало(大厅,中性)"。笔者认为,语法同义词应该包括虚词同义词。这类同义词的主要差别表现在用法上,次要差别表现在色彩、意义上。

4.3 同义词,按词性又可以分为名词同义词、动词同义词、形容词同义词等。名词同义词的主要差别表现在所指的人或事物上,常有范围大小、个体集体(词/词汇)、词义重点、色彩等方面的差别。动词同义词的主要差别表现在所指的动作或变化上,常有动作内容(方式、方法、方向、结果等等)、使用对象、搭配关系、词义轻重、词义重点等方面的差别。形容词同义词的主要差别表现在所指的性质或状态上,常有词义重点、词义轻重、搭配关系、使用对象等方面的差别。

4.4 N 词的本义和 n 词的转义(包括引申义和比喻义)形成了一类同义词。这类同义词的主要差别是:n 词比 N 词的使用范围常常狭窄一些。这是因为转义有特殊性,即使用上不那么自由。如"气氛(N)/空气(n)"、"考虑(N)/斟酌(n)"、"手段(N)/把戏(n)"。以"斟酌"为例说明:"斟酌"本义是斟酒,斟酒时不能斟得太少,也不能斟得过满,转义是"考虑",但只能用于考虑小事情、小问题、文章的内容和词句。而"考虑"的使用范围则大得多。

(原载《中国语文》1980 年第 5 期)

反义词词典收的应是
词的最佳反义类聚

张志毅　张庆云

1.0　同义词和反义词虽然都是词的类聚,但是同义词分布于同一语义场的同义子场,而反义词则分布于同一语义场的两极或两侧的子场。因此,在同义词词典里看到的是一个统一的词群,在反义词词典里看到的则是一个两分的词群。

1.1　反义词词典里收的反义词群,其成员绝大多数都是词。也可以收少数的大于词的单位,如:摆摊子/收摊子,搬进/搬出。它们经常作为一个词汇单位来用,外语的反义词群,也有由词组组成的。① 也可以收少数的小于词的单位,如:承/启,弛/张,此/彼。② 这样,词典就实用了。为了加大实用性,词典在以收普通话词汇为主的基础上,可以兼收较常见的古汉语词、方言词、术语等。罕见的或已经死去了的词或义项可以不收。

1.2　反义词词典里收的反义词群,应该是相反或相对的词的最佳类聚。所谓最佳,应该受以下诸条件限制:词的系统性、逻辑意义、词汇意义、语用意义、语法意义、音节形式。

2.1　反义词的词汇系统应该是一致的。有的语言学家认为,语言是系统的系统(system of system)。每个语言单位都处于互相关联的不同层次的系统中,离开所在的系统或人为地使之超越所在的系统,便失去其使用价值。因而每个语言单位都获得与之有关系统的诸多规定性,构成最佳反义词的各单位也必须具有系统的一致性。

2.2　古代汉语和现代汉语,共同语和方言,应在各自词汇系统内组成反义词,而不宜交叉。如:

古　媸——妍

今　丑陋——美丽

方　砢碜——俏式

其中"媸/美丽""妍/丑陋""美丽/砢碜""丑陋/俏式"是虚假的反义词,横线两端的是语言系统内的真正对应的反义词。词典当然收的是后一类,但也可以灵活。如果系统之间有渗透,也可以

---

① 法语的 Au vu et au su de tout le monde(众所周知)和 ni vu, ni connu(神不知,鬼不觉)是反义词。见梁守锵《法语词汇学》163 页,商务印书馆 1964。

② 此、彼等文言成分,在现代汉语里都不作为一个独立词存在,不单用。

跨系统。如普通话中的"脆、酥"可以跟方言的"艮(gěn)",方言中的"腌臜"可以跟普通话的"干净"构成一个类聚。

2.3 普通话词汇系统又有口语词汇系统和书面词汇系统,普通词汇系统和成语词汇系统。一般说来,只有在同一个词汇系统的词,才能构成反义类聚。如:迅速/缓慢,漂亮/丑陋,肥沃/贫瘠,是书面的;快/慢,好看/难看,肥/薄,是口语的;诚实、老实/狡猾、刁滑,是普通词;心口如一、表里如一/口是心非,是成语。个别说来,两个系统之间也有渗透。如:买/卖、售、鬻,古今都是反义词,只不过"售、鬻"在今天用于有限的范围。至交/一面之交,在语言里也常用作对立的词语。

2.4 术语词汇系统内自相构成反义类聚,一般不能跟普通词汇系统交叉。如以下两组内,不同行的都不宜看成反义词:

数学的　奇数——偶数　　　军事的　开拔——进抵
普通的　单数——双数　　　普通的　起程——抵达

2.5 反义词的词义系统也应该具有一致性。如:

A	B	C	D	E	F	G
雄	男	公	牡	叫	儿	乾
雌	女	母	牝	草	骒	坤

A 至 G 组的反义词,都是区分性别的。这里姑且不论各组的词汇系统,只谈它们在词义系统所处的不同层次。最高一层是泛称系统——A 组,通用于人和动、植物。第二个层次是特称系统——B 组,只用于人,C 组只用于动物。第三个层次是次特称系统——D 组,只用于禽兽,E 组只用于某些家禽、家畜。第四个层次是末级特称系统——F 组,只用于马,G 组只用于属于男性和女性的某些物品。反义词,一般不能超越这些层次不等的词义系统。

3.1 反义词的逻辑意义应该是概念的不相容。在逻辑范畴相同的前提下,下列四种不相容概念都是构成反义词基础的逻辑意义。

3.2 矛盾概念。如:生/死,真/假,正/反,对/错,阴/阳,直/弯,导体/非导体,等等。它们之间多是质的对立,绝对对立,互补对立。具有排中性,不存在中间概念。也有人叫它们是矛盾词(contradictory terms)。

3.3 对立概念。如:多/少,大/小,长/短,贫/富,高/低,冷/热,黑/白,早/晚,等等。它们之间多是量的对立,极性对立,渐变性对立。具有容中性,在两极中间存在着中心点或中轴,其两侧可能有若干中间概念;而对称的中间概念,也往往是对立概念,也有人叫它们是相反词(contrary terms)。

3.4 对偶概念。如:买/卖,原因/结果,目的/手段,东/西,左/右,父/母,丈夫/妻子,主人/客人,老师/学生,内政/外交,等等。它们之间是事物关联的对立,也是人们联想的对立,它们成对对应,相互依存,相互制约。

3.5　某些并列概念。如:方/圆,手/脚,饭/菜,悲剧/喜剧,格律诗/自由诗,等等。它们之间是事物并列而不相容,也是人们最低限度的联想。如果人们经常把某两个概念对比使用,就可以作为反义词看待。对比使用的两个概念,内涵的特有属性往往是人们的着重点。如:主人/客人,并不着重于人,而着重于主和客;大陆性气候/海洋性气候,并不着重于气候,而着重于大陆性和海洋性。

上述逻辑意义,仅仅是构成反义词的必要条件,而不是充足条件。因为是反义概念,并不一定是反义词。有的矛盾概念是由正概念和它的负概念构成,如:白/非白,人/非人,等等。负概念的形式,只有少数是词,大多数是词组。词和词组,一般不能构成反义词。作为语言中的反义词,它还应该具备语言方面的充足条件,分述如下。

4.1　反义词的词汇意义应该相反、相对。词汇意义,是词的内容的主要部分。在词汇意义中可以分析出一个或两个以上的义位,在一个义位中又可以分析出几个义素,在义素中还可以分析出主要义素、次要义素。反义词就是次要义素相同、主要义素相反或相对的词的类聚。反义词的次要义素,是它们的共性义素,主要义素是它们的个性义素。如表一。

表一

异／义素／同／词	共　性　义　素	个性义素
高	从上向下的距离	大
低		小
教	知识或技能	传授
学		获得

共性义素,是反义词的语义基础。个性义素,是反义词的语义特征。个性义素不相反或不相对,当然不是反义词。共性义素不相同,也不是反义词。如:苦瓜/甜瓜,一个是蔬菜,一个是水果。没有反义词的语义基础。

4.2　有些反义词的个性义素并不是一一相对的。如:

呼:生物体把气体排出体外。　　　　吸:生物体把液体、气体等引入体内。
　　A　　B　　X_1　　　　　　　　　A　　X_3　　B　　X_2

上例 A 和 A,B 和 B 是共性义素,X_1 和 X_2、X_3 是个性义素,其中 X_3 又是"呼"所没有的,X_3 是"吸"的又一语义特征。这说明语义的错综复杂,不像某些逻辑概念那样井然有序。

4.3　一个词的一个义位因为有不同义素,所以可能系联出不同系列的反义词。如"强攻"含有 1)"用强力" 2)"攻击"两个义素。在第 1)义素上,有"不用强力""用智力"与之相对,因此有反义词"智取"。在第 2)义素上,有"不攻"与之相对,因此有反义词"围困"。如果把攻、守双方联系起来,攻方是"用强力""攻击",守方便要大力守住,于是有反义词"死守、固守、坚守"。只考虑一个义素或一方面义素,就不可能获得一个义位的不同系列的反义词。

4.4　把语素和义位两个因素联系起来,有助于从错综复杂的语义关系中认清反义词现象。

有的语素义相反,义位不相反。如:大米/小米,大豆/小豆,高能(指物的能量)/低能(指人的能力),有趣(有兴趣)/没趣(没面子),深远(指意义影响等)/浅近(指字句等内容)。

有的语素义相反,义位却相同。如:买好/卖好,都指向别人讨好。

有的语素义不相反,义位相反。如:蚕食/鲸吞,化缘/布施,粗放/集约。

从以上几种情况可以看出,在确定反义词时,义位是主要依据。只有义位相反、相对,方能构成反义词。

5.1　反义词的语用意义应该相反、相对。

语用学是从整体上研究语言运用的,主要研究在语境上下文中对话语的理解。语义学局限于词句的字面意思或通常约定俗成的意思,而语用学则要弄清话语的隐含意思或会话意思。因为"每当我们使用一个词的时候……我们就变换了它的语义价值"。[①] 语用学所说的"词语的语用意义"、"词语的会话含义"(conversational implicature),是制约反义词群的重要因素之一。

5.2　语用意义,对于反义词群来说,有质的制约作用。

有一类反义词,分布在坐标横轴两端或两侧,跟中点等距。

$$
\begin{array}{ccccc}
A & B & Z & b & a \\
| & | & | & | & | \\
热 & 暖 & 温 & 凉 & 冷
\end{array}
$$

横轴上的语义具有渐进性和层次性,也具有相对性和归一性(polarity)。在两极中间,可以在相对的位置上插入不同程度的词语,而每一个词语都有其内外项。萨丕尔(E. Sapir)用层次可分性(gradability)来分析两极中间语义的不同层次。上列横轴上的词按语义层次来分析,A 和 a,B 和 b,应该是相对的反义词。但是,词的语用意义却不是这样整齐、机械地对应。在语用这个平面上,A 和 b,B 和 a 也可以在同一语境中出现而显示出相对的意义,因此也就成了反义词。如:

$$
\left\{
\begin{array}{l}
A \quad 热:\sim菜|\sim水|\sim药|头\sim。\\
b \quad 凉:\sim菜|\sim水|\sim药|脚\sim。
\end{array}
\right.
\qquad
\left\{
\begin{array}{l}
B \quad 暖:\sim气|\sim风|\sim天|春\sim。\\
a \quad 冷:\sim气|\sim风|\sim天|冬\sim。
\end{array}
\right.
$$

不仅如此,而且在语用这个平面上,"凉"和中项"温"也可以成为反义词,左侧的"热"和"暖"还可以跟右侧端点的"寒"成为反义词。

同样,手/脚,红/绿,在语义系统里不算反义词,但是在语用意义上却是反义词。

反过来说,丑/美丽,快/缓慢,在语义系统里是反义词,但在语用意义上却不作为反义词用,

①　谢尔盖·卡尔采夫斯基(Сергей Карцевский)语。见《语言学译丛》第一辑 226 页,中国社会科学出版社 1979。

而是把丑/俊,丑陋/美丽,快/慢,迅速/缓慢作为反义词用。

5.3 语用意义,对反义词群来说,有量的制约作用。

语用意义制约一个词的反义词的多寡和异同。一个义位,有几个语用意义,往往就有几个反义词。如"稳定"在"稳固安定,没有变动"这个义位上,可以用于三个方面:

用于局势方面,跟"动荡"是反义词;

用于人心方面,跟"浮动"是反义词;

用于物价方面,跟"波动"是反义词。

语用意义制约反义词之间语用范围的差异。如:老/幼、小、少,在"年岁"上是反义词,其中"老、幼、小"都能用于人和动植物,而"少"只能用于人。

又如:美/丑,在"好看、难看"的意义上是反义词。但是"美"能用于人和风景,而"丑"只能用于人。

以上所说的语用意义都是在语境中的含义,这跟语义学所说的意义不同。某一语义意义是由语素或义位的义素体现出来的,并在语义系统里占有一席位置,可以跟语义系统里的另一个相反或相对义位构成约定俗成的反义关系,不需要语境显示。而语用意义,则不能离开语境。语境是词语的解释因子之一。

反义词群中的每个词在语义场里的语义联系的范围或广度都不尽相同,因而每个词的话语环境也不尽相同。考虑到这些因素,才能较为完全地揭示反义词的语义和语用意义。

5.4 语用意义对于反义词只是起制约作用,并不起决定作用。有些词在语用环境里被用作反义词,但在语义系统里却不是反义词。其中一种情况是,所谓临时词(trancient word)不能与之相应的词构成反义词。

A 阴谋、文化、内战、阔人、功劳、纠正

B 阳谋、武化、外战、狭人、苦劳、纠歪

B类词是瞬息新词(ephemeral word),是临时造的形式(nonce-formation)。它们还没有进入语言词汇系统,当然更没有列于词典之中。B类和A类是两类性质不同的词,不能组成反义词类聚。

第二种情况是,组合的临时词语之间不能构成反义词。如:和平战士/战争贩子,热爱和平/反对战争,保卫和平/煽动战争,自己的幸福/别人的痛苦。

第三种情况是,个别或偶然性的语用环境(例如词组)里出现的单音临时词(或是语素)构成的反义关系,也不应跟语言系统里的反义词同等对待。如:"夙兴夜寐"的"兴"和"寐"。

第四种情况是,个别作家在偶然的语用环境里临时用的对立词,也不能看作反义词。如鲁迅先生在《颓败线的颤动》中所用的"眷念与决绝,爱抚与复仇,养育与歼除"。

上述四类,只是修辞性的反义词语,只在言语中临时或固定场合里使用。

6.1 反义词的语法意义应基本相同。

　　语法意义主要包括:语法单位的范畴意义,语法功能意义,语法结构意义。这些意义是由一整类、一整类的语言单位所具有的聚合关系或组合关系中抽象、概括出来的。语汇意义是它们的基础,并跟它们具有逻辑范畴类别的一致性。"当一个一阶逻辑的形式系统被建立起来并证明了它是完全的,那么立即可知,语义的有效性等价于语法的可证明性,语义的可满足性等价于语法的协调性。"①因此,语法意义对反义词群具有不同程度的规定性。

　　6.2　反义词的大多数是词性相同的。

　　反义词在各个词类中的分布,是不平衡的。根据我们对 182 个反义词群的抽样分析统计,其中属于形容词的最多,有 98 群,占总数的近54%;属于动词的次之,有 43 群,占总数的近23%;属于名词的再次之,有 36 群,占总数的近20%;另外属于副词的有 3 群,属于代词的有 2 群。当然,数词、介词中也有极少数的反义词群,可惜抽样时未能遇到。

　　从抽样统计中我们还发现,意义相反的反义词大多数分布于形容词和动词中,意义相对的反义词大多数分布于名词(特别是时间名词和方位名词)和代词中。

　　6.3　反义词的少数是词性不同的。

　　日本的中村一男先生很重视反义词应是同一词类的原则。他说:"我认为(A)在反义词中相互间要以同一词类为原则,(B)如果不属于同一词类的,但它们有很高的使用价值,那只好作为例外的反义词来看。"②在少数的不同词类的反义词中,较为多见的是形容词和动词构成的。如:平稳(形)/摇摆(动),兴盛(形)/衰落(动)。其次见到的是形容词跟名词或副词构成的。如:长远(形)/眼前(名),永久(形)/暂时(副)。再次,也见到了介词和动词构成的。如:自(介)/至(动)。此外,还见到了同词类之中的不同的次范畴的反义词,主要是及物动词和不及物动词构成的。如:固守(及物)/失守(不及物),启程(不及物)/抵达(及物)。

　　为什么少数的不同词类或不同的次类的词可以构成反义词? 因为"语言学诸范畴之间并没有截然分明的界线"。③ 处于某一范畴中心的成分和外围成分的属性不尽相同。越靠近外围的成分,属性越弱。因此,临界范畴的外围成分之间,在一定条件下常常是十分相近的或有密切的联系。例如我们所说的形容词,就被赵元任先生包括在广义的动词里,叫它性质动词。至于形容词和副词,也有统称区别词的。而动词和介词的联系更密切。又何况反义词所反映的是两种相反或相对的意义。而某些形容词所形容的不动状态跟某些动词所表示的动的状态、变化、行为或动作,常是相反或相对的。

　　6.4　反义词的语法功能多数相同,少数不同。萨丕尔所说的位置范畴和类别范畴,在说明词的语法功能方面具有重要作用。一个词(A)处于某种语法类别词的前后,(B)跟某种逻辑或

①　王浩《数理逻辑通俗讲话》65 页,科学出版社 1981。
②　中村一男《反义词大词典·编辑方针和观点》8 页,东京堂 1976 年 7 版。
③　〔美〕D. 鲍林格《语言学各主要流派简述》,《语言学译丛》第一辑 225 页,中国社会科学出版社 1979。

语义类别的词联系,(C)进入同一语法结构或同一语句的相应位置,是我们判断是不是反义词的三个语法功能条件。同词性的词,大多数是功能相同的。反义词大多数是同词性的,因此反义词的语法功能大多数是相同的。可是,由于汉语语法特点之一——词性与句法功能不是一一对应的,少数反义词尽管词性相同,功能也不尽相同;有的词性不同,功能却有一部分相同。前一种情况,如:老/嫩,在"食物火候大小"这一义位上,是形容词,构成反义词,但功能不尽相同。看表二:

表二

功能异同词＼功能项	做补语		做定语	在程度副词后	
	不带"得"	带"得"		在"太"后	在"很"后
老	＋/菜炒～了	－		＋/炒得太～	＋/炒得很～
嫩	－	＋/菜炒得～	＋/～肉片	－	＋/炒得很～

有的词,看上去好像是反义词,但是不具备上述三个语法功能条件,也不宜算作反义词。如:希望/失望,都是动词,按词典的释义,《作文词典》把它们看作反义词。实际上,它们的语法功能基本不同。看表三:

表三

功能异同词＼功能项	带谓语词组宾语	很＋～＋宾	很＋～	带结果补语	带趋向词
希望	＋/～到海滨去	＋/很～下雨	－	－	
失望	－	－	＋/很～	＋/～不了	＋/～起来

虽然两个词都可以带时量词和"着、了、过",但所表示的意义不相反。

有的情况,两个词的词性不同,功能有一部分相同,并且在这个特定范围内的意义相反或相对。如:集体/单独,一为名词,一为形容词。它们都能分布在下列词的前面,并且具有相对立的意义:～行动、～监禁、～生活、～会见、～谈话、～房间。又如:必然/未必,一为形容词,[①]一为副词。都能用于动词、形容词、助动词的前面而意义相反:～失败、～高兴、～会成功。像上面这样的成对的词,也可以算作反义词。

6.5　反义词的词的结构意义多数相同,少数不同。在研究反义词时,词的结构是不容忽视的一个方面。

传统的观点认为,反义词应该是词根不同的。如表四。

---

① 　见《现代汉语八百词》。有的认为"必然"是形容词兼副词,不取此说。

表四

汉　语	英　语	俄　语
正　确 错　误	right wrong	лравильный ошибочный
清　晰 模　糊	clear vague	ясный смутный

传统的观点也认为,反义词也可以是同词根的。其中有三类:(A)部分词根相同,部分词根相反;(B)反义前缀加在同词根上;(C)反义后缀加在同词根上。如表五。

表五

类	汉　语	英　语	俄　语
A 类	左　派 右　派	leftwing rightwing	—— ——①
B 类	革　命 反革命	revolution counter-revolution	революция контрреволюция
C 类	—— ——②	employer （雇主） employee （雇员）	дворяне （贵族） дворовые （奴仆）

在汉语中,用否定前缀(不、非、无、反等)加在词根上而构成词,并收入《现代汉语词典》中的,很少。如:不动产、不规则、不人道、不送气、不做声、不图、不许,非导体、非金属,反冲力、反革命、反作用,等等。反义词词典收这类词,以不超越《现代汉语词典》所收的为宜。

现代观点认为,反义词确定的依据不是词根相同与否,而是语义相反或相对与否。

无论同词根的反义词,还是不同词根的反义词,它们的结构意义绝大多数是相同的。所谓结构意义,这里是指语素间的语法关系。如:优良/恶劣,平民百姓/达官贵人,是联合关系;明码/密码,世外桃源/人间地狱,是偏正关系;提高/降低,集合/分散,是补充关系;有限/无限,适逢其会/错过时机,是述宾关系;眼生/眼熟,喜从天降/祸从天降,是主谓关系;急急忙忙/慢慢腾腾,堂堂正正/鬼鬼祟祟,是重叠式。反义词也有结构关系是不同类型的,特别是成语反义词中更多些。

7. 音节整齐相对,是汉语反义词的形式特点。

反义词音节不同的,在外语里是大多数,在汉语里则是少数。

汉语里有单音节对双音节的反义词,如:有/没有,横(hèng)/和气。这类反义词,自古有之。如:贤/不肖,这是惯用的反义词,打开古籍,俯拾可得。

双音节对三音节的反义词。古代的有:店家/店小二。现代的有:吃亏/占便宜,熔点/凝固

① 俄语的"左派、右派"不是复合词,汉语的"左派、右派",有人认为是词根"左、右"加上后缀"派"。这里不取此说,依据《现代汉语词典》的释文把"派"作为词根。

② 汉语中尚未见到"词根＋反义后缀"的反义词。

点,导体/绝缘体,工人/资本家。

双音对四音节的反义词较罕见。如"至交、深交、知交",在语言实践中常用"一面之交、点头之交"与之相对。反义词词典对这类反义词不可因音节形式不整齐而拒之于外。

有些音节不同的意义相反的词是为了声律的需要而临时用于文学语言中的,如:"清晨担水晚烧饭,上午跑街夜磨面"。(鲁迅《聪明人和傻子和奴才》)这样的成对的词,反义词词典里不应该收。

8. 因为一个最佳的反义词类聚,是受词汇系统性、逻辑意义、词汇意义、语用意义、语法意义、音节形式诸条件限制,所以有许多词没有反义词,更没有最佳的反义词。名词的"尺、书、树、铅笔、墙壁、声音、蓝色、飞机"等等,动词的"摸、玩耍、考虑、研究、飞翔"等等,都没有反义词。就连形容词"宏伟、紧急、均匀、妥善"等等,也没有反义词。像"遥远"这样的词,居然也没有最佳反义词。甚至像"许多"这样的词,竟然也没有最佳反义词,只是在不同语用环境里跟"少许、些许、个别、零星、点滴"当作反义词。总观语言全局,反义词群比同义词群的数量少得多。正是这种情况,迫使古今经典作家在运用一系列最佳反义词的同时,偶尔也拼凑一两对临时充当的"反义词"。如:

《老子·二章》:有无相生,难易相成,长短相形,高下相倾,音声相合,前后相随。

鲁迅《野草·狗的驳诘》:我终于还不知道分别铜和银;还不知道分别布和绸;还不知道分别官和民;还不知道分别主和奴……

这些临时充当的"反义词",词典里当然不能收。

参考文献

卢甲文 1981 《单音反义词的分类和运用》,《语言学论丛》第八辑,商务印书馆。

陆柱国 1983 《现代英词词汇学》上海外语教育出版社。

吕叔湘 1984 《语文杂记》上海教育出版社。

石安石等 1983 《反义词聚的共性、类别及不均衡性》,《语言学论丛》第十辑,商务印书馆。

孙常叙 1956 《汉语词汇》吉林人民出版社。

张庆云 1986 《汉语反义词词典》齐鲁书社。

А. И. Смирницкий 1956 *Лексикология Английского Языка* 莫斯科。

John Lyons 1978 *Semantics*.

Jerroid J. Katz 1972 *Semantic Theory* 纽约。

Umberto Eco 1979 *A Theory of Semiotics* 美国印第安那大学出版社。

(原载《中国语文》1989 年第 4 期)

双字组合与词典收条*

周　荐

一

　　语言词汇中由两个字组合而成的单位,我们称之为双字组合。① 双字组合在现代汉语中很常见,根据我们的统计,《现代汉语词典(修订本)》(商务印书馆,1996,北京;以下简称《现汉》)收条目凡58481个,②其中单字有8795个,约占总数的15.039%,如"挣""神""秃""也";三字组合有4910个,约占总数的8.396%,如"图书馆""小气候""羊肠线""运动量";四字组合有4798个,约占总数的8.204%,如"所向披靡""默默无闻""康庄大道""高等动物";五字组合有218个,约占总数的0.373%,如"国家所有制""无后坐力炮""脚踩两只船""小巫见大巫";六字组合有104个,约占总数的0.178%,如"有过之无不及""真金不怕火炼""政治协商会议""自由落体运动";七字组合有48个,约占总数的0.082%,如"按下葫芦浮起瓢""不见棺材不落泪""打开天窗说亮话""国际日期变更线";八字组合有50个,约占总数的0.086%,如"巧妇难为无米之炊""百尺竿头,更进一步""兵来将挡,水来土掩""成也萧何,败也萧何";九字组合有7个,约占总数的0.012%,如"搬起石头打自己的脚""第二次国内革命战争""冰冻三尺,非一日之寒""司马昭之心,路人皆知";十字组合只有2个,约占总数的0.003%,是"留得青山在,不怕没柴烧""只要功夫深,铁杵磨成针";十二字组合只有1个,约占总数的0.002%,是"只许州官放火,不许百姓点灯"。将以上统计数字加合起来,双字组合之外的单位共计18933个,约占该词典收条总数的32.375%。而双字组合有39548个,约占该词典收条总数的67.625%。由上述统计数字不难看出双字组合在现代汉语中占有绝对的优势。

---

　　* 本文曾在中国辞书学会首届中青年辞书工作者学术研讨会(1998年9月,石家庄)大会上宣读,会上和会后先后承李行健先生、施关淦先生等悉心指教,笔者据以作了进一步的修改。谨书此致谢。

　　① 字和语素、词有着质的不同,这一点早已成为汉语语言学界的共识。然而,现代汉语中的语素不但未必就是单音节的构词成分,而且还可能是非构词成分,词更不以单音节为常,因此,字在现代汉语词的构成中仍不失为一个有用的概念。

　　② 这个统计数字是在排除了异体性的单位(如"飘渺"和"缥缈","耿直""梗直"和"鲠直")和纯由拉丁字母构成的单位(如"CD""KTV")之后得出的。

二

双字组合占绝对优势，是汉语词汇由古代发展到现代的一个显著的变化，也是现代汉语词汇的一个重要特征。汉语词汇的古代形式与今天是不大一样的，根据对赵诚先生编著的《甲骨文简明词典——卜辞分类读本》（中华书局 1988，北京）的统计，我们发现该词典收条总数为2050 个，其中多字组合单位只有 461 个，仅约占总数的22.49％，单字有 1589 个，约占总数的77.51％。如果我们把历史的时针再上推到史前文明时期，更可推断当时的汉语的多字组合单位是无法与单字单位相匹敌的。

汉语词汇由单字单位发展成为多字组合单位，主要有如下两种方式：一、将无意义的字组合拼接起来成为一个有单纯意义的组合体；二、将有意义的字组合拼接起来成为一个有合成意义的组合体。语言中以无意义的字组合拼接而成的有单纯意义的组合体，可称为字组。以两个无意义的字组合而成的双字组分两种情况：一是音译外来词，二是联绵词。音译双字组在现代汉语中并不占很大的比例，《现汉》只收有 227 个，仅约占双字组合单位的0.574％，如"舍利""安培""分贝""弥撒"；[1]联绵双字组在现代汉语中也很有限，《现汉》收有 293 个，仅约占双字组合单位的0.741％，如"斑斓""彪炳""辊辘""孑孓"。[2] 语言中最具优势的是以有意义的字组合拼接而成的有合成意义的组合体。有意义的字被叫做语素，因此以有意义的字组合拼接而成的有合成意义的组合体，可称为语素组。以两个语素拼合而成的双语素组，即通常所谓的由两个语素构成的合成词。双语素合成词，《现汉》收有 39028 个，约占98.685％，如"阿斗""蔼然""爱恋""案牍"。[3] 这说明，汉语双字组合词汇单位由古而今的发展不主要取一语素双音节的形式而主要取双语素双音节的形式。[4]

三

一语素双音节的词汇单位被视作词而为词典收入，应该无人会持异议。这样的例子有很多，如联绵词"窈窕""忸怩""嶙峋""踉跄"，外来词"逻辑""坦克""拷贝""杯葛"。再进一步看，无

---

① 《现汉》中收入的音译字组当然不仅限于双字的，还有三字的 82 个，如"马拉松""荷尔蒙""华尔兹""开司米"，四字的12 个，如"布尔乔亚""阿弥陀佛""法西斯蒂""罗曼蒂克"，五字的 1 个，是"布尔什维克"，六字的 2 个，是"英特纳雄耐尔""普罗列塔利亚"。

② 这里把叠音单语素词（如"饽饽""猩猩""狒狒""蝈蝈"）也计入联绵双字组。

③ 双语素合成词，既包括上面所举派生词和复合词，也包括一些待嵌格式，如"半…半…""不…而…""千…万…""一……二…""大…特…""连…带…""一…就…""道…不…"。这样的待嵌格式《现汉》收有 33 个。

④ 一些人所认定的双字组合有些未必就是单语素单位，如近人符定一编撰的《联绵字典》所收的条目，大多数并不是联绵词而是合成词，如"徭役""伯仲""劳神""大人""参与""凡庸""大寒""今昔"。

论是三个、四个,甚至更多个音节形式,只要它们所代表的是一个语素,就都可没有争议地被划归词的行列,刘正埮、高名凯、麦永乾、史有为四位先生合作编纂的《汉语外来词词典》(上海辞书出版社 1984)就收有三音节一语素的"萨其马"(满:sacima)、四音节一语素的"普鲁卡因"(英:procaine)、五音节一语素的"额勒玛第加"(拉丁:grammatica)、六音节一语素的"摩诃质帝萨埵"(梵:mahācittasattva)、七音节一语素的"海图鲁代讷密斯"(英:hydrodynamics)和八音节一语素的"克拉维辰巴达牟尔"(英:clavicembal d'amour)。

　　双语素双音节的单位被看作是词而为词典收入,似乎也无太大争议,如果构成该单位的某一个音节形式所代表的语素是不自足的。像"酒吧""啤酒""沙皇""按蚊",就都属于此类。再进一步看,无论是三个、四个,甚至更多个音节形式代表两个语素,只要其中的某一个语素是不自足的,由这两个语素所构成的单位也就可以被视为词。这样的例子在《汉语外来词词典》中也可以看到很多,如三音节双语素的"登革热"(英:dengue fever),四音节双语素的"喀萨克车"(蒙:xasag tereg),五音节双语素的"客斯客斯油"(英:cuscus oil),六音节双语素的"沙托一马尔高酒"(法:Chateau Margaux),七音节双语素的"马赛尔·考比伦杯"(英:Marcel Corbillon Cup)和九音节双语素的"波罗尼密婆舍跋提天"(梵:paranirmi tavasavartin)。

　　上文所列举的语素有的并非典型的汉语语素;典型的汉语语素的语音表现是一个音节,书面表现是一个汉字。倘若一个单位由两个典型的汉语语素构成,那么这所构成的单位是词还是非词就成了问题。词典对收与不收双字组合为条目,似乎存在着三种可供选择的方案:一是都不收,即仍像古代的字典那样以单字为收取对象,而把任何双字组合都看作是两个词;二是都收,举凡语言中连用在一起的单位都视为词;三是酌收,即不认为凡连用在一起的单位都是词,而认为只其中的一部分才有词的资格。凡连用在一起的单位都不视为词的做法,与发展至今的汉语的实际不合。不光在古代汉语中连用的双字组合有不少已不可拆开来使每个成分独立使用(如"疆埸""奖挹""排奡""朔望"),或者一旦拆开来各个成分的意义已未必能与组合后单位的整体的意义相吻合(如"露布""清婉""锁钥""司南"),[①]现代汉语中新造的一些单位也是一开始就以双字组合的身份出现的(如"套汇""党组""心态""板寸")。凡连用在一起的单位都视为词的做法,既不符合实际,所收的条目也难为任何一部词典所容纳。正确的做法只能是根据语言的实际情况对连用在一起的单位进行甄别,符合某些条件的可视为词而收入,不符合某些条件的不视为词而不予收入。但是,究竟符合哪些条件的双字组合单位算是词,不符合哪些条件的双字组合不算是词,就成了问题。

　　随着历史的发展,单字词在现代汉语中已不占主导地位;在现代汉语中占主导地位的已是

---

　　① 王宁先生在谈到现代汉语合成词的确定时指出:"现代汉语双音词与词组的区别,应严格按其是否能依据现代语法结构并按其词素的字面意义分开解释为标准。拆开后确实已经无法用两个词素的意义简单相加来解释的双音词,可确定为已结合成熟的词。"王宁先生还具体提出了现代汉语合成词确定的四条标准。详见彭聃龄 1997。

双字词。这一点,从上面的统计数字上不难看出。应该说,把双语素双音节组合视为词的单位,我们先人的认识是伴随着词汇的发展而有一个渐进的过程的。这从汉语史上可以看得很清楚,如先秦典籍中出现了"夫人""后生""谗言""京师",《世说新语》中出现了"遇害""起事""罗列""凋敝",敦煌文献中出现了"破除""非分""北斗""借问",宋元时代的作品中出现了"包子""阵脚""护膝""卖嘴";清人纂辑成的工具书中更有大量此类单位,如翟灏的《通俗编》收有"事件""师兄""医生""干笑""齿冷""谈柄""心肝""毒手"等单位,梁同书的《直语补证》收有"手段""破钞""纣棍""大虫""路祭""月牙""白酒""院子"等单位,钱大昕的《恒言录》收有"年纪""少年""花甲""气节""夸张""明白""清高""稳当"等单位,陈鳣的《恒言广证》收有"自在""长久""快乐""平安""骨气""面貌""血气""情态"等单位。这些单位之被收入书中,说明它们在著作者、纂辑者眼里是与"风花雪月""因祸得福""非驴非马""安步当车"等单位具有同样的词汇单位的身份的。到近代,符定一之所以在《联绵字典》中把大量的非联绵词收入其中,怕也与他开始把双语素双音节单位视为一个凝定的词而不再视为两个词的认识有关。而一个双语素双音节单位究竟是词还是非词或者是过渡状态中的准词,判断起来有时是一个非常棘手的问题。先秦典籍中有"公田""人臣""新声""强毅""温其""载路""假哉""斯频"等,《世说新语》中有"色养""骄汰""开美""君章""贵游""衿契""目精""觉损"等,敦煌文献中有"厥错""觅曲""升常""退故""招交""拥搭""阳焰""忆逼"等,宋元时代的作品中有"上茅""分定""动劳""私休""同产""刚揎""阵马""坡撇"等,它们都不被今人视为词。清人作品中收入的一些单位如今看来也未必就是词,如《通俗编》中收入的"手滑""蒜发""了鸟""后溲""游谈""眼语""沫饽""砚瓦",《直语补证》中收入的"笨人""火囤""发酒""乡风""一积""累重""市买""解交",《恒言录》中收入的"寒温""奔竞""招权""不好""令兄""家叔""尊府""忝眷",《恒言广证》中收入的"小妻""表弟""客作""贵郡""监临""干证""混堂""米囤"。即使《联绵字典》中所收的单位也不敢说都是词,如"偶语""两端""凶札""剿绝""厚善""古也""同异""嚣顽"。当然,上面所举例中有的单位是古代的词而不用于现代汉语,因而给我们的感觉它们不具词的单位的资格;但是更多的则在古代汉语中也未必是词,那些著作把它们视作词,仅仅是根据著作者、纂辑者自己对词的认识而已,不一定得到所有的人的首肯的,否则能为某部书收入的词就会也为其他所有的书收入了。到现代,权威的《现代汉语词典》所收的单位是否都能得到所有的人的认可,也是需要研究的。如该词典收入了以虚语素"着"缀附而成的词"向着",却没有收入同类的单位如"背着"等。也许会有人说"向着"除有"朝着、对着"义外,还有"偏袒"义,因而是词;而"背着"等没有"向着"的"偏袒"那样的转义,因而不是词。但是,该词典却并不总是以有转义则收无转义则不收为原则的,一些似乎本该收入的词而没有被收入。如该词典收了"洋车""洋铁"等而未收"洋火",收了"船长"等而未收"机长",收了"适当""恰当"等而未收"适切""恰切",收了"瓶装"等而未收"罐装",收了"预知""预卜"等而未收"卜知",收了"艳福""外遇"等而未收"艳遇",收了"斧正""哂纳"等而未收"哂正",收了"聚齐""集合"等而未收"集齐",收了"雏鸡"等而未收"雏燕",都使人感到该词典的编者在编纂词典时所据标准似乎并不十分严格和一律。

四

其实，一部词典收了哪一个单位作条目而没有收另外的单位作条目，自有该词典的编者的理论考虑。任何一部词典的编纂者之所以在所编纂的词典中收了某个单位作条目，是因为在他们看来该单位已具有了词汇单位的资格；之所以没有把某个单位作为条目收进其所编纂的词典中，是由于他们不认为该单位已具有了词汇单位的资格。在此问题上，旁人似乎不宜随意评头论足，妄加臧否；更何况理论本身也未必已十分完善，准此做出的条目取舍的安排也自然而然地会有这样或那样的不尽如人意之处。然而，汉语词汇学对词的确定的研讨已历多年，应该拿出一个令多数人可以接受的方案来了。即使所拿出的方案尚不能说服所有的人，至少在使理论深化这一点上还是有益的，有助于启发人们进一步的思考。

汉语词汇学在词的确定上所取的理论最早是深受苏联语言学影响的，20 世纪五六十年代影响最大的一点就是看词的同一性和分离性。以同一性和分离性来进行词的确定，确能使词以词位的身份确定下来，使词组与词分别开。对汉语这样多以字为语素而充作词的构件的语言，究竟哪些字的组合算是词哪些字的组合不算是词，词的同一性和分离性理论也确实有一定的理论指导意义。但是，汉语毕竟不同于创造出词的同一性和分离性理论的西方语言，字与字的组合未必能从句法的组合规律上得出多少解释性；[①]汉语词的构成更多的依赖的是字与字意合的融合性。[②] 由于汉语词汇历史上单音节的性质，汉语的一个字在现代只要它是能够独立自由地使用的，就都仍旧是词；如果它是不能够独立自由地使用的，就认为它代表一个语素（如"民""皿""睫""惘"），或者代表一个音节（如"玻""璃""琵""琶"）。这一点无论谁都不会怀疑。汉语字的典型形式是单音节的，这导致人们在看待字时容易把注意力集中在它的意义内容上而不大去关注它的语音形式。一个词汇单位只要它所表达的是一个意义，无论它有多少个音节来表现，就都会被认为是一个词。[③] 因此，单纯性质单位中的联绵性的单位也好，外来性的单位也好，都毫无疑义地被看做是词——联绵词和外来词。两个或两个以上的字的组合能否算作是词，成了汉语词汇学上颇有争议的一个问题。争议主要集中在两点上：词与自由词组的关系，词

---

① 参考刘叔新 1990a。
② 参考徐通锵 1997。
③ 从理论上说，一个词可由无数个无意义的汉字组合而成，实际上人的大脑对无意义的汉字组合的记忆是有一定限度的，因此而造出的无意义的汉字组合体的长度也是有一定限度的。叶绚、曹日昌、陈光山、叶顺和 1980 认为："无意义联系汉字的视、听同时记忆广度（瞬时记忆最大值）约为 5 个字。"

与固定词组的关系。词与固定词组的分野似乎很难只根据意义的标准来进行,[①]因为表义的比喻性并不专属于固定语,也不专属于词。可以考虑结合使用形式的标准,比如可以一个字一个音节的形式为一个计量单位,一定限量内的字的组合体可以算作词,超过一定限量的字的组合体可以看作是固定词组。[②] 从我们的统计看,双字组合在现代汉语中比单字和其他多字组合所占比重都大,是一种强势组合,最具成词的能力。词与自由词组的分野,可以考虑组合成分间的融合性。所谓融合性主要是看如下两点:一、组合体中的成分是否具有较为自由的游离性;二、组合体是否具有较为完整的整体意义。组合体中的成分具有较为自由的游离性的,我们就认为该组合体融合性较弱,反之就认为较强;组合体中的成分虽具一定的游离性,但所构成的组合体具有完整的整体意义,我们也认为该组合体融合性强,反之就认为较弱。根据融合性强弱的不同而可以将字所构成的单位分别为三种情况:成分间融合性强的,可以视为词,如《现汉》收入的"猪鬃""羊绒";成分间融合性弱的,可以视为自由词组,如《现汉》未予收入的"猪肉""羊腿";成分间的融合性不强不弱的,说明该单位还不是词或尚处于词化的过程中,从发展的角度看可以视之为准词,如《现汉》未收而引人质疑的"适切""哂正"等。当然,根据融合性强弱分析出来的单位未必就适应于一切词典:有的融合性强的单位,因其属于方言就只能被收列于方言词典而不能也收列于共同语词典;有的只在某个方言显现出融合性,就只是属于该方言的词,不在另外的方言中显现出融合性,就不属于另外方言的词。同理,之所以会出现古人眼中是词而在今人眼里不是词的双字组合的情况,是因为古人认为该双字组合具有融合性而今人认为它不具有融合性;反过来也一样,之所以会有今人眼里是词而古人眼中不是词的情况,是由于今人认为该双字组合具有融合性而古人不认为它具融合性。

参考文献

程湘清(主编) 1992 《先秦汉语研究》,山东教育出版社。

高歌东 1986 《惯用语再探》,山东教育出版社。

蒋礼鸿(主编) 1994 《敦煌文献语言词典》,杭州大学出版社。

李行健、曹聪孙、云景魁(主编) 1993 《新词新语词典(增订本)》,语文出版社。

刘叔新 1982 《固定语及其类别》,《语言研究论丛》第二辑,天津人民出版社。

刘叔新 1990a 《复合词结构的词汇属性——兼论语法学、词汇学同构词法的关系》,《中国语文》第4期。

刘叔新 1990b 《汉语描写词汇学》,商务印书馆。

龙潜庵 1985 《宋元语言词典》,上海辞书出版社。

彭聃龄(主编) 1997 《汉语认知研究》第一编第二章《汉语字词的结构和意义》(王宁执笔),山东教育出版社。

---

① 有人以有所谓表义的比喻性来确定惯用语,如高歌东1986;有人以有所谓表义的比喻性来确定成语,如刘叔新1982。但是词也有不少是有表义的比喻性的,如"风尘""黑锅""焦炙""浪潮""参商""挑刺""兔脱""碰壁"。这说明表义的比喻性并非某一类词汇单位专有的性质特点,不能据以将词与他类词汇单位分别开。

② 我们认为,双语素双音节的结构是汉语的词的典型结构,此外就是三语素三音节的结构;而四语素四音节的结构和四语素四音节以上的结构则宜看做是语的结构。参考周荐1998b。

徐通锵　1997　《语言论——语义型语言的结构原理和研究方法》,东北师范大学出版社。

叶　绚、曹日昌、陈光山、叶顺和　1980　《材料数量与呈现速度对视、听同时瞬时记忆的影响》,《心理学报》第3期。

张万起　1993　《〈世说新语〉词典》,商务印书馆。

周　荐　1994　《词语的意义和结构》,天津古籍出版社。

周　荐　1995　《汉语词汇研究史纲》,语文出版社。

周　荐　1998a　《词汇学问题》,天津古籍出版社。

周　荐　1998b　《词语的分野和定位》,第二届全国语言文字应用学术研讨会论文,哈尔滨。

（原载《中国语文》1999 年第 4 期）